Joachim Kügler

Pharao und Christus?

Religionsgeschichtliche Untersuchung zur
Frage einer Verbindung zwischen altägyptischer
Königstheologie und neutestamentlicher

Christologie im Lukasevangelium

PHILO

Als Dank
für die erfahrene Unterstützung und Rücksichtnahme
widme ich dieses Buch
dem
Team der Geschäftsstelle des Cusanuswerks

© 1997 PHILO Verlagsgesellschaft mbH, Bodenheim
Herstellung: WS Druckerei, Bodenheim
Printed in Germany
ISBN 3-8257-0072-0

Joachim Kügler

Pharao und Christus?

Bonner Biblische Beiträge

Herausgegeben von Frank-Lothar Hossfeld
und Helmut Merklein
Professoren der Katholisch-Theologischen Fakultät
der Universität Bonn

Band 113

Der religionsgeschichtliche Horizont der neutestamentlichen Sohn-Gottes-Christologie ist in der Forschungsgeschichte immer wieder strittig gewesen. In den letzten Jahren hat besonders die Verbindung der lukanischen Kindheitserzählungen mit ägyptischen Überlieferungen heftige Debatten ausgelöst. Dieses "heiße Eisen" wird hier erneut angegangen, allerdings nicht auf tiefenpsychologischer Basis, sondern aus dezidiert *geschichtlicher* Perspektive. Es zeigt sich, daß die überlieferungsgeschichtlichen Probleme der 1500 Jahre, die zwischen entsprechenden ägyptischen Texten und dem NT liegen, die Annahme eines direkten Einflusses ausschließen. Die Analyse zeigt ein hoch komplexes Beziehungsgeflecht aus ägyptischer bzw. spätägyptischer Königstradition, biblischer Königstheologie, frühjüdischer Rezeption biblischer Traditionen und hellenistisch-römischen Derivaten ägyptischer Ideen. In diesem Spannungsfeld stehend, liest ein christlicher Autor wie Lukas zeitgenössische Vorstellungen aus alttestamentlich-jüdischer Perspektive. Wo es zur Übernahme bestimmter Denkmuster kommt, werden diese benutzt, um einen genuin christlichen Entwurf zu formulieren. Die alten Muster geraten dabei an die Grenze ihrer Gültigkeit, denn es gilt nicht nur, die Rolle des königlichen Gottessohnes exklusiv für Jesus zu beanspruchen, sondern diese Rolle auch durch Person und Wirken Jesu neu zu definieren.

Joachim Kügler, geb. 1958, Studium der Theologie in Bamberg und Freiburg, anschließend Promotionsstudium als Stipendiat der Bischöflichen Studienförderung Cusanuswerk. Promotion zum Dr. theol. 1987; Priesterweihe 1988; anschließend Gemeindepastoral als Kaplan in Erlangen. Ab 1992 Habilitationsstudium und ägyptologische Studien, 1997 Habilitation an der Universität Bonn.

Pharao und Christus?

Religionsgeschichtliche Untersuchung zur Frage einer Verbindung
zwischen altägyptischer Königstheologie und neutestamentlicher
Christologie (im Lukasevangelium)

VORWORT

Die vorliegende Arbeit stellt die leicht überarbeitete Fassung meiner Habilitationsschrift dar, die von der Katholisch-Theologischen Fakultät der Rheinischen Friedrich-Wilhelms-Universität Bonn im Wintersemester 1996/97 angenommen wurde.

Stellvertretend für die gesamte Fakultät danke ich dem Dekan Prof. Dr. *Albert Gerhards* für die korrekte und zügige Durchführung des Verfahrens.

Mein herzlicher Dank gilt Herrn Prof. Dr. *Helmut Merklein*, der mich und mein Vorhaben über die Jahre in fachlicher und menschlicher Hinsicht hervorragend betreute und die Arbeit nun in die Reihe der BONNER BIBLISCHEN BEITRÄGE aufgenommen hat. Daß der Verlag, der die Reihe betreut, den Namen des großen jüdischen Gelehrten aus Alexandria trägt, ist mir eine besondere Ehre.

Dankbar bin ich auch für die fruchtbare interdisziplinäre Zusammenarbeit mit Frau Prof. Dr. *Ursula Rößler*, die die Entwicklung meines Projekts mit ihrer ägyptologischen Fachkompetenz bestens unterstützt und freundlicherweise auch das zweite Gutachten übernommen hat.

Dankend erwähnen möchte ich auch meine beiden Hilfskräfte, Herrn Welf Reisch, Erlangen, und Herrn Daniel Meier, Bonn.

Besonders dankbar bin ich für die Treue alter und neuer Freunde, ohne die ich die Arbeit sicher nicht so zügig hätte abschließen können.

EINLEITUNG

Zunächst sollen kurz einige *Leitideen und Grundannahmen* offengelegt werden, die für die folgende Untersuchung maßgeblich sind. Da in diesem Rahmen eine entfaltete Diskussion der methodologischen Probleme religionswissenschaftlicher Arbeit im Kontext exegetischer Forschung nicht angezielt werden kann, mag es genügen, hier auf entsprechende Diskussionsbeiträge zu verweisen.[1]

Grundsätzlich gehe ich davon aus, daß Ideen und Vorstellungen immer ganz konkreten menschlichen Individuen oder gesellschaftlichen Gruppen als ihren Trägern zugeordnet werden müssen. Auch religiöse *"Lehren, Vorstellungen, Bedeutungen sind stets für lebendige Menschen gegeben, die damit in wechselnden Bedürfnissen und Nöten ihres Lebens zurechtzukommen suchen. Religion kann belastend und befreiend, aufwendig und einträglich, ja durchaus beides zugleich sein, immer für Individuen mit ihren vielerlei Schwächen und Chancen im emotionellen wie intellektuellen Bereich".*[2]

Aufgrund dieser einfachen, aber keinesfalls trivialen Grundannahme kann die religionsgeschichtliche Dimension der Thematik nicht nur ideengeschichtlich angegangen werden, sondern verlangt eine sozial- und kulturgeschichtliche Betrachtungsweise, die die konkreten geschichtlichen Rahmenbedingungen von Kommunikation immer mit bedenkt. Insofern unterscheidet sich die vorliegende Arbeit von der alten Religionsgeschichtlichen Schule.

Des weiteren gehe ich traditionsgeschichtlich vor, frage also nach den Vermittlungsprozessen von Ideen und Vorstellungen und ihren historischen Bedingungen. Die Frage, ob kulturelle Invariablen, wie etwa Archetypen in der Tiefenschicht der menschlichen Seele, existieren, steht hier nicht zur Debatte. Mir geht es um die historische Oberfläche, insofern unterscheidet sich mein Ansatz grundsätzlich von tiefenpsychologischer Fragestellung, ohne die Berechtigung einer solchen bestreiten zu wollen.[3]

Wer nach traditionsgeschichtlichen Zusammenhängen zwischen dem Neuen Testament und Ägypten fragt, sollte sich Rechenschaft ablegen darüber, wie denn die Ausgangslage für eine solche Fragestellung einzuschätzen sei. Was sind die

---

1   Vgl. z.B. MÜLLER 1985; KÜGLER 1987; *ders.* 1996b. Zur theologischen Grundlage der Wahrnehmung von Fremdreligionen vgl. WALDENFELS 1984.

2   BURKERT 1994, 35.

3   Eine tiefenpsychologische Deutung, wie etwa DREWERMANN sie vorlegt, neigt dazu, die als "archetypisch" eingestuften Bilder der Mythen als Ausdruck einer überzeitlichen Wahrheit zu verstehen und die geschichtlichen Veränderungen als zweitrangig einzustufen: *"auf der Ebene der 'Beleuchtung', nicht auf der Ebene der Gestalt ergeben sich die historisch bedingten Unterschiede zwischen den verschiedenen Religionen."* - So DREWERMANN 1992, 39 f. Die Überschrift des entsprechenden Kapitels (31-40) lautet: *"Ein Christentum, so alt wie die Schöpfung selbst".* Schon C.G. JUNG hatte z.B. im Hinblick auf die Inkarnationschristologie die These vertreten, daß diese *"anscheinend die ägyptische Vorlage der Gottesinkarnation im Pharao"* benutzt, *"welche aber ihrerseits wiederum ein bloßes Abbild des* ewigen *pleromatischen Hierosgamos ist"* (1953, 58; Hervorhebung von mir). Vgl. auch ebd. 59-78).

Determinanten, die in sozialer, kultureller und religiöser Hinsicht das Umfeld einer solchen Beziehung gestalten?

Besonders günstige Rahmenbedingungen wären natürlich gegeben, wenn wir weiterhin von einer hellenistischen Mischkultur in Ägypten ausgehen könnten. Dies war das Konzept von Forschergenerationen, welche in der Tradition von DROYSEN das kulturelle und politische Phänomen des Hellenismus im wesentlichen als Verschmelzung von Ost und West begreifen wollten.[4] In der ägyptologischen Forschung kann als repräsentativer Name der von Siegfried MORENZ stehen, der sich vor allem in seiner Wahrnehmung des spätzeitlichen Ägypten von der Verschmelzungsidee hat leiten lassen.[5] Inzwischen hat freilich in der Hellenismusforschung ein Paradigmenwechsel stattgefunden, der nicht ohne Auswirkungen auf die Ägyptologie und die hier angezielte Fragestellung bleiben kann. Schließlich wird von der modernen Hellenismusforschung überwiegend herausgestellt, *"daß trotz aller Annäherung die griechische und die jeweils indigenen Kulturen sich nicht wirklich miteinander vermischten, daß es keine neue Einheit gab, sondern ein sich mehr oder weniger stark beeinflussendes Nebeneinander."*[6]

Wenn sich aber die Grundausrichtung der Forschung so verschoben hat, weg von einem hegelianisch inspirierten Bild der Synthese und hin zu dem der Koexistenz, wie wahrscheinlich sind dann traditionsgeschichtliche Beziehungen im konkreten Fall der Sohn-Gottes-Vorstellung?

Schon eine vorläufige Sondierung des Feldes ergibt, daß vor allem Gräben und Brüche festzustellen sind:

Da ist der *strukturelle religiöse Graben* zwischen der Religiosität Ägyptens und dem jüdisch-christlichen Religionsbereich. Haben wir es einerseits mit einer traditionellen, national gebundenen Kultreligion zu tun, die selbst dann, wenn man eine monotheistische Grundströmung annähme, in ihrer impliziten Theologie, also in dem, was sie durch Kult, Kosmologie und Mythos religiös aussagt, strikt polytheistisch ist.[7] Dagegen haben wir es beim Judentum der hellenistischen Zeit, mit einer Religion zu tun, für die ein dezidierter Monotheismus in Kult und Theologie zur Grundlage des eigenen Selbstverständnisses gehört, und das durch die Diasporasituation mindestens an die Schwelle zur Weltreligion gelangt ist. Das Christentum mit seiner Mission hat diese Schwelle dann jedenfalls überschritten.

Mit diesen Unterschieden in der religiösen Grundstruktur hängt eine *religionssoziologische Differenz* zusammen, die ebenfalls beachtet werden will. Wir haben es ja bei der gewachsenen Religiosität Ägyptens mit einem religiösen System zu tun, für das die prinzipielle Einheit von Politik, Recht, Kultur und Religion kennzeichnend ist. Eine Ausdifferenzierung in einzelne gesellschaftliche Funktionsbereiche hat zwar im Laufe der ägyptischen Geschichte unbestreitbar

---

4   Zur Diskussion um den Hellenismusbegriff vgl. GEHRKE 1990, 1-3.129-131.

5   Vgl. vor allem MORENZ 1969.

6   GEHRKE 1990, 129 f.

7   Vgl. ASSMANN 1991, 9-22. Auf den Monotheismus-Streit in der Ägyptologie kann hier nicht eingegangen werde. Vgl. dazu HORNUNG 1971, 1-19; ASSMANN 1991, 23 f.

stattgefunden, ist aber kaum je theoretisch eingeholt worden. Von Religion als selbständigem, anderen gesellschaftlichen Diskursfeldern auch kritisch gegenübertretendem Bereich kann jedenfalls kaum gesprochen werden. Für den einzelnen bedeutet dies, daß ein persönlicher Glaube nicht notwendig ist. Zwar kann es durchaus auch in einer Religion, die sich selbst zu anderen Gesellschaftsbereichen als identitär bestimmt, eine persönliche Vertiefung und Intensivierung des allgemein Geglaubten geben, wie wir es in Ägypten etwa im Bereich der Persönlichen Frömmigkeit finden, aber dabei geht es eben in der Regel nicht um ein individuelles Bekenntnis, das den einzelnen am Ende gar in Widerspruch und Konflikt zum religiösen Konsens der Gesellschaft brächte, sondern um die Wendung allgemein geteilter Glaubenstradition ins Persönliche oder Familiäre hinein. Dem gegenüber spielt der persönliche Glaube in der jüdisch-christlichen Religion durchaus eine wichtige Rolle, ja es geht sogar um dessen Zuspitzung im Bekenntnis, das im Ernstfall den Kopf kosten kann. Zwar muß hinzugefügt werden, daß der Bedeutungszuwachs für das persönliche *Credo* sehr viel mit der Situation der Diaspora, mit dem Verlust staatlicher Bezugsgrößen und mit der Erfahrung von Verfolgung zu tun hat und insofern auch für das Judentum ein relativ junges Phänomen ist, aber im jüdisch-christlichen Bereich hat diese Entwicklung unbestreitbar stattgefunden. So wird es zur Überwindung dieser Differenz in der soziologischen Verortung notwendig sein, zu zeigen, daß es vergleichbare Veränderungen auch im ägyptischen Bereich gab.

Zu bedenken ist auch der *kulturelle Bruch* zwischen ägyptischer Sprach- und Denkwelt und der griechisch-hellenistisch geprägten Weltkultur, die den entscheidenden Orientierungsrahmen für das Diasporajudentum und die frühe Kirche darstellt. Dieser Bruch ist um so aufmerksamer zu beobachten, wenn von der generellen Annahme einer hellenistischen Mischkultur nicht mehr ausgegangen werden kann. Der Frage, wo und wie Austausch und gegenseitige Beeinflussung der getrennten Kulturwelten stattfinden konnten, ist daher im Detail nachzugehen.

Auch die *soziale Verwerfung* zwischen den altägyptischen Traditionen und den neutestamentlichen Texten ist als Hindernis zu benennen. Haben wir es bei den ägyptischen Belegen für die Sohn-Gottes-Vorstellung überwiegend mit den Zeugnissen der Hochkultur einer Elite zu tun, so geraten wir mit der neutestamentlichen Volksliteratur in eine Welt der kleinen Leute, die ganz gewiß nicht in der gesellschaftlichen Oberschicht beheimatet sind, selbst wenn einzelne Vornehme sehr früh dazugehören.[8] Jedenfalls wird es nötig sein, genau zuzusehen, was von den Vorstellungen, die einer religiöser Hochkultur entspringen, bis zu den unteren gesellschaftlichen Schichten durchdringt. Wichtig wird sein, darauf zu achten, was in mündlicher Tradition weitergegeben wurde und auch von den einfachen Leuten gewußt werden konnte.

---

8   Paulus erwähnt in *1Kor 1,26* einige wenige ΕΥΓΕΝΕΙΣ.

Schließlich ist auf das *wissenschaftstheoretische* Postulat vom Ende der "Biblischen Religionsgeschichte" zu achten.[9] Wenn die biblischen Texte als alleinige Grundlage für eine Darstellung der religiösen Entwicklungen Israels und des Christentums nicht mehr ausreichen, so ist verstärkt auf historische Quellen jenseits der literarischen Dokumente einzugehen. Die Beachtung der archäologischen Ergebnisse, die in der Ägyptologie aufgrund der andersartigen Ausgangslage selbstverständlich ist, hat auch in der Bibelwissenschaft mehr und mehr Raum gefunden und zur Ergänzung bzw. Korrektur herkömmlicher Textauffassungen geführt.[10] Besonders ist in diesem Zusammenhang deutlich geworden, daß es jenseits der literarisch verfaßten Religion einen breiten Strom gelebter Religion gab, die sich einer scharfen begrifflichen Zuordnung mitunter entzieht und entsprechend der jeweiligen sozialen und historischen Situation eine mehr oder weniger ausgeprägte Tendenz zur Überschreitung von theologischen Abgrenzungen zeigt. Dabei kommt es allerdings in den seltensten Fällen zu einem Transfer geschlossener Systeme, sondern eher zur Adaption von Einzelelementen, die in die eigene Tradition einmontiert werden. Bei diesen Einzelelementen kann es sich um Phänomene der religiösen Praxis, um mythologische Bilder und Vorstellungen oder um theologische Sprachtraditionen handeln. Bei der Analyse solcher Transferprozesse ist der Modus des Transfers genau zu beachten. Schließlich kann es sich um Übernahme, Modifikation oder Abstoßung handeln, und selbst bei der scheinbar unveränderten Übernahme eines Elements verändert sich dessen Bedeutung allein schon durch die Übertragung in einen anderen religiösen Kontext, der unter Umständen die Bedeutung des Einzelelementes völlig neu bestimmt.

Im Sinne dieser methodologischen Notwendigkeiten muß also sorgfältig nach der Kommunikationssituation, wie sie durch Mentalitäten, Gesellschaftstrukturen und unterschiedliche Traditionen bestimmt ist, gefragt werden, vor allem im hellenistisch-römischen Ägypten. Zuvor aber wird es nötig sein, die altägyptische Tradition der königlichen Gottessohnschaft darzustellen, damit die Ausgangsbasis für spätere Entwicklungen und Transferprozesse deutlich wird.

---

9   Vgl. BELTZ 1988.
10   Vgl. z.B. KNAUF 1994.

14

I. DIE IDEE DER GOTTESSOHNSCHAFT IN DER TRADITION ÄGYPTENS

1. Die Rolle des Königs

1.1. Der König als Horus auf Erden

Die göttliche Rolle des Königs, die für das ägyptische Denken ein so bedeutendes Gewicht hat,[1] kann durch unterschiedliche Vorstellungen umschrieben werden, die aus verschiedenen Epochen stammen und deshalb unter Umständen deutlich miteinander konkurrieren. Der additiv orientierten Mentalität Ägyptens entsprechend werden ältere Denkmuster aber nicht als ungültig widerrufen. Einmal Gedachtes wird nicht mehr fallen gelassen, sondern meist neben neuen Konzepten unangetastet weitertradiert. Ähnliche Vorgänge lassen sich in Sprache und Schrift ebenso beobachten wie im Jenseitsglauben und in anderen Bereichen von Theologie und Glaube. HORNUNG hat im Kontext der Monotheismusdebatte den Begriff der Komplementarität vorgeschlagen und damit wohl Wesentliches zur generellen Kennzeichnung des ägyptischen Denkens erfaßt.[2]

Alle Modelle ägyptischer Königsideologie zielen jedenfalls darauf ab, die Bedeutung des Königs deutlich zu machen.

Eine sehr alte Vorstellung sieht im König den Himmelsgott Horus, bzw. seine irdische Erscheinungsform.[3] Diese Konzeption aus der Frühzeit drückt sich etwa darin aus,

- daß der König als Falke dargestellt werden kann, also in der dem Horus zugeordneten Tiergestalt,[4]
- daß der König entsprechende Titulatur trägt, nämlich den Horusnamen,[5] oder als
- "vollkommener Gott" *(ntr nfr)* bezeichnet wird.[6]

Daß die Rolle des Königs dabei keine bloß politische ist, liegt auf der Hand. Der König ist die Zentralfigur im Weltbild der Ägypter. Stellvertretend für die Menschheit ist er (theoretisch) allein berechtigt, mit der Götterwelt Kontakt aufzunehmen. Durch die Reichseinigung, die bei jeder Thronbesteigung neu vollzogen wird, stiftet er die Ordnung der Welt *(m3ct)* und es obliegt ihm, diese Ma'at, die ständig be-

---

[1] Vgl. zum Folgenden BRUNNER 1989, 64-76; ASSMANN 1990, 200-236; *ders.* 1991, 238-258; SCHNEIDER 1994, 19-38.

[2] Vgl. HORNUNG 1971, 233-240.

[3] Vgl. BRUNNER 1980, 461-464; bes. 462; GUNDLACH 1988, 21-25; KOCH 1993, 49-76.

[4] Vgl. etwa die berühmte Palette des Narmer aus der Reichseinigungszeit.

[5] Vgl. BECKERATH 1980, 540-556; bes. 540.

[6] Der ägyptische Begriff *nfr* impliziert auch Schönheit, Sichtbarkeit und wahrnehmbare Präsenz. Insofern ist der *ntr nfr* immer der "wahrnehmbare Gott". Vgl. SHIRUN-GRUMACH 1993, 45 f.

15

droht ist, durch sein Handeln aufrechtzuerhalten; für umfassende Ordnung und Harmonie zu sorgen.

Es geht dabei um

- Harmonie zwischen den Göttern durch geordnetes Kultwesen,
- Harmonie zwischen Gott und Mensch durch ausreichende Opfer,
- Harmonie zwischen den Menschen durch Schutz der Schwachen und Rechtsprechung.

Auch wenn der König in der Praxis schon seit früher Zeit kultische Aufgaben an Beamte überträgt, ist doch die in der Moderne geläufige Trennung von Politik und Religion dem ägyptischen Selbstbild fremd. Der König delegiert ja sein Handeln auch in anderen Bereichen, ohne daß diese Delegation als eine prinzipielle Einschränkung seiner alleinigen Herrschaftskompetenz ausgelegt werden dürfte. So wird seine Rolle denn auch als umfassend und kompakt gesehen:

Er ist Herrscher, Richter und Priester in einer Person.

Das Amt des Königs hat also eine deutlich religiös bestimmte Dimension. Der König als der einzige Kommunikator zwischen Göttern und Menschen ist die entscheidende Verbindungsstelle zwischen göttlicher und menschlicher Welt und ist deshalb für Ägypten immer auch eine göttliche Heilsgestalt, wobei zu betonen ist, daß das frühe Ägypten unter Heil einfach die Normalität eines Lebens versteht, das nicht durch Not, Gewalt und Unrecht gequält wird.

So ist es denn eigentlich nicht verwunderlich, wenn dem König in seiner Rolle die Qualität eines Gottes zukommt. Es ist allerdings festzuhalten, daß diese Göttlichkeit wohl nicht einfach eine Identität zwischen dem König und dem Gott Horus bedeutet. Zumindest hat die Annahme als unsicher zu gelten, *"der König sei als 'Horus' mit diesem Gott identisch oder 'Inkarnation' des Gottes. Mit Sicherheit können wir allein sagen, daß der ägyptische König seit dem Beginn der Geschichte als Horus gegolten hat, so wie der verstorbene König seit der 5. Dynastie als Osiris gilt; wie man sich in der Frühzeit und im Alten Reich die Beziehung zwischen Horus und dem König konkret vorgestellt hat, wissen wir nicht."*[7]

Das bedeutet, daß in früher Zeit das Verhältnis beider nicht theoretisch geklärt werden mußte. Hierüber gab es offensichtlich keinen Diskurs. Wenn zutrifft, daß das Fehlen von Erklärungen auf Evidenz schließen läßt, dann kann gesagt werden, daß die numinose Qualität des Königs als Horus auf dem Thron (zumindest in der frühen Zeit) nicht in Frage stand. Wie es scheint, gab es keinen Anlaß, darüber hinaus eine Theorie zu entwickeln, wie und warum der König *Gott* war. Im Mittleren und Neuen Reich gibt es dann aber Anzeichen dafür, daß eine solch allgemeine Zuschreibung numinoser Potenz nicht mehr als ausreichend betrachtet wurde. Die göttliche Qualität des königlichen *Amtes* wird von der menschlich-irdischen Natur des Amtsinhabers klar unterschieden.

---

7   HORNUNG 1971, 187; vgl. auch 130-133.

1.2. Der König als "Sohn des Re"

In der 4. Dynastie, genauer bei König Djedefre (2528-2520 v.Chr.),[8] Sohn und Nachfolger des großen Pyramidenbauers Cheops, taucht zum ersten Mal der Titel auf, der ab der 5. Dynastie dann zum kanonischen Bestandteil der komplexen und seit dem Mittleren Reich fünfteiligen Königstitulatur [9] gehört und den Pharao bis zum Ende der ägyptischen Geschichte begleiten wird: "Sohn des Re" *(z3 Rᶜ.w)*.[10] Im Hintergrund stehen tiefgreifende religiöse Veränderungen, die man heute nicht mehr genau beschreiben kann, die aber etwa dadurch erkennbar werden, daß die Könige nun keine gewaltigen Pyramiden mehr bauen, sondern statt dessen ab der 5. Dynastie die Sonnenheiligtümer im Mittelpunkt der königlichen Bauanstrengungen stehen. Das läßt darauf schließen, daß der Glaube an den Sonnengott in dieser Zeit einen enormen Bedeutungszuwachs erfahren haben muß.[11] Gerade aufgrund des Wechsels von den großen Pyramiden zu den Sonnenheiligtümern hat man den Titel "Sohn des Re" als Anzeichen für ein neues, bescheideneres Selbstverständnis des Herrschers interpretiert und hier Anzeichen für eine Minderung der Göttlichkeit des Königs gesehen.[12] HORNUNG hat dieser These widersprochen. Er will die Sohnesformel nicht als Rangminderung verstanden wissen, sondern als einen Versuch, ein unbestimmtes Verhältnis zu einer Gottheit genauer zu definieren. Die Rede von der Sohnschaft *"ist eher eine Klammer, die künftig den Götterherrn und sein irdisches Ebenbild aufs engste verbindet, oder ein kollektives Regierungsprogramm, das die ägyptischen Könige verpflichtet, die Schöpfertaten des Sonnengottes auf Erden zu wiederholen."*[13] Unabhängig davon, ob die These von MORENZ als Beschreibung einer Grundlinie der Entwicklung nicht doch zutrifft, überzeugt jedenfalls die Deutung des Titels als Ansatz einer Explikation der Beziehung zwischen König und Gott. Eine narrative Entfaltung des Titels im Sinne einer Geburtslegende gibt es für das Alte Reich nicht. Genauer: Für eine solche Legende haben wir keinen Beleg aus dem Alten Reich. Wir wissen also nicht, wie sich die Ägypter dieser Zeit vorstellten, daß der König zum Gottessohn wurde. De facto geschah dies durch die Thronbesteigung, aber ob sich damit dann auch Vorstellungen von göttlicher Zeugung verbanden, oder ob man eher "adoptianistisch" gedacht hat, das alles muß offenbleiben. Wenn Jan ASSMANNs These zutrifft, daß man es in

---

8   Angesichts mancher Unsicherheit in der ägyptischen Chronologie sind alle Angaben von Regierungszeiten nur als geschichtliche Orientierungshilfe gemeint. Da kleinere Schwankungen unter diesem Aspekt vernachlässigbar sind, beteilige ich mich nicht an der entsprechenden ägyptologischen Diskussion, sondern richte mich in der Regel nach HORNUNG 1992, 159-165. Zu Djedefre vgl. SCHNEIDER 1994, 112 f.

9   Vgl. BECKERATH 1980, 540 ff.

10   Vgl. zum Folgenden KOCH 1993, 129-150; bes. 137-139; GRIESHAMMER 1977.

11   Vgl. HORNUNG 1992, 25 f.

12   Vgl. MORENZ 1984, 45-95.

13   HORNUNG 1971, 187 f. SILVERMAN (1994, 71) versteht die Aussage des Sohnestitels dahingehend, daß *"once the coronation had taken place, that particular individual had become the son of a god and, he had, therefore, ascended to the realm of the divine."*

Ägypten mehr mit mythischen Konstellationen zu tun hat, weniger mit mythischen Erzählungen,[14] dann sind solche Fragen ohnehin weitgehend müßig, zu griechisch vielleicht. Als Konstellation ist der Titel "Sohn Gottes" dann weniger eine Wesensbeschreibung seiner Träger als vielmehr eine Verhältnisbestimmung zwischen Königtum und Götterwelt: Der König und der betreffende Gott verhalten sich zueinander wie Vater und Sohn.

In der Perspektive ägyptischen Denkens über die Vater-Sohn-Relation wäre dann der Aspekt der Zeugung nicht einmal der wichtigste. *"In den Fragen der biologischen Herkunft dominierten die Vorstellungen vom Mutterleib die vom Vatersamen, in der Abkunft vom Vater stehen die kulturellen und geistigen Aspekte, Amt und Unterweisung, im Vordergrund."*[15] Wo das Hauptgewicht liegt, wird deutlich, wenn wir uns die wesentlichen semantischen Zuordnungen zu den beiden gesellschaftlichen Rollen vergegenwärtigen:

VATERSCHAFT	*SOHNSCHAFT*	*Zeitaspekt*
Liebe, Versorgung und Schutz	Liebe, Respekt und Gehorsam	*Kindheit*
Erziehung und Ausbildung	ein hörendes Herz für die erziehende Weisung des Vaters	*Jugend*
Erbe	Wiederverkörperung und Nachfolge bzw. Statthalterschaft	*Erwachsenenalter*

Vor diesem kulturellen Hintergrund kann der wesentliche königstheologische Inhalt des Sohnestitels so bestimmt werden:
Der König als Sohn hält die Welt als Haus seines Vaters in Ordnung.[16]

2.   Die Geburtslegende

Das gerade Gesagte könnte den Eindruck erwecken, als ob es in Ägypten überhaupt keine mythischen Erzählungen gegeben habe. Dem ist natürlich nicht so. Allerdings darf man nicht unbedingt immer mit einer narrativen Entfaltung des Mythos rechnen. Häufig werden die mythischen Konstellationen nur vorausgesetzt, was kein Argument gegen die Existenz erzählender und erzählter Mythen darstellen muß.
Im folgenden sollen einige Belege eingehender betrachtet werden, bei denen der Mythos der göttlichen Zeugung im erzählerischen Kontext auftritt.[17]

---

14   Vgl. ASSMANN 1977.
15   ASSMANN 1991, 97. Deshalb kann das Vater-Sohn-Verhältnis auch auf die Beziehung zwischen Lehrer und Schüler, zwischen König und Beamten usw. übertragen werden.
16   Vgl. ASSMANN 1991, 96-137; besonders 128-134.

2.1. Die Kinder der Ruddedet als Söhne des Re (Pap.Westcar)

Der Papyrus *(pBerlin 3033)* hat seinen Namen vom britischen Sammler Henry Westcar.[18] Von LEPSIUS nach Deutschland gebracht, kam das kostbare Stück nach dessen Tod in den Besitz des Berliner Museums, so daß dann 1890 die Erstausgabe erscheinen konnte.[19] Es handelt sich um ein Palimpsest, das in Hieratisch in waagerechten Zeilen beschrieben ist. Der Papyrus stammt nach gängiger Meinung aus der 15. Dynastie (Hyksoszeit) und präsentiert einen Text, der nur in dieser Handschrift erhalten und auch sonst weder zitiert noch belegt ist, also wohl kaum zur gängigen Schulliteratur gehörte. Der Text wird meist in die 12. Dynastie datiert, also in die klassische Epoche ägyptischer Literatur.[20] In jüngster Zeit ist eine Spätdatierung vertreten worden, die die späte Hyksoszeit bzw. das frühe Neue Reich als Entstehungsdatum auch des Textes favorisiert.[21] Auch wenn dieser These nur wenig Wahrscheinlichkeit zukommt, bleibt festzuhalten, daß der Text jedenfalls nicht aus der Zeit stammt, von der er erzählt.

Die erzählte Zeit ist die des Königs Cheops. An seinem Hof spielt die Rahmenhandlung, die leider nicht vollständig erhalten ist, da dem Text Anfang und Ende fehlen.

Der situative Rahmen ist folgender:

Die Söhne des Cheops erzählen ihrem Vater allerlei wundersame Geschichten zur Unterhaltung. Während es bei den ersten drei Erzählungen um Wundertaten aus der Zeit der Vorgänger geht, spielt die letzte Geschichte in der Zeit des Cheops selbst. Der Vorlesepriester Djedi weissagt dem König, daß die drei Knaben, mit denen Ruddedet, die Frau des Re-Priesters Rawoser, schwanger ist, Söhne des Re von Sachbu sind und einst das Königsamt in Ägypten ausüben werden.

König Cheops fragt den Alten:

> *"Wer ist denn das diese Ruddedet?" Djedi sagte: "Das ist die Frau eines Priesters des Re, des Herrn von Sachbu, die mit drei Kindern des Re, des Herrn von Sachbu, schwanger ist. Und Re hat zu ihr diesbezüglich gesagt, daß sie jenes vortreffliche Amt in diesem ganzen Lande ausüben sollen, und daß das älteste von ihnen Hoherpriester von On sein wird."*

Der Erzähler berichtet dann von der Geburt der drei Kinder. Sie kommen unter dem göttlichen Beistand von Isis, Nephthys, Meschenet, Heqet und Chnum zur Welt und werden wie Statuen mit königlichem Ornat beschrieben.[22] Von den assi-

---

17   Vgl. zum folgenden: BRUNNER 1986; ASSMANN 1982; BRUNNER-TRAUT 1988; bes. 31-59.
18   Zum *Pap.Westcar* vgl. SIMPSON 1982.
19   ERMAN 1890. Deutsche Übersetzung bei BRUNNER-TRAUT 1991, 43-55.
20   Vgl. BRUNNER-TRAUT 1991, 285; LICHTHEIM 1975, 215.
21   Vgl. GOEDICKE 1993.
22   Vgl. BRUNNER-TRAUT 1991, 287.

stierenden Gottheiten, deren Auswahl kaum zufällig sein dürfte,[23] erhalten die Neugeborenen die Namen der ersten drei Könige der 5. Dynastie.

> *Da begab sich Isis vor sie, Nephthys hinter sie. Heqet beschleunigte die Geburt. Und Isis sagte: "Sei nicht stark (wsr) in ihrem Leib in diesem, deinem Namen Wsr(k3)f." Da glitt das Kind auf ihre beiden Arme als ein Kind von einer Elle. Fest waren seine Knochen, die Ausstattung seiner Glieder war von Gold. Sein königliches Kopftuch war von echtem Lapislazuli. Dann wuschen sie ihn, nachdem seine Nabelschnur abgeschnitten und er auf ein Stoffpolster gelegt worden war. Meschenet trat vor ihn und sagte: "Ein König, der das Königsamt in diesem ganzen Land ausüben wird." Chnum machte seinen Leib gesund.*

Die Geburt der beiden anderen Kinder, Sahure und Keku (= Neferirkare) wird mit ganz ähnlichen Worten geschildert. Nur die Wortspiele der Isis mit dem Namen der Kinder wechseln.

Der Text ist sicher eine unschätzbare Quelle für viele Informationen über die ägyptische Kultur, aber für unsere Fragestellungen ist er weniger ergiebig, als es zunächst scheint. Die göttliche Zeugung wird nämlich gerade nicht erzählt, sondern vorausgesetzt. Der Text bezieht sich auf die Gottessohnschaft des Königs als kulturelles Wissen, entfaltet diesen Gedanken aber gerade nicht narrativ, sondern setzt ihn voraus. Als die Vaterschaft des Re zum erstenmal erwähnt wird, heißt es ja einfach, Ruddedet sei *"schwanger mit drei Kindern von Re, dem Herrn von Sachbu"*.

Erzählt wird aber ein Prolog in der Götterwelt, wo Re die Geburtshelfergöttinnen und Chnum bittet, Ruddedet bei der Geburt zu helfen, und ihnen zusichert, die drei Knaben werden Könige werden, die den Göttern Tempel bauen und ihre Opfer vermehren werden.

> *An einem dieser Tage begab es sich, daß Ruddedet Wehen spürte, und ihr Gebären war schwer. Da sprach die Majestät des Re von Sachbu zu Isis, Nephthys, Meschenet, Heqet und zu Chnum: "Bitte macht euch auf und entbindet Ruddedet von den drei Kindern, die in ihrem Schoß sind und die dieses vortreffliche Amt in diesem ganzen Land ausüben werden. Sie werden euere Tempel erbauen, werden euere Altäre versorgen, euere Speisetische reich halten und euere Opfer vermehren."*

Fraglos betont die Erzählung das bürgerlich-provinzielle, vom Königshof entfernte Umfeld der Geburt von königlichen Gotteskindern, und damit auch den Aspekt des Dynastiewechsels. *"Die Geschichte will begründen, warum von der neuen Dynastie eine Wende zum Heil zu erwarten ist. Dazu gehört in gleicher Weise die göttliche Legitimation, die hier durch direkte Abstammung von Re beschrieben wird, wie auch die Verwirklichung der Ma^cat durch die neuen Könige."*[24] In unserem Zusammenhang ist vor allem daran zu erinnern, daß die Kinder bei ihrer Geburt

---

23   Isis und Nephthys beschützen Horus. Damit ist ein Hinweis auf die Horusqualität der Kinder gegeben. Chnum ist der Schöpfer des Königs und seines Ka. Meschenet hat ebenfalls mit dem Ka zu tun und kann als Personifikation der Gebärziegel dargestellt werden. Die Verbindung von Heqet mit Geburt und Neugeburt scheint alt zu sein. Vgl. KÁKOSY 1977.

24   MERKLEIN 1996, 24.

wie Königsstatuen beschrieben werden. Dies ist als ein Ausdruck der Vorstellung vom *Königtum im Ei* zu verstehen und zeigt an, daß die königlich-göttliche Würde nicht erworben wird, sondern den neuen Königen von Anfang an zukommt. König kann nur werden, wer dies vom Ursprung seiner Existenz an schon war. Es handelt sich also um eine *retrospektive Aussage* deren herrschaftslegitimierende Funktion offensichtlich ist.[25]

Die Erzählung ist also sicher eine Legitimationsgeschichte für einen Herrschaftswechsel, wenn auch wahrscheinlich nicht für den von der 4. zur 5. Dynastie. Die entscheidende Legitimationsfigur ist die, daß die fehlende Vaterbeziehung zum herrschenden König durch die direkte des Sonnengottes substituiert und überboten wird. Die göttlich gezeugten Kinder sind Söhne des Re von Anfang an. Wenn sie dann König werden, dann wird offenbar, was immer schon gegeben ist und die Ma'at wird erfüllt. Gegenüber der Betonung der göttlichen Vaterschaft tritt der Vorgang der Zeugung durch den Sonnengott in den Hintergrund. Trotzdem verweist die Erzählung gerade dadurch, daß sie den entsprechenden Mythos einfach voraussetzen kann, auf seine Verankerung in der Tradition.

So ist die Existenz dieser Erzählung ein Beleg dafür, daß wir es bei der Sohn-Gottes-Vorstellung *"nicht ausschließlich mit einem Stück hochoffizieller Königsideologie zu tun haben, sondern mit einer Idee, die man sich in Form einer Geschichte in vielfältigen Zusammenhängen erzählte und die daher in Ägypten eine gewisse Strahlkraft und Verbreitung besessen haben muß."*[26] Allerdings ist die zugrunde liegende mündliche Tradition nicht mehr zu rekonstruieren. Möglich ist nur die Aussage, daß es sie gegeben haben muß.

2.2. Die Tempelreliefs des Neuen Reiches

Im Neuen Reich (ca. 1540-1070 v.Chr.) ist unser Wissen insofern reicher, als nun über die Titulatur und über erschließbare mythische Bezüge hinaus in Wort und Bild erzählt wird, wie es kommt, daß der König Sohn Gottes ist.

Obwohl die Könige weiterhin den Titel "Sohn des Re" tragen, ist es nun Amun, der die Stelle des Vaters einnimmt. Das hängt damit zusammen, daß dieser Gott von zunächst eher lokaler Bedeutung im thebanischen Bereich seit dem Mittleren Reich zum Reichsgott, zum König der Götter aufgestiegen ist.[27] Über diese Entwicklung kann hier nicht ausführlich referiert werden. Hingewiesen sei aber darauf, daß sie

---

25   Der Gedanke wird bis in die Spätzeit hinein lebendig bleiben, selbst dort, wo es um das Königtum eines Gottes geht. JUNKER / WINTER (1965, 23), geben z.B. einen Text aus Philä wieder, der Osiris als König verherrlicht, *"der aus dem Mutterleib kam, indem die Uräen auf seinem Haupt waren"* und *"auf dessen Scheitel die Krone war schon im Leib seiner Mutter Nut."*

26   ASSMANN 1984, 144; vgl. SILVERMAN 1994, 71. Der Begriff *"volkstümliche Erzählung"*, den ASSMANN in diesem Zusammenhang gebraucht, scheint mir etwas irreführend zu sein. Schließlich bewegen wir uns auch mit der Unterhaltungsliteratur im kleinen Kreis der Alphabetisierten, also nicht im "Volk", sondern in der hauchdünnen Herrschaftsschicht.

27   Vgl. BRUNNER 1989, 18-22; KOCH 1993, 243-249.

sich schon im Mittleren Reich in programmatischen Königsnamen wie Amen-em-hat *(Amun an der Spitze)* ausdrückt, mit der wachsenden Bedeutung Thebens zusammenhängt und sich im Neuen Reich zu einer vorrangigen Zuordnung des Königs auf Amun hin entwickelt, die andere Götterbezüge eher zweitrangig werden läßt.

2.2.1. Beschreibung und Deutung der Quellen

Die "Erzählung" besteht jeweils aus Bildszenen, die von Beischriften begleitet werden. Solche Äußerungen, in denen Bild und Text koexistieren, können bei der Interpretation besondere *methodische Probleme* bereiten, die aus der unterschiedlichen semiotischen Struktur von Bild und Text herrühren. Diese Problematik hat inzwischen reichlich Aufmerksamkeit in der allgemeinen Sprach- und Literaturwissenschaft gefunden[28], meines Wissens gibt es aber noch keine entsprechende Übertragung auf ägyptologisches Gebiet, obwohl das Phänomen hier doch recht häufig auftaucht. Deshalb seien zunächst einige Thesen von TITZMANN wiedergegeben,[29] die für unsere Fragestellung hilfreich sein könnten.

Er weist darauf hin, daß jedes Element einer Bildäußerung bedeutungstragend sein kann, aber erst unter bestimmten Bedingungen des Kotextes[30] tatsächlich zum Signifikanten gemacht wird. Diese Qualität ist im Unterschied zu sprachlichen Zeichen also nicht von vornherein vorgegeben. Bei der Deutung von Bildern hat die Sprache eindeutig den Vorrang, weil nur durch sie die Bedeutung von Bild und Text dargestellt werden kann und als Bedeutung eben nur das gefaßt werden kann, was sich sprachlich ausdrücken und bewußt machen läßt. Damit hängt zusammen, daß die Menge der kulturell möglichen Bedeutungen nur durch sprachliche Äußerungen erweitert werden kann. Ohne solche Neuerungen werden nichtsprachliche Äußerungen immer vom traditionellen Bestand des kulturellen Wissens her gedeutet. Bilder unterscheiden sich von Texten unter anderem auch dadurch, daß sie Äußerungen sind, die ihre geordnete Menge von Elementen, simultan kundgeben. Sie geben im Unterschied zu Texten keine Leserichtung vor. Deutende Aussagen über Bilder sind immer Aussagen über Einzelphänomene, keine generalisierenden Aussagen, keine Kommentare und keine Erzählung. Bilder sind synchrone Äußerungen, die erst in einer Bildserie oder durch Texte eine narrative Qualität erhalten. Allerdings können Bildelemente durch kulturelle Konvention so kodiert werden, daß auch in der bildlichen Äußerung Generalisierung, Kommentar und Erzählung möglich werden. Solche Kodierung erfolgt durch den Kontext vorausliegender Texte oder durch den Kotext begleitender Texte. Für das Zusammenspiel von Text und Bild innerhalb einer Äußerung sind drei Möglichkeiten denkbar: Einbettung des Bildes in einen Text, Gleichrangigkeit von Text und Bild, Einbettung von Text in ein Bild. Letzteres ist gegeben, wenn der Sprecher des Textes im Bild wiedergegeben ist, es sich also um eine Art Figurenrede handelt. Steht der Sprecher aber außerhalb des Textes, wie dies

---

28   Vgl. z.B. HARMS 1990.
29   Vgl. zum Folgenden TITZMANN 1990.
30   Zur Unterscheidung zwischen Kotext und Kontext vgl. die entsprechenden Einträge bei LEWANDOWSKI 1984/85.

bei Kommentaren zum Bild, Bildtiteln, Bilderläuterungen und Texteinblendungen ins Bild, die nicht Figurenrede wiedergeben, der Fall ist, so liegt entweder Gleichrangigkeit oder Einbettung des Bildes in Text vor. Dann dominiert der Text mit seiner Bedeutung das Bild und strukturiert die Bedeutungsbildung der Rezipienten. Im Falle der Text-in-Bild-Einbettung hat das Bild dieselbe Funktion wie der situative Rahmen bei der sprachlichen Alltagssituation; er vereindeutigt die sprachlichen Äußerungen und sichert so das Gelingen der Kommunikation. Festzuhalten ist schließlich, daß Bildaussagen von Textbedeutungen nicht widerlegt, sondern allenfalls ignoriert werden können. Ist eine Diskrepanz zwischen Text und Bildaussagen festzustellen, so ist diese selbst ein bedeutungstragendes Element der Äußerung.

Daß es solche Diskrepanzen bei den Reliefzyklen gibt, ist bekannt. Es wird deshalb vermutet, daß Text und Bild ursprünglich nicht zusammengehörten, allerdings gibt es keine Belege für eine Einzelexistenz von Text oder Bild. Präzisiert werden müssen die Thesen von TITZMANN im Hinblick auf die spezifisch ägyptische Beziehung von Wort und Bild, wie sie sich durch die Bildqualität der Schrift ergibt. Die Phonogramme der Schrift haben ja eindeutig Bildcharakter, auch wenn dieser hinter der phonetischen Semantik des Zeichens völlig zurücktritt. Bei den Ideogrammen ist dies freilich schon anders. Sie vermitteln über ein abstrahierendes Bild einen phonetische Botschaft, deren Inhalt mit dem des Bildes kongruiert. Durch diese Möglichkeiten einer mit Bildzeichen arbeitenden Schrift, kann auch das, was wir heute als Bild empfinden, Schriftcharakter erhalten. *"Die Schrift ist eine Gattung der Kunst, die Kunst eine Ausweitung der Schrift. Von daher erklärt sich die detaillierte und realistische Bildlichkeit, die sich die ägyptische Hieroglyphenschrift völlig unabgeschwächt durch die Zeiten bewahrt hat, ebenso wie die strenge Typengebundenheit und Formkonstanz der Kunst."*[31] Die Darstellung einer Königin ist z.B. niemals ein Porträt, sondern ein in besonderer Qualität ausgeführtes Zeichen für "Königin" und nähert sich so in seiner Funktion stark den Ideogrammen der Schrift an. Insgesamt kann die Beziehung von Text und Bild im Ägyptischen als wesentlich enger bezeichnet werden, als die europäische Tradition dies kennt. Für den ägyptischen Bereich erscheint deshalb eine Unterscheidung von Ideogrammen und Phonogrammen sinnvoller als eine zwischen Text und Bild.

Über die *Quellen des Geburtszyklus* soll im Folgenden nur ein kurzer Überblick gegeben werden.[32]

BRUNNER nennt als jüngsten Beleg vor der Spätzeit Reste aus dem Vorhof des Chons-Tempels im Bezirk seiner göttlichen Mutter Mut in Karnak *(K)*. Der Tempel wurde wohl unter Thutmosis IV. (1412-1402 v.Chr.) gebaut, der Vorhof stammt aber aus späterer Zeit. Festzustehen scheint einstweilen nur, daß der Vorhof nach Ramses II. (1290-1224 v.Chr.) entstanden ist, weil Blöcke aus seiner Zeit in die Mauer verbaut wurden, die das Relief tragen. Die Datierungsvorschläge reichen von der 19. bis zur 22. Dynastie, also von etwa 1200-700 v.Chr.

---

31   ASSMANN 1992, 173.
32   Vgl. zu den Quellen BRUNNER 1986, 3-9.222 f; STERNBERG EL-HOTABI 1995, 992 f.

Dagegen stammen einige Blöcke *(M)*, die in Medinet Habu verbaut sind und Relief mit Szenen aus dem Zyklus tragen, aus der Regierungszeit von Ramses II. Sie tragen den Namen dieses Königs und stammen vermutlich aus dem Ramesseum.

Ich will mich im Folgenden nur mit den beiden großen Fassungen beschäftigen, wie sie im Totentempel der Königin Hatschepsut (1490-1468 v.Chr.) in Deir el-Bahari *(D)* und im Amuntempel von Amenophis III. (1402-1364) in Luxor *(L)* finden sind.

Die *Reliefs in Deir el-Bahari* sind die älteste Quelle für den Geburtszyklus, aber leider in einem Mitleid erregenden Zustand. Sie befinden sich auf der mittleren Terrasse in der nordwestlichen der beiden Säulenhallen, die zu beiden Seiten der Rampe zur oberen Terrasse liegen. Die Reliefs schmücken die große Rückwand der "Geburtshalle", sowie die beiden schmalen Seitenwände im Süden und im Norden. Die Szenen des Geburtszyklus laufen von links nach rechts und füllen das untere von zwei Registern. Das obere ist einer Art Fortsetzung der Geburtserzählung, nämlich Jugend und Thronbesteigung der Königin gewidmet. Ursprünglich vorzüglich gearbeitet, mußten die Reliefs zwei bewußte Zerstörungswellen über sich ergehen lassen. Erst tilgte Thutmosis III. (1490-1436 v.Chr.) alle Figuren seiner Vorgängerin Hatschepsut, sowie die Segenssprüche, die sich auf sie bezogen. Eine zweite Tilgungsaktion fand im Zuge der religionspolitischen Umwälzungen unter Echnaton (1364-1347) statt. Dabei wurden systematisch Bilder des Amun und seine Namen und Titel ausgemerzt. Nach den beiden Säuberungsaktionen blieb nicht viel mehr als die Figur der Königsmutter Ahmose, einige Inschriften und Einzelmotive unversehrt. Was heute zu sehen ist, ist weitgehend das Ergebnis einer Restauration, die unter Ramses II. stattgefunden hat, sich aber vorwiegend auf die Göttergestalten bezog und recht ungeschickt vorging. Der Grund wurde neu geebnet, zum Teil mit Gips aufgefüllt, dann wurden die Szenen neu gezeichnet, teilweise so groß, daß sie mit den alten Inschriftzeilen in Konflikt gerieten. Die ohnehin begrenzt angelegte Wiederherstellung, deren Akteure sich ganz offensichtlich durch mangelndes Geschick und eine Vorliebe für starke Farben auszeichneten, blieb aber unvollendet.

Im *Luxor-Tempel* finden sich die Geburtsszenen in einem kleinen Raum, der ihnen den Namen "Geburtszimmer" verdankt. Sie nehmen in drei Registern die gesamte Westwand ein und werden oben von einem Cheker-Fries abgeschlossen. Die Fortsetzung befindet sich hier auf einer eigenen Wand. Auch diese Reliefs blieben vor dem Reformeifer des Echnaton nicht verschont. Mit der Spitzhacke wurden unliebsame Darstellungen und Inschriften vernichtet, und zwar besonders gründlich. Verschont wurden nur die Rahmen, der Himmel, der jedes Register abschließt, Möbeldarstellungen und das Bild des Königs, der immerhin der Vater von Echnaton war, und große Teile der Inschriften. Auch hier fand eine Restauration statt, die zeitlich aber nicht genau einzuordnen ist, da sich keine Restaurationsvermerke finden. Die Vorgehensweise der Restaurateure bestand im Abarbeiten des Untergrundes und im anschließenden Auftragen einer Stuckschicht, in die dann die neuen Umrißlinien eingearbeitet wurden. Erfreulich ist, daß sich der Restaurateur bemühte, seine Arbeit möglichst eng am ursprünglichen Zustand auszurichten. *"Größere Abweichungen können wir in keinem Fall nachweisen."*[33] Unglücklicherweise ist die Stuckschicht zu einem großen Teil wieder abgefallen. Außerdem wurden die Darstellungen II, III, IX und X dadurch weiter beschädigt, daß im nördlichen Bereich der Wand eine Tür zum Nebenraum durchgebrochen wurde, nachdem der untere Teil des Raumes verschüttet war.

Die folgende Graphik will keinen Anspruch auf exakte Wiedergabe der Größenverhältnisse erheben, sondern soll nur zur Orientierung über die Anordnung der Bildszenen dienen.

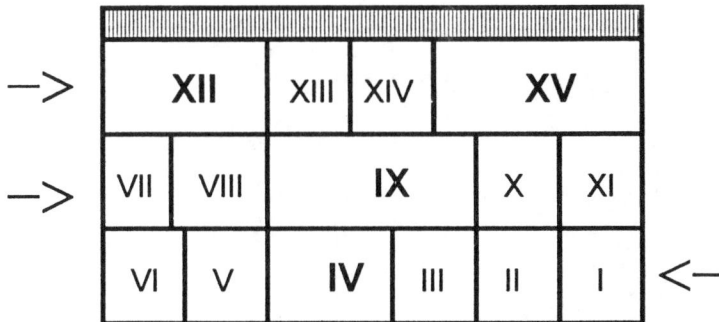

	XII	XIII	XIV	XV		
	VII	VIII	IX		X	XI
	VI	V	IV	III	II	I

Auffällig ist die Inkonsistenz der Leserichtung, was sich mit BRUNNER durch die unvollkommene Übertragung einer rechtsläufigen Vorlage erklären ließe.

Es handelt sich um 15 Bildszenen, von denen sich vier durch ihre Größe abheben:
- *IV:* Liebesbegegnung zwischen dem Gott und der Königin mit der Zeugung des Thronfolgers.
- *IX:* Die Geburt des königlichen Kindes. Diese Szene nimmt den zentralen Platz der Wand ein.
- *XII:* Die Säugung des Kindes durch göttliche Ammen.
- *XV:* Die Beschneidung.

Wenn ich die einzelnen Szenen nun kurz beschreibe und deute, so beziehe ich mich dabei auf die besser erhaltene Fassung *L*, die in manchem allerdings deutlich von *D* abweicht.[34] Größere Abweichungen werden jeweils kurz notiert. Zu folgen ist der von BRUNNER praktizierten Vorgehensweise, Bild und Text zunächst getrennt zu behandeln und deren Verhältnis bei jeder Szene eigens festzustellen.[35] Dies entspricht auch den oben angeführten literaturwissenschaftlichen Überlegungen.

---

33 BRUNNER 1986, 7.
34 Meine Abbildungen stammen aus BRUNNER 1986, Tafeln 1-15.
35 Vgl. BRUNNER 1986, 10.

SZENE I: *Amun, Hathor und die Königin.*[36]

 Bild: Den Zyklus eröffnet rechts eine männliche Gestalt, die durch konventionelle Zeichen (kurzer Schurz mit Stierschwanz, Götterbart, Was-Szepter) als Gott gekennzeichnet und durch die Federkrone näherhin als Amun bestimmt ist.[37] Der Gott ist hier als besonders wichtige Figur auch dadurch hervorgehoben, daß ihm allein nahezu der gleiche Raum zugestanden wird, wie den anderen Figuren zusammen. Durch den vorgestellten linken Fuß ist Amun als Gehender deutbar. Er geht in das Bild hinein und blickt in Richtung auf zwei weibliche Figuren, von denen er allerdings durch drei senkrechte Inschriftzeilen getrennt ist. Die eine Frau, wie Amun in Zyklusrichtung blickend, ist durch den Kopfschmuck (Kuhgehörn mit

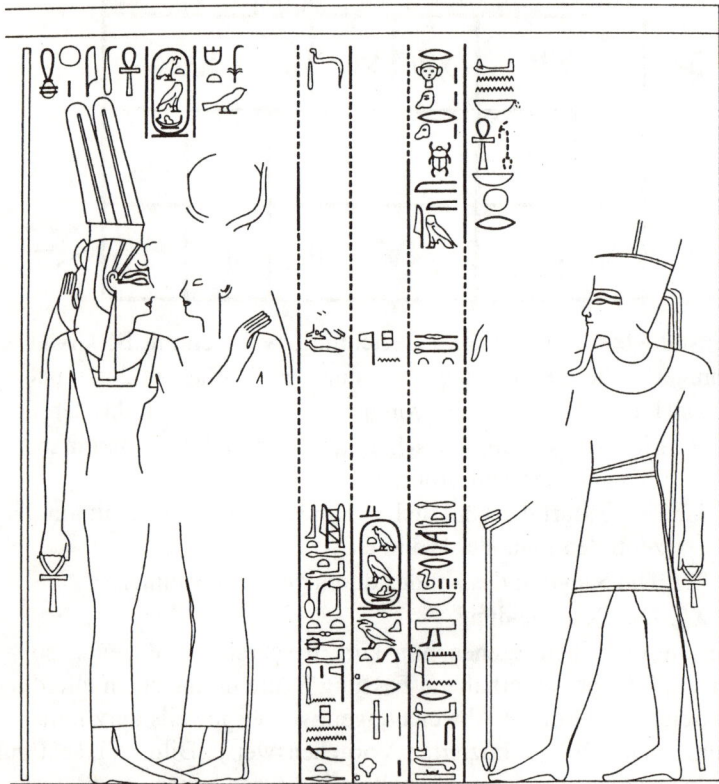

Sonnenscheibe) als Hathor ausgewiesen.

Die zweite Frau, die Hathor und Amun entgegenblickt, ist durch die Geierhaube als Königin gekennzeichnet. Auf der Geierhaube trägt sie ein Federpaar, das den

---

36 Vgl. BRUNNER 1986, 13-17.
37 Der Kopfschmuck hat bei ägyptischen Götterdarstellungen als konventionalisiertes Bildelement Schriftqualität. Vgl. HORNUNG 1971, 106-114.

Amunfedern ähnelt. Sie trägt in der linken Hand ein Lebenszeichen, die rechte ist der Göttin auf die Schulter gelegt.[38] Hathor ihrerseits umfaßt die Königin mit dem linken Arm, so daß ihre Hand links von deren Hinterkopf zu sehen ist. Diese Darstellungsweise drückt konventionell eine enge Beziehung zwischen Gottheit und König aus, und zwar mit kultischem Hintergrund.[39] Aus der Anordnung der Figuren ist zweierlei zu schließen. Einerseits gehören Hathor und Amun zusammen. Sie sind verbunden durch ihre Attribute als Gottheiten und durch die parallele Blickrichtung. Die Königin blickt beiden entgegen, ist aber andererseits von Amun getrennt durch die senkrechte Schriftleiste und mit Hathor durch Umarmung eng verbunden.

Weitere Informationen müssen nun die Texte geben.

Texte: Die erste Hälfte der großen Inschrift in der Mitte des Bildes ist stark beschädigt, der Text ist nur partiell lesbar.

Text I:[40]

Gesprochen ... ein großes, vollkommenes und reines Opfer. Die Majestät dieses Gottes macht - - - aus Liebe zu ihr ... dieser Gott ... Königsmutter (?) Mutemwia. Er wird eingeführt zu der Palastbewohnerin (?), Gesicht auf Gesicht, Nase auf Nase, nachdem er sich verwandelt hat in die Gestalt [des Königs] ... - - -, ... großes ..., was/den alle Menschen lieben. Amun geht, um sie zu begatten.

Die Inschrift über Amun ist ebenfalls Fragment, es fehlt die an dieser Stelle zu erwartende Namensangabe.

Text II:

... Ich gebe dir (männlich) *alles Leben und alle [Wohlfahrt bei mir.]*

Über den beiden Frauen steht eine dritte Inschrift, aus der der Name der Hathor fehlt, so daß sich nur Name und Titel der Königin finden.

Text III:

Die große königliche Gemahlin Mutemwia, sie lebt wie Re.

Bei den beiden letzten Texten handelt es sich um ganz typische Beischriften, die vergleichsweise geringe Deutungsprobleme bereiten. Der dritte Text identifiziert die königliche Frau des Bildes eindeutig als eine bestimmte Königin. Hier läge nach TITZMANNs System eine Einbettung des Bildes in den Text vor. Obwohl der Text im Bild steht, dominiert der Text die Bildsemantik. Ägyptologisch gesehen liegt dagegen eine ganz typische Text-Bild-Relation, nämlich eine komplementäre Ausdifferenzierung der Schriftqualität vor. Während das Bild als Ideogramm unbestimmt bleibt und über die entsprechenden Insignien nur eine allgemeine

---

38 Bei den Bildbeschreibungen werden "links" und "rechts" immer in Bezug auf die Betrachterperspektive verwendet!

39 Vgl. z.B. die Darstellung Sesostris mit Ptah bei SALEH 1986, Abb. 86.

40 Ich gebe die Texte aus Luxor in der Regel nach der Übersetzung von BRUNNER 1986 wieder. Zu *D* vgl. jetzt auch STERNBERG EL-HOTABI 1995, 993-1005.

Klassifizierung als königliche Frau vornimmt, benennt der Text phonographisch mit Namen und Titel eine konkrete Person.

Der zweite Text ist wohl als Figurenrede des Amun aufzufassen. Das muß aber wegen der Zerstörungen ebenso offen bleiben, wie die Frage, welchen männlichen Adressaten der Gott hier ansprechen sollte.

Hoch problematisch ist der erste Text, der mit einer Redeeinleitung beginnt, ohne daß (im erhaltenen Text) eine Figurenrede folgen würde. Wenn von einem Opfer gesprochen wird, ist der Bezug zunächst auch unklar. Allenfalls könnte darauf hingewiesen werden, daß die Begegnung zwischen König und Gott, hier zwischen Königin und Göttin, immer einen kultischen Hintergrund hat. Die Frage BRUNNERs, ob auf die Gelegenheit angespielt werde, bei der Amun die Königin erstmals erblickt habe, ist nicht zu beantworten. Aus der zweiten Hälfte dieses Textes wird trotz der Lücken erkennbar, daß in deutlicher Sprache schon von der sexuellen Begegnung zwischen Amun und Mutemwia erzählt wird. Das ignoriert die bildliche Darstellung und, was schwerer wiegt, auch den Fortgang der Erzählung. BRUNNER vermutet, daß dieser Text irrtümlich von *SZENE III* nach vorne verschoben wurde. Beweisbar ist das freilich nicht. So muß der Zusammenhang von Text und Bild in dieser Szene wohl als rätselhaft stehen bleiben. Alle Versuche, den heutigen Zustand weiter zu deuten oder einen postulierten Urzustand zu rekonstruieren, führen allzu schnell ins Spekulative. Allenfalls könnte man noch erwägen, ob *Text I* vielleicht gar nicht als Beschreibung einer aktuellen Tätigkeit Amuns, sondern als überschriftartiges Summarium des Zyklus zu verstehen wäre. Das würde zumindest die Reibung zwischen Text und Bild deutlich verringern und dem eröffnenden Charakter, den *SZENE I* in *L* wie in *D* hat, gut entsprechen.[41]

---

41 In *D* ist der Sachverhalt viel einfacher. Text und Bild beziehen sich aufeinander und berichten von einem himmlischen Thronrat. Der Götterkönig Amun kündigt den versammelten Gottheiten die segensreiche Herrschaft des neuen Königs an. Hier werden literarische Elemente verarbeitet, die an die Geburtserzählung des *Pap.Westcar* ebenso erinnern, wie an die Gattung der Königsnovelle. Die Ähnlichkeit mit *Pap.Westcar* macht es unwahrscheinlich, daß BRUNNER mit seiner Vermutung recht hat, diese Szene sei kein ursprünglicher Bestandteil des Geburtszyklus, sondern sekundär als Einleitung geschaffen. Vgl. BRUNNER 1986, 19 f. Zur eröffnenden Funktion von *SZENE I* vgl. MERKLEIN 1996, 27.

SZENE II: *Amun und der König.*[42]

Bild: Der obere Teil des Bildes ging verloren, als irgendwann die oben erwähnte Tür zum Nebenraum durchgebrochen wurde. Zu erkennen sind aber noch
zwei Personen, die durch eine Inschrift aus vier senkrechten Zeilen getrennt sind.
Die linke Gestalt ist trotz der Zerstörungen als König zu deuten. Dafür spricht der
königliche Schurz mit den beiden Uräusschlangen. Das rechte Bilddrittel nimmt

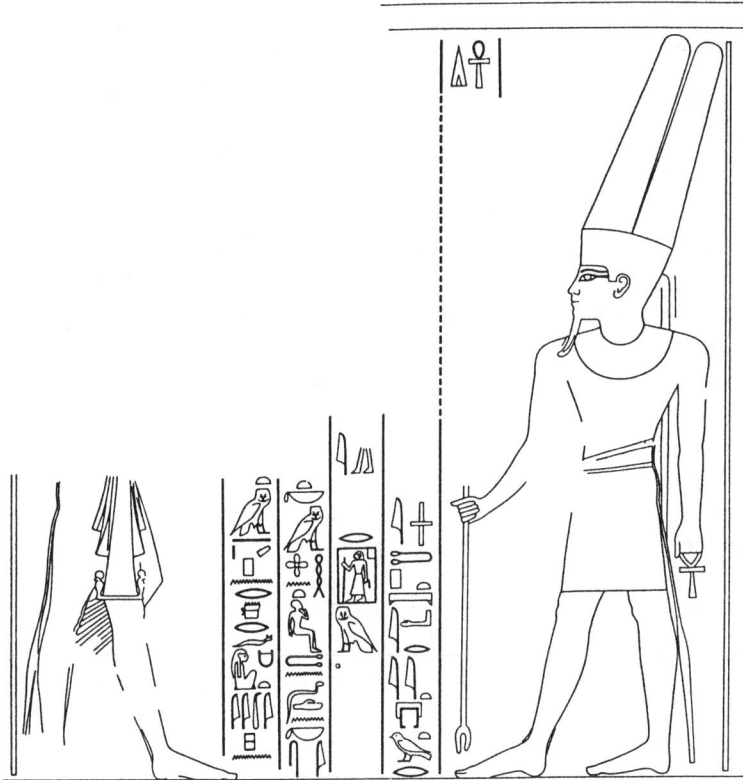

die Gestalt des Amun ein. Die Darstellung entspricht der in *SZENE I.*

Texte: Sicher waren den beiden Figuren Namen und Titel beigeschrieben.
Erhalten ist davon jedoch nichts. Oberhalb von Amun finden sich noch Reste eines
Segensspruches. Die Reste der Inschrift in der Bildmitte zeigen, daß es sich um
zwei Texte handelt, die den beiden Personen als Figurenrede zugeordnet sind. Darauf deutet zumindest die Leserichtung der Hieroglyphen hin.

---

42   Vgl. BRUNNER 1986, 22-31.

Rede des Königs:
"... [was du will]st mit dieser jungen Frau. Ich sage dir aber auch noch: ... [schöner ist sie als jede] Frau in diesem ganzen Lande, die Gattin dieses Herrschers."

Rede des Amun:
"... Eile ... zum Fürstenhaus in [Karnak] ... [im] himmlischen [Horizonte], dem großen Torweg."

Eine Deutung erscheint sehr problematisch. Ergänzt man die Textfragmente von *D* her, so werden die Texte zwar in sich verständlich, allerdings wird dann erst richtig deutlich, daß das Problem der Text-Bild-Relation fast unlösbar ist.

In *D* spricht nämlich nicht der König, sondern der Gott Thot, der auch im Bild dargestellt ist. Amun schickt Thot, den schriftkundigen Wesir des Himmelskönigs, zu einer menschlichen Frau, die sein Wohlgefallen gefunden hat. Der Gott der Weisheit berichtet, daß es sich um die Königin handelt, die schönste und vornehmste Frau des Landes. Ihr Gatte, der König, ist noch ein Kind *(jnpw)*.

Für *L* stellt sich dann die Frage, ob etwa der König über seine Frau das berichten soll, was Thot sagt? Soll Amun den König zum "Fürstenhaus" *(ḥwt srw)* schicken?[43] BRUNNERs Festellung, daß bei *L* Text und Bild einfach nicht zusammenpassen, ist mindestens auf den ersten Blick kaum zu bestreiten.

Zweifelhaft scheint mir seine Vermutung, mit dem "Fürstenhaus" sei *"ein Absteigequartier des Königs und seiner Frauen im Tempel gemeint".*[44] Wenn in anderen Texten mit "Fürstenhaus" ein Raum im Tempel als Ort der Zeugung des neuen Königs bezeichnet wird, so ist dieses Verständnis zunächst auch hier anzusetzen. BELL hat darauf aufmerksam gemacht, daß in Luxor das "Fürstenhaus" der Ort ist, an dem die Neunheit über den Streit zwischen Horus und Seth entscheidet und Horus als legitimen Erben seines Vaters Osiris anerkennt. Wenn die Säugung oder Zeugung des Königs in diesen Raum verlegt wird, wie dies in Inschriften Amenophis III. in Luxor geschieht, so wird auf die Horusqualität des Königs als legitimer Erbe verwiesen.[45] Daß in *L* trotzdem Amun die Rolle des göttlichen Vaters innehat, darf angesichts der Vielschichtigkeit ägyptischer Königstheologie nicht weiter überraschen.

Wenn in *SZENE IV* das Geschehen der Zeugung dann in den "Palast" verlegt wird, so bedeutet das eine inhaltliche Spannung, die erst später auszuwerten ist. Einstweilen sei darauf verwiesen, daß mit diesem Begriff auch der Luxortempel insgesamt gemeint sein kann.[46]

---

43 Leider läßt sich die Spannung auch nicht durch die Annahme auflösen, daß die spätere Restauration hier einen falschen Text ergänzt habe. Die Inschriften bieten, wo sie erhalten sind, die originale Fassung.

44 BRUNNER 1986, 26.

45 Vgl. BELL 1985, 272; aber auch BRUNNER selbst verweist auch entsprechende Texte (1986, 26).

46 Generell ist auch zu bedenken, daß es traditionell eine enge Verbindung von Palast und Kultstätte gab. Zum einen waren in den königlichen Residenzen, wenn diese nicht ohnehin in unmittelbarer Nähe zu einem Tempel lagen, Kultstätten eingerichtet, zum anderen war der

Ob *L*, wie BRUNNER vermutet,[47] tatsächlich wie *D* den Satz *"Seine Majestät aber ist noch ein Kind (jnpw)"* hatte, muß wohl offen bleiben. Mit *jnpw* ist jedenfalls ein Kronprinz oder König jugendlichen Alters gemeint. Evtl. handelt es sich bei diesem Namen um einen speziellen Bezug auf die Horusqualität des Betreffenden, der als Anubis *(jnpw)* "getarnt" wird, um ihn vor den Anfeindungen des Seth zu schützen. Daß der Begriff tatsächlich impliziert, daß der Prinz oder König noch nicht zeugungsfähig ist und die Königin damit zugleich als Jungfrau gekennzeichnet wird, erscheint inzwischen als unzutreffend.[48]

König durch Kultpaläste als in der Nähe des Gottes wohnend repräsentiert. Vgl. ARNOLD 1982; SILVERMAN 1994, 71.

[47] Vgl. BRUNNER 1986, 27.

[48] Gegen BRUNNER 1986, 27-29.223 f. Zu *jnpw* jetzt FEUCHT 1995, 503-512. Sie macht z.B. darauf aufmerksam, daß der *jnpw* Tutanchamun sich rasiert hat (508 f).

Bild: Zwei Figuren gehen in Zyklusrichtung. Vorne geht, gekennzeichnet durch die üblichen Motive, Amun, der die linke Bildhälfte einnimmt. Sein Kopf und seine rechte, erhobene Hand sind nach hinten gewandt zu einer zweiten Gestalt, die sich von Amun durch den Ibiskopf unterscheidet und damit als Gott Thot näher bestimmt ist. Thot hält in der linken Hand statt des Was-Szepters eine Schriftrolle. Die andere Hand hält er erhoben. Sie ist auf Amun hin geöffnet, so wie dessen Rechte auf Thot hin. Diese Handhaltung ist als Redegestus ein konventionalisiertes Zeichen der ägyptischen Kunst, mit dem Personen als Redende dargestellt werden können. Amun und Thot unterhalten sich also.

Leider bieten die *Texte* nicht den Inhalt ihrer Unterhaltung. Es sind - wie auch in *D* - nur kümmerliche Reste erhalten: ein Segensspruch vor Amun, sowie Name und Titel des Amun und das Ende einer entsprechenden Inschrift bei Thot, wobei nur der Segensspruch original ist, das übrige stammt von den Restauratoren.[50]

---

49 Vgl. BRUNNER 1986, 32-34.
50 Unter der Annahme, daß der Text von *SZENE I* eigentlich hierher gehörte, ließe sich der Inhalt der Unterhaltung zwar auch nicht näher bestimmen, aber die Szene wäre dann so aufzu-

SZENE IV: Die Zeugung des Kindes. [51]

Mit dieser Szene geraten wir, was die Interpretation angeht, in ruhigeres Fahrwasser. Von hier ab laufen auch die beiden Fassungen von *L* und *D* weitgehend parallel.

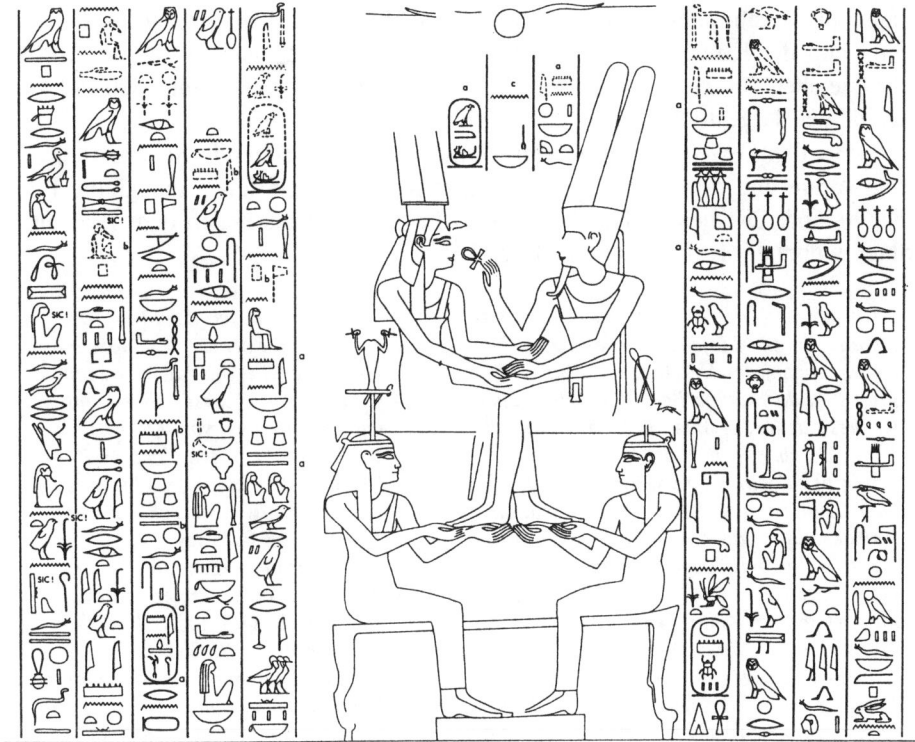

Bild: Über der Szene schwebt eine geflügelte Sonne, die auf die Heiligkeit des Dargestellten schließen läßt. Amun und die Königin sitzen einander gegenüber, begleitet von zwei Göttinnen, die die Füße des Paares stützen. Die beiden Göttinnen, die ebenfalls einander zugewandt sind, sitzen auf einem Bett; ihre Füße ruhen auf einem gemeinsamen Podest. Amun ist durch die üblichen Merkmale gekennzeichnet. Der Gott hält der Königin, die wie in *SZENE I* auf der königlichen Geier-

---

fassen, daß Thot Amun zur intimen Begegnung mit der Königin führt. Der Text spräche dann allerdings von einer Verwandlung in die Gestalt des regierenden Königs. Davon ist im Bild nichts zu sehen. Amun wird wie immer in seiner Gottesgestalt gezeigt. Ich bezweifle übrigens, daß es überhaupt eine andere Möglichkeit der Darstellung gab. Nimmt man ernst, daß die Darstellung von Gottheiten nicht ihre wahre Gestalt wiedergeben will, sondern in ihren kennzeichnenden Attributen Schriftcharakter besitzt, so kann Amun eigentlich nur als Amun dargestellt werden.

51   Vgl. BRUNNER 1986, 35-58.

haube ein Federpaar trägt, das Lebenszeichen an die Nase. Diese überaus häufig dargestellte Geste bedeutet allgemein nur die Übertragung göttlicher Lebensmacht, erhält hier durch den Kotext des gemeinsamen Sitzens auf einem Bett natürlich auch eine gewisse erotische Konnotation.

Die gegenseitige Berührung der Hände ist eine Ausdrucksform der ehelichen Gemeinschaft. Das läßt sich aus Ähnlichkeiten von *L* (*D* weicht leicht ab) zu Darstellungen in Privatgräbern der 18. Dynastie schließen.[52] Die Sitzfläche, die sich Amun und die Königin teilen, ist zum Bett zu rechnen, auch wenn sie wie das Schriftzeichen für *pt* (= "Himmel") gestaltet ist, was auf die himmlisch-göttliche Qualität des dargestellten Geschehens schließen läßt.

Bei den *Texten* handelt es sich einmal um identifizierende Beischriften zwischen Amun und der Königin, sowie Segenssprüche, von denen nur kleine Reste erhalten sind. Die beiden Haupttexte sind links und rechts neben dem Bild angeordnet, wobei der rechte zuerst zu lesen ist:

Gesprochen durch die Königsmutter Mutemwia vor der Majestät dieses herrlichen Gottes, Amun, des Herrn von Karnak: "Wie groß sind doch deine Bas! Wie vollkommen ist diese deine ...! Wie verborgen sind die Pläne, die du geschmiedet hast! Wie zufrieden (ḫtp) ist dein Herz über meine Majestät! Dein Duft ist in allen meinen Gliedern!", nachdem die Majestät dieses Gottes alles, was er wollte, mit ihr getan hatte.
Da sprach Amun, der Herr von Karnak, vor ihrer Majestät: "Amun-hetep, Herrscher von Theben, ist der Name dieses Kindes, das ich in deinen Leib gegeben habe, gemäß dieser Knüpfung von Worten, die aus deinem Mund gekommen ist. Er wird dieses wohltätige Königtum in diesem ganzen Lande ausüben. Mein Ba gehört ihm, mein Ansehen gehört ihm, meine weiße Krone gehört ihm, er ist es, der die beiden Länder beherrschen wird wie Re ewiglich."

Gesprochen durch Amun-Re, den Herrn von Karnak, den vordersten seiner Ipet, nachdem er seine Gestalt zu der dieses ihres Gatten, des Königs von Ober- und Unterägypten, Men-Cheperu-Re, begabt mit Leben, gemacht hatte. Er fand sie, wie sie ruhte im Innersten ihres Palastes.
Sie erwachte wegen des Gottesduftes, sie lachte Seiner Majestät entgegen. Er ging sogleich zu ihr; er entbrannte in Liebe zu ihr. Er ließ sie ihn sehen in seiner Gottesgestalt, nachdem er vor sie gekommen war, so daß sie jubelte beim Anblick seiner Vollkommenheit. Seine Liebe, sie ging ein in ihren Leib. Der Palast war überflutet - Gottesduft! Und alle seine Gerüche waren solche aus Punt.

Wie unschwer festzustellen ist, gibt es nicht unerhebliche Reibungen zwischen Text und Bild. Beschränkt sich letzteres auf eine dezente Andeutung der Gemein-

---

52 So ist etwa im Grab des Sennefer, der unter Amenophis II. Bürgermeister von Theben war, eine Darstellung zu finden, die den Grabherrn mit seiner Ehefrau in exakt derselben Handhaltung verbunden zeigt. Vgl. EGGEBRECHT 1991, 67 Abb. 46; HODEL-HOENES 1991, 120.

schaft von Gott und Königin, so gibt der Text eine Fülle von Informationen, die im Bild keine Entsprechung haben.[53]

♦ Zum einen spricht der Text von einer Verwandlung des Gottes: Amun nimmt die Gestalt des Königs an, läßt sich dann aber in seiner göttlichen Gestalt sehen und vollzieht in dieser den Zeugungsakt, welcher bei aller Zurückhaltung im Text deutlicher thematisiert ist als im Bild.

♦ Als Ort des Geschehens wird das Innerste des Palastes angegeben.

♦ Der Duft, den Amun verströmt, spielt eine wichtige Rolle.

♦ Amun und die Königin sind durch gegenseitige Liebe verbunden.[54]

♦ Amun bildet aus den Worten der Königin, die schon als Königsmutter bezeichnet wird, den Namen des Kindes und zukünftigen Königs. Daß die Königin nicht über ihre Zufriedenheit, sondern über die des Gottes spricht, mag überraschen. Es ist allerdings keine Aussage über dessen sexuelle Befriedigung intendiert. Vielmehr bereitet die Äußerung die Benennung des Kindes *(Jmn-htp)* vor und ist darüber hinaus im Rahmen ägyptischer Theologie zu verstehen. Es geht nicht um eine bloße Gemütsregung des Gottes, sondern um die Aussage, daß die Königsherrschaft dieses Kindes der Ma'at entspricht, indem sie die Götter zufriedenstellt.

Letzteres macht deutlich, daß die Zeugung des Kindes, welches im Bild nicht vorkommt, und vor allem sein zukünftiges Königtum vom Text als die primäre Intention der Begegnung von Gott und Königin herausgestellt wird. Hier liegt der eigentliche Skopus von *SZENE IV*.[55]

Was die weitere Deutung dieser Szene angeht, so hat ASSMANN vor allem auf den Antagonismus von göttlicher und menschlicher Sphäre abgehoben. Amun, der Götterkönig und Reichsgott, überschreitet diese Grenze, indem er die menschliche Gestalt des königlichen Gatten annimmt und in den Palast geht, um den Beischlaf mit einer Sterblichen zu vollziehen.[56] Es scheint mir aber fraglich, ob in diesem Aspekt eine zentrale Aussage des Textes gesehen werden sollte. Was die bildliche Darstellung angeht, so erscheint die Königin (wie sonst auch der König) als ebenbürtige Partnerin der Götter. Sie ist durchweg gleich groß dargestellt; ihr Ornat ist dem des Amun angenähert. Gewiß wird ihr Menschsein nicht explizit geleugnet, aber doch an keiner Stelle besonders betont. Das gilt auch für die Texte, die keineswegs ihre Sterblichkeit hervorheben, sondern im Gegenteil stets ihre Würde als königliche Frau, die *"lebt wie Re"* (SZENE I), betonen. Text und Bild heben zwar den Unterschied zwischen Götterwelt und Menschenwelt nicht auf, betonen ihn aber auch nicht. Statt von Grenzüberschreitung sollte man deshalb besser von einer

---

53   BRUNNER (1986, 58) erschließt wohl zurecht ein höheres Alter des Textes, zu dem das Bild als "Illustration" geschaffen wurde.

54   Wie BRUNNER-TRAUT (1988, 53 Anm. 23) behaupten kann, der ägyptische Gott wirke *"nicht als Liebhaber"*, ist unverständlich.

55   Das entspricht auch der Einleitung des Zyklus in Deir el-Bahari.

56   Vgl. ASSMANN 1982, 26 f.

Annäherung und Überlagerung von göttlicher und menschlicher Sphäre sprechen. Dem entspräche auch die Spannung zwischen der bildlichen Darstellung eines himmlischen Geschehens und der Ortsangabe des Textes, welcher das Geschehen in das Innerste des Palastes verlagert. Die Annahme einer symbolischen Überlagerung von Göttlichem und Menschlichem scheint mir auch der Rolle, die der göttliche Duft in *SZENE IV* spielt, besser zu entsprechen.[57]

Vom Duft geht ja im alten Ägypten eine Signalwirkung aus, deren symbolischer Gehalt die Nähe des Göttlichen andeutet. In den religiösen Vorstellungen Ägyptens können Duftstoffe als göttliche Emanationen aufgefaßt werden. *"Der Wohlgeruch ist Symbol des ewigen Lebens der Götter."*[58] Deswegen gehört das Ausströmen von Wohlgeruch zu den häufig belegten Eigenschaften ägyptischer Gottheiten. Dem Menschen geben Duftstoffe wie Salben und Weihrauch die Möglichkeit, den Göttern ähnlich zu werden.[59] In den Pyramidentexten des Unas (2355-2325 v.Chr.) aus der 5. Dynastie heißt es:

> *Euer Duft kommt zu dem König Unas, ihr Götter.*
> *Der Duft des Königs Unas kommt zu euch, ihr Götter.*
> *König Unas ist bei euch, ihr Götter.*
> *Ihr seid mit König Unas, ihr Götter,*
> *Ihr lebt mit König Unas, ihr Götter.*[60]

Unter den Texten des Neuen Reiches liegt eine Inschrift der Punthalle in Deir el-Bahari am nächsten. Dort wird im Kontext der Puntexpedition eine Vergöttlichung der Königin ausgesagt:

> *[Ihre] Majestät selbst vollbringt es mit ihren beiden Armen,*
> *die besten Myrrhen sind auf allen ihren Gliedern,*
> *ihr Geruch ist der Wohlgeruch des Gottes,*
> *ihr Duft vermischt sich mit dem von Punt,*
> *ihre Haut ist mit Elektron vergoldet*
> *und strahlt wie die Sterne inmitten der Festhalle vor dem ganzen Land.*[61]

Die goldene Färbung ihrer Haut drückt aus, daß der Königin göttliche Qualität zukommt. Diese Parallelisierung der Königin mit Amun wird hier mit dem Duft der Bäume aus Punt verbunden, die Hatschepsut für Amun herbeigeholt hat. Mit Amun ist ja vor allem der Duft des Weihrauchlandes Punt assoziiert, mit dem er selbst die

---

57 Zur religiösen Dimension des Wohlgeruchs in der ägyptischen Tradition vgl. LOHMEYER 1919, 15-22; HORNUNG 1971, 122-124.141; PASZTHORY 1992, 12-18; FAURE 1993, 21-50. Speziell zum Geburtszyklus: SHIRUN-GRUMACH 1993, 91 f.
58 PASZTHORY 1992, 13.
59 GERMER 1986 geht leider auf die theologische Dimension des Weihrauchs gar nicht ein. Dabei legt sich diese schon durch die Begrifflichkeit nahe: *sntr* (= "Weihrauch") läßt sich nämlich aufgrund der üblichen Schreibungen (mit dem Gottesideogramm) als kausatives Derivat von *ntr* verstehen und ist dann als "Vergottungsmittel" aufzufassen, wie umgekehrt der Weihrauch als Gabe (Schweiß bzw. Tau) der Götter verstanden wurde.
60 Zitiert nach PASZTHORY 1992, 18. Vgl. LOHMEYER 1919, 20.
61 Zitiert nach SHIRUN-GRUMACH 1993, 92. Vgl. HORNUNG 1971, 123 f.

Götter erfreut. Dabei bildet die Vorstellung, daß der Mensch sich über den Duft den Göttern angleichen, sich ihrem Wesen annähern kann, den allgemeinen kulturellen Hintergrund für die Vergöttlichungsaussage dieses Textes.

Damit ist klar, daß der Duft, der in *SZENE IV* des Geburtszyklus den Palast erfüllt, als Signum der Gegenwart eines Gottes,[62] die zwischen göttlicher und menschlicher Sphäre vermittelt, zu verstehen ist. Amun überwindet die Distanz zwischen Gott und Mensch, indem er die Königin durch den Duft in eine göttliche Aura einhüllt, sie in gewisser Weise vergöttlicht und damit die Möglichkeit einer Gemeinsamkeit zwischen Gott und Mensch konstituiert. Die direkte Begegnung mit dem Göttlichen führt bei der Königin nicht zu Furcht und Erschrecken, sondern zur Erwiderung der Liebe und zum Jubellied.

ASSMANN weist darauf hin, daß die Gestalt des Ehemanns für die Begegnung zwischen Gott und Königin nicht zwingend ist. Wie der *Ptah-Segen* zeigt, kann sie auch in Tiergestalt gedacht werden.[63] In diesem Text spricht der Gott Ptah-Tatenen zum König (Ramses II. bzw. Ramses III.), seinem geliebten, erstgeborenen Sohn:[64]

> *Ich bin dein Vater,*
> *der dich als Gott erzeugte, so daß alle deine Glieder Götter sind.*
> *Ich vollzog eine Verwandlung in den Widder, den Herrn von Mendes;*
> *ich ergoß dich in deine ehrwürdige Mutter.*
> *Ich weiß: du bist mein Beschützer, und du tust Nützliches für meinen Ka.*
> *Ich brachte dich hervor um aufzugehen wie Re;*
> *ich erhöhte dich vor den Göttern.*

Dieser Text bietet insofern eine gute Vergleichsmöglichkeit, als ganz deutlich zu sehen ist, daß die Begegnung der Gottheit mit der Königin auf die göttliche Würde des Königs abzielt und diese begründet. Wenn im *Ptah-Segen* dem gottgezeugten König die Rolle des Beschützers (Rächers) seines göttlichen Vaters zugeschrieben wird, so spielt das auf den Horusmythos an und ist ein Indiz dafür, daß die Horusqualität des Königs, die sein Handeln für die Gottheit begründet, den theologischen Horizont für seine verwandtschaftliche Anbindung an die Götterwelt bildet.

Der Hinweis auf den *Ptah-Segen* scheint allerdings insofern etwas heikel, als die dort angenommene Tiergestalt die Gestalt des zeugungsfähigen Gottes ist, und in

---

62 Die Behauptung von KUHLMANN (1988, 150 mit Anm. 1187), der Duft beziehe sich auf das Räucherwerk, das während einer Liebesnacht im Harim verbrannt werde, kann - ohne daß die erotische Qualität des Duftes bestritten werden soll - nur als Mißverständnis eingestuft werden. Das gilt erst recht für die Vermutung, das Entzücken der Königin über die "Gottesgestalt" beziehe sich eigentlich auf die sichtbare Erregung ihres königlichen Gemahls, der mit dem ityphallischen Amun-Min verglichen werde. Der Versuch, den Geburtszyklus als Traum der Königin auszulegen, geht völlig am Text vorbei und kann nur als gescheitert angesehen werden.

63 Vgl. ASSMANN 1982, 34-36.

64 Zitiert nach SCHNEIDER 1994, 23. Der gesamte Text der Version Ramses II. in Abu Simbel in deutscher Übersetzung mit Kommentar findet sich ebd. 20-33.

dieser die Zeugung auch stattfindet. Im Unterschied dazu ist die Bedeutung der Gestalt des Königs im Reliefzyklus deutlich reduziert, denn der Text spricht eindeutig davon, daß sich Amun vor der Zeugung des Kindes von der Königin in seiner Gottesgestalt sehen läßt. Das ist etwas ganz Besonderes, weil die religiöse Tradition Ägyptens in der Regel davon ausging, daß die wahre Gestalt der Götter von Menschen nicht zu schauen ist.[65] In den seltenen Fällen, wo es zu einer direkten Begegnung von Gott und Mensch kommt, wird das Nahen des Gottes meist durch ungeheure Machtzeichen begleitet. Hier aber ist nicht von Erdbeben oder ähnlichem die Rede. Die Königin erwacht vom Duft, den der Gott verströmt. Dadurch ist sie auf die direkte Begegnung mit der Gottheit vorbereitet, denn der Duft des Gottes übernimmt die Funktion eines Mediums und schafft eine Atmosphäre, die ein schreckloses Eintauchen in das Wesen dessen erlaubt, der sich dann offenbart. Was den zwischenzeitlichen Gestaltwandel Amuns angeht, so hat die von BRUNNER vorgeschlagene Deutung, es gehe darum, die Palastwachen zu täuschen und problemlos zur Königin zu gelangen,[66] durchaus eine gewisse erzählerische Plausibilität. Der Nachteil dieses Vorschlags besteht freilich darin, daß er vom Text her nicht zu begründen ist. Dieser selbst nämlich gibt nicht einmal eine Andeutung über den Grund des Gestaltwandels. Vielleicht sollte man die Gestalt Amuns als königlicher Gatte nicht zu gering schätzen. Immerhin besteht aufgrund des Textes zu *SZENE I* von *L*, der eine Rückverwandlung vor der Zeugung nicht zu kennen scheint, durchaus die Möglichkeit, daß auch in *SZENE IV* die Information über den Gestaltwandel Amuns eine durchaus ambivalente Reminiszenz an die menschliche Zeugung des späteren Königs durch seinen königlichen Vater darstellen soll. Dies würde jedenfalls der generellen Tendenz einer Überlagerung von göttlicher und menschlicher Welt, wie sie oben schon festgestellt wurde, gut entsprechen.

---

65 Zur "wahren Gestalt" ägyptischer Götter vgl. HORNUNG 1971, 117 ff.
66 Vgl. BRUNNER 1986, 50 mit Anm. 7; auch ASSMANN 1982, 27.

SZENE V: Amun beauftragt Chnum, das Kind und seinen Ka zu formen.[67]

Bild: Amun, durch die üblichen Attribute charakterisiert, blickt in Zyklusrichtung. Ihm gegenüber steht Chnum, welcher am Widderkopf zu erkennen ist, obwohl im Unterschied zu *D* Namen und Titel in Luxor nicht erhalten sind. Die beiden Götter halten jeweils ein Was-Szepter in der vorderen und ein Anch-Zeichen in der hinteren Hand. Sie sind durch eine senkrechte Inschriftenzeile getrennt.

Texte: Das Fragment der langen Mittelzeile ist wohl als Antwortrede des Chnum aufzufassen, welcher dem königlichen Kind seinen Schutz verheißt.

... hinter dem König von Ober- und Unterägypten Neb-Ma'at-Re, zusammen mit allen seinen Kas, begabt mit Leben, Dauer und Wohlfahrt, indem sein Herz weit ist wie Re ewiglich.

---

67   Vgl. BRUNNER 1986, 59-67. *D* weicht nur unwesentlich, vor allem hinsichtlich der Textverteilung, ab.

Die Zeilen über und hinter Amun bringen seine Titel und seine Rede:

Gesprochen durch Amun-Re, den ersten seiner Ipet: "Ich gebe dir hiermit alles Leben und alle Wohlfahrt bei mir, mein geliebter Sohn (Amenhetep) ..."
... "Mache ihn und seinen Ka als diesen Leib, der der des Amun ist; und damit seine Form hinaus über die aller Götter. Es ist die Gestalt dieses meines Sohnes, den ich gezeugt habe. Ich verleihe ihm hiermit alles Leben und alle Wohlfahrt, alle Gesundheit und alle Herzensweite, alle Speisen und alle Nahrung wie Re ewiglich."

Insgesamt ist die Szene wohl so zu verstehen, daß Amun, der Götterkönig, den Gott Chnum in seiner Funktion als Menschenschöpfer beauftragt, den Leib des Kindes und seinen Ka zu bilden. Betont wird, daß der Leib dieses Kindes der des Amun ist und sich deshalb vor allen Göttern (= Königen) auszeichnet. Die Einheit von Königs- und Gottesleib wird mit der Zeugung durch Amun begründet. Daß das Kind, obgleich schon gezeugt, jetzt noch gebildet werden muß und gleichzeitig doch schon von seinem Vater direkt angesprochen werden kann, zeigt eindringlich, wie wenig der Reliefzyklus auf chronologische Stimmigkeit achtet. Weil es nicht um erzählerische Exaktheit geht, können mehrere Zeitebenen gleichzeitig thematisiert werden.

Die Verschmelzung verschiedener Zeitebenen ist auch im Ka-Begriff angelegt, denn der Ka im Menschen ist ja nicht nur seine persönliche Lebenskraft und Lebensfähigkeit, sondern umschreibt darüber hinaus auch seine Einbindung in die Reihe der Ahnen. So ist der Ka auch der Inbegriff der Kontinuität und spielt besonders in Bezug auf Geburt und Tod eine wichtige Rolle. Wenn der Reliefzyklus von einer Vielzahl königlicher Kas spricht, so ist darauf zu verweisen, daß neben dem König nur Re und andere Schöpfungsgötter mehrere Kas besitzen. Bei der Übertragung des Ka von einem Gott auf den König ereignet sich die Einwohnung des Gottes im Menschen, der göttliche Vater wiederholt sich im Sohn.[68] Auch hierin ist die oben angesprochene Tendenz zur Überblendung differierender Welten zu erkennen.

---

[68] Die ägyptologische Forschung zum Ka ist noch längst nicht abgeschlossen. Vgl. einstweilen die knappe Zusammenfassung bei KAPLONY 1980; sowie KOCH 1993, 186-188.246-248 (u.ö.).

Bild: Chnum, wie in der vorhergehenden Szene widderköpfig, sitzt auf einem Thron mit Podest und blickt in Zyklusrichtung. Er hat die beiden Hände so nach vorne gestreckt, daß sie (wie im Segensgestus) fast die Köpfe der zwei kleinen Kinder berühren, welche vor ihm auf einem niedrigen Tisch stehen und ihn anblicken. Beide Kinder tragen die Jugendlocke, das standardisierte Zeichen für kindliches Alter. Das vordere hält zusätzlich den Finger an den Mund, was ebenfalls als Zeichen der Kindlichkeit zu deuten ist. Da Thron und Tisch auf einem gemeinsamen Podest stehen, sind Chnum und die beiden Kinder erhöht gegenüber einer Göttin, welche mit ihrem Thron auf der Grundlinie des Bildes sitzt. Kuhgehörn und Sonnenscheibe bedeuten zwar keine eindeutige Identifizierung, und eine Namensangabe ist nicht erhalten, da aber die gleiche Göttin in *SZENE VIII* als

Hathor identifiziert wird, ist diese Identität auch hier anzunehmen.

---

69   Vgl. BRUNNER 1986, 68-74.

Die Göttin hält ein Lebenszeichen in Richtung auf die Kindergestalten. Im Unterschied zur vorhergehenden Szene sind die Figuren nicht durch Inschriften getrennt.

Texte: Der gesamte Text ist oberhalb der dargestellten Personen angeordnet. Es handelt sich um eine lückenhaft erhaltene Rede des Schöpfergottes Chnum, welcher zu einem von den Kindern, die vor ihm stehen, spricht:

> *...Ich töpfere dich hiermit eines Leibes (mit Amun) ... alle ... alle. Du wirst König sein von Ägypten und Herrscher des Rot(en Landes;) alle Länder werden unter deiner Aufsicht sein und die Neunbogen gebunden (unter) deinen Sohlen. Dir gehört der Thron des Geb (und die Königsherrschaft)t des Re-Chepre. (Die Kraft der beiden Herren durchdringt) deine Glieder, ihre Anteile (werden dir in) Wohlfahrt (überwiesen), indem du erscheinst (auf) dem Thron (des Horus) ... Kopf ... alle ... ewiglich.*

Diese Szene gehört eng mit der vorhergehenden zusammen: Chnum führt hier den Auftrag aus, den Amun ihm dort gegeben hat. Die beiden Kindergestalten erklären sich aus der Anweisung, das Kind zusammen mit seinem Ka zu bilden. Trotzdem ist es auffällig, daß in dieser Szene der Text den Ka nicht erwähnt. Das mag aber auch an den Zerstörungen liegen. Eindeutig geht es in dieser Szene darum, die besondere Qualität des königlichen Kindes zu betonen. Sein Leib und sein Ka werden durch den Schöpfergott Chnum selbst gebildet und dabei von ihm und Hathor mit göttlichem Segen und Lebenskraft begabt. Die Schöpfertätigkeit begründet die zukünftige königliche Würde des angesprochenen Kindes und zielt auf die Einheit des königlichen Leibes mit dem des Amun. Dabei wird der zukünftige König in Relation zu mehreren Gottheiten gesetzt.

   ▷ *Chnum* bildet und segnet ihn; weist ihm die Herrschaft zu.
   ▷ *Hathor* spendet ihm Lebenskraft.
   ▷ Sein Leib ist der des *Amun.*
   ▷ Sein Thron ist der des *Geb.*
   ▷ Sein Königtum ist das des *Re-Chepre.*
   ▷ Er hat die Kraft der zwei Herren *(Horus* und *Seth)*
   ▷ und erscheint auf dem Thron des *Horus.*

Die göttliche Würde des Königs basiert also nicht nur auf der Zeugung durch Amun, sondern wird hier wie an anderen Stellen durch ein theologisches Beziehungsgeflecht plural begründet.[70]

---

[70] Die Szene entspricht generell der von *D.* Abweichungen betreffen nur Einzelheiten in Text- und Bildkomposition. So hat etwa *D* statt der thronenden Hathor eine kniende Heqet als assistierende Göttin.

Diese Szene eröffnet das zweite Register. Die Leserichtung wechselt hier. Von nun an läuft der Zyklus von links nach rechts.

Bild: Links steht Thot, in Zyklusrichtung blickend, wie in *SZENE III* durch einen Ibiskopf gekennzeichnet. Die eine Hand hat er wie dort im Redegestus erhoben, die andere hält auch hier eine Schriftrolle, die ihn als Beamten des Götterkönigs ausweist. Ihm gegenüber steht die Königin mit Geierhaube und Federkrone. Die Figuren sind nicht durch Textzeilen getrennt. Der Text steht wieder über ihnen.

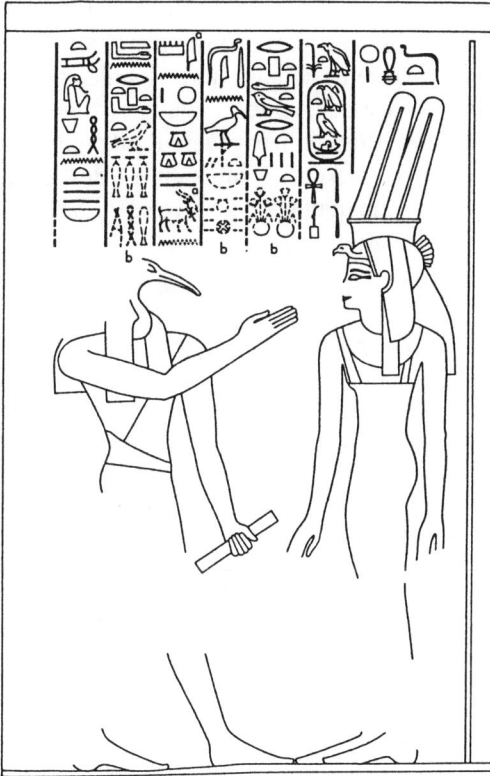

Texte: Einmal handelt es sich um eine identifizierende Beischrift zur Königin, welche als Königsmutter Mutemwia bezeichnet wird.

---

71   Vgl. BRUNNER 1986, 75-82.

Der zweite Text gibt eine Rede des Thot wieder:

Gesprochen von Thot, dem Herrn von Hermupolis:
  "(Zufrieden ist) Amun mit (deiner) echten Würde einer rp^ctt,
      groß an Gunst, Herrin der Annehmlichkeiten,
      süß an Beliebtheit wie Atum, Herrin aller Länder."

Die bildliche Darstellung kann zwar durch konventionalisierte Zeichen ideographisch aussagen, daß Thot zur Königin spricht, der Inhalt seiner Rede ist aber nur phonetisch wiederzugeben. Thot bringt der Königin, welche schon als Mutter des (zukünftigen) Königs bezeichnet wird, eine Botschaft des Amun. Diese beinhaltet nichts anderes als die Zufriedenheit Amuns mit ihrer besonderen Würde als königliche Frau und Mutter. Die Zufriedenheit des Gottes ist dabei wieder im Rahmen ägyptischer Theologie zu verstehen: Die Würde der Königin entspricht der Ma'at, welche durch Geburt und Thronbesteigung ihres Kindes hergestellt werden wird. Zwar werden weder das Kind noch seine Zeugung erwähnt oder dargestellt, aber einige Titel, die ägyptischen Königinnen generell zukommen, vor allem "groß an Gunst" und "süß an Beliebtheit" können im Rahmen des Zyklus als Verweis auf den Bereich von Liebe und Zuneigung gelesen werden. Von wem die Königin geliebt wird, bleibt dabei völlig offen.

In *D* weicht das Bild nur unwesentlich von dem in *L* ab. Der Text des Thot ist allerdings umfangreicher. Durch zusätzliche Titel wird die Königinmutter zu weiteren Göttern in Beziehung gesetzt. Sie ist diejenige, *"die den Horus sieht und den Seth sieht"*. Sie wird *"vom Widder geliebt"* und ist seine Priesterin *(d3tt)*. Mag sich der uralte Horus-Seth-Titel auf die Verkörperung dieser Throngötter durch den König und seine Gemeinschaft mit der Königin beziehen, so wird sich der Widdertitel auf die Vorstellung von der Begegnung der Königin mit dem Widder von Mendes beziehen, wie sie sich auch in dem oben zitierten *Ptah-Segen* ausdrückt. Auch hier gibt es also keine alleinige Festlegung auf die Zeugung durch Amun, auch wenn dieser Gott im Zentrum des Zyklus steht. Vielmehr wird die Würde der Königin als Königsmutter wie die ihres Kindes durch ein plurales Beziehungsgeflecht fundiert. Die göttliche Würde des Kindes strahlt auf seine Mutter zurück.

Bild: Die Königin, hier mit einer Geierhaube ohne Federkrone, schreitet nach rechts, also in Zyklusrichtung. Sie nimmt die Mitte des Bildes ein. Eine leichte Wölbung des Bauches deutet ihre Schwangerschaft an. Zur Rechten der Königin schreitet eine göttliche Frau, die durch Kuhgehörn mit Sonnenscheibe und Beischrift als Hathor identifiziert wird.[73] Mit der nach unten ausgestreckten rechten Hand hält sie die Hand der Königin. Hathors andere Hand ist erhoben und hält der Königin ein Lebenszeichen an die Nase. Die Göttin hat ihr Gesicht zur Königin

hingewandt und blickt sie an.

Zur Linken der Königin schreitet der widderköpfige Gott Chnum, ebenfalls in Zyklusrichtung. Auch er hält mit seiner äußeren Hand ein Lebenszeichen zur Königin hin. Da die Königin auf Hathor blickt, erreicht es allerdings nur den hinte-

---

72 Vgl. BRUNNER 1986, 83-89.

73 Wie in *SZENE VI* bietet **D** hier die ältere Fassung und zeigt statt Hathor die Göttin Heqet, welche im Text als *"Entbinderin"* tituliert wird. Andere Abweichungen betreffen nur Details der Darstellung.

ren Teil ihrer Haube. Die Darstellung, die entsprechend dem Kanon ägyptischer Flachbildkunst eine Frontalansicht des Kopfes vermeidet, ist aber so zu lesen, daß die Königin zwischen den Gottheiten geht, beide sich ihr zuwenden und ein Lebenszeichen an die Nase geben. Mit seiner inneren Hand hat Chnum ebenfalls die Hand der Königin gefaßt, so daß eine nahezu symmetrische Komposition entsteht mit der Gestalt der Königin als Zentralachse. Der Text steht über den Figuren und rechts von Hathor.

Texte: Ein Text identifiziert die königliche Frau wieder als Mutemwia. Ein weiterer bringt Namen und Titel des Chnum (zerstört), sowie seinen Segenswunsch für die Schwangere. Hathor spricht nicht nur die Mutter, sondern auch das Ungeborene an:

> *Gesprochen von Hathor, der Herrin des Himmels,*
> *der Herrin von Heliopolis, der Herrin von ...:*
> *"Ich gebe dir* (weibl.) *alles Leben, alle Gesundheit und*
> *alle Herzensweite bei sich* (!) *ewiglich, ewiglich!"*
> *- "Ich gebe dir* (männl.) *alles Leben und Wohlfahrt,*
> *alle Gesundheit bei mir, alle Herzensweite ... Neb-Ma'at-Re."*

Aus der Tatsache, daß der noch ungeborene Sohn der Königin schon mit seinem Thronnamen angesprochen werden kann, ist wieder auf die Überblendung verschiedener Wirklichkeits- und Zeitebenen zu schließen. In der Zeit, in der der Zyklus erzählt wird, ist das Kind längst König geworden. Deshalb wird es auch schon in der erzählten Zeit immer als solcher behandelt. Aus der Perspektive der Erzählung wird damit auf seine königliche Würde vorverwiesen. Aus der Leserperspektive wird sie an den Anbeginn seiner Entstehung zurückdatiert. Diese rückblickende Perspektive zeigt sich auch an der wiederholten Bezeichnung der Schwangeren als Königsmutter.
Das Geleit des Bildes und die Segenswünsche des Textes ergänzen sich und setzen Mutter und Kind zum wiederholten Male in Beziehung zur Götterwelt. Diese Beziehung wird von den Göttern her als Fürsorge, Schutz und Spendung von Lebensmacht definiert. Trotz ihrer symmetrischen Anlage ist die Komposition durch das Schreiten der Figuren deutlich gerichtet. Wohin die Gottheiten die Königin geleiten, wird aus der nächsten Szene erschließbar.

SZENE IX: Die Geburt des Königs.[74]

Die formale Gestaltung weist darauf hin, daß es sich hier um die wichtigste Szene des ganzen Zyklus handelt. Es ist die Szene mit dem größten Format und den meisten Figuren. Als mittlere Szene des mittleren Registers nimmt sie die zentrale Stelle der ganzen Wand ein.

Bild: Ein großes Bett strukturiert das ganze Bild und teilt es in drei Register. Daß die gebärende Königin (in *D* wie in *L*) auf einem Thron sitzend auf der obersten Fläche des Bettes plaziert ist, mag überraschen, doch entspricht dies der Würde der edlen Frau. Deswegen wird auch die Geburt selbst nicht dargestellt, aber in den leicht nach vorne ausgestreckten Beinen kann eine Andeutung bzw. "Schreibung" des Geburtsvorganges gesehen werden. Die Königin trägt die Geierhaube ohne Federkrone. Ihr Blick geht nach rechts; die Arme sind nach unten ausgestreckt und werden von zwei Frauen gehalten, die links und rechts neben dem Thron knien. Ihre Haltung weist sie als Dienerinnen aus. Da alle Götterzeichen fehlen, handelt es sich evtl. um menschliche Personen.[75] Das gilt auch für die vier Frauen, die links von der Königin stehen. Drei Frauen knien rechts von der Mittelgruppe. Es handelt sich wohl um Ammen, die das Neugeborene versorgen. Bei dem Kind, das die erste von ihnen nach hinten weiterreicht, handelt es sich um den Ka von Neb-Ma'at-Re. Das macht die Beischrift, die das Kind wie eine Krone auf dem Haupt trägt, deutlich. Das Ka-Kind trägt die Jugendlocke und legt vermutlich den Finger an den Mund. Vom königlichen Säugling selbst ist nichts zu sehen. Das ist wohl so zu verstehen, daß die Geburt noch im Gange ist.

Der Königin wird auch von einer Fülle göttlicher Wesen assistiert. So nehmen zehn kniende Gottheiten, die Lebenszeichen emporhalten, das mittlere Bettregister ein. Die Zeichen sind auf die Gebärende hin ausgerichtet. Im unteren Register knien links sechs göttliche Gestalten im Jubelgestus, drei schakalköpfige und drei falkenköpfige. Zwei große Schriftzeichen, sowie eine achtzeilige Inschrift trennen diese Gruppe von Bes und Thoëris, den beiden Schutzgottheiten für Gebärende. Der rechte Rand des Bildes ist zerstört. Eventuell stand dort wie in *D* die Göttin Meschenet. Die Gestalt des Amun, welche in *D* den linken Abschluß bildet, hat dagegen bei *L* keine Entsprechung.

---

74   Vgl. BRUNNER 1986, 90-106.
75   *D* hat Göttinnen.

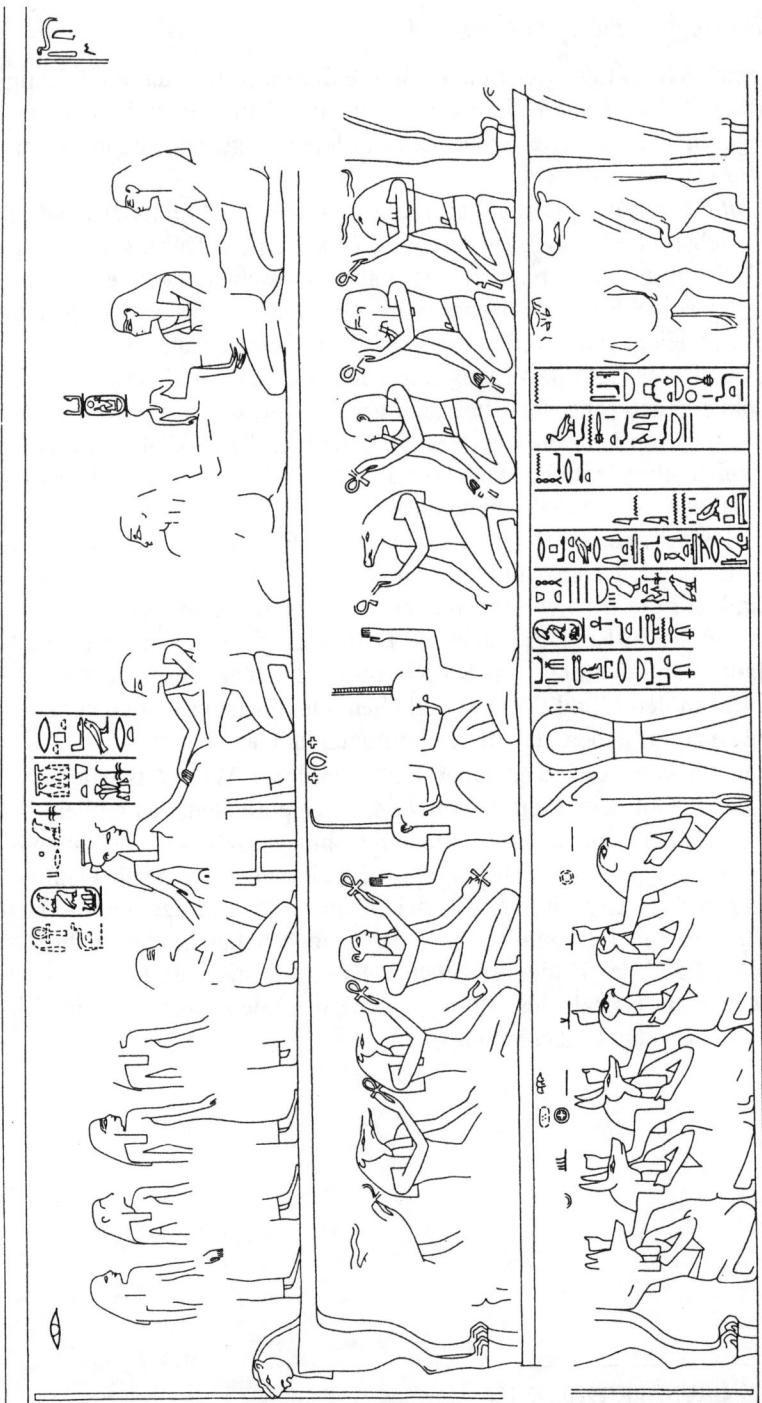

Bei den *Texten* handelt es sich einmal um eine identifizierende Beischrift zur Königin Mutemwia und um die Kennzeichnung der zwei Dreiergruppen im unteren Register als *"Seelen von Buto"* und *"Seelen von Nechen"*.[76] Wenn bei jeder Einzelgestalt eine pluralische Bezeichnung zu finden ist, so verweist dies darauf, daß wir es hier mit Darstellungen *pars pro toto* zu tun haben. Eine unüberschaubare Vielzahl von jubelnden himmlischen Wesen ist also bei der Geburt anwesend. Der größere Schriftkomplex im unteren Register ist durch die Schreibrichtung in zwei Texte geteilt. Die Fragmente des rechten lauten:

> *"... wir sind aus dem Himmel gekommen und geben ... seinem leiblichen und von ihm geliebten Sohn, dem Herrn der beiden Länder ... alle Gesundheit, alle Herzensweite wie Re ewiglich."*

Die linke Texthälfte heißt:

> *Die Fürstin, groß an Annehmlichkeit, süß an Beliebtheit, Herrin aller Länder, Königsmutter ..., Mutemwia, sie lebe ewiglich. Nimm ihr eine Flamme ... deine (weibl.) Geburt. Komm heraus, Herr der Stärke! Flamme ...*

Auch wenn dieser Flammenspruch, der wohl einem alten Geburtsritual entstammt, nicht recht zu deuten ist, so stützt er doch die Interpretation, daß die Geburt als noch nicht abgeschlossen dargestellt wird. Die Kernaussage dieser Szene dürfte darin bestehen, die Geburt des Königs als ein Geschehen zu charakterisieren, an dem Menschen- und Götterwelt beteiligt sind. Da wird einmal durch die zahlreichen himmlischen Gestalten in den beiden unteren Registern des Bettes deutlich gemacht. Sie kommen und spenden dem Neugeborenen Lebensmacht und Lebensfülle *"wie Re"*. Die göttliche Welt ist aber auch schon auf dem oberen Register vertreten. Auch wenn bei *L* nur menschliche Ammen assistieren, macht allein schon die Anwesenheit des königlichen Kas deutlich, daß diese Geburt ein doppeltes Geschehen ist, welches zwei Welten verbindet, indem es beiden zugleich angehört.

---

76 Es geht hier um die "Geister" königlicher Vorgänger als Helfer und Schützer des Königs.

Bild: Es handelt sich um eine dreifigurige Szene. Amun, dessen Gestalt das rechte Drittel des Bildes einnimmt, schreitet nach links, also gegen die Zyklusrichtung. Seine hintere Hand hält ein Lebenszeichen. Seine vordere ist erhoben und berührt die Knie eines Kindes, welches die vordere Hand an den Mund gelegt hält

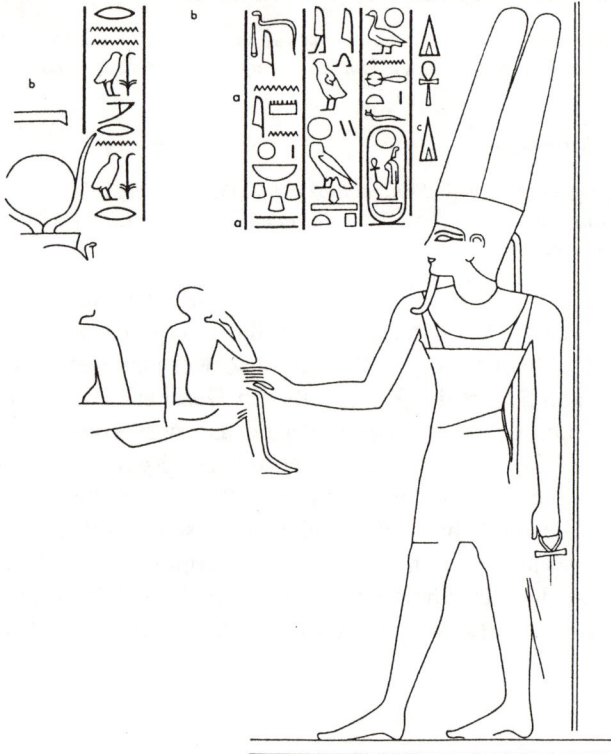

und auf den nach vorne gestreckten Händen einer Göttin sitzt.

Kuhgehörn und Sonnenscheibe verweisen auf Hathor, auch wenn die identifizierende Beischrift zerstört ist. Aufgrund der Zerstörungen in der linken Bildhälfte ist nicht mehr zu erkennen, ob die Göttin auf einem Thron sitzt, doch ist dies aus der im Vergleich zu Amun deutlich niedrigeren Schulterlinie zu schließen.

Auch in der entsprechenden Szene von *D* sitzt Hathor auf einem Thron. Die Szenenaufteilung in *D* ist einleuchtender: Erst kommt Amun zu Hathor, die auf dem Thron sitzt und ihm das Kind erstmalig präsentiert *(X)*, in der nächsten Szene dann sitzen Hathor und Amun. Der Götterkönig hat seine Tochter auf den Knien und herzt sie, was einer öffentlichen Anerkennung der Vaterschaft gleichkommt. Dazu

---

77   Vgl. BRUNNER 1986, 107-113.

passen die Texte. Dagegen beruht *L* offensichtlich auf einer schlechteren Vorlage, die die unterschiedliche Semantik der beiden Szenen verwischt, indem sie die Aufforderung, das Kind zu herzen, nach *SZENE X* vorzieht, so daß *XI* nur mehr als eine Wiederholung erscheint.[78]

    Texte: Vorne über Amun steht seine Rede.

> *Es spricht Amun-Re, der Herr von Theben:*
> *"Willkommen, willkommen in Frieden, leiblicher Sohn des Re (!),*
> *Neb-Ma'at-Re, begabt mit Leben!"*

Hathor, die hier offensichtlich als göttliche Amme fungiert, spricht:

> *"(Küsse ihn, umarme ihn,) nimm ihn auf den Schoß,*
> *denn ich habe ihn liebgewonnen über (alle Maßen)."*

---

[78]   Genaueres bei BRUNNER 1986, 120 f.

Diese gehört eng mit *SZENE X* zusammen. Darauf deutet die weitgehende Übereinstimmung der Dargestellten ebenso wie die thematische Kontinuität der Texte.

Bild: Die Komposition besteht aus vier Personen, über denen der Text angebracht ist. Links steht eine weibliche Person, welche durch Geierhaube und Doppelkrone als Göttin charakterisiert ist. Eine Inschrift gibt ihren Namen mit *Mut* an. Sie blickt in Zyklusrichtung in das Bild hinein. In ihrer hinteren Hand hält sie eine Palmrippe, das Symbol langer Regierungszeit. Die vordere Hand hält das Zeichen für das Sedfest, welches im Idealfall nach 30 Regierungsjahren gefeiert wurde. Im Ellenbogen des rechten Armes hängt ein symbolisches Körbchen, welches zwei Palmrippen enthält, ein weiteres Sed-Zeichen, zwei Was-Szepter (= Heil und Wohlfahrt), ein Lebenszeichen, eine zerstörte Zeichengruppe, sowie einen Heh-Mann als Zeichen für unendlich große Anzahl.

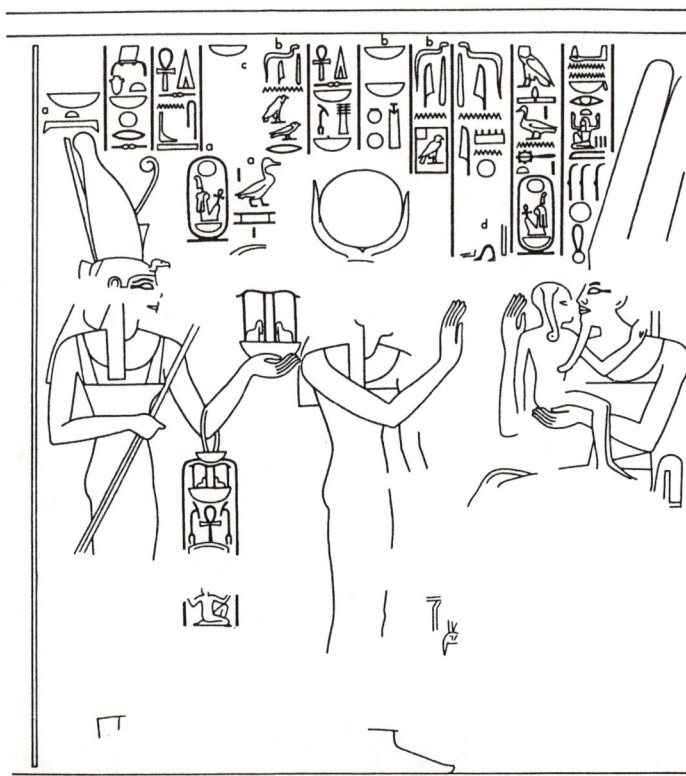

Vor Mut steht Hathor, welche ebenfalls nach rechts blickt. Der vordere (großteils zerstörte) Arm hängt nach unten, der hintere ist erhoben. Die Handfläche ist auf das Kind hin erhoben, welches auf den Armen des Amun sitzt. Es ist mit der Ju-

---

79   Vgl. BRUNNER 1986, 114-121.

gendlocke gekennzeichnet. Amun sitzt auf einem (zerstörten) Thron und blickt gegen die Zyklusrichtung auf die beiden Göttinnen und das Kind, das er so erhoben hält, daß seine Lippen das Gesicht des Kindes zum Kuß berühren. Die vordere Hand des Neugeborenen kreuzt den Götterbart Amuns und ruht auf seinem Halskragen.[80]

Texte: Amun begrüßt nochmals das Kind.

Gesprochen von Amun-Re: "Willkommen in Frieden, mein Sohn meines Leibes Neb-Ma'at-Re! Ich gebe dir, Millionen von Jahren zu verbringen wie Re."

Hathor gibt dem Kind alles Leben, alle Dauer und alle Wohlfahrt. Mut wiederholt diesen Wunsch mit den üblichen leichten Variationen und spricht Neb-Ma'at-Re als ihren geliebten Sohn an.

Die beiden *SZENEN X* und *XI*, die beide in Wort und Bild den Ka des Königs nicht erwähnen, beziehen sich eng aufeinander und zeigen in zwei Schritten die Anerkennung des Kindes durch seinen göttlichen Vater.[81] Hathor präsentiert zunächst das Kind und fordert den Vater auf, es auf den Schoß zu nehmen und zu liebkosen. Amun begrüßt das Kind, wiederholt diesen Gruß in der nächsten Szene und führt die Aufforderung der Hathor aus. Er hält das Kind auf dem Schoß und küßt es. Daß es bei aller Zärtlichkeit hier nicht um eine idyllische Familienszene geht, machen vor allem die Texte deutlich, die das Kind immer mit dem königlichen Thronnamen benennen und von der Übergabe dauerhafter Herrschaft sprechen. Die symbolischen Gaben der Mut bekräftigen dies, indem sie eine unendliche Zahl von Sedfesten verheißen. Die liebevolle Annahme durch den Vater steht im Kontext der Zusage dauerhafter Herrschaft. Die väterliche Liebe hat also herrschaftsfundierende Funktion.

So spricht etwa auf einer Stele Amenophis III. (hinter den Memnonskolossen) Amun-Re zum König:

Du bist mein geliebter Sohn, der aus meinem Leibe hervorgegangen ist,
mein Abbild, das ich auf Erden gestellt habe.
In Frieden lasse ich dich das Land regieren,
indem du die Häupter aller Fremdländer tilgst.[82]

---

80 Die Darstellung weicht deutlich von *D* ab. Dort sitzen sich Hathor und Amun gegenüber. Hinter Hathor stehen (durch eine Textzeile von der Hauptgruppe getrennt) zwei Göttinnen als Nebenfiguren.

81 Der Textbestand von *D* ist reichhaltiger. Thematisch sind Unterschiede zu erkennen, die aus der oben beschriebenen Veränderung von *L* entstehen. Hier wie dort geht es aber um die väterliche Anerkennung, die dauerhafte Herrschaft verleiht. - Hinzuweisen ist auch auf einen Totentext aus dem 3. Jahrtausend v.Chr., der dem Toten zuruft: *"Er (Geb) jubelt bei deinem Nahen, er streckt seine Hände nach dir aus, er küßt dich, er nimmt dich auf den Schoß, er setzt dich an die Spitze der Unvergänglichen Geister."* Zitiert nach ASSMANN 1984, 111. Hier wird der Tote hymnisch als königlicher Gottessohn qualifiziert und dadurch seine postmortale Existenz gesichert.

82 Zitiert nach OCKINGA 1984, 22. Zum Zusammenhang von göttlicher Liebe und königlicher Herrschaft vgl. auch ÄHG 481-484 (Ahmose); ÄHG 489 (Thutmosis III.).

Zu betonen ist auch das große Gewicht, das der sprachlichen Bekundung der göttlichen Vaterschaft zugemessen wird. Die Vater-Sohn-Beziehung benötigt offensichtlich die sprachliche Inkraftsetzung, um wirksam zu werden. Die Zeugung allein stiftet noch keine Vaterschaft. Diese wird erst durch die sprachliche Anerkennung Wirklichkeit.[83]

SZENE XII: Das Kind wird gestillt.[84]

Die Szene eröffnet das oberste Register und ist deshalb oben durch den Himmel abgeschlossen, der den gesamten Zyklus überspannt.

Bild: Hier liegen deutliche Ähnlichkeiten zu *SZENE IX* (Geburt) vor: Wieder haben wir es mit einem großen Bildformat und einer figurenreichen Komposition in drei Bildregistern zu tun. Wieder findet sich ein großes Bett, welches hier aber nur die beiden linken Bilddrittel einnimmt. Auch ist nur die oberste Fläche mit Figuren besetzt, während die andere Fläche ornamental gestaltet ist. Der Raum unter dem Bett ist mit dem Heilszeichen "Isisblut" gefüllt. Links kniet auf dem Bett - nach rechts blickend - die Göttin Selket, charakterisiert durch den Skorpion, den sie auf dem Haupt trägt. Die vordere Hand stützt den Ellenbogen der Königin, die vor ihr kniet. Die hintere Hand hat Selket zu einem Schutz- oder Segensgestus erhoben. Die Königin, durch eine Beischrift als Königsmutter Mutemwia identifiziert, ist ebenfalls nach rechts gerichtet. Ihr gegenüber sitzen zwei Ammen, die durch Federkrone und Sonnenscheibe als göttliche Gestalten charakterisiert sind. Sie blicken beide zur Königin hin und halten ein Kind mit Jugendlocke auf dem linken Arm. Mit der rechten Hand geben sie dem Kind die Brust. Beide Kinder greifen mit der rechten Hand den rechten Arm ihrer Amme. Das linke Bilddrittel ist in drei Register geteilt, welche von dreimal drei Gottheiten besetzt sind, welche auf der Registerlinie sitzen. Ihre Sitzhaltung weist dabei nach links. Obwohl sie alle nach rechts blicken, halten sie links jeweils ein Kind auf dem Arm, das die Jugendlocke trägt und eine Hand an den Mund führt. Die erste, vierte, sechste, siebte (jeweils männliche) und neunte (weibliche) Gottheit tragen ein Hemuset-Zeichen auf dem Haupt, die dritte, fünfte und achte Gottheit (alle männlich) ein Hab-Zeichen. Die Kopfstandarte der zweiten Gottheit ist zerstört. Wie ein drittes Register ist unter dem Bett durch Schriftzeilen ein Raum abgegrenzt und in zwei Kammern geteilt, die jeweils von einer Kuh gefüllt wird, welche durch die Sonnenscheibe im Gehörn als göttlich gekennzeichnet ist. Beide Kühe stehen nach rechts und wenden den Kopf nach links ihrem Euter zu, an dem jeweils ein kniendes Kind trinkt. Beide halten dabei das Euter mit beiden Händen fest.

---

83 Vgl. ASSMANN 1982, 45 f.
84 Vgl. BRUNNER 1986, 122-134.

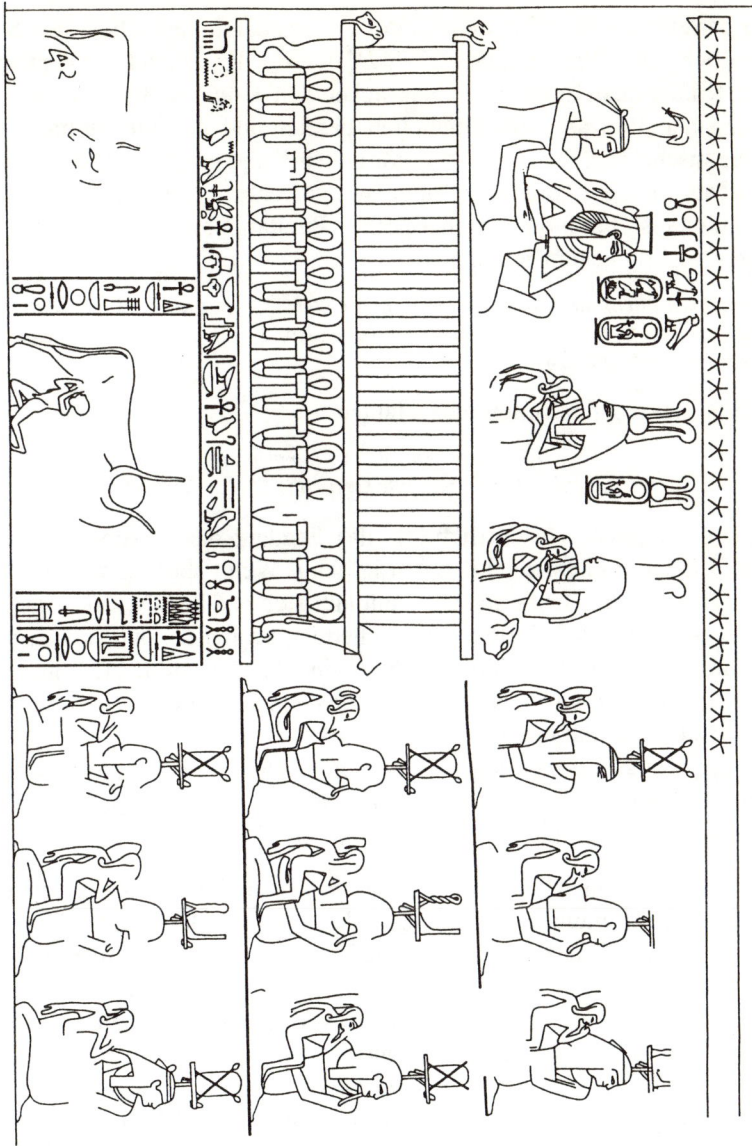

Texte: Oberhalb der beiden Kinder, die auf dem Bett gestillt werden, findet sich jeweils der Thronname Neb-Ma'at-Re in der Königskartusche. Die linke Kartusche wird von einem Horusfalken bekrönt, die rechte von der Federkrone mit Sonnenscheibe, die auch die beiden Ammen tragen. BRUNNER setzt die Horusqualität mit dem königlichen Ka in Verbindung und deutet die rechte Beischrift so,

55

daß der betreffende Säugling den Ka des Königs darstellen soll.[85] Auch dies wäre eine deutlicher Rückbezug auf *SZENE IX*, wo der Ka zuletzt erwähnt wurde. Die anderen Kinderdarstellungen meinen sicher den König selbst, welcher in Beziehung zu einer Vielzahl von Gottheiten gesetzt und deshalb vielfach dargestellt wird. Die Inschriften, die die beiden göttlichen Kühe umrahmen, beziehen sich auf den Vorgang der Säugung. Die lange waagerechte Zeile bezieht sich auf beide Göttinnen und ist durch den vorangestellten Rezitationsvermerk *"Rede viermal"* als besonders wichtig gekennzeichnet:

Wir ernähren (dich) als König von Ober- und Unterägypten, indem du lebst und dein Herz froh ist auf dem Horusthron. Du leitest die Lebenden, du beherrschst die beiden Länder in Triumph wie Re in alle Ewigkeit.

Die beiden senkrechten Zeilen rechts lauten:

Die an der Spitze des Flammenhauses,
sie gibt alles Leben, alle Gesundheit bei sich wie Re.

Die andere senkrechte Inschrift bildet das Pendant dazu, wobei leider die erste Zeile, die die Göttin kennzeichnen würde, fehlt. Wenn aber die rechte Kuh als Gestalt der Göttin Uto aufzufassen ist, dann läßt sich aus der Dualität Ägyptens, welche in der waagerechten Zeile angesprochen ist, schließen, daß es sich bei der linken Göttin um Nechbet handelt, welche in den Texten von *D* auch namentlich genannt ist. Die beiden Kronengöttinnen stillen das königliche Kind mit ihrer Milch und erfüllen es dadurch mit göttlicher Qualität.

Das Thema, welches die gesamte Szene durchzieht ist also das Stillen des königlichen Kindes (und seines Kas) durch göttliche Ammen. Der Topos der Säugung des Königs durch eine weibliche Gottheit ist sehr alt.[86]

Er ist schon seit dem Alten Reich, näherhin seit der 5. Dynastie, belegt, z.B. im Totentempel der Pyramidenanlage des Sahure (2458-2446 v.Chr.).[87] Die Reliefszene zeigt Sahure im Königsornat mit Kopftuch, Uräus, Kinnbart, Schurz mit Stierschwanz. Er ist als Erwachsener dargestellt, aber gegenüber der Göttin Nechbet, die ihm die Brust reicht, etwas verkleinert. Der Säugungsszene zugeordnet ist Chnum, der, wie aus einer entsprechenden Beischrift zu entnehmen ist, dem König *"alles Leben und alle Wohlfahrt"* zusichert. Eine weitere kurze Rede wünscht dem König Schutz und Gesundheit. Die Art und Weise, wie Chnum hier einbezogen ist, könnte darauf hindeuten, daß er *"in seiner Eigenschaft als Schöpfer der Kinder und als Geburtshelfer der Frauen der Wartung eines neugeborenen Sohnes des Re beiwohnt."*[88] Leider ist aufgrund der Beschädigungen nicht mehr

---

[85] Vgl. BRUNNER 1986, 134.
[86] Vgl. zum Folgenden SEIPEL 1984.
[87] Vgl. BORCHARDT 1913, II.1, 35 f.93-95; II.2, Blatt 18. Zu Sahure vgl. SCHNEIDER 1994, 243 f.
[88] BORCHARDT 1913, II.1, 94.

zu entscheiden, wer hinter dem König stand. Erhalten ist nur eine Hand, die den Oberkörper Sahures umfaßt. Die Größenverhältnisse lassen erschließen, daß es sich ebenfalls um eine göttliche Gestalt handelte. Ob es Re als göttlicher Vater war, ist nicht mehr zu entscheiden.

Im Neuen Reich findet sich der Topos der Säugung in Luxor selber im "Römischen Vestibül". Eine Göttin gibt Amenophis III. die Brust.[89] *"The text accompanying the suckling scene in the Roman Vestibule names the young king 'Horus' and refers to his having been nurtured (rnn) 'in the Ḥwt-sr(w) in the presence of Amun, your father'."*[90]

Das Motiv findet sich auch auf Wandreliefs im Millionenjahrhaus Sethos' I. in Abydos, [91] und zwar im Bereich der zweiten Säulenhalle.[92] Hier ist es nun erstmals Isis, die dem König ihre Brust reicht. Sie ist als königliche Göttin dargestellt: auf einem Thron sitzend, die Doppelkrone tragend; der Pharao - wieder mit Königsinsignien und als verkleinerter Erwachsener gezeigt - steht neben ihrem Thron. Das direkte Vorbild für die Darstellung im Geburtszyklus (und in Hatschepsûts Hathorkapelle) müßte allerdings in jenem Relief aus dem (ebenfalls im Talkessel von Deir el-Bahari gelegenen) Totentempel des Mentuhotep II. gesehen werden, wo erstmals die Säugung am Euter einer kuhgestaltigen Göttin (Hathor) belegt ist.[93] Diese Darstellungsweise hängt mit der Horusqualität des Königs zusammen.[94] Das Fragment einer rundplastischen Hathorkuh aus Rosengranit, welche den König (Haremhab?) säugt, wurde in Rom im Umfeld des Iseum Campense gefunden.[95] Damit zeigt sich, daß das Bildmotiv später zu den exportierten Elementen ägyptischer Religion gehörte. Es fand seinen Weg in die hellenistisch-römische Welt und war eines der Elemente, die Kaiser Domitian zur religiösen Überhöhung seiner Herrschaft benutzte. Der Text seines Obelisken am Isistempel spricht von der Säugung des Kaisers durch göttliche Ammen.[96]

Die gemeinsame Aussage der verschiedenen Darstellungsweisen kann darin gesehen werden, daß der König durch die Milch der jeweiligen Göttin göttliche Lebenskräfte (Leben, Dauer und Wohlfahrt) erhält, *"die ihn sowohl zur Ausübung seines Königsamtes befähigen als auch Schutz und Nahrung für seine jenseitige*

---

89   Vgl. BELL 1985, 265 f mit Abb. 3.
90   BELL 1985, 272.
91   Grundriß und kurze Beschreibung bei ARNOLD 1992, 168-173.
92   Abbildungen bei CAPART 1912, Tafel XIV; CALVERLEY / BROOME / GARDINER 1958, Tafel 23.
93   Vgl. SEIPEL 1984, 340. Ein Fragment des Reliefs befindet sich in der ägyptischen Abteilung des Kestner-Museums Hannover (Inv.-Nr. 1935.200.82). Abb. und Beschreibung bei DRENKHAHN 1994, 62 f.
94   SILVERMAN (1994, 71) weist darauf hin, daß diese Darstellungsweise den König in die Rolle des Harsomtus rückt. Vgl. GESTERMANN 1984.
95   Vgl. dazu LEMBKE 1994, 35 und Katalog E 18.
96   Vgl. LEMBKE 1994, 212.

Existenz gewährleisten."[97] Damit dürfte auch die Aussageintention von *SZENE XII* des Geburtszyklus treffend beschrieben sein.

SZENE XIII: Zwei Götter tragen das Kind und seinen Ka.[98]

Die Szene muß nur aufgrund der abweichenden Fassung von *D* eigens behandelt werden. In *L* könnte sie gut als *SZENE XIIIa* mit der folgenden Szene als *XIIIb* zusammengefaßt werden. Es gibt keinen Trennungsstrich zwischen den Szenen; die mehrfache Abbildung des Kindes dürfte nicht stören.

Bild: Zwei Götter schreiten in Zyklusrichtung. Der linke hat den rechten Arm zu einem Schutz- und Segensgestus erhoben. Die Handfläche ist nach rechts geöffnet. Der Gott wird durch die Beischrift als Nilgott Hapi gekennzeichnet, mit

---

97   SEIPEL 1984, 340.
98   Vgl. BRUNNER 1986, 135-145.

dem die Vorstellung von Fruchtbarkeit, Versorgung und Wohlergehen fest verbunden ist. Dies wird ikonographisch durch eine weibliche Brust und die Bauchrundung des Gottes angedeutet. Er hält auch nicht nur ein Lebenszeichen in der hinteren Hand, sondern ein Bündel von drei Zeichen. Der Arm ist nach vorne gestreckt, so daß er in Richtung auf die Kinder weist, welche der vor ihm schreitende Gott auf dem angewinkelten Arm trägt. Beide tragen die Jugendlocke und halten den rechten Finger an den Mund. Die linke Hand hängt nach unten. Das hintere Kind ist durch eine Kopfstandarte als Ka bezeichnet. Die Standarte trägt den Horusnamen des Königs, welcher zugleich Bestandteil des oberen Inschriftkomplexes ist. Der tragende Gott wird durch den Text als Heka (Zauber) identifiziert. Auch er trägt eine deutliche Bauchrundung als Zeichen des Wohlergehens.[99]

Texte: Die Beischrift zu dem Gott, welcher die Kinder trägt, lautet:

Gesprochen durch die Wirkmacht (ḥk3.w): "Ich bin die Wirkmacht." Er gibt alles Leben, alle Dauer, alle Wohlfahrt bei sich, alle Gesundheit, alle Herzensweite bei sich.

Hapi spricht das Königskind direkt an und gibt ihm alles Leben und alle Wohlfahrt. Die drei Inschriftzeilen über Kind und Ka, welche von rechts nach links zu lesen sind, weisen keine Trennungsstriche auf. Die beiden ersten Zeilen sind unten durch eine horizontale Zeile verbunden, welche sich an beide anschließt. Die dritte, linke Zeile geht, wie gesagt, in die Kopfstandarte des hinteren Kindes über. Diese kalligraphische Gestaltung, welche die enge Verbindung von Text und Bild zeigt, soll durch eine kleine Graphik verdeutlicht werden:

Horus: Starker Stier, der in Maat erscheint.	Sohn des Re: Amenophis	König von Ober- und Unterägypten: Neb-Maat-Re
-Ka-	Er sei begabt mit Leben ewiglich.	

Die Textgruppe, die unter den Kindergestalten steht, ist altertümlich geschrieben und schwer zu lesen. Es handelt sich wohl um einen alten Ritualtext, der davon

---

99 Da im Unterschied zu *D* kein Ziel für das Schreiten der Götter angegeben ist, blicken beide auf Amun, der die folgende Szene rechts abschließt und die Kinder entgegennimmt. *D* zeigt in *SZENE XIII* dagegen eine Göttergruppe, denen die Kinder präsentiert werden. Was der Eröffnungsszene dieser Fassung gut entspricht.

handelt, daß das Kind in das Reinigungshaus geleitet wird, wo es Horus und Seth reinigen. Mit BRUNNER ist darauf hinzuweisen, daß ein solcher Reinigungsritus, genau wie das Stillen mit göttlicher Milch, auch mit der Krönung und der postmortalen Existenz des Königs verbunden ist.[100]

SZENE XIIIb (XIV): Month präsentiert das Kind und seinen Ka dem Amun.[101]

Bild: Links schreitet ein falkenköpfiger Gott nach rechts, also in dieselbe Richtung wie Hapi und Heka in der vorhergehenden (Teil-)Szene. Aufgrund von Inschriftspuren kann der Gott als *Month* identifiziert werden.[102] Im Unterschied zu Heka hat Month hier nur ein Kind auf seinem vorderen Arm. Das zweite, welches in gleicher Höhe und Ausrichtung abgebildet ist, sitzt auf dem vorderen Arm des Amun, welcher nach links gewandt das Bild rechts abschließt. Sein hinterer Arm ist zu einem Segensgestus für das Kind erhoben. Über den beiden Kindern schwebt die geflügelte Sonne oben am Bildrand. Amun bildet nicht nur das Ziel für dieses Bild, sondern aufgrund der offenen Gestaltung von *SZENE XIII* den Abschluß für beide Szenen.

Texte: Über dem falkenköpfigen Gott stehen die üblichen Segensformeln, und zwar in beschreibender Form. Die Segenswünsche, die über den Kindern stehen, sind als direkte Anrede formuliert. Dabei handelt es sich vermutlich um eine Rede des Amun, welcher als *"Herr des Himmels"* und *"König der Götter"* bezeichnet ist. Ebenfalls als Rede des Amun ist der Text unter den Kindern aufzufassen:

> *Mein geliebter Sohn meines Leibes Neb-Ma'at-Re,*
> *den ich gemacht habe eines Leibes mit mir mitten im Palast.*
> *Ich gebe dir alles Leben, alle Wohlfahrt,*
> *zu erscheinen als König von Ober- und Unterägypten auf dem Thron des Horus, indem*
> *dein Herz weit ist, zusammen mit deinem Ka wie Re.*

Wieder erkennt Amun das königliche Kind als seinen leiblichen Sohn an. Das erinnert sehr an die Begrüßung des Sohnes in den *SZENEN X* und *XI.*[103] Wie in *SZENE XI* wird auf die Königsfunktion vorverwiesen. Die Anerkennung des Kindes durch seinen himmlischen Vater, der selbst König der Götter ist, impliziert die Übertragung der Königswürde auf Erden. War in *SZENE XI* zu schließen, daß auch die Liebe des Vaters in diesen Kontext der Herrschaftsübertragung gehört, so wird dieser Schluß hier bestätigt. Der geliebte Sohn ist eines Leibes mit dem Vater, der ihn gezeugt hat (vgl. *SZENE IV*), und diese Einheit begründet sein Königtum.

---

100 Vgl. BRUNNER 1986, 131.142 f.
101 Vgl. BRUNNER 1986, 146-152.
102 Vgl. BRUNNER 1986, 229. *D* hat hier Thot.
103 Die große Ähnlichkeit der drei Szenen kann eine späte Entwicklung sein. Texte in *SZENE XIV* in *D* deuten an, daß es ursprünglich bei dieser Szene um eine weitere Ritualhandlung, und zwar mit Binden oder ähnlichen Textilien, ging. Vielleicht handelte es sich dabei um eine Ornatausstattung oder sonst eine Form der Investitur. Vgl. BRUNNER 1986, 150 f.

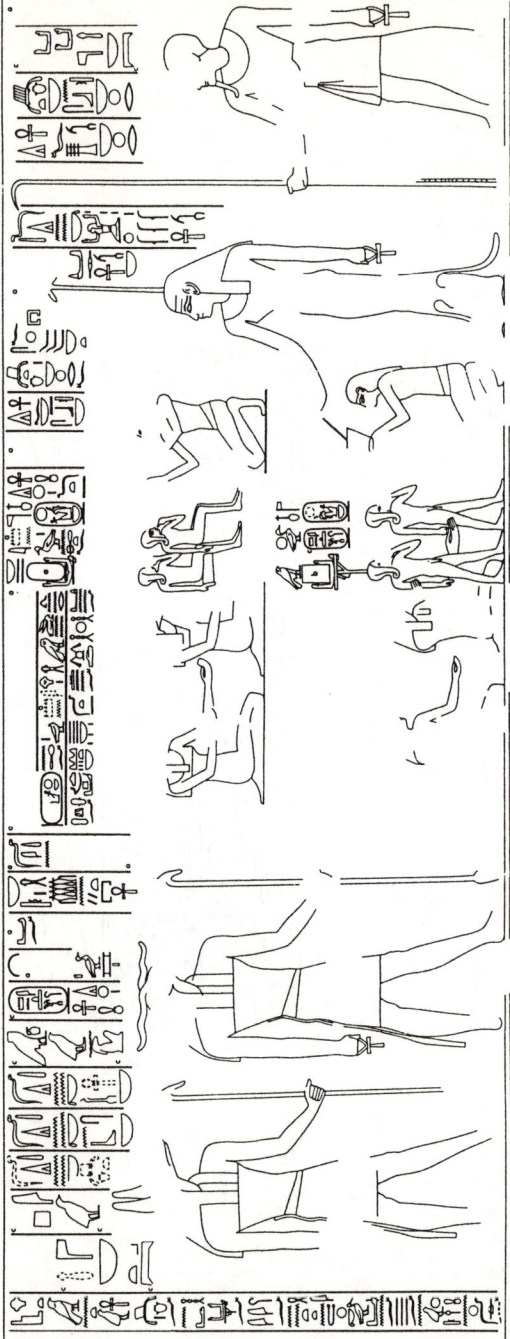

SZENE XV: Die Beschneidung des Kindes und seines Kas.[104]

Bild: Den Abschluß des Zyklus bildet eine großformatige und figurenreiche Darstellung. Links sind zwei männliche Figuren zu sehen, welche durch konventionalisierte Zeichen als Götter gekennzeichnet sind. Der linke wird durch den Schakalkopf als Anubis, der rechte durch den Widderkopf als Chnum ausgewiesen und im Text entsprechend benannt. Die Bildmitte ist in zwei Register geteilt. Auf dem oberen sind zwei hockende, nach rechts gewandte Frauen, welche die Arme angewinkelt nach vorne halten. Die rechte Frau hält auf ihrem vorderen Arm zwei sitzende Kinder mit Jugendlocke und Finger am Mund. Diesen zugewandt kniet vor ihnen ein Mann in Anbetungshaltung.

Das untere Register zeigt ebenfalls fünf Figuren, allerdings mit leichten Variationen. Die Kinder, deren Geschlechtsteile deutlich zu erkennen sind, stehen hier auf dem Boden. Das hat zur Folge, daß die vordere Frau ihre Hand jetzt frei hat. Sie hält sie an den Oberschenkel des vorderen Knaben. Der rechts vor den Kindern kniende Mann hat wieder seine Hände erhoben, hält jetzt aber ein Gefäß, in das die hinter ihm stehende Göttin mit ihrer vorderen Hand ein pinselartiges Gerät (Schreibbinse) taucht. Sie trägt ein Fell als Gewand und hält in ihrer hinteren Hand ein Lebenszeichen. Das Zeichen auf ihrem Haupt kennzeichnet sie als Seschat. Hinter ihr ist ein Gott gezeigt, welcher in der vorderen Hand eine Palmrippe als Zeichen langer Regierungsdauer hält, in der hinteren ein Lebenszeichen. Die Beischrift identifiziert ihn als Heka(u), was auf *SZENE XIII* zurückverweist.

Die anderen *Texte* enthalten (bzw. enthielten) die Namen der Dargestellten und Segenswünsche für den König. Bei Heka geht es vor allem um Millionen von Regierungsjahren, bei den anderen Gottheiten wie üblich um Leben, Wohlfahrt, Gesundheit und Herzensweite. Auffällig ist die Entfaltung der königlichen Namen. Die (göttlichen) Frauen, die hinter den Kindern knien, bezeichnen Neb-Ma'at-Re als leiblichen Sohn des Amun. Über den Kindern des oberen Registers findet sich wieder ein Schriftkomplex, der wohl mit dem Bild dadurch verbunden war, daß der Geburtsname auf einer Ka-Standarte ruhte, die auf dem Kopf des linken Kindes saß. Über dem rechten Kind ist zu lesen:

Der leibliche Sohn des Amun	Vollkommener Gott: Neb-Ma'at-Re	Begabt mit Leben wie Re ewiglich

Bei dem stehenden Kinderpaar im unteren Register wird die Namengebung variiert. Auf der Ka-Standarte des linken Kindes sitzt der Horusname. Über dem vorderen Kind stehen zwei Kartuschen mit dem Geburtsnamen und dem Thronnamen:

Sohn des Re: Amenophis, Herrscher von Theben	Vollkommener Gott: Neb-Ma'at-Re

---

104 Vgl. BRUNNER 1986, 153-166.

Diese zweimalige mehrteilige Namengebung, die durch die abwechselnde Zuordnung des Geburtsnamens das königliche Kind und seinen Ka zusammenbindet, bringt als entscheidende Neuerung, daß nun erstmals innerhalb des Zyklus der König als *vollkommener Gott* bezeichnet wird. Dies fällt mit der bildlichen Veränderung zusammen, daß in dieser Szene das Kind und sein Ka erstmals stehend gezeigt werden. Offensichtlich soll ein Reifungsprozeß ausgedrückt werden, der ein weiteres Verschmelzen mit der königlichen Rolle impliziert.[105] Daß es in dieser Szene einmal um die Beschneidung des Königs ging, ist nur noch aus Andeutungen des Bildes und aus der Fassung *K* zu erkennen.

ASSMANN möchte als Abschluß des Zyklus in *D* zwei weitere Szenen hinzunehmen.[106]

SZENE XVI: Reinigung.

Amun und ein Sonnengott (Month, Re oder Horus) gießen Lebenswasser über das Kind.

SZENE XVII: Amun präsentiert den Göttern den neuen König.

Unbestreitbar ist, daß *SZENE XV* einen merkwürdig offenen Schluß präsentiert, und *SZENE XVII (D)* gut an *SZENE I (D)* anschließt, so daß eine konzentrische Komposition entsteht, die alle Reliefszenen zusammenbindet, in denen die Königin als Kind dargestellt ist. Für *L* ist freilich darauf zu verweisen, daß der relativ offene Schluß des Geburtszyklus der Westwand seinen Sinn macht, wenn man bedenkt, daß im gleichen Raum die Erzählung insofern einen Abschluß findet, als der Amtsantritt von Amenophis III. auf der anschließenden Südwand behandelt wird. Vorausgreifend bezieht sich der Zyklus ja immer wieder auf dessen Königswürde, so daß eventuell die Südwand als Abschluß des Geburtszyklus gesehen werden muß. Dies ist bei der weiteren Deutung zu berücksichtigen.

2.2.2. Der Geburtszyklus und sein kultischer Kontext

In Bezug auf die Deutung des Gesamtzyklus hat ASSMANN die These vertreten, daß es sich um ein *fiktives Ritual* handle, das darauf abziele, bestimmten Vorgängen eine verewigungswürdige Form zu geben. *"Unter diesen tatsächlichen Vorgängen haben wir uns aber nicht die der Zeugung und Geburt, sondern die der Krönung als einer Neugeburt vorzustellen. Die Krönung bildet den Anlaß und den letzten Akt dieser Begehungen."*[107] So einleuchtend der erste Teil von ASSMANNs Interpretation erscheint, so differenziert muß der zweite behandelt werden. Zunächst ist festzuhalten, daß die weltlichen Vorgänge, die hier "verewigt" werden, durchaus die von Zeugung, Geburt und Versorgung des Kindes sind, wel-

---

105 Über das Alter des königlichen Kindes läßt sich allerdings keine konkrete Angabe machen. BAILEY (1996, 24 f) weist darauf hin, daß im Neuen Reich die Beschneidung auch schon bei Kindern durchgeführt wurde. Früher fand sie offensichtlich erst zu Beginn der Pubertät statt.

106 Vgl. ASSMANN 1982, 15-18.

107 ASSMANN 1982, 19.

che durch die Einbettung in einen theologischen Kontext verklärt werden. Das kann aber angesichts der wiederholten Vorverweise auf die Königswürde des Kindes keinesfalls ausschließen, daß der Krönung eine entscheidende Rolle bei der Deutung des Zyklus zukommt. Mir scheint diese Rolle aber auf einer anderen Ebene zu liegen. Die Zeugung durch Amun, die Geburt unter göttlicher Assistenz, die Ernährung mit göttlicher Milch usw. konnten von einem Menschen ja erst dann erzählt werden, wenn er König geworden war. Insofern ist die Krönung bzw. Thronbesteigung, als Neuschöpfung verstanden und mit entsprechenden Riten begangen,[108] tatsächlich der außertextliche Anlaß für den Zyklus. Das bedeutet, daß wir es mit einer *retrospektiven Aussage* zu tun haben. Emma BRUNNER-TRAUT stellt treffend fest: *"Solange der spätere Pharao Kronprinz ist, so lange gilt er als Sohn seines irdischen Vaters, des regierenden Königs. Erst wenn mit seiner Thronbesteigung die Erwählung durch den Himmel offenbart wird, dann heißt er 'Gottes Sohn', und dann erst wird seine Geburt als wunderbar berichtet."*[109]

Was also innertextlich als erzählerischer Vorverweis erscheint, bildet außertextlich den Ausgangspunkt, von dem aus mittels des erzählten Mythos zurückgeblickt wird. Diese Verschränkung unterschiedlicher zeitlicher und erzählerischer Ebenen wird im Zyklus selbst durch die Technik der Überblendung, die an verschiedenen Stellen zu bemerken ist, ausgedrückt.

Im Hinblick auf die *Pragmatik des Geburtszyklus* ist festzuhalten, daß es sich nicht um politische Propaganda handelt. Dagegen spricht schon der örtliche Kontext. Die Reliefs finden sich ja keineswegs an allgemein zugänglichen Orten, wo das Volk sie hätte wahrnehmen können, sondern in abgeschlossenen Tempelbereichen, die allenfalls einigen Priestern zugänglich waren. Die Texte hätten ohnehin nicht viele lesen können, aber auch die Bilder konnten mangels Zugänglichkeit nicht als ägyptische *Biblia pauperum* wirken.

Wenn man bei Hatschepsut trotzdem eine propagandistische Absicht vermuten wollte, so müßte das in ihrer besonderen Situation begründet sein.[110] Schließlich konnten durchaus Legitimierungsprobleme auftreten, wenn eine Frau ein durch und durch männlich geprägtes Amt übernahm.[111] Hatschepsut hatte nach einer Zeit der Regentschaft für den unmündigen König Thutmosis III. selbst die Regierung

---

108   Zu den Riten der Thronbesteigung vgl. BARTA 1980, 531-533. MERKLEIN (1996, 26 Anm. 29) weist zu Recht darauf hin, daß der *Thron des Horus* der entscheidende Begriff im Reliefzyklus ist. Dem gegenüber spielt die Krönung nur eine untergeordnete Rolle. MERKLEINs Feststellung widerlegt zugleich den Versuch von BRUNNER (1986, 228), Geburtsmythos und Horustradition zu trennen.

109   BRUNNER-TRAUT 1988, 55.

110   Die Propagandathese vertreten z.B. ARNOLD 1978, 7 f; LUFT 1978, 202-205; TYLDES-LEY 1996, 165-176. - Zur Biographie der Hatschepsut vgl. HORNUNG 1992, 78-84; SCHNEIDER 1994, 130-132; TYLDESLEY 1996.

111   SILVERMAN (1994, 57) verweist auf ein pornographisches Graffito, das die Königin durch die Darstellung als Sexualobjekt demütigen will. Autor ist vermutlich ein traditionalistischer Priester, der mit Arbeiten beim Bau des Totentempels der Hatschepsut betraut war. Die Darstellung befindet sich unweit des Tempelbezirks der Königin.

übernommen und sich zum König ausrufen lassen. Was läge näher, als anzunehmen, daß die Darstellung ihrer göttlichen Zeugung eine Legitimätslücke schließen sollte. Allerdings setzt sich mehr und mehr die Einsicht durch, daß Hatschepsut solche Mittel kaum nötig hatte. Die Möglichkeit für ihre Machtübernahme resultierte zum einen aus der offensichtlich ungewöhnlichen Energie ihrer Persönlichkeit und zum anderen aus einer bestimmten dynastischen Konstellation. Sie war die Hauptfrau des verstorbenen Königs Thutmosis II. und als Tochter von Thutmosis I. auch dessen Halbschwester. Beim Tode ihres Mannes hatte sie keinen Sohn, sondern eine Tochter namens Nofru-Re geboren. Der einzige männliche Erbe war unmündig und Sohn einer Nebenfrau. Daraus ergab sich für Hatschepsut die Rolle der Regentin, die sie dann in das Pharaonenamt überführen konnte. - Im übrigen sind bei Amenophis III., der uns *L* hinterlassen hat, keine Legitimationsprobleme zu erkennen, obwohl seine Mutter nur eine Nebenfrau seines Vaters Thutmosis IV. war.[112] Dort, wo solche Probleme auftauchen, werden sie anders gelöst, nämlich durch die Berufung auf die Designation des Vorgängers und / oder die Erwählung eines Gottes im Orakel. So behauptet Hatschepsut in ihrer Thronerhebungslegende, von ihrem Vater Thutmosis I. zur Mitregentin eingesetzt worden zu sein.[113] Und der spätere König Thutmosis IV. schläft in der Nähe des großen Sphinx von Giza.[114]

Dieser spricht im Traum zu ihm:
> *Sieh mich, erblicke mich, mein Sohn Thutmosis!*
> *Ich bin dein Vater Harmachis-Chepre-Re-Atum.*
> *Ich gebe dir das Königtum auf Erden vor den Lebenden,*
> *indem du die weiße und die rote Krone tragen wirst*
> *auf dem Throne des Geb, des Beamten.*
> *Dir gehört das Land in seiner Länge und in seiner Breite,*
> *das, was das Auge des Allherrn erhellt.*[115]

Mit dieser Verheißung ist der Prinz in die Rolle des Königs eingetreten. Dementsprechend soll Thutmosis sich als Schützer der Götter zeigen. Im mythischen Kontext geht es um die Rolle des Horus als Rächer seines Vaters. Sie konkretisiert sich hier darin, das Götterbild vor dem Treibsand zu beschützen, was Thutmosis zu Beginn seiner Regierungszeit durch den Bau einer Schutzmauer offensichtlich auch getan hat.[116] - OTTO verweist auf den Text der Krönungsstele des Haremhab (1333-1306 v.Chr.), in dem dieser sich als von Geburt an durch Horus erwählt und von seinem Vorgänger Tutanchamun designiert darstellt. Diese Erwählung wird

---

112 Zur Biographie Amenophis III. vgl. HORNUNG 1975; SCHNEIDER 1994, 61-66.
113 Vgl. dazu SHIRUN-GRUMACH 1993, 134-138.
114 Zu Thutmosis IV. vgl. SCHNEIDER 1994, 296 f. Ob es in diesem Fall tatsächlich Auseinandersetzungen um die Thronfolge gab, muß aber offenbleiben.
115 Zitiert nach SHIRUN-GRUMACH (1993, 142 f), die im Falle dieses Orakels allerdings nicht von einem Erwählungsorakel sprechen will, weil der Text die Designation des Prinzen schon voraussetze.
116 Vgl. OTTO 1969, 410; HORNUNG 1992, 88 f; SHIRUN-GRUMACH 1993, 143.

von Amun von Karnak anläßlich einer Prozession im Rahmen des Opetfestes (!) bestätigt. Amun, in Gestalt des Götterbildes, stellt sich hinter den Thronanwärter und führt ihn in das Heiligtum der Kronengöttin, damit er dort die Krone erhält.[117] Bei vielen Königen des Neuen Reiches finden sich vergleichbare Orakelerzählungen, die nicht alle nur mit der Erwählung zum König zu tun haben. Vielmehr scheint die Befragung einer wichtigen Gottheit, meist Amun von Karnak, vor herausragenden Unternehmungen häufig gewesen zu sein. Auffällig ist, daß im Kontext der Orakel immer wieder die Vater-Sohn-Relation betont wird. Im Orakel spricht der Gott zum König *"wie ein Vater mit seinem Sohn spricht, den er [erzeugt] hat und in dem sein Same ist."*[118] Damit eröffnen die Orakel einen eigenen Weg, der Bedeutung des Geburtszyklus näherzukommen.

Speziell für Hatschepsut sind Inschriften belegt, die einerseits ihre Designation zum König, andererseits wichtige Unternehmungen wie die Puntexpedition betreffen.[119] Die Inschriften der *Punthalle* in Deir el-Bahari führen in den unmittelbaren Kontext der Geburtshalle wie der folgende Plan verdeutlicht.[120]

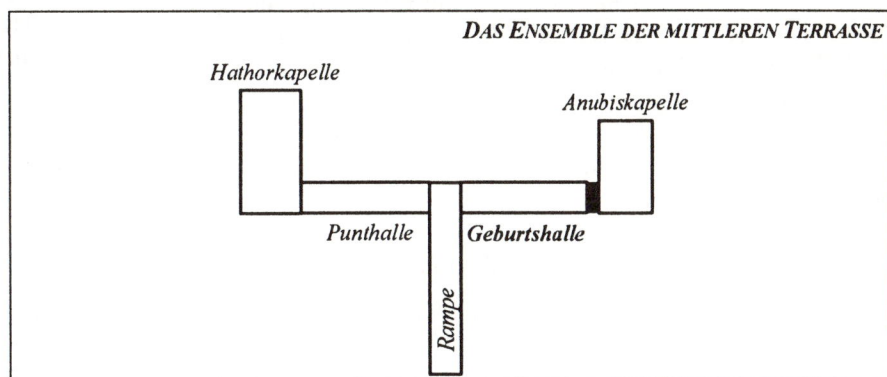

DAS ENSEMBLE DER MITTLEREN TERRASSE

Hathorkapelle

Anubiskapelle

Punthalle   Geburtshalle

Rampe

Sie können deshalb hilfreich sein, für eine *Interpretation des Geburtszyklus der Hatschepsut im Rahmen ihres Totentempels als Millionenjahrhaus.*

Die Puntinschriften bezeugen, daß die Unternehmung auf einen Befehl Amuns zurückgeht, den die Königin selbst im Allerheiligsten von Karnak vor der *Treppe des Herrn der Götter* erhalten hat.

Die Königin wird aufgefordert,
*...aufzuspüren die Wege nach Punt,
zu enthüllen die Pfade zur Myrrhenterrasse,
zu führen das Heer zu Wasser und zu Lande,*

---

117 Vgl. OTTO 1969, 409; KOCH 1993, 270 f.
118 Aus einem Text von Thutmosis IV. Zitiert nach SHIRUN-GRUMACH 1993, 79.
119 Vgl. zum Folgenden SHIRUN-GRUMACH 1993, 68-120.
120 Es handelt sich um eine reine Orientierungsskizze, die keinerlei Anspruch auf maßstabgetreue Wiedergabe erhebt.

um die Wunder zu bringen aus dem Gottesland zu diesem Gott,
der ihre Sichtbarkeit (nfr.w) geschaffen hat...[121]

Die Aussage, daß Amun die Königin geschaffen hat, muß wohl als Verweis auf die Vater-Tochter-Relation verstanden werden. Dem entspricht, daß Amun in demselben Text Hatschepsut als *"meine süße Tochter"* und *"Liebling meines Herzens"* anspricht. Wie die Puntexpedition und die Vater-Tochter-Beziehung zusammenhängen, erhellt daraus, daß Punt als ein Ort bezeichnet wird, der von Amun und Hathor, der Mutter der Königin, geschaffen wurde. Amun spricht:

> *Mir habe ich ihn gemacht zur Erfrischung meines Herzens*
> *zusammen mit deiner Mutter Hathor,*
> *der Herrin der Krone,*
> *der (Herrin von) Punt,*
> *der Herrin [des Himmels],*
> *der Großen an Zauber,*
> *der Herrscherin aller Götter.*[122]

Es ist wohl zu schließen, daß die elterliche Beziehung von Amun und Hathor zur Königin den theologischen Rahmen abgibt, in dem die Puntexpedition zu verstehen ist. Die Expedition zielt ja darauf, die Wunder von Punt nach Ägypten zu holen. So erweist sich die Königin als wirkliche Tochter der beiden Gottheiten, indem sie - einen göttlichen Auftrag vollziehend - in Deir el-Bahari ein neues Gottesland Punt schafft. Die besondere Stellung der Göttin Hathor als Mutter der Königin und Herrin von Punt verweist auf die *Hathorkapelle*, die in unmittelbarer Nachbarschaft zur Punthalle liegt. Dort wird Punt ebenfalls erwähnt. Hathor, die sich in Kuhgestalt der thronenden Königin nähert und deren Hand leckt, spricht:

> *...ich habe durchwandert die Vogelsümpfe*
> *und die Enden der Wege des Horus,*
> *damit ich verweile in Chemnis zum Schutze meines Horus;*
> *mein Geruch soll an dir sein wie (der Geruch) von Punt,*
> *damit süß werde dein Duft mehr als (der Duft der) Götter.*[123]

Hier wird auf der mythischen Ebene Punt mit Chemnis verbunden und der Horusmythos als weitere Sinndimension ins Spiel gebracht. Damit kann der Tempel als neues Punt zugleich als Hinweis auf die Horusqualität der Königin gelesen werden. ASSMANN hat vorgeschlagen, die gesamte Hathorkapelle als monumentale Ausgestaltung von *SZENE XII* (Säugung) des Geburtszyklus zu verstehen, womit ein Rückbezug auf die Geburtshalle zustande käme. In der Tat spricht vieles für diese Interpretation. Schließlich ist die Säugung der Königin durch Hathor als göttliche Amme ein zentrales Thema der Reliefs dieser Kapelle. In einer Inschrift spricht Hathor in Kuhgestalt zu Hatschepsut:[124]

---

121 Zitiert nach SHIRUN-GRUMACH 1993, 72. Oft wird *nfr.w* mit "Schönheit" übersetzt.
122 Zitiert nach SHIRUN-GRUMACH 1993, 73.
123 Zitiert nach SHIRUN-GRUMACH 1993, 90.
124 Vgl. ASSMANN 1982, 37.

Ich bin zu dir gekommen, meine geliebte Tochter Hatschepsut,
um deine Hand zu küssen und deine Glieder zu lecken,
um deine Majestät mit Leben und Heil zu vereinen,
wie ich es für Horus getan habe im Papyrusdickicht von Chemnis.
Ich habe deine Majestät gesäugt an meiner Brust,
ich habe dich erfüllt mit meiner Zauberkraft,
mit jenem meinem Wasser des Lebens und des Heils.
Ich bin deine Mutter, die deinen Leib aufzog,
ich habe deine Schönheit geschaffen.
Ich bin gekommen, dein Schutz zu sein
und dich von meiner Milch kosten zu lassen,
auf daß du lebest und dauerst durch sie.

Die Göttin - wie Uto und Nechbet in *SZENE XII* des Geburtszyklus in Kuhgestalt - läßt die Königin an ihrem Euter trinken und gibt sich damit in Wort und Bild als Mutter der Königin, als ihre Schöpferin und Schützerin, zu erkennen. Der Bezug auf den Horusmythos macht erneut deutlich, daß Hatschepsut als König die Rolle des Horus übernommen hat. Ganz grundsätzlich muß gesagt werden, daß es die uralte Tradition der königlichen Horusqualität ist, die die verwandtschaftliche Beziehung zur Göttin überhaupt konstituiert. Die enge Klammer zwischen Hathorkapelle, Punthalle und Geburtshalle, die durch die mythologischen Querverbindungen herstellt wird, zeigt, daß mindestens die mittlere Terrasse, wohl einschließlich der Anubiskapelle, als Ensemble aufzufassen ist. Im Grunde müßte vermutlich sogar der ganze Tempel von Deir el-Bahari als Gesamttext und der Geburtszyklus als Teiltext davon gelesen werden. Eine solch umfassende Deutung ist in dieser Arbeit natürlich nicht zu leisten, aber es ist wohl überdeutlich, daß der Geburtszyklus in einen Gesamtzusammenhang eingebettet ist, der um die göttliche Qualität der Königin kreist und darauf abzielt, die mythische Dimension ihres königlichen Handelns dauerhaft zu machen. Der umfassende Kontext des Totentempels und die besondere Nähe zwischen Geburtshalle und Anubiskapelle deuten darauf hin, daß dies im Hinblick auf ihr jenseitiges Leben geschieht. Die theologische Basis für dieses Programm ist offensichtlich die Horusqualität des Königs, die es ermöglicht, die Relation zur Götterwelt in vielfältiger Weise zu thematisieren und zugleich einen theologischen Gesamtentwurf zu erreichen. Vor diesem Hintergrund erschiene eine Deutung als politische Propaganda als schwer erträgliche Banalität.

Überhaupt sollte man sich weitgehend von dem Gedanken frei machen, ägyptische Kunst und Sprache seien vor allem auf Kommunikation angelegt gewesen. Kunst steht nach ägyptischer Auffassung vielmehr zunächst für sich selbst und schafft unabhängig von einem Betrachter Wirklichkeit. Für die heilige Sprache gilt dasselbe.[125] Diese wirklichkeitskonstituierende Dimension läßt sich - ausgehend vom ägyptischen Kausativ *s3ḫ* - als *Verklärungsfunktion* der Sprache verstehen, wobei zugleich an die Übertragung von Wirkmacht zu denken ist. ASSMANN hat in die-

---

125   Vgl. hierzu ASSMANN 1984, 108-112.

sem Zusammenhang darauf hingewiesen, daß z.B. ein kosmischer Vorgang wie der Sonnenuntergang als götterweltliches Geschehen dargestellt werden kann. Der Sonne wird als Re zugerufen:

> *Heil dir, Herrscher des Himmels,*
> *Herr des Westens!*
> *Deine Mutter Naunet umarmt dich,*
> *sie erblickt ihren Sohn in dir als 'Herr der Furcht, Groß an Hoheit'*
> *Du gehst unter im Leben im Nachthimmel.*
> *Dein Vater Tatenen hebt dich empor,*
> *er schließt seine Arme um dich,*
> *indem du verwandelt und göttlich bist in der Erde,*
> *er gibt dich als Ehrwürdigen zu Osiris.*

Hier wird - unter Verwendung der Eltern-Kind-Konstellation! - ein kosmischer Vorgang sakramental ausgedeutet. Der Sonnenuntergang wird *nicht beschrieben*, sondern *verklärt*, indem der Text *"durch die 'Strahlkraft' des heiligen Wortes den jenseitigen, götterweltlichen Sinn im diesseitigen, den Menschen sichtbaren Geschehen aufleuchten läßt."*[126] Diese Funktion von Sprache und Kunst, die Götterwelt im Diesseits präsent zu machen, ist bei der Interpretation jedes ägyptischen Kunstwerks zu beachten und besonders bei der Materie, um die es hier geht. Der nichtdeskriptive Aspekt der Sprachverwendung drängt die kommunikative Zielsetzung des betreffenden Textes ziemlich in den Hintergrund. Zwar existiert sie auch hier, ist aber vor allem auf die Götter als Adressatenkreis ausgerichtet.[127] Das ist ein ganz entscheidender Aspekt, denn er legt es nahe, daß es dem Reliefzyklus primär darum geht, vor den Göttern etwas über das Wesen des Königs auszusagen und damit wirklich und wirksam zu machen.[128]

---

[126] ASSMANN 1984, 112.

[127] Man sollte nicht daran denken, daß etwa die kleine Gruppe von Priestern und Beamten die primären Adressaten des Geburtszyklus gewesen sei. Für diese Schicht der Hofgesellschaft hat schon die Planung durch die Königin die Botschaft vermittelt. Vgl. dazu etwa die große Puntinschrift (Übersetzung bei SHIRUN-GRUMACH 1993, 105-108), die natürlich kein historischer Bericht ist, sondern ebenfalls eine theologische Verklärung im Kontext der Punthalle. Aber es scheint mir in diesem Text doch deutlich zu werden, wie große Vorhaben des Pharao vor der Hofgesellschaft präsentiert und erläutert wurden.

[128] Vgl. KOCH 1993, 265. Für alle heutigen Rezipienten, die nicht zum Geltungsbereich ägyptischer Religion gehören, existiert die Götterwelt Ägyptens nur innerhalb der entsprechenden Texte. Die ägyptische Götterwelt ist für sie ausschließlich ein Textphänomen, und nur insofern ein Element der Wirklichkeit. Von einem sprachphilosophischen Standpunkt aus muß natürlich gesagt werden, daß diese Einschränkung auch für "historische" Texte gilt, insofern jede Vergangenheit nur im Modus der Erinnerung existiert und nur durch eine Erzählung präsent gemacht werden kann. Diese darf sich allerdings "Geschichte" nennen, wenn sie sich unter dem Anspruch der entsprechenden Vernunftstandards nur mit dem beschäftigt, was als Wirklichkeit gilt.

Hierzu paßt der Kontext des Totentempels, wie wir ihn bei Hatschepsut finden, sehr gut, denn es handelt sich ja um ein Millionenjahrhaus.[129] Wenn aber die Funktion dieser *Häuser für Millionen Jahre* vor allem darin bestand, den Kult des verstorbenen Königs mit dem des Götterkönigs Amun zu verbinden und den Totenkult in den Kult Amuns (und zahlreicher anderer Gottheiten) einzubetten, so ist die pragmatische Intention des Geburtszyklus vor allem in seinem Beitrag zu dieser Verbindung zu suchen. So wie biographische Inschriften helfen sollten, die eigene Identität für das Jenseits zu sichern, das Totengericht gut zu überstehen und das Weiterleben zu erwerben, so stellt sich in Deir el-Bahari die Königin den Göttern vor und tritt in Gemeinschaft mit denen, zu denen sie von Anfang an gehörte. Sie ist Tochter des Amun, ihm hat sie in Deir el-Bahari ein neues Punt errichtet, sie ist Tochter der Hathor, der sie eine eigene Kultkapelle errichtet hat. Sie hat sich als ma'atgemäßer König, als *Horus auf Erden* und als Tochter des Amun bewährt. Ihr Geburtszyklus hält diese theologische Qualität ihres Königtums nach ihrem Ursprung hin fest und konstituiert in göttlicher Zeugung, Geburt und Versorgung eine symbolische Wirklichkeit, welche die Voraussetzung und Begründung dafür bildet, daß in der verstorbenen Königin Amun selbst verehrt werden kann. Als Tochter des Amun darf sie als Erscheinungsform des Gottes gelten. Ihre Kultbilder gehören zum Kult des Amun, weil sie nicht nur ihre Gegenwart verkörpern, sondern zugleich die ihres göttlichen Vaters. So kann ihr Königtum gemäß der Ma'at auch nach ihrem Tod auf millionenfache Dauer Bestand haben, wie es den göttlichen Verheißungen im Geburtszyklus entspricht.[130]

Da es kaum erlaubt ist, von *D* einfach auf *L* zu schließen, muß *der Geburtszyklus Amenophis III. im Kontext des Luxortempels* eigens behandelt werden.

Wenn es sich auch nicht um ein Millionenjahrhaus handelt, so ist doch für den Luxortempel ebenfalls die Verbindung von Königskult und Amunkult charakteristisch.[131] Diese Anlage nimmt unter den Tempeln Ägyptens insofern eine Sonderstellung ein, als es sich hier tatsächlich um eine Kultbühne handelt, die vor allem den Rahmen für kultische Vollzüge abgibt. Die primäre Kulthandlung, der der Luxortempel diente, war das *Opetfest (ḥb nfr n Jpt).* In diesem Fest, das seit der 18. Dynastie belegt ist, wurde die jährliche Regeneration des Amun-Re vollzogen.[132] *"Der Luxor-Tempel galt als eine 'Stätte des Ersten Males', das heißt als ein Ort der Entstehung der Welt. Der Tempel stand auf einem Urhügel. Hierher mußte Amunre am Jahrestag der Weltentstehung zurückkehren, um den Schöpfungsvorgang zu wiederholen und damit eine zyklische Erneuerung der Welt und seiner*

---

129 Hatschepsuts Anlage heißt *"Der große Tempel von Millionen von Jahren, der Tempel des Amun* dsr-dsrw *an seiner trefflichen Stätte des ersten Males".* Vgl. ARNOLD 1975, 1017-1022; *ders.* 1992, 134-138.

130 Vgl. MERKLEIN 1996, 29.

131 Vgl. ARNOLD 1992, 127-132. BARGUET (1980, 1104) erwähnt Arbeiten unter Ramses II., die dem Luxortempel auch Qualitäten eines Millionenjahrhauses zuweisen.

132 Vgl. MURNANE 1982; KOCH 1993, 294 f.

selbst zu bewirken."[133] In enger Verbindung damit stand der Kult für den lebenden König, bzw. seinen königlichen Ka.[134] Der Luxortempel war offensichtlich der Ort, an dem der Herrscher mit seinem königlichen Ka vereinigt und so in ein göttliches Wesen verwandelt wurde. Ihm wurde die göttliche Ka-Kraft des Königtums übertragen, er trat ein in das (überindividuell gedachte) Kraftfeld der *Successio regalis,* das ihn befähigte, das Königsamt auszuüben. Die entsprechenden Herrscherriten wurden mit den Amunriten verbunden und beim Opetfest jährlich wiederholt. Wurde die Verjüngung des Gottes durch die Rückkehr an den Ort des Uranfangs bewirkt, so sicherte die jährliche Wiedergeburt des Königtums ihrerseits die Verjüngung Amuns, weil in ihr die uranfängliche Überwindung des Chaos vergegenwärtigt wurde. Durch diese unlösbare theologische Verbindung zweier Mysterien konnte der Luxortempel zur wichtigsten Kultstätte für den lebenden Herrscher bzw. seinen königlichen Ka werden. Mit BELL kann festgestellt werden, daß *"when the king approaches the god reverentially performing the rituals of the Opet Festival, his* ka *is renewed or restored, and his right to rule is reconfirmed. The* ka *symbolizes the legitimacy of his inheritance; and during the festival, evidence that he possesses the royal* ka *and that it resides in him - that he is* the living royal *ka - is displayed in the symbolic re-enactment of his divine conception and birth, his acknowledgement by Amun-Re and recognition by the Ennead, his coronation, and the proclamation of his* ka-name.*"*[135]

Der rituelle Kontext des Opetfestes gibt dabei auch Einzelheiten des Geburtszyklus eine zusätzliche semantische Dimension. Das gilt z.B. für den göttlichen Duft *(SZENE IV),* welcher seine Entsprechung im Weihrauchopfer findet. Dieses spielt eine zentrale Rolle bei der Vergöttlichung des Königs.[136] Auch die Einheit des göttlichen Vaters mit seinem geliebten leiblichen Sohn, die im Reliefzyklus wiederholt betont wird, findet ihren Ausdruck im Opetritual: Kultisch vergöttlicht, wird der "amunhaft" gewordene König mit *Widderhörnern* als Zeichen seiner Einheit mit Amun geschmückt.

Die Luxorfassung des Geburtszyklus erhält durch den kultischen Rahmen ihre spezifische pragmatische Intention: Sie leistet einen Beitrag zur Verbindung von Amunkult und Königskult, indem sie die verwandtschaftliche Relation der beiden betont und so eine feste Brücke zwischen zwei theologisch maßgeblichen Größen und ihren Riten schlägt. *"Der Sinn des Zyklus wäre demnach die symbolische*

---

133 ARNOLD 1992, 128.
134 Vgl. zum Folgenden BELL 1985; MERKLEIN 1996, 27 f.
135 BELL 1985, 289. Zur Bedeutung der Namengebung vgl. ebd. 285-288.
136 Vgl. BELL 1985, 283-285. Schon LOHMEYER (1919, 21) stellte fest: *"In dem Wohlgeruch des von Menschen gespendeten Weihrauchs vereinen sich Gottheit und König."* Zur physiologischen Seite der Weihrauchwirkung betonen MARTINETZ / LOHS / JANZEN (1988, 139), *"daß auch ein den kultischen Handlungen entgegenkommender stimulierender Effekt erklärbar ist",* der ein Motiv (neben anderen) für die häufige Verwendung im Kult bietet. Vgl. ebd. 136-139.

Konstitution der Möglichkeit, die Erneuerung des königlichen Ka als Regeneration des Amun-Re und umgekehrt feiern zu können."137

Abschließend kann festgehalten werden, daß die zentrale Aussage der Reliefzyklen, die göttliche Qualität des Königs und sein Eintreten in eine verwandtschaftliche Konstellation mit den Göttern, vor allem mit Amun, ist. Jener wird als Vater des Königs angesprochen und dieser mit ihm als Sohn bzw. Tochter (Hatschepsut) in Verbindung gesetzt, was mit einer kultischen Anbindung korrespondiert. Dabei wird in *D* vor allem die postmortale Existenz in Blick genommen. Das jenseitige Leben der Königin wird entworfen als Fortsetzung ihrer königlichen Würde, welche sich wiederum auf die Krönung und Thronbesteigung gründet und letztlich schon in der Geburt wurzelt. In *L* geht es vor allem um die zyklische Erneuerung der Göttlichkeit des Königtums durch die Verbindung mit der Erneuerung des Amun. Auch hier wird durch die Sohnesbeziehung zur Gottheit eine kultische Verbindung begründet, welche letztlich auf der Horusqualität des Königs als *vollkommener Gott* beruht. Der Mythos von der göttlichen Geburt leistet jeweils die narrative Bündelung dieser verschiedenen Aspekte zu einem einzigen Vorstellungszusammenhang.138

2.3. Zur Deutung des Geburtsmythos

Über die Aussageintention der beiden betrachteten Geburtszyklen hinaus, muß nun noch kurz auf die Frage nach dem Mythos generell eingegangen werden. Schließlich existierte die Vorstellung von der Gottessohnschaft des Königs aller Wahrscheinlichkeit nach auch außerhalb dieser Bild-Text-Zyklen in mündlicher und anderer Tradition und wurde wohl mit jedem ägyptischen König in Verbindung gebracht. Es geht hier also nicht nur um die Aussage eines konkreten Textes, sondern um die Frage, welche Bedeutung (Semantik) und welche Funktion (Pragmatik) *die Vorstellung vom König als Sohn Gottes* hatte. Anders gefragt: Was meinte man in Ägypten, wenn davon gesprochen wurde, daß der König durch göttliche Zeugung zur Welt kam? Konnte ein Ägypter, der davon sprach, daß der König Sohn Gottes sei, sich selbst dazu bringen, die menschliche Erfahrung über die Entstehung eines Kindes zu vergessen, oder war dies im Kontext ägyptischen Denkens gar nicht notwendig? Was schließlich sollte eine solche Aussage bewirken?

---

137 MERKLEIN 1996, 28. In diese Richtung lassen sich auch die anderen, fragmentarischen Belege des Zyklus deuten. *K* scheint darüber hinaus ein Bindeglied zu den späteren Geburtshäusern darzustellen. Hier ist ja erstmals die Einbettung des Geburtszyklus in den Kontext eines Kindgott-Tempels belegt.

138 Wegen der kleinen Zahl von Belegen etwas waghalsig, aber deswegen noch keinesfalls abwegig ist es, wenn ASSMANN diese Form der Repräsentation des Geburtsmythos mit der Friedenspolitik, wie sie sich bei Hatschepsut, Amenophis III. und Ramses II. unbestreitbar findet, in Beziehung setzt. Die Betonung der Gotteskindschaft durch die Darstellung des Mythos kann durchaus so verstanden werden. Jedenfalls weist das Bild des Kindes in diese Richtung. Vgl. ASSMANN 1982, 41 f.

Hinzuweisen ist hier zunächst darauf, daß die Ägypter beim Amt des Königs ebenso dynastisch dachten, wie bei anderen Ämtern und Berufen. Das hängt mit der ägyptischen Konzeption vom Verhältnis zwischen Vater und Sohn zusammen: *"sie kann kurz etwa so formuliert werden, daß der Sohn, der ja eine Art Wiederholung des Vaters ist, in jeder Beziehung die Rolle des Vaters übernehmen sollte. Daraus entsteht nicht ein gesetzlicher Zwang, sondern ein moralischer Anspruch auf das Erbe auch des Amtes."*[139] So wie beim Schreiber und Handwerker in der Regel der Sohn dem Vater nachfolgte, so ist es auch beim Königsamt. Das heißt, daß das Recht zur Thronfolge in der Regel aus der Vaterschaft des Vorgängers resultierte. Insofern ist von vornherein anzunehmen, daß die irdische Vaterschaft des menschlichen Vaters und die göttliche des Re oder Amun nicht als konkurrierende Aussagen verstanden wurden, sondern als Wahrheiten, die sich auf unterschiedlichen Ebenen bewegten, unterschiedliche Aussageintentionen hatten und deshalb grundsätzlich vereinbar waren.

   ▷   Die Sohnesbeziehung zum amtierenden König begründet einen möglichen Thronanspruch,

   ▷   die Sohnschaft auf einen Gott hin stellt dagegen den amtierenden König in eine Beziehung zu diesem Gott.

Die zentrale Aussage der Vorstellung von der göttlichen Zeugung besteht also darin, Würde und Heilsbedeutung des Königsamtes an den Beginn der physischen Existenz des Amtsinhabers zurückzuprojizieren. Sie kann deshalb als besondere Ausformulierung der seit dem Mittleren Reich belegten Vorstellung vom *Königtum im Ei*, also von der Vorherbestimmung und Erwählung des Königs, gelten.[140] Als repräsentativer Beleg für diese Perspektive kann ein Königshymnus dienen, der auf der bekannten *Berliner Lederrolle (pBerlin 3029)* überliefert ist.

Sesostris I. (1971-1926 v.Chr.) sagt von sich selbst:[141]

> *Ich habe erobert als Nestling.*
> *Ich war mächtig im Ei.*
> *Ich habe regiert als Prinz (jnpw).*
> *Er hat mich weit gemacht als den Herrn meiner beiden Anteile als Kind,*
> *bevor mir die Vorhaut gelöst war.*
> *Er hat mich eingesetzt zum Herrn der Untertanen,*
> *(als einen) Geschaffenen angesichts des Himmelsvolkes.*

---

139   OTTO 1979, 231. Vgl. auch *ders.* 1969, 396-403. Interessant scheint mir OTTOs Hinweis auf (späte) fiktive Stammbäume (397) zu sein. Sie machen deutlich, daß die Vererbung das Basismodell für legitime Amtsnachfolge darstellt, das dort, wo es faktisch nicht vorliegt, fiktiv ergänzt wird. Andererseits wird aus den Belegen auch deutlich, daß die Genealogie nicht an biologische Verwandtschaft gebunden war.

140   Vgl. BLUMENTHAL 1970, 35-37.

141   Zitiert nach SHIRUN-GRUMACH 1993, 154 f (zur Auslegung vgl. ebd. 163-173). Es handelt sich bei *pBerlin 3029* um die hieratische, von einem Schreiber aus der Zeit der 18. Dynastie verfaßte Abschrift eines vermutlich hieroglyphischen Originals aus dem Mittleren Reich. Vgl. BUCK 1938, 48-53; BLUMENTHAL 1970, 35 f; LICHTHEIM 1975, 115 f, GÖRG 1975, 76 f; BEYERLIN 1975, 54.

> *Er bildete mich zum Palastbewohner als Kind,*
> *bevor ich aus meinen Schenkeln (scil. denen meiner Mutter) hervorkam.*

Auch sei auf die Kubân-Stele verwiesen,[142] wo Ramses II. gepriesen wird:

> *Du hast Pläne gemacht, als du noch im Ei warst,*
> *in deinem Amt eines kronprinzlichen Kindes.*
> *Die Angelegenheiten der beiden Ufer wurden dir erzählt,*
> *als du noch ein Kind mit der Jugendlocke warst.*
> *Kein Bauwerk wurde errichtet wenn nicht auf deinen Wink,*
> *keine Entscheidung gefällt ohne dein Wissen.*
> *Du warst 'oberster Mund' der Armee,*
> *als du noch ein Knabe von zehn Jahren warst.*

Diese retrospektive Formulierung seiner königlichen Würde ordnet den betreffenden Amtsinhaber von Anbeginn seines Lebens in die theologisch gefüllte Rolle des
Königs als *vollkommener Gott* ein und hat insofern natürlich auch ganz klar die
Funktion, Herrschaft zu legitimieren. Wenn die Rede vom König als Sohn Gottes
in diesen Ideenkomplex gehört, so dient auch sie dazu, dem König eine übermenschliche Autorität zuzusprechen, die die unbedingte Akzeptanz seiner Herrschaft fordert. Auch wenn von Propaganda nicht gesprochen werden kann, darf
doch nicht übersehen werden, daß die Vorstellung vom König als Sohn Gottes aufgrund göttlicher Zeugung zu den ideologischen Begründungen von Herrschaft im
alten Ägypten gehörte. Zwar gab es keine menschliche Öffentlichkeit, die die entsprechenden Reliefzyklen hätte rezipieren können, aber es ist nicht zu bezweifeln,
daß die Göttlichkeit des Königs auch in der entsprechenden öffentlichen Präsenta-
tion ihren Ausdruck fand. So weist BELL etwa für das Opetfest darauf hin, daß der
König nach der Erneuerung seiner göttlich-königlichen Würde in der kultischen
Verschmelzung mit Amun vor dem Tempel der Festgemeinde präsentiert wurde.
"We cannot be far wrong in imagining the cheering throngs waiting outside the
temple for the first glimpse of the divine king re-emerging into the bright sunlight
when the ceremonies were at an end."[143]
Festzuhalten ist darüber hinaus, daß dabei die dynastische Perspektive, und damit
die irdische Abkunft, die ja eine eigene Quelle der Legitimität ist, nicht einfach
ausgeblendet wird, sondern ebenfalls wesentlich zur Rolle des Königs dazugehört.
Gerade für den König ist es ein fester Bestandteil seines heiligen Amtes, für die
Ahnen zu sorgen und sich als König ganz bewußt in die Sohnesrolle gegenüber
dem Vorgänger einzufügen. ASSMANN hat jetzt für das Neue Reich auf die enge
Beziehung zwischen dem Opetfest in Luxor und dem Talfest im Bereich von Deir

---

142 *Stele Grenoble 1,33.* Zitiert nach ÄHG 494, 19-26. Vgl. auch die Weihinschrift Ramses II.
     in Abydos (BEYERLIN 1975, 55); das Lob des Königs im Sinuhe-Roman (ÄHG 476); fer-
     ner die Napata-Stele des Pije (BEYERLIN 1975, 56); sowie die *Lehre des Merikare*, die be-
     tont, der König komme *"schon einsichtig aus dem Mutterleib" (270)*, und es als Wohltat des
     Schöpfergottes für die Menschen preist, daß er für sie *"Herrscher im Ei" (327)* gebildet hat.
     Vgl. BRUNNER 1991, 152.154.
143 BELL 1985, 273; vgl. auch ebd. 272.

el-Bahari hingewiesen: *"Im Luxorfest feiert der König seine Sohnschaft am Gott Amun, im Talfest seine Sohnschaft als Glied einer dynastischen Kette. Wie er beim Luxorfest in Gemeinschaft von Amun, Mut und Chons von Karnak nach Luxor zieht, um sich während des Aufenthalts im dortigen Tempel von Amun in seiner Gottessohnschaft bestätigen zu lassen, so zieht er im Talfest in gleicher Gesellschaft zu den Totentempeln seiner Vorfahren auf der Westseite von Theben, um sich als legitimer Sohn seiner leiblichen Vorfahren ihres Segens zu vergewissern und sie in die Heilszeit seiner Regierung einzubeziehen."*[144] Wir haben es also auch hier wieder mit der Komplementarität des ägyptischen Denkens zu tun, das die eine Wahrheit nicht unbedingt zugunsten einer anderen aufgeben muß. Die irdische Abstammung vom menschlichen Vater muß nicht bestritten werden, damit der König Sohn Gottes sein kann. Vielmehr gilt gerade als König, der göttliche und menschliche Welt verbindet, beides zugleich von ihm.[145]

Zusammenfassend läßt sich sagen, daß sowohl der Mythos von der göttlichen Zeugung als auch die entsprechenden Reliefzyklen eingebettet sind in die religiöse Konzeption von der zentralen Rolle des Königs. Beide gehören also zum ägyptischen Repertoire der ideologischen Legitimationsfiguren für die Königsherrschaft. Allerdings zeichnet sich der Reliefzyklus dadurch aus, daß er sich nicht primär an Menschen richtet, sondern an die Götter. Die Betonung der Gotteskindschaft hat in diesem Kontext die Funktion, den König / die Königin in Relation zu Amun (und anderen Gottheiten) zu setzen und so seine bzw. ihre *ma'at*gemäße Herrschaft zu erneuern (*L*) bzw. in die postmortale Existenz hinein dauerhaft zu sichern (*D*).

3.   Die Geburtshäuser der Spätzeit

Ein wichtiges Element der spätägyptischen Tempelanlagen ist das Geburtshaus *(prmst)*, in denen die Priesterschaft unter Ausschluß der Öffentlichkeit das Geheimnis der göttlichen Geburt *(msw.t ntr)* feierte.[146]

Architekturgeschichtlich ist festzustellen, daß sich diese Kulteinrichtungen von kleinen Nebenheiligtümern immer mehr zu vollständigen Tempeln entwickeln, was auf ein zunehmendes Gewicht der entsprechenden Theologie und Frömmigkeit schließen läßt.[147] Das Mammisi von *Philae* stammt wohl aus der Zeit von

---

144 ASSMANN 1996, 402. Zum Talfest, bei dem auch Statuen toter Könige mitgeführt wurden vgl. GRAEFE 1986.

145 Die Ambivalenz hinsichtlich der Rolle des menschlichen Vaters, wie sie im Reliefzyklus bisweilen festzustellen war, ist also als Hinweis auf den generellen Umgang ägyptischen Denkens mit der königlichen Gottessohnschaft zu verstehen. Die menschliche Zeugung wird nicht als Konkurrenz zur göttlichen Vaterschaft gesehen. Die beiden Wahrheiten konnten auch innerhalb der königlichen Rolle koexistieren, weil sie offensichtlich als bipolare Umschreibung der Wirklichkeit des ägyptischen Königtums aufgefaßt wurden.

146 Es gibt auch Indizien für hellenisierte Fassungen der Geburtshausriten, die in Alexandria gefeiert wurden. Diese bezogen offensichtlich zwar auch nicht *die* Öffentlichkeit, wohl aber eine größere Festgemeinde ein (s.u. Kap. II).

147 Vgl. DAUMAS 1958, 79-122; HÖLBL 1994, 231.234.239.

Ptolemaios VI. (180-145 v.Chr.) dessen Kartuschen die Tore tragen.[148] Unter Ptolemaios VIII. Euergetes II. (170-163 / 145-116) wurde das Geburtshaus dann um einen dritten Raum erweitert und die Dekoration aller drei Räume vollendet. Der größte Teil des Geburtshauses von *Kom Ombo* gehört ebenfalls in die Zeit von Ptolemaios VIII. In dessen Regierungszeit wurde auch noch das Geburtshaus von *Edfu* gebaut, was auf eine schubartige Zunahme der Bedeutung dieser Kulteinrichtungen schließen läßt. Die Dekoration des Geburtshauses von *Armant* stammt im wesentlichen von Kleopatra VII. Es mußte allerdings im 19. Jahrhundert einer Zuckerfabrik weichen. Das älteste Exemplar, von dem wir wissen, hat Nektanebos I. beim Hathortempel in *Dendera* errichtet.[149] Das römische Geburtshaus dort wurde unter Nero begonnen.

Religionsgeschichtlich machen die Mammisis als Teil der spätzeitlichen Tempel deutlich, wie sehr die theologische Bedeutung des irdischen Königs geschwunden ist.[150] So findet sich etwa im Horus-Tempel von Edfu [151] in neuer Häufigkeit die Darstellung des Horusfalkens als König mit der Doppelkrone. Entsprechend der Überzeugung, daß Horus der eigentliche König Ägyptens sei, wurde in Edfu jährlich das Fest der Krönung des heiligen Falken begangen. Die Götterstatue wurde aus dem Tempel geholt und feierlich zum Falkentempel getragen,[152] wo "der Gott selbst" sich ein Tier auswählte, das als sein lebender Ba zum König gekrönt und dem Volk präsentiert wurde. Im Laufe des Neujahrsfestes wurde der Gott Horus selbst zum König gekrönt und erhielt damit von seinen Vätern Re und Osiris das Königtum. Während diese Zeremonie in einer Kapelle neben dem Allerheiligsten stattfand, erhielt der vom *Priester des Königs* vertretene, irdische König sein Königtum in der schräg gegenüber liegenden Kapelle des Re-Horus, die man *Thron des Re* nannte. Mit dieser Übertragung der Königswürde auf den Gott hängt es zusammen, daß der ptolemäische König *"sein königlich-göttliches Amt nur in Analogie zum eigentlichen himmlischen wie irdischen König, d.i. Horus von Edfu, erhält und ausführt."*[153] Dazu paßt auch, daß man in Kontrast zu den Reliefs an den Vorderseiten der Pylonen, die den ptolemäischen König zeigen, an den Seitenwänden der Pylonen in Edfu wie auch in Philae die Inthronisation des Horus als König darstellte.[154] Im Festkalender trägt die Zeremonie den Namen *"Fest der Eröffnung des Regierungsjahres des Horus von Edfu, Sohnes des Re, geliebt von*

---

148 Vgl. den Überblick bei DAUMAS 1958, 28-64. Bezüglich der Chronologie der Ptolemäerzeit richte ich mich nach der Liste bei WILDUNG u.a. 1989, 9.

149 Wie schon oben angedeutet, kann in *K* die bau- und religionsgeschichtliche Vorstufe für die Geburtshäuser gesehen werden.

150 Vgl. zum Folgenden DAUMAS 1977; GOYON 1989, 33-44.

151 Der Tempel wurde von 237-71 v.Chr. erbaut. Abbildung und kurze Beschreibung bei ARNOLD 1992, 98-102.

152 Der Falkentempel lag vor dem Hauptgebäude gegenüber dem Geburtshaus. Er ist nicht erhalten.

153 HÖLBL 1994, 142.

154 Vgl. HÖLBL 1994, 245.248 mit Abb. 21 (249).

den Menschen". Auch dieser Kult hatte wohl die Funktion, einen vom menschlichen Regenten unabhängigen Königskult zu inszenieren, der dem Land sein Wohlergehen sichern sollte.[155] Die *Vereinigung der beiden Länder* als Inbegriff des Welt stiftenden Handelns wird also nicht mehr einem göttlichen König, sondern dem königlichen Gott zugeordnet. Diese Übertragung königlicher Verantwortung auf eine Gottheit findet sich auch bei zahlreichen Privatdenkmälern.[156] So führt die schon gegen Ende des Neuen Reiches einsetzende *"Aufteilung der Weltregierung in einen irdischen kultvollziehenden König und den das Land beherrschenden königlichen Gott zu dem Nebeneinander von göttlichem König von Ober- und Unterägypten in den Tempeln der griechisch-römischen Zeit und den nominell kultvollziehenden ptolemäischen Königen bzw. römischen Kaisern."*[157]

Daß die fremden Könige überhaupt akzeptiert wurden, hängt genau damit zusammen. Weil die politische Grundidee vom König als einer göttliche und menschliche Sphäre verbindenden Rolle, notfalls auf ein Prinzip "Pharao" reduziert werden konnte, war es möglich, daß die Frage nach der ethnischen Herkunft des Herrschers und nach seiner Legitimität zweitrangig wurde. Aus den beschriebenen theologischen Gründen *mußte* es einen König geben. Die entscheidende Stelle des theologischen Systems konnte nicht unbesetzt bleiben. Es ging darum, den entscheidenden Kontakt zur Götterwelt nicht zu verlieren und den Rückfall der Schöpfung ins Chaos zu vermeiden. Freilich signalisiert die Tatsache, daß das königliche Prinzip in seiner kompakten Einheit von Herrschaft und Kult von den realen Machthabern nicht mehr persönlich ausgefüllt werden konnte, ein Defizit, das zu den erwähnten Ausweichreaktionen führte. Im Tempelkult des Südens [158] wurde die Rolle des Pharao als Priester nun endgültig durch einen Stellvertreter, den *Priester des Königs*, ausgefüllt, und die Darstellung des Horusfalken gewinnt eine immer größere Bedeutung. Das gilt auch für die Verehrung seines lebendigen Abbildes, des heiligen Falkentieres, das zeitlebens als Inkarnation des Horus verehrt wurde. Beides diente dazu, das alles entscheidende Horusprinzip präsent zu halten. Als Sinnbild für die Entleerung des Königtums zum theologischen Prinzip mag man die Königskartuschen der Spätzeit-Tempel sehen: sie bleiben oft leer oder tragen nur neutrale Inschriften, so daß eine eindeutige Identifizierung des Herrschers nicht möglich ist.[159]

---

155 Vgl. HÖLBL 1994, 247.
156 Vgl. RÖSSLER-KÖHLER 1991.
157 GUNDLACH 1994, 136 f.
158 Hier ist auf ein deutliches Nord-Süd-Gefälle hinzuweisen: Gab es im Norden enge Kooperation der Priester (vor allem in Memphis) mit dem König und wenigstens gelegentliche Anwesenheit des Herrschers als Kultherr im Tempel, so fand im Süden eine weitgehende Verselbständigung der Festliturgie statt, wobei der Pharao durch den "Priester des Königs" ersetzt wurde. Vgl. HÖLBL 1994, 82.
159 Häufig: *pr c3* = großes Haus / Palast ⇒ Pharao. Zu Belegen vgl. HÖLBL 1994, 233.247 f.

Vor diesem Hintergrund muß die *Theologie der Geburtshäuser* gesehen werden, und besonders die Veränderungen, die der Geburtszyklus hier erfährt.[160] In den Geburtshäusern wird zwar der Zyklus ohne große Veränderungen dargestellt, und oft erscheint auch Amun als zeugender Gott, weil sich inzwischen der Mythos an seine Person gebunden hat. Amun wird spätzeitlich als der Gott des zeugenden Pneuma verstanden. Er ist der unsichtbare und allgegenwärtige Gott des Lebens, der dafür gepriesen wird, daß er dem Leben im Ei Luft gibt, und Atem an jede Nase.[161] Aber eine entscheidende Veränderung liegt darin, daß das Geschehen nun weitgehend in die Götterwelt transferiert wird. Vater, Mutter und Kind sind Gottheiten und werden meist durch die lokale Götter-Dreiheit repräsentiert.[162] Zwar wird weiterhin jährlich im Geburtshaus die Geburt, Aufzucht und Herrschaftsübernahme des Kindgottes, und also der Beginn einer neuen Heilszeit gefeiert, aber das ist nun ein Ritual, das einen *götterweltlichen* Vorgang betrifft. Der entscheidende Punkt der Überblendung von Götter- und Menschenwelt durch die Verbindung eines Gottes mit der Königsmutter ist weggebrochen, weswegen sich der Hauptakzent auch von der Zeugung zur Geburt des Kindes verschiebt.

In der spätzeitlichen Fassung, so stellt ASSMANN fest, *"verlagert sich der Mythos von der legitimierenden auf die ausdeutende und sinngebende Funktion. Er macht eine gegenwärtige Situation 'lesbar' und erträglich, in der das Königtum in zweifelhafte Hände gelegt ist, indem er das 'Heil' in die Hände der Gottheit legt. Die ägyptische Spätzeit ist eine Periode wechselnder Fremdherrschaften. In dieser Zeit verliert der Mythos seinen legitimierenden Bezug. Da das Heil sich nicht mehr im König verkörpert, erzählt - oder vielmehr 'begeht' - er in der dramatischen Form des Festspiels, wie Gott selbst als Heilbringer zur Welt kommt. Das Königtum legitimiert sich durch die Anbetung des Kindes."*[163]

Zutreffend an dieser Deutung ist sicher, daß die Heilserwartung Ägyptens sich mehr und mehr in den göttlichen Bereich verlagert und der Glaube, daß sich diese Hoffnung in der menschlichen Sphäre noch erfüllen könnte, abhanden kommt. Fraglich scheint mir aber, ob die Rolle des irdischen Königs vollständig umschrieben ist, wenn es heißt, das Königtum legitimiere sich durch die Anbetung. Immerhin kann doch nicht behauptet werden, in ptolemäischer Zeit habe sich die Religion von der Politik gänzlich verabschiedet. Gerade in den Geburtshausreliefs wird der historische König mit dem göttlichen Kind parallelisiert.

Wenn z.B. im Geburtshaus des Nektanebos in Dendara der Gott Ihi die entscheidende Rolle des göttlichen Kindes der Hathor einnimmt, so substituiert er darin zwar den König als leiblicher Sohn, Abbild und Stellvertreter des Schöpfergottes

---

160 Vgl. ASSMANN 1982, 19-25.
161 Vgl. ASSMANN 1982, 24.
162 In der Spätzeit hat sich der Zug zur Systematisierung inzwischen so verstärkt, daß fast überall Götterfamilien gebildet wurden: Vater, Mutter und Kind. Vgl. ASSMANN 1982, 19.
163 ASSMANN 1984, 144.

auf Erden, verdrängt ihn aber nicht völlig. So können die Kartuschen abwechselnd den Kindgott oder den König benennen.

In Philae wird die menschliche Königsmutter durch Isis, *"die Königin, die Große, die Gottesmutter (mw.t nṯr), die Leben spendet"*, ersetzt. Horus ist das Kind, dessen Geburt gefeiert wird.

> *Re ist in Freude,*
> *Thot jubelt in Frohlocken.*
> *Euer Herz sei froh, o Götter und Göttinnen,*
> *denn Isis hat ihren Horus geboren*
> *als König auf dem Thron seines Vaters.*[164]

Der kindliche Gott übernimmt die königliche Rolle, was teilweise mit der Setzung leerer Kartuschen ausgedrückt wird. So wird etwa das Kind bei seiner Präsentation vor der Göttergesellschaft bezeichnet als: *"Der geliebte Sohn* (leere Kartusche)| , *Sohn des Re, der Herr der Kronen* (leere Kartusche)|*"*.[165] Allerdings findet sich auch der Name des Königs (Ptolemaios III.) nachgetragen. In *SZENE IX* wird statt der Geburtshelferin der göttlichen Mutter ein Mann abgebildet, der das Kind hält. In die Kartuschen darüber ist der Name von Ptolemaios IV. eingetragen und damit das irdische Königtum im Zyklus präsent gemacht.[166]

Man kann also nicht von einem völligen theologischen Bruch mit der königlichen Tradition sprechen. Eher handelt es sich um einen - durchaus nicht geradlinigen - Prozeß der allmählichen Verlagerung königlicher Attribute und Funktionen auf die Götter selbst. Aber noch in dem prächtigen Geburtshaus der Kleopatra VII. in Armant bringt die Königin ihren Sohn Ptolemaios XV. Kaisar zur Welt, was mit der Geburt des jugendlichen Sonnengottes parallelisiert wird.[167] DAUMAS hat treffend von einem Spiel der Angleichungen und Identifikationen gesprochen. Allerdings gibt es in diesem Spiel eben immer weniger die energische und eindeutige Anerkennung des irdischen Königs als Bindeglied zwischen Menschenwelt und Götterwelt. Das Rollenspiel, das früher auf den König und die Götter verteilt war, rückt mehr und mehr in die himmlische Welt. Die zentrale Funktion ägyptischer Religion geht zunehmend auf die Götter selbst über und der König kann an diesem Spiel dadurch teilnehmen, daß er sich mit dem identifiziert, der seine Rolle übernommen hat. *"C'est donc mystiquement que, le roi, même étranger, qui exerce le pouvoir, est fils des dieux; c'est par assimilation avec le dieu-fils de la triade qu'il est encore dieu et fils de dieu."*[168]

Fragt man also nach der Rolle des irdischen Herrschers in diesem *Aggiornamento* ägyptischer Königstheologie, so wird sich seine Würde am besten durch den Be-

---

164 Vgl. JUNKER / WINTER 1965, 8 f.
165 Vgl. JUNKER / WINTER 1965, 106 f; auch 108 f.
166 Vgl. JUNKER / WINTER 1965, 110 f; ASSMANN 1982, 24. HÖLBL (1994, 239) spricht in Bezug auf Ptolemaios VIII. in Edfu sogar von Identifikation.
167 Vgl. CLAUSS 1995, 45 f; DESCRIPTION 145-152.
168 DAUMAS 1958, 501; vgl. *ders.* 1977, 473; ASSMANN 1996, 402.

griff der Analogie zum göttlichen Herrscher bestimmen lassen: *"il devenait son image, son lieutenant"*.[169] Das ist insofern nichts völlig Neues, als die ägyptische Königstheologie schon lange versucht hatte, die Rolle des Königs in der Rede vom Bild oder von der Hieroglyphe Gottes einzufangen,[170] und auch der Kontext der klassischen Geburtszyklen von der Annäherung der königlichen Würde an die des Amun geprägt war. Der entscheidende Unterschied muß allerdings darin gesehen werden, daß im Neuen Reich der Reliefzyklus die Schnittstelle markiert, an der Götterwelt und Menschenwelt sich überlagern und Götter und Menschen als Partner agieren. In der Spätzeit dagegen hat der Geburtsmythos diese Funktion verloren und ist als himmlisches Mysterium ganz auf die Seite der göttlichen Welt gewandert. Präsent gemacht wird dieses Mysterium nunmehr weniger in der ma'atgemäßen Ausübung des königlichen Amtes, als im kultischen Vollzug der Priester, die den König theoretisch nur vertreten, faktisch aber mehr und mehr ersetzen. Diese Transformation läßt sich ohne die Annahme einer tiefen Veränderung der theologischen Bedeutung des real existierenden Königtums wohl nicht erklären.

---

169 DAUMAS 1958, 502. - Hier liegt wohl kaum ein Bruch zur altägyptischen Tradition vor, sondern eher eine Neuakzentierung, die die Distanz zwischen Gott und König mehr hervorhebt und die Gottheit selbst in die zentrale Rolle der Königsverantwortung einschreibt.
170 Vgl. OCKINGA 1984, bes. 125-138.

II. MENTALITÄTEN UND GESELLSCHAFTLICHE STRUKTUREN IM HELLENISTISCH-RÖMISCHEN ÄGYPTEN

1. Eine Kultur in der Defensive: Spätägyptische Mentalität

Wer sich dem Ägypten der Spätzeit nähert, bekommt es mit einer Mentalität der Restauration, der Selbstisolierung und Abschottung zu tun.[1] Zu nennen ist hier vor allem die ägyptische *Fremdenangst*. Sie führt dazu, daß es die Ägypter vermeiden, Gebräuche anderer Völker anzunehmen. *"Griechische Sitten nehmen sie nicht an, überhaupt keine fremden Sitten."*[2] Ausländische Menschen werden als unrein betrachtet,[3] den Tempeln und den heiligen Handlungen dürfen sie sich nicht nähern. Sie gelten als Verkörperungen der chaotischen Gegenkräfte gegen die göttliche Ma'at und werden als solche mit dem Gott Seth in Verbindung gebracht.[4] Von außen her muß diese Fremdenangst natürlich als Fremdenfeindlichkeit empfunden werden. Entsprechend klagen hellenistische Autoren über die Arroganz, Feindseligkeit und Verschlossenheit der Ägypter. Sie werden beschrieben *"as an uncivilized, slavish people, notorious for their deceptive ways, full of xenophobia also against the Greeks."*[5]

Seit 332 v.Chr. stand das Land unter der Fremdherrschaft der Griechen. Viele fühlten sich ausgeliefert einer fremden Macht, die sich militärisch und kulturell als siegreich und überlegen darstellte und dem ägyptischen Selbstbewußtsein eine schwere Demütigung zufügte. Schließlich hatte man traditionell in der Überzeugung gelebt, daß Ägypten mit der zivilisierten, geordneten Welt identisch sei, und außerhalb Ägyptens nur Chaos und Wirrsal existiere.[6] Und gerade in der späteren Zeit, als Ägypten mehr und mehr zum Spielball fremder Mächte wurde,

---

1   Vgl. zum folgenden ASSMANN 1992, 169-195; *ders.* 1996, 431-463.

2   Herodot, *Hist. II, 91.*

3   Vgl. z.B. Herodot, *Hist. II, 41.* In der Spätzeit wurde auch die Beschneidung zu einem Abgrenzungszeichen, da sie unter dem Aspekt der Reinheit betrachtet (und deswegen dann auch für Priester verpflichtend gemacht) wurde. Der Kontakt mit Unbeschnittenen = Unreinen war zu meiden. Vgl. WESTENDORF 1975, 728.

4   Zur Veränderung der Rolle des Seth vgl. ASSMANN 1996, 431-435.

5   SMELIK / HEMELRIJK 1984, 1878; vgl. auch 1869 ff.- Offensichtlich war die Fremdenfeindlichkeit in Ägypten ein Spätzeitphänomen. Für frühere Epochen ergibt sich unter Umständen ein ganz anderes Bild.

6   Zwar kam es während des Neuen Reiches, als die lebhaften Außenbeziehungen z.B. unter Thutmosis III., Echnaton und Ramses II. eine differenziertere, "kosmopolitische" Sicht begünstigten, zu einem Aufweichen des Gegensatzes zwischen Ägypten und den Fremdvölkern. Aber weder diese, noch die militärischen Niederlagen, die man immer wieder erlebt hatte, konnten die ägyptozentrische Staatsideologie jemals ernsthaft in Frage stellen. Allenfalls wurde die Fragilität und latente Gefährdung der geordneten Welt, die prinzipielle Offenheit des Projekts ÄGYPTEN deutlicher gemacht. - (Die Hervorhebung soll hier und an anderen Stellen deutlich machen, daß es in einem emphatischen Sinne um die Idee von Ägypten als ethnischer, religiöser und kultureller Einheit geht.)

besann man sich neu auf uralte Denkmuster.[7] Dabei erhielten diese Muster allerdings eine neue Wendung. Hatte der Mythos von Horus und Seth früher als fundierender Mythos Ägyptens vor allem die Funktion, Einheit im Inneren herzustellen, so erhielt in der Spätzeit die Abgrenzung nach außen ein immer größeres Gewicht.

Vor diesem Hintergrund sind die folgenden Betrachtungen über einige Aspekte spätägyptischer Kultur zu sehen. Sie sollen den ägyptischen Knotenpunkt eines möglichen Beziehungsgeflechts beschreiben. Bei dieser Beschreibung muß aber bisweilen auf sehr alte Entwicklungen zurückgegriffen werden, um spätzeitliche Erscheinungen halbwegs verständlich zu machen.

1.1. Lesen, Schreiben und Übersetzen

Von ganz grundlegender Bedeutung für die Frage nach der Möglichkeit von Traditionszusammenhängen ist natürlich die Qualität der Kommunikationsmöglichkeiten in Wort und Schrift.[8]

Schrift entwickelt sich in Ägypten nicht im Kontext der Ökonomie, sondern aus den Anforderungen und Notwendigkeiten einer Politik, die immer auch unter religiösem Aspekt gesehen wird. Schrift dient vor allem der politischen Repräsentation. Ägypten erfindet den Staat und als erster Großstaat der Weltgeschichte gibt es seiner gesamten monumentalen Bau- und Bildkunst den Sinn, den dauerhaften Rahmen einer öffentlichen Kommunikation zu gestalten, die zur *Götterwelt* hin offen ist. Die *Schrift der Gottesworte*, wie die Hieroglyphenschrift heißt, bleibt den Aufzeichnungen im heiligen Raum der Götterwelt vorbehalten. Natürlich bleibt Schrift als solche nicht auf diesen Bereich beschränkt, vielmehr entstehen schon im Alten Reich praktikable Schreibschriften. Freilich ändert ägyptische Schrift außerhalb des religiösen Rahmens der Monumente ihre Gestalt so radikal, daß schon recht früh von einer echten Zweischriftlichkeit gesprochen werden muß. Immer gab es eine weitgehend konsequente Trennung von Inschriften-Schrift und Handschriften-Schrift. Nur die letztere ist eine Schrift in unserem Sinne des Wortes. Sie ist es, die der ägyptische Schüler in seiner normalen Ausbildung lernte. Die Hieroglyphenschrift dagegen ist eine Gattung der Kunst und sie bleibt es. Mit den Zwecken der Alltagskommunikation hat sie nichts zu tun. Daß sie trotzdem so lange nicht ausstirbt, hat mit dem enormen Beharrungsvermögen zu tun, durch das sich ägyptische Kultur generell auszeichnet. So ist es dann auch zu erklären, daß die jüngste datierbare hieroglyphische Inschrift aus dem Jahre 394 n.Chr. stammt.

Die gängige Schreibschrift in dem für unsere Fragestellung besonders interessanten Zeitraum war das *Demotische*.[9] Das erste demotische Schriftzeugnis ist auf das

---

7   Vgl. HELCK 1964, bcs. 113 f.
8   Vgl. zum folgenden ASSMANN 1992, 169-174; allgemein SCHLOTT 1989; speziell zur Situation im griechisch-römischen Ägypten vgl. CRIBIORE 1996.
9   Vgl. SCHLOTT 1989, 85.

Jahr 656 v.Chr. datierbar, das letzte auf das Jahr 452 n.Chr. Auch Demotisch ist eine Verwaltungsschrift. Zwar assoziiert der griechische Name, daß es um eine "Volksschrift" (ΔΗΜΟΣ, *das Volk*) gehe, *"aber 'demotisch' in dem Sinne, daß auch das Volk sie hätte schreiben dürfen, wurde sie nie. Sie blieb den Beamten vorbehalten."*[10] Der Gebrauch dieser Schreibschrift weitet sich allmählich auch auf literarische und religiöse Texte aus, selbst für Steininschriften findet sie Verwendung. Das Demotische bleibt zunächst weitgehend frei von griechischen Fremdwörtern. Allmählich aber tauchen sie vor allem in wissenschaftlichen und medizinischen Fachtexten auf. In römischer Zeit wird der Einfluß des Griechischen dann größer und erfaßt auch andere Bereiche der Literatur. Der festzustellende Kulturaustausch ist trotzdem eng begrenzt. Demotische Steuerquittungen und Verträge mit griechischer Zusammenfassung zeigen, daß bürokratische und soziale Notwendigkeiten auch für Privatleute einen Bereich der Überlappung schufen, wo beide Sprach- und Kulturwelten funktionieren mußten und offenbar auch konnten.[11] Allgemein läßt sich sagen, daß die Zahl der Griechen, die des Ägyptischen mächtig waren, wohl sehr gering war, während viele Ägypter, besonders die aus der gebildeten Oberschicht, Griechisch lernten. Zwar gab es durchaus Griechen, die Ägyptisch sprechen - seltener schreiben - konnten, aber diese Fähigkeiten dürften in der Regel über die Anforderungen der Alltagskommunikation nicht hinausgegangen sein. Soweit sich die Verbreitung der Zweisprachigkeit einschätzen läßt, war der Transfer relevanten Wissens von Bildungselite zu Bildungselite sicher möglich. Nach der römischen Eroberung findet ein schrittweiser Rückzug des Demotischen statt,[12] der sich nach einem festen Muster vollzieht: Die erhaltenen Quellen dokumentieren zuerst das Verschwinden der Papyrusurkunden, die juristische Vorgänge zwischen zwei Parteien bezeugen. Dann sterben die Steuerquittungen auf Papyrus und Ostraka aus. Literarische und halbliterarische Texte halten sich länger, nämlich bis ins dritte Jahrhundert n.Chr., wobei die Zählebigkeit der magischen Texte am größten ist. Bei den Inschriften hören zuerst die Stelen- und Statuentexte auf, während sich Mumientäfelchen länger halten. Die ganz persönlichen und geographisch weit entlegenen Graffiti auf Philae sind dann die letzten Zeugnisse, die wir haben. Aus diesem Befund läßt sich mit ZAUZICH der Schluß ziehen, *"daß sich die demotische Schrift in den einzelnen Textgattungen um so länger gehalten hat, je weniger Bedeutung diesen im öffentlichen Leben zukam."*[13] Griechische Sprache und Schrift verdrängen also in römischer Zeit allmählich das Demotische.

Wichtig für unsere Frage nach der Kommunizierbarkeit ägyptischer Texte ist weiterhin die *Alphabetisierungsrate*. Hier bleiben wir freilich auf Schätzungen angewiesen. Es kann aber vermutet werden, daß zu allen Zeiten nur sehr wenige Men-

---

10   SCHLOTT 1989, 85.
11   Vgl. BOWMAN 1986, 168.
12   Vgl. zum folgenden ZAUZICH 1983a.
13   ZAUZICH 1983a, 80.

schen in Ägypten lesen und schreiben konnten.[14] Die überwiegende Mehrheit der Menschen war nicht alphabetisiert und benötigte die Dienste von (professionellen) Schreibern und Lesern, wenn sie an schriftlicher Kommunikation partizipieren wollte. Schreiben war das Instrument der Verwaltung, Wahrzeichen und Wissensschatz einer Elite. Alle männlichen Erwachsenen, die ein Amt innehatten, also auch der König, waren schreibkundig. Es existierte keine analphabetische Aristokratie wie etwa später im christlichen Mittelalter. Erst in der Zeit der Fremdherrschaft schert der König mit seinen griechischen Hofbeamten aus der Gruppe der ägyptischen Schreibkundigen aus. Es gab auch keine nennenswerte Zahl von Menschen, die außerhalb professioneller Zwecke schreibkundig waren. So war nur ein sehr kleiner Teil der ägyptischen Frauen alphabetisiert, weil sie eben in der Regel nicht im politischen und administrativen Bereich vertreten waren.

Die Hochkultur, zu der das Schreiben und Lesen von Hieroglyphen gehörte, war immer nur in einer hauchdünnen Oberschicht vertreten, die Zahl der Schreibkundigen entsprechend gering. In der *Spätzeit* verschärft sich diese Situation noch, weil hier eine Entwicklung stattfindet, die die Hieroglyphen zu einer regelrechten Geheimwissenschaft macht. Genügte es früher, etwa 700 Zeichen zu kennen, um gut lesen zu können, so steigt in den Spätzeittexten die Zahl der verwendeten Zeichen auf über 7.000 an. Da sich der Konservatismus vor allem auf das Schriftprinzip, nicht aber auf das Schriftbild bezog, fühlte man sich frei, in kreativer Weise immer neue Schriftzeichen zu entwickeln, bzw. alten Schriftzeichen neue Bedeutungen zuzuordnen. Dabei ging man keinesfalls willkürlich vor, sondern nach beschreibbaren Regeln.[15] Insgesamt führte die Kombination verschiedener Sprachstufen, die Einführung neuer Zeichen, die Aufhebung alter Schreibkonventionen, die Neuzuordnung von Lautwert und Bedeutung, die Darstellung alter Zeichen aus neuer Perspektive und vieles andere mehr dazu, daß die Priesterschaft jedes Tempels ihr eigenes Schriftsystem entwickelte, das für Außenstehende unlesbar war und noch heute selbst Fachleuten manche Probleme bereitet. Den allgemeinen kulturgeschichtlichen Hintergrund für diesen spätzeitlichen Verengungsprozeß von elitärer Hochkultur zur Geheimwissenschaft bildet natürlich die oben erwähnte Mentalität der abgrenzenden Bewahrung. Wir stehen so vor der paradoxen Situation, daß die Option für Invarianz, die in Bezug

---

14 Untersuchungen zu den Nekropolen von Memphis, der Hauptstadt des Alten Reiches, stützen Schätzungen, wonach damals bei einer Gesamtbevölkerung von 1-1,5 mio Menschen nur etwa 5.000-10.000 erwachsene Männer lesen und schreiben konnten, was einer Quote von 0,33-1 % entspricht. Diese Quote könnte zum Neuen Reich hin etwas angestiegen sein, dürfte aber in der Spätzeit wieder niedriger liegen. Nur in Ausnahmefällen wird sich eine deutlich höhere Alphabetisierungsrate festmachen lassen. Ein solcher Ausnahmefall ist mit einer geschätzten Quote von 5-7% gewiß die Handwerker- und Künstlersiedlung in Deir el-Medinah, wo die Spezialisten für die Gestaltung der Gräber im Tal der Könige lebten. Vgl. BAINES 1984.

15 Vgl. KURTH 1983a; *ders.* 1988.

auf die Hieroglyphen einmal getroffen wurde, einerseits dazu führte, daß Texte über Jahrtausende hinweg bruchlos tradiert werden konnten, daß aber andererseits der Kreis der potentiellen Kommunikationsbeteiligten so gering war, daß die weitaus meisten Ägypter von dieser Tradition ausgeschlossen waren, von den Ägypterinnen ganz zu schweigen.[16] Auch wenn es also um 100 n.Chr. in einer Stadt wie Oxyrhynchus (Mittelägypten) immerhin noch fünf professionelle Bildhauer für Hieroglyphen gibt,[17] sind die kommunikativen Möglichkeiten für Hieroglyphentexte generell als minimal anzusehen.

1.2. Der Spätzeittempel als Ikone der Abgrenzung

Die späten, in ptolemäischer und römischer Zeit gebauten Tempel gehören sicherlich mit zum Großartigsten, was ägyptische Kultur hervorgebracht hat. Ohne ihren kunstgeschichtlichen Rang in Frage zu stellen, können sie trotzdem als Phänomene eines langsamen Sterbens verstanden werden. Der Niedergang indigener ägyptischer Tradition zog sich lange hin, ließ sich aber auch durch den Beharrungswillen der Priesterschaft als der kulturellen Elite nicht aufhalten.

1.2.1. Der Tempel als "andere Welt"

Die Spätzeittempel können als Versteinerung ägyptischen Selbstbehauptungswillens gelesen werden.[18] Der Baugedanke dieser Tempel ist der radikale Wille zum Bewahren. Die Invarianz, das ungebrochene Fortsetzen kultureller und religiöser Tradition, das ist es, was diese Bauwerke ausdrücken sollen. Und gerade so entsteht zwangsläufig doch etwas Neues, weil die Bauten der klassischen Zeit ein solches Bemühen eben nicht kannten, sondern das Fortschreiben alter Tradition etwas viel Selbstverständlicheres war.

Alle großen Tempel der Spätzeit folgen dem *Schachtelprinzip*. Das Allerheiligste von Edfu ist z.B. durch fünf Mauern und entsprechende Zwischenräume abgestufter Heiligkeit gegen die Außenwelt abgeschirmt. Wir haben es hier mit einer Sicherheitsarchitektur zu tun, die die im Tempelinnern präsente Heiligkeit möglichst sorgfältig vor der bedrohlichen Umgebung einer profanen Außenwelt zu

---

16   Eine vergleichbare Situation finden wir im christlichen Mittelalter, wo diejenigen, die Latein konnten, Zugriff hatten auf das Gesamt des kulturell verfügbaren Wissens, der Kreis der Kundigen aber sehr klein war. Für Ägypten müssen wir uns aber das Verhältnis zwischen höchster Bildungsintensität und minimaler gesellschaftlicher Bildungsextensität noch einseitiger vorstellen.

17   Vgl. BOWMAN 1986, 157.179. Zum Verfall und Aussterben der Hieroglyphenschrift vgl. jetzt STERNBERG EL-HOTABI 1994.

18   Zur Deutung der späten Tempel vgl. vor allem ASSMANN 1992, 177-195; aber auch OTTO 1908; GÖRG 1987.

schützen sucht. Eine solche sakrale Festungsarchitektur offenbart eine tiefsitzende Angst vor Profanierung.[19]

Die mythologische Begründung der Bauten offenbart vier elementare Dimensionen:

- *architektonisch* will der Tempel die Ausführung eines himmlischen Plans sein,
- *künstlerisch* ist sein Dekorationsprogramm die Umsetzung einer Vorlage,
- *kultisch* ist er der Schauplatz eines Opfers gemäß Vorschrift, und
- *ethisch* ist der Tempel der Raum einer Lebensform, die die göttlichen Gesetze realisiert.[20]

Ist die umfassende Orientierung an Vorschriften, Plänen und Vorlagen, schon aussagekräftig genug, so ist doch der vierte Aspekt besonders zu beachten.

In den Tempeleinlaßtexten, also den Gebeten, die der eintretende Priester zu beten hatte, finden sich eindeutige Rückgriffe auf ältere Texte aus dem Bereich des Jenseitsglaubens, genauer der Vorstellung vom jenseitigen Totengericht. Das ist an sich überraschend, denn z.B. das "Negative Sündenbekenntnis" ist ja ursprünglich kein priesterlicher Text, sondern gibt allgemein die Normen ägyptischen Lebens wieder.[21] Es dient nach eigener Auskunft dazu, *"den Verstorbenen von allen bösen Handlungen zu befreien, die er begangen hat, das Angesicht der Götter zu schauen."* Der Text sagt also ursprünglich aus, wie ein Ägypter gelebt haben sollte, wenn er im Jenseitsgericht gerechtfertigt werden will. Diese allgemeinen Lebensnormen werden nun zu Priesternormen.

Dahinter steht nicht nur der Drang, diese Texte zu bewahren, es offenbart sich vielmehr, daß im spätzeitlichen Denken die allgemein ägyptische Lebensform im priesterlichen Sittenkodex aufgeht. Die Kaste der Priester sieht sich also als Inbegriff des Ägyptertums, der Tempel wird zum eigentlichen Ägypten, zum letzten Ort möglicher Gottesnähe.

Existiert Ägypten nun nur noch hinter Tempelmauern, dann ist es natürlich extrem wichtig, hier alles zu bewahren, was ÄGYPTEN ausmacht. Das äußert sich in einer wahren Dekorationswut: *"Die Tempel der Zeit sind vom Boden bis zur Decke mit Darstellungen und Texten dekoriert. Sie überziehen sowohl vom Boden aus sichtbare Flächen als auch von dort nicht sichtbare Flächen, Innenwände und Außen-*

---

19   Selbstverständlich gehört die Unterscheidung von Sakralem und Profanem zum Wesen eines jeden Heiligtums. Allerdings wird diese Differenzierung spätzeitlich deutlich zugespitzt. Auch dürfen die üblichen Prozessionen, bei denen die Gottheit die Tempelwelt verläßt, nicht als Aufhebung dieser Differenz verstanden werden. Sie stellen eine Klammer zwischen heiliger Welt und Alltagswelt dar, die die grundsätzliche Differenz der beiden Welten bestätigt. Ohne eine solche Klammer würde das Sakrale seine Bedeutung für die Alltagswelt verlieren und nicht einmal mehr als different erfahren werden. Die Prozession stellt einen Versuch dar, den Ausgriff des Heiligen auf die Menschenwelt so zu inszenieren, daß diese vom Heiligen ergriffen und verwandelt wird. So ist denn auch die erste Konsequenz der Prozession, daß aus dem Alltag ein Fest wird.

20   Vgl. ASSMANN 1992, 178.

21   Kap. 125 des *Totenbuchs*. Deutscher Text bei HORNUNG 1979, 233-245.

*wände, also jede nach Fertigstellung des Baues erreichbare Fläche mit Ausnahme von Fußboden und Dach".*22 Hatte sich das Bildprogramm früherer Tempel vor allem auf die Funktion der jeweiligen Räume bezogen, so wird nun der Tempel mehr und mehr zur steinernen Bibliothek. Wie getrieben von der Angst vor dem Vergessen und Verlieren füllen Priester die Tempelwände und Säulen nun mit Texten jeder Art: Kosmographische, geographische, theologische Texte und Bilder finden sich ebenso wie Priesterregeln, Inventarlisten, Verbotslisten, Listen der Gaue, anderer Tempel usw. Der Tempel wird zur Enzyklopädie. Er nimmt die ägyptische Welt in sich auf und kann sich so gegen die äußere Welt abschließen. Er ist autark von ihr, weil er selbst die Welt ist! Daß der ägyptische Tempel ein Kondensat des Kosmos darstellt, ist ein Gedanke, der zweifellos nicht erst in der Spätzeit auftaucht, sondern die Geschichte der ägyptischen Sakralarchitektur seit langem in vielfältiger Form begleitet.23 Allerdings wird dieser Gedanke unter den politischen Bedingungen der Spätzeit radikalisiert. Der Tempel ist nicht nur baulich und dekorativ als "Welt" konzipiert, sondern wird durch entsprechende Rituale der Belebung, die offensichtlich dem Mundöffnungsritual für Statuen nachempfunden waren, zu einem lebendigen Weltorganismus gemacht, der wie eine Person als göttliche Schöpfung gedacht wird.24 Darauf weist eine Inschrift des Isis-Tempels auf Philae hin:

> *Diese schöne Stätte der Isis, dieser herrliche Tempel ist fertiggestellt worden an seinen vier Ecken ... Gott Ptah hat seinen Meißel genommen, um den Mund zu öffnen, und Gott Sokar hat die Augen geöffnet ...*25

Ganz ähnlich heißt es auf einem Inschriftenband in Edfu:

> *Der-große-Sitz-des-Re (Edfu) ist aufs beste erbaut worden, der prächtige Tempel ist rundum fertiggestellt worden an seinen vier Seiten, der den Der-südlich-seiner-Mauer-ist (Ptah) geschaffen hat, den die Chnumgötter gebildet haben.*26

Die Welt, die hier rituell entworfen wird, ist mit ÄGYPTEN identisch. In den Darstellungen der Gaugötterprozessionen und anderen Abbildungen wird das ganze Land mit all seinen Gottheiten präsent gemacht. Wenn dabei neben Auflistungen der realen Besitztümer und Liegenschaften des Tempels auch Gaueinteilungen auftreten, die aus früherer Zeit stammen und mit der Verwaltungspraxis der Spätzeit nichts mehr zu tun haben,27 dann kann das so gedeutet werden, daß es nicht vorrangig darum geht, Wirklichkeit zu beschreiben, sondern darum, die wahre Welt Ägyptens zu konstituieren. Die Priesterschaft, die sich in diese Tempelwelt zurückzieht, widmet sich ganz dem Bewahren des Erbes, dem Vollzug der

---

22   KURTH 1983b, 89.
23   Vgl. ARNOLD 1992, 40-44.
24   Vgl. KURTH 1983b, 94.98; *ders.* 1994, 153 f.
25   Zitiert nach KURTH 1983b, 94.
26   Zitiert nach KURTH 1994, 154.
27   Vgl. KURTH 1983b, 95.

komplizierten Rituale und vielen Feste,[28] und beschäftigt sich damit, Texte aus drei Jahrtausenden zu sammeln. Diese Entwicklung verstärkte die Trennung zwischen Priesterkaste und Laien, welche ja traditionell vom Tempel und seinem Kult ausgeschlossen waren, allenfalls den Tempelhof betreten durften und nur bei den festtäglichen Prozessionen in Kontakt mit dem im Schrein verborgenen Kultbild kamen.[29] Langfristig kam es zu einem Schisma zwischen Priesterwelt und Volksreligion und damit letztendlich zum Kollaps der ägyptischen Religiosität, als nämlich das Christentum die religiöse Sehnsucht des Volkes aufnahm und die kultische Eigenwelt der Priester bedeutungslos machte. All dies kann aber nicht einfach als Fehlverhalten des ägyptischen Klerus interpretiert werden. Im Hintergrund steht nämlich die Erfahrung massiver Gefährdung ägyptischer Eigenart durch die Fremdherrschaft erst der Perser, dann der Griechen. Das Verhalten der Priester entspricht völlig den gängigen Zügen spätägyptischer Mentalität. Unter den Bedingungen der Fremdherrschaft entwickelt sich kulturelle Identität durch Distinktion, und die spätzeitlichen Tempel können als eine Manifestation dieser Entwicklung verstanden werden.

1.2.2. Der Tempel als königlicher Bau

Da nach dem altägyptischen Verständnis der eigentliche und einzige Kommunikator zwischen der Welt der Götter und der der Menschen der Pharao ist und jedes Priesteramt nur als von seiner Rolle abgeleitet aufgefaßt werden kann, ist jeder Tempel zunächst ein königlicher Bau, unabhängig davon, wer konkret für Bauplanung und Finanzierung zuständig ist. Es ist daher nicht überraschend, wenn in den spätzeitlichen Tempeln ein subtiles Spiel zwischen Nähe und Distanz zu finden ist, wenn es um den König geht. Der Tendenz zur Abgrenzung von der griechischen Welt, zu der in der Situation der Fremdherrschaft auch der König gehört, steht ja die unvermeidliche Bezugnahme auf den König und seine kultische Rolle gegenüber. Wie schon an den Geburtshäusern zu sehen war, entwickelten die ägyptischen Priester eine sehr differenzierte Königstheologie, um mit diesem Konflikt umgehen zu können. So war es möglich, den griechischen König in der traditionellen Rolle des Pharao als Herr des Tempels und seines Kultes zu sehen: Im Horus-Tempel von Edfu z.B. wurden der Naos und die innere Säulenhalle in der Zeit von Ptolemaios IV. (222-205 v.Chr.) fertiggestellt und mit dessen Königskartuschen geschmückt. Die Inschriften preisen den Pharao als Welterhalter, Kriegsherr und Herr über die ganze Welt.[30] Dementsprechend zeigen die spätzeitlichen Tempel den ptolemäischen König auch immer wieder als Pharao in den traditionellen Opferszenen vor verschiedenen Gottheiten. Und er ist es auch, der

---

28   Nach Angaben von BOWMAN (1986, 183) feierte man z.B. in Socnopaiou Nesos jährlich 153 Tempelfeste!
29   Vgl. KURTH 1983b, 99.
30   Vgl. HÖLBL 1994, 142.

auf den Pylonen der Tempel in der Rolle Pharaos das Chaos besiegt und Ma'at herstellt.

So zeigt die Außenfassade des Pylons in Edfu Ptolemaios XII. (80-51) beim Erschlagen von Feinden.

Horus spricht dabei zum König:[31]

> *Ich gebe dir, daß deine Keule auf die Köpfe der Neunbogenvölker (schlägt),*
> *indem du als Horus-mit-dem-starken-Arm erschienen bist.*
> *Ich gebe dir die Iuntiu allesamt,*
> *indem du ihre Köpfe mit deinem Messer getroffen hast.*
> *Ich gebe dir Kraft, um deine Feinde zu töten,*
> *und ich mache deinen Arm stark gegen deine Widersacher.*
> *Ich gebe dir, daß Süden und Norden (vor dir) in Jubel sind,*
> *Westen und Osten in Verbeugung. ...*

Der makedonische König wird hier über das Bild vom *Niederschlagen der Feinde* in das Schema pharaonischen Königtums und damit in das Grunddogma der staatlichen Existenz Ägyptens eingepaßt.[32]

Dabei muß aber ausgeblendet werden, daß er selbst seiner Abstammung nach zu den *Neunbogenvölkern* gehört. Das ist aber auch ohne weiteres möglich, weil es im Kontext des Tempels vor allem auf die kultische Rolle ⎰PHARAO⎱ ankam.[33] Da die eigentliche Königswürde auf den Gott (in Edfu also auf Horus) übertragen wird, muß dem ptolemäischen König nur ein analoges Königsamt zugestanden werden.[34]

Es bleibt also ein durchaus ambivalenter Eindruck. Einerseits bekommt der ptolemäische König durchaus die Rolle des Pharaos übertragen und wird insofern als rechtmäßiger Herrscher Ägyptens akzeptiert, andererseits wird sein Königtum auch

---

31 Vgl. KURTH 1994, 274-276 (Text) und Tafel VIII (Bild).

32 Der Topos ist von der Schminkpalette des Narmer (um 3000 v.Chr.) an durch die gesamte ägyptische Geschichte hindurch in verschiedenen Kunstgattungen belegt. Vgl. etwa SALEH 1986, Abb. 8 (Narmer); 24 (Snofru, ca. 2600 v.Chr.); 121 (Ahmose, 16. Jahrhundert v.Chr.); 206.212 (Ramses II., Merenptah, 13. Jahrhundert v.Chr.) und 227 (Ramses VI., 12. Jahrhundert v.Chr.).

33 HÖLBL (1994, 245) weist darauf hin, daß das Pylon-Relief in Philae, das ebenfalls die Kartuschen von Ptolemaios XII. trägt, unter die niedergeschlagenen Feinde auch die *h3w-nbw*, also die Griechen, rechnet. Hier wäre dann eine Form von ironischer Distanzierung erreicht, die sich bei aller Verschlüsselung (Hieroglyphenschrift) der Haltung prophetischer Kritik durchaus annähert. Vgl. HUSS 1994, 140 f. Daß die Hieroglyphenschrift im Unterschied zum leichter lesbaren Demotisch öfters benutzt wurde, um kritische Distanz deutlicher werden zu lassen, läßt sich auch an Grabstelen zeigen. Vgl. RÖSSLER-KÖHLER 1991, 327-332 (Quellen 113a.b.114a.b).

34 Die Reduzierung ptolemäischen Königtums auf ein Amt zweiter Ordnung bei gleichzeitiger Übertragung der eigentlichen Königswürde auf eine Gottheit steht in völliger Übereinstimmung mit der generellen Distanz zum Königtum, wie sie in der gesamten Spätzeit, von den letzten einheimischen Dynastien bis hin zur römischen Herrschaft, auf den privaten Grabdenkmälern bezeugt ist. Träger dieser Haltung scheinen vor allem priesterliche Kreise gewesen zu sein. Vgl. RÖSSLER-KÖHLER 1991, 361-386.

theologisch relativiert.[35] Daß es aber weitaus deutlichere Formen gab, ist an einigen oppositionellen Texten zu sehen.

1.2.3. Prophetische Kritik

Unter den Bedingungen der Fremdherrschaft gibt es erstmals (auch politisch) ein Phänomen, das in der Forschung als "Nationalismus" bezeichnet wurde.[36] Es findet seinen literarischen Ausdruck unter anderem in dem, was LLOYD *"nationalist propaganda"* nannte.[37] Diese Bezeichnung darf freilich nicht so verstanden werden, als ginge es um ein Massenphänomen. Die antiken Texte sind nicht das Produkt einer hoch organisierten und zentral gesteuerten Propagandamaschinerie, sondern die Erzeugnisse von kleinen priesterlichen Gruppen, die "national" gesinnt waren, meist einen festen lokalen Bezug hatten und darauf aus waren, Haltung und Einstellung einheimischer Ägypter zu beeinflussen. Ihr Publikum war nicht die breite Öffentlichkeit, sondern die Bildungselite, was freilich auch noch die untere Priesterschicht meinen kann. Daß die Belege für einen geistigen Widerstand gegen den Hellenismus sich auf einige wenige priesterliche Gruppen beschränkt,[38] darf angesichts der kleinen Zahl von Alphabetisierten nicht weiter verwundern, sollte aber auch nicht dazu führen, die mögliche Relevanz dieser oppositionellen Literatur zu unterschätzen. Auch Texte, die nicht primär auf die Rezeption durch einen größeren Leserkreis ausgerichtet sind, können weit verbreitete Stimmungen widerspiegeln und enormen Einfluß haben.

Ein Beispiel oppositioneller Literatur ist sicherlich die *Demotische Chronik*, die durch einen Papyrus überliefert ist, der auf die Entstehung in Unterägypten verweist.[39] Als Entstehungszeit kommt die erste Hälfte der ptolemäischen Epoche in Frage, wobei wohl ältere Traditionen zugrunde liegen. Inhaltlich handelt es sich bei diesem Text nicht um eine Chronik, sondern um eine Sammlung von Orakeln, die sich auf die Zeit der Könige Amyrtaios I. (404-399 v.Chr.) bis Nektanebos II. (360-343) beziehen. Die Grundaussage des Textes besteht darin, daß die Stabilität königlicher Herrschaft an die Übereinstimmung mit dem Willen der Götter, mit Recht und Ordnung gebunden ist.[40] So heißt es über Nepherites I. (399-393 v.Chr.):

---

35   Das war auch schon bei der Analyse der Geburtshäuser festzustellen. S.o. Kap. I.

36   Der Begriff sollte freilich nur verwendet werden, wenn damit keine Annäherung an moderne europäische Phänomene impliziert ist.

37   Vgl. zum folgenden LLOYD 1982a.

38   Vgl. GEHRKE 1990, 65; LLOYD 1982a, 55.

39   Textedition und Übersetzung bei SPIEGELBERG 1914. Zur Deutung vgl. jetzt auch HUSS 1994, 143-163.

40   Das klassische Königsdogma ging dem gegenüber noch davon aus, daß der Pharao als solcher in Übereinstimmung mit der Ma'at steht und gar nichts anderes wollen kann, als deren Verwirklichung. Dieses Konzept vom König als dem Vollzieher der Ma'at (vgl. ASSMANN 1990, 201-212) war freilich schon im Neuen Reich aufgebrochen worden, etwa durch die Idee des frommen Königs (vgl. ASSMANN 1990, 262-267).

Weil er das, was er tat, gewissenhaft tat, ließ man seinen Sohn auf ihn folgen.
Nach kurzer Zeit wurde auch er abgesetzt wegen vieler Sünden, welche zu seiner
Zeit getan waren. (Demotische Chronik III, 20 f)

Die *Demotische Chronik* entwirft die Wunschvorstellung von der Vertreibung der
Fremden und dem Wiederherstellen eines ägyptischen "Nationalstaates" auf der
Grundlage des pharaonischen Ideals. Die Beschreibung der Fremden als "Herden
des Bergwilds" *(V,15)* ist ein Beispiel für die Verbindung der Ausländer mit den
Chaosmächten. Traditionell waren die meisten Wüstentiere, z.B. die Antilope, als
dem Seth zugehörig verfemt worden.[41] Aus der Intention, die Gültigkeit altägyptischer Königsideale neu zu bekräftigen und die Macht der Fremdherrscher
herunterzuspielen, indem ihre Vertreibung prognostiziert wird, mag ein tiefe
Verunsicherung der Priesterschaft sprechen, in deren Kreisen der Text wohl produ-
ziert und gelesen wurde.[42] Sicher sollte die *Chronik* dazu dienen, durch die Betonung überkommener politischer, gesellschaftlicher und religiöser Ideale die
gefährdete Identität der alten ägyptischen Elite zu stabilisieren und deren gesellschaftlichen Führungsanspruch dauerhaft aufrechtzuerhalten.

Die aparte Mischung von antigriechischer Intention und griechischer Sprachgestalt
finden wir beim *Töpferorakel*,[43] das freilich die Übersetzung eines demotischen
Originals darstellt. Dieses ist wohl im zweiten vorchristlichen Jahrhundert entstanden, eventuell um das Jahr 130.[44] Der Text muß aber bis in christliche Zeit tradiert
worden sein, denn die drei Textfragmente, die erhalten sind, stammen aus dem
zweiten bis dritten Jahrhundert. Hier wird vor dem Hintergrund einer ägyptischen
Opposition der Untergang Alexandrias und der Fremdherrscher prophezeit. Die
Rahmenerzählung berichtet von einem Töpfer (evtl. auf Chnum zu deuten), dem
von Hermes (Thot) eine Unheilsprophetie eingegeben wird. Er erzählt diese dem
König Amenophis, der sie in einem heiligen Buch aufschreiben läßt. Die Prophezeiung selbst stellt großes Unheil für Ägypten in Aussicht. Ein schlechter
König wird ins Land kommen, eine neue Stadt (Alexandria) gründen und einen
neuen Gott (Sarapis) einführen. Die Folgen des Unglücks werden für Ägypten
schrecklich sein:

> *Krieg wird zwischen Geschwistern und Eheleuten herrschen,*
> *die Menschen werden sich gegenseitig umbringen.*
> *Not macht egoistisch: Jeder hält sein Übel für das schlimmste.*
> *Die Bauern haben nichts zu ernten und müssen versteuern,*
> *was sie nicht gesät haben;*

---

41 Vgl. LURKER 1987, 43 f. Bei den Symboltieren der Gottesfeinde - Ausländer und Frevler -
    geht es um die völlige Vernichtung im Opfer. Vgl. JUNKER 1910, 76 f; HORNUNG 1991,
    41.67-69.
42 Vgl. LLOYD 1982a, 41-45.
43 Text und Einleitung bei KOENEN 1968; vgl. auch LLOYD 1982a, 50-54; ASSMANN
    1991, 276-278; HUSS 1994, 165-179.
44 Vgl. KOENEN 1968, 186-193.

die Not treibt sie mit Waffen gegeneinander.
Die Sklaven werden frei werden und ihre Herren Mangel leiden.
Der Vater wird der Tochter den Gatten abspenstig machen
und Söhne die Mutter heiraten.[45]

Das Ende der Not wird aber in Aussicht gestellt. Krieg und Bürgerkrieg werden die gottlose Herrschaft der Griechen zerstören, sie werden wie Blätter von den Bäumen Ägyptens fallen. Ihre "Stadt am Meer" wird zerstört und verlassen werden. Dann kommt, von der Sonne gesandt und von Isis auf den Thron gesetzt, ein König aus dem Süden, der Ägypten für 55 Jahre regieren wird.[46] Seine Zeit wird eine Epoche der Gerechtigkeit und Harmonie sein. Ägypten wird gedeihen, denn die Sonne strahlt wieder, der Nil führt Hochwasser, die Jahreszeiten kommen gemäß ihrer Ordnung. Die antigriechische Haltung des Textes liegt auf der Hand. Die Bewohner der neuen Stadt werden ΤΥΦΟΝΙΟΙ genannt und damit als Repräsentanten chaotischer Mächte demaskiert. Die ptolemäische Herrschaft wird so als Verletzung traditioneller Werte und Zerstörung göttlicher Ordnung denunziert. Der griechische König ist nicht Pharao, sondern Anti-Pharao. Hier baut sich nationale Identität aus der Verachtung der Fremdherrscher als Agenten des Chaos auf. Heil ist nur zu erwarten nach der Zerstörung ihrer Macht und der Wiederherstellung traditioneller pharaonischer Herrschaft. Diese hatte sich ja immer als die Überwindung des Chaos betrachtet und ihre ureigenste Funktion in der Herstellung einer geordneten Welt gesehen. Die konservativen Kreise, die hinter dem Text stehen, können also für ihre Verurteilung der makedonischen Herrschaft auf uralte Vorstellungen aus ägyptischer Tradition zurückgreifen. Diese Denkmuster, die bis in die Zeit der Reichseinigung zurückreichen, erlauben es ihnen nicht nur, die Rolle der Fremdherrscher theologisch zu dechiffrieren, sondern sie können aus der Einordnung der Fremden als Chaosmächte zugleich die Gewißheit ihrer Überwindung ableiten.

Diese theologische Dechiffrierung der Fremdherrschaft, wie sie sich in der *Demotischen Chronik*, im *Töpferorakel* und anderen Texten dieser Art findet, läßt die Frage aufkommen, ob für diesen Bereich der Begriff "Propaganda" wirklich trifft.[47] Die angeführten Einschränkungen hinsichtlich der Breitenwirkung mögen zwar vor modernen Mißverständnissen schützen, aber selbst, wenn von *"cultural propaganda"* gesprochen wird,[48] kommt die eigentliche Zielsetzung solcher Texte nicht recht in Blick. Natürlich geht es darum, daß Texte gelesen werden - die Existenz griechischer Übersetzungen beweist das ja. Und selbstverständlich soll die massive Identitätsangst, die die Fremdherrschaft auslöst, bekämpft werden. Die Frage ist aber, ob die menschliche Kommunikation der primäre Aspekt ist. Nimmt

---

45   Zitiert nach ASSMANN 1991, 276.
46   131/130 v.Chr., also unter Ptolemaios VIII., trat in Oberägypten ein Pharao Harsiese ("Horus, Sohn der Isis") auf. Vgl. HÖLBL 1994, 176 f; SCHNEIDER 1994, 129.
47   Vgl. zum folgenden KÜGLER 1994b.
48   So LLOYD 1982a, 55.

man die Einordnung der Fremden als Chaosmächte und ihre Überwindung durch das Ideal "Pharao" als literarische Umsetzung eines Grunddogmas der staatlichen Existenz Ägyptens und damit letztlich als Vertextung des Bildes vom Pharao, der die Feinde mit der Keule niederschlägt, dann gerät ein anderer Aspekt ins Blickfeld.

Selbst wenn man nämlich berücksichtigt, daß die Priester der Spätzeit mehr Wert auf die Rolle "Pharao" legten denn auf den makedonischen König als ihren konkreten Träger, so sind die Tempel doch unzweifelhaft königliche Bauten und sind als solche kaum eine geeignete Bühne für den Ausdruck anti-ptolemäischer Gefühle, was auch immer die betreffende Priesterschaft gedacht und empfunden haben mag.[49] Vielmehr stellen die Tempel entsprechend ägyptischer Tradition mit ihren Bildreliefs und Inschriften bei allen Differenzierungen immer zumindest eine Verbindung des Dogmas mit der real existierenden Königsmacht her. In den oppositionellen Texten wird diese Verbindung ganz energisch bestritten und das Gegenbild entworfen. Der Griechenkönig kann nicht in die Rolle "Pharao" eingepaßt werden, sondern bleibt Gegenmacht.[50] Er gehört auf die Seite der Fremdvölker und muß folglich vom wahren Pharao niedergeschlagen werden, damit die Ma'at hergestellt wird! Für dieses Bild war in der Öffentlichkeit kaum Platz, aber der Text ersetzt das Relief. Wie dieses will er nicht primär beschreibend auf etwas hinweisen, sondern vollziehend Wirklichkeit setzen. Es scheint mir diese *performative* Qualität des Textes zu sein, die - mehr als alle propagandistischen Zwecke - die stabilisierende Wirkung der Prophetie hervorbringt. Jedenfalls haben wir es bei den Tradenten dieser Texte mit Menschen zu tun, die von einer tiefen Angst um ihre kulturelle Identität ergriffen waren. Ihre prophetischen Entwürfe sind wohl Symptome eines tiefen kulturellen Unbehagens und Anzeichen für harte soziale Nöte.[51] Sie speisen sich aus einem unerbittlich klaren Bewußtsein von der tödlichen Gefahr, in die ägyptische Identität geraten war. Die Massivität der Erschütterung läßt auch den Schluß zu, daß die Begegnung mit der Fremdkultur nicht nur als etwas Äußerliches stattfand. Das eigentliche Entsetzen wurde wohl dadurch ausgelöst, daß es innerhalb der ägyptischen Welt Bereiche der Durchdringung gab, wo Griechisches einsickerte und das Ägyptische sich selbst entfremdete. Die eigentliche Bedrohung wird also wohl darin bestanden haben, daß die im Kon-

---

49 Vgl. GRIFFITHS 1979.
50 Hier liegt wohl die entscheidende Differenz der späten Prophetie zu früheren Prophezeiungen. Sind die älteren, wie etwa die des Neferti, *Vaticinia ex eventu*, weil sie aus der Erfahrung des überwundenen Chaos herkommen und die Erfüllung der Heilserwartung voraussetzen, so sind die späten Texte echte Orakel, für die die Erfahrung des Heils reine Zukunft ist. Vgl. ASSMANN 1991, 271-278.
51 Die Chaosbeschreibung, wie sie der oben zitierte Textabschnitt präsentierte, folgt festen Gattungsregeln, kann also nicht als direkte Beschreibung der Zustände zur Entstehungszeit gelten. Andererseits stimmen so viele Informationen mit dem überein, was wir historisch über die Not vor allem der ausgebeuteten Landbevölkerung wissen, daß ein Zusammenhang zwischen Prophetie, sozialer Notlage und den militärischen Widerstandsbewegungen mindestens wahrscheinlich ist.

zept der spätzeitlichen Tempel beschworene Abgrenzung nicht wirklich funktioniert hat. Das Versagen der Abgrenzungsstrategien war an den Tempeln selbst ja schon zu sehen. Daß die soziale und kulturelle Selbstentfremdung Ägyptens aber auch bis in den individuellen Bereich hineinreichte, soll im nächsten Abschnitt gezeigt werden.

1.3. Leben im "Zwischen"

Die Ideologie der Abgrenzung, wie sie sich im Spätzeittempel versteinert, läßt eine Annäherung zwischen ägyptischer Priesterklasse und hellenistischer Herrschaftsschicht als fast undenkbar erscheinen. Ideologie ist aber oft nur die eine Seite, die Praxis eine ganz andere. So war es offensichtlich auch in diesem Fall. Jedenfalls haben wir sprechende Beispiele für das priesterliche Doppelspiel zwischen Abgrenzung und Kollaboration.

Der Priester *Manetho von Sebennytos* scheint unter Ptolemaios I. (305-282 v.Chr.) als eine Art Berater in Religionsangelegenheiten fungiert zu haben.[52] Von Ptolemaios II. (285 / 282-246) wird er beauftragt, für den Hof die Geschichte der ägyptischen Pharaonen zu schreiben. Er tut dies, und zwar in griechischer Sprache. Seine Einteilung der ägyptischen Geschichte in 30 Dynastien ist ein bis heute in der Ägyptologie verwendetes chronologisches Raster. Daß er am ptolemäischen Hof akzeptiert war, kann als sicher gelten. Ob er dagegen als Mitglied des königlichen "Freundeskreises" (ΦΙΛΟΙ) einzustufen ist, muß bezweifelt werden.

Eine besonders positive Einstellung zu den Ptolemäern finden wir bei einem weiteren Priester, *Hor von Sebennytos*.[53] Wie die von ihm hinterlassenen Dokumente zeigen, wurde er um 200 v.Chr. in einer Stadt im Sebennytos-Gau geboren. Später war er Isispriester in Isiospolis, wo er offensichtlich Mittelägyptisch lernte. Die Herkunft seiner begrenzten Griechischkenntnisse ist unklar. Sein Lebensweg, dem er immer auf göttliche Weisungen folgte, führte ihn auch nach Memphis, wo er als Priester am Ibis-Heiligtum in Saqqara tätig war. Er hatte öfter Offenbarungen im Traum und erlangte wohl eine hohe Reputation als Seher und Deuter, denn er stand auch mit dem König in direktem Kontakt.

Im Frühjahr 168 fiel Antiochus IV. wieder in Ägypten ein.[54] In dieser Zeit höchster Bedrohung, als die Ptolemäerherrschaft vor dem auf Alexandria vorrückenden Seleukidenkönig anscheinend nicht mehr zu retten war, hatte Hor eine Traumvision, die sowohl die Rettung der Stadt und all ihrer Bewohner, als auch die Geburt eines Thronfolgers durch Königin Kleopatra II. prophezeite. Er erzählte seinen Traum einem General des Königs, bei dem er zunächst aber kein Vertrauen fand. Einige Wochen später allerdings erhielt er im Sarapieion von Alexandria eine Audienz beim Königspaar, wo er diesem seine Botschaft persönlich übermitteln

---

52   Zu Manetho vgl. HUSS 1994, 123-129; BOWMAN 1986, 26; MOOREN 1978, 52.
53   Vgl. BOWMAN 1986, 32; RAY 1976, bes.117-144.
54   Vgl. HÖLBL 1994, 133 f.

konnte. Einige Jahre später (163 v.Chr.) berichtete er dem König von einer anderen Offenbarung, in der Isis ein wirksames Heilmittel für die erkrankte Königin mitteilte.

Hier ist also ein einheimischer Priester aufgrund seiner besonderen religiösen Begabung mitten im politischen Zeitgeschehen engagiert; und er setzt diese Begabung und die religiöse Tradition Ägyptens zugunsten der griechischen Herrschaft ein, die er offensichtlich voll akzeptiert.

Wichtiger als solche Einzelbiographien war freilich die kontinuierliche Kooperation der Familie der Hohenpriester des Ptah in Memphis mit dem Königshaus, welche über die gesamte ptolemäische Epoche hinweg anhielt und für die ptolemäische Religionspolitik von unschätzbarem Gewicht war.[55]

Die Grabstele des *P3-šrj-n-Ptḥ, Psenptah III.* (90-41 v.Chr.),[56] ist ein spätes Zeugnis für diese Zusammenarbeit. Im biographischen Text der Stele *(Harris-Stele)* berichtet Psenptah, der schon im Alter von 14 Jahren zum Hohenpriester ernannt wurde, wie er selbst die Krönungszeremonie des Pharao (Ptolemaios XII.) vollzog und auch die anschließenden Reinigungsriten leitete, durch die der neue Pharao als Re neu geboren wurde.

> *Ich war es, der den Zeremonialkragen des Uräus auf dem König anbrachte*
> *am Tage, an dem für ihn die Beiden Länder vereinigt wurden,*
> *und der an ihm alle Riten in den Häusern des Jubiläumsfestes vollzog.*
> *Ich war es, der alle geheimen Funktionen ausführte.*
> *Ich war es, der Anweisungen gab für die Reinigung des Gottes*
> *anläßlich der göttlichen Geburt des Re im Goldhaus.*[57]

Er berichtet von Besuchen des Königs in Memphis und stellt ihn als vorbildlichen Pharao dar. Erwähnt wird auch, daß Psenptah vom König zu seinem "Propheten" ernannt wurde. Er war also Priester für den ägyptischen Kult des lebenden Herrschers in Memphis. Voll Stolz kann der Hohepriester auf ein Leben in Ansehen und Wohlstand zurückblicken; Ptolemaios XII. hatte ihm als Königspriester Einkünfte aus allen Tempeln des Landes zugeteilt. Daß trotz der Haltung ungeteilter Akzeptanz für Ptolemaios XII. eine Distanz zur griechischen Welt des Hofes besteht, wird deutlich, wenn Psenptah von einer Reise nach Alexandria erzählt und die Stadt nicht einfach "Hauptstadt" nennt, sondern umständlich einführt und beschreibt, wobei er sie als *ḫnw njswwt ḥ3w-nbw (Residenz der Könige, der Griechen)* bezeichnet. Ein deutliches Zeichen, daß selbst der Hohepriester von Memphis, in dessen Familie intensive Kooperation mit den Ptolemäern (mit ent-

---

55 Vgl. CRAWFORD 1980, 18-23; QUAEGEBEUR 1980, bes.52.64-73; BIANCHI 1989, 19 f.

56 Vgl. zum folgenden HÖLBL 1994, 258 f; RÖSSLER-KÖHLER 1991, 327-332; CRAWFORD 1980, 39 f.

57 Ägyptischer Text und englische Übersetzung der Stele bei REYMOND 1981, 136-150. Der Textausschnitt wurde in der deutschen Übersetzung von HÖLBL (1994, 337 Anm. 139) zitiert.

sprechenden positiven persönlichen Auswirkungen) eine jahrhundertelange Tradition hatte, sich *"nicht ganz dem generellen Bewertungstrend der Ptolemäerzeit entziehen konnte, jenem Trend, der ja gerade im priesterlichen Bereich und damit in dem traditionstragenden Bevölkerungsteil Ägyptens Abkehr vom Königtum oder zumindest Distanz gegenüber den Ptolemäern beinhaltete."*[58]

Erwähnt werden sollte auch die Kombination von ägyptischem Priester und stoischem Philosophen, wie sie in römischer Zeit, genauer im ersten Jahrhundert n.Chr., *Chaeremon* lebte.[59] Er soll Lehrer des jungen Nero gewesen sein und hat im Konflikt mit den Juden vermutlich als bedeutender Gelehrter Alexandrias an der Gesandtschaft zum Kaiser teilgenommen. Wenn dies zutrifft, dann gehörte er damit zu den direkten Kontrahenten des Philo. Als Priester soll Chaeremon zu den "heiligen Schreibern" (ΙΕΡΟΓΡΑΜΜΑΤΕΙΣ) gehört haben. Das hieße, daß er sich mit dem Prüfen von Priesteramtskandidaten, der Traumdeutung und Wahrsagerei, sowie der Erforschung ägyptischer Schrift und Schriften beschäftigte. Alle Werke des Chaeremon sind verlorengegangen; Zitate späterer Autoren sind die einzigen Belege. Jedenfalls ist bekannt, daß er über die ägyptische Religion und die Lebensweise ägyptischer Priester geschrieben hat. Seine Deutung der eigenen Tradition beweist, daß er von stoischer Philosophie geprägt ist. Er legt Götter, Mythen und selbst die Hieroglyphen als Allegorien der physikalischen Welt aus. Seine Darstellung des ägyptischen Priesterlebens muß als idealisierend eingestuft werden, wobei die Ideale zum Teil hellenistischen Ursprungs sind: Ägyptische Priester werden beschrieben als asketische Philosophen, die wegen ihrer strengen Frömmigkeit und kargen Lebensweise vom Volk verehrt werden. Sie leben zurückgezogen im Tempel, widmen sich ganz dem Studium der göttlichen Geheimnisse und unterwerfen sich rigorosen Reinheitsvorschriften. Sie lachen selten, verzichten auf Wein, essen vegetarisch, verzichten auf ausländische Speisen und Getränke, haben keinen Geschlechtsverkehr mit Frauen oder Männern und benutzen ein Stück Holz als Ruhekissen.[60] Diese Beschreibung entspricht ganz dem hellenistischen Klischee von der überragenden Weisheit fremdreligiöser Traditionen, was bedeutet, daß Chaeremon - zumindest in seinen Schriften - von außen auf Ägyptens Religion blickt.

Ganz offensichtlich war Chaeremon judenfeindlich eingestellt. Josephus zitiert in seinem Werk *Contra Apionem* aus einer Schrift Chaeremons, wo dieser die Geschichte vom Auszug Israels aus Ägypten in einer spöttischen Variante wiedergibt.[61] Danach sind die Israeliten nicht von ihrem Gott befreit worden, sondern

---

58 RÖSSLER-KÖHLER 1991, 330.
59 Vgl. zum folgenden VAN DER HORST 1984, IX-XI; *ders.* 1982.
60 Vgl. VAN DER HORST 1982, 65-67.
61 *Contra Apionem I, 32.* Josephus zitiert in diesem Werk übrigens nicht nur Chaeremon, sondern auch Manetho und zeigt sich damit als wohlvertraut mit ägyptischem Schrifttum. Das ist ein schöner Beleg dafür, daß ethnische Feindseligkeiten nicht nur kein Hindernis für gegenseitige Kenntnis waren, sondern sogar zu einer eigenen Quelle des Interesses am anderen wurden.

wurden als unreine Kranke von einem Pharao Amenophis auf Geheiß der Göttin Isis vertrieben. Anscheinend war das Denken des Chaeremon geprägt durch eine interessante Kombination aus stoischer Philosophie, ägyptischer Bildung und judenfeindlichen Ressentiments, was für die gesellschaftliche Gruppe, der er als hellenisierter Ägypter angehörte, wohl durchaus typisch war.[62]

Die bisher beigebrachten Beispiele dürfen nicht zu dem Fehlschluß führen, daß Kooperation mit den Griechen und Assimilation an hellenistische Kultur nur ein Phänomen des Nordens gewesen sei. Gewiß war Unterägypten den Einflüssen des Hellenismus im besonderen ausgesetzt, aber auch im Süden finden sich Belege für Kooperation und für eine Existenz zwischen den kulturellen Welten.

Als Beispiel für Kooperation mit den griechischen Königen kann der Ägypter *Paos* genannt werden, der spätestens seit 130 v.Chr. als Stratege über die thebanischen Gaue fungierte und damit Oberhaupt sowohl der zivilen als auch der militärischen Verwaltung war. Ptolemaios VIII. hatte ihm also den gesamten Verwaltungsapparat der Region unterstellt: die griechischen Soldaten und Offiziere, sowie alle Beamten, die niedrigen, ägyptischen ebenso wie die hohen, griechischen. Der Ägypter rechtfertigte das große Vertrauen seines Herrn, indem er z.B. eine Revolte seiner Landsleute in Hermonthis niederschlug. Dafür wurde er mit dem höchsten Hoftitel eines "Blutsverwandten" (ΣΥΓΓΕΝΗΣ) belohnt.[63]

Was die oberägyptischen Priester angeht, so ist festzustellen, daß die meisten ihrer Grabstelen inhaltlich denkbar konservativ sind. Sie tradieren in der Regel unverändert die Sprach- und Denkmuster, die sich in der Totenliteratur über Jahrtausende hinweg entwickelt hatten.[64] Anscheinend in Widerspruch zu diesem Gesamtbild finden sich aber griechische Gedichte auf Grabmalen der Nekropole von Hassaia bei Edfu.[65] Sie stammen von einer Familie, deren männliche Mitglieder Ende des zweiten Jahrhunderts bedeutende militärische Ränge bekleiden. Sie haben auch ägyptische Grabsteine hinterlassen, auf denen sie ihre ägyptischen Namen angeben. Es handelt sich um hohe Armeeoffiziere, einen Gefolgsmann des Königs, einen Aufseher über einen Kornspeicher. Gleichzeitig bekleiden sie priesterliche Ämter in altägyptischen Tempeln, sie sind Propheten von Harsomtus und Horus. Auf ihren ägyptischen Grabmälern zählen sie neben diesen Ämtern auch ihre griechischen auf, während auf den griechischen Epitaphen die ägyp-

---

62   Aus soziologischen Gründen gehört die Judenfeindlichkeit mit den anderen beiden Elementen zusammen. Das liegt daran, daß die hellenisierten Juden von den ägyptischen Aufsteigern als direkte gesellschaftliche Konkurrenten um einen Platz in der zweiten Reihe gesehen wurden.

63   Vgl. HÖLBL 1994, 176; MOOREN 1978, 53.

64   So das Ergebnis von DERCHAIN-URTEL (1989), die eine Vielzahl von oberägyptischen Grabstelen aus ptolemäischer Zeit analysiert hat.

65   Vgl. zum folgenden BAGNALL 1989, 31 f.

tischen Priestertitel fehlen. Wie einfache Soldaten und niedere Beamte praktizieren sie eine Trennung in eine griechische und ägyptische Existenz.[66]

Gerade die höheren Schichten der ägyptischen Bevölkerung hatten vorwiegend mit griechisch Gebildeten zu tun, deshalb ist in diesen Kreisen eine generelle Kenntnis der griechischen Sprache und sogar eine gewisse Vertrautheit mit griechischer Literatur anzunehmen. In römischer Zeit gebrauchten die Priester die griechische Sprache auch für die Ausübung ihres Amtes. Sie gaben sogar die Orakel in Griechisch und hinterließen zweisprachige Stelen.[67]

Ein schönes Beispiel dafür, wie hellenistische Gelehrsamkeit von der ägyptischen Bildungsschicht wahrgenommen wurde, ist die Erdvermessung des Eratosthenes (ca. 284-202). Ausgehend von der Tatsache, daß die Sonne in Syene in Oberägypten, zur Sommersonnwende mittags senkrecht stand, so daß sie sich in einem Brunnen spiegelte, errechnete er mit Hilfe des Einfallswinkels der Sonne zur gleichen Zeit in Alexandria und der Entfernung zwischen beiden Orten den Erdumfang. Vermutlich lag der besagte Brunnen auf der Nilinsel Elephantine, *"weil der ägyptische Name der Insel* (ᶜbw) *seit Ptolemaios III. in Hieroglyphen plötzlich mit den Werkzeugen des Geometers, Winkelmaß und Lot, geschrieben werden konnte."*[68]

Schon seit Beginn der ptolemäischen Herrschaft werden viele Ägypter Griechisch gelernt haben. Dies war die Sprache der Regierungsverwaltung und so mußte jeder, der in die untere Bürokratie einsteigen wollte, das Griechische lernen und sich hellenisieren. Solche Menschen führten oft eine regelrechte Doppelexistenz. Sie lebten in zwei Sprachen, zwei Rechtssystemen und führten zwei Namen. Personen mit *Doppelnamen* sind vermehrt aus der zweiten Hälfte des zweiten vorchristlichen Jahrhunderts belegt. Sie sind nicht leicht zu identifizieren, da in entsprechendem Zusammenhang in der Regel jeweils nur ein Name verwendet wurde. Subjektiv werden sich die Betroffenen eher als Träger von zwei Namen und nicht als Menschen mit Doppelnamen empfunden haben. Der griechische Name taucht fast nur in Dokumenten auf, die mit dem offiziellen Status als königlicher Amtsträger zu tun haben, der ägyptische wurde dagegen wohl in allen privaten Dingen gebraucht. Doppelnamen wurden also meist von Menschen in offizieller Stellung verwendet. Allerdings bedienten sich manche Ägypter eines zweiten Namens, auch wenn sie kein Amt hatten. Die grundsätzlich richtige Annahme, daß Doppelnamen mit offiziellen Kontexten zu tun haben, muß also immer am Einzelfall geprüft werden.[69]

---

66 Die Unterscheidung von Privatleben und offiziellem Bereich als generelle Regel für die Verwendung der Doppelnamen ist hier aber nur bedingt zutreffend. Schließlich geht es ja auch im ägyptischen Kontext um Ämter.
67 Vgl. RÖSSLER-KÖHLER 1991, 338-342 (Quellen 120.121).
68 HÖLBL 1994, 65.
69 Vgl. BAGNALL 1989, 28 f.

Wir wissen z.B. von einem *Dionysios*, Sohn des Kephalas, der in Akoris (Mittelägypten) lebte. Seine Laufbahn, die ihn als Angehöriger zweier Kulturwelten ausweist, ist von ≈117-104 v.Chr. durch sein Privatarchiv belegt.[70] Er konnte Griechisch wie Demotisch schreiben, war also sicher zweisprachig. Da nur sehr selten ein geborener Grieche die Mühe auf sich nahm, Ägyptisch zu lernen, liegt der Schluß nahe, daß Dionysios aus ägyptischen Kreisen stammte. Er trug neben seinem griechischen Namen auch noch die ägyptischen *P3-ljn* (Plenis) und *P3-c̆š3*. Sein Vater, der Soldat war, hatte drei Brüder, die mit ägyptischen Namen belegt sind. Seine Mutter nannte sich Demetria, aber auch Sarapias und Senabellis. Von seinem Bruder wird er in einem griechischen Text als Plenis angesprochen, umgekehrt taucht in einem demotischen Text der griechische Name auf, und zwar im Zusammenhang mit seiner militärischen Stellung. Dionysios wurde nämlich im Herbst des Jahres 106, als er ungefähr 30 Jahre alt war, in den Militärdienst aufgenommen. Vorher war er Priester des Gottes *P3-c̆š3*, von dem er einen seiner Namen hat, gewesen und mit der Pflege heiliger Ibisse betraut. Schließlich gibt es auch noch Belege dafür, daß Dionysios Königsbauer (ΒΑΣΙΛΙΚΟΣ ΓΕΩΡΓΟΣ) war. Insgesamt gesehen ist Dionysios das Beispiel eines Ägypters, der durch den Militärdienst aufgestiegen ist und sich sozial und ökonomisch hat verbessern können.

Apollonia, seit 150 v.Chr. verheiratet mit Dryton, soll als weiteres Beispiel dienen. Ihr Stammbaum väterlicherseits besteht nahezu vollständig aus Frauen mit ägyptischen Namen und Männern, die Doppelnamen verwenden. Auch in dieser Familie werden die griechischen Namen vor allem im Kontext militärischer Rangbezeichnung gebraucht, im Privaten ließ man die griechischen Zweitnamen gewöhnlich fallen. Das Milieu dieser Familie war wohl in sprachlicher, rechtlicher und kultureller Hinsicht ägyptisch geprägt. *"Als Personen waren sie Ägypter, als Amtsträger handelten sie als Griechen."*[71] Trotzdem bezeichnet sich Apollonia selbst ausdrücklich als Griechin, für die männlichen Familienmitglieder gilt ähnliches. Offensichtlich hatten sie im Sinne des Dekretes von Ptolemaios VIII. (s.u.) Anspruch darauf, als Griechen zu gelten.

Zusammenfassend läßt sich sagen: Ganz offensichtlich gehört die Abgrenzung von fremden Einflüssen zu den entscheidenden Zügen spätägyptischer Mentalität. Ein offensives Einbringen alter Tradition in eine neue kulturelle Gesamttradition ist nicht festzustellen. Dieser Befund ist im Hinblick auf die Frage nach möglichen Transferprozessen nicht gerade ermutigend. Aber die Architekten der Politik der Abgeschlossenheit, die Priester, sind auch in der Gruppe der Grenzgänger zu finden. Sie tragen Doppelnamen, haben königliche Ämter inne, benutzen die griechische Sprache. Das bedeutet, daß der Konflikt zwischen hellenistischer und ägyptischer Kultur auch in die Biographie des einzelnen hineinreichte. Damit kann

---

70 Die Quellen sind ediert bei BOSWINKEL / PESTMAN 1982. Zum folgenden vgl. die allgemeine Einleitung ebd. 3 ff; BOWMAN 1986, 63 f; BAGNALL 1989, 29 f.

71 BAGNALL 1989, 30.

ein massiver Zwiespalt festgestellt werden zwischen tatsächlicher Öffnung für die hellenistische Welt in der Praxis und einer (bei allen Differenzierungen) beharrenden Religion, die die Wandlung der Menschen und ihrer Lebensbedingungen kaum mehr einzufangen und auszudrücken vermag.

2.   Die Neugier der Überlegenen: Griechen in Ägypten

Was über die Mentalität der Abgrenzung auf seiten der ägyptischen Bevölkerung, insbesondere der kulturtragenden Schicht, zu sagen war, ist für die Annahme einer traditionsgeschichtlichen Verbindung einerseits recht ungünstig. Andererseits war aber auch zu sehen, daß die Ideologie der Abgrenzung nur die eine Seite ist, pragmatische Kooperation die andere. Auch ist die ägyptische Bevölkerung nur ein Knotenpunkt in einem möglichen Beziehungsgeflecht. Betrachten wir mit dem griechischen Teil nun den zweiten.

2.1.   *Verklärung und Verachtung - Das griechische Ägyptenbild*

Die Beziehungen des griechischen Raums mit Ägypten haben eine lange Vorgeschichte, die hier nicht ausführlich dargestellt werden kann.[72] Es mag genügen, darauf hinzuweisen, daß schon aus der neolithischen Periode Belege für Kontakte existieren, und später auch im homerischen Erzählkreis Bezug auf Ägypten genommen wird. In *Ilias* und *Odyssee* taucht erstmals ein Zug auf, der für die eine Seite des griechischen Ägyptenbildes charakteristisch bleibt: Ägypten erscheint als das ferne Märchenland, reich und mächtig, bevölkert von freundlichen und weisen Menschen, die ein überlegenes medizinisches Wissen auszeichnet.[73]

Im sechsten und fünften vorchristlichen Jahrhundert intensivieren sich die Kontakte.[74] Die königliche Politik begünstigt die Präsenz von Ausländern in Ägypten. Man überläßt die Stadt *Naukratis* im westlichen Nildelta den Griechen als Handelskolonie. Die philhellenische Tendenz ägyptischer Politik initiiert enge politische und kulturelle Kontakte zur griechischen Welt. Intensive Handelsbeziehungen entwickeln sich. Händler und Kaufleute bringen nicht nur Waren, sondern auch eine Fülle von Informationen aus Ägypten mit. Viele Griechen bleiben in Ägypten und lassen sich dort nieder, und es entsteht auch umgekehrt eine ägyptische Kolonie in Athen. Den ägyptischen Siedlern dort wird dann im 4. Jahrhundert v.Chr. die Erlaubnis erteilt werden, der Göttin Isis einen Tempel zu weihen. Die

---

72   Vgl. zum folgenden LLOYD 1975, 1-61; SMELIK / HEMELRIJK 1984.
73   Vgl. z.B. *Odyssee IV, 126 f* (Theben als ägyptische Stadt mit Palästen voller Schätze); *IV, 229-232* (In Ägypten *"bringt die fruchtbare Erde mancherlei Säfte hervor, zu guter und schändlicher Mischung; dort ist jeder ein Arzt und übertrifft an Erfahrung alle Menschen; denn wahrlich sie sind von Asklepios Stamme."*) Weitere Belegstellen bei SMELIK / HEMELRIJK 1984, 1870.
74   Vgl. zum folgenden MORENZ 1969, 24-67; SMELIK / HEMELRIJK 1984, 1870-1873; HORNUNG 1992, 129 f.

Intensität der Kontakte bringt als weiteren, dunklen Zug eine gewisse Ägyptenverachtung ins Spiel. Ägypter werden als merkwürdige Menschen gesehen, über deren Eßgewohnheiten man sich ebenso lustig machen kann wie über ihre Sitte der Beschneidung, ihre exotische Kleidung, ihren dunklen Aberglauben. Ihre Weigerung, den griechischen Lebensstil anzunehmen, stößt auf Unverständnis.

Dagegen zeigt das Geschichtswerk von *Herodot* (≈ 484-425 v.Chr.) das positive Interesse bestimmter griechischer Kreise an Ägypten, seiner Eigenart, seiner Geschichte und seinen Traditionen.[75] Diese Einstellung wird später als übermäßig ägyptenfreundlich kritisiert und kann kaum als repräsentativ für die durchschnittliche Einstellung seiner Zeitgenossen gewertet werden. Herodot sieht die Ägypter als besonders altes und weises Volk von hoher Bildung, tiefer Frömmigkeit und auffällig guter Gesundheit. Prägend für diesen Historiker ist seine Neugierde für alles Fremde. Die Informationen, die Herodot in seinem zweiten Buch über Ägypten gibt, sind in Bezug auf ihren historischen Wert zu Recht umstritten. Er selbst äußert Zweifel, ob man alles glauben soll, was die Ägypter erzählen (*Hist. II, 123*), aber auf solche Erzählungen ist er eben über weite Strecken angewiesen, vor allem, wenn es um die Vergangenheit geht (*Hist. II, 99.142.147*).[76] Im übrigen darf auch die historische Kompetenz seiner vorwiegend priesterlichen Gesprächspartner und Dolmetscher (*Hist. II, 125*) nicht überschätzt werden.[77] Obwohl schon in der Antike die Kritik an Herodot einsetzte, ist festzuhalten, daß die Bewertungsmaßstäbe heutigen Wissens vermutlich zu einem viel negativeren Bild führen, als es zeitgenössische Kriterien geliefert hätten.[78] Es empfiehlt sich, den größten Teil seines Ägyptenberichts weniger als Information über ägyptische Geschichte zu lesen, sondern *"as a record of the traditions on the distant past which were generally current in Egypt during the fifth century BC."*[79] Im Kontext unserer Fragestellung liegt der Wert von Herodots Beschreibung jenseits aller Bedenken darin, daß deutlich zu sehen ist, was ein interessiert fragender Grieche an kulturellem Wissen über Ägypten zusammentragen konnte, mag dieses Wissen aus heutiger Sicht auch unzutreffend sein.

Besonders auffällig ist, daß die Wahrnehmung Herodots immer sehr stark vom Entdecken des Eigenen im Fremden bestimmt zu sein scheint. Darin ist er ein typischer Vertreter seiner Epoche. *"Er sucht nicht die ihm fremde Kultur in ihrem eigenen Geiste zu erfassen und zu verstehen, sondern er schildert Zustände und Geschehnisse, wie er sie als Grieche versteht und deutet."*[80] Das gilt auch für die griechische Wahrnehmung ägyptischer Religiosität. Bezeichnend ist die gängige

---

75   Vgl. SMELIK / HEMELRIJK 1984, 1873-76.
76   Vgl. AFRICA 1963, 255-257; LLOYD 1988, 23f.
77   Vgl. LLOYD 1988, 25-28.
78   Vgl. BARTH / DIESNER 1985, XXIX.
79   LLOYD 1988, 52.
80   LÜDDECKENS 1977, 1148.

Gleichsetzung ägyptischer Gottheiten mit griechischen, die Herodot in seinem Geschichtswerk vornimmt:[81]

> *Leto, eine der acht ersten Gottheiten, wohnte in Buto, wo ja auch jetzt ihr Orakel ist. Sie versteckte Apollon, den Isis ihr in Verwahrung gegeben hatte, /.../ und rette-te ihn, als Typhon das Weltall durchwanderte und durchsuchte, um den Sohn des Osiris aufzufinden. Apollon und Artemis nämlich, sagen sie, seien Kinder des Dionysos und der Isis, Leto aber habe sie aufgezogen und gerettet. Auf ägyptisch heißt Apollon Horus, Demeter Isis, Artemis Bubastis."* - (II, 156)

Generell kann über Herodots Wahrnehmung gesagt werden: *"Analogies with Greek culture, real or imaginary, are of consuming interest and play an important role in the choice and treatment of subject matter."*[82]

Im vierten vorchristlichen Jahrhundert zeigt sich die Tradition antiägyptischer Einstellungen ungebrochen, obwohl weiterhin das hohe Alter und die überragende Qualität ägyptischer Kultur betont wird. Das Herleiten griechischer Weisheit, Religion und Zivilisationsleistung aus Ägypten bleibt ein fester Topos. Andererseits aber gelten die Ägypter als ein unzivilisiertes Sklavenvolk, dessen Fremdenfeindlichkeit kritisiert wird. Es ist wohl nicht überinterpretiert, in dieser Zwiespältigkeit des Ägyptenbildes das Symptom einer gewissen Verunsicherung zu sehen, die die Begegnung mit Ägypten dem griechischen Selbstbewußtsein auch bereitet hat. Politisch und militärisch recht bald überlegen, können die Griechen mit Alexander Ägypten ihrer Herrschaft unterwerfen. Sie sehen sich aber kulturell nun noch intensiver als in früheren Jahrhunderten mit Traditionen konfrontiert, deren Alter und Rang für sie Faszination und Erschütterung bedeuten muß. So sind sie gefordert, auf die eine oder andere Weise diese Erfahrung zu verarbeiten. Verklärung und Verachtung können deshalb wohl durchaus verstanden werden als zwar inhaltlich entgegengesetzte, funktional aber gleichgerichtete Reaktionen mit dem einen Ziel, das eigene Selbstwertgefühl zu stabilisieren. Im einen Fall geschieht die Aufwertung des Eigenen durch die Abwertung des Fremden, im anderen durch Anlehnung an das Andere.[83]

Was noch erwähnt werden sollte, ist der kolonialistische Grundzug, den die Griechen in ihrer Beziehung zu Ägypten zeigen. Ausbeutung und Ausnutzung, das sind Aspekte, die den griechischen Umgang mit Ägypten und Ägyptern entscheidend prägen. Griechen nutzen einerseits fremde Kulturen aus, andererseits sind sie

---

[81] Diese Art der Gleichsetzung ist freilich nicht erst von Herodot erfunden worden, sondern stellt das Ergebnis eines Angleichungsprozesses dar, der schon mit der Gründung griechischer Siedlungen in Ägypten in Gang gekommen war. Er beruhte auf einem intensiven Kontakt der beiden Kulttraditionen und wurde durch die relative Offenheit der beiden polytheistischen Religionen ermöglicht. Da der Ausgangspunkt der Identifikation die Kultpraxis war, blieben Götter und Göttinnen mit geringerer Kultrelevanz, etwa Ma'at, davon ausgenommen. Der gesamte Prozeß ging eindeutig von griechischer Seite aus, stieß aber in Ägypten wohl auf weitgehende Anerkennung. - Vgl. KAISER 1969, 263 f.

[82] LLOYD 1988, 47; vgl. auch 48 f.

[83] Vgl. SMELIK / HEMELRIJK 1984, 1876-1879.

bereit, manches in Sprache, Technik, Bildung und Religion zu übernehmen, freilich bei prinzipieller Wahrung ihrer griechischen Identität. *"Gerade diese Verbindung von Offenheit und tief verwurzelter Abneigung gegen Absorption ihrer eigenen Identität ist ein Kennzeichen der griechischen Kultur"*[84] Diese Haltung und die politische Macht, die die Hellenisten im Rücken hatten, führten zu einem eklektizistischen Umgang mit Ägyptens Kultur: Vorwiegend Einzelelemente wurden übernommen und in einen griechischen Bezugsrahmen transferiert.

2.2. Nationalitätenpolitik im Erbe der Ptolemäer

Ägypten geriet, wie zu sehen war, nicht erst mit der Eroberung durch Alexander in die Einflußsphäre der hellenistischen Weltkultur, aber mit der griechisch-makedonischen Machtübernahme intensivierte sich der Hellenisierungsdruck. Alexandria als griechische Polis wurde gegründet, und Ägypten wurde in der Diadochenzeit zu einer hellenistischen Monarchie wie andere auch.

Hatte schon Alexander großen Respekt vor den indigenen Traditionen Ägyptens gezeigt, so setzten die Ptolemäer diese Politik eindeutig fort.[85] Zwar achteten sie darauf, die Interessen des griechisch-makedonischen Bevölkerungsgruppe zu wahren, andererseits aber schien es ihnen um der Stabilität ihrer Herrschaft willen auch notwendig, pharaonische Tradition zu beerben und die indigene ägyptische Kultur zu respektieren. Die ptolemäischen Herrscher haben ganz bewußt nicht in ägyptische Institutionen eingegriffen und Veränderung soweit als möglich vermieden.

Die Verwaltung der einheimischen Tempel mit ihren großen Ländereien, und damit ein wichtiger Wirtschaftsfaktor des Landes,[86] blieb in der Hand der priesterlichen ägyptischen Elite, auch wenn das *Gottesland* formell dem König gehörte. Die ökonomischen Privilegien der Tempel blieben erhalten und wurden auch in den Finanznöten der späten Ptolemäerzeit nur vermindert. Die Tempel hatten beträchtliche Einnahmen aus der Verpachtung von heiligem Land, aus Brauereien, Webereien oder Färbereien. Die Ptolemäer versuchten generell, die Akzeptanz durch die alte Elite, die Priester und Beamten, dadurch zu erlangen, daß sie den vorhandenen Verwaltungsapparat weitgehend unangetastet ließen. Alte ägyptische Priester- und Beamtenfamilien blieben im Amt. Teilweise konnten Ämter sogar weiterhin vererbt werden. So blieb die schon erwähnte, rein ägyptische Familie, welche die Priesterschaft des Ptah in Memphis stellte, von Ptolemaios I. bis zur Eroberung durch Octavian (30 v.Chr.) im Amt und stellte einen wesentlichen Faktor in der Kooperation zwischen den ägyptischen Priesterschaften und dem ptolemäischen Königshaus dar.

---

84 BAGNALL 1989, 31.
85 Vgl. zum folgenden MOOREN 1978; SMELIK / HEMELRIJK 1984, 1884-1891; BOWMAN 1986, 24-88.121-164; BIANCHI 1989; BAGNALL 1989; GEHRKE 1990, 64-67.179-181.
86 Zur traditionellen wirtschaftlichen Rolle ägyptischer Tempel vgl. ARNOLD 1992, 57 f.

Uralten religiösen Vorstellungen und Traditionen wurde die nötige Reverenz erwiesen. Dieses herrschaftsbedingte Interesse erklärt die Rücksichtnahme auf die ägyptischen Traditionen des Kultes für heilige Tiere, die die Könige selbst, aber auch ihre Beamten und Soldaten zeigten,[87] und findet seinen Ausdruck auch in einer bewußten *Tempelbaupolitik*. *"Den makedonischen Königen war von Anfang an klar, daß sie die Tempel und Kulte pflegen und fördern mußten, um die geistige Elite des Landes, die Priesterschaften, zu gewinnen und damit eine friedliche innere Entwicklung sicherzustellen."*[88] Wie schon erwähnt, wurden bestehende Tempel restauriert und verschönert, und es entstanden aufwendige Neubauten. Die Anlagen, in denen - wie oben beschrieben - die Priesterkaste ihren Abgrenzungswillen architektonisch manifestierte, sind also nicht gegen den Willen der ptolemäischen Könige entstanden, sondern mit ihrer Zustimmung und Unterstützung.[89] Wenn die Spätzeittempel also königskritisch zu lesen sind, dann müssen sie als königlich subventionierte Kritik einstuft werden.

Die Übersetzung einer demotischen Sammlung ägyptischen Rechts ins Griechische zur Zeit Ptolemaios II. ist ein weiterer Hinweis auf das herrschaftsbedingte Interesse an ägyptischen Traditionen. Offensichtlich war es das Bestreben der Ptolemäer und anderer hellenistischer Herrscher, die relevanten Traditionen der untergebenen Völker zu inventarisieren, sie kanonisch (und damit auch kontrollierbar) zu machen. Entsprechende Tendenzen gab es in Bezug auf ägyptische (und jüdische) Traditionen schon früher.[90]

Die Ptolemäer nutzten die (jährlichen) *Priestersynoden*,[91] um mit den Priestern als den Repräsentanten der einheimischen Bevölkerung eine gesellschaftspolitische Balance zu finden.[92] Die entsprechenden Dekrete wurden meist in zwei- oder dreisprachigen Texten auf Stelen publiziert.[93] Diese Synoden können verstanden werden als das spezifisch ägyptische Pendant zur hellenistischen Polis mit ihren Verehrungsbeschlüssen. Das zeigt sich ganz deutlich in der analogen politischen Rollenverteilung. König (Staatsmacht) und Klerus (Geistlicher Stand) treten als

---

87 Vgl. SMELIK / HEMELRIJK 1984, 1891-1895; KESSLER 1989, 299-303; HEINEN 1994.

88 HÖLBL 1994, 80; vgl. auch ebd. 77-82. 141-143. 228-254, sowie die Auflistung der Bauten 343-377.

89 Dies gilt auch dann, wenn die Gelder für die Bauprojekte nicht aus der königlichen Kasse, sondern aus den Einkünften des Tempellandes kamen.

90 Bereits das Perserreich agierte entsprechend. Vgl. ASSMANN 1992, 207-212. Hier scheint ein Grundmuster imperialer Politik vorzuliegen, das sich später auch in der römischen Politik zeigt.

91 Vgl. OTTO 1926. Einen aktuellen Gesamtüberblick gibt HUSS 1991.

92 Zur gesellschaftspolitischen Funktion der Priestersynoden vgl. KÜGLER 1994a; HÖLBL 1994, 99 f.

93 Der berühmte Stein von Rosette überliefert ein solches Dekret. Er bietet in Hieroglyphen, Demotisch und Griechisch den Abschlußtext einer Priestersynode in Memphis (196 v.Chr.) und trug wesentlich bei zur Entzifferung der Hieroglyphen durch Jean-François CHAMPOLLION im Jahre 1822. Abbildung bei WILDUNG 1989, 24.

zwei getrennte gesellschaftliche Größen auf.[94] *"Die Priesterdekrete stehen den* ΠΡΟΣΤΑΓΜΑΤΑ *und* ΔΙΑΓΡΑΜΜΑΤΑ *der Könige (den vom König ausgehenden Anordnungen und Rechtsnormen) gegenüber."*[95]

Aus dem Gegenüber von Königsmacht (staatlich, fremd) und Priesterklasse (geistlich, einheimisch) resultiert ein Machtspiel höchsten Raffinements, das in den Priestersynoden einen seiner Austragungsorte findet. Einerseits benutzt der Staat die Priester *"zu Loyalitätskundgebungen allergrößten Stils"*,[96] während andererseits der Klerus, der sich als Verkörperung all dessen sieht, was ÄGYPTEN ausmacht, versucht, seine Anliegen durchzusetzen und den König als Wohltäter in die Pflicht zu nehmen.

Wenn oben davon die Rede war, daß die Priesterklasse den ägyptischen Teil der Bevölkerung repräsentierte, so ist damit selbstverständlich nur gemeint, daß die Priester als die alte Herrschaftselite im Gegenüber zu den Ptolemäern das indigene Element darstellten, nicht aber, daß sie etwa die Interessen der ägyptischen Bevölkerungsmehrheit vertraten. Die Akzeptanz der Masse der ungebildeten bäuerlichen Bevölkerung wurde stillschweigend vorausgesetzt. Dort, wo sie aufgrund sozialer Nöte fehlte, wurde sie mit härtesten militärischen Mitteln (s.u.) erzwungen.

Seit der griechischen Eroberung stellte sich Ägypten im Grunde als ein Apartheidstaat dar. Wie in anderen hellenistischen Monarchien auch, stellten die Griechen *"nur eine ziemlich dünne Oberschicht dar, die in der Regel in Städten oder Militärkolonien siedelte und sich über eine zahlenmäßig viel stärkere Schicht von Indigenen gelagert hatte, die vor allem auf dem Lande in dorfartigen Siedlungen oder in den alten hochkulturellen Stadtzentren lebte."*[97] Die Privilegien der herrschenden Minderheit galt es zu schützen. So wurde die Herrschaftspartizipation von Ägyptern, wo sie für eine funktionierende Machtausübung nicht unabdingbar war, möglichst eng umgrenzt. Da das ptolemäische Ägypten eine hellenistische, absolute Monarchie war, ging alle Gewalt vom König aus, der sich als Eigentümer des Landes verstand. Teilhaber an der königlichen Macht waren die schon erwähnten *Freunde des Königs*, seine Hofgesellschaft aus Beratern, Diplomaten, Statthaltern und hohen Militärs. Dieser innere Zirkel der Macht, war eindeutig griechisch, Ägypter sahen sich ausgesperrt. *"Die Führung des Staates war*

---

94 Das widerspricht zwar dem traditionellen Konzept, von der kompakten, Politik und Religion umfassenden Rolle des Pharao, trägt aber der Tatsache Rechnung, daß auch in Ägypten im Laufe der Jahrhunderte eine Ausdifferenzierung gesellschaftlicher Teilbereiche stattgefunden hatte, die ein gesellschaftliches Eigengewicht der Priesterschaft auch dem Pharao gegenüber mit sich brachte. Diese Ausdifferenzierung, die man spätestens für das Neue Reich ansetzen muß (vgl. OTTO 1969, 390) ist sogar die Voraussetzung dafür, daß die Priesterschaft das Ende des einheimischen Pharaonentums überleben konnte. Verstärkt wird diese, nicht mehr ganz neue, politische Opposition jetzt freilich dadurch, daß sie synchron überlagert wird von der neuen Opposition |FREMD ⇔ EINHEIMISCH|. Dabei übernimmt die ägyptische Priesterschaft die Rolle der griechischen Stadtaristokratie.

95 HÖLBL 1994, 100.

96 OTTO 1926, 289.

97 GEHRKE 1990, 65.

eine Sache der Fremden. "[98] Zwar erlaubten es die Prinzipien der ptolemäischen Nationalitätenpolitik hellenisierten Ägyptern durchaus, Karriere zu machen, freilich nur bis zu einer gewissen Stufe. Die höchste politische und militärische Macht mußte in griechischen Händen bleiben. Daraus erklärt sich, daß um so häufiger Ägypter vertreten sind, je niedriger die gesellschaftliche Ebene ist, die untersucht wird. Je höher dagegen das Sozialniveau, desto geringer ist der Anteil der Einheimischen. In den oberen Rängen von Armee und Verwaltung begegnet man Ägyptern höchst selten, im Kreis der vornehmsten Familien, die die eponyme Priesterschaft des Dynastiekultes stellen, sind keine Ägypter zweifelsfrei belegt.[99] Kooperation mit den Einheimischen gab es überall dort, wo es notwendig und im Sinne der Herrschaftssicherung notwendig war, aber auch nur dort. Eine echte Partnerschaft oder gar die Verschmelzung zu einem einheitlichen Staatsvolk war nicht angestrebt. *"Die hellenistischen Monarchen und ihr griechisch-makedonisches Gefolge haben eine Partnerschaft mit der einheimischen Aristokratie abgelehnt in dem Bewußtsein, daß sie in einer Kooperation zwischen gleichberechtigten Parteien selbst untergehen würden."*[100] Daß auch die Griechen auf ihre Identität achteten und sie nicht verlieren wollten, hat also nicht nur mit Selbstbewußtsein zu tun, sondern auch mit einer gehörigen Portion Angst. Eine echte Ägyptisierung ließ beides nicht zu. So ist es durchaus bezeichnend, daß die letzte ptolemäische Königin, die berühmte Kleopatra VII. (51-30 v.Chr.), die erste war, die Ägyptisch lernte,[101] und auch das nicht aus Interesse an der indigenen Kultur des von ihr beherrschten Landes, sondern aus einem allgemeinen Sprachinteresse heraus.

Die bewußte Trennung von Einheimischen und Einwanderern ließ sich freilich auf Dauer nicht strikt durchhalten. Der allmähliche Machtverlust der Ptolemäerkönige machte es ab dem Ende des dritten vorchristlichen Jahrhunderts nötig, verstärkt auf einheimische Machtressourcen zurückzugreifen. Aus guten Gründen hielt man die Einheimischen zunächst ganz vom Militär fern. Als sich diese Regelung im Kampf mit den Syrern nicht mehr aufrechterhalten ließ, mußte eine einheimische Truppe aufgestellt werden. Daß die ägyptischen Soldaten, die ihre Befehle über Dolmetscher erhalten mußten, maßgeblichen Anteil am Sieg in der Schlacht von Raphia (217 v.Chr.) hatten, war gut für das ägyptische Selbstbewußtsein und verheerend für die Stabilität des Regimes.[102] Seit dieser Wende in der Nationalitätenpolitik gab es immer wieder Aufstände und Unruhen, deren Gründe aber nicht nur in nationalen Ideen, sondern vor allem in der sozialen Notlage zu sehen sind, in die große Teile der Bevölkerung aufgrund der Kosten der kriegerischen Außenpolitik,

---

98 MOOREN 1978, 52. Vgl. DIHLE 1994, 67.
99 Eponymität bedeutet, daß die Namen dieser Priester in der Datierungsformel der offiziellen Dokumente verwendet wurden und jährlich wechselten. Vgl. QUAEGEBEUR 1989, 46.
100 MOOREN 1978, 56.
101 So Plutarch, *Vita Antonii 27,4 f.* Vgl. BOWMAN 1986, 25. Von außen freilich wurde Kleopatra als Ägypterin gesehen. In der Polemik Octavians gegen Antonius erscheint sie als die Verkörperung ägyptisch-orientalischer Dekadenz (s.u.).
102 Vgl. zum folgenden HÖLBL 1994, 135-140; THISSEN 1966, 80-84; BIANCHI 1989, 21 f.

wie auch der königlichen Repräsentation im Inneren geraten waren.[103] Neben sozial motivierten Unruhen im Nildelta kam es im Jahre 206 v.Chr. zu einer Erhebung im Gebiet von Theben, wo schon früher, nämlich seit der 21. Dynastie, ein autarker Gottesstaat existiert hatte, der faktisch eine Militärdiktatur des Hohenpriesters darstellte.[104] Es kam zum Abfall Oberägyptens (206-186 v.Chr.) und zur zeitweiligen Einsetzung der ägyptischen Gegenkönige Harwennefer und Anchwennefer, die allein schon durch ihre Namen den Anspruch erhoben, das Urkönigtum des Osiris zu erneuern.[105] Dieser und alle weiteren Aufstände machten die Widerstandskraft der Einheimischen deutlich.[106] Daß die Ptolemäer in der Folgezeit verstärkt versuchten, sich als Pharao zu inszenieren, mag als Beschwichtigungsversuch verstanden werden, dessen Erfolg allerdings mäßig war. Die weitere Aufwertung der alten Hauptstadt Memphis, wo seit Ptolemaios V. die Krönung nach ägyptischem Ritus stattfand,[107] führte ebensowenig zu einer Beruhigung wie ähnliche Maßnahmen zur ägyptischen Einkleidung der Herrschaft. Immer neue dynastische Wirren und Spaltungen zeigen, daß die Ptolemäer nicht das rechte Konzept fanden, um ihre Herrschaft in Ägypten auf Dauer zu verwurzeln und das Land effektiv zu regieren.

Langfristig führten allerdings die starken sozialen Unterschiede innerhalb der griechischen Bevölkerungsgruppe mindestens zu einer Annäherung zwischen einheimischen Ägyptern und Unterschichtgriechen, vor allem auf dem Land. Ptolemaios V. Epiphanes hatte - wohl in Reaktion auf den großen oberägyptischen Aufstand - als Sicherheitsmaßnahme griechische Soldaten im ägyptischen Milieu angesiedelt,[108] was auch zu Heiraten zwischen den ethnischen Gruppen führte. Das zeigt etwa der Fall der *T3-šrt-js*, die im zweiten vorchristlichen Jahrhundert in Syene (Oberägypten) lebt. Sie verliebt sich in den Soldaten Neoptolemos, der in ihrem Haus einquartiert wird. Sie verläßt ihren Mann, mit dem sie schon drei Kinder hatte und heiratet den Soldaten, mit dem sie zwei weitere Kinder hat. Die Strei-

---

103   Zu den erheblichen Aufwendungen im Inneren müssen neben der pompösen Selbstdarstellung des Königs wohl auch die aufwendigen neuen Tempelbauten gezählt werden. Es scheint mir jedenfalls bezeichnend, daß bei den Aufständen immer wieder auch Tempelbesitz geplündert wird und etwa in Edfu die Bauarbeiten während der Zeit der einheimischen Pharaonen eingestellt werden.

104   *"Die Hohepriester des Amun führen in dieser Zeit neben ihrem geistlichen den Titel 'Erster Groß-General' (mr-mšꜥ-wr-ḥ3wtj), der vermutlich die Grundlage ihrer Macht widerspiegelt."* (GRAEFE 1981, II, 107) Einen kurzgefaßten Überblick über die Geschichte der letzten Epoche ägyptischer Autonomie gibt HORNUNG 1992, 115-130. Zu den sozialen Grundlagen der Gottesherrschaft am Ende des Neuen Reiches vgl. RÖMER 1994.

105   Zu diesen beiden Königen vgl. SCHNEIDER 1994, 73 f.129 f.

106   Die Übersicht bei HÖLBL (1994, 274 f) macht deutlich, daß die Herrschenden bis in die römische Zeit hinein etwa alle 20 Jahre einen Aufstand niederschlagen mußten!

107   Die erste nachgewiesene Krönung in Memphis fand am 27.3.196 v.Chr. statt.

108   Vgl. HÖLBL 1994, 140.

tigkeiten, die sich aus den komplexen Familienverhältnissen in der Folge ergeben, sind durch das Archiv der Familie belegt.[109]

Unter Kleopatra I., der Witwe von Ptolemaios V., scheint die Mischehe für die ländlichen Gebiete geradezu königlich propagiert worden zu sein. Auch Ptolemaios VIII. Euergetes stand den Einheimischen sehr positiv gegenüber und verbesserte ihre Aufstiegschancen; das Beispiel des Strategen Paos wurde schon angeführt.

Freilich änderte diese Politik, die unter den Nachfolgern fortgesetzt wurde, nicht das Gesamtbild: Koexistenz der Ethnien statt Verschmelzung. Auch wenn Mischehen vorkamen, eine nennenswerte Mischbevölkerung ist - außer im Fayum - nicht entstanden, geschweige denn ein einheitliches Staatsvolk. Ptolemaios VIII. erließ 118 v.Chr. ein Edikt zur Rechtsprechung der ägyptischen und griechischen Gerichtshöfe. Darin setzte er Griechen und Ägypter als klar unterscheidbare ethnische Gruppen voraus. Der Text läßt erkennen, daß Griechen und Ägypter Verträge miteinander sowohl in Griechisch als auch in Demotisch abfaßten. Die Frage, worauf die ethnische Zuordnung in ptolemäischer Zeit beruhte, läßt sich mindestens für die Männer relativ klar beantworten: *"Es war ein offizieller Status, den man spätestens seit der Zeit Ptolemaios' II. in allen Rechtsangelegenheiten angeben mußte. Wie man jedoch einen solchen Status erlangte und was er dann subjektiv für den einzelnen, im besonderen für Frauen, in außeramtlichen Angelegenheiten bedeutete, ist viel schwerer zu beantworten."*[110]

Im Laufe der ptolemäischen Herrschaft sind die einheimischen ägyptischen Richter (ΛΑΟΚΡΙΤΑΙ) trotz entgegengesetzter königlicher Politik verschwunden. Auch ägyptische Rechtsfälle wurden vor die griechischen Richter (ΞΡΕΜΑΤΙΣΤΑΙ) gebracht und in griechischen Akten festgehalten.[111]

Als sich Ende des 2. Jahrhunderts v.Chr. Rom in die ägyptischen Angelegenheiten einmischte und die Unterwerfung durch die Syrer verhinderte, ging es nur um eine äußere Stabilisierung der politischen Lage. Im Inneren war Ägypten ein gespaltenes Land: zwei Völker, zwei Kulturen, zwei Religionen, ja sogar zwei Formen von Sklaverei.[112] Eine echte Durchmischung der Bevölkerung gab es lange nicht und sollte es auch nicht geben.

Der größte Teil der Bauern blieb völlig ägyptisch und - von der Einführung des griechischen Münzgeldes abgesehen - weitgehend unberührt von Hellenisierungsprozessen. Die Griechen in ihren Städten wie Alexandria, Ptolemais und Naukratis und wohl selbst die meisten Militärsiedler auf dem Land blieben völlig griechisch.

Wie in anderen Bereichen gab es auch in der *Kunst* eher Koexistenz als Vermischung. Dementsprechend existierte kaum eine Mischkultur, sondern Kunst entweder im ägyptischen oder im griechischen Stil. Vor allem in der sakralen Kunst

---

109 Vgl. ZAUZICH 1983b, 433 f.
110 BAGNALL 1989, 28.
111 Vgl. BAGNALL 1989, 30.
112 Vgl. HEINEN 1978.

Ägyptens gab es ein deutliches Bemühen, die alten Traditionen zu wahren und hellenistische Einflüsse abzuwehren.[113] Die Orientierung der ägyptischen Priester an ihrer eigenen Tradition führte dazu, daß ein ägyptischer Tempel der Spätzeit der Formensprache einer 2.000 Jahre älteren Kunst weit näher steht als den zeitgleichen Kunstwerken der hellenistischen Koiné-Kultur. Die ägyptischen Grabstelen repräsentieren eine Kunst auf zum Teil höchstem Niveau und weisen *"weder Parallelen noch Bezüge zu dem künstlerischen Milieu des hellenistischen Alexandria"* auf.[114]

Römische Haltungen und Einstellungen zu Ägypten können zu einem guten Teil als Fortsetzung hellenistischer Traditionen verstanden werden, aber die Anpassungen an die Möglichkeiten und Notwendigkeiten einer veränderten politischen Situation sind nicht zu übersehen:

Eine *römische Nationalitätenpolitik* im Sinne eines planvollen, auf die Beziehung zwischen griechischer und ägyptischer Bevölkerung ausgerichteten Handelns gab es kaum noch.[115] Octavian schlug Ägypten seinem Privatbesitz zu und machte das Land zu einer dem Kaiser direkt unterstellten Provinz, die von einem Präfekten ritterlichen Standes verwaltet wurde.[116] Dieser Präfekt residierte in Alexandria, und zwar als persönlicher Vertreter des Kaisers im ptolemäischen Königspalast. Anders als die ptolemäischen Könige regierte Rom Ägypten von außen, als ein unterworfenes Land wie andere auch. Die Verwaltung beruhte nun nicht mehr auf dem Machtspiel zwischen einheimischer Elite und griechischen Machthabern, sondern auf der Macht römischer Legionen. Römische Verwaltungsbeamte standen nun über allen, Ägyptern wie Griechen. Augustus ließ zwar die Gaueinteilung unverändert, beschnitt allerdings die Befugnisse der Gau-Strategen. Sie behielten nur ihre zivilen Kompetenzen, während die militärische Macht von römischen Kommandeuren übernommen wurde. In Alexandria und bei Memphis wurden zwei Legionen stationiert, während kleinere Einheiten strategisch wichtige Orte kontrollierten. Rom war vor allem daran interessiert, größtmöglichen Gewinn aus der Provinz herauszuholen. Ägypten diente von nun an als Kornkammer Roms und lieferte der Hauptstadt schätzungsweise ein Drittel ihres Jahresverbrauchs.

In der Unterscheidung von Griechen und Ägyptern sahen die Römer keinen besonderen Sinn mehr. Sie versuchten, einen offensichtlich sehr komplexen Sachverhalt in eigene Rechtsvorstellungen einzubauen. Für sie war der Wohnort entscheidend: Den Bürgern der drei griechischen Städte, Alexandria, Naukratis und Ptolemais, wurde ein Sonderstatus als Griechen ("Alexandriner") zugestanden. Sie

---

113 Vgl. BIANCHI 1989.
114 BIANCHI 1989, 81.
115 Vgl. zum folgenden BOWMAN 1986, 65-77; BAGNALL 1989, 27 f; EWIGLEBEN 1991; KIENAST 1992, 64 f. 157 f. 373-380; LEWIS 1995.
116 Dieser Akt, der für die Konsolidierung der Kaiserherrschaft entscheidende Folgen hatte, greift insofern auf ägyptische Tradition zurück, als schon die Ptolemäerkönige den Großteil des Landes als persönliches Eigentum betrachteten und wirtschaftspolitisch die Rolle eines Großunternehmers spielten. Vgl. BOWMAN 1986, 90-93.

waren von der Kopfsteuer und öffentlichen Zwangsdiensten befreit, während alle anderen von diesem Privileg ausgeschlossen wurden. Die Masse der Bevölkerung, schätzungsweise 7 Millionen Menschen, galt nun als "Ägypter". Es spielte dabei keinerlei Rolle, ob eine Familie schon seit vielen Generationen rein griechisch war oder sich erst vor einer Generation hellenisiert hatte. Es ist auch verständlich, daß es den Römern bei Leuten wie der oben erwähnten Apollonia und ihrer Familie schwerfiel, sie von den Nachfahren makedonischer Siedler zu unterscheiden.[117]

Auf ägyptische Traditionen nahm Rom deutlich weniger Rücksicht als die Ptolemäer. Das darf nicht verwundern, schließlich hatte die Rücksichtnahme der ptolemäischen Könige ihren Grund nicht in besonderer Ägyptenliebe, sondern darin, daß sie im Unterschied zu Rom ihre Machtbasis innerhalb des Landes hatten und nirgends sonst. Octavian beschnitt die Rechte und den politischen Einfluß der ägyptischen Priesterschaft. Er machte die wirtschaftliche Macht der Tempel zunichte, besteuerte den verbleibenden Besitz und hielt sie fortan durch direkte kaiserliche Subventionen in Abhängigkeit.[118] Bedenkt man die enge Verbindung der Hohenpriester von Memphis mit den Ptolemäern, so ist es nicht verwunderlich, wenn Octavian diesen Kreisen mißtraute. Und doch waren gerade sie von entscheidender Bedeutung, als es darum ging, für ihn die Rolle des Pharao zu entwerfen. So wurde - wie in alten Zeiten - seine pharaonische Titulatur in Memphis entwickelt. Im Jahre 27 oder 28 v.Chr. wurde mit Psenamun II. der letzte Hohepriester des Ptah in Memphis ernannt. Mit seinem Tod erlosch dieses Amt, die Geschichte einer dreihundertjährigen Kollaboration fand damit ein Ende.[119] Es sollte allerdings noch lange dauern, bis die ägyptischen Priester aufhörten, die römischen Kaiser in die Rolle der Pharaonen zu kleiden. Augustus und seine Nachfolger wurden in den Tempeln des Landes als Pharaonen dargestellt.[120] Tempelbauten wurden fortgesetzt. Augustus läßt z.B. in Dendur, Pselchis und Philae bauen,[121] sein Nachfolger Tiberius z.B. in Koptos und Luxor.[122] In Assuan ist Domitian vertreten, Claudius in Esna; in der Oase Dachla finden sich die Kartuschen von Nero, Vespasian, Titus und Domitian; und in Dendera wird unter Tiberius und Nero der Hathor-Tempel ausgebaut.[123] In diesen Gesamtrahmen paßt auch, daß der Präfekt in der Rolle des Pharao das jährliche Opfer an den Nil vollzog.

All dies kann als Anzeichen dafür verstanden werden, daß der römische Umgang mit Ägypten einem politischen Muster folgte, das schon in ptolemäischer Zeit

117   Vgl. BAGNALL 1989, 27 f.30.
118   Vgl. BOWMAN 1986, 96; KÁKOSY 1995, 2904.
119   Vgl. HÖLBL 1994, 277 f.
120   Zu Augustus in pharaonischer Rolle vgl. KÁKOSY 1995, 2902-2906; Abb. z.B. bei VANDERSLEYEN 1975, Abb. 323 (Dendera: Augustus als Pharao opfernd vor Hathor, Harsomtus und Ihi) und 325 (Dendera, Mammisi: Trajan vor Hathor und Horus).
121   Vgl. ARNOLD 1992, 84 f.92.
122   Vgl. RÖSSLER-KÖHLER 1991, 338-342; KÁKOSY 1995, 2909.
123   Vgl. ARNOLD 1992, 95.105.159.165.

festzustellen ist, wenn es nun auch abgeschwächt wird. Die römische Sicht war nämlich stark vom Ordnungsdenken im Sinne der *Pax romana* geprägt, und so interessierten Nationalitätenfragen im Grunde nur noch dann, wenn es zu Unruhen kam, die diese Ordnung stören konnten. Dieses Konzept vom Frieden der Völker unter der Herrschaft Roms sah vor, daß man nach dem Grundsatz der Billigkeit dem Individuellen der jeweils indigenen Traditionen Rechnung trug und deren Eigenart anerkannte oder sogar förderte, sofern sie nicht grundsätzlich den Rahmen hellenistisch-römischer Weltkultur sprengte.[124] *"Die imperialistische Logik dieser Praxis zeigt sich darin, daß man dem Distinktionsimpuls einer ethnokulturellen Minderheit durch die propagierte Anerkennung ihrer Traditionen entgegenkommt und so die Akzeptanz der Herrschaft erhöht. Hinsichtlich der kultischen Traditionen bot gerade der Kaiserkult ein geeignetes Instrument, um die überkommenen Traditionen der Ethnien sowohl anzuerkennen als auch stabilisierend auf das Imperium auszurichten."*[125] Die Anwendung dieser Grundsätze römischer Ordnungspolitik auf die spezifische Situation Ägyptens brachte freilich für das Land eine im Vergleich zu ptolemäischer Zeit deutlich geringere Bedeutung indigener Kultur mit sich. Die machtpolitischen Gründe hierfür liegen auf der Hand.

2.3. Schnittstellen

Wie gesagt war Abgrenzung ein wichtiger Grundzug der ethnischen und kulturellen Situation im ptolemäischen und römischen Ägypten. Allerdings war Abgrenzung nie das einzige Movens gesellschaftlicher Entwicklung in Ägypten. Daneben gab es immer Orte der Begegnung und Menschen, die sich in mehreren der verschiedenen Welten Ägyptens bewegten. Daß dies für viele Ägypter, die mit den Ptolemäern kooperierten, galt, wurde schon gezeigt. Im folgenden sollen einige Beispiele für Menschen, die von hellenistischer Seite her Vermittlungsarbeit zwischen getrennten Kulturwelten leisteten, genannt werden.

2.3.1. Mittler zwischen den Kulturen

Als ein Fall besonderer Annäherung eines Griechen an die ägyptische Welt, muß *Haremhab* angesehen werden, der zur Zeit von Ptolemaios II. in der griechischen Kolonie Naukratis lebte. Obwohl Haremhab sich selbst als Grieche bezeichnet und er von väterlicher Seite eindeutig griechischer Abstammung war, zeigen die Denkmäler, die er hinterlassen hat, daß er (und auch seine Familie?) stark ägyptisiert war. Seine Statue ist in eindeutig ägyptischem Stil gearbeitet und sein Priestertitel weist ihn als Amun-Priester in Naukratis im Rang eines *hm-ntr* aus. Haremhab stellt sich als guter, pflichtbewußter ägyptischer Priester dar und übernimmt die übliche Distanz zum hellenistischen König. Trotz griechischer

---

124   Vgl. FAUST 1993, 287-290.
125   FAUST 1993, 288 f.

Herkunft und griechischer Umgebung zeigt er die verbreitete Haltung der Abkehr vom irdischen Königtum zugunsten göttlicher Königsverantwortung.[126] Angesichts dieser weitgehenden Ägyptisierung muß die Frage offenbleiben, ob ein solcher "Grieche" tatsächlich noch als kulturelles Bindeglied wirken konnte oder einfach von einer Welt in die andere wechselte.

Ein weiteres Beispiel für den Kontakt zwischen Ägyptern und Griechen in ptolemäischer Zeit ist der Schriftsteller *Diodor* von Sizilien, ein Zeitgenosse Caesars.[127] Sein Werk führt das frühere Interesse Griechenlands an der als altehrwürdig empfundenen ägyptischen Kultur fort. Er scheint das Land 59 v.Chr. besucht zu haben, stützt sich aber auch auf die Erzählungen früherer griechischer Autoren. Daneben erwähnt er immer wieder, daß er von ägyptischer Seite informiert wurde. Diese Informationen scheinen entschieden nationalistisch gefärbt zu sein. Ihre Haupttendenz ist die Verherrlichung altägyptischer Geschichte auf Kosten der anderen Völker, besonders der Griechen. *"Nationalist priests idealized their roles in antiquity and in the Saite era and provided Diodorus with an account of Egyptian society which was a blend of Ptolemaic reality and sacerdotal wishful imagery."*[128] Auffällig ist die Distanz, mit der seine Informanten der Ptolemäerherrschaft gegenüberstehen. Mindestens ebenso bemerkenswert ist die Tatsache, daß Diodor seinen ägyptischen Quellen nicht sonderlich kritisch gegenübersteht. Zwar lehnt er das eine oder andere als unwahrscheinlich ab, ansonsten referiert er einfach seine Informationen, einschließlich ihrer nationalen Tendenz. Trotzdem ist seine Beschreibung Ägyptens durch und durch griechisch. Die gängigen griechischen Ägyptenklischees finden sich auch bei ihm: Schönheit, Fruchtbarkeit und Reichtum des Landes, Alter und Rang der Kultur, Gleichsetzung der griechischen Götter mit ägyptischen usw.

Freilich tauchen nur die positiven Elemente des traditionellen griechischen Ägyptenbilds auf. Diodors Einstellung ist wesentlich freundlicher als die der meisten Autoren. Auch wenn er mit der ägyptischen Verehrung heiliger Tiere nicht viel anfangen kann, ist seine Haltung von großer Sympathie geprägt. Diese ausgesprochen positive Tendenz dürfte kaum repräsentativ für die Mehrzahl seiner hellenistischen Zeitgenossen gewesen sein. Aufgrund der schlechten Quellenlage läßt sich darüber aber wenig Genaues sagen.

Ebenfalls in römischer Zeit schreibt der griechische Schriftsteller *Plutarch* ($\approx$ 45-120 n.Chr.).[129] Auch bei ihm ist eine deutliche Überformung ägyptischer Tradition durch griechisches Denken festzustellen, aber eben doch zugleich ein gerüttelt Maß an Informationen, die auch auf die Verwendung ägyptischer Quellen in griechischer Sprache, vielleicht auch auf seinen ägyptischen Lehrer Ammonius zurückgehen. Nach eigenem Zeugnis hat Plutarch in seiner Jugend, wohl zur Zeit Neros,

---

126 Vgl. RÖSSLER-KÖHLER 1991, 301-303 (Quellen 95 a/b).
127 Vgl. SMELIK / HEMELRIJK 1984, 1895-1903; DIHLE 1994, 105 f.
128 AFRICA 1963, 254.
129 Vgl. zum folgenden SMELIK / HEMELRIJK 1984, 1946-1947.1961-1965.

Alexandria besucht,[130] konnte allerdings kein Ägyptisch. Sein Werk über *Isis und Osiris* zeigt, wie er bei seinem Umgang mit ägyptischer Tradition auf der Ebene einer platonisierenden Auslegung arbeitet.[131] Er geht von einem metaphysischen Dualismus aus und versteht dann z.B. Osiris (= Dionysos) als gutes, Einheit stiftendes Prinzip, dem Typhon/Seth als Prinzip der Teilung und Vernichtung gegenübersteht. Isis steht für die Materie, die passiv und empfangend ist, leidend, aber Leben spendend. Horus wird mit dem sichtbaren Kosmos, dem sichtbaren Abbild des geistigen Kosmos, identifiziert. Plutarch ist überzeugt, daß die ägyptischen Kultformen nicht auf Aberglauben basieren, sondern ihren vernünftigen Grund in der Absicht haben, die Moralität ihrer Anhängerschaft zu befördern.[132] Die ägyptischen Mythen sind ihm reine Allegorie und er bemüht sich, seiner Leserschaft zu versichern, daß nichts von dem, was er berichtet, jemals wirklich geschehen ist. Die historische Faktizität wird nicht nur ausgeblendet, sondern sogar explizit bestritten, um die höhere Wahrheit als Symbol zu retten. Diese apologetische Grundintention wird besonders dort deutlich, wo Plutarch die ägyptische Zoolatrie anspricht. Sie ist ihm wie den meisten seiner Zeitgenossen völlig inakzeptabel. Er zieht daraus freilich nicht die Konsequenz einer Abwertung ägyptischer Religion im allgemeinen, sondern entschließt sich zu einer konsequent durchgeführten allegorisch-symbolischen Deutung. Entsprechend der platonischen Grundorientierung seines Denkens, erlaubt es ihm ein solches Verständnis, das Tier ebenso wie die unbelebte Natur als Spiegel des Göttlichen aufzufassen und damit ein störendes religiöses Phänomen in sein Gesamtbild von Ägypten als Quelle aller Weisheit zu integrieren. Insgesamt ist Plutarchs Werk ein wichtiges Indiz für das Bemühen, ägyptische Religiosität nicht nur in den hellenistischen Bereich zu transportieren, sondern eine wirkliche gedankliche Übersetzung und Aneignung zu versuchen. Solche platonisierenden Auslegungen, die es auch im Kontext des Judentums und der meisten Mysterienkulte gab, dienten jeweils der Versöhnung überlieferter Glaubens- und Kultformen mit zeitgenössischer Rationalität. Wenn das Ergebnis aus heutiger Sicht bisweilen etwas fragwürdig erscheint, so schmälert das die Leistung der Übersetzer keineswegs.

Es waren freilich nicht nur Schriftsteller in Ägypten unterwegs, sondern auch viele *andere Reisende*.[133] Die zahllosen Graffiti an ägyptischen Monumenten, in Theben, Deir el-Bahari, Philae, Abu Simbel und anderswo, sind zwar keine Belege für einen Massentourismus, aber sie zeigen doch, daß viele, die es sich leisten konnten, dem sagenhaften Land am Nil einen Besuch abstatteten. Diese Reisen stellen sicher keinen gering einzuschätzenden Faktor für den kulturellen Kontakt

---

130 Bemerkenswerterweise belegen Frühschriften aus dieser Zeit, daß er zu jenen gehörte, die ptolemäische Königsideologie nach Rom vermittelten. Vgl. FAUST 1993, 306-312.

131 Vgl. zum folgenden MERKELBACH 1995, 252-265; BURKERT 1994, 71 f.

132 Zur Funktion der *Interpretatio graeca* allgemein vgl. DIHLE 1994, 67-85; bes. 74.

133 Vgl. zum folgenden SMELIK / HEMELRIJK 1984, 1938-1945; SONNABEND 1986, 73-83.

zwischen Ägypten und der hellenistisch-römischen Welt dar. Immerhin gab es Gruppenreisen, wie wir aus der Klage eines Neuplatonikers erfahren, der es bedauert, keine Hieroglyphen zu verstehen.[134] Touristen von Rang und Namen ließen sich natürlich vorlesen. *Germanicus*, Vater des späteren Kaisers Caligula, besucht im Jahre 19 n.Chr. Alexandria,[135] fährt von Kanopus aus den Nil hinauf, besichtigt die Pyramiden, Theben, die Memnons-Kolosse, und gelangt bis nach Elephantine. In den Tempelruinen von Theben läßt er sich von einem älteren Priester eine Inschrift aus der Ramessidenzeit übersetzen. Glaubt man der Darstellung des Tacitus, so hat der Priester wohl recht frei übersetzt. Sowohl bei Tacitus wie bei Sueton wird übrigens deutlich, daß die Reise ein Politikum war und eventuell sogar dazu führte, daß Tiberius die heimliche Ermordung des Germanicus anordnete.[136] Augustus hatte ja Alexandria und Ägypten seinem Privatvermögen zugeschlagen und den Zutritt für Senatoren und Ritter höheren Ranges von einer kaiserlichen Erlaubnis abhängig gemacht. Wer als potentieller Thronfolger unerlaubt nach Alexandria ging und sich mit Getreidezuteilungen als Liebling der Massen in Szene setzte, brauchte sich jedenfalls über die "Verstimmung" des Regenten nicht zu wundern.

Ein halbes Jahrhundert später, ein anderer prominenter Reisender: *Titus*, Sohn und Nachfolger von Kaiser Vespasian. Er hat die Reise zwar überlebt, aber auch hier gab es politische Komplikationen. Immerhin hatte Titus gerade mit der Zerstörung des Tempels in Jerusalem den Sieg Roms über den jüdischen Aufstand vollendet, als er sich nach Ägypten aufmachte. In Memphis nahm er an einer religiösen Zeremonie für den Apis-Stier teil (Sueton, *Titus 5,3*), und zwar in der Rolle des Pharao. Offensichtlich hat sich aber der daraus resultierende Konflikt mit dem Vater wieder lösen lassen.

Auch wenn es also keine Mischkultur gab, gab es sehr wohl immer wieder Menschen, die sich in beiden sprachlichen und kulturellen Welten bewegten und als Kommunikatoren zwischen diesen beiden Welten fungierten. Und es dürften diese sprachlichen und geistigen Dolmetscher gewesen sein, die eine entscheidende Rolle bei der Vermittlung religiöser Ideen und Vorstellungen gespielt haben. Festzuhalten ist auch die kulturelle Neugierde der Griechen und später der Römer. Vielleicht gerade weil sie alles nach ihrer *façon* interpretierten, waren sie auch offen für ägyptische Religiosität.

Dies galt nicht nur für die erwähnten Priester, Schriftsteller und Politiker, sondern auch für einfachere Menschen, die zu Osiris in Abydos beteten, Stiftungen für

---

134 Vgl. SMELIK / HEMELRIJK 1984, 1939.
135 Vgl. Tacitus, *Ann. 2,59-61*. Ein historische Rekonstruktion der Reise versucht WEINGÄRT-NER 1969. Vgl. auch KÁKOSY 1995, 2907-2909.
136 Sueton, *Tiberius 52*; Tacitus, *Ann. 2,69-72*.

ägyptische Tempel machten,[137] oder den Hatschepsut-Tempel in Deir el-Bahari besuchten, um ein Orakel zu erbitten.

Besonders bedeutsam war in ptolemäischer Zeit das *Sanatorium* von Deir el-Bahari.[138] Es lag auf der dritten Terrasse des Hatschepsut-Tempels und wurde für den Heilkult von zwei populären ägyptischen Heiligen genutzt, die zu Göttern aufgestiegen waren, nämlich Amenophis, Sohn des Hapu, und Imhotep.[139] Seit Beginn der ptolemäischen Zeit hatte man Amenophis im ehemaligen Barkenraum des Hatschepsut-Tempels verehrt, also im vorderen der beiden Felsenräume des Sanktuars. Unter Ptolemaios VIII. wurde dahinter noch ein dritter Raum in den Felsen gehauen. Für unseren Zusammenhang besonders interessant sind griechische Besucherinschriften, die sich auch in diesem Raum befinden und die griechische Heilgöttin Hygieia erwähnen. *"Der neue Kultraum diente in erster Linie als Orakelstätte, wobei die vergöttlichten Heiligen als Mittler zwischen den Gläubigen und den großen Himmelsgöttern fungierten; dazu kam die Funktion als sog. Sanatorium, d.h. wir müssen annehmen, daß man dort im Gebet an die Heilgötter und im Tempelschlaf Genesung suchte."*[140]

2.3.2. Alexandria als Ort der Begegnung

Der wichtigste Umschlagplatz für Waren, Menschen und Ideen dürfte freilich in jedem Fall Alexandria gewesen sein.[141]

Von Alexander gegründet, wurde die Stadt im Jahr 320 v.Chr. zur Hauptstadt Ägyptens erhoben, blieb aber immer ein griechischer Fremdkörper im Land, der römische Name *Alexandria ad Aegyptum* ist durchaus ernst zu nehmen. Alexandria war mit einer geschätzten Einwohnerzahl von 1,5 Millionen (davon ca. 300.000 Freie) im 1. Jahrhundert v.Chr. *die* Stadt des Hellenismus, *"die erste Stadt der zivilisierten Welt"*.[142]

---

137 Die Ausschmückung des Haroëris-Sanktuars von Kom Ombo wurde offensichtlich von den in Ombos stationierten Truppen veranlaßt. Die griechische (!) Weihinschrift aus der Zeit um 150 v.Chr. informiert darüber. Da es sich um den zentralen Teil eines Haupttempels handelt, liegt hier ein besonders bemerkenswerter Fall von Privatinitiative vor. Vgl. HÖLBL 1994, 234.

138 Vgl. HÖLBL 1994, 240.243.

139 Amenophis, Sohn des Hapu, war Bauleiter unter dem Pharao Amenophis III. Imhotep war ebenfalls Bauleiter, und zwar unter König Djoser. Er gilt als derjenige, der mit der berühmten Stufenpyramide den Übergang vom Mastaba-Grab zur Pyramide vollzog. Imhotep wurde als Heilgott mit Asklepios identifiziert. Vgl. KÁKOSY 1995, 2973-2979.

140 HÖLBL 1994, 243. Das bedeutet, daß Griechen, die den Heiltempel besuchten, bis zur obersten Terrasse des Hatschepsut-Tempels gelangten, also in einen Bereich, der in früheren Zeiten einer exklusiven Gruppe von Priestern vorbehalten war. Trotzdem war die Möglichkeit, die Reliefs des Geburtszyklus zu sehen, nicht gegeben. Die mittlere Terrasse war im Altertum offensichtlich verschüttet.

141 Vgl. zum folgenden HEINEN 1981; BOWMAN 1986, 203-233.

142 Diodor *17,52,5.*

Die Stadt war das wichtigste Handelszentrum des Mittelmeerraums und entsprechend wohlhabend. Öffentlicher und privater Reichtum prägte das Leben der Stadt. Von Anfang an bemühten sich die ptolemäischen Könige, aus ihrer Stadt ein geistiges Zentrum der Mittelmeerwelt zu machen.[143] Mittelpunkt der alexandrinischen Gelehrsamkeit war das *Museion*, wo königlich subventionierte Gelehrte und Künstler in einer Männergemeinschaft lebten. An ihrer Spitze stand ein Musenpriester, der vom König, später vom Kaiser ernannt wurde. Die Faszination des Museions erreichte auch römische Kaiser: Claudius gab Geld zum Ausbau, Hadrian beehrte es mit einem Besuch.

Bis heute berühmt ist die *Bibliothek* Alexandrias, die in ihren besten Tagen ca. 500.000-900.000 Papyrusrollen besaß. Sie wurde allerdings 270 n.Chr. völlig zerstört.[144] Ihre kulturpolitische Funktion in ptolemäischer Zeit war offensichtlich die einer vollständigen Sammlung des gesellschaftlich relevanten Wissens. Daraus erklärt sich, daß nicht nur Texte hellenistischer Weltkultur zusammengetragen wurden, sondern eben auch griechische Übersetzungen ägyptischer Texte. Eine Rechtssammlung, sowie das Geschichtswerk des Manetho wurde schon erwähnt. daneben ist aber auch an Zauberpapyri, ägyptische Erzählliteratur, Totenbücher, Tempelinschriften und vieles mehr zu denken. Auch wenn die ptolemäische Hofliteratur kaum direkte ägyptische Einflüsse erkennen läßt,[145] so ist doch anzunehmen, daß gebildete Griechen vieles über Ägypten wissen konnten und auch wußten.

Alexandria war auch ein wichtiges künstlerisches Zentrum. Hier (und in den anderen griechischen Städten Ägyptens) entstand eine *ägyptisch-hellenistische Kunst*, die - je nach den kulturpolitischen Rahmenbedingungen - mehr oder weniger deutlich ägyptische Einflüsse zeigt.[146] War auf ägyptischer Seite eine entschlossene Abwehr fremder Einflüsse auf die eigene Kunst festzustellen, so waren alexandrinische Künstler eher bereit, auf Ägypten einzugehen. Dies betrifft allerdings weniger die Formen als die dargestellten Inhalte und Themen. Wo es vorwiegend um Götter ging, wirkte sich die griechische Angleichung an eigene Gottheiten besonders aus. Entsprechend werden oft ägyptische Themen in griechi-

---

143 Vgl. zur kulturellen Bedeutung der Stadt den Überblick bei HÖLBL 1994, 64-66.

144 Den Brand der Bibliothek in den kriegerischen Auseinandersetzungen zur Zeit Caesars hat es vermutlich nur in späteren Legenden gegeben. Vgl. CLAUSS 1995, 30.

145 So das Ergebnis von WEBER 1993. Vgl. bes. 369-399.

146 Vgl. GRIMM 1981. Die hellenistische Rezeption ägyptischer Kunst setzt selbstverständlich frühere Rezeptionsstufen voraus. Schon für die Entwicklung der Großplastik können ägyptische Impulse angenommen werden (vgl. MORENZ 1969, 60-62; SEIPEL 1992, 16 f). Daß diese auch den Bereich der Gebrauchskunst berührten, zeigt sich z.B. an der Gattung der Standspiegel. *"Das Motiv des Spiegels mit menschlicher Stützfigur geht auf ägyptische Vorbilder zurück."* (MAASS 1979, 15) Ein sehr schönes Beispiel aus dem 6. Jh. v.Chr. zeigt eine Göttin (?), die ein herzförmiges Amulett trägt und an einer Lotusblüte riecht (Antikensammlung München, Inv. Nr. 3482; Abb. und Beschreibung bei MAASS 1979, 13-15). Schon vor der hellenistischen Zeit waren Isisfigürchen in der Ägäis vertreten. Vgl. HÖLBL 1993.

schem Stil dargestellt. Auf der Ebene der Gebrauchskunst stellen die *Terrakotten*, für deren Produktion Alexandria ein wichtiges Zentrum war, eine unschätzbare Quelle dar.[147] Bei diesen tausendfach erhaltenen Tonfiguren, die man mit Hilfe von Modeln in Serie produzieren konnte, handelt es sich um billige Massenware. Deshalb gewähren sie einen Einblick in die Mentalität breiterer Volksschichten. Da der Großteil der Figuren einen religiösen Bezug hat, lassen die Terrakotten wichtige Schlüsse über die Volksfrömmigkeit zu. Stilistisch zeigen sie sowohl griechische wie ägyptische Komponenten, zum Teil in erstaunlicher Homogenität. *"Aller Wahrscheinlichkeit nach waren die Terrakotten der hellenistischen Zeit für jene griechische Minderheit bestimmt, die vor allem in den Städten wohnte, sowie für die begrenzte Zahl von Ägyptern, die mehr oder weniger hellenisiert waren."*[148] In römischer Zeit weitete sich der Käuferkreis auf die einheimischen Ägypter aus und erfaßte damit die Masse der Bevölkerung. In dieser Zeit dürften sich also die ethnischen Differenzen bei den unteren Bevölkerungsschichten schon stärker abgeschliffen haben.

Die *Sozialstruktur* Alexandrias war ein Spiegel der separierten Ethnien des ptolemäischen Ägypten:[149] Die Stadt war in fünf Bezirke geteilt, Von denen einer ausschließlich, ein weiterer zu einem großen Teil von Juden bewohnt war. Ägypter siedelten im Westen, wo früher angeblich das Dorf Rhakotis gewesen war.[150] Die anderen Stadtteile gehörten der griechischen Mehrheit. Die griechischen Immigranten kamen aus den verschiedensten Gegenden der hellenistischen Welt: Makedonien, Griechenland, Ägäis, Kleinasien, Sizilien usw. Später zogen Handel und Militärdienst auch Römer und Italiker an. Selbstverständlich übte die große reiche Stadt auch auf die ägyptische Landbevölkerung eine große Anziehungskraft aus. Deren Zuzug wurde aber immer wieder begrenzt, um eine "Überfremdung" durch die Einheimischen zu vermeiden und den griechischen Charakter der Stadt zu wahren. Das Bürgerrecht war nur schwer und nur für hellenisierte Ägypter zu erhalten. Ansonsten war die ägyptische Bevölkerungsgruppe in der Stadt ebenso rechtlos wie die große Zahl von Versklavten.

Den hellenistischen Vollbürgern der Stadt war ihre Sonderstellung ein eifersüchtig gehütetes Privileg. Das wundert nicht, denn das Bürgerrecht brachte eine beachtliche Steigerung der Lebensqualität mit sich. Es bedeutete z.B. Teilnahme an griechischen Spielen, geringere Steuerlast, besserer Rechtsschutz vor Gericht und Anteil an königlichen bzw. kaiserlichen Vergünstigungen.

---

147 Vgl. zum folgenden die zahlreichen Abb. in GROTESKEN 1991 und besonders die Einführung von NACHTERGAEL (ebd. 19-24); sowie FISCHER 1994, bes. 73-105.
148 NACHTERGAEL 1991, 21.
149 Vgl. zum folgenden BOWMAN 1986, 209 ff.
150 Die Existenz dieses Dorfes wird in der Forschung bisweilen bezweifelt. Man müßte dann in der Rhakotis-Überlieferung einen Versuch sehen, die faszinierende griechische Metropole mit einer fiktiven ägyptischen Lokaltradition zu verbinden und so auch einzubinden.

Wie in einer griechischen ΠΟΛΙΣ gab es eine gewisse Selbstverwaltung der Stadt, die allerdings auf Grund des Charakters einer königlichen Residenzstadt beschränkt war. Im zweiten Jahrhundert v.Chr. wurde der Stadtrat (ΒΟΥΛΗ) wegen Opposition zum König abgeschafft und von den Römern erst 200 n.Chr. wieder eingeführt.

In römischer Zeit nahmen die Spannungen zwischen den Bevölkerungsgruppen zu, weil die Griechen noch stärker privilegiert wurden. Das hauptsächliche Unterscheidungsmerkmal für den sozialen Status, die Gymnasialbildung, wurde anderen Bevölkerungsgruppen, etwa den Juden, vorenthalten. Das römische Bürgerrecht stellte ein seltenes Privileg dar. Auch verstärkte die römische Herrschaft die Abgrenzung zwischen Alexandria und dem ägyptischen Umland. Die Politik der Abschottung, wie sie schon die Ptolemäer praktiziert hatten, wurde nun verschärft. *"Die ägyptischen Bauern wurden ganz bewußt von der Hauptstadt ferngehalten; die Landflucht wurde rigoros unterbunden, damit die Landwirtschaft auf vollen Touren für Rom und den Kaiser produzieren konnte."*151

Im Hinblick auf die traditionsgeschichtliche Leitfrage ist festzuhalten, daß Alexandria als Weltstadt natürlich den idealen Boden für ein gegenseitiges Bekanntwerden religiöser Vorstellungen darstellte. Zwar sollte man nicht von einem Schmelztiegel sprechen, denn Verschmelzung als Herstellung einer neuen Einheit hat es auch hier nicht wirklich gegeben; gewiß kann aber eine gegenseitige Beeinflussung von Mentalitäten als gegeben betrachtet werden.

Allein die verschiedenen in der Stadt vertretenen *Kulte* und die dazugehörenden öffentlichen *Feste* und *Prozessionen* sind zu bedenken. Die griechischen und ägyptischen Gottheiten waren mit ihren Festen ebenso in der Öffentlichkeit präsent wie die vergöttlichten Mitglieder des Königshauses oder später die göttliche Person des Kaisers. Man mußte von der Religion der anderen Notiz nehmen und konnte auch Ideen und Konzeptionen kennenlernen und übernehmen, wie oberflächlich und fragmentarisch auch immer. Dabei schließt die feindliche Einstellung zu anderen Traditionen den Umgang mit diesen keineswegs aus. Oft scheint die Polemik sogar ein wichtiges Motiv für die Beschäftigung mit fremden Überlieferungen gewesen zu sein. Darauf deutet zumindest die polemische Benutzung jüdischer Exodustradition durch alexandrinische Schriftsteller hin.152

Was den Jenseitsglauben angeht, so gab es neben dem üblichen Osirisglauben eine Wiederbelebung älterer, astronomischer Jenseitsvorstellungen. In Alexandria und anderen Gebieten vermengen sich griechische und ägyptische Ideen.153 Insgesamt erweisen sich ägyptische Bestattungsrituale und Elemente der damit verbundenen

---

151 HEINEN 1981, 9. Diese Aussperrung der einheimischen Landbevölkerung hatte zur Folge, daß ein kaiserlicher Erlaß aus dem Jahre 215 n.Chr., also über 500 Jahre nach Beginn der ptolemäischen Herrschaft, voraussetzen kann, die *"wirklichen Ägypter"* könnten an Sprache, Aussehen und Habitus leicht erkannt werden. Vgl. HEINEN a.a.O.

152 Vgl. dazu AZIZA 1987.

153 Vgl. zur Entwicklung der Jenseitsvorstellungen KÁKOSY 1995, 2997-3023.

Jenseitsvorstellungen als sehr attraktiv. Mumien, Mumienporträts und ähnliches sind zahlreich belegt. Eine Analyse spätägyptischer Grabarchitektur *"ergibt, daß die hellenistischen Grabbauten - vom ägyptischen Raumschema aus betrachtet - alle Raumsequenzen, z.T. sogar mit ihrem Dekorationsprogramm, übernommen haben: die Totenopferkultanlage, die Festopferkultanlage und die Verehrungskultanlage".*[154] Die Benutzer entsprechender Großanlagen waren vor allem Mitglieder von Bestattungsvereinen. Die Bekanntheit ägyptischer Vorbilder erklärt sich einerseits aus der Tatsache, daß in alten Grabanlagen Nachbestattungen, Renovierungsarbeiten und Besuche stattfanden,[155] andererseits ist anzunehmen, daß ägyptische Experten, Kunsthandwerker und Priester, interessierten Griechen ihre Dienste anboten. Das Totenbuch der Ägypter wurde kopiert und benutzt, neue Texte traten hinzu. In den Katakomben Alexandrias sind ägyptische Gottheiten zahlreich vertreten, selbst Ma'at, die sonst eigentlich nicht internationalisiert wurde.

Ein besonderes Phänomen der religiösen Situation Alexandrias ist der neue Gott *Sarapis*.[156] Diese unter Ptolemaios I. um 300 v.Chr. entwickelte Göttergestalt verbindet altägyptische Züge (Osiris-Apis) mit griechischen (Pluton, Zeus). Sarapis sollte wohl für die griechische und die ägyptische Bevölkerung zum verbindenden Reichsgott werden. Das kann zumindest daraus geschlossen werden, daß Sarapis mit Isis ein Paar bildete, in dem ein göttliches Urbild des irdischen Herrscherpaares erkannt werden konnte, und der Kult massive staatlich Protektion fand. Zunächst wurde in Memphis die Grablege der Apisstiere zu einem glanzvollen Sarapieion ausgebaut, dann folgte ein Prachtbau in Alexandrien.[157]

Das Sarapieion von Memphis [158] (in Saqqara) wurde zu einem wichtigen Ort der Begegnung. Während seiner Besuche in Memphis hielt sich das Königspaar im Palastbereich, unmittelbar neben dem Tempel Nektanebos II., auf. Dieses Wohnen im Haus der Gottheit drückt die besondere Beziehung zwischen Gott und König aus.[159] Seit dem dritten Jahrhundert nahmen hohe griechische Beamte am religiösen Leben im Sarapieion teil. Wie zahlreiche Papyrusfunde aus dem zweiten und ersten Jahrhundert bezeugen, entwickelte das Sarapieion sich allmählich zu einem kulturellen Zentrum für hellenistische Wissenschaft und Literatur. Im Bereich des

---

154   ZEIDLER 1994, 280.
155   Darauf deuten Besucher-Graffitis in Theben und Memphis hin. Vgl. ZEIDLER 1994, 280.
156   Vgl. KOCH 1993, 490-497; CUMONT 1931, 68-74.
157   Nach CUMONT (1931, 70) zählte man in römischer Zeit in Ägypten 42 entsprechende Kultstätten.
158   Vgl. HÖLBL 1994, 256-258.
159   Zur altägyptischen Tradition des Wohnens bei der Gottheit vgl. z.B. die *Berliner Lederrolle 16* (BUCK 1938, 50.52). Das Konzept vom Wohnen bei den Göttern als Ausdruck der göttlichen Qualität des Königs findet sich später auch im griechischen Bereich. Demetrios, der Sohn des Antigonos, wohnt bei einem Besuch in Athen (304 v.Chr.) im Parthenon. Auf Delos wird der König offensichtlich im Apollontempel einquartiert. Vgl. dazu HABICHT 1970, 197.

Heiligtums stand eine griechische Kapelle, die schon in der Zeit von Ptolemaios II. gebaut wurde. Sie lag unmittelbar am Verbindungsweg (Dromos) zwischen dem Osttempel Nektanebos II. und den Apisgrüften. In direkter Nachbarschaft zu der griechischen Kapelle stand eine kleinere ägyptische mit einer Apisstatue aus der 30. Dynastie, so daß der Dromos seit der frühen Ptolemäerzeit einen ägyptisch-hellenistischen Charakter hatte. Vor dem östlichen Tempel befindet sich am Dromos eine halbkreisförmige Statuennische, in der griechische Statuen berühmter Philosophen und Dichter aufgestellt waren. Auf den niedrigen Seitenmauern des Dromos stellte man Plastiken dionysischen Charakters auf, vor allem Statuen von Tieren, auf denen der kindliche Dionysos reitet. Man kann vermuten, daß dieses künstlerische Projekt im Zusammenhang mit der Krönung von Ptolemaios XII. realisiert wurde und das Programm seiner Königstheologie als ΝΕΟΣ ΔΙΟΝΥΣΟΣ ausdrücken sollte.[160]

Bei allen Bezügen auf den ägyptischen Hintergrund ist das Erscheinungsbild des Sarapis eindeutig griechisch.[161] Sein bärtiger Kopf ähnelt dem des Zeus, ist aber wie bei einem Unterweltgott mit einem Getreidemaß als Zeichen der Fruchtbarkeit bekrönt. Als Begleiter hat Sarapis eine Hundegestalt an der Seite, die an Anubis ebenso erinnern kann, wie an den griechischen Kerberos. Die Akzeptanz des Sarapiskultes auf ägyptischer Seite darf nicht zu hoch eingeschätzt werden, aber in der griechischen Welt wurde Sarapis zu dem ägyptischen Gott schlechthin.

Die Kultlegende, wie sie später etwa Tacitus *(Hist. 4,83,2)* überliefert, stellt eine Beziehung zwischen Eleusis und dem ptolemäischen Sarapiskult her: Ein Eumolpide namens Timotheus soll an der Organisation des Kults in Alexandria beteiligt gewesen sein. Die Familie der Eumolpiden stellte in Eleusis den höchsten Priester, den Hierophanten. Auf eine Beziehung zu den Mysterien von Eleusis könnten auch zwei Feste in Alexandrien hinweisen, die in der Nacht vom 24./25. Dezember bzw. 5./6. Januar gefeiert wurden.

Nach der Rekonstruktion von NORDEN versammelten sich beim Fest im Dezember *"die Gläubigen in einem unterirdischen Gemache. Hier fanden zur Mitternachtsstunde Einweihungszeremonien statt. Bei Tagesgrauen verließ der Zug der Mysten das Adyton; vorangetragen wurde die Statuette eines Knäbleins als Symbol des eben neu geborenen Sonnengottes. Sobald die Strahlen des jungen Tagesgestirns auf die Gemeinde fielen, brach sie in den Ruf aus: 'Die Jungfrau hat geboren, zunimmt das Licht', Η ΠΑΡΘΕΝΟΣ ΤΕΤΟΚΕΝ, ΑΥΞΕΙ ΦΩΣ"*[162] Auch NORDEN mußte schon eingestehen, daß die Zeugnisse für dieses Fest zurückhaltend beurteilt werden müssen, weil sie alle frühestens aus dem 3./4. Jahrhundert stammen. Etwas besser ist die Lage beim Januarfest, das der Geburt des Aion galt. Hier ist wenigstens der Name des Festes schon ptolemäisch belegt, wenn auch die Beschreibun-

---

160 Siehe dazu unten III.3.!
161 Zur Darstellung vgl. z.B. WILDUNG u.a. 1989, Nr. 100.
162 NORDEN 1924, 25 (zu den Quellen ebd. Anm. 1-5). Vgl. zu den beiden Geburtsfesten jetzt auch MERKELBACH 1995, 184-186.

gen ebenfalls jung sind. Sie geben ein ähnliches Bild wie für das Dezemberfest. Die Feier fand offensichtlich *"im alexandrinischen* KOPEION, *dem Tempel der* KOPH, *statt. Auch hier Nachtzeremonien, Einholung eines Götterbildes aus einem unteriridischen Adyton, ein liturgischer Ruf."* 163

In beiden Fällen läge eine gewisse Ähnlichkeit zur Verkündigung des Hierophanten in Eleusis statt, daß die göttliche Herrin einen Sohn geboren hat.164 Daß die alexandrinischen Feste trotzdem als hellenisierte Fassungen der ägyptischen Geburtshausriten verstanden werden können, liegt auf der Hand.165 Hier wie dort ging es um die heilsbedeutsame Geburt eines göttlichen Kindes aus einer göttlichen Mutter. Allerdings sind auch wichtige Unterschiede festzuhalten. Offensichtlich spielte der Vater im hellenistischen Kult keine große Rolle, während umgekehrt die Jungfräulichkeit der Mutter auf ägyptischer Seite nicht wichtig war. Auch die königliche Qualität des Kindes, auf die die ägyptische Tradition immer so viel Wert gelegt hatte, scheint bei den hellenistischen Festen keine allzu große Rolle gespielt zu haben. Allerdings ist doch festzuhalten, daß Aion mit Agathos Daimon und Sarapis verbunden werden konnte. Über die Angleichung der Herrscher mit diesen kam dann doch ein königlicher Bezug ins Spiel.166 Plutarch *(Isis und Osiris XII)* berichtet auch, daß bei der Geburt des Urkönigs Osiris (Dionysos) ebenfalls ein Ruf gehört wurde, der das Neugeborene als Allherrn proklamiert.

Sicher gab es viele weitere Kanäle, aber die Hafenstadt Alexandria mit ihrer spezifischen, multikulturellen Situation war gewiß ein wichtiger Faktor in der rasanten Karriere, die Sarapis und andere ägyptische Gottheiten in der griechisch-römischen Welt machten.

2.3.3. Religion als Exportware

Isis und Sarapis, Anubis und andere traten von Ägypten aus einen wahren Siegeszug in den Mittelmeerraum an.167

Sie genossen Verehrung bei Soldaten in Spanien, aber auch in Germanien, Britannien und dem heutigen Ungarn. Sie hatten Tempel und Priester in Rom wie in Syrien und faszinierten Sklaven, Patrizier und Kaiser. In der Hafenstadt Piräus gab es eine Kultstätte für Isis schon ab 330 v.Chr., in Pompeji existierte ein Iseum um 100 v.Chr. Bevor die Römer nach Ägypten kamen, war Isis schon in Rom. Um 80

---

163 NORDEN 1924, 28. Dort auch zu den Unterschieden zwischen Dezember- und Januarfest. Vgl. auch GRESSMANN (1914, 35-37), der außerdem darauf hinweist, daß Bischof Epiphanius (4. Jh. n.Chr.) entsprechende Feiern auch im Nabatäerreich und in Palästina kennt. Zur nabatäischen Rezeption vgl. auch HAIDER u.a. 1996, 177.

164 Allerdings handelt es sich bei den Informationen über Eleusis um ein spätes Zeugnis durch einen Gnostiker von der Sekte der Naassener, überliefert von Hippolyt (gest. 235 n.Chr.).

165 Vgl. BURKERT 1994, 41 f; auch 76.

166 Vgl. KOCH 1993, 484.495 f; HÖLBL 1994, 89.268; HENGSTL 1978, 48 f (Nero als Agathos Daimon).

167 Vgl. zum folgenden KOCH 1993, 591 ff; QUIRKE 1996, 243-261; sowie die ausführliche Darstellung bei MERKELBACH 1995.

v.Chr. gibt es ein "Kollegium der Isis", das auf dem Kapitol für die Göttin einen Tempel baut. Zwar wird der Kult der Isis immer wieder bekämpft - ihr Tempel wird in den Jahren 58, 53, 50, 48 v.Chr. und 19 n.Chr. zerstört - , aber das verhindert die Popularisierung der ägyptischen Kulte ebensowenig wie die restriktive Religionspolitik des Augustus,[168] der 28 v.Chr. eine Verbannung der Isisverehrung aus dem Stadtzentrum und 21 v.Chr. auch aus der Vorstadt veranlaßte. Augustus hatte dafür keine religiösen Gründe, sondern nur politisch-ideologische: Isis und Osiris waren belastet, weil die Gegner im Bürgerkrieg, Marcus Antonius und Kleopatra, als Epiphanien dieser Gottheiten aufgetreten waren. Zudem ließen sich die ägyptischen Götter so gar nicht für seine Restauration altrömischer Wertvorstellungen benutzen, sondern standen ihr auf Grund ihrer orientalischen Herkunft sogar entgegen. Die Politik des Kaisers wurde unterstützend begleitet vom Spott der Intellektuellen. Aber mochte auch Vergil Anubis einen Kläffer nennen[169] und Juvenal die ägyptischen Gottheiten als *"wahnwitzige Ungeheuer"* verachten, es bewirkte nichts.[170]

Die Anhängerschaft der ägyptischen Kulte breitete sich kontinuierlich aus, wobéi die soziale Herkunft der Anhänger differenziert war. Sie umfaßte Handwerker, Händler, Lohnarbeiter, Freigelassene und Veteranen, z.T. durchaus Begüterte, aber generell Menschen, die in der Situation eines historischen Umbruchs und vielfältiger Verunsicherungen einen religiösen Halt und eine individuelle Orientierung suchten, die der römische Staatskult nicht geben konnte, weil er immer mehr auf das Gemeinwesen als auf den einzelnen ausgerichtet war. Etliche Politiker aus den Reihen der Aristokraten unterstützten die Kulte aus politischen Gründen. Sie versuchten, damit neue Gesellschaftsschichten für sich zu gewinnen. Zeigen zuerst populistisch orientierte Kaiser wie Caligula ihre Frömmigkeit vor den ägyptischen Göttern, so verehren seit Vespasian alle Kaiser Isis und ihre Genossen.

Als ein Beispiel für die Rezeption ägyptischer Religion im Osten mag das syrische Baalbek gelten,[171] dessen griechischer Name *Heliopolis* aus der Zeit ptolemäischer Herrschaft stammt und eine Verbindung zur gleichnamigen "Sonnenstadt" in Ägypten herstellen will. Die Ptolemäer ersetzten das indigene Pantheon durch eine ägyptische Götterfamilie aus Re-Atum (= Zeus und Helios), Isis (= Venus = Aphrodite) und Thot-Re (= Hermes). Zwar kamen unter seleukidischer Herrschaft wieder verstärkt indigene Traditionen zum Zug, aber noch in römischer Zeit konnte der Vatergott Jupiter Optimus Maximus Heliopolitanus ägyptische Attribute wie Geißel, Lotusblume und Doppelkrone aufweisen. Venus, die wie eine Isis lactans dargestellt werden konnte, *"behielt von ihrer Vorläuferin den Säugling in den Armen und Merkur übernahm ikonographisch den Sonnencharakter des Thot-*

---

168 Vgl. BECHER 1988, 145-156; TAKÁCS 1995, 75-80.
169 *Aeneis 8,698: "latrator Anubis".*
170 Vgl. SMELIK / HEMELRIJK 1984, 1853-1855.
171 Vgl. zum folgenden HAIDER u.a. 1996, 198-210.

Re."[172] Die drei Gottheiten wurden im Haupttempel der Stadt verehrt, der auf königliche und kaiserliche Initiative hin zu einem der prunkvollsten Kultbauten der griechisch-römischen Welt ausgestaltet wurde.

Was die *Sozialform* der ägyptischen Religion im Ausland angeht,[173] so ist von der altägyptischen Tradition eine Bevorzugung des Tempels mit seiner hierarchisch gegliederten Priesterschaft vorgegeben. Das war die soziale Grundfigur ägyptischer Religiosität.

Eine hellenistische Inschrift aus Delos gibt den genauesten Bericht über eine Übertragung ägyptischen Kultes in den griechischen Kontext wieder: *"Der Ägypter Apollonios, einer Priesterfamilie entstammend, wanderte nach Delos aus, 'wobei er den Gott bei sich trug', eine heilige Statuette offenbar. Er brachte seinen Gott in Mieträumen unter, bis es dann sein Enkel unternahm, ein eigenes Sarapisheiligtum zu bauen, auf einem Abfallplatz nahe dem Markt; dies führte zum Konflikt, zu Prozessen mit der örtlichen Baupolizei, doch dank der Hilfe des Gottes blieb sein Verehrer siegreich,"* so daß das erste Sarapieion von Delos entstand.[174] In späterer Zeit nahm der Staat den Kult unter seine Kontrolle, ein zweites, größeres Sarapîeion entstand.

So ging nicht selten die Initiative von ausgewanderten Ägyptern aus und richtete sich in traditioneller Weise auf die Errichtung eines Tempels. Doch dann entstanden nach griechischem Brauch in Verbindung mit den Heiligtümern *Kultvereine* (ΘΙΑΣΟΙ, *collegia*). Dabei handelte es sich um relativ lockere Verbindungen prinzipiell gleichberechtigter Einzelpersonen, die sich zum Zweck religiöser Zusammenarbeit verbanden. Jeder blieb unabhängig, aber die Mitglieder arbeiteten zusammen für den Vereinszweck. Von Wohlhabenden wurde erwartet, daß sie ihr Vermögen und ihren Einfluß zum Wohl der gemeinsamen Sache einsetzten. Dafür wurde ihnen besondere Ehre zuteil. Die Vereine waren in der Regel rechtlich anerkannt, hatten einen festen Versammlungsort und verfügten über ein gemeinsames Vermögen. Die recht lockere Gemeinschaft konnte doch eine begrenzte *corporate identity* begründen. Immerhin tritt die Kollektivbezeichnung ΙΣΙΑΚΟΙ / *Isiaci* auf. Dazu paßt, daß eine religiöse Gemeinschaft auch politisch aktiv werden konnte, wie ein Beleg aus Pompeji zeigt, wo die Gesamtheit der *Isiaci* einen Kandidaten für das Amt des Ädilen vorschlug.[175] Solche Kultvereine, die es im Kontext vieler religiöser Bewegungen gab, konnten sich eng an lokale Heiligtümer binden. Da allgemein galt, Götter seien nach der Art ihrer Heimat zu verehren, wurde die Verbindung mit Ägypten stets betont. In den meisten ägyptischen Heiligtümern waren wenigstens einige Ägypter tätig.

---

172 HAIDER u.a. 1996, 203. Vgl. ebd. 201 mit Abb. 80. Zur Situation in Palmyra vgl. PARLASCA 1993.

173 Vgl. zum folgenden BURKERT 1994, 35-55.

174 BURKERT 1994, 42 f. Vgl. auch MERKELBACH 1995, 125 f.217.

175 Auch in Rom wurden die Isisverehrer immer wieder verdächtigt, getarnte politische Clubs zu sein. Vgl. BECHER 1988, 146.

Im abschließenden, 11. Buch des Romans "Der goldene Esel" von *Apuleius* (*125 n.Chr.) findet der Ich-Erzähler nach langen Irrungen seine Erlösung in der Isisverehrung.[176] Die Erzählung gibt bei allen Unwägbarkeiten, die im historischen Umgang mit fiktionalen Texten entstehen, doch einen Eindruck vom Erscheinungsbild ägyptischer Religion im hellenistischen Kontext. So kann man z.B. erfahren, daß ägyptische Bücher verwendet wurden, und es legt sich darüber hinaus sogar der Schluß nahe, daß es sich dabei um hieroglyphisches und demotisches Material handelte.

> Nachdem der Oberpriester einige einleitende Zeremonien vollzogen hat,
> *holt er aus den Geheimfächern des Allerheiligsten einige Bücher herbei, die in unverständlichen Schriftzeichen geschrieben waren; die einen stellten mit allen möglichen Tiergestalten abgekürzte Formelworte vor, bei anderen war die Lesung durch verschlungene und radförmig verschnörkelte Zeichen gegen neugierige Laien gesichert. Eben daraus gibt er mir an, welche Vorbereitungen zum Zweck der Weihe vonnöten seien.*

> *(Apul.Met. 11,22,8)*

Freilich ist nicht mehr zu entscheiden, ob solche Texte von den Priestern noch gelesen und verstanden werden konnten, oder ob es nur darauf ankam, Texte in der rituell richtigen Sprache, die unabhängig von ihrer Verständlichkeit Authentizität garantierte, zu besitzen.[177] Auch "echtes" Nilwasser scheint zum Kult verwendet worden zu sein. Wie in Ägypten wurde ein täglicher Gottesdienst vollzogen, der sich vom morgendlichen Wecken der Götter bis zum Abend hinzog. Große Feste mit feierlichen Prozessionen wurden gefeiert (vgl. *Apul.Met. 11,10 f*). Eine gut organisierte Tempelpropaganda zielte vor allem darauf ab, die Machttaten der Gottheit bekannt zu machen.

Die *collegia*, die am Kult teilnahmen, waren vielfältig gegliedert. Der kahl rasierte Kopf war das bekannteste Zeichen der Zugehörigkeit zum Isiskult. Daneben gab es auch Gruppen, die ohne kultische Funktion waren (ΘΕΡΑΠΕΥΤΑΙ). Wer es sich leisten konnte, durfte sich wohl sogar im Tempel einmieten, um der Göttin bzw. dem Gott auch räumlich nahe zu sein (*Apul.Met. 11,19,1*). In dieser Sitte kann man eine individualisierte Wendung der königlichen Tradition vom Wohnen bei der Gottheit sehen. Wie bei allen antiken Kulten gehörten auch bei Isis und Sarapis Opfermähler zu den festen Bräuchen. Man hatte dafür besondere Räume (OIKOI) im Heiligtum, die mit Speisesofas ausgestattet waren. Die Mahlzeiten muß man sich vorstellen als *"froh genossene Feste mit einer Speisenfülle, die mit der Ärmlichkeit des Alltagslebens kontrastiert."*[178]

---

176 Vgl. MERKELBACH 1995, 266-303.417-420.
177 Daß die heilige Kultsprache nicht primär auf menschliche Kommunikation angelegt sein muß, sondern unter Umständen gerade durch ihre Unverständlichkeit erst den rechten Sinn für die Erfahrung des Heiligen schafft, war auch für die Kulttradition des Katholizismus jahrhundertelang eine Selbstverständlichkeit.
178 BURKERT 1994, 93.

Viele Menschen ließen sich in die *Isismysterien* einweihen. *"Mysterien sind eine Form 'persönlicher Religion', die eine private Entscheidung voraussetzt und durch Beziehung zum Göttlichen eine Art 'Erlösung' sucht."*[179] Ihre Grundstruktur ist in Analogie zur antiken Votivreligiosität zu bestimmen. Motivation und Zielsetzung der persönlichen Einweihung im Mysterienkult ist die Suche nach Rettung, allerdings in neuer, besonders aufwendiger Form. Die Götter der Mysterien werden wegen der ΣΩΤΗΡΙΑ verehrt, die sie erweisen. Heil bedeutet in diesem Kontext: Rettung aus Seenot, aus Krankheit, finanziellen und familiären Nöten. Isis und Sarapis sind wegen ihres Erfolges bei der Heilung von Krankheiten berühmt. *"Die ganze Oikumene eifert um die Wette, Isis zu ehren, wegen ihrer Epiphanie in den Heilungen der Kranken."*[180] Die Hinwendung zur Isisverehrung bedeutet keineswegs Abwendung von der Welt, sondern bewirkt eher die Wiederherstellung sozialer Eingliederung, wo diese gestört ist. Isis gilt als Herrin über das Schicksal, die ein neues Leben schenken kann, freilich als Leben in der diesseitigen Welt. Wenn von einem neuen Leben die Rede ist, dann deshalb, weil das alte Leben in die Krise geraten, der Mensch am Ende ist. In solcher Situation wird Isis als Lebensspenderin empfunden. Die wiederbelebende Kraft der Göttin entspricht durchaus altägyptischer Tradition, wobei es dort aber in der Regel um die postmortale Existenz geht. Zwar endet auch die Macht der hellenistischen Isis nicht an der Schwelle des Todes, aber in erster Linie ist sie als Göttin, die Leben spendet und über das Schicksal gebieten kann, für das Diesseits zuständig.[181]

Selbst wenn man die Verbindung zwischen Sarapiskult und den Mysterien von Eleusis (s.o.) besonders wichtig nimmt und darin nicht nur eine personelle, sondern auch eine theologische Klammer sieht, ist es doch durchaus nicht selbstverständlich, daß Isis und andere ägyptische Gottheiten überhaupt in den Kontext der Mysterien gerieten.

Es beruht auf einem doppelten Mißverständnis im Kulturkontakt zwischen Griechen und Ägyptern. Griechen interpretierten die Abgeschlossenheit des ägyptischen Tempelkultes wohl schon ab dem 6. vorchristlichen Jahrhundert in Analogie zu den Mysterien, obwohl die Zugangsbeschränkung in Ägypten streng hierarchisch begründet war, letztlich von der Priesterrolle des Pharao herrührte, und also mit dem "Geheimnis" der Mysterien, in das prinzipiell jeder und jede eingeführt werden konnte, nichts zu tun hatte.[182] Die griechische Einschätzung

179 BURKERT 1994, 19. Vgl. zum folgenden: *ders.* 1994, 19-32.
180 *Diodor 1,25,4.* Zitiert nach BURKERT 1994, 22. Für Sarapis gibt es schon aus frühptolemäischer Zeit Hymnen auf seine therapeutischen Qualitäten. Vgl. CUMONT 1931, 70.
181 Unter Berücksichtigung dieser Diesseitswendung kann in der altägyptischen Totenliteratur eine theologische Wurzel der späteren Mysterien gesehen werden. Vgl. HORNUNG 1993.
182 Vermutlich liegt es an dieser Abgeschlossenheit, daß sich ägyptische Tempel so wenig als Pilgerzentren eigneten. Untersuchungen zu den Graffiti im Isistempel auf Philae zeigen, daß sich die meisten Besucher, die durch ihre Inschriften identifizierbar sind, (in ptolemäischer wie in römischer Zeit) aus dienstlichen Gründen in der Region aufhielten bzw. dort ansässig waren und aus entsprechenden Gründen auch zum Tempel kamen. Von einem regen Pilger-

Ägyptens als Ursprungsort aller wahren Religion schlug hier durch. Interessanterweise übernimmt die ägyptische Seite später die griechische Perspektive, indem ägyptische Heiligtümer dazu übergehen, ihre eigenen Formen persönlicher Weihe zu entwickeln. Das Modell dafür war eindeutig griechisch, kam aber, was Ritual und Mythos betraf, in einem authentisch ägyptischen Gewand daher. Es kann mit BURKERT geschlossen werden, *"daß 'Mysterien' im strengen Sinn nicht Wurzel und Zentrum der Isisverehrung sind, sondern nur ein Farbton in der sehr viel reicheren Palette der ägyptischen Kulte, eine aufwendige Dienstleistung für interessierte und begüterte Verehrer, die damit in besonderem Maße die Gewißheit ihrer Verbindung mit der Gottheit erlangten, andere suchten mit bescheideneren Mitteln nach den gleichen Zielen von 'Rettung' und Erfolg."*[183]
Ein zweiter Grund dafür, daß ägyptische Religiosität in den Horizont hellenistischer Mysterien eingerückt wird, muß ebenfalls gesehen werden. Er liegt darin, daß eine Nationalreligion, die nicht primär auf dem Glauben des einzelnen fußt, sondern auf einem traditionsbedingten "man glaubt", sich strukturell verändern muß, wenn sie ihren angestammten politischen und gesellschaftlichen Kontext verläßt. Sie muß sich öffnen für den persönlichen Glauben, weil sie ihre Relevanz nicht mehr beziehen kann aus der Verflechtung mit einer gesamtgesellschaftlichen Sinnwelt, sondern sich angewiesen sieht auf Relevanz für die Sinnkonstitution im Rahmen individueller Biographie. Ohne die Fähigkeit, dem Leben des einzelnen einen Sinn zu geben, wäre die ägyptische Religion nicht exportfähig gewesen.[184]
Die Mysterien waren mit ihrem Versuch, traditionelle religiöse Bindungen durch intimere Gottesnähe zu vertiefen, eine hellenistische Form individueller Frömmigkeit und boten als solche einen geeigneten strukturellen Rahmen, den nicht nur Ägyptens Religion nutzte.[185] Dabei kam die prinzipielle Offenheit der Mysterienreligiosität, ihr weitgehender Verzicht auf Ausschließlichkeitsansprüche, der Transplantation fremdreligiöser Elemente sicher entgegen. Im Hintergrund der Mysterien, wie des antiken Polytheismus generell, stand die Vermutung, daß sich verschiedenste kultische Traditionen frei kombinieren ließen, weil alle großen Gottheiten letztlich identisch seien. Im Hinblick auf die Leitfrage nach der Möglichkeit traditionsgeschichtlicher Verbindung zum Christentum hin ist also festzuhalten, daß für die Religion Ägyptens eine Entwicklung anzusetzen ist, die

---

strom kann zu keiner Zeit die Rede sein. Selbst Anhänger des Isiskultes scheinen keinen Grund gesehen zu haben, die weite Reise nach Philae auf sich zu nehmen. Vgl. BERNAND 1969a, 50-59; BERNAND 1969b, 22-28.

183 BURKERT 1994, 45.

184 Vgl. zu diesem Problem MORENZ (1975, 521-526), der völlig zutreffend in der vorgängigen Individualisierung die Grundvoraussetzung für den Export hellenistischer Religion sieht.

185 Daß die Mysterien mindestens einen Ansatz boten, das eigene Selbstverständnis zu strukturieren, zeigt sich im Diasporajudentum bei Philo, im christlichen Bereich etwa bei Paulus. Dies gilt auch dann, wenn man keine "Abhängigkeiten" von Mysterienkulten behaupten sollte.

die Überwindung des eingangs thematisierten religionssoziologischen Bruchs sehr wahrscheinlich macht.

Exportiert wurden aus Ägypten aber nicht nur Götter und ihre Kulte, sondern mit ihnen auch ein ganzer Zitatenschatz ägyptischer *Kunst*. Wie dies bei der Rezeption fremder Traditionen durch Kulturen, die sich überlegen fühlen, üblich scheint, werden nicht geschlossene kulturelle Systeme übernommen, sondern nur Einzelelemente. Sie werden aus ihrem originären Zusammenhang gelöst und als Versatzstücke zur Bereicherung eigener Kultur verwendet. So finden Elemente ägyptischer Kunst Verwendung in einer Ägyptenmode, die für den griechisch-römischen Geschmack immer wieder reizvoll erscheint; Wandmalereien mit ägyptisierenden Sakrallandschaften, Gemmen, Ringsteine und viele Produkte des gehobenen Kunsthandwerks zeugen davon. Die Isissymbole gehören zu den beliebtesten künstlerischen Motiven des ersten Jahrhunderts.[186]

Ein entscheidender Faktor für das Entstehen einer ägyptisierenden Kunst war die Isis-Religion. Die römischen Verehrer der Isis besaßen in ihren Heiligtümern zahlreiche Originalkunstwerke, die aus Ägypten importiert worden waren. Die Fülle der ägyptischen Denkmäler, Apisstiere, Sphingen, Obelisken und vieles mehr macht Rom bis heute zum bedeutendsten archäologischen Fundort der Ägyptologie außerhalb Ägyptens. Darüber hinaus waren hellenistisch-ägyptische Tempel aber auch mit Statuen geschmückt, deren Stil zwar hellenistisch war, aber Anleihen an ägyptischer Kunst machte. Ein schönes Beispiel für eine solche ägyptisierende Arbeit ist die Statue des Gottes Anubis (etwa 30 v.Chr.), die heute in der ägyptischen Sammlung des Vatikans (Inv.-Nr. 76) zu sehen ist.[187]

Daß bei der Ägyptisierung allerdings auch immer wieder originär Ägyptisches übernommen wurde, läßt sich z.B. an der berühmten *Mensa Isiaca* im Turiner Museum zeigen.[188] Deren Darstellungen drücken einerseits die typisch hellenistische Sicht von Isis als Universalgöttin aus, andererseits verwenden sie alte ägyptische Formen und Symbole und zeigen recht eindeutige Bezüge zum Kult von Edfu und Dendera. So propagiert dieses Denkmal *"die Herrschaft der Göttin über Ägypten, ihre Rolle als Fruchtbarkeitsspenderin und als Überträgerin der königlichen Macht und Würde."*[189] In Entsprechung zur vielfältigen Untergliederung des Verehrerkreises kann angenommen werden, daß eine solch differenzierte Isis-Theologie weniger für die breiten Massen gedacht war, als für den engeren Kreis der Gelehrten und Eingeweihten.

---

186 Zu ägyptischer und ägyptisierender Kunst vgl. ROULLET 1972, bes. 1-52; SONNABEND 1986, 143-156.
187 Vgl. WILDUNG u.a. 1989, 239 (Nr. 94); GRENIER 1977, 141.Tafel XVI und Frontispiz. Vgl. auch die ägyptisierenden Statuen, die ALBERSMEIER (1994) bespricht. Sie sind etwa um 150 n.Chr. entstanden, stammen aus dem Inventar eines Osiris-Heiligtums in Marathon und sind in hoher Qualität gearbeitet.
188 Vgl. zum folgenden DERCHAIN 1983.
189 DERCHAIN 1983, 66.

Eindeutig an ein Massenpublikum richteten sich dagegen die schon erwähnten *Terrakotten*. Da die Tonfiguren fast durchgängig einen religiösen Bezug haben, zeigen sie deutlich die unterschiedliche Relevanz, die ägyptische Gottheiten in der ägyptisch-hellenistischen Volksfrömmigkeit erlangt hatten. Harpokrates und Isis waren offensichtlich am beliebtesten.[190] Vergegenwärtigt man sich, daß die Figuren ihren Ort vor allem im häuslichen Kult hatten, dann ist dieses Ergebnis nicht überraschend. Den Vorrang hatten Gottheiten, die auf familiäre Anliegen besonders ansprechbar erschienen.

Zentraler Gegenstand familienbezogener Frömmigkeit sind die Themen |FRUCHT-BARKEIT|, |GEBURT|, |GESUNDHEIT VON MUTTER UND KIND|, |WOHLSTAND| und |SCHUTZ|. Dementsprechend sind Gottheiten besonders wichtig, die diese Themen repräsentieren. Harpokrates (*Hr-p3-ẖrd* = Horus, das Kind) steht für Kindheit und Fruchtbarkeit. Das eine wird symbolisiert durch die entsprechenden Symbole der ägyptischen Tradition (Jugendlocke, Finger am Mund), das andere durch einen oft drastisch vergrößerten Phallus. Isis tritt häufig als stillende Mutter mit dem Horusknaben *(Isis lactans)* auf, womit ihre Rolle als Muttergottheit im Vordergrund steht.[191]

Bedingt durch den familiären Kontext fallen demgegenüber die Götter der offiziellen, staatsbezogenen Kulte wie Sarapis und Dionysos zurück. Damit treten auch traditionell staatsbezogene Elemente der ägyptischen Religion in den Hintergrund, fallen aber nicht ganz weg.

So kann etwa Harpokrates als Sonnenkind auf der Lotusblüte dargestellt werden. Er rückt damit in die welterhaltende kosmische Rolle des morgendlich erneuerten Sonnengottes, womit er ikonographisch den ägyptischen König beerbt.[192] Auch sitzt Isis auf einem Thron, wird also in herrscherlicher Rolle dargestellt. Ihr Sohn Harpokrates tritt dabei in die Rolle, die in älterer Zeit ebenfalls oft der Pharao übernommen hatte.[193] Der königliche Kontext wird auch deutlich, wenn die thronende Isis nicht Harpokrates stillt, sondern Apis, der in der Königstheologie eine prominente Rolle spielt.[194] Der Darstellungstyp der *Isis lactans*, der natürlich

---

190 Eine Analyse der Sammlungen in Paris und Kairo *"hat ergeben, daß Harpokrates mit 43% der Belege bei weitem die Spitzenposition einnimmt. Sodann folgen nach der Häufigkeit der Zeugnisse: Isis 18%, Bes 8%, Athena 6%, Eros 4,8%, Sarapis 3%, Priapos 3%, Aphrodite 2,7%, Dionysos 2,5% und andere, die unter 2% bleiben. Allein auf Isis und Harpokrates entfallen also zwei Drittel der Belege, wobei das göttliche Kind seine Mutter weit überflügelt."* (NACHTERGAEL 1991, 21 f). Vgl. auch FISCHER 1994, 103-105.

191 Vgl. GROTESKEN 1991, Abb. 33.35-37. Vgl. TRAN TAM TINH 1973; bes. 16-27; auch WILDUNG u.a. 1989, Abb. 96 (Fayence, rein ägyptisch) und Abb. 97 (Serpentin, in ägyptisch-römischem Stil); FISCHER 1994, Abb. 844-859.

192 Vgl. GROTESKEN 1991, Abb. 24 mit der berühmten Holzskulptur aus dem Grab Tutanchamuns (Kairo, Ägyptisches Museum, JE 60723; SETTGAST 1980, Abb. 40).

193 Vgl. z.B. die Darstellung von Sethos I. in seinem Millionenjahrhaus in Abydos, die den König auf dem Schoße der Isis zeigt. Abb. bei CALVERLEY / BROOME / GARDINER 1958, Tafel 20.

194 Vgl. GROTESKEN 1991, Abb. 34.

nicht nur auf Terrakotten beschränkt ist, kann deshalb ohne weiteres so gedeutet werden, daß die mit den Mammisi-Kulten verbundenen Heilserwartungen hier ins Private hinein übersetzt werden.

Generell ist festzuhalten, daß Isis auch in der hellenistischen Frömmigkeit ihren königlichen Bezug nicht einfach verliert. Noch bei Apuleius ist sie mit ihrem *"wahren Namen Königin Isis" (Met. XI, 5,3)*. So kann denn auch mit BERGMAN die Einweihung in die Mysterien als königliche Inthronisation verstanden werden, die zu einem *"Horuswerden des Mysten"* führt.[195] Die Darstellungen von Isis und Horus sind jedenfalls dort, wo sie vor dem religionssoziologischen Hintergrund der entsprechenden Mysterien stehen, weiterhin mit der Vorstellung der königlichen Gottessohnschaft verbunden. Allerdings ist die politische Dimension nur mehr in transformierter Form, nämlich als Element individueller Frömmigkeit, feststellbar: Die Königswürde wird universalisiert, der einzelne Fromme in die Königsideologie einbezogen und damit auch für die Realisation der Ma'at verantwortlich gemacht. Alles andere wäre nach dem Rückzugsprozeß des Politischen, wie ihn die Mammisis ebenfalls repräsentieren, auch mehr als überraschend.

Zusammenfassung:

Wie zu sehen war, kann die Annahme einer hellenistischen Mischkultur als überholt gelten. Um die vielfältigen Schichtungen und Trennungen gesellschaftlicher Gruppen im griechisch-römischen Ägypten zu beschreiben, erscheint der moderne Begriff der "multikulturellen Gesellschaft" treffender, falls darunter eine weitgehend verkapselte Koexistenz mehrer ethnisch-kultureller Systeme mit vereinzelten Übergangkanälen und Überlappungszonen verstanden wird. Damit erscheinen die Rahmenbedingungen für eine traditionsgeschichtliche Verbindung zwischen ägyptischer Religion und neutestamentlichem Glauben als nicht mehr so günstig wie bei der Konzeption der älteren Forschung. Allerdings ist doch zu betonen, daß der historische Befund nichts ausschließt, sondern eher die Annahme nahelegt, daß die kulturellen und religiösen Milieus bei aller Betonung der Differenz voneinander wußten, voneinander lernten und einander beeinflußten. Ist einerseits festzuhalten, daß bei allen Kommunikationspartnern starke Abgrenzungstendenzen vorlagen, so haben doch die teilweise scharfen sozialen und ideologischen Differenzen gegenseitiges Kennenlernen und gegenseitige Beeinflussung offensichtlich nicht ausgeschlossen, sondern waren sogar ein wichtiger Grund für das Interesse an den anderen. Freilich war das Maß der Offenheit ganz verschieden ausgeprägt, was bei der Unterschiedlichkeit der jeweiligen Traditionen und gesellschaftlichen Rollen nicht verwundern sollte.

---

195 BERGMAN, 1968, 300. Vgl. ebd. 297-300.

III. IDEEN VON GOTTESSOHNSCHAFT IM HELLENISTISCH-RÖMISCHEN KONTEXT

1. Konzepte zur Göttlichkeit des Herrschers

Um die Göttlichkeit des Herrschers auszudrücken, kannte das hellenistische Denken ebenso wie das altägyptische verschiedene Modelle, die sich aus unterschiedlichen Quellen speisten. Obwohl sie sich nach modernen Logikkonzepten z.T. deutlich widersprechen, wurden sie in der Antike als durchaus kombinierbar aufgefaßt.

1.1. Die Rückführung der Dynastie auf göttliche Urahnen

Das Konzept der mythischen Genealogie war in Makedonien schon vor Alexander anzutreffen.[1] Es war durchaus üblich, daß sich vornehme Familien auf einen Gott oder mindestens Halbgott zurückführten. Im Sinne einer solchen Tradition setzte sich dann Alexander mit Achill, Perseus und Herakles in Verbindung. Diese genealogische Verbindung diente ihm freilich nicht nur dazu, seine persönliche Würde zu betonen, sondern stellte sein gesamtes politisch-militärisches Handeln in einen mythologischen Rahmen und verklärte es durch mythische Bezüge.[2]

Von den hellenistischen Nachfolgemonarchien wurde der Gedanke der göttlichen Abstammung der Dynastie weitergeführt. Auch die ptolemäischen Könige pflegten die Idee der göttlichen Abkunft: Eine Inschrift belegt, daß Ptolemaios III. Euergetes sich über seine Mutter auf Dionysos und über den Vater auf Herakles zurückführte und so letztlich seine Abstammung von Zeus proklamierte.[3]

In der Spätzeit der Republik wurde der Gedanke von den philhellenisch orientierten Aristokraten Roms übernommen. Da die jungen Adligen auch das Amt eines Münzmeisters als Möglichkeit sehen, Familienpropaganda zu betreiben, sind wir durch viele Münzbelege über diese Spielart des Zeitgeistes informiert. *"So benutzt z.B. ein C.Manilius Limetanus während der Diktatur Sullas Vorder- und Rückseite einer Münze, um nach der Mode der Zeit auf die Abstammung seiner Familie von keinem geringeren als vom Gott Hermes und dessen angeblichem Sohn Odysseus hinzuweisen."*[4] Eine Familie, die etwas auf sich hielt, stammte von einem Gott oder einer Göttin ab. Ende des zweiten Jahrhunderts v.Chr. propagierte ein Censor die Abstammung seiner Familie vom Meeresgott Poseidon-Neptun und, um ein berühmtes Beispiel anzuführen, Caesar weihte den Tempel auf seinem neuen Forum der *Venus Genetrix* als der Ahnherrin seiner Familie. Mit diesem Anspruch waren politisch attraktive Vorstellungen verbunden. Zum einen war mit der Göttin das

---

1   Vgl. zum folgenden: GEHRKE 1990, 49-52.80 f.
2   Vgl. GEHRKE 1990, 13-29.
3   Vgl. HÖLBL 1994, 89.
4   ZANKER 1990, 22. Vgl. allgemein ebd. 15-41.

Thema |HEILIGE HOCHZEIT| angesprochen, weil Venus bzw. Aphrodite als diejenige galt, die die Liebe zwischen Göttlichen und Menschen stiftet.[5] Darüber hinaus war sie auch selbst durch ihre Verbindung mit Anchises in diese Vorstellung eingebunden.[6] Dieser menschlich-göttlichen Verbindung entstammte Aeneas, welcher als Urahn Roms galt. Da schon in der griechischen Tradition mit dessen göttlichem Ursprung der Vorrang seiner Nachkommen, also eine besondere dynastische Würde, verbunden war,[7] konnte die Verbindung mit Aeneas auch für die GENS IVLIA eine herausragende dynastische Stellung begründen.

Überhaupt war Caesar der erste der großen römischen Politiker, der sich ganz unverschleiert der hellenistischen Idee des Gottmenschentums zuwandte. In Analogie zu Alexander und ohne Rücksicht auf die Traditionen der Republik propagierte er sich als charismatischen Führer. All dies geschah im Kontext einer allgemeinen Griechenland-Begeisterung, die zu einer sehr zügigen Rezeption hellenistischer Kultur in Rom führte. Man muß sich diesen Akkulturationsprozeß einer ehemaligen Bauern- und Soldatenkultur als einen ebenso raschen wie durchgreifenden Vorgang vorstellen, der nicht ohne entsprechende gesellschaftliche und politische Erschütterungen abgehen konnte.

Für unsere Fragestellung ist festzuhalten, daß diese Konzeption zwar als ideologische Form dem Selbstverständnis der hellenistischen Adelsgesellschaft entspricht, indem sie Herrscher und Aristokraten in eine Sphäre des Göttlichen rückt, daß sie aber nicht mit ägyptischer Tradition in Verbindung gebracht werden sollte. Immerhin charakterisiert Herodot in *II,142-144* die mythische Genealogie als eine Vorstellung, mit der sich Griechen brüsten, die aber von den Ägyptern entschieden abgelehnt wird. Das ist ernst zu nehmen, denn er dürfte damit einen Grundzug spätägyptischer Theologie treffend wiedergegeben haben. Sie betont nämlich die prinzipielle Distanz zwischen Mensch und Gott, die eine genealogische Verbindung nicht zuläßt. Ausschließlich der Pharao konnte göttliche Herkunft beanspruchen, aber selbst dieser Anspruch ist in der Spätzeit nur mehr ein brüchiger. Das macht die kategorische Aussage möglich, die Herodot den ägyptischen Priestern zuschreibt. Sie konstatieren, es *"sei niemals ein Gott in Menschengestalt erschienen" (II,142).*[8]

---

5   Vgl. z.B. den ersten der *Homerischen Hymnen an Aphrodite 36-52.*
6   Vgl. *1Aphrodite 53-205.*
7   Vgl. *1Aphrodite 200 f.*
8   Vgl. KAISER 1969, 246-249.

1.2. Die Divinisierung auf Beschluß

Die Divinisierung des Herrschers ist ein griechisches Phänomen, das seine Vorgeschichte nicht im Kontext der Monarchie hat.[9] Es geht formal auf die Ehrendekrete zurück, die die Poleis des fünften und vierten vorchristlichen Jahrhunderts ihren verdienten Bürgern verliehen,[10] und speist sich inhaltlich wohl aus dem Kult für Heroen.[11] Mit dem Aufkommen der neuen Monarchien entwickelte sich diese Institution zu einem Instrument der Verhältnisbestimmung zwischen Stadt und Herrscher. Im Institut der Divinisierung drückt sich wohl vor allem die Konkurrenz alter Polistradition mit der neu entstehenden hellenistischen Monarchie aus. Die Polis regelt ihre Beziehung zum Herrscher so, daß sie ihn zum Wohltäter (ΕΥΕΡΓΕΤΗΣ) erklärt, ihn in Anerkennung seiner Leistungen zu göttlichen Ehren erhebt und ihn so zugleich als Schutzherrn weiterhin für sich in Pflicht nimmt.[12]

Es handelte sich dabei um die direkte Verehrung als Gott, also um Opfer, Gebete, kultische Prozessionen, um die Errichtung von Altären, Tempeln und Götterbildern.[13] Träger des Kultes war nicht der einzelne Gläubige, sondern die öffentliche Körperschaft, die die Vergottung aussprach und dem Geehrten so ihre Loyalität (ΕΥΝΟΙΑ) zusicherte. Zwar waren die Kultformen mit denen der olympischen Gottheiten identisch, aber *"die Gleichheit der Kultformen beweist nicht, daß die im Kult verehrten Menschen im Bewußtsein der Kultgemeinde wirkliche Götter waren."*[14]

Niemand mußte für sich persönlich glauben, der Herrscher sei ein Gott. Niemand konnte es auch wirklich glauben, schließlich wußte man, daß der Souverän sterblich war, letztlich doch ein Wesen, das zu dieser Welt gehörte. Deshalb wandten sich die Menschen auch nicht mit persönlichen Gebetsanliegen an den Herrscher, sondern beteten zu anderen Göttern um deren Wohlergehen. Die Göttlichkeit des Herrschers im Rahmen des ΕΥΕΡΓΕΤΗΣ-Konzepts ist keine Frage des persönlichen Glaubens, sondern politische Kommunikation in öffentlicher, kultischer Inszenierung.[15]

---

9   HABICHT (1970, 171-179) legt Wert auf die Feststellung, daß der Beschluß der Gemeinde die Göttlichkeit nicht schafft, sondern sie nur als bestehend anerkennt. Für die antike Binnensicht, die die Göttlichkeit der Geehrten immer aus dem Erweis besonderer Wohltaten erschloß, trifft dies mit Sicherheit zu. Aus einer religionsgeschichtlichen Außenperspektive betrachtet, handelt es sich freilich unzweifelhaft um eine Erhebung zum Gott.

10   Vgl. ROSEN 1987.

11   *"In den wesentlichen Zügen stimmen /.../ Heroenkult und göttliche Verehrung des lebenden Menschen überein"* (HABICHT 1970, 203).

12   Entsprechend konnte der Kult auch wieder aufgekündigt werden, wenn ein Wandel im Verhältnis zum Geehrten dies nahelegte. Vgl. HABICHT 1970, 186-192.

13   Zu den konkreten Formen des Kultes vgl. HABICHT 1970, 138-159.

14   HABICHT 1970, 196.

15   Vgl. VEYNE 1988, 464.

Auch die politische Bedeutung der Divinisierung darf aber in einer polytheistischen Glaubenswelt nicht überschätzt werden. Zwar wurde der Geehrte so ein eigener Gott, aber eben auch als ein Gott unter vielen hineingestellt in ein reich bevölkertes Pantheon. Deswegen gab es durchaus Interessanteres als ein Gott zu sein.

1.3. Der Herrscher als Erscheinung eines Gottes

Gewichtiger war es, vom Herrscher eine besondere Beziehung zu einer Gottheit mit herausragender Bedeutung auszusagen. Das wurde denn auch reichlich praktiziert. So erschien etwa Seleukos als Sohn des Apollon,[16] was über das Vorbild Alexanders, der als Sohn des Zeus bzw. Ammon verehrt wurde, als indirekter Verweis auf ägyptische Tradition gelesen werden kann. Die Situation in Syrien ist durch eine intensive Verschmelzung hellenistischer und orientalischer Gottheiten geprägt, wobei unter ptolemäischem Einfluß auch ägyptische Traditionen zum Zuge kamen. So wurde etwa in Damaskus der alte Gott Hadad mit Zeus identifiziert und der lokale Wetter- und Himmelsgott als dessen Sohn Dionysos verstanden. Unter den Seleukiden wurde dann der Gedanke gepflegt, daß der König als wiedergeborener Dionysos Sohn des höchsten Gottes sei. Dementsprechend führten einige Könige Titel, die sie als Erscheinung des göttlichen Sohnes, der seinen Vater liebt, ausweist. Es darf deshalb nicht überraschen, wenn das Bild des göttlichen Kindes zum Münzprogramm einer Stadt wie Damaskus gehörte.[17] In Ägypten selbst wurden von den hellenistischen Herrschern die alten indigenen Traditionen (etwa von der Horusqualität des Königs) aufgegriffen, natürlich in griechisches Denken übersetzt. Implizierte schon der alte Titel *nṯr nfr* die Auffassung, der König sei die sichtbare Erscheinung und Wiedergeburt des Horus (s.o. Kap. I), so kann die griechische Rede vom Herrscher als Epiphanie oder jugendliche Wiedergeburt eines Gottes sehr gut als hellenistische Analogie zur altägyptischen Vorstellung begriffen werden.

Nach diesem kurzen Überblick ist nun die Art und Weise, wie Alexander und seine Nachfolger die Göttlichkeit ihrer Herrschaft ausformulierten, genauer darzustellen.

2. Die Gottessohnschaft Alexanders

Zwar ist umstritten, ob Alexander sich in Ägypten zum Pharao krönen ließ, fest steht aber, daß er das Pharaonenamt übernahm, auch wenn er sich wegen der Kürze seines Aufenthaltes vielleicht keine Zeit für ein größeres Krönungsfest ließ. Er wurde offensichtlich auch sofort in der Rolle des Pharao akzeptiert. Das läßt sich zumindest daraus schließen, daß für ihn pharaonische Titulatur verwendet

---

16   Vgl. HABICHT 1970, 85 f; GEHRKE 1990, 167; HUMBACH 1988, 95-99; HAIDER u.a. 1996, 151.
17   Vgl. HAIDER u.a. 1996, 191 f.

wurde.[18] Als Thronname ist *Stp-n-Rc mrj-Jmn* ("Den-Re-erwählt-hat, Geliebt-von-Amun") belegt, womit die wesentlichen Inhalte der Gottessohnschaft proklamiert werden: Der Makedone tritt *"als der von Gott 'auserwählte' und 'geliebte' Sohn auf, d. h. als erwünschter und legitimer Erbe der Götter im Herrscheramt."*[19] Diese Akzeptanz hing ganz wesentlich damit zusammen, daß Alexander sich von vornherein äußerst rücksichtsvoll gegenüber den einheimischen Traditionen verhielt. Wenn mit OTTO gesagt werden kann, daß es in der ägyptischen Königsideologie eine *"Legitimität durch Wirksamkeit"* gibt,[20] dann ist diese für Alexander eindeutig gegeben: Er hat sich durch den Vollzug des Kultes und die Fürsorge für die Tempel als ma'at-stiftender Pharao erwiesen.[21] Wenn Alexander aber Pharao war, so war er selbstverständlich *"Sohn des Re"*. Im Zusammenhang der Vorstellung von der göttlichen Zeugung des Pharao durch Amun, wie sie in den Reliefzyklen der 18. Dynastie belegt ist, sind die Bauarbeiten, die Alexander im Luxortempel veranlaßte, von besonderer Bedeutung.[22] Immerhin ging es dort, wie oben ausgeführt, um die Verschmelzung des Königs mit seinem göttlichen Ka. Wenn Alexander also dort im Barkensanktuar einen steinernen Naos errichten ließ,[23] so indiziert dies ein bewußtes Aufgreifen entsprechender ägyptischer Traditionen.

So ist es auch nicht überraschend, daß der Oberpriester des Amun-Heiligtums in der Oase Siwa Alexander bei seinem Besuch dort (331 v.Chr.) als Sohn des Zeus, mit dem die Griechen Amun = Ammon identifizierten, begrüßte.

---

18 Vgl. HELCK 1975, 132.

19 HÖLBL 1994, 72. Im Horusnamen, von dem mehrere Varianten belegt sind, wird Alexander an Nektanebos II., der als letzter legitimer Pharao Ägyptens galt, angeschlossen. Das gilt sowohl für "Schützer-Ägyptens" wie für "Der-die-Fremdländer-vertreibt". Der erste Name stellt eine Verbindung zum Horusnamen Nektanebos her, der andere zu dessen Herrinnentitel. Vgl. HÖLBL 1994, 71.

20 Vgl. OTTO 1969, 389-396.

21 Seinen Truppen läßt er verbieten, heiliges Gelände zu betreten. Er besucht die Stadt des Sonnengottes, Heliopolis, und erweist sich als Pharao, indem er dem heiligen Stier von Memphis opfert und Bauarbeiten in den Tempeln von Karnak und Luxor, in Hermupolis und Armant veranlaßt. (Vgl. HÖLBL 1994, 9.69.80.) Andererseits scheinen die Perser einen schlechten Eindruck in Ägypten hinterlassen zu haben. Die Greuelgeschichten, die Herodot aus der ersten persischen Besatzungszeit (525-404 v.Chr.) überliefert, etwa die Tötung des heiligen Stiers von Memphis durch Kambyses (*II,29*), wird man mit großer Sicherheit für Legenden halten, wie die bei Plutarch *(Isis und Osiris 11,31)* auch. Vgl. SMELIK / HEMELRIJK 1984, 1864-1869. Die biographische Inschrift des Udjahorresnet gibt ein völlig anderes Bild wieder, nämlich daß Kambyses und Darius sich darum bemühen, der traditionellen Rolle der Pharaonen zu entsprechen. Vgl. LLOYD 1982b, 169-175; ASSMANN 1992, 207 f. Bedenkt man aber, daß der kurzen zweiten Perserherrschaft (343-332 v.Chr.) ein sechzigjähriger Abwehrkampf einheimischer Pharaonen voranging und sich die persischen Herrscher dieser Zeit nicht um irgendwelche pharaonischen Aufgaben kümmerten, dann darf man sich nicht wundern, daß ihr Regime als Fremdherrschaft abgelehnt wurde und man Alexander als Befreier empfand. Vgl. HÖLBL 1994, 3 f.

22 Vgl. dazu ABD EL-RAZIQ 1984.

23 Vgl. ARNOLD 1992, 130.

Diodor, Strabo (* 64/63 v.Chr.) und Plutarch berichten über das Ereignis. Ihre literarischen Zeugnisse seien zunächst präsentiert:

Diodor 17,51:
Nachdem Alexander von den Priestern in den Tempel geleitet worden war und vor dem Gott verharrt hatte, ging der Älteste unter den Priestern auf ihn zu und sprach: "Sei gegrüßt, Sohn! Und betrachte diese Anrede als von dem Gott stammend." Der aber antwortete: "Ich füge mich, Vater, und werde mich zukünftig als der Deine bezeichnen. Sage mir aber, ob du mir die Herrschaft über die ganze Welt gewährst?" Nachdem der Priester zum heiligen Bezirk zurückgegangen war, und die den Gott tragenden Männer sich gemäß gewisser auf den Zuruf üblicher Zeichen bewegt hatten, da rief er, daß ihm der Gott den Wunsch mit absoluter Gewißheit gewähren werde.

Strabo 17,1,43:
Allein dem König habe der Priester erlaubt, in seinen gewöhnlichen Kleidern den Tempel zu betreten, die anderen aber hätten das Gewand wechseln müssen und alle außerhalb die Orakelverkündung gehört, ausgenommen Alexander, der sie drinnen gehört habe. Die Antwort sei nicht, wie in Delphi oder Branchidas, in Worten, sondern in der Regel durch Nicken und Zeichen erfolgt ..., wobei der Prophet den Zeus auslegte. In Worten jedoch habe der Mensch dieses zum König gesprochen, daß er des Zeus Sohn sei.

Plutarch, *Alexander* 27:
Nachdem Alexander den Weg durch die Wüste zurückgelegt hatte und an das Ziel gekommen war, hieß ihn der Prophet im Namen des Gottes als seines Vaters willkommen. Alexander fragte, ob ihm einer der Mörder seines Vaters entkommen sei. Als ihn darauf der Prophet mahnte, sich unheiliger Äußerungen zu enthalten, er habe ja keinen sterblichen Vater, änderte er den Ausdruck und fragte nach den Mördern des Philipp, ob er sie alle bestraft habe, und sodann nach der ihm bestimmten Herrschaft, ob der Gott es ihm gewähre, Herr über alle Menschen zu werden. Nachdem der Gott ihm den Bescheid gegeben hatte, dies gewähre er ihm, und Philipp habe die volle Sühne erhalten, beschenkte er den Gott mit herrlichen Weihegaben und die Menschen mit Geld. Diesen Bericht über die Orakelsprüche geben die meisten Geschichtsschreiber. Alexander selbst aber sagt in einem Brief an seine Mutter, es seien ihm einige geheime Weissagungen zuteil geworden, die er nach der Heimkehr ihr allein mitteilen werde.
⇔ *Einige erzählen ferner, der Prophet habe in der Absicht, ihn auf griechisch besonders freundlich mit 'Söhnchen' (ΠΑΙΔΙΟΝ) anzureden, aus barbarischer Unkenntnis am Ende des Wortes ein s für ein n gesetzt und ΠΑΙΔΙΟΣ (Sohn des Zeus) gesagt, dem Alexander aber sei dieser Schnitzer höchst willkommen gewesen, und man habe das Gerücht verbreitet, der Gott habe ihn als Sohn des Zeus angeredet.*

Daß Alexander überhaupt nach Siwa zieht, hat mindestens einen Grund in dem Ruf, den dieses libysche Orakel auch in der griechischen Welt genoß. Der Gott Ammon wurde in ganz Griechenland verehrt und hatte seit dem 5. Jahrhundert v.Chr. einen Kult in Makedonien. Alexander besuchte also einen aus der Heimat bekannten Gott.[24] Neben der ehrgeizigen Absicht, es den Heroen Perseus und Herakles gleichzutun (Strabo 17,1,43), kann man darin sogar den wichtigsten Beweggrund für Alexanders Besuch sehen.

Dieser Auffassung, wie sie seit WILCKEN in der Forschung gewöhnlich vertreten wird,[25] hat KUHLMANN widersprochen.[26] Er möchte Alexanders Hauptmotiv in der Suche nach Bestätigung seiner Legitimität als Herrscher über Ägypten sehen. Mag seine Kritik an der Rekonstruktion WILCKENs teilweise auch berechtigt sein, so macht seine eigene, detailfreudige Darstellung der Vorgänge doch skeptisch. Jedenfalls wird man aus ägyptischer Sicht die Rolle des Orakels für die Herrschaft Alexanders nicht zu hoch einschätzen dürfen. Gerade wenn gilt, daß Siwa für Ägypten nur befreundetes Ausland war *"und sein Amuntempel bestenfalls ein Heiligtum zweiten Ranges, dessen Gott, wie es der Praxis an zahlreichen anderen Tempeln entsprach, auch Orakel verkündete"*,[27] dann kann eine bestätigende Offenbarung just dieses Heiligtums keinesfalls als *Conditio sine qua non* für die ägyptische Akzeptanz von Alexanders Herrschaft gelten. Seine Macht stützte sich auf Siege, nicht auf Orakel. Wenn der siegreiche Eroberer in Begleitung seiner Militärs bei einem Provinzheiligtum auftaucht, wird wohl jeder Priester wissen, daß eine negative Antwort der Gottheit nicht in Frage kommt. Es kann also nicht um die Begründung, sondern nur um die ideologische Ausgestaltung der Herrschaft gegangen sein, und zwar vor allem im Hinblick auf die griechisch-makedonische Öffentlichkeit.

Es bleibt wohl dabei, daß der Hauptgrund für den Besuch in der Wertschätzung der griechischen Welt gerade für diese Orakelstätte liegt. Damit läßt sich ohne weiteres die besondere Frömmigkeit Alexanders verbinden, der sein politisches Handeln vor einem mythischen Horizont sah.[28] Über die Parallelisierung mit den Zeussöhnen Herakles und Perseus konnte durchaus auch die Idee der Gottessohnschaft zu diesem mythischen Horizont gehören, und der Amun von Siwa bot die Möglichkeit, altägyptische Vorstellungen von Gottessohnschaft mit der Idee der Abstammung von Zeus zu kombinieren und in der griechischen Welt zu propagieren.[29] Das gilt auch dann, wenn es in Siwa über die Worte des Oberpriesters hinaus nicht zu einem regelrechten Gottesspruch *(wḏ nṯr)* gekommen sein sollte, der ihn als Sohn des Amun bestätigte. Jedenfalls konnte Alexander mit dem ideologisch-propagandistischen Ertrag der frommen Reise zufrieden sein, zumal überliefert ist, daß nach der Rückkehr aus Siwa Gesandte aus Milet eintrafen, die

---

24 Vgl. HÖLBL 1994, 10.
25 Vgl. WILCKEN 1928; *ders.* 1930; *ders.* 1931, 112 f. Den *Common sense* der Forschung vertreten z.B. TAEGER 1957, 200-204; GEHRKE 1990, 18.146 f.
26 Vgl. KUHLMANN 1988, 141-159; auch HÖLBL 1994, 10 f.
27 KUHLMANN 1988, 154.
28 Vgl. GEHRKE 1990, 147.
29 Vgl. HÖLBL 1994, 10.70.

dem König seine Gottessohnschaft ebenso bestätigten wie die Athenaïs von Erythrai.[30]

Auch wenn Alexander eine Art von Sohn-Gottes-Vorstellung schon mitgebracht haben sollte, als er nach Ägypten kam, ist doch klar, daß die mythische Tradition Ägyptens großen Einfluß auf die Formung dieser Vorstellung hatte.[31]

Kommen wir auf die zitierten literarischen Zeugnisse zurück: Die drei Historiker weichen in ihrer Wiedergabe des Ereignisverlaufs ebenso deutlich ab, wie sie darin übereinstimmen, daß Alexanders Gottessohnschaft verkündet wurde. *Plutarch* ist derjenige, der darüber hinaus deutlich macht, daß diese Gottessohnschaft jede irdische Vaterschaft ausschließt. Sie ist also nicht nur ideell zu verstehen, sondern durchaus physisch. So ist er es auch, der über die bloße Sohnestitulatur hinaus eine spezifisch griechische Variante des ägyptischen Geburtsmythos überliefert, die bei den anderen Zeugen vielleicht vorausgesetzt, aber nicht expliziert wird.

Vor der Nacht nun, in der sie im Brautgemach vereinigt wurden, träumte die Braut, es donnere und ein Blitz schlüge in ihren Leib, von dem Schlage entzündete sich ein starkes Feuer, loderte in vielen Flammen auf und verbreitete sich nach allen Seiten. Philipp seinerseits hatte später, nach der Hochzeit, den Traum, er drücke ein Siegel auf den Leib der Frau, und die Gravierung des Siegels, so träumte er, zeigte das Bild eines Löwen. Während die anderen Seher den Traum bedenklich fanden und meinten, Philipp müsse sorgfältiger über seine Frau wachen, erklärte Aristandros von Telmessos, die Frau sei schwanger mit einem Sohn von leidenschaftlicher und löwenkühner Art. Auch sah man einmal, während Olympias schlief, wie eine Schlange sich neben ihrem Leibe ausstreckte, und dies, so sagt man, kühlte besonders die Liebe und Zuneigung Philipps ab, so daß er nicht mehr oft zu ihr ging, um an ihrer Seite zu ruhen, sei es, daß er daraufhin irgendwelche Behexung und Bezauberung von der Frau fürchtete oder daß er sich vor dem Verkehr mit ihr scheute, weil sie mit einem Mächtigeren verbunden sei.

⇔ Doch gibt es noch eine andere Überlieferung hierüber, daß nämlich alle Frauen dort seit ältester Zeit den geheimen orphischen Weihen und dem ekstatischen Kult des Dionysos ergeben seien. /.../ Olympias war diesem Treiben mehr als andere Frauen zugetan, steigerte sich mit barbarischer Wildheit in die Gottesbesessenheit hinein und nahm bei den Auszügen große zahme Schlangen mit, welche dann oft aus dem Efeu und den mystischen Körben hervorgekrochen kamen, sich um die Thyrsusstäbe und Kränze der Frauen ringelten und die Männer erschreckten.

(Alexander 2)

Jedenfalls wurde dem Philipp, der nach der wunderbaren Erscheinung den Chairon von Megalopolis nach Delphi sandte, von dem Gott - so heißt es - ein Wahrspruch überbracht, der ihm gebot, dem Ammon zu opfern und diesem Gott besondere Verehrung darzubringen; auch habe er das eine Auge eingebüßt, welches er an den

---

30   Vgl. Strabo 17,1,43. - Diese bestellten Orakel lassen erschließen, daß es in Siwa allenfalls um eine Bestätigung dessen ging, was Alexanders Herrscherideologie prägte. Vgl. TAEGER 1957, 197 f; HÖLBL 1994, 13.

31   Vgl. TAEGER 1957, 200.

Türspalt angelegt und beobachtet habe, wie der Gott in Gestalt einer Schlange der Frau beiwohnte. Und Olympias, so berichtet Eratosthenes, habe, als sie Alexander beim Auszug ins Feld das Geleit gab, ihm allein das Geheimnis seiner Zeugung verraten und ihm befohlen, eine Gesinnung zu zeigen, die seiner Abkunft würdig sei.
⇔ *Andere indes berichten, sie habe sich hiergegen verwahrt und gesagt: "Wird Alexander nicht aufhören, mich vor Hera zu verleumden?"*

(Alexander 3)

Wird in Plutarchs Überlieferung die irdische Vaterschaft ausgeschlossen, so geschieht dies nicht durch die durchaus ambivalente Information über das kindliche Alter des Königs wie im ägyptischen Mythos, sondern über göttliche Zeichen, die Philipp von seiner Frau fernhalten.

Es ist übrigens wichtig, an dieser Stelle festzuhalten, daß der Topos |HEILIGE HOCHZEIT| in der griechischen Mythologie seit langem bekannt und in den Werken des Euripides (5. Jh.) in Bezug auf Dionysos und Herakles literarisch entwickelt war.32 Auch wenn angesichts der anhaltenden griechisch-ägyptischen Kulturbeziehungen ägyptischer Einfluß auf die griechische Mythologie generell nicht auszuschließen ist, wurde doch insbesondere die Gottessohnschaft des Herrschers als ein ägyptischer Gedanke betrachtet. So berichtet Plutarch in seiner Biographie *(Kap. 28)*, Alexander habe gegenüber den Griechen nur sparsam auf seine göttliche Herkunft hingewiesen.

In seiner Biographie des Numa *(Kap. 4,6)* referiert Plutarch die Vorstellung, der Geist eines Gottes könne sich einer menschlichen Frau nähern, als eine ägyptische Idee. Der Kontext ist das Gerücht, daß der legendäre König Verbindung mit einer Göttin gehabt haben soll, die ihn mit *"göttlichen Hochzeiten"* (ΓΑΜΩΝ ΘΕΙΩΝ) beehrte und ihm eine übermenschliche Weisheit schenkte *(Numa 4,2)*. Diese Vorstellung einer Heiligen Hochzeit ist für den Philosophen und Historiker nicht weiter bedenkenswert, denn *"daß ein Gott oder ein Dämon körperliche Gemeinschaft mit einem Menschen haben und sich seiner Schönheit erfreuen sollte, das ist doch schwer zu glauben."* *(Numa 4,3)*. Dagegen diskutiert er die ägyptische

---

32   Hier braucht unter den zahlreichen Variationen dieses Themas nur an die vielen amourösen Abenteuer des Zeus, der sein Liebesglück bei unsterblichen, wie bei sterblichen Frauen findet, erinnert zu werden (vgl. die Aufzählung in *Odyssee XIV, 317-327*; dazu MUTH 1992, 28-39). Der fünfte der *"Homerischen Hymnen"* rühmt Aphrodite als Göttin der Liebe, *"sie sei es doch, die vereine Götter mit sterblichen Frauen, die dann sterbliche Kinder gebären unsterblichen Vätern, wie sie auch Göttinnen paare mit sterblichen Männern."(1Aphrodite, 50-53;* vgl. MUTH 1992, 43-50) Der Amphitryonmythos, in dem Zeus die Gestalt des thebanischen Feldherrn annimmt, um mit dessen Ehefrau eine Liebesnacht zu verbringen, ist vielleicht am berühmtesten. In einer bei Hesiod (8. Jh. v.Chr.) belegten Heraklestradition ist die menschliche Mutter Jungfrau, als Zeus mit ihr verkehrt, weil ihr Ehemann Amphitryon durch die Pflicht zur Blutrache vom ehelichen Beischlaf abgehalten wird *(Der Schild des Herakles 14-19)*. Der Stoff wurde schon von Euripides in einer Tragödie verarbeitet, und ist in römischen (Plautus) und modernen Variationen (Molière, Kleist, Giraudoux) bekannt. Vgl. zu dieser Tradition MUTH 1992, 135-147; HAIDER u.a. 1996, 152-154.

Tradition zumindest. An der betreffenden Stelle heißt es, die Ägypter hielten es für plausibel, insofern eine Unterscheidung zu machen, als

... es nicht unmöglich sei, daß einer Frau das Pneuma eines Gottes sich nähere und in ihr eine Schwangerschaft hervorrufe, während es bei einem Mann eine körperliche Vereinigung mit einer Gottheit nicht gebe. Sie verkennen dabei aber, daß es ein gegenseitiger Vorgang ist, sich zu mischen, und eine Gemeinschaft, die beide Seiten betrifft.

(Numa 4,6)

Plutarch lehnt also die Vorstellung einer realen Begegnung von Gott und Mensch ab, weil sie einen Verlust der Göttlichkeit des Gottes voraussetzt und deshalb nicht denkbar ist. Er läßt eine Reihe von Beispielen gottmenschlicher Beziehung folgen, die er als symbolische Legenden auffaßt. Da er diese Legenden von den ägyptischen Überlegungen absetzt, ist zu schließen, daß er letztere auf ein reales Geschehen bezieht. Er nimmt die metaphorische Ambivalenz der ägyptischen Aussage nicht mehr wahr und muß sie von seinem historisch-kritischen Standpunkt her deshalb ablehnen.

Die explizite Bezugnahme auf Ägypten darf zwar nicht überbewertet werden, denn nicht alles, was Plutarch, der nun einmal ein besonderes Interesse an Ägypten hat, von dort herleitet, muß auch tatsächlich von dort stammen.[33] Allerdings ist in diesem Fall doch anzunehmen, daß Plutarchs Äußerung tatsächlich auf ägyptische Tradition Bezug nimmt, wenn auch in spätzeitlicher Fassung. Plutarch kennt nämlich die Verbindung von Geist, Zeus und Amun.[34] Da Amun spätzeitlich als der Gott des zeugenden Pneuma, als der unsichtbare und allgegenwärtige Gott des Lebens, verstanden wurde (s.o. Kap. I.) und in den spätzeitlichen Fassungen des königlichen Geburtsmythos in der Rolle des zeugenden Vaters erscheint, ist zu schließen, daß Plutarchs Überlegung sich konkret auf die spätzeitliche Form des Mythos, welcher die zeugende Verbindung eines Mannes mit einer Göttin tatsächlich nicht kannte, bezieht. Diese ägyptische Tradition war also offensichtlich trotz der Abgeschlossenheit der Geburtshausrituale auch im hellenistischen Bereich bekannt. Zwei weitere Äußerungen Plutarchs über Alexander sind nicht zwingend aus ägyptischer Tradition abzuleiten, auch wenn sie ihr durchaus entsprechen.

Da ist einmal die Erwähnung göttlicher *Geburtshilfe*. Plutarch referiert in *Alexander 3* zur Geburt Alexanders eine mit dem Namen des Hegesias von Magnesia verbundene Erklärung, nach der der Brand des Artemis-Tempels zu Ephesus seinen Grund darin hatte, daß die Göttin abwesend gewesen sei, weil sie bei der Geburt

---

33 So zitiert er in *Alexander 27* einen ägyptischen Philosophen, dessen Gedankengang allerdings nichts anderes als die griechische Auffassung von der Göttlichkeit der Machthaber aufgrund ihrer Tüchtigkeit zum Inhalt hat.

34 Vgl. Plutarch, *Isis und Osiris 36*: "*Die Ägypter nennen Zeus nämlich den Wind* (TO ΠΝΕΥΜΑ)." Die Windhaftigkeit des Geistes ist eine übliche Charakterisierung, weshalb diese Textstelle mit der Ambivalenz des Pneumabegriffs spielen kann.

assistiert habe. Damit rückt Artemis in die Rolle der ägyptischen Geburtsgöttinnen ein.

Zum besonderen *Duft*, den Alexanders Leib ausströmte, bemerkt Plutarch:

> *Daß die Ausdünstung seiner Haut höchst angenehm war und sein Mund und sein ganzer Körper einen Duft ausströmte, der sich auch seinen Kleidern mitteilte, haben wir in den Aufzeichnungen des Aristoxenos gelesen.*
>
> ⇔ *Der Grund hierfür war vielleicht die Mischung der Säfte in seinem Körper, die sehr warm und feurig war. Denn Wohlgeruch entsteht, wenn das Feuchte durch Wärme verzehrt wird, wie Theophrast meint. Daher bringen die trockenen und heißen Gegenden der Erde die meisten und edelsten Gewürze hervor, denn die Sonne zieht die Feuchtigkeit heraus, welche als Nährboden der Fäulnis über die Körper verbreitet ist.*
>
> *(Alexander 4)*

Diese Information erinnert an die Rolle des Wohlgeruchs als Signum des Göttlichen im ägyptischen Denken, wie sie in SZENE IV des Geburtszyklus zum Tragen kommt. Plutarch kennt diese Vorstellung und bringt sie vor allem mit Isis in Verbindung.[35] Allerdings ist die Konzeption des *Odor divinus* in den antiken Religionen allgemein verbreitet und in der griechischen Literatur von Homer an belegt, später auch in römischen Texten.[36] *"The ancient gods, fond of fragrant food and drink and perfumed unguents, were imagined to be fragrant themselves, and everything that belonged to them - temples and other things - was characterized by fragrance."* [37] Interessanterweise wird bei Euripides der göttliche Duft der Artemis als ihre pneumatische Gegenwart verstanden. In *Hippolytos 1391* ist vom ΘΕΙΟΝ ΟΔΜΗΣ ΠΝΕΥΜΑ der Göttin die Rede. Der Held Hippolytos liegt in dieser Szene im Sterben. Artemis nähert sich ihm, bleibt aber unsichtbar. Trotzdem bemerkt der Sterbende ihre tröstende Gegenwart durch den *"göttlichen Hauch des Duftes"*. Der Wohlgeruch der Göttin ist an dieser Stelle nicht nur eine äußere Eigenschaft, sondern der Modus der unsichtbaren göttlichen Gegenwart.[38]

Es gehörte also zum kulturellen Wissen der griechisch-römischen Welt, daß der Duft als Zeichen des Göttlichen, ja als eine seiner Erscheinungsformen zu verstehen sei.[39] Die Aussage, daß Alexander einen besonderen Wohlgeruch ausströmte, konnte im Rahmen dieses Wissens jedenfalls als Anspielung auf sein Wesen als Gottessohn verstanden werden. Daß Plutarch selbst aber solchen Vorstellungen

---

35 Plutarch, *Isis und Osiris 15*.

36 Vgl. zum folgenden LILJA 1972, 19-57. Dort sind auch die zahlreichen Belegstellen aufgeführt. Vgl. außerdem LOHMEYER 1919, 4-14; KÖTTING 1982, 168 f; PASZTHORY 1992, 43-60; FAURE 1993, 98-263.

37 LILJA 1972, 30.

38 Vgl. LILJA 1972, 27 f.

39 Vor diesem Hintergrund läßt sich auch die von Plutarch *(Numa 4, 6)* abgelehnte Spekulation über die Möglichkeit einer Zeugung aus göttlichem Geist noch besser verstehen. Im Hintergrund steht sicher die spätägyptische Konzeption des Amun als Geistgott. Diese kann aber auch mit seiner besonderen Duftqualität verbunden worden sein.

mehr als skeptisch gegenübersteht, macht sein Umgang mit dem Phänomen deutlich. Er zitiert einerseits die Überlieferung, deutet sie dann aber gerade nicht mythologisch, sondern unternimmt den Versuch einer naturwissenschaftlichen Erklärung des Dufts.

Wir haben es hier mit der kritischen Rationalität eines hellenistischen Historikers zu tun, die sich auch bei den eigentlichen Berichten über die Gottessohnschaft Alexanders zeigt. Plutarch referiert jeweils zunächst die mythologische Tradition, um dann eine alternative, entmythologisierende Erklärung nachzuschieben.[40]

♦ Im Zusammenhang des Mythos verweist die Schlange auf eine aus der ägyptischen Tradition bekannte Erscheinungsform des Gottes Amun,[41] die durch archäologische Funde ebenso belegt ist, wie durch spätzeitliche Inschriften. [42] Im Kontext der Entmythologisierung aber ist die Schlange im Bett der Olympias keine Erscheinungsform eines Gottes, sondern einfach ein gezähmtes Tier, das vorwitzig aus seinem Körbchen gekrochen ist *(Alexander 2)*.

♦ Die Mutter Alexanders, die es schließlich wissen muß, verwahrt sich gegen das Gerede von göttlicher Zeugung und stuft es sogar als Verleumdung ein *(Alexander 3)*.

♦ Und schließlich die Worte des Hohenpriesters in Siwa: Sie sind nicht etwa Ausdruck einer göttlichen Botschaft, sondern der mißlungene Versuch eines wenig sprachbegabten Barbaren, sich im Griechischen besonders freundlich auszudrücken. Erst Alexanders politische Interessen machen daraus mehr *(Alexander 27)*.

Nach solcher Entmythologisierung bleibt vom Mythos nicht mehr übrig, als eine machtpolitisch motivierte Ideologie, die von interessierter Seite bewußt propagiert wird. Bei Plutarch scheint es sogar für Alexander zu sprechen, daß er sich nicht selbst vom Wahn seiner Göttlichkeit hinreißen ließ, sondern vernünftig blieb und den Ruf seiner Göttlichkeit nur zu Herrschaftszwecken nutzen wollte *(Alexander 28)*.

An Plutarchs Umgang mit der Alexandertradition wird geradezu exemplarisch deutlich, was aus einer mythologischen Vorstellung wird, wenn sie aus dem Gesamtzusammenhang ägyptischer Religiosität gelöst und in den griechischen Kontext historischen Denkens transferiert wird. Aus dem Mythos muß Geschichte werden, ein eindeutiges Faktum, das entweder (irrational) für wahr gehalten wird, oder aber als bloße Propaganda entlarvt und so rationalisierend aufgelöst wird. Konnte das ägyptische, komplementäre Denken irdische und göttliche Vaterschaft

---

40 In den obigen Textzitaten von mir jeweils mit ⇔ abgesetzt. Übrigens stuft auch Strabo (17,1,43) den Bericht über Siwa, den er auf Kallisthenes zurückführt, als schmeichlerische Lüge ein.

41 Vg. OTTO 1975, 239.

42 Ein sehr schöner Beleg für die Schlangengestalt Amuns ist die Schlangenskulptur aus dem Statuenversteck im Luxortempel, die aus der Zeit des Taharka stammt. Vgl. EL-SAGHIR 1992, 52-54.

gleichwertig festhalten, so ist das im Bereich eines aristotelischen *Entweder-Oder* keinesfalls mehr möglich. Auch wenn dieser Bereich selbst nur einen Teilbereich der hellenistischen Kultur darstellt, sind die Veränderungen, für die Plutarch steht, ernst zu nehmen. Entsprechende Ansätze waren in Kap. II ja schon bei Herodot festzustellen und finden sich auch bei Strabo.

3. Die Göttlichkeit der Ptolemäer

3.1. *Gottessohnschaft auf "Ptolemäisch"*

Die Vorstellungen der Makedonen vom Königtum konnte in nicht wenigen Bereichen mit ägyptischen Traditionen parallelisiert werden. Deshalb war es möglich, daß die Ptolemäer eine Doppelrolle spielten und bis zu einem gewissen Grad den durchaus unterschiedlichen Erwartungen der beiden Teile ihrer Bevölkerung entsprechen konnten.[43]

Wie gesagt, wurde von ägyptischer Seite die Tradition der göttlichen Zeugung seit der Spätzeit auf die rein göttliche Ebene transferiert. Trotzdem wäre es nach dem, was über Alexanders Gottessohnschaft referiert wurde, überraschend, wenn nicht auch die Ptolemäerkönige dieses attraktive Modell benutzt hätten. Selbstverständlich trugen sie als Pharaonen den Titel *"Sohn des Re"*, beschränkten sich aber in ihrer Stilisierung als Gottessöhne nicht auf diesen Titel. Auf der bekannten *Mendesstele* wird Ptolemaios II. etwa bezeichnet als:[44]

> *Der gute Gott, das Abbild des Re, das lebende Bild des Ba,*
> *des Ersten des Horizontes,*
> *der göttliche Same des Bockes, des zeugenden Stieres,*
> *der wirkliche Sohn des begattenden Bockes, der gezeugt hat,*
> *um die Tempel einzurichten und um die Gaue des Gottes zu gestalten;*
> *der älteste Sohn des Bockes, den der Bock Wanen geschaffen hat.*
> *Der auf dem Throne des Obersten der Götter sitzt,*
> *das herrliche Abbild des Jünglings der Gaue,*
> *den seine Mutter empfing als einen Herrn.*

Die Nähe dieses Textes zu dem in Kap. I zitierten *Ptah-Segen* liegt auf der Hand. Hier wie dort wird die Zeugung des Pharao dem widdergestaltigen Gott von Mendes zugeschrieben. Offensichtlich gab es die Möglichkeit, auf eine entsprechende Tradition über die Jahrhunderte hinweg zurückzugreifen. Daß Amun hier keine Rolle spielt, sollte nicht zu sehr überraschen, denn in der ptolemäischen Zeit wird der thebanische Gott in seiner Funktion als Königsgott deutlich in den Hintergrund gedrängt. Ab Ptolemaios II. finden sich bei den Königsnamen komplizierte Bildungen mit ausgeprägten religiösen Programmen und preisenden Beinamen. Regel-

---

43 Vgl. SCHLOZ 1994.
44 Bild und hieroglyphischer Text bei BRUGSCH 1884, 629-631. Den besseren Text hat SETHE 1904, 28-54. - In der Übersetzung folge ich ROEDER 1959, 178.

mäßig wird der Pharao mit dem Gott Ptah verglichen. Daß Ptah als Götterkönig verstanden wird, der in den Königslisten die Dynastie der Götter anführt, zeigt, daß die Bedeutung der memphitischen Priesterschaft enorm an Bedeutung gewonnen hat, was an der Konzentration der Könige auf Memphis als alte ägyptische Hauptstadt liegt. Das bedeutet, daß das Bild des ptolemäischen Pharaos vor allem in Memphis geprägt wird. Im Zuge dieser Entwicklung löst Ptah auch Amun als Königsgott ab.[45] Es ist deshalb nur folgerichtig, wenn dieser hier auch nicht als zeugender Vater in Erscheinung tritt.[46] Es liegt in der *Mendesstele* also nicht nur ein Beleg für das allgemeine Phänomen der ptolemäischen Protektion der ägyptischen Tierkulte vor, sondern wohl zugleich ein Beleg dafür, wie der unterägyptische Götterkreis um Ptah, mit dem der Bock von Mendes in Beziehung gesetzt werden konnte, in den Vordergrund tritt. Es muß auch daran erinnert werden, daß schon im Geburtszyklus des Neuen Reiches auf den Widder bzw. Bock von Mendes Bezug genommen worden war. Dort war die Königin ebenfalls als *"vom Widder geliebt" (SZENE VII D)* bezeichnet worden. Darin zeigt sich eine Gemeinsamkeit zwischen Geburtszyklus und *Mendesstele*, wenn sich auch eine Identifizierung des Titels *ḏзt.t-bз (D)* mit *wḏз-bз (Mendesstele)* klar verbietet.[47]

Daß neben der göttlichen Vaterschaft des Bockes von Mendes die des irdischen Vaters erwähnt wird, kann ebenfalls als Fortführung altägyptischer Königstradition verstanden werden, die sich durch dieses Nebeneinander von dynastischem Denken und Sohn-Gottes-Vorstellung auszeichnete. So ist noch in der gleichen Zeile des Stelentextes zu lesen:

> *Herrscher, Sohn eines Herrschers, geboren von einer Herrscherin,*
> *dem das Amt eines Herrschers der beiden Länder schon überwiesen wurde, als er*
> *noch im Mutterleibe war und als er noch nicht geboren war.*
> *Er hat schon erobert auf der Windel,*
> *und er hat schon geherrscht an den Brüsten.*

Hier wird der Herrscher also sehr deutlich in eine dynastische Abfolge gestellt und so auf seine menschlichen Eltern Bezug genommen. Außerdem teilt der Text die rückblickende Perspektive der ägyptischen Königshymnen,[48] indem er die königliche Würde des Amtsträgers an den Anbeginn seiner physischen Existenz zurückverlegt. Entsprechend der spätzeitlichen Entwicklung rückt die Gottheit auch hier in die Rolle des Königs. Der neu eingesetzte göttliche Bock, der vom Pharao verehrt wird, trägt die Bezeichnung:

> *König von Oberägypten, König von Unterägypten,*
> *lebender Ba (bз ꜥnḫ) des Re, lebender Ba des Schu,*
> *lebender Ba des Geb, lebender Ba des Osiris,*

---

45 Vgl. HÖLBL 1994, 72 f.

46 Dabei ist festzuhalten, daß die Sohnesbeziehung des Königs zu Amun die zu anderen Göttern nie ausgeschlossen hat.

47 Vgl. BRUNNER 1986, 79.

48 Vgl. den Beleg aus dem Mittleren Reich, der oben (I.3.) zitiert wurde.

Ein weiteres Beispiel für die Sohnesbeziehung des ptolemäischen Königs zu einer ägyptischen Gottheit findet sich auf der *Pithomstele.* Es handelt sich um einen Gedenkstein aus Granit, der ebenfalls aus der Zeit Ptolemaios II. stammt und von einem königlichen Besuch beim Atum von Pithom berichtet, der zahlreiche Stiftungen und sonstige Gunstbezeugungen des Königs zur Folge hat.[50] Wie von diesem Kontext her zu erwarten, wird der König in diesem Fall zu Atum in Beziehung gesetzt und als dessen *"Kind", "lebendes Abbild"* und *"göttlicher Same"* bezeichnet.

Er wird gepriesen als
> *Sprößling des Atum, der ihn erzeugt hat,*
> *um auf seinem Thron mächtig zu sein als König,*
> *und als Herrscher auf dem Throne als sein Kind.*[51]

Auch hier findet sich also im Bereich der entfalteten Ehrenbezeichnungen für den König eine eindeutige Bezugnahme auf den Topos |GOTTESSOHNSCHAFT DES KÖNIGS|. In beiden Fällen wird der König - ganz in der Tradition altägyptischer Vorstellungen - über das Vater-Sohn-Schema in Beziehung zu einer wichtigen Gottheit gesetzt und damit seine Herrschaft als stellvertretendes Handeln theologisch dechiffriert und legitimiert.

Ein weiterer Aspekt betrifft die *Bezugnahme auf Apis* als königlichen Gott. Seit Ptolemaios VI. betonen die Horusnamen der Ptolemäer durch entsprechende Elemente die *"theologische Verwandtschaft des Königs mit dem Apis, insbesondere die Parallelität der Geburt des Königs mit jener des Apisstieres".*[52] In diesem Zusammenhang könnte eine Information von Herodot eine gewisse Relevanz erhalten. Dieser referiert in *III,28* eine ägyptische Legende über den heiligen Apis-Stier:

> *Die Ägypter aber behaupten, vom Himmel komme ein Lichtstrahl auf die Kuh, und davon gebäre sie den Apis. Dieses Apiskalb hat folgende Kennzeichen: Es ist schwarz, hat auf der Stirn einen viereckigen weißen Fleck, auf dem Rücken das Bild eines Adlers, am Schwanz doppelte Haare und unter der Zunge das Bild eines Käfers.*

Es ist eindeutig die Vorstellung einer göttlichen Zeugung, die hier in Bezug auf das heilige Tier wiedergegeben wird. Nimmt man diese Vorstellung als mythologischen Horizont für die Parallelisierung der Geburt des Königs mit der des Apis, so ist auch in dieser Parallelisierung ein Verweis auf die Gottessohnschaft der Ptolemäer zu sehen. In Entsprechung zur oben beschriebenen spätzeitlichen Tempel-

---

49 Vgl. ROEDER 1959, 174.
50 Er befindet sich heute im Nationalmuseum Kairo (CG 22 183). Einführung und Abbildung bei ROEDER 1959, 108-114. Ägyptischer Text bei SETHE 1904, 81-105.
51 Vgl. ROEDER 1959, 116.
52 HÖLBL 1994, 255.

theologie geht es hier um die göttliche Würde des Königs im Modus der Analogie: Auf den Ba des eigentlichen Königs Apis wird der königliche Mythos von der göttlichen Zeugung übertragen, während sich der menschliche König mit einer davon abgeleiteten Göttlichkeit zufrieden geben muß.

Abschließend bleibt festzuhalten, daß der Mythos von der göttlichen Zeugung im Bereich der Titulaturen und der damit verbundenen hymnischen Elemente für die Ptolemäer die Rolle eines mythischen Horizonts spielte, auf den man sich bezog, was eine entsprechende Information durch kooperierende Priester voraussetzte. Allerdings wird in keinem bekannten Text von einem von ihnen eine göttliche Zeugung *erzählt*. Offensichtlich war die Tradition der erzählerischen Entfaltung des Geburtsmythos in den Mammisis gebunden, wo aber auch Bezugnahmen auf den irdischen König zu finden sind (s.o. Kap. I. 3).

3.2. Der Dynastiekult

Als Nachfolger Alexanders in Ägypten vertraten die Ptolemäer über die traditionelle Gottessohnschaft hinaus auch den Anspruch, als Herrscher Neugeburt bzw. neue Erscheinungsform einer bekannten Gottheit zu sein. Dieses Konzept ließ sich mühelos mit dem uralten ägyptischen Verständnis vom Pharao als "Horus auf dem Thron" oder als "lebendes Bild" eines Gottes parallelisieren. Es wurde allerdings in den Denkrahmen griechischer Kultur übertragen, speiste sich zudem auch aus hellenistischen Quellen und verlor so viele ägyptische Konnotationen und Differenzierungen. Trotz aller Unterschiede kann aber die häufig auftretende Formulierung ΘΕΟΣ ΕΠΙΦΑΝΗΣ als Weiterführung der ägyptischen Redeweise vom *nṯr nfr* gelten, selbst wenn die übliche Rückübersetzung ins Ägyptische *nṯr prj* lautet.[53]
Die Ptolemäer führten einen Herrscherkult ein, der auch den lebenden König einschloß. Zwar ist mit Ulrich WILCKEN daran festzuhalten, daß ägyptischer und griechischer Königskult streng zu unterscheiden sind,[54] aber das kann nicht bedeuten, jeden Einfluß alter indigener Traditionen auf die Ausgestaltung des hellenistischen Herrscherkultes in Ägypten auszuschließen. So sind nach GRIMMs Analyse archäologischen Materials *"bereits unter Soter, im Rückgriff auf bestimmte Traditionen des Nillandes und auf Alexander den Großen, die Grundlagen für den seit Ptolemaios II. zu verfolgenden ptolemäischen Herrscherkult gelegt worden, dessen rein griechische Ausprägung einheimische Wurzeln nun nicht mehr verleugnen kann."[55]* Der Dynastiekult richtete sich auf die vergöttlichten Ahnen ebenso wie auf die Person des lebenden Herrschers.
Spätestens seit Ptolemaios I. gab es in Alexandria für Alexander einen Kult als Stadtgründer - analog dazu für Ptolemaios in Ptolemaïs. Begünstigt durch den Umstand, daß es gelang, Alexanders Leiche in die Stadt zu holen, konnte seine

---

53 Vgl. ASSMANN 1996, 402.
54 Vgl WILCKEN 1938.
55 GRIMM 1978, 109. Vgl. zum folgenden HÖLBL 1994, 85-91.150-154.261-269.

Vergottung systematisch betrieben werden.[56] Zahlreiche Darstellungen zeigten ihn mit den Attributen verschiedener Gottheiten, wobei die Darstellung mit den *Hörnern des Ammon* die direkte Aufnahme einer ägyptischen Darstellungstradition bedeutet. Wie schon in Kap. I zu sehen war, hatte diese Darstellung, die seit der 18. Dynastie belegt ist, ihren Sitz im Leben im Vergöttlichungsritual des Opetfestes, in dem der König "amunhaft" gemacht wurde.[57] Aufgrund dieser Vorgeschichte kann die Darstellung des Herrschers mit den Amunhörnern als ikonographischer Bezug auf den theologischen Zusammenhang des Geburtszyklus in Luxor gesehen werden und ist insofern als Ikone der königlichen Gottessohnschaft aufzufassen.

Die Attribute der mit Alexander verbundenen Götter wurden schon früh auch auf die Ptolemäer übertragen und zur *Vergöttlichung der Herrscher* benutzt. Dem Vorbild Alexanders entsprechend wurden sie in Darstellung, Kleidung und öffentlichem Auftreten wichtigen Gottheiten angeglichen. Der König konnte als Zeus (Amun), Hermes (Thot), Aion-Sarapis (Osiris) oder Helios (Re) erscheinen. Der solare Charakter des Königtums, der ja in Ägypten eine lange Tradition hatte, konnte ptolemäisch durch die Identifikation des Re mit Helios aufgegriffen werden. War Pharao altägyptisch "Abbild des Re",[58] so konnte sich ein ptolemäischer König ohne weiteres ΗΛΙΟΣ ΒΑΣΙΛΕΥΣ nennen.[59]

Nachdem schon bei Alexander eine Angleichung an Dionysos (Osiris) stattgefunden hatte, trug Ptolemaios IV. als erster, wenn auch inoffiziell, den Beinamen ΝΕΟΣ ΔΙΟΝΥΣΟΣ. Zum großen königstheologischen Programm wurde dieser Name dann bei Ptolemaios XII., der sich offiziell so nannte und sich entsprechend abbilden ließ.[60]

---

56 Zu Alexander als Ausgangspunkt für die Vergöttlichung der Ptolemäer vgl. GRIMM 1978, mit zahlreichen archäologischen Belegen (Abb. 70-96). Daß das Alexandervorbild auch exportiert wurde, zeigt ein Ammonkopf auf einer Münze von Juba I. (1. Jh. v.Chr.). Vgl. dazu HORN 1979, Tafel 148. - Die Auswahl der betreffenden Götter war keineswegs zufällig, sondern religionspolitisch motiviert. *"Alexander ist offensichtlich in Ägypten, soweit die antike Überlieferung dies erkennen läßt, ausschließlich mit den Göttern Zeus, Helios, Osiris, Dionysos und Ammon identifiziert worden."* (GRIMM 1978 105). Es ging also um Götter, die entweder von ägyptischer oder von griechischer Seite in besonderer Weise einen königlich-herrscherlichen Aspekt hatten.

57 Vgl. z.B. die Darstellungen von Amenophis III. und Ramses II. aus Luxor bei BELL 1985, 266 f. Weitere Belege bei WILDUNG 1973, 551 f. Sie beziehen sich jeweils auf den göttlichen Ka-Aspekt des Königs. Das wird besonders dort deutlich, wo wie in Abu Simbel der irdische König seine göttliche, horngeschmückte Erscheinungsform anbetet. Vgl. jetzt auch SEIDEL 1996, 140 f mit Tafel 31c.d.

58 Die *Loyalistische Lehre* sagt über den König: *"Er ist der Sonnengott, unter dessen Leitung man lebt, wer in seinem Schatten ist, wird reich an Hörigen. Er ist der Sonnengott, durch dessen Strahlen man sieht, der die beiden Länder mehr erleuchtet als die Sonne." (§ 2)* Zitiert nach BRUNNER 1991, 179. Zu den verschiedenen Konzeptionen der Relation zwischen König und Sonnengott vgl. GUNDLACH 1988.

59 Vgl. THISSEN 1966, 37.

60 Vgl. die kleine Bronzebüste bei WILDUNG u.a. 1989, Abb. 54.

Daß Dionysos geeignet schien, als Königsgott verstanden zu werden, mag auf den ersten Blick überraschen, entspricht aber durchaus bestimmten Zügen, die der Gott in der religiösen Tradition Griechenlands aufwies. Dionysos galt als Sohn des Zeus und der menschlichen Mutter Semele. Nach dem Tod der Mutter wird das Kind an Nymphen übergeben, die es als Ammen nähren. In der duftenden Höhle von Nysa wächst das göttliche Kind auf. Sein Geburtsmythos, der in der *Ilias*, den Homerischen Dionysoshymnen und Ende des 5. Jh. v.Chr. bei Euripides belegt ist,[61] konnte deshalb als griechisches Pendant zum ägyptischen Sohn-Gottes-Mythos aufgefaßt werden.

Dionysos gehört religionsgeschichtlich zum Typus der vorgriechischen Vegetationsgötter, die geboren werden, sterben und wiederbelebt werden. Als Vegetationsgott wurde mit Dionysos die Vorstellung vom ΙΕΡΟΣ ΓΑΜΟΣ verbunden. Kultisch fand diese in Athen ihren Ausdruck in *"der Hochzeit des Gottes mit der am höchsten stehenden Frau der Stadt, die mitten in der Demokratie noch den Titel 'Königin' führte."*[62] Sie mußte als Jungfrau in die Ehe treten, um des Gottes würdig zu sein. Leider ist nicht bekannt, was in der Zeremonie am Kannenfest, das der Einsegnung des neuen Weins gewidmet war, im einzelnen geschah. Es kann aber als sicher gelten, daß nicht ein menschlicher Mann den Gott vertrat, sondern ein kultischer Phallus Gegenstand der Verehrung war. Da der Ritus im Kontext der Wiedererweckung des Gottes stand, ergibt sich, wie KERÉNYI betont hat, eine Strukturanalogie zur ägyptischen Vorstellung von der Wiederbelebung des Osiris, die möglicherweise Ausdruck einer alten, über Kreta vermittelten Verwandtschaft von Dionysos- und Osirisreligion ist. Die Frau des ΑΡΧΟΝ ΒΑΣΙΛΕΥΣ von Athen hat jedenfalls die gleiche mythische Funktion inne wie Isis.[63] Es ist also keinesfalls willkürlich, wenn Dionysos von den Griechen mit Osiris identifiziert wird, und bei Herodot *(II,156)* im Horusmythos die Rolle des Osiris einnimmt. Als "Neuer Dionysos" konnten sich dann ptolemäische Könige nicht nur als Sohn an Zeus, sondern zugleich an den ägyptischen Osiris, als dessen jugendliche Wiedergeburt der König sich verstanden wissen wollte, anschließen.

Da der wiedergeborene Osiris-Dionysos kein anderer ist als Horus, konnte damit die uralte ägyptische Tradition der *Horusqualität des Königs* in hellenisiertem Zuschnitt fortgeführt werden. In diesen Zusammenhang gehört auch die Identifikation von Kleopatra VII. mit der Göttin Isis, die damals schon zur hellenistischen Allherrscherin über Götter und Menschen aufgestiegen war. Seit Mitte der 40er Jahre v.Chr. sind Münzen der Kleopatra als Isis bekannt. *"Kleopatra verwendete auf diesen Münzen ein Motiv, das uns auch aus Darstellungen auf Stelen vertraut ist. Sie setzte sich selbst mit Isis gleich, die ihr Kind, Horus, stillt. Kleopatra also*

---

61 Vgl. Homer, *Ilias XIV, 323-325;* WEIHER 1989, 110 f.124 f; Euripides, *Bakchen 1-110.* Siehe dazu NILSSON 1967, 565.599 f; HAIDER u.a. 1996, 152 f; SIMON 1985, 272.

62 KERÉNYI 1994, 108. Vgl. ebd. 180-193; sowie NILSSON 1967, 121.583 f; SIMON 1985, 279 f.

63 Vgl. KERÉNYI 1994, 190; sowie 56 f.59-62.112.181 f u.ö.

ist Isis, ihr Sohn ist Horus. "[64] Da sich schon Kleopatra III., die zweite Frau von Ptolemaios VIII., als "Königin Isis", und damit als reine Göttin, verehren ließ, stand das Vorgehen von Kleopatra VII. schon in einer langen Familientradition.

Kehren wir aber zurück zu den Anfängen: Ptolemaios I. machte Alexander zum Reichsgott und führte einen eponymen Alexanderpriester ein. Ptolemaios II. erhob seine toten Eltern als Rettergottheiten (ΘΕΟΙ ΣΟΤΕΡΕΣ) zu göttlichen Ehren und schloß sich und seine Frau, also das *lebende* Königspaar, mit einem speziellen Kulttitel an den Alexanderkult an. Er wandelte damit den Alexanderkult von einem Gründerkult in einen kollektiven *Dynastiekult* um und versuchte so, das persönliche Charisma des einzelnen, welches im Mittelpunkt des Wohltäterkultes stand, auf die königliche Familie (Göttlichkeit durch Vererbung) zu übertragen.[65] Bei diesem Vorgehen wurde das ΕΥΕΡΓΕΤΗΣ-Konzept mit Elementen der göttlichen Genealogie kombiniert, weswegen die Königinnen problemlos mit in den Kult einbezogen werden konnten.[66] Weil immer neue Generationen von ptolemäischen Königspaaren angeschlossen werden mußten, wuchs natürlich der Titel des Alexanderpriesters allmählich auf unhandliche Ausmaße an.

Trotz der Verschiedenheit von griechischem und ägyptischem Königskult gab es wechselseitige Einflüsse. Einerseits verwendeten die Ptolemäer ägyptische Elemente zur Ausgestaltung des hellenistischen Kultes, andererseits versuchten sie sehr früh, Einfluß auf die *ägyptische Form des Königskultes* zu nehmen. Gemäß der pharaonischen Rolle wurden die Ptolemäer in den Statuen- und Festkult aufgenommen. *"Seit Ptolemaios II. wurden die makedonischen Pharaonen zu Lebzeiten in diesen jährlichen Festkult miteinbezogen. In Memphis führte der Hohepriester des Ptah die entsprechenden Rituale an den ptolemäischen Königsstatuen im Ptahtempelareal durch.* "[67]

Beim ägyptischen Statuenkult ging es um die kultische Verehrung der göttlichen Ka-Kräfte des Königtums, nicht jedoch um die Person des Dargestellten.[68] Statuen von lebenden Ptolemäern in ägyptischen Tempeln sollten deshalb nicht sofort als Verpflanzen des hellenistischen Herrscherkultes in den altägyptischen Kontext interpretiert werden, auch wenn eine Veränderung der Auffassung von der Heiligkeit des Kultobjekts festzustellen ist. Die Aufstellung der Statuen in *allen* Tempeln

---

64 CLAUSS 1995, 45.
65 Vgl. HÖLBL 1994, 88. Zum Verhältnis von individuellem und dynastischem Charisma vgl. GEHRKE 1982, 266-273.
66 Deshalb sind auch *"Priesterinnen der Königinnen belegt, die häufig einen besonderen Titel trugen wie z.B. kanephoros 'Trägerin des Siegespreises' der Berenike II. Euergetis, der 'Wohltäterin'. Für Alexandria sind die eponymen Priesterschaften von etwa 285-100 v.Chr. gut belegt, besonders durch griechisches und demotisches Material aus ganz Ägypten. Gegen Ende des zweiten Jahrhunderts v.Chr. lassen sich einige Veränderungen feststellen, und diese Institution stirbt nahezu aus."* (QUAEGEBEUR 1989a, 46) Vgl. WILCKEN (1938) 1978, 233-246.
67 HÖLBL 1994, 81.
68 Hier sei nochmals auf BELL 1985 hingewiesen. Vgl. auch KESSLER 1989, 46-55.

kann jedenfalls *"so verstanden werden, daß das eigentlich Göttliche der König sein soll, dessen Bilder sich vervielfältigen lassen, nicht die Statue"*.[69] Ein deutliches Ausgreifen auf den ägyptischen Kult stellt auch die *Vergottung der Königin* dar.[70] Arsinoë II., zu ihren Lebzeiten Priesterin des Bockes von Mendes, wird nach ihrem Tod zu einer Göttin erhoben. Nach Auskunft der *Mendesstele* wurden im ägyptischen Bereich für sie Bestattungs- und Verklärungsrituale vollzogen, wie sie sonst für die verstorbenen heiligen Tiere galten. Damit wurde sie als lebender Ba und Göttin propagiert. In den ägyptischen Tempeln wurde sie als Gastgöttin (ΣΥΝΝΑΟΣ ΘΕΑ) der jeweiligen Hauptgottheit zugesellt. Zur Herleitung dieser Vorgehensweise konnte man auf das ägyptische Modell des Kultes für verstorbene Pharaonen zurückgreifen, auch wenn den eigentlichen Impuls die griechische Tradition (Heroen- und Wohltäterkult) gegeben haben wird. Auch die Tatsache, daß die göttliche Verehrung einer verstorbenen Königin in der Religionsgeschichte Ägyptens nicht völlig unbekannt war,[71] wird die Popularisierung der neuen Göttin erleichtert haben.

3.3.   Die Priestersynoden

Nach dem, was schon über die gesellschaftspolitische Funktion der Priestersynoden zu sagen war, ist zu erwarten, daß auch der Inhalt der betreffenden Dekrete Ausdruck der wechselnden Machtverhältnisse zwischen König und Priestern ist. Je schwächer die machtpolitische Situation der Ptolemäer wurde, um so mehr griffen sie auf das ägyptische Königskonzept mit seiner kultischen und mythischen Absicherung der königlichen Rolle zurück, die sich im Unterschied zu der hellenistischen Konzeption von der Sieghaftigkeit des Herrschers nicht ständig in der Praxis zu beweisen hatte. Entsprechend nimmt das Gewicht der Priesterschaften, welche die Sachwalter der ägyptischen Tradition waren, immer mehr zu.[72]

Der Inhalt der Texte ist insofern hellenistisch geprägt, als ihm das Wohltäter-Schema zugrunde liegt. Nach ägyptischer Tradition war Pharao Gott *ex officio* und brauchte sich seine Göttlichkeit nicht durch Wohltaten verdienen. Im übrigen sind die Wohltaten, für die die Ptolemäer gelobt werden (militärischer Schutz Ägyptens und Fürsorge für den traditionellen Kult) aus der Perspektive ägyptischer Tradition eine schiere Selbstverständlichkeit.

Das *Kanopus-Dekret* ist der Beschluß einer Synode in Alexandria im Jahre 238 v.Chr.[73] Die Ehrungen, die für das Herrscherpaar beschlossen werden, beinhalten unter anderem:

---

69 OTTO 1957, 194.
70 Vgl. QUAEGEBEUR 1989a; HÖLBL 1994, 94-99.
71 Hier ist an Ahmes-Nefertari, die Gemahlin von Ahmose (Gründer der 18. Dynastie) und Mutter von Amenophis I., zu erinnern, die mindestens in Deir el-Medinah als Gottheit verehrt wurde.
72 Vgl. ONASCH 1976; KÜGLER 1994a; HÖLBL 1994, 101-105.144-150.
73 Hieroglyphischer und griechischer Text bei SETHE 1904, 124-154.

- Die Einrichtung einer neuen Priesterklasse, die dem Kult der "Wohltäter-Gottheiten" (ΘΕΟΙ ΕΥΕΡΓΕΤΑΙ), also der lebenden Herrscher, gewidmet sein soll.
- Tempelfeste zu Ehren des königlichen Paares.[74]
- Die Vergottung der verstorbenen Prinzessin Berenike nach dem Muster von Arsinoë II., woraus allerdings kein populärer Kult entstand.

Die Erwähnung von Priestern für den Kult der lebenden Monarchen läßt erschließen, daß man deren Kultstatuen im Tempel aufstellen hatte lassen. Hier handelt es sich um die oben schon erwähnte Anknüpfung an den Kult für den königlichen Ka. Das bedeutet, daß die lebenden Ptolemäer nach ägyptischem Verständnis nicht eigentlich Gastgötter im ägyptischen Tempel waren.[75] Auf der griechischen Seite wird man für solche Differenzierungen kein Interesse aufgebracht, sondern die Verehrung der lebenden wie der toten Ptolemäer einheitlich im Sinne der hellenistischen Herrscherkulte aufgefaßt haben. Dann konnten die kultisch verehrten Könige unterschiedslos als ΣΥΝΝΑΟΙ verstanden werden.

Jedenfalls tragen viele ägyptische Priester in der ptolemäischen Epoche Titel, die sie als mit dem Herrscherkult betraut ausweisen.[76] Besonders die Titel der Hohenpriester des Ptah von Memphis zeigen, *"daß man im Anschluß an die bestehenden Kulte für altägyptische Pharaonen und auf der Basis des ägyptischen Statuenkultes seit Ptolemaios III. zu einer Herrscherverehrung in ägyptischen Heiligtümern gelangte, die an den alexandrinischen Dynastiekult erinnert."*[77] Da man an die entsprechenden Bezeichnungen das jeweils aktuelle Herrscherpaar anfügte, entstanden Titelreihen, die der des hellenistischen Alexanderpriesters durchaus entsprechen. Der griechische Text des Kanopus-Dekrets zeigt auch, daß die Vergöttlichung der gesamten Dynastie einschließlich der lebenden Herrscher zum Verständnis des Königs als "Gott von Gott" führt.[78]

Das *Raphia-Dekret* überliefert die Beschlüsse einer Priestersynode in Memphis im Jahre 217 v.Chr.[79] Allein die Wahl der alten ägyptischen Hauptstadt als Tagungsort indiziert das neu gewonnene Gewicht der indigenen Bevölkerung. Die Präpotenz des Königs ist einer gleichgewichtigen Kooperation von Klerus und König gewichen. Der Monarch überhäuft nach dem Sieg die Tempel mit Wohltaten, was

---

74 Im Zusammenhang damit wurde eine Kalenderreform (Schaltjahr) eingeführt, die den Zusammenhang zwischen den königlichen Festen und dem Sothis-Aufgang (als Zeichen der einsetzenden Nilflut) dauerhaft sichern sollte. Die Reform konnte sich allerdings nicht halten. Als die königliche Macht schwächer wurde, setzte sich wieder die ägyptische Tradition durch.

75 Dem entspräche auch die Analyse von Tempelreliefs, die WINTER (1978, 158) zu dem Ergebnis bringt: *"Die königlichen Ahnen werden als Mitgötter verehrt und unter die Götter eingereiht. Aber die zeitgenössischen Herrscher werden auf der 'göttlichen' Seite nur insoweit dargestellt, als ihnen die Herrschaft überantwortet wird."*

76 Vgl. LANCIERS 1991, bes. 140 f.

77 HÖLBL 1994, 105. vgl. auch QUAEGEBEUR 1989b.

78 Ptolemaios III. ist als Gott Sohn der bruderliebenden Gottheiten Ptolemaios II. und Arsinoë. Vgl. SETHE 1904, 126.

79 Text und Kommentar: THISSEN 1966.

natürlich entsprechende Konsequenzen für das Einkommen der Priester hat, und wird dafür als legitimer Pharao anerkannt, indem sein militärischer Sieg mit Hilfe des Horus-Mythos theologisch gedeutet wird.

Wieder werden neue Ehrungen für das Königspaar beschlossen:

- Eine Statue *"Ptolemaios Horus, der seinen Vater schützt, dessen Sieg schön ist"* soll in den Höfen der Tempel Ägyptens aufgestellt werden, daneben ein Bild der Königin. Hinzugefügt werden soll eine Statue des jeweiligen Lokalgottes, wie er das Siegesschwert an den König überreicht. Die drei Statuen sollen einen täglichen Kult erhalten.
- Außerdem soll ein neues Fest zu Ehren des Königspaares als "vaterliebende Gottheiten" (ΘΕΟΙ ΦΙΛΟΠΑΤΟΡΕΣ) gefeiert werden. Der Kultname ΦΙΛΟΠΑΤΟΡ muß wohl als griechische Kurzfassung des Horus-Mythos verstanden werden.

Der berühmte Stein von Rosette dokumentiert das Ergebnis einer *Synode des Jahres 196* , wieder in *Memphis*.[80]

Die politische Situation war für den König denkbar schlecht: Das Ptolemäerreich war dramatisch geschrumpft, das Königshaus in einem kritischen Zustand. Der Hof mußte dringend einen legitimen Pharao präsentieren und war deshalb auf Kooperation mit den Priestern angewiesen. So wurde der junge, erst vierzehnjährige König Ptolemaios V. Epiphanes mehr als je zuvor in die Rolle des Pharao eingepaßt, wofür sich die Priester der königlichen Kulteinrichtungen mit zahlreichen Vergünstigungen bedenken ließen.[81] Sie reduzierten ihre Verpflichtungen gegenüber der Krone und wiesen sich neue Privilegien zu. Außerdem gab es allgemeine Steuererleichterungen und Amnestien für bestimmte Vergehen, vor allem Aufruhr. Wie weit die Priester dafür in ihrer ägyptischen Integration des hellenistischen Monarchen gingen, zeigt die kaum zu überbietende Distanz zum einheimischen Widerstand:

Was auch als machtpolitische Grausamkeit und blutrünstiges Spektakel hätte gesehen werden können, nämlich das Niederschlagen des ägyptischen Aufstandes im Delta und die Hinrichtung der Anführer bei der Krönung, wurde in den mythologischen Rahmen des Horus-Mythos eingebunden. Der Makedonenkönig wurde zum "Ebenbild des Horus, Sohn von Isis und Osiris" gemacht, die einheimischen Rebellen gerieten als "Götterfeinde" in die Rolle der Fremdvölker.

Wieder werden

- die Aufstellung königlicher Kultstatuen, sowie
- Feste in den Heiligtümern Ägyptens beschlossen.
- Privatleuten wird diesmal darüber hinaus der Königskult an häuslichen Schreinen empfohlen, was eine Neuerung darstellt, für die es in der ägyptischen Geschichte kaum Vorbilder gibt.

---

80 Hieroglyphischer, demotischer und griechischer Text bei SETHE 1904, 166-198.
81 Vgl. HÖLBL 1994, 145 f. - Aus der Tatsache, daß in diesem Zusammenhang die Pflicht zur jährlichen Synodalversammlung in Alexandria gestrichen wird, kann erschlossen werden, um welch lästige Einrichtung es sich in den Augen der Priester hier handelte.

Mit Bezug auf seine göttlichen Vorfahren wird Ptolemaios V. auf dem Rosette-Stein auch als ΘΕΟΣ ΕΚ ΘΕΟΥ ΚΑΙ ΘΕΑΣ bezeichnet.[82]

Nach der Niederschlagung des oberägyptischen Aufstandes fanden zwei weitere Synoden statt, von denen die beiden *Philensis-Dekrete* Zeugnis geben:[83]

- Zusätzliche Statuen des Königspaares zusammen mit dem jeweiligen Lokalgott sollen aufgestellt werden.
- Außerdem werden zusätzliche Festtage eingeführt.
- Die Königin wird auf die kultische Ebene ihres Gatten gehoben. Sie trägt den Titel "Erschienene Göttin" *(n<u>t</u>r.t pr.t)* und erhält einen königlichen Horusnamen als weiblicher Horus *(Ḥr.t)*.

Die Synodentexte zeigen, daß der Basileus Ptolemaios mehr und mehr als Pharao in die altägyptische Königsideologie eingepaßt wurde, was einerseits bedeutete, daß die Priester mehr und mehr an Einfluß gewannen, andererseits ein deutliches Indiz dafür ist, daß generell mit einem Transfer von Elementen ägyptischer Königstheologie in den hellenistischen Bereich hinein zu rechnen ist. Entsprechende Beobachtungen waren ja auch schon an anderen Quellen zu machen. Es muß im Kontext der Priesterdekrete eine enge Abstimmung zwischen griechischer und ägyptischer Seite über den Inhalt dieser rechtlich und theologisch relevanten Texte gegeben haben.[84] Auch ist zu beachten, daß die Aufstellung der mehrsprachigen Stelen in einem Tempelbereich erfolgte, der als mindestens halböffentlich bezeichnet werden muß.

Aus all dem ist zu schließen, daß in hellenistischen Kreisen viele mehr als nur die Umrisse der ägyptischen Sohn-Gottes-Vorstellung gekannt haben.

4. Die Göttlichkeit des römischen Kaisers

Ein wichtiges Bindeglied zwischen ptolemäischer und römischer Herrscherideologie stellt die Beziehung zwischen Kleopatra VII. und den beiden römischen Politikern Caesar und Marcus Antonius dar.[85] Der Isis-Bezug der Königin schlug eine Brücke zwischen Ägypten und der hellenistischen Welt, weil die Göttin inzwischen für zahlreiche Griechen und Römer ebenso wichtig war, wie für die Ägypter. Inszenierte sich die Königin als neue Isis, so bot sich dem jeweiligen Mann an ihrer Seite von der ptolemäischen Tradition her die Rolle des Osiris-Dionysos geradezu an. Beide Römer haben sie gespielt. Als Caesar seinen Triumph des Jahres 46 v.Chr. inszenierte, trat er in der Rolle des Dionysos auf, was aus ägyptischer Sicht nur als Anschluß an das Königsprogramm von Ptolemaios XII. verstanden werden konnte und wohl auch so gemeint war. Angeblich ließ Caesar

---

82   Vgl. HUMBACH 1988, 97. Text bei SETHE 1904, 173.
83   Text bei SETHE 1904, 198-214 (Philensis I) und 214-230 (Philensis II).
84   Vgl. ONASCH 1976,153 f.
85   Vgl. HÖLBL 1994, 265-269; CLAUSS 1995.

der Isis Kleopatra sogar eine goldene Statue im Tempel der *Venus Genetrix*, der göttlichen Urmutter seiner Familie, aufstellen.[86]

Antonius übernahm ebenfalls das ptolemäische Königsprogramm.[87] Der Bericht Plutarchs läßt erkennen, daß Antonius in mehrfacher Hinsicht die ptolemäische Vorstellung vom königlichen Gottmenschentum weiterführte: Wie viele seiner römischen Standesgenossen führte er seine Familie auf einen göttlichen Urahn, in seinem Falle auf Herakles, zurück, der seit dem 5. Jh. als Sohn der menschlichen Mutter Alkmene galt. In seinem öffentlichen Erscheinungsbild glich er sich dem Zeussohn an.[88]

Außerdem legte er auf dionysische Züge in seinem Erscheinungsbild Wert. Die Menge in Ephesus bejubelte den siegreichen Feldherrn als huldreichen, freudenspendenden Dionysos.[89] Schon vor der Verbindung mit Kleopatra trat Antonius also wie ein orientalischer Fürst auf.[90] Solche öffentlichen Inszenierungen der Herrschaft dürfen in ihrer Bedeutung für die öffentliche Kommunikation nicht unterschätzt werden. Sie sind nicht nur szenische Propaganda, sondern stellen aufgrund ihres religiösen Hintergrunds den Akt einer gesellschaftlichen Konstruktion von Wirklichkeit dar.[91] Antonius ließ sich ΝΕΟΣ ΔΙΟΝΥΣΟΣ nennen und wollte als Epiphanie des Gottes gelten. Anläßlich des Sieges über die Armenier (34 v.Chr.) feierte er z.B. einen Triumphzug in Alexandria, der an die dionysischen Prunkprozessionen der Ptolemäer anschloß und den römischen Feldherrn entsprechend dieser Tradition als Erscheinung des Dionysos verherrlichte.[92] In der ägyptischen Variante wurde er zu Osiris, dem Mann der Isis. Nach dem Zeugnis von Cassius Dio ließ sich Antonius mit Kleopatra in Bildern und Statuen als Dionysos-Osiris und Selene-Isis darstellen, aber auch die Angleichung an Amun ist belegt.[93] Der Tempel mit Obelisk, den Kleopatra für den Gott Antonius im Hafengebiet Alexandrias bauen ließ, wurde erst zu Octavians Zeiten fertig und dann als Sebastieion, also für den Kaiserkult, in Betrieb genommen.

---

86 Cassius Dio (51, 22, 3) berichtet, Kleopatra selbst sei *"im Venusheiligtum in Gold zu sehen"*. Vgl. CLAUSS 1995, 35.

87 Zur Herakles- und Dionysosangleichung des Antonius vgl. ZANKER 1990, 53-56.65-73.

88 Plutarch, *Antonius 4,1 f; 60,3.*

89 Plutarch, *Antonius 24,3.*

90 Vgl. Plutarch, *Antonius 60,3.* CHAMOUX 1989, 226-230; Die Dionysosangleichung spielte zwar bei Octavian keine Rolle, wird später aber problemlos auf die römischen Kaiser angewandt. Eine Inschrift von der Insel Chios ehrt Hadrian (117-138 n.Chr.) als den ΝΕΟΝ ΔΙΟΝΥΣΟΝ. Vgl. PFOHL 1980, 72.

91 *"Man konnte das, was in Ephesus geschah, als einen symbolischen Akt begreifen, man konnte es allerdings auch als Realität auffassen. Es scheint, daß bei Antonius die 'Realität' gegenüber dem 'Symbolischen' immer stärker die Oberhand gewann."* - So CLAUSS 1995, 49 f.

92 Vgl. TAEGER 1960, 90-94.

93 Cassius Dio 50,5,3. Vgl. CHAMOUX 1989, 309-312; GRIMM 1978, 108 mit Abb. 81.

4.1. Das Modell des Augustus

Die Versuche seines Gegenspielers Marcus Antonius, sich als hellenistischer Herrscher zu gerieren, hatte Octavian als *dominatio* verunglimpft. Von daher verbot sich ihm eine Übernahme des hellenistischen Modells zur Strukturierung seiner eigenen Herrschaft. Außerdem war die hellenistische Monarchie seit Actium die Staatsform der Verlierer. Obwohl letztlich die Macht des Augustus auf den gleichen Fundamenten beruhte wie die der hellenistischen Monarchen, nämlich auf dem militärischen, wirtschaftlichen und politischen Erfolg, der die Zustimmung der Massen ebenso einbrachte wie die der städtischen Eliten,[94] wählte der neue Alleinherrscher eine nominelle Restitution republikanischer Zustände als Einkleidung seines Regimes und machte den Senat zur formalen Quelle und Legitimationsgrundlage seiner Macht.

Solange er sich freilich noch nicht durchgesetzt hatte, sondern mit Marcus Antonius noch um die Herrschaft stritt, sah die Sache ganz anders aus.[95] Als junger Politiker bekannte sich Octavian ganz offen zu Alexander als seinem Leitbild und umgab sich recht planmäßig mit der Aura des Wunderbaren. Dabei zeigten auch bei ihm ptolemäische Vorgaben großen Einfluß.

Octavian setzte 42 v.Chr. durch, daß der ermordete Caesar als Gott in den Staatskult aufgenommen wurde. Während nun überall Altäre für den DIVVS IVLIVS gebaut wurden, konnte der Adoptivsohn einen göttlichen Vater in Anspruch nehmen, was sich in dem programmatischen Titel DIVI FILIVS angemessen ausdrückte.[96] Wenn Octavian außerdem von Beginn seiner politischen Karriere an den Namen C. CAESAR führte, so spielte er mit der Vorstellung der Verkörperung des Vaters im Sohn. Die Ähnlichkeit seiner Münzbildnisse mit denen Caesars ließen ihn als jugendliche Wiedergeburt des Diktators erscheinen.[97] Auch reklamierte er im Anschluß an Caesar als Vater und ganz nach hellenistischer Mode Venus und Aeneas als göttliche Urahnen.[98] Seine Nähe zu Apollo betonte Octavian bis hin zur Angleichung.

Die Wahl Alexanders als historisches Vorbild legte es wohl nahe, daß auch Octavian als Gottgezeugter stilisiert wurde. Es ist deshalb nicht überraschend, daß seine Anhänger, wie archäologische Zeugnisse nahelegen, schon in der Zeit des Machtkampfes die Legende seiner göttlichen Zeugung durch Apollo zu Propaganda-

---

94   Vgl. DAHLHEIM 1989, 5-7. Ausführlich: KIENAST 1992, 126-170.

95   Vgl. zum folgenden: ZANKER 1990, 42-84 (mit reichem archäologischem Material).

96   Vgl. TAEGER 1960, 98. Es ist durchaus berechtigt, hier eine römische Variante der Vergöttlichung der Eltern im ptolemäischen Dynastiekult zu sehen. Jedenfalls wurde DIVI FILIVS im griechischen Kontext wohl entsprechend aufgefaßt. Vgl. HEINEN 1995, 3165. Eine griechische Inschrift von der Insel Keos (nach 31 v.Chr.) bezeichnet Augustus als *"Gott, Sohn (eines) Gottes"* (ΘEON ΘEOY YION). Vgl. PFOHL 1980, 65.

97   Vgl. ZANKER 1990, 42.45 mit Abb. 28 a-c.

98   Diese mythische Genealogie hat die spätere "republikanische" Wende unbeschadet überstanden. Eine Inschrift von der Insel Lesbos (vor 2. v.Chr.) ehrt Iulia, die Tochter des Augustus, als Tochter der Venus (F(ILIA) VENERI GENETRICI). Vgl. PFOHL 1980, 68.

zwecken in Umlauf brachten.[99] Diese Geburtslegende bildet vermutlich den Verstehenshintergrund für das Grabepigramm von Octavians Mutter, wo es heißt:[100]

> *Glücklich bin ich gepriesen vor allen anderen Frauen,*
> *ob einen Sterblichen nun, ob einen Gott ich gebar.*

Ein spätes Echo findet sich bei *Sueton* (* ≈70 n.Chr.) in seiner Augustusbiographie, die zu Beginn des 2. Jh. n.Chr. entstanden sein dürfte.

> *In den griechisch geschriebenen 'Theologischen Abhandlungen' des Asclepiades von Mendes lese ich, Atia habe sich um Mitternacht zu einem heiligen Opfer in den Tempel des Apollo begeben und sei dort in ihrer Sänfte, während die übrigen Frauen schliefen, auch ein wenig eingeschlafen. Da sei plötzlich eine Schlange zu ihr in die Sänfte gekrochen und habe sich bald darauf wieder entfernt. Als sie selbst aufgewacht war, habe sie sich wie nach dem ehelichen Beischlaf gereinigt; und sofort habe sich auf ihrem Körper ein Flecken gezeigt, der wie eine Schlange gestaltet und nicht zu entfernen war, so daß sie seitdem keine öffentlichen Bäder mehr besuchte; neun Monate darauf habe sie Augustus geboren, der deswegen für einen Sohn Apolls gehalten wurde.*

> *(Augustus 94,4)*

Es ist sicher bedauerlich, daß wir das Original dieser Abhandlungen nicht mehr lesen können, aber wenigstens erfahren wir, daß Suetons Gewährsmann ein Ägypter ist. Daß hier offensichtlich ägyptische Tradition in hellenistisch-römischer Transformation präsentiert wird, wäre allerdings auch ohne diese explizite Verbindung kaum zu bezweifeln:

Das Auftreten des Gottes in der ihm zuzuordnenden Tiergestalt im Kontext göttlicher Zeugung ist nicht ungewöhnlich. Entsprechendes war ja schon im *Ptah-Segen* der Ramessidenzeit zu finden. Zugleich stellt die *Schlangengestalt* eine Verbindung zur Tradition um Alexanders göttliche Zeugung und damit auch zu dessen göttlichem Vater Ammon her. Daß bei Octavian nicht Ammon, sondern *Apollo* die Rolle des Vaters übernahm, ist mehr als naheliegend, schließlich war es dieser Gott, der Augustus den mythologischen Bezugsrahmen für sein politisches Handeln lieferte. Ihm konnten alle wichtigen Programmpunkte beim Aufbau einer neuen Ordnung zugeordnet werden.[101]

---

99 Vgl. ZANKER 1990, 58 mit Abb. 39 (Kölner Glaskameo, der die Schlange des Apollo mit solarem Nimbus zeigt); sowie SIMON 1986, 163-165 mit Abb. 214. Letzterer verweist darüber hinaus auf die berühmte Portlandvase (aaO Tafel 15) und eine Reihe von Gemmen aus spätrepublikanischer Zeit, die eine Schlafende mit Schlange, umgeben von Glücks- und Herrschaftssymbolen, zeigen (aaO Abb. 215 f).

100 Zitiert nach SIMON 1986, 164.

101 Apollo stand für Moral und Disziplin. Er war der Rächer jeglicher Vermessenheit, aber auch der Sänger, der als Gott des Friedens und der Versöhnung gesehen werden konnte. Schließlich war Apollo auch noch der Gott der Sibylle und der Sphinx, dem der Anbruch eines längst verheißenen neuen Zeitalters zugewiesen werden konnte. Zur Apollo-Programmatik vgl. ZANKER 1990, 60 f; ; LAMPRECHTS (1953) 1988.

Für die römische Öffentlichkeit freilich war die wohl deutlichste Manifestation dieser Gottesbeziehung die architektonische Verbindung von Apollotempel und Wohnhaus des Augustus. In Aufnahme hellenistischer Tradition vom *Wohnen bei der Gottheit*, wie sie (in Fortführung altägyptischer Tradition) besonders von den Ptolemäern in Memphis gepflegt worden war,[102] wohnte hier der Sohn zwar nicht im Hause seines Vaters, aber doch nahe daran.

Allerdings wurde Augustus auch mit Jupiter (= Zeus = Ammon) in Beziehung gesetzt. Sueton *(Augustus 94,8)* überliefert den Traum eines Quintus Catulus, in dem dieser den späteren Monarchen als Knabe auf dem Schoß des Kapitolinischen Jupiter sitzen sieht. Die Götter selbst verhindern, daß der Knabe von dort entfernt wird. Hier ist einerseits an römische Symbolik der väterlichen Anerkennung zu denken,[103] andererseits deutet die Übertragung auf einen göttlichen Vater auf ägyptische Tradition hin.[104] Auch ein Traum seines Vaters Octavius identifiziert Octavian mit Jupiter *(Augustus 94,6)*. Diese Erzählungen mögen ein später Nachklang der Jupiteridentifikation sein, die Octavian im Kampf um die Alleinherrschaft propagierte. Mit Hilfe von programmatischen Münzprägungen ließ er sein Bildnis mit dem des Jupiter zusammenfließen.[105]

In unmittelbarem Zusammenhang mit den Informationen über die Schlangenlegende des Asklepiades berichtet Sueton auch noch von Vorzeichen, die Augustus mit dem Sonnengott gleichsetzen.[106] Es handelt sich dabei um jeweils einen Traum von Atia und Octavius, wobei sich die Träume der beiden Elternteile inhaltlich ergänzen:

> *Ebenso hat Atia, bevor sie gebar, geträumt, daß ihre Eingeweide* (intestina sua) *zu den Sternen getragen würden und sich über den gesamten Umfang der Erde und des Himmels ausbreiteten. Geträumt hat auch der Vater Octavius, daß aus dem Schoß* (utero) *Atias der Strahlenglanz der Sonne* (iubar solis) *aufginge.*
>
> *(Augustus 94,4)*

Der Begriff *intestina* meint in der Regel die Gesamtheit der Eingeweide. Diese steigen zum Sternenhimmel empor, füllen das All und nehmen damit kosmisch-göttliche Qualität an. Daraus ist zu schließen, daß auch das Kind, das geboren werden wird, göttliche Qualität aufweist. Passend dazu deutet dann der väterliche Traum das erwartete Kind als aufgehendes Licht der Sonne. Atia wird damit auf symbolisch-traumhafter Ebene zur Gottesmutter. Fällt es zunächst auch schwer, eine solche Vorstellung in der Tradition römischer Religion zu verorten, so ist es doch nicht ganz unmöglich. Zum einen ist daran zu erinnern, daß Apollo von alters

---

102 S.o. I. und II.!

103 Wie Sueton *(Claudius 27)* berichtet, zeigte Kaiser Claudius seinen Sohn Britannicus auf seinem Schoß sitzend dem Volk, wünschte ihm Heil und Segen und designierte ihn damit zugleich zum Thronfolger.

104 Vgl. *SZENE XI* des Luxor-Zyklus; dazu BRUNNER 1986, 115-121.

105 Vgl. ZANKER 1990, 63 mit Abb. 44.

106 Vgl. zum folgenden GRANDET 1986; HEINEN 1995, 3171-3177.

her solare Qualität zugeordnet wurde. Auch wenn es keine Gleichsetzung des Gottes mit der Sonne gab, so gehörten doch Licht und Reinheit für die griechische Religion ebenso zum Wesen Apollos wie für die römische.[107] Zwar kannte die römische Tradition keine Mutter-Sohn-Relation unter Gottheiten, aber in Bezug auf Apollo, für den die Verbindung mit mütterlichen Gottheiten schon im griechischen Bereich charakteristisch war, wurde eine solche Beziehung trotzdem akzeptiert.[108] So kann wohl ein großer Teil der Traumerzählung Suetons vor dem Kommunikationshintergrund griechisch-römischer Apollotradition und der religionspolitischen Beziehung Octavians zu diesem Gott verstanden werden. Es bleibt allerdings ein erklärungsbedürftiger Überschuß, der vor allem darin besteht, daß Leto, die Mutter des Apollo eben keine Astralgottheit darstellt, die als kosmische Gebärerin des Sonnenlichts in Frage käme. So wird - auch wenn Sueton an dieser Stelle den Ägypter Asklepiades als seine Quelle nicht mehr ausdrücklich nennt - damit zu rechnen sein, daß neben griechisch-römischen Traditionen auch entsprechende ägyptische Vorstellungen im Hintergrund stehen. Zunächst ist auf die Vorstellung von der Himmelsgöttin Nut hinzuweisen, die sich mit ihrem sternengeschmückten Leib über die Gesamtheit des Kosmos wölbt und die aufgehende Morgensonne gebiert.

Schon in Pyramidentexten des Alten Reichs wird von Nut erwartet, daß sie den verklärten Pharao als Stern gebiert. Wo der verklärte König mit Re identifiziert wird, wird seine Teilhabe am Geschick des Re, und also auch seine morgendliche Geburt aus Nut, gefordert.[109] Selbstverständlich geht es ägyptisch um einen kosmischen Prozeß, zu dem neben dem allmorgendlichen Gebären auch das allabendliche Verschlingen gehört, während es bei den Augustusträumen um die einmalige geschichtliche Wende geht. Eine solche Veränderung zeigt, daß es keinesfalls um eine direkte Aufnahme altägyptischer Vorstellungen geht, sondern die Transformationsprozesse der Ptolemäerzeit immer schon vorauszusetzen sind. Zu erwähnen ist außerdem die Schöpfungstheologie der Esnatradition. In den späten Texten des dortigen Chnum-Tempels (1.-2. Jh. n.Chr.) wird die Göttin Neith zur Himmelskuh und übernimmt die Rolle der göttlichen Mutter des Sonnengottes.

>   Neith spricht:
>   *"Ein heiliger Gott wird heute zur Welt kommen."*

>   Und als Namen ihres Sohnes nennt sie:
>   *Er ist Chepri am Morgen, Atum am Abend,*

---

107 Vgl. SIMON 1985, 130-134; *dies.* 1990, 30-34. Hier ist auch an den solaren Nimbus der Apollschlange auf dem Kölner Glaskameo (s.o.) zu erinnern. Es muß vermutet werden, daß Octavian die solare Dimension seiner Herrschaft zu Zeiten des Triumvirats nur über die Verbindung zu Apollo ableitete. Vor der Schlacht bei Actium scheint vor allem Marcus Antonius seine Angleichung an Helios (Sol) propagiert zu haben. Vgl. ALFÖLDI (1930) 1988, 202 f. Die daraus resultierende Beschränkung entfiel dann für den Augustus.
108 Vgl. SIMON 1985, 136; dies. 1990, 29.
109 Vgl. KOCH 1993, 116 f.141-143.

und er erscheint als Sonne immerdar und alltäglich,
in jenem seinem Namen Re.[110]

Zwar geschieht die Geburt des Sonnengottes dann aus einem Ei, aber es kann ohnehin nicht angenommen werden, daß Einzelheiten dieser Texte bekannt waren. Allein die extrem schwer lesbaren Hieroglyphen in Esna machen dies gänzlich unwahrscheinlich. Neith wird aber auch in anderen Texten als Gebärerin des Re bezeichnet.

Bei den Traumberichten Suetons kann es ohnehin nur allgemein um die ägyptische Vorstellung von einer kosmischen Muttergottheit, die ein göttliches Kind mit solarer Qualität gebiert, gehen. Entsprechende Konzeptionen waren im hellenistisch-römischen Ägypten jedenfalls noch lebendig und ließen sich mit der Beziehung Octavians zu Apollo so gut verbinden, daß es nicht unwahrscheinlich ist, daß ein ägyptischer Theologe *"im Falle der Atia und ihres Sohnes an die Gestalt der Nut und die Geburt der Sonne gedacht haben könnte".*[111]

Unter Berücksichtigung der altägyptischen Beziehung des Pharao zu Re und der ptolemäischen Interpretation der königlichen Horusqualität im Begriff des Sonnenkönigs (ΒΑΣΙΛΕΥΣ ΗΛΙΟΣ), wie sie oben dargestellt wurde, ist jedenfalls die Deutung des Weltherrschers Augustus als Sonnengottheit gut nachvollziehbar, zumal sie der solaren Qualität des Phoebus-Apollo entsprach und Horus stets mit Apollo identifiziert wurde. So war denn auch die Parallelisierung der Geburt des Herrschers mit der des Apollo schon im ptolemäischen Ägypten bekannt.[112]

Entscheidend in unserem Zusammenhang ist jedenfalls, daß nicht nur Marcus Antonius anfällig war für hellenistische Herrschaftsideologie, sondern auch Octavian unter diesem Blickwinkel gesehen werden konnte. Mit Blick auf beide konnten die Zeitgenossen zurecht den Eindruck gewinnen, *"hellenistische Könige stritten sich um das Imperium der Römer."*[113] Daß auch der Princeps Augustus zur ideologischen Strukturierung seiner Alleinherrschaft auf Elemente hellenistischer Tradition zurückgriff, ist ebenfalls unbestreitbar. Es ist deshalb überhaupt nicht verwunderlich, wenn später unter den Nachfolgern das geheime Modell der hellenistischen Monarchie, das eben doch dem augusteischen Prinzipat zugrunde lag, auch in der göttlichen Verehrung des Herrschers deutlicher zu Tage tritt, als es Augustus für sich selbst nach der "Wiederherstellung der Republik" als opportun betrachtet hatte. Mit Rücksicht auf die Senatsaristokratie verzichtete er ja in der Hauptstadt auf jede kultische Verehrung seiner Person.[114] Aber schon in den östlichen Provinzen war die Lage anders.

---

110 Übersetzung: TUAT III,5, 1082.
111 HEINEN 1995, 3175.
112 Im Deloshymnos des alexandrinischen Hofdichters Kallimachos wird die Geburt Apolls auf der Insel Delos mit der Geburt von Ptolemaios II. Philadelphos auf Kos in Verbindung gesetzt. Vgl. KOENEN 1983, 164.174-181.
113 ZANKER 1990, 42.
114 Selbst dort gab es jedoch Ausweichmodelle. Vgl. HERZ 1988, 127-131.

Der Landtag (KOINON) Asiens hatte schon Caesar als *"leibhaftig erschienen Gott"* und *"Retter des Menschengeschlechts"* bezeichnet.[115] Entsprechende Ehren wurden nun auch Octavian nach dem Sieg über Marcus Antonius und Kleopatra durch die KOINA von Bithynien und Asien angetragen. Octavian nahm nicht nur an, sondern richtete später sogar eigens zum Zweck der Divinisierung Landtage in Westprovinzen ein, die als noch nicht befriedet galten.[116] Vermutlich im Jahre 9 v.Chr. wurde auf Anregung eines Prokonsuls in der Provinz Asia ein Beschluß gefaßt, der den Jahresanfang auf den Geburtstag des Kaisers legte. Im entsprechenden Text, der u.a. in der berühmten Inschrift von Priene dokumentiert ist, wird die Geburt des Kaisers gefeiert als die entscheidende Wende der Weltgeschichte, da *"für die Welt der Geburtstag des Gottes den Anfang der ihm geltenden Frohbotschaften bildete"*.[117] Eine Inschrift aus Halikarnass verkündet, daß *"die unsterbliche Natur des Alls das größte Gut aus überschäumender Freundlichkeit den Menschen schenkte, indem sie Caesar Augustus hervorbrachte"*.[118]

Die Tendenz zur Vergöttlichung des Herrschers war ein Produkt des Zeitgeistes. Sie entsprach nicht nur den Interessen der Herrschenden, sondern auch weithin den Erwartungen der Beherrschten. Auch in Rom bestand nach den Wirren des Bürgerkriegs ein enormer, religiös aufgeladener Erwartungsdruck. Viele sehnten sich nach einem neuen, von Frieden, Glück und Wohlstand erfüllten Zeitalter und - allen republikanischen Traditionen zum Trotz - nach einem Alleinherrscher, der dieses Zeitalter herauführen sollte. Die berühmte *Ecloga IV* der *Bucolica* von Vergil mit ihrer Hoffnung auf die Geburt eines göttlichen Kindes, das eine neue Heilszeit anbrechen lassen wird, ist deutlicher Ausdruck dafür.[119] Mit BINDER kann man in diesem Hirtengedicht ein Werk sehen, das konkret *"Vergils Erwartungen gegenüber Octavianus ausdrückt - Hoffnungen, Wünsche, Mahnungen -, und dies in der für Vergils Hirtendichtung typischen Überlagerung der historisch-realen und einer bukolisch-irrealen Welt."*[120] Daß der Dichter mit seinen Hoffnungen nicht allein steht, sondern wirklich künstlerischer Exponent der Er-

---

115 Vgl. DAHLHEIM 1989, 22. Eine Inschrift aus Thessalien (nach 48 v.Chr.) bezeichnet Caesar schlicht als Gott (ΘΕΟΣ). Vgl. PFOHL 1980, 64 f. Ein spätes Beispiel (etwa 9 v.Chr.) für die Übertragung auf Augustus ist die Inschrift aus Priene (s.u.), die den Kaiser als Retter, Wohltäter und Gott preist.

116 Vgl. KIENAST 1992, 203-214.

117 Vgl. LEIPOLDT/ GRUNDMANN 1967, 105-107; PFOHL 1980, 134 f.

118 Zitiert nach FREIS 1994, 17.

119 Eine wissenschaftlich orientierte Übersetzung ins Deutsche findet sich bei BINDER 1983, 105.107.

120 BINDER 1983, 122. Seine Deutung der Ekloge als ein auf das Geburtsjahr Octavians rückprojiziertes Lied der Parzen, das im Jahr 40 den Wendepunkt zu einer neuen Ära sieht, aber vermutlich erst später entstanden ist, erscheint mir sehr einleuchtend. Kritisch ist freilich seine Behauptung zu sehen, die 4. Ekloge könne *"ohne die Vorstellungswelt des Orients"* existieren (122). Ganz im Gegenteil scheint mir die Erwartung eines Alleinherrschers, der so innig mit der Sphäre des Göttlichen verbunden ist, gar nicht vorstellbar ohne die römische Rezeption hellenistischer Varianten allgemein orientalischer und speziell ägyptischer Herrschervorstellungen, wie sie lange vor Vergil schon stattgefunden hat.

wartungen einer Epoche ist, machen zahlreiche archäologische Zeugnisse deutlich.[121] *"Der Monarch als Friedensbringer und Erlöser der Welt erscheint in der Bildersprache der Welthauptstadt schon bei Pompeius und Caesar; das eigene Gottesgnadentum wurde schon durch Sulla proklamiert und der Menschheit eingeprägt."*[122]

Als Princeps verzichtet Augustus aber z.B. darauf, die Jupiterangleichung, die er zu Zeiten seines Machtkampfes mit Marcus Antonius propagiert hatte, offiziell weiterzuführen. Dafür konnte sie sich als Chiffre in der Dichtung und darstellenden Kunst umso ungestörter entfalten.[123] Die Jupiterchiffre bedeutete nicht mehr, daß der Princeps offiziell als Neuer Jupiter verehrt oder als Verkörperung göttlicher Kräfte gesehen wurde, aber sie erlaubte den Untertanen des Kaisers in diesem allegorischen Bild, die Herrschaft des Kaisers als ebenso endgültig, gerecht und umfassend wie die des Göttervaters zu feiern: *"Augustus vertritt die Götter auf Erden."*[124] Das ist durchaus als römische Variante ägyptisch-hellenistischer Herrschaftskonzepte zu verstehen. Vor allem ist in der retrospektiven Verbindung der durch die Herrschaft des Kaisers vermittelten Heilserfahrung mit dessen Geburt ein gutes Stück hellenistisch-ägyptisches Erbe zu sehen. Das gilt auch für die Idee der Koppelung von Geburt und Kosmos, wie sie sich in der Gleichschaltung des Jahresanfangs mit dem kaiserlichen Geburtstag ausdrückt.

Was *Ägypten* angeht,[125] so verzichtete Octavian zwar im Unterschied zu anderen Provinzen auf jede Initiative zur Förderung des Kaiserkultes, aber die Kulteinrichtungen für die ptolemäischen Könige wurden, vor allem was den griechischen Zweig des Herrscherkultes angeht, ohne große Veränderungen auf den neuen Herrn übertragen. Augustus trug auch wie die Ptolemäer den Titel ΣΩΤΗΡ ΚΑΙ ΕΥΕΡΓΕΤΗΣ, was z.B. durch die Weihinschrift des Tempels in Philae belegt ist. In Petitionen an den Präfekten wurde er als "Gott" bezeichnet. In der Inschrift eines Tempels in Nilopolis ist die Bezeichnung ΘΕΟΣ ΕΚ ΘΕΟΥ belegt; auf dem Berliner Kalabsha-Tor wird er *"Kaisaros, der Gott, der Sohn eines Gottes"* genannt.[126] Daß der Kaiser in Tempelreliefs als Pharao dargestellt und als *nṯr nfr* bezeichnet wird, paßt in das Gesamtbild einer fast bruchlosen Fortsetzung der ägyptisch-ptolemäischen Sicht von der göttlichen Würde des Herrschers. In diesem Zusammenhang wird die Gestalt des Pharao auch in verwandtschaftliche Verbindung mit der

---

121 Vgl. ALFÖLDI (1930) 1988.
122 ALFÖLDI 1970, XVI.
123 Vgl. ALFÖLDI 1970, 220 f; ZANKER 1990, 232-236.
124 ZANKER 1990, 235.
125 Vgl. zum folgenden DUNAND 1983; HEINEN 1995, 3160-3169.
126 Vgl. WINTER 1979, 66-70. Das absolute Epitheton "der Gott" findet sich nach Angabe von WINTER sonst nur bei Ramses II. Allerdings wurden im Neuen Reich *"damit Namen für Statuen des Königs gebildet, denen ein bestimmter Kult galt, bei Augustus ist die Bezeichnung 'der Gott' zum Appelativum geworden."* (WINTER 1979, 68). Die Fortschreibung entsprechender Titel der Ptolemäer wurde durch die Berufung des Kaisers auf einen göttlichen Vater sicher erleichtert. Vgl. HEINEN 1995, 3165.

Götterwelt gebracht. Im Geburtshaus der Isis in Philae wird Augustus als *"König von Ober- und Unterägypten, Herr der beiden Länder, Autokrator, Sohn des Re, Caesar, Herr der Kronen, Caesar, der ewig lebt, der von Ptah und Isis Geliebte"* begrüßt und Isis als seine Mutter bezeichnet.[127] Der Kaiser nimmt allerdings nicht den Platz des göttlichen Kindes ein. Trotzdem scheint es nicht unwesentlich, daß Augustus als Pharao ganz selbstverständlich auch in den Bereich des Geburtsmythos eingebunden wurde. Es scheint daher auch nicht abwegig, die Tradition der göttlichen Zeugung durch Apollo, wie sie Plutarch aus ägyptischer Quelle referiert, als hellenistisch-römische Umsetzung altägyptischer Tradition zu deuten.

Tiberius,[128] Stiefsohn des Augustus und unmittelbarer Nachfolger, trat zwar in Ägypten als pharaonischer Bauherr auf und wurde auch als Pharao dargestellt,[129] aber das hatte mit seinem sonstigen religionspolitischen Konzept nichts zu tun. Er blieb nicht nur auf der "republikanischen" Linie seines Vorgängers, sondern kann als noch zurückhaltender gelten, was die Verehrung seiner Person anging. So sagt es Sueton in seiner Biographie *(Tiberius 26 f)*, und ein Brief des Kaisers deutet in dieselbe Richtung.[130] Man muß dies wohl auch mit seiner offenkundigen Abneigung gegen östliche Religiosität in Verbindung bringen.[131]
Der altrömische Gestus, den Tiberius in dieser Hinsicht zeigte, darf allerdings auch nicht überbewertet werden. Immerhin nutzte er die Adoption durch Augustus auf die gleiche Art, wie der junge Octavian einst seine durch Caesar genutzt hatte. Er nannte sich DIVI FILIVS und partizipierte so an der Verehrung des göttlichen Vaters. Ein Bronze-As, das unter Tiberius geprägt wurde, zeigte den DIVVS

127 Vgl. HEINEN (1995, 3169), der zu Recht darauf hinweist, daß eine solche offizielle Sprachregelung sicher nicht gegen den Willen der römischen Zentrale durchzuführen gewesen wäre. Es bleibt allerdings festzuhalten, daß in römischer Zeit eine staatliche Initiative zur Förderung des hellenistischen Herrscherkultes und zur Regelung der Verehrung nach ägyptischem Ritus unterbleibt. Offensichtlich hielt man das in Ägypten nicht für nötig. Das mag seinen religiösen Grund in der besonderen Stärke der ägyptischen Tradition von der Göttlichkeit des Herrschers haben und seinen machtpolitischen Grund in der geringer gewordenen politischen Bedeutung der indigenen Traditionen dieser Provinz im Gesamt des römischen Weltreiches.

128 Zu Tiberius und seiner Einstellung zu ägyptischen Kulten vgl. HORNBOSTEL 1973, 366-368; TAKÁCS 1995, 80-86.

129 Vgl. ARNOLD 1992, 84.90.165; WILDUNG u.a. 1989, 117 mit Abb. 19.

130 In einem Antwortschreiben an die Stadt Gytheion, die kultische Ehren für Augustus und ihn beschlossen hatte, lobt Tiberius den Kult für seinen Adoptivvater, fährt dann aber fort: *"Ich für meine Person begnüge mich allerdings mit maßvolleren und den Menschen zukommenden Ehren".* Zitiert nach FREIS 1994, 30.

131 *"Die Ausübung fremdländischer religiöser Bräuche, besonders der ägyptischen und jüdischen Riten unterdrückte er",* so Sueton, *Tiberius 36.* Vgl. CUMONT 1931, 76f. Wir können uns heute gewiß darüber wundern, daß jüdische und ägyptische Religion in einem Atemzug genannt werden, aber die gleiche Ausdrucksweise findet sich in Bezug auf denselben Sachverhalt bei Tacitus *(ann. II,85),* wo sogar von "Aberglauben" und "gottlosen Bräuchen" die Rede ist, und auch Juvenals *6. Satire* verbindet die Polemik gegen ägyptische Kulte direkt mit antijüdischen Bemerkungen. Aus römischer Perspektive war beides wohl einfach nur fremd und östlich.

AVGVSTVS PATER ganz in hellenistischer Manier mit der Strahlenkrone.[132] Darüber hinaus erschien Tiberius selbst in der Pose des Jupiter auf offiziellen Münzbildern.[133] Er ließ auch durchaus die Vergöttlichung seiner Mutter zu.[134]

4.2. Hellenistische Herrscherideologie bei Gaius (Caligula)

Eine geradezu dramatische Wende, was das Selbstverständnis des Herrschers und die Inszenierung kaiserlicher Herrschaft angeht, brachte die Regentschaft des Caligula.[135] Er nahm sich seinen Urgroßvater Marcus Antonius, den er sehr verehrte und wenigstens vorsichtig rehabilitierte, zum Vorbild und kopierte ihn auch in seiner Bevorzugung der hellenistisch-ägyptischen Monarchie. Die Vorliebe für Ägyptisches wurde zum Programm.[136] Auch an seinen Vater Germanicus, dessen unglückselige Ägyptenreise schon erwähnt wurde, ist zu denken, wenn es um die Hinwendung Caligulas zu Ägypten geht.

Ganz ungeniert zog er jedenfalls hellenistische Traditionen zur symbolischen Ausgestaltung seiner Herrschaft heran. Daß diese auch ägyptische Elemente enthielten, sollte man nicht leugnen, ohne daß Caligula deswegen zum glühenden Isisverehrer stilisiert werden müßte. Es mag in diesem Kontext auch offenbleiben,

---

132 Vgl. ANTIKE MÜNZEN 1976, 76 Abb. 116. Eine zeitgenössische Inschrift aus Lykien ehrt Tiberius z.B. als *"erhabenen Gott"* und *"Sohn erhabener Götter"* (ΘΕΩΝ ΣΕΒΑΣΤΩΝ ΥΙΟΝ), womit wohl Caesar und Augustus gemeint sind, und feiert ihn als *"Wohltäter und Retter der gesamten Welt"*. Vgl. PFOHL 1980, 68 f.

133 Vgl. ALFÖLDI 1970, 228.

134 In dem schon zitierten Brief des Kaisers nach Gytheion (FREIS 1994, 30) wehrt er Ehrungen für seine Mutter nicht ab. Die in der Folgezeit immer deutlicher werdende Einbeziehung der kaiserlichen Frauen entspricht der ptolemäischen Tradition, auch wenn selbstverständlich römische Göttinnen den Bezugspunkt bilden. *"Die monarchische Position der Kaiserin konnte durch ihre Assimilation an die hehren Gestalten von Iuno, Vesta, Ceres, Magna Mater und andere viel früher veranschaulicht werden, wie die ihrer Männer"*. (ALFÖLDI 1970, 227.)

135 Vgl. zum folgenden TAEGER 1960, 281-295; BARRETT 1990, 140-153; sowie KÖBER-LEIN 1962, dessen Rekonstruktion freilich bisweilen so phantasievoll ist, daß ich ihr nicht in allen Einzelheiten folgen will. Was etwa die Divinisierung der Drusilla, der mittleren Schwester des Kaisers, angeht, so mag HERZ in diesem Fall keine Orientierung an ägyptischen Vorbildern erkennen. Er konstatiert treffend, daß aus dem unbestreitbaren Einfluß ägyptischer Modelle auf die Herrscherideologie des Gaius, nicht einfach alles als ägyptisch interpretiert werden darf, *"was mit dieser in vielen Dingen merkwürdigen Herrschergestalt verbunden war."* (HERZ 1981, 335) - Die Kritik von SMELIK / HEMELRIJK (1984, 1930 f) geht allerdings eindeutig zu weit. Vor allem sollte nicht behauptet werden, die Vorliebe eines Kaisers für ägyptische Götter sei eher eine Frage der Persönlichkeit, denn der politischen Wahl gewesen (1931). Die Religiosität des Kaisers war immer ein Politikum, und wenn Augustus und Tiberius auf östliche Kulte zurückhaltend reagieren, dann hat das sehr wohl mit einem Herrschaftsverständnis zu tun, das auf die republikanischen Empfindlichkeiten der Senatsaristokratie wesentlich mehr Rücksicht nimmt, als dies bei Kaisern der Fall ist, die eher populistisch orientiert sind, ihre Herrschaft in Analogie zur hellenistischen Monarchie konzipieren und den entsprechenden religiösen Hintergrund favorisieren.

136 Vgl. HORNBOSTEL 1973, 369; TAKÁCS 1995, 87-91.

ob er im Jahr 38 den großen Tempel der *Isis campensis* auf dem Marsfeld errichtete oder nicht.[137]

Folgende Einzelzüge sind wohl unstrittig:

- Caligula betonte in Kleidung und öffentlichem Auftreten sein göttliches Wesen, verwendete göttliche Attribute wie Goldbart, Dreizack, Schlangenstab und Blitz (Sueton, *Gaius 52*). Hier ist eindeutig das Konzept der *Angleichung an bedeutende Gottheiten* zu erkennen.

- Es wird auch deutlich in der Umarbeitung von Kultstatuen. Götterbilder erhalten die Gesichtszüge des Kaisers (Sueton, *Gaius 22*). Daß sich darunter auch das des Zeus-Jupiter befindet, deutet auf das *Selbstverständnis als* NEOΣ ΔΙΟΣ hin, das in der Auseinandersetzung mit den Juden dann eine große Rolle spielt (s.u.).[138] Darüber hinaus ist auch die Bezeichnung des Kaisers als NEOΣ ΗΛΙΟΣ überliefert.[139]

- Gaius trug den Panzer Alexanders (Sueton, *Gaius 52*) und zeigte damit, wie er seine Herrschaft verstanden wissen wollte. Wie schon Caesar und Octavian machte er den Makedonen und damit das hellenistische Gottmenschentum zum Typus seiner eigenen Herrschaft.

- Gaius huldigt in besonderer Weise dem hellenistischen *Herrscherideal der* ΤΡΥΦΗ, was einen eklatanten Verstoß gegen die von Augustus neu aufgerichtete römische Tradition der *Mos maiorum* darstellt und von republikanisch gesonnen Historikern entsprechend kritisiert wird (Sueton, *Gaius 37*).

- Er richtet auf dem Palatin einen *Tempel für seine eigene Kultstatue* ein (Sueton, *Gaius 22*). Ihr werden täglich Opfer dargebracht. Der Ritus des täglichen Bekleidens zeigt sehr deutlich die ägyptisierende Tendenz, der Gaius dabei folgt. Ganz offensichtlich hat hier ein Element aus dem täglichen Gottesdienst, der im ägyptischen Tempel am Kultbild des Gottes verrichtet wurde, Eingang gefunden in die hellenistische Form ägyptischer Religion.[140]

- Was als Unzucht mit seinen Schwestern gegeißelt wird (Sueton, *Gaius 24*; Josephus, *Ant. XIX 2,5*), kann als Fortführung der ptolemäischen Sitte der *Ge-*

---

137 Positiv CUMONT 1931, 78; anders SMELIK / HEMELRIJK 1984, 1932 f. LEMBKE (1994, 89) läßt die Sache offen.

138 Wenn Philo in diesem, höchst polemischen Zusammenhang dem Kaiser ein Herrschaftsverständnis in den Mund legt, das in seiner Betonung der *Erwählung schon im Mutterschoß* altägyptischer Tradition entspricht *(Leg 55)*, so empfiehlt es sich kaum, diese Äußerung als historische Quelle für die Ideologie Caligulas auszuwerten. Sie ist allerdings im Kontext der jüdischen Auseinandersetzung mit der Herrscherideologie zu analysieren.

139 Vgl. NILSSON 1974, 518.

140 Zum täglichen ägyptischen Kultbildritual vgl. KAUSEN 1988 (Einleitung und Text), bes. 401 f (Einkleidung); Abb.1 bei SCHOSKE / GRIMM / KREISSL 1990 (Reliefs aus dem Totentempel von Sethos I. in Abydos); sowie die Beschreibung bei KOCH 1993, 292-294. Zur hellenistischen Rezeption vgl. CUMONT 1931, 87-89.

schwisterehe gelten, die gewisse Vorstufen, freilich meist als Ehe zwischen Halbgeschwistern, im alten Ägypten hatte.[141]

- Ägyptischer Einfluß zeigt sich schließlich auch, wenn die Göttin Minerva symbolisch die Rolle als *göttliche Amme* für seine Tochter Iulia Drusilla übertragen bekommt (Sueton, *Gaius 25*).[142]

- Abgerundet wird das Bild einer gewissen Ägyptophilie durch die Pläne Caligulas, die kaiserliche Residenz von Rom nach Ägypten zu verlegen.

All diese Sachverhalte dürfen nicht nur als Ausdruck psychischer Defekte gewertet werden.[143] Sie lassen darüber hinaus erschließen, daß im Herrschaftsverständnis des Kaisers eine Traditionslinie zum Tragen kam, die in einer durch die Ptolemäer vorgeprägten, hellenisierten Fassung altägyptischer Ideen den Herrscher als Inkarnation bzw. Erscheinungsform eines Gottes sehen konnte.

Während Claudius eine zeitweilige Rückkehr zur Linie des Augustus durchführte, schlugen unter *Nero* wieder hellenistische Einflüsse durch.[144]
Das hat nicht nur mit seiner exzentrischen Persönlichkeit zu tun, wie es das von der republikanisch gesinnten Geschichtsschreibung begründete Klischee will. Vielmehr zeigt sich darin auch die massive Präsenz hellenistischer Herrscherideologie in der zeitgenössischen Philosophie. So hat CHESNUT betont, daß die Vorstellung vom Regenten als Stellvertreter und Bild Gottes (ΕΙΚΩΝ ΘΕΟΥ) auf Erden in verschiedenen philosophischen Richtungen bekannt war. Der König bzw. Kaiser wurde als Verkörperung der göttlichen Weisheit und Weltordnung, als "lebender Logos" (ΕΜΨΥΧΟΣ ΛΟΓΟΣ) und moralische Heilsgestalt aufgefaßt.[145] *"This notion of the emperor as the embodied Law or Logos of God which appeared in a variety of contexts, both pagan an Jewish, was therefore a widespread and quite commonplace idea in the Roman World during the period of the Early Empire. It was simply a part of the general intellectual atmosphere."*[146] So bietet denn Seneca, der in den ersten Jahren des Kaisers maßgeblichen politischen Einfluß hatte, in seinem Werk *"Über die Milde"* eine stoische Fassung entsprechender Vorstellungen. Nero wird z.B. ermuntert, er solle zu sich sprechen:

---

141 Vgl. ALLAM 1977.
142 Dio Cassius berichtet darüber hinaus, daß Gaius das Kind auf das Kapitol brachte und es der Jupiterstatue auf die Knie setzte, um auszudrücken, daß es sich um die Tochter des Gottes handle (*59.28.7*). Man muß mit dieser Information allerdings etwas vorsichtig sein, denn sie könnte auch eine Übertragung der entsprechenden Augustuslegende (Sueton, *Augustus 94*) auf Caligula sein. Sollte sie freilich zutreffen, so wäre auch hierin ein Rückgriff auf altägyptische Tradition zu erkennen, schließlich läßt sich unschwer die entsprechende Szene des Geburtszyklus *(SZENE XI L)* ausmachen.
143 Gegen FERRILL 1991, 130-139.
144 Vgl. TAEGER 1960, 303-318.
145 Vgl. CHESNUT 1978.
146 CHESNUT 1978,1329.

Ich von allen Sterblichen habe gefallen
und bin erwählt, auf Erden als Stellvertreter der Götter (deorum vice) *zu walten.*

(clem I 1,2)

Seneca legt damit dem Herrscher nahe, sich in der Tradition hellenistischer Könige als eine religiöse Größe zu verstehen. Dies kommt auch in der Vorstellung zum Ausdruck, der Kaiser sei Haupt und mentales Prinzip seines Staates *(I 5,1: animus rei publicae)* und habe so dieselbe Bedeutung für diesen wie die Seele für den Leib *(clem II 2,1; I 3,5).*[147]

So kann es nicht überraschen, wenn Nero seine Herrschaft nach hellenistischem Vorbild inszenierte. Er war der erste Kaiser, der sich - geleitet von königlichen Ideal der ΤΡΥΦΗ - einen prunkvollen Palast baute. Nach der Aussage von Sueton ließ er sich darin einen Bankettsaal als Abbild des Weltalls einrichten *(Nero 31).* Damit inszenierte sich der Kaiser als sonnenhafter Kosmokrator und hob seine Würde auf eine göttliche Ebene. Der Einzug in Rom nach seiner Griechenlandreise war ebenfalls in diese Richtung zu deuten. Der Kaiser, *"bekleidet mit einem purpurnen Gewand und einem mit goldenen Sternen bestickten griechischen Mantel"(Nero 25,1),* gab sich als göttlicher Weltherrscher zu erkennen.[148] Dem entspricht die Annäherung des Kaisers an den Sonnengott: Nero war der erste, der noch zu Lebzeiten auf seinen Münzbildnissen die hellenistische Strahlenkrone trug.[149] Daß die Botschaft des Kaisers über seine göttliche Würde ankam, zeigen griechische Inschriften, die ihn als ΝΕΟΣ ΗΛΙΟΣ und *"befreienden Zeus"* feiern.[150] Im Kontext der Griechenlandreise berichtet Sueton *(Nero 25,2)* auch, daß Nero die enge Beziehung zu Apollo, von dessen Sonnenqualität schon die Rede war, wieder aufnahm, die bei Octavian so wichtig gewesen war, aber in der Zwischenzeit kaum eine Rolle gespielt hatte. Die Apollo-Beziehung hatte nun allerdings eine andere Funktion. Betont wurde nicht der väterliche Hüter der Ordnung, sondern der göttliche Sänger, mit dem sich der Künstlerkaiser auch auf seinen Münzen identifizierte.[151]

Ganz in hellenistischer Tradition steht ein Papyrus aus Ägypten, der den Entwurf einer offiziellen Proklamation der Thronbesteigung Neros überliefert. Der Autor (vermutlich der Stratege des Oxyrhynchos-Gaus) nennt Nero den Ursprung alles

---

147 Zur Herrscherphilosophie stoischer Prägung vgl. FEARS 1975 (mit Hinweis auf ägyptische Vorbilder); CHESNUT 1978, 1324-1326; FAUST 1993, 292-299. TAKÁCS (1995, 93) sieht im Denken Senecas *"an indication that by the 50's the Egyptian model of the king-god, at least in Rome's intellectual circles, was thought to be a comprehensible and acceptable parallel to reality."* Zum biographischen Hintergrund Senecas, der sich in jungen Jahren lange in Ägypten aufhielt, vgl. SONNABEND 1986, 80; MAURACH 1996, 26-29.
148 Vgl. DAHLHEIM 1989, 28.
149 Vgl. ALFÖLDI 1970, 225.261.
150 Vgl. NILSSON 1974, 518; FREIS 1994, 15.
151 Vgl. ALFÖLDI 1970, 223.

Guten und guten Geist (ΑΓΑΘΟΣ ΔΑΙΜΩΝ) des ganzen Weltkreises, identifiziert ihn also mit der ptolemäischen Stadtgottheit von Alexandria.[152]

Ptolemäischem Vorbild entspricht auch die Vergöttlichung der Kaisergattin. Sie wurde auf Münzen *"als 'Augusta' mit Opferschale und Füllhorn als Göttin charakterisiert".*[153]

Sueton schildert den Kaiser als einen Menschen, der offensichtlich religiös nicht sonderlich interessiert war *(Nero 56)*. Das muß nicht zutreffen, aber es gibt jedenfalls keine weitergehenden Informationen über Neros Beziehung zu ägyptischen Kulten. Allerdings sind durchaus gewisse Indizien für eine ägyptenfreundliche Einstellung zu erkennen. Seine Reisepläne (Alexandria) und die Erziehung durch den Ägypter Chaeremon können hier angeführt werden.[154] Auf eine Vorliebe Neros für die Traditionen Ägyptens könnte eine Notiz bei Tacitus schließen lassen. Dieser berichtet *(ann. XVI 6,2)*, der Kaiser habe den Leichnam seiner Frau Sabina Poppaea, die an den Folgen seiner Mißhandlung starb, nicht nach römischem Brauch verbrannt, sondern in der Art ausländischer Könige *(regum externorum consuetudine)* einbalsamiert und im Grabmal der Julier beigesetzt. Zwar wird Ägypten hier nicht ausdrücklich erwähnt, aber Tacitus kann im Grunde nur die königliche Begräbnistradition der Pharaonen meinen.[155] Daß das völlig außergewöhnliche Verhalten Neros jedenfalls mit hellenistisch-ägyptischer Herrscherideologie zu tun hat, wird durch eine Notiz deutlich, die Tacitus über die Leichenrede des Kaisers bringt. Seinen Angaben nach wurde die Verstorbene gerühmt, *"daß sie eines göttlichen Kindes Mutter gewesen sei"(ann. XVI 6,2)*. Wo eine verstorbene Kaiserin in dieser Weise zur "Gottesgebärerin" erhoben wird, kann ägyptische Tradition nicht allzu weit sein.

4.3.   Die Dynastie, die aus Ägypten kam

Nachdem unter Nero ein großer Einfluß hellenistischer Königsideologie festzustellen ist, ohne daß aber ein ausdrückliches Anknüpfen an Ägypten belegbar wäre, erreicht das Verhältnis zwischen Isis und dem Kaiserhaus mit den Flaviern eine neue Qualität.

Es ist sicher nicht übertrieben, zu behaupten, daß Ägypten für Vespasian das Land seines Schicksals wurde.[156] Der römische Präfekt in Alexandria, Tiberius Alexander, rief nach dem Tode Neros im Jahre 69 Vespasian zum neuen Kaiser aus und ließ seine Truppen den Eid auf ihn ablegen. Sueton *(Vespasian 6,3)* und Tacitus *(hist. II,79)* geben hierfür den 1. Juli als Datum an. Da von Alexandria aus über die Kontrolle der Weizenlieferungen nach Rom ein eminenter Einfluß auf die Ver-

---

152   Vgl. HENGSTL 1978, 48-50.
153   ALFÖLDI 1970, 227.
154   Vgl. HORNBOSTEL 1973, 370 f.
155   Vgl. SONNABEND 1986, 127 f.
156   Vgl. THISSEN 1986, 1036; KOCH 1993, 592.

hältnisse in der Hauptstadt genommen werden konnte, zog Vespasian nach Ägypten, um diese Schlüsselstellung fest im Griff zu haben.

Dort wurde er als neuer Machthaber mit einer Aura des Wunderbaren umgeben. Nach Auskunft eines Papyrusfragments *(Pap. Fouad 8)*, das 1939 in Kairo publiziert wurde,[157] hat die Bevölkerung Alexandrias die ägyptisch-hellenistische Königstradition in vollem Umfang auf ihn übertragen. Der Papyrus gibt die Akklamationen wieder, die Vespasian im Hippodrom von Alexandrien erhielt: Er ist Retter und Wohltäter (ΣΩΤΗΡ ΚΑΙ ΕΥΕΡΓΕΤΗΣ), er wird als neuer Sarapis (ΣΑΡΑΠΙΣ Ο ΝΕΟΣ) verehrt und ist - ganz ägyptisch - Sohn des Amun (ΑΜΜΩΝΟΣ ΥΙΟΣ). Der römische Feldherr wird also mit der religiös gefüllten Herrscherrolle umkleidet, wie sie von ägyptischen Pharaonen, von Alexander und ptolemäischen Königen vorgeprägt und schon von anderen römischen Herrschern angenommen worden war. Vor allem die Alexandertradition dürfte den römischen Feldherrn angezogen haben.[158] Das Zeugnis der antiken Historiker paßt dazu, auch wenn es hinter den Informationen des Papyrus zurückbleibt.

Vespasian besuchte angeblich den Sarapistempel, um sich ein Orakel geben zu lassen, was auf die Alexandertradition (Siwa) und damit auf dessen Gottessohnschaft hinweist. Vespasian trifft dort zwar keinen Oberpriester, der ihm das bestätigt, aber immerhin wurde ihm dort eine Vision zuteil, die seine Königswürde anzeigt. Auch soll er Wunderheilungen vor aller Öffentlichkeit vollbracht haben. So jedenfalls berichten übereinstimmend Sueton *(Vespasian 7)* und Tacitus *(hist. IV,81 f)*. Josephus weiß davon nichts, erzählt aber, daß der neue Kaiser zusammen mit seinem Sohn Titus die Nacht vor dem Triumphzug (zum Sieg über die Juden) im Bereich des Isis-Tempels zu Rom verbracht habe *(Bell VII,123)*. Vespasian scheint also eine Vorliebe für ägyptische Religiosität aus Alexandria mitgebracht zu haben, auch wenn sie vermutlich mehr mit religionspolitischem Kalkül als mit persönlicher Frömmigkeit zu tun hatte.[159] Es ist vielleicht auch damit in Verbindung zu bringen, daß Vespasian den Kaiserkult durch die Neugründung von Landtagen beförderte[160] und die hellenistische Tradition des ΒΑΣΙΛΕΥΣ ΗΛΙΟΣ durch die Annäherung seines Münzbildnis an den Sonnengott fortsetzte.[161]

Vespasians Sohn *Titus* war auf seiner schon erwähnten Ägyptenreise nicht nur mit den traditionellen Apis-Riten[162] in Kontakt gekommen, er scheint dabei auch die Rolle des Königs eingenommen zu haben.[163] Zwar spielt Sueton die Angelegenheit herunter, aber in Memphis am Apis-Kult teilzunehmen und dabei ein königli-

---

157 Vgl. HORNBOSTEL 1973, 372-374; BENGTSON 1979, 51 f.
158 Vgl. TAKÁCS 1995, 97 f.
159 Vgl. SMELIK / HEMELRIJK 1984, 1933; LEMBKE 1994, 90-92.
160 Vgl. DAHLHEIM 1989, 24 f.
161 Vgl. ALFÖLDI 1970, 225
162 Sueton *(Titus 5,3)* benutzt den Begriff *consecrare*, was wohl auf eine Zeremonie für den toten Apis-Stier schließen läßt.
163 Vgl. SMELIK / HEMELRIJK 1984, 1943.

ches Diadem zu tragen, das mußte nach ägyptischem Verständnis bedeuten, die kultische Funktion des Pharao zu übernehmen. Es konnte aber auch im römischen Kontext als symbolischer Thronanspruch des siegreichen Feldherrn gedeutet werden. Interessant für unseren Zusammenhang ist weniger die daraus resultierende Trübung des Vater-Sohn-Verhältnisses - dieses Problem ließ sich beheben - als vielmehr der offensichtlich selbstverständliche Kontakt des Kronprinzen zu einer indigenen ägyptischen Tradition, die nicht nur immer noch eine gewisse Vitalität besaß, sondern auch ihren ererbten Anspruch auf die Einheit von politischer und kultischer Sphäre noch nicht aufgegeben hatte. In Rom Kaiser geworden, begann Titus einen Neubau des abgebrannten Isis-Tempels.

Sein jüngerer Bruder und Nachfolger *Domitian* vollendete den Bau. Für die Frage nach Domitians Herrscherkonzept ist es nicht von entscheidender Bedeutung, daß der Kaiser in Ägypten wie seine Vorgänger in die Tradition ägyptisch-hellenistischer Gottkönige gestellt und auch entsprechend dargestellt wurde.[164] Wichtiger sind die ägyptisierenden Darstellungen des Kaisers als Pharao, die sich nun erstmals außerhalb Ägyptens und in Rom selbst finden.[165] Sie entsprechen der Tatsache, daß Domitian programmatisch Elemente hellenistischer Herrscherideologie aufgriff, was seine Vorgänger (zum Teil wenigstens) schon vorbereitet hatten. So berichtet Tacitus *(hist. III, 74)*, in dankbarer Erinnerung an seine Rettung während der Wirren nach dem Ende Neros habe der Kaiser dem Jupiter als seinem Schützer einen mächtigen Tempel erbaut. Domitian soll darin auf dem Schoß des Gottes *(in sinu dei)* sitzend dargestellt gewesen sein, womit eine Vater-Sohn-Beziehung zwischen dem Kaiser und dem höchsten Gott ausgedrückt gewesen wäre, die auf entsprechende Augustuslegenden zurückverweist. Darüber hinaus trägt das Münzbild Jupiters seine eigenen Züge.[166]

Der zentrale architektonische Ausdruck domitianischer Herrschaftsidee scheint aber das *Iseum Campense* gewesen zu sein, das zu Beginn seiner Regierungszeit eine entscheidende Bauphase erlebte.[167]

Nach LEMBKEs Analyse, war die Anlage zweigeteilt:

Im langgestreckten nördlichen Areal herrschten ägyptische und ägyptisierende Gestaltungsformen vor, im südlichen dagegen hellenistische. Dazwischen lag ein Hof, der den Eingangsbereich bildete. In zentraler Position war hier ein Obelisk aufgestellt. Von dieser Grundstruktur ausgehend kann die stadtarchitektonische Funktion der Anlage unter drei Aspekten beschrieben werden: *"Die Römer, die kein Interesse am Isiskult hatten, konnten die Anlage auf dem Marsfeld als Erholungspark*

---

164 Zusätzlich zu den üblichen Darstellungen im kultischen Kontext stellt GÖRG (1988, 74-80) eine alexandrinische Kaisermünze vor, deren Darstellung den Kaiser mit dem Nilgott als Garant der Fruchtbarkeit Ägyptens in Verbindung setzt. Zur Herrscherideologie Domitians allgemein vgl. TAEGER 1960, 337-354.

165 Vgl. dazu HORNBOSTEL 1973, 375-377; auch TAKÁCS 1995, 98-104.

166 Vgl. ALFÖLDI 1970, 221.

167 Vgl. LEMBKE 1994, 18-63.69 f.

genießen und die Exotik der Objekte bewundern; für die Isiaci *waren die ägyptischen Werke Teile der Heiligtümer des Mutterlandes, die die enge Verbindung von Rom und Ägypten unterstrichen; dem Kaiser Domitian schließlich diente der Komplex seiner Repräsentation als Pharao, die göttliche Verehrung und Dauerhaftigkeit implizierte.*[168] Den Text des Obelisken, der jetzt auf der Piazza Navona steht, entwarf ein oberägyptischer Priester für den Kaiser.[169] In altägyptischer Manier wird der Herrscher gepriesen als *"vollkommener Gott" (ntr nfr)*, *"Erbe des Vaters der Götter"*, der *"das Land füllt mit seiner Nahrung"*. Wie stark hier die Herrschaft des Kaisers aus ägyptischer Tradition verstanden wird, zeigt sich auch an der Übernahme pharaonischer oder ptolemäischer Titulaturen.

Selbstverständlich sind auch Elemente der Sohn-Gottes-Idee anzutreffen:

♦ Domitian ist *"Sohn des Re"*, Harachte ist sein Vater.

♦ Der Kaiser ist geliebt von Isis und Ptah, ja von allen Göttern Ägyptens. Isis krönt ihn mit der Uräusschlange.

♦ Die *"beiden Herrinnen"* geben ihm die Brust, als göttliche Ammen säugen sie ihn *"auf seiner Windel" (tp nwd.t=f)*.[170]

Neben diesen Ikonen der Gottessohnschaft steht das genealogische Denken. Das entspricht zwar durchaus ägyptischer Tradition, erhält hier aber eine spezifisch römische Komponente, wenn neben den Göttern Vespasian und Titus auch die GENS FLAVIA erwähnt wird. Römisches Denken zeigt sich auch in der Vorstellung von der Himmelfahrt des kaiserlichen Genius *(b3)* und von der römischen Weltherrschaft.[171] Daß der Obelisk auch nicht mehr als kultisches Objekt, sondern als politisch-religiöses Propagandainstrument gedacht war, gibt neben seiner repräsentativen Stellung im Eingangsbereich der Anlage auch die Wendung *"um die Menschen sehen zu lassen"* auf der Nordseite zu erkennen.

Freilich wird in Rom kaum jemand den Hieroglyphentext verstanden haben. Daß die kaiserliche Botschaft trotzdem ankam, zeigt sich, wenn Sueton *(Domitian 13,1)* erzählt, das Herrscherpaar sei im Amphitheater von der Menge als DOMINVS und DOMINA bejubelt worden. Domitian ging aber noch einen Schritt weiter, und ließ sich auch in der Hauptstadt offiziell DOMINVS ET DEVS nennen.

Sueton berichtet, daß der Kaiser
...im Namen seiner Prokuratoren ein Rundschreiben diktierte, das begann: "Unser Herr und Gott befiehlt, daß folgendes geschehe." Infolgedessen wurde es Brauch, daß ihn weder schriftlich noch mündlich irgend jemand in anderer Weise anredete.
(Domitian 13,2)

---

168 LEMBKE 1994, 136.

169 Beschreibung und Text des Obelisken bei LEMBKE 1994, 210-212; Abb. ebd. Tafeln 15-17. Zur Deutung ebd. 37-41.

170 Der Topos der göttlichen Säugung wird auch durch eine rundplastische Hathorkuh des Haremhab präsent gemacht, die im Iseum aufgestellt war. Vgl. LEMBKE 1994, Katalog E 18.

171 Auf der Ostseite des Obelisken wird Ägypten durch *"das ganze Land" (t3 dr=f)* ersetzt.

Diese Anrede *"entsprach genau der griechischen Bezeichnung 'theòs kai kýrios',* *sie ist für die späteren Ptolemäer (Ptolemaios XII., Kleopatra VII. und ihre Mit-* *regenten) in den Papyri bezeugt."*[172] Domitian folgte den Ptolemäern auch inso-fern, als er seine Vergottung nicht einem gesellschaftlichen Gremium überließ, sondern als Herrscher selbst die Initiative ergriff. Damit war der letzte Schritt in Richtung Sakralisierung der Herrschaft gegangen. Der lebende Kaiser war jetzt auch offiziell in der Hauptstadt, was schon Augustus in Ägypten war: *Gott.* Durch die Vermittlung Alexandrias hatte Rom nun endgültig Ägypten beerbt, welches damit nach vielen militärischen Niederlagen einen ideologischen Sieg errungen hatte.

5. Der Mythos in volkstümlicher Fassung

Nicht nur auf der Ebene der Herrscherideologie sind ägyptische Vorstellungen und deren Derivate anzutreffen. Auch auf der Ebene populärer Erzähltraditionen spielen entsprechende Elemente eine Rolle. Zwar ist festzuhalten, daß die Selbst-darstellung der Herrscher immer auf die Kommunikation mit den Massen abzielte und deshalb nicht nur als Phänomen der gesellschaftlichen Elite angesehen werden darf. Es mag aber im Hinblick auf die soziologische Einordnung des Christentums trotzdem von Interesse sein, im folgenden noch einige Zeugnisse für populäre Versionen des ägyptischen Mythos zu betrachten.

5.1. Der Widder von Mendes und die Frauen

Herodot *(II,46)* berichtet auch über die Verehrung des Pan (= Ptah) in Mendes. Dabei weiß er zu berichten, daß dieser Gott zu den acht Urgöttern gerechnet und mit einem Ziegenkopf und Bocksfüßen dargestellt wird. Auch auf die besondere Verehrung des heiligen Bockes von Mendes weist er hin und erwähnt die tiefe Trauer der Ägypter, wenn das heilige Tier stirbt.

> *Einen Bock verehren sie besonders,*
> *und wenn er stirbt, herrscht im ganzen Gau Mendes tiefe Trauer.*
> *Auch bedeutet Mendes auf ägyptisch sowohl Bock wie Pan.*

Dieser Abschnitt wird dann mit einer seltsamen Notiz abgeschlossen:

> *In diesem Gau trug sich zu meiner Zeit etwas höchst Merkwürdiges zu.*
> *Ein Ziegenbock besprang auf offener Straße ein Weib,*
> *und das wurde allgemein bekannt.*

Um diese Bemerkung recht zu verstehen, ist auf einige Grundzüge der Ge-schichtsschreibung Herodots einzugehen, die hier von Belang sind. Ein entschei-dender Zug Herodots -wie später auch Plutarchs - ist die Tendenz zur Entmytholo-

---

172   BENGTSON 1979, 185. Vgl. ebd. 184-188.

gisierung.[173] Er nimmt verschiedene Formen des Mythos an, indem er *"unterscheidet zwischen Göttermythos und Heroenmythos, zwischen mythischen Gestalten mit historischen Zügen und historischen Gestalten mit mythischen Elementen"*.[174] Herodot bemüht sich um eine rationale Konzeption von Welt und Geschichte. Das ermutigt ihn zur Kritik an griechischer wie ägyptischer Überlieferung. Das Zurückdrängen des Mythos führt zu einer Auffassung des göttlichen Wirkens als in menschlichem Handeln und natürlichem Geschehen immanent. Diese profane Grundausrichtung der herodotschen Geschichtsschreibung macht es nötig, mythische Elemente entweder zu eliminieren, oder aber durch eine vernünftige Erklärung zu bändigen, etwa dadurch, daß man sie als Spiegelungen menschlicher Vorgänge interpretiert. Auch wenn das Ergebnis die heutigen Standards abendländischer Rationalität nicht immer ganz einzuhalten vermag, ist doch das Bemühen Herodots um Rationalisierung deutlich.

Das ist z.B. an seinem Bericht über die geflügelten Schlangen *(II, 75)* gut zu sehen. Aus der religiösen Tradition über die Schlangengestalt der Göttin Uto von Buto wird eine "naturkundliche" Information über den jährlichen Einfall geflügelter Schlangen, die von Ibissen abgewehrt werden.

Für die Verehrung des Amun in Widdergestalt gibt Herodot in *II, 42* folgende "vernünftige" Erklärung: Zeus (= Amun) will sich nicht sehen lassen, gibt dem Drängen des Herakles schließlich doch nach, verbirgt sich allerdings, indem er sich mit Kopf und Fell eines Widders umhüllt. Diese Geschichte mag uns Heutigen selber als Mythos erscheinen, trotzdem hat sie für Herodot im Kontext seiner Mythenerklärung die Funktion, ein religiöses Phänomen rational nachvollziehbar zu machen. Sie gibt trotz aller Verfremdung durchaus Züge ägyptischer Theologie, z.B. die Verborgenheit Amuns, wieder.

In diesem Rahmen der Entmythologisierung ist auch Herodots Erwähnung von Frauen, die im Tempel zu Theben Amun / Zeus selbst empfangen, zu verstehen.

> *...auch dort in Theben legt sich ein Weib im Tempel des Zeus zu Bette.*
>
> *(I, 182)*

Da er betont, daß sie sich mit sterblichen Männern nicht einließen, kann er Tempelprostitution nicht meinen, zumal er diese in *II, 64* für Ägypten ausdrücklich ausschließt. Es liegt deshalb nahe, daß sich Herodot auf die Institution der zölibatär lebenden *Gottesgemahlin des Amun* bezieht, die im Kontext der Einrichtung eines Gottesstaates im Gebiet von Theben seit Beginn der 21. Dynastie (1070 v.Chr.) eine wichtige Rolle spielte.[175] Es handelte sich dabei um in Theben amtierende Priesterinnen, die königliche Titulatur trugen und sich ausschließlich dem Dienst

---

173 Vgl. KAISER 1969, 249-259.

174 KAISER 1969, 249.

175 Zur Institution des Gottesgemahlin allgemein vgl. GITTON / LECLANT 1977; GRAEFE 1981. Zur Geschichte der Gottesgemahlinnen ab der 21. Dynastie vgl. *ders.* 1981, II, 106-118.

des Amun widmeten. Seit der 21. Dynastie lebten alle Trägerinnen dieses Titels zölibatär.

In der Regel wurde das Amt von unverheirateten weiblichen Mitgliedern des Königshauses übernommen, wobei über die Gründe für die Einführung des Zölibats nichts bekannt ist. Seit Osorkon III. (um 760/50 v.Chr.) wurde das Amt üblicherweise dadurch weitergegeben, daß der Herrscher eine seiner Töchter von der amtierenden Gottesgemahlin adoptieren ließ. Zusammen mit der kultischen Funktion spielten die Gottesgemahlinnen in der Thebaïs eine wichtige politische Rolle, die der des Königs durchaus vergleichbar war. Seit Psammetich I. führen die Amtsträgerinnen nicht nur Königstitel, *"sondern nehmen auch Rechte wahr, die sonst nur einem König zustehen"*.[176] So feierten sie auch das Sedfest und vertraten als menschliches Pendant der Göttin Mut den göttlichen König Amun auf Erden.

Das Amt scheint in Herodots Zeit nicht mehr besetzt worden zu sein, aber es ist durchaus möglich, daß eine Priesterin ohne politische Funktion das Amt der *hm.t ntr* weiterführte, wie dies auch schon in der 18. Dynastie vorgekommen sein mag.[177] Nun läßt sich aus dieser Institution freilich die Äußerung Herodots nicht ganz erklären. Man muß schon die Tradition des Geburtsmythos, die immerhin zu dieser Zeit durch die Reliefs von Luxor noch präsent war, hinzunehmen, um zur Vorstellung von einer "Heiligen Hochzeit" zu kommen, die in Herodots Äußerung zweifellos mitschwingt.

In dieses Gesamtbild ist nun auch die Bemerkung über den *Bock von Mendes* einzuordnen. Die Erwähnung jenes Vorfalls, bei dem eine Frau auf offener Straße von einem Ziegenbock begattet wurde, folgt ja dem Bericht über die Verehrung des heiligen Tieres scheinbar ohne direkten Zusammenhang. Um zu verstehen, worum es ägyptisch gegangen sein könnte, muß der entmythologisierende Deutungsvorgang des Historikers rückgängig gemacht werden. Geht man gegen die Denkrichtung Herodots vom "menschlichen Vorgang" zurück zum "spiegelnden Mythos", dann wird aus einem merkwürdigen Vorfall, der Aufsehen erregt, aber mit der geschilderten Verehrung des Gottes in Tiergestalt nichts zu tun hat, eine Reminiszenz an die alte mythische Tradition von der Begegnung zwischen dem göttlichen Bock von Mendes und der Königsmutter, wie sie sich im oben besprochenen *Ptah-Segen* ausdrückt.[178] Freilich kann nicht angenommen werden, daß Herodot diesen Text kannte. Er wird sich wie üblich auf mündliche Informationen stützen. Wie weit diese sich schon von der Vorstellung und Ausdrucksweise des Neuen Reichs entfernt haben mag, kann nur erahnt werden. Jedenfalls ist der Herodot-Text ein Indiz dafür, daß ASSMANNs These von einer mündlichen Tradition über den

---

176 GRAEFE 1981, II, 111 f.

177 Vgl. GITTON / LECLANT 1977, 802; GRAEFE 1981, II, 104.

178 Anzumerken ist, daß die Mendesstele den verstorbenen Bock, auf der rechten Seite des Bildfeldes in Menschengestalt mit Widderkopf dargestellt, zweimal als *"Oberster der Frauen"* bezeichnet. Dies könnte in Kombination mit dem Beinamen der Königin *"geliebt vom Bock"* eine Verbindung des Geburtsmythos mit Herodots merkwürdiger Geschichte herstellen. Allerdings ist hier über Vermutungen nicht hinauszukommen.

Mythos der göttlichen Zeugung auch noch für die Spätzeit zutrifft. Insofern haben wir hier das *Missing link* zwischen den Texten pharaonischer Hoftheologie und ihrer populären hellenistischen Umsetzung.

5.2. Nektanebos und Olympias

Der *Alexanderroman*,[179] der im Mittelalter zum Lieblingsbuch neben der Bibel wurde, ist unmittelbar nach seiner Entstehung zu einer Art kollektivem Besitz geworden, obwohl er ursprünglich sehr wohl ein individuelles literarisches Produkt war. Der Name seines Autors ist nicht bekannt. Die Zuweisung an Kallisthenes, den Hofhistoriker Alexanders erfolgte erst spät.

Als antiker Roman gehört der Text zur nichthöfischen Literatur, geschrieben für ein breiteres Publikum in den hellenistischen Städten. Diese Literaturgattung befriedigt die Bedürfnisse von Menschen, die lesen gelernt haben, ohne zur Bildungselite zu gehören. Er bietet Philosophie, Geschichte und Theologie für die "kleinen Leute" und gibt ihnen Gelegenheit, an den großen Ereignissen ihrer Zeit und am Schicksal großer, bedeutender Persönlichkeiten teilzuhaben.

Als Quellen lassen sich wahrscheinlich machen:

1. Die *historische Quelle*. Dabei muß es sich um die Alexanderbiographie eines unbekannten Historikers handeln. Ihre Informationen stimmen häufig mit denen bekannter Historiographen überein. Die historische Verläßlichkeit ist dennoch nicht zu hoch zu veranschlagen. Der Text gehörte wohl eher zur Gattung des historischen Romans. Die Entstehungszeit dürfte aufgrund einiger Anachronismen wohl einige Zeit nach Alexanders Tod liegen. Als Entstehungsort kommt Alexandria große Wahrscheinlichkeit zu, da diese Stadt besonders eingehend behandelt wird. Auf Ägypten weist auch die Tatsache hin, daß die Weltherrschaft Alexanders als Fortsetzung pharaonischer Tradition gesehen wird.

2. Der *Briefroman*. Diese Quelle, eine Sammlung von Briefen von und an Alexander, läßt sich aufgrund eines Papyrusfundes in das erste vorchristliche Jahrhundert datieren.

3. Der Romanautor benutzte noch einige *Nebenquellen*, von denen die *Nektanebos-Episode*, die den ersten vierzehn Kapiteln des Romans zugrunde liegt, für unseren Zusammenhang am interessantesten ist.

Der *Handlungsablauf dieser Erzählung* sei zunächst kurz wiedergegeben:[180]

Nektanebos II., letzter einheimischer Pharao Ägyptens, ist ein Mann mit besonderer Zauberkraft. Als er die Eroberung Ägyptens durch die Perser kommen sieht, flieht er nach Makedonien. Die verzweifelten Ägypter befragen die Götter und erhalten durch das Orakel die Verheißung, daß der König wiederkommen wird.

---

179 Vgl. zum folgenden: THIEL 1974, XI-XXXII.
180 Ich zitiere nach der Edition von THIEL 1974. Bei der Übersetzung weiche ich bisweilen geringfügig ab.

Der entflohene König wird nach Ägypten zurückkommen, nicht als Greis, sondern als Jüngling, und wird unsere Feinde, die Perser, unterwerfen. (III,4)

Am Hofe des Philipp berät Nektanebos als Wahrsager die Königin Olympias. Bei dieser Gelegenheit verliebt er sich in sie und sucht nach Wegen, seine Leidenschaft zu befriedigen. Er weissagt der Königin den Beischlaf mit einem Gott und die Geburt eines göttlichen Kindes.

Du sollst dich mit einem auf Erden weilenden Gott vereinen und von ihm einen Sohn empfangen und gebären und aufziehen, und der wird die Verfehlungen Philipps gegen dich rächen. (IV,8)

Zusätzlich schickt er ihr einen entsprechenden Traum.

Sie sah in der Nacht, wie der Gott Ammon sie umarmte und, als er aufstand von ihr, sagte: "Frau, du bist schwanger mit einem männlichen Knaben, der dein Rächer sein wird." (V,2)

Nachdem Olympias so vorbereitet ist und dem Gott leibhaftig begegnen will, setzt Nektanebos die "Heilige Hochzeit" in Szene, wobei er sich mit göttlichen Attributen maskiert.

Nektanebos aber bereitete sich das weiche Vlies eines Widders mit den Hörnern an den Schläfen wie aus Gold, ein Szepter von Ebenholz, ein weißes Gewand und einen ganz reinen schlangenfarbigen Mantel. Dann trat er in das Schlafzimmer, wo Olympias verhüllt auf ihrem Bett lag und aus den Augenwinkeln hervorspähte. So sah sie den Gott hereinkommen und fürchtete sich nicht, denn sie war gefaßt auf seinen Anblick, so wie er ihr im Traum erschienen war. Die Lichter leuchteten, und Olympias verhüllte ihr Gesicht. Nektanebos aber legte sein Szepter nieder, bestieg ihr Lager und vereinte sich mit ihr. Dann sagte er: "Bleibe ruhig, Frau, du bist schwanger mit einem männlichen Knaben, der dein Rächer sein wird und König, Herrscher über die ganze Welt (ΚΟΣΜΟΚΡΑΤΟΡ)." Dann nahm er sein Szepter und verließ das Gemach und verbarg die Mittel seiner Täuschung. (VII,1-3)

Dem heimkehrenden Philipp gibt Nektanebos ebenfalls einen Traum ein, der ihn über den "göttlichen" Charakter der Schwangerschaft seiner Frau aufklärt. Philipp erzählt:

Ich sah im Traum einen Gott von schöner Gestalt, mit grauem Haar und Bart und Hörnern wie von Gold an den Schläfen; in der Hand hielt er ein Szepter. Der kam in der Nacht zu meinem Weib Olympias, legte sich zu ihr und vereinte sich mit ihr. Beim Aufstehen sagte er zu ihr: "Weib, du hast einen männlichen Knaben empfangen, der dich befreien und den Tod seines Vaters rächen wird." (VIII,3)

Als dies nicht ausreicht, um den König auf Dauer dazu zubringen, das Kind als von einem Gott gezeugt anzuerkennen, muß sich Nektanebos bei einem Festmahl noch einmal kräftig ins Zeug legen und in eine Schlange verwandeln, eine Gestalt, die von Philipp als Erscheinung der Götter Ammon, Apollo und Asklepios gedeutet wird. Schließlich wird ihm auch noch eine Vision im Palastgarten zuteil, die nicht explizit auf die Magie Nektanebos zurückgeführt wird.

Da schlüpfte plötzlich ein Vogel an die Brust des Königs Philipp und legte ein Ei. Das aber rollte von seiner Brust, fiel zu Boden und zerbrach. Aus ihm kroch eine kleine Schlange hervor und umkreiste rings das Ei. Dann wollte sie wieder hinein, wo sie hergekommen war, als sie aber den Kopf hineinsteckte, starb sie. (XI,1)

Ein Deuter erklärt dem König das Ei als Zeichen der Welt. Die Schlange bezeichne einen königlichen Sohn, der die Welt umrunden und erobern, bei der Rückkehr in seine Heimat aber sterben werde. Schließlich wird Alexander mit dem Beistand Nektanebos unter gutem Stern geboren. Erdbeben, Donner und Blitze begleiten die Geburt des Weltherrschers. Nektanebos wird sein Erzieher und kommt bei einem von Alexander verursachten Unfall ums Leben.

Diese Erzählung behauptet, Alexander sei nicht der Sohn Philipps und auch nicht der des Gottes Ammon,[181] sondern der des letzten einheimischen ägyptischen Königs, Nektanebos II. Die Historiker wissen davon nichts. Es dürfte sich um eine volkstümliche Geschichte handeln, eine Legende, wie sie häufiger erfunden wurde, um ein unterdrücktes Volk dadurch zu trösten, daß der Fremdherrscher zum Sproß des eigenen Volkes gemacht wird.[182] LLOYD hat die Geschichte in den Bereich der "nationalistischen Propaganda" eingeordnet[183] und damit wohl einen Grundzug dieser Überlieferung getroffen. Im Hintergrund sieht er priesterliche Kreise stehen, eventuell aus Sebennytos, der Heimat Nektanebos. Seiner Auffassung nach ist die Geschichte nicht lange nach der Eroberung durch Alexander entstanden. Die inhaltliche Tendenz ist geprägt durch den Stolz von patriotischen Ägyptern, die sich mit der Demütigung durch die Fremdherrschaft dadurch abzufinden versuchen, daß sie den Weltherrscher zu einem Nachkommen des letzten ägyptischen Herrschers machen. Letztlich wird dadurch sogar das Weltreich Alexanders zu einem ägyptischen gemacht *(III,4)*. Diese pragmatische Intention führt zur burlesken Umformung des Mythos. Wenn nämlich das ägyptische Selbstbewußtsein durch den Gedanken sexueller Vorherrschaft gestärkt werden soll, dann ist der irdische König entscheidend, denn erst durch den menschlichen Verführer und Liebhaber kann dieses Motiv eingebracht werden. Es kann zum einen dazu dienen, das generelle Vorurteil der Oberschichtgriechen gegen Mischehen mit Ägyptern lächerlich zu machen, und zweitens die Vorstellung vom Sieg über den Fremdherrscher zu nähren. Die vorausgesetzte symbolische Verbindung von Herrschaft und Sexualität scheint im griechischen wie im ägyptischen Denken gängig gewesen zu sein.[184]

---

181   Daß der mit Amun und Zeus gleichgesetzte Ammon von Siwa ins Spiel kommt, hängt natürlich mit der Alexandertradition zusammen.

182   Bei Herodot *(3,2)* wird erzählt, daß auch über Kambyses, den persischen Eroberer Ägyptens das Gerücht in Ägypten umlief, er sei der Sohn einer ägyptischen Prinzessin. Diodor *(I.20,3)* überliefert, daß die ägyptische Elite verbreitet, der Gründer der makedonischen Geschlechts sei ein Sohn des Osiris. Vgl. SMELIK / HEMELRIJK 1984, 1897.

183   Vgl. LLOYD 1982a, 46-50.

184   REINSBERG (1989, 177 mit Abb. 98) betont, daß *"der männliche Sexualakt, die Penetration, als Aggression verstanden wurde und entsprechend als Chiffre für Unterwerfung und Erniedrigung fungieren konnte"*, und verweist auf *"eine Vase in Privatbesitz, die den endgültigen griechischen Sieg über die Perser (465 v.Chr.) mittels der angedeuteten Notzüchtigung eines Persers durch einen Griechen ins Bild setzt"*. Für den ägyptischen Bereich wä-

Vom theologischen Kontext der ägyptischen Sohn-Gottes-Vorstellung ist hier anscheinend nicht viel geblieben. Wie in den Geburtsfeiern der Mammisis spielt der Aspekt einer Überschreitung der Grenze zwischen Götterwelt und Menschenwelt keine Rolle mehr. Allerdings unternimmt der Alexanderroman quasi die Gegenbewegung zur Theologie der Geburtshäuser. Wird dort der Geburtszyklus in die Götterwelt transponiert, so wird der Antagonismus zwischen Gott und Mensch hier dadurch aufgelöst, daß das Geschehen ganz in die Menschenwelt herunter geholt wird. Nicht Gott und Mensch, nicht Gott und Göttin begegnen sich, sondern der ehemalige König betrügt in der Verkleidung als Gott eine Königin.

Würde diese auffällige Umkehrung nur als Verballhornung des klassischen Mythos verstanden, so wäre der Schluß unausweichlich, daß der Mythos in der mündlichen Tradition der Spätzeit schon ziemlich heruntergekommen war: von den Höhen königlicher Theologie zu den Niederungen einer populären Burleske, die mit ein wenig erotischem Knistern unterhalten und gleichzeitig die patriotische Gesinnung stärken will. Damit wäre freilich allenfalls die halbe Wahrheit gesagt.

Der Aspekt der Maskerade kommt ja schon bei Herodot ins Spiel, der die Tiergestalt des Amun in seiner ätiologischen Erzählung *II,42* als scherzhafte Verkleidung darstellt (s.o.). Außerdem ist darauf hinzuweisen, daß das Motiv der Verkleidung Ähnlichkeit zur Kleidersymbolik aufweist, die im Kontext ägyptischer und hellenistisch-römischer Herrscherideologie ebenso wichtig ist, wie in der biblischen Tradition.[185] Amenophis III., Ramses II. und andere Pharaonen wurden mit den Widderhörnern des Amun dargestellt. Das Münzbild Alexanders folgte dieser Tradition, und Caligula gab sich durch seine Kleidung als Neuer Zeus zu erkennen.

Während es freilich dort jeweils um die Repräsentation der Gottheit und den Ausdruck der Göttlichkeit des Herrschers ging, will Nektanebos für einen gehalten werden, der er nicht ist. Wer aber wie etwa Philo (s. u.) solche Repräsentationen nicht als reale Präsenz annehmen kann, für den ist sie auch nur Maskerade, und der Unterschied zur Liebeslist des Nektanebos hört auf zu existieren. Umgekehrt ist zu beachten, daß nach ägyptischer Königstradition Nektanebos als Pharao immerhin auch die Göttlichkeit des *ntr nfr* zuzusprechen ist. Wenn er sich als solcher amunhaft kleidet, mag dies auf der Ebene der Burleske Verkleidung sein. Auf der Ebene ägyptischer Königstheologie ist dies dagegen ein adäquater Ausdruck seiner Würde als Gottessohn.

---

re auf die *Erzählung vom Streit der Götter Horus und Seth um die Herrschaft* (Pap. Chester Beatty I; 20. Dyn.) zu verweisen. In *11,2-13,1* (deutsche Übersetzung: TUAT III.5, 944-946) wird erzählt, wie Seth versucht, Horus durch einen nächtlichen Koitus "zur Frau" zu machen und so des Anspruchs auf die Königswürde zu berauben. Horus entgeht dem und kann durch eine List seiner Mutter Isis den Spieß umdrehen. Der Alexanderroman kann als heterosexuelle Variante dieser Vorstellungen verstanden werden.

185 Zur königlichen Kleidersymbolik in den Davidserzählungen vgl. PROUSER 1996.

Bei genauerer Analyse lassen sich trotz der tiefgreifenden Veränderungen eine Vielzahl weiterer Details ausmachen, die fragmentarisch auf alte Vorstellungen verweisen:[186]

♦ Das Bild des Pharao als *zaubermächtiger Herrscher (I,4-6 u. ö.)* und als vertraut im *Umgang mit den Göttern (III,2)*. Hier schlagen Züge des traditionellen Königsdogmas durch. Als Abkömmling des Re, der auf Erden eingesetzt ist, steht dem König die Macht des göttlichen Wortes zu Gebote. *"Allein durch die Zauberkraft seines Wortes zwingt er im Ritual fernen Ländern seinen Willen auf."*[187]

♦ Die *Identität von Vater und Sohn (III,4)* und die Rolle des Sohnes als *Rächer* seines Vaters *(IV,8; V,2; VII,3)* zitieren altägyptische Vorstellungen über die Vater-Sohn-Relation. *"Die Rächer-Rolle des Sohnes leitet sich von der Gestalt des Harendotes, des 'Horus-Rächer-seines-Vaters' her, wobei das entscheidende Verb nḏ zwar auch die Rache des Vaters an dessen Mörder Seth meint, aber darüber hinaus ein viel umfassenderes Einstehen des Sohnes für den toten Vater, dessen Stelle er eingenommen hat."*[188]

♦ Das mehrmals erwähnte *Szepter (VII,1.3; VIII,3)* erinnert an die gängige Darstellung ägyptischer Götter mit Uas-Szepter. Auch der hellenistischen Kunst ist ein solches Langszepter bekannt und wird über diese Vermittlung zum Attribut des Göttervaters Jupiter und später der römischen Kaiser.[189] Noch näher liegt freilich der Gedanke an den pharaonischen Krummstab, der über die Vermittlung der hellenistischen Monarchie und aufgrund der Ähnlichkeit mit dem Stab der Auguren auch Eingang in die monarchische Repräsentation des römischen Herrschers fand.[190]

♦ Der *Widder als Gestalt des Gottes Amun (VII,2; VIII,3.8)* entspricht einer ungemein häufig belegten altägyptischen Darstellungstradition.[191]

♦ Die *Schlange als Verkörperung des Amun (VI,3; X,4)* bezieht sich ebenfalls auf eine ägyptisch belegte Erscheinungsform des Gottes, die auch in der Alexanderbiographie Plutarchs eine Rolle spielt.[192] In diesem Zusammenhang ist

---

186 Vgl. ASSMANN 1982, 31-33.

187 HORNUNG 1971, 205; 203-206. So heißt es über Sesostris III. (12. Dyn.): *"Die Zunge seiner Majestät ist es, die Nubien einschüchtert, seine Aussprüche, sie schlagen die Asiaten in die Flucht."* (ÄHG 477) Ein Hymnus aus dem Neuen Reich sagt von Ahmose (18. Dyn.), er sei *"ein Zauberreicher"* (ÄHG 484).

188 ASSMANN 1982, 32 f. Vgl. *ders.* 1991, 115-127.134-137.

189 ALFÖLDI (1970, 232-234 mit den entsprechenden Abb.) bringt Belege für Augustus, Tiberius, Nero, Vespasian, Titus und Trajan, von denen einige im Kontext der Herrschaftsübergabe durch eine Gottheit stehen.

190 Vgl. ALFÖLDI 1970, 228 mit Abb. 10,5 (Augustus) und 10,6 (Ptolemäerkönig).

191 Vgl. z.B. die Widdersphingenallee in Karnak, oder die Widderfigur von Amenophis III. im Berliner Museum (Inv.-Nr. 7262) (PRIESE 1991, Abb. 58).

192 Die Schlangengestalt im Alexanderroman kann nur dann auf den schlangengestaltigen ΑΓΑΘΟΣ ΔΑΙΜΩΝ bezogen werden, wenn man Amun mit diesem gleichsetzt. Die Verbindung

auch die mit dem Ei *(XI,1.3)* verknüpfte Weltsymbolik interessant.[193] Die Identität von Vater und Sohn vorausgesetzt, versinnbildlicht die Schlange aus dem Ei nicht nur Alexander, sondern auch Ammon (*alias* Nektanebos).

♦ Die *Löwengestalt (VII,7; XIII,3)* hat sicher primär mit der Heraklesverbindung Alexanders zu tun. Sie kann aber auch als Rückverweis auf die Sphingengestalt des Pharaos gelesen werden. Diese Darstellungsform ist ja Ausdruck der übermenschlichen Mächtigkeit des Herrschers und assoziiert mit der göttlichen Qualität des Königs zugleich seine Fähigkeit, die Chaosmächte niederzuhalten und Ma'at herzustellen. Vergleichbare Assoziationen sind auch hier gegeben. Festzuhalten ist freilich, daß es in Umkehrung der ägyptischen Tradition um Menschen*gestalt* und Löwen*haupt* geht. Diese Verteilung von Menschen- und Tiergestalt bleibt sonst den Göttern vorbehalten.

♦ Die *Verheißung des neuen Königs* durch das Orakel entspricht der Verheißungsszene im klassischen Geburtszyklus *(SZENE I D)*, wobei aber die Götter hier nicht Adressaten, sondern Sprecher sind.

♦ Die *Verkündigung an die Mutter (IV,8)* verweist auf die *SZENE VII* des Zyklus. Allerdings wird das Motiv vor die Empfängnis verlegt und Thot durch Nektanebos ersetzt. Beide Veränderung erklären sich aus den Erzählstrukturen der Burleske. Selbstverständlich kann kein echter Gott auftreten. Außerdem hat die Ankündigung in der Dramaturgie dieser Erzählung auch die Funktion, die Königin zum Beischlaf zu verführen, muß also vor diesem stehen.

♦ Die Geburtshilfe des sternenkundigen Nektanebos erinnert an den Beistand der Mesechnet in der Erzählung des *Pap.Westcar.*

♦ Der *Spruch des "göttlichen" Vaters* nach dem Beischlaf *(V,2)* scheint von besonderer Bedeutung zu sein, denn er wird zweimal *(VII,3; VII,3)* wieder aufgenommen. Es handelt sich um eine Entsprechung zur Rede des Amun in *SZENE IV* des klassischen Geburtszyklus. Zwar findet im Alexanderroman keine Namengebung statt, wohl aber wird dem eben gezeugten Kind die Weltherrschaft zugesprochen. An dieser Stelle ist übrigens gut zu sehen, wie die Grundstruktur des Mythos, die durch die Burleske überformt ist, immer noch genügend erzählerische Kraft besitzt, um ihrerseits diese Überformung aufzubrechen. Als rein menschlicher Vater könnte Nektanebos unmittelbar nach dem Beischlaf noch nicht wissen, daß ein Kind gezeugt wurde, geschweige denn ein Knabe, der zum Weltherrscher wird. Sein Wissen zeigt, daß er im Grunde hier als Gott spricht; die Rolle Amuns schlägt durch.

Letzteres hängt natürlich damit zusammen, daß die Intention, die die Erzählstruktur bestimmt, auch auf der Ebene der propagandistischen Burleske nicht nur auf die

---

mit Amun ist durch den Text selbst doch sehr deutlich gegeben, da ein anderer Gott nicht genannt wird.

193 Da der Text selbst das Ei als Symbol der Welt definiert, drängt sich das Bild des Pharaos, der schon im Ei erwählt wurde, nicht gerade auf. Gegen KUHLMANN 1988, 152 Anm. 1196.

Befriedigung der Leidenschaften Nektanebos abzielt, sondern auf die Geburt des Kindes, das als wiederkommender Nektanebos herrschen wird. Diese Ausrichtung stellt eine Verknüpfung mit dem Mythos her, mit dem die Geschichte unterfüttert ist. In der klassischen Form des Geburtszyklus stand die Geburt des Kindes, das herrschen wird, ja ebenfalls im Zentrum. Mythos und Burleske teilen sich im übrigen auch die rückblickende Perspektive. Hier wie dort wird im nachhinein das Wesen einer Person aus ihrem Ursprung erhellt. Die mythische Unterfütterung der Erzählung kommt auch darin zum Ausdruck, daß nicht alle Hinweise auf die Göttlichkeit des Kindes auf die Magie des Nektanebos zurückgeführt werden. Weder die Gartenvision des Philipp noch die Naturwunder bei der Geburt werden als inszeniert eingestuft, sondern sind in der erzählten Welt echte Ereignisse.

Aufs Ganze gesehen, scheint es mir unbestreitbar zu sein, daß selbst in dem, was zunächst aussieht wie eine Karikatur des Mythos, Züge der alten ägyptischen Königstradition bewahrt sind. Natürlich sind es nur Splitter, Motivzitate und Strukturelemente, die niemals als Argument für eine Kenntnis des klassischen Reliefzyklus durch den Autor der Quelle ausreichten. Aber sie sind doch deutlich genug, um die Annahme einer mündlichen Tradition nicht nur über die Sohn-Gottes-Idee, sondern auch über deren narrative Entfaltung zu bekräftigen.

Zusammenfassend läßt sich also sagen, daß wir allen kulturellen Trennungen zum Trotz zahlreiche Indizien dafür haben, daß Elemente ägyptischer Königstheologie in die hellenistische Universalkultur eingewandert sind.

Gerade die Verwendung solcher Elemente in unterhaltsamen Geschichten, sowie in der aufsehenerregenden, auf Massenkommunikation abzielenden Inszenierung von Herrschaft läßt es als sicher erscheinen, daß nicht etwa nur die gebildeten Literaten etwas über das ägyptische Konzept von der Gottessohnschaft des Pharao wußten. Auch das sprichwörtliche "einfache Volk" muß entsprechende Kenntnisse gehabt haben, so daß gesagt werden kann, daß die Vorstellung von der Gottessohnschaft des Herrschers zum allgemeinen kulturellen Wissen der hellenistischen Welt gehörte. Freilich wird dieses Wissen bei denen, die sich nicht speziell mit Ägypten beschäftigten, oft undifferenziert gewesen sein und sich mit allergrößter Wahrscheinlichkeit nicht auf Details der klassischen Reliefzyklen bezogen haben. Da die ägyptischen Geburtsreliefs des Neuen Reiches vermutlich ebenso unbekannt waren wie die Reliefs der spätzeitlichen Geburtshäuser, kann sich entsprechendes Wissen nur auf hellenistische Analogiebildungen und auf mündliche Traditionen gestützt haben. Letztere lassen sich zwar nicht rekonstruieren, aber in ihrer Existenz nicht nur für das alte Ägypten, sondern auch für spätere Epochen wahrscheinlich machen. Festzuhalten ist auch, daß ägyptische Traditionselemente von den Betreffenden unter Umständen gar nicht mehr mit Ägypten in Verbindung gebracht worden sind. Entsprechend der ikonischen Grundstruktur des ägyptischen Mythos konnte die Gottessohn-Vorstellung in Einzelelemente zerlegt und diese in völlig neue Zusammenhänge transferiert werden. Durch solche atomisierenden Transformationsprozesse wurden Elemente des Mythos in alle gesellschaftlichen Schichten und Gruppen und in unterschiedlichste Verwendungszusammenhänge hineingetragen.

Festzustellen ist auch, daß die Vorstellungen ägyptischer Provenienz natürlich aus ihrem theologischen Gesamtzusammenhang gelöst wurden. In Ägypten hatte die Sohn-Gottes-Idee zwar auch schon herrschaftslegitimierende Funktion, war aber eingebettet in ein religiöses Gesamtkonzept von der Rolle des Königs als Kommunikator zwischen Göttern und Menschen. Was die überlieferten Reliefzyklen angeht, so war jeder Propagandazweck weitestgehend auszuschließen, da die Adressaten dieser Kunst in der Götterwelt zu suchen sind. Dagegen stellt die propagandistische Verzweckung in der ptolemäischen und römischen Zeit sicher den Hauptaspekt dar. Ohne den Gesamtrahmen ägyptischer Theologie mußte der Mythos zur Herrschaftsideologie werden, auch wenn den Herrschenden beim Einsatz dieser Ideologie nicht generell Zynismus unterstellt werden kann. Bisweilen waren sie von der eigenen Inszenierung wohl auch persönlich ergriffen.

Außerdem blieb im Kontext des komplementären Denkens Ägyptens die irdische Vaterschaft auch dann bedeutsam, wenn sie innerhalb des Mythos weitgehend ausgeblendet wurde. Im Kontext eines kritischen historiographischen Denkens, wie es sich bei Plutarch zeigt, kann die Komplexität ägyptischen Denkens nicht bewahrt werden. Die göttliche Zeugung tritt unter dem Anspruch geschichtlicher Faktizität mit der menschlichen Vaterschaft in Konkurrenz. In der Rezeption entsteht so der Zwang, dieses Faktum entweder (irrtümlich) für wahr zu halten, oder als Betrug zu entlarven.

Nachbemerkung:

Ein altägyptischer Priester hätte in der Selbstinszenierung des Caligula oder den Berichten des Herodot vielleicht gar nicht viel Ägyptisches entdeckt, sondern sich allenfalls erschaudernd abgewandt. Aber: Hätte ein türkischer Musiker des 18. Jh. das *Rondo alla turca* in Mozarts berühmter Sonate in A-Dur (KV 331) als türkische Musik erkannt? Und doch sind Bezüge unbestreitbar. Sie sind nur sehr viel transformierter vermittelt worden und deshalb viel diffiziler zu beschreiben, als mancher annimmt. Das gilt für Mozart wie für das alte Ägypten.

IV. IDEEN VON GOTTESSOHNSCHAFT IM HELLENISTISCHEN JUDENTUM

1. Ägyptisches Judentum

Die Frage nach dem hellenistischen Judentum, besonders dem Ägyptens und Alexandrias ist für unsere traditionsgeschichtliche Leitfrage von entscheidender Bedeutung, weil einerseits damit zu rechnen ist, daß sich das Judentum der Diaspora bei allen Abgrenzungsbemühungen in besonderer Weise für die hellenistische Kultur, in der ja das Alltagsleben bewältigt werden mußte, geöffnet hat, und zweitens davon auszugehen ist, daß das Judentum die kulturelle, geistige und religiöse Welt war, die dem entstehenden Christentum, das ja zunächst durchaus als innerjüdische Bewegung zu verstehen ist, am nächsten stand. Zugleich hat die neuere Forschung das hellenistische Judentum als eine ethnische Gruppe beschrieben, die sich durch besondere Mobilität auszeichnete und deren Definition als Gruppe keine sehr scharfe Außenabgrenzung aufwies.[1] Es ist deshalb eine naheliegende These, daß das hellenisierte Judentum eine Vermittlungsstation für fremdreligiöse Konzepte gewesen sein kann, auch für solche, die man in christlichen Kreisen direkt aus dem heidnischen Kontext vermutlich nicht akzeptiert hätte.

1.1. Bürger zweiter Klasse

Die Stärke und Bedeutung der jüdischen Diaspora in Ägypten ist kaum zu überschätzen.[2] Entscheidend für das Wachstum des ägyptischen Judentums war der Streit zwischen den Diadochen, der auch in Palästina ausgefochten wurde. Ptolemaios I. brachte eine große Zahl von jüdischen Kriegsgefangenen nach Ägypten, die von Ptolemaios II. dann freigelassen wurden. Nach der Eroberung Palästinas durch Antiochus III. 198 v.Chr. erfolgte ein zweiter Auswanderungsschub, dem aufgrund der Konflikte in Palästina immer weitere folgten.[3] Der Höhepunkt der Entwicklung lag unter Ptolemaios VI., der das Judentum so begünstigte, daß es fortan im Ptolemäerreich eine wichtige politische und militärische Rolle spielte. Da die jüdische Oberschicht das Eingreifen Roms in ägyptische Auseinandersetzungen förderte und damit den Machtwechsel von den Ptolemäern zu den Römern vorbereitete, brachte der Vollzug dieses Wechsels 30 v.Chr. zunächst keine Verschlechterung der Lage. Schon bald allerdings ging die in Kap. II beschriebene römische Bevölkerungspolitik mit ihrer Bevorzugung der griechischen Bevölkerung auf Kosten der ägyptischen Juden. Die Bemühungen der jüdischen Oberschicht um Gleichberechtigung stieß bei den Ägyptern auf Mißtrauen und

---

1   Vgl. KANT 1987, 682-692.
2   Vgl. zum Folgenden WEISS 1977; BOWMAN 1986, 209 ff; KASHER 1985; MODRZE-JEWSKI 1995; STERLING 1995.
3   Zur Situation in Palästina vgl. SCHÄFER 1983, 43-77.

Feindseligkeit.[4] Das erste Pogrom geschah, als sich unter Gaius (Caligula) der Streit um den bürgerrechtlichen Status der Juden in Alexandria zuspitzte. Die Ptolemäer hatten den alexandrinischen Juden den Status einer eigenen Gemeinde (ΠΟΛΙΤΕΥΜΑ) zuerkannt. Solche landsmannschaftlichen Zusammenschlüsse, die es auch in anderen hellenistischen Städten gab, hatten eine relative Autonomie mit dem Recht eigener Vermögensverwaltung, eigener Jurisdiktion und eigener Gemeindeverfassung. Zwar gab es viele Juden, die diesen Körperschaften nicht angehörten und völlig rechtlos lebten, für diejenigen aber, die dazugehörten, war zwar keine Gleichstellung mit den Griechen gegeben, aber doch ein deutlich besserer Status, als ihn die einheimischen Ägypter hatten.[5] Juden, die zu einem ΠΟΛΙΤΕΥΜΑ gehörten, waren zwar keine ΠΟΛΙΣ-Bürger, aber eben auch keine Fremden. Genau diesen Status weist ihnen aber Kaiser Claudius zu, als er nach dem Tod des Caligula den Bürgerrechtsstreit beenden will. Er schiebt jedem jüdischen Bemühen um das volle Bürgerrecht einen Riegel vor. Zwar fordert er die Griechen auf, mit den Juden freundlich umzugehen, bezeichnet letztere aber als Bewohner einer Stadt, die ihnen nicht gehört und verbietet ihnen, Juden aus Syrien in die Stadt zu holen. Damit ist eine Entscheidung getroffen, die langfristig die Assimilationsbemühungen der ägyptischen Oberschichtjuden ins Leere laufen läßt.[6]

Eine der prominentesten Gestalten des alexandrinischen Judentums war sicherlich der schon erwähnte *Tiberius Julius Alexander*.[7] Er gehörte einer einflußreichen und bedeutenden jüdischen Familie an. Sein Vater war als Alabarch der oberste Steuereinnehmer und damit wohl einer der reichsten Männer Ägyptens. Schon er *"hatte das alexandrinische Bürgerrecht und danach die 'civitas Romana' erworben, bei Juden eine große Ausnahme, die klar erkennen läßt, daß er bei den Römern in hoher Gunst stand."*[8] Tiberius Alexander war Neffe des großen jüdischen Theologen Philo. Von 46-48 n.Chr. war er römischer Statthalter in Judäa. Wahrscheinlich im Jahre 66 wurde er *praefectus Alexandreae et Aegypti*. Als erster römischer Präfekt stammte er selbst aus der Stadt. Er bewährte sich als Funktionär Roms, als er mit großer Härte einen Aufstand der alexandrinischen Juden niederschlug. Bei der Kaiserproklamation Vespasians, die 69 n.Chr. in Alexandria stattfand, spielte er als "Kaisermacher" eine wichtige Rolle. Wer die Stadt hatte, kontrollierte Roms Getreideversorgung. So war eine Kaisererhebung ohne den Präfekten von Alexandria kaum denkbar. Allerdings hatte Tiberius sein Judentum aufgeben müssen, um diese Karriere in Roms Diensten zu machen, während sein Vater und sein Onkel dem Judentum treu blieben.

---

4   KASHER betont, daß es auf jüdischer Seite nicht darum ging, Bürger der Polis zu werden, sondern gleiche Rechte für die jüdische Gemeinde zu erlangen. Vgl. *ders.* 1985, 356 f.
5   Vgl. KASHER 1992.
6   Vgl. STERLING 1995, 17.
7   Vgl. BENGTSON 1979, 49 f; SCHÄFER 1983, 129 f; BOWMAN 1986, 41 f; STERLING 1995, 16.
8   BENGTSON 1979, 50.

1.2. Religiöse Haltungen des ägyptischen Judentums

So wechselhaft die politischen Umstände waren, unter denen die jüdischen Bevölkerungsgruppen Ägyptens leben konnten oder mußten, so wechselhaft war auch ihre Einstellung zu ihrer Umgebung. Schriften aus den beiden letzten Jahrhunderten v.Chr. bieten u. U. ein ganz anderes Bild als solche aus römischer Zeit.[9] Ein generelles Urteil über die Haltung des ägyptischen Judentums zu den religiösen Traditionen und Bewegungen des hellenistischen Ägyptens kann kaum gefällt werden. Deshalb seien im folgenden einige ausgewählte Quellen aus verschieden Zeiten präsentiert, um einen Einblick in Unterschiede und Gemeinsamkeiten zu gewähren.[10]

Dem alexandrinischen Judentum verdanken wir zum größten Teil die *Septuaginta*, die Übersetzung der hebräischen Bibel ins Griechische. Diese Übersetzung war der gängige biblische Text des hellenistischen Diasporajudentums und später der christlichen Gemeinden. Die Septuaginta ist nicht nur eine textkritisch interessante Quelle. Sie stellt vielmehr ein *"eigenständiges Zeugnis für die Wirkungsgeschichte alttestamentlicher Texte"* dar.[11] Daß diese *"Übersetzung als Vollendung der Auslegung"*[12] in vielem zugleich eine Übertragung in die hellenistische Kultur vollzieht, ist immer wieder betont worden. Daß freilich auch spezifisch ägyptische Einflüsse festzumachen sind, wird erst allmählich bewußt. Einstweilen sind nur einige Details untersucht, aber jedenfalls erscheint es kaum noch vorstellbar, daß die Intellektuellen des Judentums *"an so großen Werken religiöser Tradition, wie sie die altägyptische Überlieferung darbot, vorübergingen, ohne sie zu beachten."*[13] So erschöpfte sich der kulturelle und religiöse Kontakt zwischen Judentum und Ägypten auch nicht im Annehmen eines ägyptischen Lokalkolorits, sondern darüber hinaus vollzog sich (in Aufnahme und Ablehnung) eine inhaltliche Auseinandersetzung mit altägyptischer Theologie- und Kulttradition.[14] Besonders auffällig ist dabei die mythenkritische Tendenz, die die Septuaginta zeigt. *"Die griechischen Übersetzer haben offenbar kein Interesse daran, dem Mythos noch dadurch Ehre anzutun, daß sie wie die hebräischen Traditionsempfänger und -interpreten mythologisch reden."*[15]

---

9   Vgl. BAMMEL 1988. STERLING (1995, 2) spricht zurecht von einem *Prozeß* der Identitätsbildung.
10 Einen tabellarischen Überblick über das Schrifttum des alexandrinischen Judentums versucht STERLING 1995, 3 f.
11 RÖSEL 1995, 70
12 So der programmatische Titel von RÖSEL 1994.
13 BÖHLIG 1993, 2. Er selbst stellt im zitierten Aufsatz die These auf, daß nicht nur die Inhalte, sondern auch die Methoden jüdischer Bibelauslegung von Ägypten beeinflußt sind.
14 Zur Septuaginta vgl. MORENZ 1975, 417-428; GÖRG 1992, 225-238. Zu anderen Texten vgl. BAMMEL 1988.
15 GÖRG 1992, 236 f.

Die Ursprungslegende der Septuaginta, wie sie sich in dem in Alexandria entstandenen *Aristeasbrief* findet,[16] erzählt, daß Ptolemaios II. den Auftrag zur Übersetzung gab, weil der Text in der großen Bibliothek aufbewahrt werden sollte. An diesem Bericht mag vieles historisch unglaubhaft sein, aber er gibt die kulturpolitischen Intentionen der Ptolemäer (s.o. Kap. II) wohl zutreffend wieder. Offensichtlich gab es Bestrebungen, die wichtigen Traditionen der unterworfenen Völker zu inventarisieren und damit auch rechtlich festzuschreiben. Die Berufung der Beherrschten auf die rechtlich und sittlich relevanten Überlieferungen der Väter sollte auf diese Weise besser kontrolliert werden können. Auf ein entsprechendes Handlungsmuster imperialistischer Politik in Bezug auf ägyptische Traditionen wurde ja schon hingewiesen.

Der Aristeasbrief ist von einer eindeutig ptolemäerfreundlichen Tendenz gekennzeichnet. Ptolemaios II. wird durchweg als idealer König gezeichnet, dessen Herrschaft von Gott gegeben ist *(Arist 219)*. Seine Menschenfreundlichkeit und Gerechtigkeit zeigt sich darin, daß er dem jüdischen Gesetz die nötige Achtung entgegenbringt und auf die Weisheitslehrer Israels hört.[17]

Trotzdem ist der Text auch ein Zeugnis dafür, daß sich im ägyptischen Judentum in hellenistischer Zeit ein ähnlicher Zug findet, wie er ägyptische Mentalität prägte, nämlich die Identitätssicherung durch Abgrenzung. Die gesamte jüdische Lebensform wird im Aristeasbrief als ein abgegrenzter Raum der Andersartigkeit begriffen, der *"von allen Seiten mit Reinheitsgeboten in bezug auf Speisen und Getränke und Berühren, Hören und Sehen" (Arist 142)* umgeben ist. Die Gebote und Verbote werden verstanden als Schutz gegen eine profane Außenwelt.[18]

> *Da nun der Gesetzgeber als Weiser, der von Gott zur Erkenntnis aller Dinge befähigt wurde, alles klar erkannte, umgab er uns mit undurchdringlichen Wällen und eisernen Mauern, damit wir uns mit keinem anderen Volk irgendwie vermischen, (sondern) rein an Leib und Seele bleiben und - befreit von den törichten Lehren - den einzigen und gewaltigen Gott überall in der ganzen Schöpfung verehren.*
>
> *(Arist 139)*

---

16 Als Entstehungszeitraum kommt die Regierungszeit Ptolemaios VIII. Euergetes II., genauer die Jahre zwischen 127 und 118 v.Chr. in Frage. Zu Einleitungsfragen vgl. MEISNER 1973, 37-43. Zur Frage des Verhältnisses zwischen Abgrenzung und Akkulturation vgl. FELD-MEIER 1994.

17 Dies kommt nicht nur in der Übersetzungsabsicht, dem Freikauf aller jüdischer Sklaven und den gewaltigen Geschenken für den Hohenpriester zum Ausdruck, sondern auch in kleinen Zeichen, wie der siebenmaligen Verneigung vor der Torah *(Arist 177)* und der Bewirtung der jüdischen Gäste mit einem nach ihrer Sitte zubereiteten Mahl *(Arist 182-186)*. Fast ein Drittel des Textes besteht aus einer Königslehre, die in einem siebentägigen Dialog zwischen dem heidnischen König und den 72 Jerusalemer Gelehrten sentenzenartig dargeboten wird *(Arist 187-294)*, wobei es inhaltlich auffällig oft um die Milde des Herrschers geht. Dies und die Idealisierung des Ptolemaios als gerechter Herrscher (=Freund der Juden) deutet auf eine politisch prekäre Situation hin, in der die Freundlichkeit des Herrschers mühsam errungen werden mußte.

18 Vgl. DELLING 1987, 9.

Nun hat allerdings ASSMANN darauf aufmerksam gemacht, daß das verwendete Bild der Mauer aus der ägyptischen Tradition stammt und ursprünglich den Pharao in seiner Schutzfunktion beschreibt.[19]

Allenthalben zeigt der Text starken Einfluß hellenistischer Zivilisation. Dies geht soweit, daß Jahwe mit Zeus gleichgesetzt wird *(Arist 16)*.[20] Zwar verwirft der Text hellenistische Kulte, weil es unsinnig sei, *"seinesgleichen zu vergotten" (Arist 137)*, aber wesentlich entschiedener ist die Ablehnung ägyptischer Religiosität, die in einer radikalen Polemik auf die vielfältigen Erscheinungsformen der Zoolatrie reduziert und als geradezu närrisches Treiben verächtlich gemacht wird *(Arist 138)*. Damit zeigt der Text eine Einstellung, die für das hellenistische Judentum insgesamt charakteristisch zu sein scheint.[21] Der Aristeasbrief reitet damit aber auch auf der Welle der allgemeinen hellenistischen Ablehnung der Tierverehrung und kann zugleich als Versuch einer Annäherung an den griechischen Bevölkerungsteil gelten. Der entsprechende politische Hintergrund ist jedenfalls gegeben und die Kritik an den religiösen Praktiken der Griechen fällt vergleichsweise milde aus. Wir haben es hier also einerseits mit einer erklärten Abgrenzung gegen Fremdes - vor allem Ägyptisches - zu tun, andererseits aber auch mit der unterschwelligen Rezeption fremder Vorstellungen und Bilder, vor allem aus dem hellenistischen Bereich. Ein durchaus zwiespältiges Bild, das das ägyptische Diasporajudentum generell kennzeichnet.[22]

Der Bekehrungsroman *Josef und Aseneth* stammt wohl aus einem eher einfachen jüdischen Milieu. Er kann zwar nicht zwingend auf Alexandria lokalisiert werden, aber die Hinweise auf Ägypten sind doch so überzeugend, daß Ägypten unter den vorgeschlagenen Entstehungsorten ohne ernsthafte Konkurrenz ist. Wahrscheinlich ist die Schrift in der Ptolemäerzeit entstanden. BURCHARD meint, daß vieles für eine Entstehung kurz vor dem Ende des zweiten vorchristlichen Jahrhunderts spricht, aber eine genaue Datierung der Schrift scheint nicht möglich zu sein.[23] Wenn man in der literarischen Gestalt des Pharao den in biblische Zeit rückprojizierten hellenistischen König sieht, legt sich jedenfalls eine Periode guter Beziehungen zwischen Ptolemäern und Juden nahe, eventuell mag an Ptolemaios VI. gedacht werden. Der Text erzählt ausgehend von *Gen 41,45* die Geschichte von der Bekehrung Aseneths und ihrer Heirat mit Josef, dem Sohn Jakobs. In der Ge-

---

19 Vgl. ASSMANN 1992, 198 f.

20 Eine solche *interpretatio Iudaica* scheint es auch in anderen Bereichen gegeben zu haben. MUSSIES 1982 weist z.B. auf die Gleichsetzung des Moses mit Thot-Hermes hin. Er sieht darin *"an equation of a god and a man who was deified even on the Jewish side."* (91) Vgl. auch MUSSIES 1979.

21 Vgl. SMELIK / HEMELRIJK 1984, 1910-1920. In *Röm 1,23* polemisiert auch Paulus im Rahmen seiner Beschreibung des Gotteszorns konkret gegen den ägyptischen Tierkult und setzt damit die hellenistisch-jüdische Polemik bruchlos fort. Vgl. KÄSEMANN 1980, 41 f.

22 Vgl. STERLING 1995, 12-17.

23 Zur Herkunft des Romans vgl. BURCHARD 1965, 140-151; *ders.* 1983, 613-616.

schichte sind deutliche Abgrenzungstendenzen präsent, die auf die Intention hinweisen, jüdische Identität zu wahren:[24]

▷ Josef will nicht mit Ägyptern essen, denn das ist ihm ein Greuel *(JosAs 7,1)*.
▷ Er verachtet die ägyptischen Frauen und will mit ihnen nichts zu tun haben, *"ihre Gemeinschaft nämlich ist Verderbnis und Verwesung."* *(JosAs 7,4 f)*.
▷ Folgerichtig weigert er sich auch, Aseneth zu küssen *(JosAs 8,5)*. Durch die Verehrung der ägyptischen Götter ist sie nämlich unrein.
▷ Die Götter Ägyptens sind nur *"Bilder tot und stumm"* *(JosAs 8,5* u. ö.)
▷ Deswegen muß sich Aseneths Bekehrung als Abwendung vom Götzendienst vollziehen und in der Zerstörung der häuslichen Götterbilder ausdrücken *(JosAs 10,12f)*.

Andererseits läßt sich z.B. an der Ausgestaltung der Rolle des Pharao gut sehen, daß sich hier ein Judentum ausdrückt, das seiner hellenistischen Umwelt doch auch offen gegenübersteht. Der König wird durchweg als Judenfreund gezeichnet: er hat Josef die Herrschaft über Ägypten anvertraut, er ist für Josef wie ein Vater *(JosAs 20,9)*, er vollzieht die Trauung zwischen Josef und Aseneth und segnet sogar im Namen des Gottes Israels *(JosAs 21,4-7)*. Auf ägyptisch-hellenistische Tradition weist auch die Vorstellung vom Duft als Charakteristikum göttlicher Personen und Dinge hin. Die himmlische Honigwabe, die Aseneth bei ihrer Bekehrung von einem Engel gereicht wird, verströmt einen *"Duft wie Odem des Lebens"* *(JosAs 16,8)*, welcher mit dem Duft des Engels identisch ist *(JosAs 16,9.11)*. Als die Wabe verbrannt wird, erfüllt der Wohlgeruch das ganze Gemach *(17,4)*. Ägyptische Schöpfungstheologie hat im Lobpreis Aseneths auf Gott als Schöpfer ihre Spuren hinterlassen. Die Aussage, daß Gott *"hochmachte den Himmel und ihn gründete in einer Feste auf dem Rücken der Winde"* *(JosAs 12,2)* erinnert jedenfalls stark an das gängige ägyptische Bild vom Erdgott Geb, über den sich, gestützt vom Luftgott Schu, die Himmelsgöttin Nut wölbt.[25]

Das jüngste Buch des griechischen AT, die *Weisheit Salomos (Weish)*, stammt ebenfalls aus dem ägyptischen Diasporajudentum, vermutlich aus Alexandria.[26] Die Auseinandersetzung mit der Verfolgung gesetzestreuer Juden durch jüdische Apostaten *(Weish 2)* weist in die Epoche der römischen Besatzung, als das Judentum viel von seinem Einfluß aus ptolemäischer Zeit verloren hatte und verstärkt um seinen gesellschaftlichen Status kämpfen mußte. Das spricht für eine Datierung in

---

24 Zur pragmatischen Intention von *JosAs* vgl. CHESNUTT 1995.1996.
25 Vgl. z.B. HORNUNG 1971, 59. - Ein durchaus erwähnenswertes Detail stellt die Übersetzung des ägyptischen Trauergestus "Kopf auf den Schoß" *(tp-ḥr-m3s.t)* durch ein griechisches Äquivalent dar. *JosAs 11,1x:* ΕΒΑΛΕ ΤΗΝ ΚΕΦΑΛΗΝ ΑΥΤΗΣ ΕΙΣ ΤΟΝ ΚΟΛΠΟΝ ΑΥΤΗΣ. Vgl. GARDINER 1957, 146.
26 Vgl. zum Folgenden SCHROER 1995; *dies.*1994b; *dies.*1994c, 6-11; ENGEL 1990; WINSTON 1979, 4-69.

die Zeit nach Actium.[27] Allerdings ist zu beachten, daß sich nach der Eroberung durch Octavian die Verhältnisse nicht schlagartig änderten, und das etablierte Judentum die römische Machtübernahme zunächst durchaus wohlwollend betrachtete. Von daher ist es naheliegend, die Entstehungszeit näher an die Zeitenwende zu rücken, auch wenn eine Datierung in die Zeit Philos, wie sie etwa WINSTON vertritt,[28] (noch) nicht ausreichend begründet erscheint. Als pragmatische Intention der Schrift kann die Stabilisierung jüdischer Identität bestimmt werden. Dies geschieht aber nicht über eine rigorose Abgrenzung vom Hellenismus, sondern vielmehr dadurch, daß die jüdische Tradition aktualisiert und auf den Horizont hellenistischer Geistigkeit hin ausgelegt wird, wobei philosophische Denkmuster der Stoa und die Isisfrömmigkeit ebenso ins Spiel kommen, wie *(ex negativo)* die hellenistische Königsideologie. Die personifizierte Sophia des Weisheitsbuches trägt viele Züge der hellenistischen Isis, gerade auch in ihrem Bezug zum Königtum.[29] Dabei geht es nicht einfach um Angleichung, sondern *Weish* unternimmt den Versuch zu zeigen, daß die eigene Tradition der hellenistischen Kultur mindestens gleichwertig ist und daß die Werte der modernen Welt sich in der eigenen Tradition sogar ungetrübter und überzeugender finden. Darin spiegelt sich *"die Bereitschaft des Judentums in Alexandria, sich auf griechische Kultur, Bildung und Religiosität einzulassen und sich an ihr zu orientieren, auch wenn man bestimmte Aspekte (z.B. Mysterienfrömmigkeit, Verehrung von Götterbildern, Herrscherkult usw.) nicht zu billigen bereit war."*[30] Gegen die Verehrung von Götterbildern wird ebenso heftig polemisiert, wie gegen den Herrscherkult *(Weish 11-14)*. Da die eigene Identität keinesfalls zur Disposition stand, wurde die Grenze der Annäherung scharf gezogen. Sie lag offensichtlich dort, wo der jüdische Monotheismus fraglich geworden wäre. Der Name, *"der mit niemand geteilt werden kann" (Weish 14,21)* bestimmt die Grenze aller Offenheit für fremdreligiöse Vorstellungen.

Der bedeutendste Kopf des ägyptischen Judentums ist unstrittig der Theologe *Philo von Alexandria*.[31] Von platonischer und stoischer Philosophie geprägt, legt er in seinem umfangreichen Œuvre die biblischen Schriften allegorisch aus und unternimmt damit im jüdischen Bereich das, was Plutarch und Chaeremon für ägyptische Traditionen versuchten. Die Zwiespältigkeit zwischen Selbstbehauptung und Assimilation ist bei Philo nahezu Programm. Einerseits ist seine Auslegung natürlich eine radikale Modernisierung, die biblische Tradition auf den Rahmen griechischer Philosophie spannt, andererseits steht dahinter aber die Intention, diese Tradition zu bewahren. Die Bibel soll nicht auf den Status eines unverständlichen, dem Spott der gebildeten Heiden ausgesetzten Mirakelbuches hinabsinken.

---

27   Vgl. SCHROER 1994c, 7.
28   Vgl. WINSTON 1979, 20-25.
29   Vgl. ENGEL 1990, 85.
30   SCHROER 1994c, 9. Vgl. ENGEL 1990, 90 f. Zur Kritik des Weisheitsbuches an hellenistischen Religionen vgl. GÖRG 1990.
31   Zur neueren Philoforschung vgl. die Bibliographien von RUNIA u.a. 1995.1996.

Also muß sie durch aktualisierende Auslegung für die Zeitgenossen gerettet werden. Den kulturellen Hintergrund bildet die Tatsache, daß das Werk Homers zu einem kanonischen Text geworden war, der allegorisch ausgelegt wurde, weil in ihm alle spätere Erkenntnis schon enthalten sein mußte. Vor allem stoische Philosophen entwickelten eine hohe Kunst solcher Auslegung, mit deren Hilfe sich die Mythen als Hinweise auf die Lehren der Philosophie begreifen ließen. Diese Technik wird von Philo (und anderen) auf die Bibel übertragen, um zu zeigen, daß dessen Traditionen die wesentlichen Lehren der zeitgenössischen Philosophie vorwegnehmen oder ihnen wenigstens nicht widersprechen. Die implizierte Nähe von Philosophie und Religion steht vor dem Hintergrund einer antiken Auffassung der Philosophie, die sehr stark lebenspraktisch orientiert war. *"Wo man Philosophie als Lebenskunst verstand wie in der gesamten nachklassischen Antike, konnte man auch jede die Lebensführung bestimmende Religion als Philosophie definieren."*[32] Die philonische Allegorese bedeutet also nicht von vornherein eine Aufgabe des lebenspraktischen Anspruchs jüdischer Religion. Die jüdische Identität, die sich vor allem in einem "Leben nach den Gesetzen der Väter" manifestiert, soll immer gewahrt bleiben und der Vorrang der atl. Tradition wird oft betont.[33] Trotzdem läßt sich bei Philo eine Individualisierung und Psychologisierung des Glaubens beobachten, die einem umfassenden Entwicklungsprozeß im hellenistischen Judentum entsprach, welcher seinerseits mit den Individualitätserfahrungen der hellenistischen Ära zu tun hatte.[34]

Inwieweit Philo auch ägyptisches Gedankengut aufgenommen hat, ist noch nicht umfassend untersucht. Allerdings hat MACK in seiner Untersuchung zur Logos- und Sophiaspekulation Philos dezidiert auf entsprechende ägyptische Wurzeln hingewiesen.[35] Unbestreitbar ist, daß der jüdische Theologe jedenfalls in Alexandria einiges an ägyptischer Religiosität kennen konnte, zumindest in hellenisierter Fassung. Zwar ist der ägyptische Antisemitismus ebenso zu bedenken, wie die jüdischen Animositäten gegen Ägypten, die sich bei Philo in vollem Umfang und an zahlreichen Stellen finden, aber Gegnerschaft muß kein Argument gegen die Kenntnis der Ideen der Gegner sein. Besonders anstößig ist auch für Philo die Verehrung von Tieren. Hier teilt er die Abneigung anderer Schriftsteller des hellenistischen Judentums. Auffällig ist, daß Philo auch davon ausgeht, daß dieser Kult

---

32 DIHLE 1994, 109 f. Die Konzeption der Philosophie als *dux vitae* untersucht am Beispiel Senecas KUEN 1994, vgl. bes. 439-443.

33 Das apologetische Interesse wird z. B. im Umgang mit den jüdischen Speisegeboten deutlich. Einerseits werden sie im Rahmen der Allegorese ethisch interpretiert, um ihre Vernünftigkeit zu beweisen, andererseits wird ihr Literalsinn niemals aufgegeben. Die allegorische Deutung impliziert nicht, daß die Gebote ihre lebenspraktische Relevanz verlieren. Vgl. HEIL 1994, 74-80. Zu *migr. 90 f* (Sabbat) vgl. DELLING 1987, 23 f.

34 Vgl. HAY 1987.

35 Vgl. MACK 1973, 118-184. Seine Hinweise dürfen allerdings nicht als Leugnung anderer Quellen philonischen Denkens aufgefaßt werden. Als monokausale Erklärungsmuster versagen sie.

von der griechischen Bevölkerung übernommen wird *(contempl. 10)*.[36] Gegen
Mythen und Mysterien polemisiert er heftig. Das hält ihn allerdings nicht davon ab,
sein eigenes Anliegen in der Terminologie der Mysterienfrömmigkeit zu formulieren.[37] Dies legt den Schluß nahe, daß bei aller inhaltlichen Differenz eine
strukturelle Analogie gegeben ist. Diese dürfte in der Erschließung religiöser Tradition für die individualisierten Glaubensbedürfnisse des hellenistischen Menschen
bestehen.

Obwohl das ägyptische Judentum sicher sehr vielfältig war, geben die vorhandenen
Zeugnisse, von denen hier nur eine kleine Auswahl präsentiert wurde, doch Anlaß
anzunehmen, daß allen Abgrenzungstendenzen zum Trotz zumindest die
städtischen Juden sich dem geistig-religiösen Horizont ihrer Umwelt nicht völlig
verschließen konnten. *"Die jüdische Oberschicht in Alexandrien hat sich zweifellos
gegenüber der polytheistischen Umgebung behauptet, konnte aber nicht umhin, an
den Erziehungsidealen des hellenistischen Bildungsganges einerseits und an den
unterschwellig vermittelten ägyptischen Überlieferungen andererseits zu partizipieren."*[38] Auch wenn die konsequente Hellenisierung inklusive Aufgabe des Jude-
seins nur von einigen wenigen berichtet wird, betrachtete doch wohl die Mehrheit
die hellenistische Kultur als ihre Kultur, das Griechische als ihre Sprache, die man
im Gottesdienst ebenso verwendete, wie bei Eigennamen, Synagogen- und Grabin-
schriften und im Alltagsgeschäft. Festzuhalten ist freilich, daß aus politischen
Gründen die Nähe zu den Griechen größer war, als zur ägyptischen Bevölkerung
und deren Tradition. Griechen bildeten die politische Elite und so wurde ihre Kultur, die zudem in damaliger Wahrnehmung Weltkultur darstellte, ganz
selbstverständlich als Richtgröße gesehen, an der man sich orientierte.
Demgegenüber erschien alles Ägyptische als bloß partikulär und zudem waren die
indigenen Ägypter eher unliebsame Konkurrenten um den zweiten Platz in der
Gesellschaft. Man kann jedenfalls den Eindruck gewinnen, daß z.B. die jüdische
Kritik an der Verehrung heiliger Tiere gemäßigter ausgefallen wäre, wenn sie nicht
die Mehrheitsmeinung der hellenistischen Bildungselite im Hintergrund gehabt
hätte. *"Actually the lampooning of animal cults was the most obvious form in
which Jewish criticism of pagan religion could be made attractive to a non-Jewish
audience; after all in Greek philosophic circles the same criticism was voiced."*[39]
Trotz mancher Verwerfungen kann wohl davon ausgegangen werden, daß das
ägyptische Judentum die vermutete Vermittlungsrolle tatsächlich gespielt hat. Allerdings ist nicht nur mit einer direkten Rezeption ägyptischer Vorstellungen zu
rechnen, sondern auch mit vermittelnden Zwischenstufen hellenistischer Rezeption. Diese generelle These muß freilich im Einzelfall dann noch überprüft werden.

---

36   Vgl. SMELIK / HEMELRIJK 1984, 1916 f.
37   Vgl. BAER 1970, 8-13.
38   GÖRG 1992, 238.
39   SMELIK / HEMELRIJK 1984, 1919.

Das hellenistische Diasporajudentum, und nicht nur das in Ägypten, war über Jahrhunderte hinweg mit den Göttlichkeitsansprüchen der jeweiligen Regenten konfrontiert. Damit umzugehen war eine Frage des Überlebens in Gesellschaften, für die der Herrscherkult als einigendes Band der Loyalität zur Basis des staatlichen Zusammenlebens gehörte. Daß die jüdischen Gemeinden pragmatisch mit diesem Problem umzugehen verstanden,[40] ist die eine Seite, die geistige Auseinandersetzung die andere. Um diese vor allem soll es im folgenden gehen. Da die Reaktionen des hellenistischen Judentums im wesentlichen als Auslegungs- und Vermittlungsprozesse der eigenen Tradition im Rahmen hellenistischer Weltkultur gelten können, ist zunächst auf einige der biblischen Vorgaben einzugehen, die diese Reaktionen zwar nicht festlegten, aber (im Sinne einer normativen, Identität stiftenden Tradition) doch ganz erheblich beeinflußten.

2. Biblische Vorgaben

Wenn das hellenistische Judentum den heidnischen Herrschern in der Regel keine göttliche Würde zugestehen wollte, dann ist das nicht ganz überraschend. Schließlich war dieses Prädikat durch die biblische Tradition mit dem eigenen, israelitischen Königtum verbunden. Immerhin konnte schon in biblischer Tradition über Israels König als Sohn Gottes geredet werden. Daß dies in Anlehnung an Ägyptens Königstheologie geschah, ist lange nicht gesehen worden. Inzwischen setzt sich allmählich eine veränderte Sicht durch. Das grundsätzliche Urteil von Siegfried MORENZ aus dem Jahre 1954 hat heute gute Chancen, zum exegetischen *Common sense* zu werden. Schon damals konstatierte er, der Versuch, israelitisches Königtum vom Vorbild Ägyptens her zu verstehen, scheine *"schon deshalb geboten, weil das Königtum in den Israelstämmen selbst keine Wurzel hatte."*[41] Mag man auch zusätzlich Einflüsse von den östlichen Nachbarkulturen annehmen, so läßt sich doch ägyptischer Einfluß gerade bei der ideologischen Konzeption der

---

40 Als ein Zeugnis pragmatischer Vorgehensweise sei auf die Gründungsinschrift einer Synagoge verwiesen. Eine in Alexandrien gefundene Kalksteintafel, die nach 124 v.Chr. entstanden sein müßte, trägt den Text: *"Für König Ptolemaios und Königin Kleopatra, die Schwester, und Königin Kleopatra, die Frau, die Wohltätigen, (erbauten) die Juden in Nitriai das Gebetshaus und was dazugehört."* Vgl. PFOHL 1980, 133. Seine deutsche Übersetzung ist an der entscheidenden Stelle allerdings nicht exakt: Vor bzw. nach dem Kultnamen der Regenten-Trias (EYEPΓETΩN) wird nämlich die zu erwartende Bezeichnung "Götter" (ΘEΩN) vermieden. Selbst wenn die paganen Leser diese automatisch ergänzt haben sollten, ist diese Auslassung ernst zu nehmen. Das gilt umso mehr, als die Synagogeninschriften die Bezeichnung ΘEOΣ generell nicht enthalten. Vgl. HENGEL 1976, 129; HORBURY / NOY 1992 (Quellen Nr. 13, 14, 18, 22, 24-28, 40, 55, 68, 69, 74, 84, 100, 116, 117, 125 und 129). Abweichungen gibt es nur dort, wo einzelne Juden in heidnischem Kontext mitarbeiteten. Dann finden sich selbstverständlich die Kultnamen der Könige. Vgl. hierzu die Quellen Nr. 154-156 bei HORBURY / NOY 1992. Zu den jüdischen Inschriften allgemein vgl. den Überblick von KANT 1987.

41 MORENZ 1954, 73. Vgl. ALBERTZ 1992: *"Eine Legitimation ständiger politischer Herrschaft war in der vorstaatlichen Jahwereligion nicht vorgesehen"* (174).

Königsherrschaft nicht länger leugnen.[42] *"Die Staatlichkeit wurde Palästina von Ägypten vermittelt. Im 3. und 2. Jahrtausend v.Chr. stand Palästina zeitweise unter direkter, zeitweise unter indirekter ägyptischer Herrschaft."*[43] Schon die Jerusalemer Kleinkönige des 2. Jahrtausends werden Elemente ägyptischer Königskonzepte kopiert haben. Ein Erbe, das die Davididen übernahmen, auch wenn die innere, geglaubte Größe mit der äußeren stets in einem eher spannungsreichen Verhältnis gestanden haben dürfte.[44] Es ist also sicher nicht abwegig, für das alte Israel vor dem Sieg der Monotheismusbewegung eine Königsideologie zu rekonstruieren, die den König als Sohn Gottes und *"Erweiterung der göttlichen Person"* auffaßte.[45] Zwar ist die biblische Tradition durch die Hände einer sorgfältigen monotheistischen Revision gegangen, aber es gibt immer noch einige Hinweise auf ein sakral verstandenes Königtum.

In Bezug auf charismatische Rettergestalten ist oft von einer spontanen Ergriffenheit durch Gottes Geist die Rede, ohne daß dieser durch einen sakramentalen Akt vermittelt wäre. So kommt der Geist des Herrn über Otniël und er wird für Israel zum Retter (*LXX:* ΣΩΤΗΡ).[46] Eine Mittelstellung zwischen dem königlichen und dem prophetisch-charismatischen Bereich nimmt die Geistbegabung Sauls, des ersten Königs, ein.[47] Sie wird auch nicht direkt mit seiner Salbung zum König *(1Sam 10,1)* verbunden. Genau dies ist aber bei der Königssalbung Davids der Fall. Sie ist als wirksames Zeichen unmittelbar mit der königlichen Geistbegabung verbunden *(1Sam 16,13)*. Das entspricht der Tatsache, daß die Salbung im Kontext der Mittelmeerkulturen, und so auch in Israel, als Mittel der Stärkung, des Schutzes und der Kraftübertragung aufgefaßt wurde. So zeigt etwa die Jotamfabel in *Ri 9,7-15 "ein Verständnis von Salbung (mit Öl) als Mitteilung von 'Kabod' (Gewicht, Macht, Kraft, Ansehen, Ehre: 9,9). Verfolgt man zudem die im Gesalbter-Jahwes-Attribut angesprochene Relation Jahwe-Salbung-König weiter, so treten altorientalische Vorstellungen über die Salbung als performativen (Wirklichkeit setzenden) Akt in der Rechtssetzung hervor, die auf ein kontraktuales Denken weisen: Jahwe hat sich den König erwählt. Er nimmt ihn dadurch besonders in Pflicht.*

---

42 Gegen REDFORD 1992, 366-369.

43 KNAUF 1994, 84.

44 KNAUF, der die Möglichkeit, daß im 10. Jh. v.Chr. ein entwickeltes davidisches Königreich habe bestehen können, verneint (1994, 114 f) und entsprechende Entwicklungen für das 9. und 8. Jh. ansetzt (121-125), spricht noch für das 7. Jh. spöttisch vom *"Kleinkönig von Jerusalem, der an seinem Hof pharaonische Weltmachtträume pflegte"* (1994, 133).

45 Vgl. LANG 1988, 42-47. Vgl. auch CAZELLES 1983, 50-68.

46 *Ri 3,10.* Vgl. auch *Ri 6,34* (Gideon), *Ri 11,29* (Jiftach), *Ri 14,6.19; 15,14* (Simson). Im prophetischen Bereich ist die Rede vom Herabkommen des Geistes gängig, wobei es sich auch hier oft um ein spontanes Geschehen handelt. Vgl. z.B. *Num 24,2* (Bileam); *2 Chr 15,1* (Asarja); *2 Chr 20,14* (Jahasiël); *2 Chr 24,20* (Secharja); *Ez 11,5* (Ezechiel). In *Jes 61,1* wird die königliche Kombination von Salbung und Geistbegabung auf den Heilspropheten übertragen.

47 Vgl. *1Sam 10,6.10; 11,6.*

Zugleich verleiht und sichert er ihm seine Ehre, Würde und Macht."[48] In Ägypten ist eine Salbung des Königs anläßlich der Amtsübertragung bisher nicht direkt belegt, sondern kann nur erschlossen werden. Beim Götterbild stand die Salbung im Kontext der Krönung des Kultbilds und spielte auch eine Rolle bei der Erneuerung des Königtums am Neujahrsfest. Die Salbung gehörte also auch in Ägypten zu den königlichen Riten, spielte allerdings nicht die prominente Rolle wie in der israelitischen Königstheologie. Sie findet sich vor allem im Kontext der Amtsübertragung von Vasallenkönigen und Beamten als ein Akt der Machtübertragung, der Legitimation und des Schutzes, der den Gesalbten in die Machtsphäre eines Größeren einordnet.[49] In Israel konnte der durch die Salbung vermittelte Geist Gottes offensichtlich als eine Grundausstattung des königlichen Amtes verstanden werden. *"Bei der Salbung dringt der Geist Jahwes in den König ein wie das Öl in den Körper und verleiht ihm übermenschliche Kraft."*[50] Der Geist Gottes fungiert dabei (vergleichbar dem ägyptischen Königs-Ka)[51] wie eine überindividuelle, amtsbezogene Mächtigkeit, die die Kontinuität der *Successio regalis* sichert: Da es offensichtlich nicht mehr als einen rechtmäßigen König geben kann, wechselt der Geist vom Augenblick der Salbung Davids zum König von Saul auf David über *(1Sam 16,14)*, der von nun an Träger göttlicher Macht ist, und von sich selbst sagen kann, der Geist des Herrn habe durch ihn gesprochen *(2Sam 23,2)*. Dem entspricht es, wenn in *Jes 11,2* über den erwarteten Heilskönig aus dem Stamm Isais gesagt wird, daß der Geist des Herrn sich auf ihm niederläßt. Welche theologische Mächtigkeit die Institution des Königs vielleicht einmal in Israel hatte, wird auch daran deutlich, welche Klage sie in ihrem Untergang noch auslöst. Immerhin spricht *Klgl 4,20* vom Gesalbten des Herrn als Lebensatem des Volkes (מְשִׁיחַ יְהוָה רוּחַ אַפֵּינוּ / πνεῦμα προσώπου ἡμῶν χριστὸς κυρίου) und schreibt damit dem König eine Qualität zu, wie sie sonst nur in bezug auch den Schöpfergott *(Ps 104,29)* oder in ägyptischen Königshymnen zu finden ist.[52] Was die Sicht des Königs als Sohn Gottes angeht, so ist auf Texte wie die *Natanweissagung* und Teile des *Psalmenbuchs* zu verweisen, die die Gottessohnschaft des Königs eindeutig voraussetzen.[53]

Die Natanweissagung *(2Sam 7,12-16)*, die in ihrem Kern vermutlich aus der mittleren oder späteren Königszeit stammt,[54] hat in der Deutungsgeschichte ein besonde-

---

48   KARRER 1990, 100.
49   Vgl. SPIEGELBERG 1906; MARTIN-PARDEY 1984.
50   CAZELLES 1983, 62 f.
51   Zum Vergleich mit ägyptischen und mesopotamischen Konzeptionen der göttlichen Machtausstattung des Königs vgl. CAZELLES 1983, 63.
52   Vgl. KARRER 99 f.
53   Zu den Samuelbüchern allgemein vgl. jetzt NIEHR 1995; zum Psalmenbuch ZENGER 1995.
54   Zur Natanweissagung vgl. ALBERTZ 1992, 178; SCHROER 1992, 154-157; HENT-SCHEL 1992; *ders.* 1994a, 39 f; *ders.* 1994b, 29 f. VEIJOLA (1975, 68-80.133-138) führt die Entfaltung der Davidstradition im wesentlichen auf das deuteronomistische Geschichts-

res Gewicht erhalten und scheint ein wichtiger Haftpunkt dynastischer Ideologie gewesen zu sein. In dieser Weissagung garantiert Gott dem Königshaus Davids ewigen Bestand und konstituiert ein Vater-Sohn-Verhältnis zu Davids Nachkommen:

Ich will für ihn Vater sein und er wird für mich Sohn sein.

אֲנִי אֶהְיֶה־לּוֹ לְאָב וְהוּא יִהְיֶה־לִּי לְבֵן

(2Sam 7,14)

Es ist festzuhalten, daß hier der Gedanke an eine göttliche Zeugung Salomos oder anderer Davididen nicht ausgedrückt ist. Die natürliche Abstammung vom Vorgänger im königlichen Amt ist sogar die gedankliche Basis der göttlichen Zusage, denn der Hauptakzent liegt auf der Beständigkeit der davidischen Dynastie.[55] Da die Vater-Sohn-Relation zwischen Gott und dem König in diesem Zusammenhang als Bekräftigung dient, liegt es näher, an eine funktionale Bestimmung in metaphorischer Redeweise zu denken, wie sie auch in entsprechenden ägyptischen Königstexten zu finden ist. Der zukünftige König *"wird wie der Pharao in Ägypten Sohn, d.h. Stellvertreter und Repräsentant Gottes sein"*.[56] Die Sohnschaft des Königs interessiert hier also vor allem unter dem funktionalen Aspekt der stellvertretenden Herrschaft, während die Vaterschaft Gottes vor allem unter dem Aspekt der Legitimation und Fürsorge gesehen wird. Deshalb interessiert sich der Text auch nicht weiter für die Vorstellung von göttlicher Zeugung, braucht sie aber auch nicht explizit auszuschließen, da ja schon im alten Ägypten menschliche und göttliche Zeugung kein Widerspruch sein mußten.

In *Psalm 2* liegt die Sache insofern anders, als hier die Vaterschaft Gottes auch unter dem Aspekt der Zeugung thematisiert wird. So heißt es etwa in *Ps 2,7-9*:

Den Beschluß des Herrn will ich kundtun.
Er sprach zu mir:
"Mein Sohn bist du.
υἱός μου εἶ σύ | בְּנִי אַתָּה
Ich habe dich heute gezeugt.
ἐγὼ σήμερον γεγέννηκά σε | אֲנִי הַיּוֹם יְלִדְתִּיךָ׃
Fordere von mir, und ich gebe dir die Völker zum Erbe,
die Enden der Erde zum Eigentum.
Du wirst sie zerschlagen mit eiserner Keule,

---

werk zurück und hält die dynastische Fassung der Verheißung für exilisch bzw. nachexilisch. Letzteres kann allerdings nicht überzeugen.

55   Vgl. POMYKALA 1995, 13: *"Here, then, is the promise of an everlasting davidic dynasty, free of conditions."* Zur Deutung - vor allem in Vergleich zu ägyptischen Texten - vgl. GÖRG 1975, 178-271.
56   SCHROER 1992, 156 f; vgl. GÖRG 1975, 258-261; HENTSCHEL 1992, 42-47. Dagegen nimmt SCHLISSKE (1973, 111) die entsprechenden ägyptischen Traditionen nicht wahr und kann dann in Bezug auf *2Sam 7,14* konstatieren: *"Der Mythos ist überwunden."*

wie Krüge aus Ton wirst du sie zertrümmern."

Nach der Mehrheitsmeinung der Forschung gehörte der Grundtext von *Ps 2* (V.1-9) als Krönungslied zum vorexilischen Hofzeremoniell.[57] ZENGER dagegen sieht darin eine späte, um 300 v.Chr. erfolgte Reaktion auf den Göttlichkeitssanspruch der hellenistischen Könige im Gefolge Alexanders.[58] Dieser Streit muß hier nicht entschieden werden, weil der Text in beiden Fällen für das Frühjudentum biblische Tradition darstellte, aber es sei doch angemerkt, daß die massiven Aussagen des Psalms, die ja nicht in eschatologischer Perspektive präsentiert werden, in einer Zeit ohne einen real existierenden König Israels kaum entstanden sein können. Deutlich ist jedenfalls, daß es sich um ein Königslied handelt, in dem uraltes ägyptisches und allgemein orientalisches Denken zum Tragen kommt.[59]

- So bezieht sich die Revolte der Fremdvölker (V.1-3) auf das ägyptische Ordnungsdenken, und rückt dabei den König in die Rolle des Chaosüberwinders.
- Die Fesselung der Fremdvölker (V.3) ist ein sehr häufig belegter Topos der ägyptischen Ikonographie.
- Der zweite Abschnitt (V.4-6) bringt dann eine Art Königsproklamation, worauf in V.7-9 der neue König selbst spricht und die göttliche Designation zur Herrschaft kundtut.[60]
- V.9 ist als Vertextung der ikonographischen Standardszene vom Niederschlagen der Feinde durch den Pharao zu verstehen.[61]

Daß diese Konzeption königlicher Gottessohnschaft auf Ägypten verweist, ist also recht deutlich. Das ist auch dann festzuhalten, wenn hier kein Mythos göttlicher Zeugung erzählt wird, wie ihn die ägyptischen Reliefzyklen wiedergaben. Hier wie dort wird der Akt der Amtsübertragung, in *Ps 2* ist es die Inthronisation (V.6), als neue Zeugung bzw. Geburt des Königs verstanden.[62] Das Interesse richtet sich

---

57 KRAUS 1989 sieht zwar *"keine Möglichkeit, etwa den Ablauf einer Inthronisationsfeier oder das Ritual der Krönung aus dem Text zu rekonstruieren"* (145), hält es aber für möglich, an eine jährlich wiederholte Feier der Thronbesteigung (vergleichbar dem ägyptischen Sedfest) zu denken. Die Entstehung des Psalms in der *"Ära des judäisch-jerusalemischen Königtums"* (146) hält er (von späteren Erweiterungen abgesehen) für sicher. Vgl. GESE 1971, 80; LANG 1988, 46; MOENIKES 1988, 295.

58 Vgl. HOSSFELD / ZENGER 1993, 50 f. Nachexilisch datiert auch DEISSLER 1989.

59 Vgl. zum Folgenden HOSSFELD / ZENGER 1993, 49-54; GÖRG 1992, 17-31.

60 Hier ist an die ägyptischen Königsorakel zu erinnern, die die Vater-Sohn-Relation immer wieder betonen.

61 Vgl. KEEL 1996a, 270-276; KEEL / UEHLINGER 1995, 298-301.

62 GÖRG (1992, 21-26) versteht ילד im Sinne des ägyptischen *msj* und übersetzt dementsprechend "gebären". Er verweist auf eine Inschrift aus der Zeit von Sesostris I., in der der König von Amun-Re als *"mein Sohn, den ich geboren habe"* angesprochen wird (23). Ähnlich formuliert z.B. auch die Koptos-Stele des Rahotep: *"Die Götter haben dich für sich geboren"* (5). Vgl. BLUMENTHAL 1977, 66.70 f. Auch KRAUS (1989, 153) und GESE (1971, 80) sprechen von einer Geburt. Offensichtlich tritt immer dort, wo die menschliche Mutter keine Rolle spielt, weil nur die Relation zwischen Gott und König thematisiert wird, auf der

dabei nicht auf die Kindheitsgeschichte des Königs, sondern auf den Akt des Königwerdens, der als Zeugungsakt *("heute")* gedeutet wird und dem König göttliche Qualität qua Amt zukommen läßt. Die Vorstellung von der Dauerhaftigkeit der davidischen Dynastie spielt dabei keine erkennbare Rolle.

Die ältere Forschung hatte die Auffassung vertreten, der Unterschied zwischen den Königskonzepten liege darin, daß es auf ägyptischer Seite um ein archaisches, vom Mythos geprägtes Verständnis gehe, welches die Gottessohnschaft physisch auffasse, während es biblisch um ein adoptianistisches Konzept gehe, das die Sohnschaft nur metaphorisch verstehe. So behauptete etwa KRAUS: *"Die Sohnschaft des jerusalemischen Königs liegt in einem Adoptionsvorgang begründet. Per adoptionem wird der Regent durch einen sakralen Rechtsakt zum 'Sohn Gottes' erklärt".*[63]. Diese apologetische Vorstellung, die sich nur auf atl. Parallelen berufen kann, die keine sind,[64] und die biblischen Texte unter der Hand in Übereinstimmung mit den Rationalitätsstandards der europäischen Aufklärung bringt, ist aufzugeben.[65] Abgesehen davon, daß eine solche Gegenüberstellung ein massives Mißverständnis der ägyptischen Tradition voraussetzt, die ja gerade in der Lage war, göttliche und menschliche Vaterschaft zusammenzudenken, kann die Antithese in dieser Fassung auch der Massivität der biblischen Aussagen keinesfalls gerecht werden. Viel eher liegt der Unterschied zwischen Ägypten und Israel in der besonderen Betonung der Offenbarung Jahwes im Königtum. Biblisch kommt *"der Aufweis göttlicher Begründung menschlichen Königtums einem Bekenntnis zur absoluten Vollmacht Jahwes gleich."*[66]

Psalm 45 (LXX 44) gehört ebenfalls in die Reihe der Texte, die die Konzeption eines göttlichen Königtums belegen.[67] Versteht KRAUS den Psalm als *"ein Lied zur*

---

63 göttlichen Seite eine Aufweichung der Geschlechtsgrenzen auf. Die Gott-König-Relation transzendiert dann ganz deutlich die menschliche Analogie, indem die Gottheit als alleiniger Ursprung des Königs charakterisiert ist. Das gilt nicht nur für Israel, wie noch HAAG (1974, 230) meinte, sondern auch für viele ägyptische Quellen.

63 KRAUS 1989, 152. Vgl. ebd. 153. Vgl. auch SCHLISSKE 1973, 90-115; HAAG 1974, 228-230; TOBIN 1985, 242 f; HENTSCHEL 1992, 78 f.

64 Weder *Gen 30,3,* noch *Gen 50, 23,* auf die KRAUS (1989, 152) verweist, gehören in den königlichen Bereich. Diese Textstellen beweisen nicht einmal die Existenz der Adoption im israelitischen Bereich.

65 Das aufgeklärt-apologetische Interesse ist dort mit Händen zu greifen, wo sogar von einer *"Entmythisierung im Alten Testament"* die Rede ist (vgl. den Untertitel von SCHLISSKE 1973!). Natürlich gibt es vielschichtige Rezeptions-, Transformations- und Abstoßungsprozesse, aber die biblischen Texte stehen ihrer religiösen Umwelt jedenfalls näher als der europäischen Aufklärung und dürfen daher nicht als aufklärerisches Licht in mythischer Dunkelheit verzeichnet werden, sondern sind in Beziehung zu ihrer Welt zu sehen. Zu dieser Aufgabe im Kontext der Königskonzeptionen vgl. GÖRG 1992, 17-22; ASSMANN 1982, 45 f (Anm. 22). 47 f (Anm. 29); LANG 1988, 47 f; ALBERTZ 1992, 176; HOSSFELD / ZENGER 1993, 53 f.

66 GÖRG 1992, 29.

67 Vgl. zum folgenden HOSSFELD / ZENGER 1993, 278-284.

Hochzeit des Königs",[68] so schlägt ZENGER jetzt vor, im Grundtext des Psalms (V.2-10.17 f) ein vorexilisches Königslied zu sehen, das bei den Feierlichkeiten zur Krönung und entsprechenden anderen Anlässen in Jerusalem verwendet wurde, um den König als Träger eines göttlichen Amtes zu feiern. Als Repräsentant Gottes ist er der Schönste aller Menschen (V.3), triumphiert über die Chaosmächte (V.4-6), garantiert die göttliche Ordnung (V.7 f) und ist von Gott selbst gesalbt mit Freudenöl und so gesegnet mit Reichtum und Glück (V.8-10).[69] Als Träger des göttlichen Amtes ist der König Teil einer dynastischen Kette, deren Stabilität - entsprechend der Natanweissagung - unumstößlich ist (V.17 f). In diesem Gesamtbild sind einige Züge besonders auffällig:

- Die *Schönheit* des Königs wird *"als Ausfluß des Segenswirkens Jahwes gepriesen. Da er Segensträger und -mittler für sein Volk ist, muß er der mit dem allergrößten Segen Ausgestattete sein."*[70] Diese Aussage des Psalms ist in Analogie zu entsprechenden ägyptischen Königstexten zu sehen, wo die Schönheit des Königs als göttliche Ausstrahlung und Abglanz der Zuneigung Gottes verstanden wird.[71]

- Die kämpferische *Sieghaftigkeit* des Königs steht in Beziehung zur gängigen Darstellung des Pharao im Streitwagen, der über seine Feinde als Verkörperung der Chaosmächte hinwegfährt. *"Diese Bildkonstellation ist in Ps 45 in Worte umgesetzt."*[72]

- Im Begriffspaar *Wahrheit und Recht* (אֱמֶת וָצֶדֶק) und dem damit verbundenen Ordnungshandeln drückt sich ein hebräisches Äquivalent zum ägyptischen Ma'at-Denken aus.[73]

- Obwohl die alttestamentliche Theologie sonst den unendlichen Abstand zwischen Gott und dem König als Menschen betont, wird dieser in V.7 f kühn als *Gott* (אֱלֹהִים) angesprochen, der von seinem Gott gesalbt wurde. Offensichtlich hat sich israelitische Hoftheologie durchaus dazu hinreißen lassen, eine Ausdrucksweise zu verwenden, die zu einer Analogie zu der in Ägypten gebräuchlichen Rede vom Pharao als sichtbaren Gott *(ntr nfr)* führte.[74]

- Wie in Ägypten und anderen orientalischen Kulturen ist der besondere *Duft des Königs* (V.9) nicht nur eine Sache der Kosmetik, sondern Ausdruck seiner

---

68 Vgl. KRAUS (1989, 488), der freilich selbst sieht, daß mit dieser Einordnung *"viele Probleme verknüpft"* sind.
69 Vgl. KARRER (1990, 100 f), der betont, daß der auf diese Weise mit Gott verbundene König selbst zur Quelle von Freude und Segen für das Volk wird.
70 AUGUSTIN 1983, 160. Vgl. ebd. 149-161; auch KRAUS 1989, 490.
71 Vgl. AUGUSTIN 1983, 126-133.161. Auch SCHROER (1992, 63) verweist für Stellen wie *Ps 45,3.8; 1Sam 10,23 f; 16,12.18; 2Sam 14,25* ausdrücklich auf Ägypten.
72 ZENGER in HOSSFELD / ZENGER 1993, 282.
73 Vgl. auch *Ps 72, 1-4*. Dazu TOBIN 1985, 244.
74 Vorsichtiger KRAUS (1989, 491): Die Annahme einer Vergöttlichung des Königs in *Ps 45* könnte *"möglich sein, ist aber mit großer Zurückhaltung aufzunehmen"*.

göttlichen Würde. In *Ps 45* wird der königliche Duft in direktem Zusammenhang mit der in V.8 erwähnten Salbung durch Gott stehen. Duftstoffe wurden ja in Öl gelöst, da destillierter Alkohol in der Regel nicht zur Verfügung stand. Auch in der ägyptischen Nachbarkultur spielte die Verbindung von Salbe und Duft eine große Rolle.[75]

Auch wenn in *Ps 45* die Gottessohnschaft des Königs nicht thematisiert wird, gehört er sicher zu den Belegen für die prinzipielle Bereitschaft israelitischer Hoftheologie, Elemente aus den Königskonzeptionen der Nachbarkulturen, besonders auch Ägyptens, zu übernehmen. Festzuhalten ist zudem die Nähe zur Natanweissagung, was die Erwartung der ewigen Dauer der Dynastie angeht.

Psalm 89 (LXX 88) steht ebenfalls der dynastischen Tradition der Natanweissagung recht nahe.[76] Nach den Untersuchungen VEIJOLAs zu den zeitgeschichtlichen Anspielungen des Psalms kann gesagt werden, *"daß das Volksklagelied Ps 89, abgesehen nur von dem älteren Hymnus am Anfang (V. 2-3.6-19), erst in den deuteronomistischen Kreisen der spätexilischen Zeit entstanden ist."*[77] Auch hier wird die (durch das Exil in die Krise geratene) Verheißung einer dauerhaften davidischen Dynastie angesprochen. Gott verpflichtet sich, David als seinem gesalbten König beizustehen (V.20-30). Das Königsbild des Psalms ist - auch dort, wo es um das Königtum Gottes geht - durch altorientalische Königstraditionen geprägt.[78]

- So kann für das Motiv der *Salbung* (V.21) auf die Beamtensalbung Ägyptens,[79] besonders aber auf die Vasallentradition der östlichen Nachbarkulturen verwiesen werden, welche auch sonst eine wichtige Rolle für *Ps 89* spielt.[80]
- Darüber hinaus erklärt der Psalm den davidischen König zum universalen *Chaosüberwinder* (V.26) und überträgt damit die Macht des königlichen Schöpfergottes (V.7-19) auf seinen Knecht.[81]
- Ausdrücklich wird auch in *Ps 89* die Beziehung zwischen Gott und König als *Vater-Sohn-Relation* bestimmt (V.27),[82] ja der König wird als Erstgeborener

---

75 Vgl. MARTIN-PARDEY 1984, 368. Vgl. als späten atl. Beleg *Sir 49,1*.
76 Vgl. zum Folgenden KRAUS 1989, 777-794; VEIJOLA 1982.
77 VEIJOLA 1990, 153.
78 Zu V.15 vgl. BRUNNER 1958. Er vergleicht die Rede von der Gerechtigkeit als Fundament des Thrones mit ägyptischem Ma'atdenken.
79 Vgl. CAZELLES 1983, 30; MARTIN-PARDEY 1984, 368.
80 Vgl. hierzu die Studien von VEIJOLA (1990, 128-159).
81 Hier ist daran zu erinnern, daß die Überwindung des Chaos ebenso zur ägyptischen Königstheologie gehört (vgl. GÖRG 1993, bes. 55), wie sie sich andererseits in akkadischen Texten (vgl. KRAUS 1989, 791) findet.
82 KRAUS (1989 aaO.) spricht wieder fälschlicherweise von einer *"Adoption des erwählten Regenten"*.

(בְּכוֹר) und Höchster (עֶלְיוֹן) unter den Königen der Erde bezeichnet (V.28).[83] *"Der Unvergleichlichkeit Jahwes (7 ff.) entspricht die singuläre Spitzenstellung seines Repräsentanten auf Erden.* בכור *richtet sich polemisch gegen die Gottessohnschaft und die Weltherrschaftsansprüche anderer Könige der altorientalischen Reiche. Das gilt auch von dem Titel* עֶלְיוֹן *, der im Psalter sonst nur Jahwe beigelegt wird /.../. Diese ungewöhnliche Prädizierung reicht nahe an eine 'Vergöttlichung' des Königs heran (vgl. Ps 45,7). "*[84]

Allerdings ist hier von göttlicher Zeugung nicht die Rede. Das mag am Einfluß des altorientalischen Vasalleninstituts liegen, hat aber sicher wie in *2Sam 7* auch damit zu tun, daß der Hauptakzent der Vater-Sohn-Beziehung auf der väterlichen Fürsorge Gottes für die Dynastie liegt, der er in einem ewigen Bund unverbrüchliche Treue verheißen hat. So kann denn die Dauer des davidischen Königtums kosmische Qualität gewinnen und mit der von Sonne und Mond verglichen werden (V.37 f).[85] Zudem wird Jahwe selbst als Zeuge in die Pflicht genommen.

Auch das Königslied *Psalm 110 (109 LXX)* bezieht sich stark auf altorientalische und besonders ägyptische Königsvorstellungen.[86] Dafür sprechen vor allem vier typische Motive, die der Psalm zusammenbindet:

▷ Gott erhöht den König und setzt ihn an seine Rechte. Die Bildaussagen vom *Thronen des Königs zur Rechten* seines göttlichen Vaters und von den Feinden unter den Füßen des Königs (V.1) verweisen in den ägyptischen Bereich.[87]
So zeigt z.B. eine Zweiersitzgruppe in Luxor Amenophis III. thronend zur Rechten von Horus. Von Haremhab gibt es mehrere Statuengruppen mit einem Gott. Diejenige im Kunsthistorischen Museum in Wien *(Inv.-Nr. 8301)* zeigt den König an der rechten Seite seines göttlichen Vaters Horus, der ihm die rechte Hand um die Hüfte legt. König und Gottheit tragen beide die Doppelkrone.[88] Eine Zweierstatue in Kairo *(CG 554)* zeigt Ramses II. zur Rechten von

---

83   Vgl. die Übersetzung in *LXX Ps 88,28:* κἀγὼ πρωτότοκον θήσομαι αὐτόν ὑψηλὸν παρὰ τοῖς βασιλεῦσιν τῆς γῆς. Zur Bezeichnung des ägyptischen Königs als Erstgeborener vgl. z.B. den Beginn des *Ptah-Segens* (SCHNEIDER 1994, 23).

84   KRAUS 1989, 791.

85   VEIJOLA (1990, 155) spricht zu Recht von einer binären Metapher, die die Dauerhaftigkeit des Throns verdeutlicht. Die beiden großen Himmelserscheinungen *"function as symbols for the lasting permanence of the Davidic throne."* Vgl. auch ebd. 154-159; sowie POMY-KALA 1995, 15.

86   Zu *Ps 110* insgesamt vgl. KRAUS 1989, 925-938.

87   Vgl. HENGEL 1993, 153-155. Vgl. auch GÖRG 1996, der auch auf die Septuagintafassung eingeht. Zu den königlichen Statuengruppen vgl. die umfassende Dokumentation bei SEIDEL 1996.

88   Vgl. EL-SAGHIR 1992, 72 f Abb. 156-159 (Amenophis III.); LECLANT 1980, 297 Abb. 346 und SATZINGER 1994, 97 f Abb. 66 (Haremhab); SEIDEL 1996, 140 f mit Tafel 31c.d (Thutmosis III. mit Widderhörnern an der Seite Amuns). Im Hinblick auf manche (ideologieverdächtigen) Grabenkämpfe der Forschungsgeschichte ist zu betonen, daß diese

Ptah-Tatenen, der mit seiner rechten Hand den König umfaßt. Was die Feinde unter den Füßen des Königs betrifft, so braucht nur an das berühmte Beispiel des Thronsessels von Tutanchamun *(Kairo, JE 62030)* erinnert zu werden, dessen rechteckiger Fußschemel gefesselte Gefangene zeigt, die so für immer dem König unter die Füße gelegt sind.[89]

▷ Der Psalm spricht von einer *himmlischen Geburt* des Inthronisierten. Der Text von V.3 ist zwar sprachlich bzw. textkritisch sehr problematisch, doch scheint klar zu sein, daß der König als göttlich Gezeugter bzw. Geborener angesprochen wird, wenn im Anschluß an KRAUS übersetzt wird:

> *Auf heiligen Bergen, aus dem Schoß der Morgenröte*
> *habe ich (wie Tau) dich geboren / gezeugt.* [90]

Nicht einmal KRAUS mag hier noch von Adoption sprechen. Zwar verschließt er sich dem Gedanken an eine Heilige Hochzeit, von der auch wirklich nicht die Rede ist, betont aber doch, daß es um einen Zeugungs- bzw. Geburtsvorgang in der himmlischen Sphäre gehe. *"Die wunderbare Geburt aus der 'himmlischen Welt', aus der Höhe und Hoffnung des aufgehenden Lichtes, wird dem Regenten am Tag seiner Thronbesteigung als Ausgang seiner Existenz eröffnet und als Würde seines Königtums zugesprochen."*[91] Vielleicht lassen sich die Probleme des hebräischen Textes am ehesten lösen, wenn man seine Aussage auf die ägyptische Vorstellung von der morgendlichen Geburt des jugendlichen Sonnengottes, mit dem der inthronisierte König parallelisiert werden konnte, bezieht. Dafür spräche die Verbindung von Inthronisation und Geburt und die rückblickende Perspektive, die es erlaubt, den gewordenen König als immer schon König Gewesenen zu verstehen, indem sie seine irdische Genese in einen mythologischen Horizont rückt.[92]

▷ Der Regent ist *Priester und König* zugleich. Unter Berufung auf das Urbild des legendären Priesterkönigs Melchisedek wird dem König auch priesterliche Würde zugesprochen (V.4). Priesterliche Funktionen des Königs sind aus dem alten Sumer bekannt, spielen aber in der ägyptischen Königstradition ebenfalls

---

Hinweise auf Ägypten den Einfluß mesopotamischer Traditionen keinesfalls ausschließen wollen. Vgl. dazu KRAUS 1989, 932.

89   Vgl. SALEH 1986, Abb. 181. Daß die entsprechende Ikonographie in Palästina schon früh rezipiert wurde, zeigen archäologische Quellen. Vgl. SCHROER 1992, 19 Abb. 1; vor allem HERRMANN 1994, 91-93.

90   Vgl. KRAUS 1989, 926; ähnlich GESE 1971, 81; SCHLISSKE 1973, 100; ALBERTZ 1992, 175 Anm. 8; ZENGER 1996, 107.

91   KRAUS 1989, 933.

92   Es kommt hinzu, daß mesopotamische Vergleichstexte in diesem Fall nicht vorzuliegen scheinen. KILIAN 1990 schlägt außerdem vor, in טל eine Übertragung des ägyptischen *j3d.t* zu sehen, welches sowohl "Tau" als auch "Duft" bedeuten kann. Entsprechend dem ägyptischen Geburtsmythos wäre dann auf die göttliche Duftaura verwiesen, welche die Gegenwart des göttlichen Vaters vermittelt und auch als Signum der göttlichen Qualität des Königs aufzufassen ist.

eine herausragende Rolle. Auch der jebusitische Stadtkönig muß als Priester aufgefaßt worden sein. *"Er war 'Priester des höchsten Gottes'. Diese Amtswürde wird nun auch auf die israelitischen Stadtkönige von Jerusalem übertragen. Die jebusitischen Kulttraditionen leben weiter."*[93] In Fortführung altjerusalemer Tradition weisen jedenfalls biblische (auch nachexilische) Texte den Königen Israels kultische Funktionen zu: Saul bringt Opfer dar *(1Sam 13,9)*; David agiert bei der Heimholung der Lade als Priesterkönig.[94] Er trägt priesterliche Kleidung aus Leinen,[95] führt kultische Tänze aus, bringt Opfer dar, segnet das Volk im Namen Jahwes und speist die Massen *(2Sam 6,12-19)*. David wird dadurch als idealer König und Opferherr dargestellt, der sein Volk in umfassendem Sinne versorgt, indem er es nährt und ihm Schutz und Segen Gottes vermittelt. Auch für Salomo wird die priesterliche Funktion erwähnt *(1Kön 9,25)*. Auch scheint der Königspalast in Jerusalem mit dem Tempel architektonisch verbunden gewesen zu sein *(1Kön 7)*. Das entspricht ganz der traditionellen ägyptischen Sicht der Rolle des Königs mit ihrer kompakten Einheit von politischer und priesterlicher Funktion.[96]

▷ Durch seinen König vollzieht Jahwe die Überwindung und *Vernichtung aller Feinde* (V.1.5-7). Im Hintergrund dieser Vorstellung von der allgemeinen Unterwerfung der Fremdvölker steht (wie bei V.1) sicherlich die mythische Vorstellung vom siegreichen Chaoskampf des Königs, der sich in mesopotamischer Überlieferung ebenso findet, wie in ägyptischer Königstheologie (s.o. zu *Ps 2*).

So kann also auch *Ps 110* als Dokument für die vielschichtige, über verschiedene Epochen sich erstreckende Geschichte der Rezeption und Transformation altorientalischer Königstheologie gelten.

Dies gilt auch für den Königstext in *Jesaja 9,1-6*, den man als Dokument eines innerbiblischen, über den Bruch des Exils hinausreichenden Interpretationsprozesses auffassen kann, in dem prophetische Impulse verarbeitet wurden, die aus der Jesajaüberlieferung kamen.[97] Daß dabei auch ägyptische Königstradition zum Zuge kam, ist kaum noch umstritten. Auch wenn nicht alle Einzelheiten seiner Argumentation zu überzeugen vermochten, so hat MORENZ mit seinem Vergleich zwischen ägyptischer Königstitulatur und den Namen des davidischen Heilskönigs

---

[93] KRAUS 1989, 934. Vgl. ebd. 935; TOBIN 1985, 248; auch SCHLISSKE (1973, 102-104), der allerdings die jebusitische Tradition in einen unzutreffenden Gegensatz zu Ägypten bringt.

[94] Vgl. hierzu ZWICKEL (1995, 95-101), der die entsprechenden Texte in die spätexilische bzw. nachexilische Zeit datiert. Zum religionsgeschichtlichen Hintergrund von Davids Kulttanz vgl. KEEL 1996b.

[95] Zur Kleidersymbolik in den Davidserzählungen vgl. PROUSER 1996.

[96] Vgl. ALBERTZ 1992, 183 f. Zur priesterlichen Rolle des Königs vgl auch KEEL 1996a, 233-258; speziell zur architektonischen Beziehung von Palast und Tempel: 241.247.

[97] Vgl. VEIJOLA 1975, 135; KILIAN 1986, 70; HÖFFKEN 1993, 105. BARTH datiert den Text vorexilisch und sieht in den in V.5 genannten Namen *"die tatsächlichen Thronnamen des Josia"* (1989, 22).

(V. 5) doch inzwischen zahlreiche Anhänger gefunden.[98] Allerdings muß man sich völlig von dem Gedanken frei machen, daß hier etwas kopiert würde. Trotzdem verweist nicht nur die mehrteilige Struktur der Titulatur, sondern auch der Inhalt der einzelnen Titel auf ägyptische Königstradition.

- *"Der Wunderbares plant"* (פֶּלֶא יוֹעֵץ): Hier sei an die gängige Verherrlichung des Königs als Urheber und Vollender übermenschlicher Pläne erinnert. Die Pläne richten sich dabei meist auf den Ruhm der Götter, für die der König handelt. Die unverzügliche Umsetzung dieser Pläne zeigt die gottähnliche Machtvollkommenheit des Herrschers.[99]

- *"Starker Gott"* (אֵל גִּבּוֹר) - Die Bezeichnung des Königs als Gott (*ntr nfr*) ist so verbreitet, daß Einzelnachweise sich erübrigen.[100] Obwohl natürlich Gottesherrschaft und menschliche Herrschaft *"streng unterschieden sind, steht der gegenwärtige oder zukünftige König wohl nirgends im Alten Testament (vielleicht abgesehen von der Anrede 'Gott, Göttlicher' in Ps 45,7) in einem so engen Verhältnis zu Gott"* wie an dieser Stelle.[101]

- Bei *"Vater in Ewigkeit"* (אֲבִיעַד) handelt es sich wohl um eine Übertragung der Vater-Sohn-Beziehung zwischen Gott und dem König (welche hier allerdings nicht explizit thematisiert ist) auf die Beziehung zwischen Herrscher und Volk. Dabei ist vor allem der fürsorgliche Aspekt der Vaterschaft angesprochen.[102]

- *"Fürst des Friedens"* (שַׂר־שָׁלוֹם): Die Vorstellung von der Frieden stiftenden und bewahrenden Aufgabe des Regenten gehört zum Grundbestand altorientalischer Königsideologie. Umso mehr muß es auffallen, daß hier der Königstitel vermieden wird. Mit שַׂר ist eher ein untergeordneter Regent (Vasallenfürst oder Wesir) gemeint. Eventuell ist dies ein Zeichen dafür, daß nachexilische Theologie besonderen Wert darauf legte, den ersehnten Fürsten als Beauftragten Gottes, welcher der eigentliche König ist, zu zeichnen.[103] Immerhin betont V.6, daß das gesamte Heilsgeschehen ein Werk Gottes ist.

Über die Namen hinaus sind noch einige andere Beobachtungen, die sich an diesem Text machen lassen, religionsgeschichtlich interessant.

---

98 Vgl. z.B. WILDBERGER 1980, 376-381; SCHMIDT 1989, 71; KILIAN 1986, 73 f; HÖFFKEN 1993, 107.

99 Vgl. WILDBERGER 1980, 382. Unter den ägyptischen Quellen vgl. z.B.:*"Ein Herr der Weisheit ist er, vortrefflich an Plänen."* (über Sesostris I.; ÄHG 474). *"Wenn du in der Nacht einen Wunsch planst, am Morgen ist er bereits verwirklicht. Wir betrachten die Fülle deiner Wundertaten, seit du erschienen bist als König der beiden Länder."* (an Ramses II.; ÄHG 493).

100 Einzig ein Hymnus für Ahmose sei zitiert: *"Seht: er ist ein Gott auf Erden, spendet ihm Lobpreis wie Re, betet ihn an wie den Mondgott!"* (ÄHG 485).

101 SCHMIDT 1989, 71. Vgl. WILDBERGER 1980, 382 f.

102 Vgl. WILDBERGER 1980, 383. Vor allem die Gottheit selbst kann in ägyptischen Texten als Vater der Menschen angesprochen werden. Vgl. ÄHG 401, wo der Gott Amun in seiner Eigenschaft als ewiger Hirte der Menschen angesprochen und in diesem Zusammenhang auch *"Vater und Mutter der Kleinen"* genannt wird.

103 Vgl. HÖFFKEN 1993, 107.

Da ist einmal die *Lichtmetaphorik* in V.1. Selbstverständlich ist zunächst an Gott als Licht der Welt und seines Volkes gedacht. Da die Aussage aber im Kontext eines königlich-soteriologischen Textes steht, darf daran erinnert werden, wie eng die Lichtmetapher stets mit dem altorientalischen Königtum verbunden war.[104] Die Heilshoffnungen werden in V.5 explizit mit der *Geburt eines Kindes* verbunden. Dieses Kind wird als Sohn bezeichnet, ohne daß ein Vater genannt wird. Da diesem Kind im Folgenden königlich-göttliche Qualitäten zugeschrieben werden, ist zu schließen, daß die Vorstellung von der königlichen Gottessohnschaft den Kommunikationshintergrund für diesen Vers bildet. Das erklärt auch, warum mit dieser Geburt sich so viele Heilshoffnungen verbinden. Daß einerseits von der Geburt des Kindes die Rede ist, andererseits auch schon von seiner Herrschaft mag zunächst verwundern. Diese Zusammenziehung biographisch auseinanderliegender Daten läßt sich aber recht gut verstehen vor dem Hintergrund ägyptischer Königstheologie, für die es ja kennzeichnend ist, daß die wunderbare Geburt des Königs vom Zeitpunkt seiner Krönung an rückblickend thematisiert wird. Deshalb ist von der Geburt des Königs immer im Hinblick auf seine heilvolle Herrschaft die Rede. *Jes 9,5* ist also wie *Ps 2,7* eng mit ägyptischer Tradition zu verbinden, wenn es um die Konzeption der Inthronisation als Geburtsgeschehen geht.[105]
Der neue Herrscher auf dem Davidsthron stützt seine Herrschaft auf Recht und Gerechtigkeit. Wie in anderen Königstexten auch *(Ps 45,5; 89,15)* ist dieser Gedanke mit dem ägyptischen Ma'at-Denken zu verbinden.[106] Die Herrschaft des Friedensfürsten garantiert die richtige, dem Willen Gottes entsprechende Ordnung und kann gerade deshalb ewig Bestand haben.

Kann *Jes 9,1-6* als heilsprophetische Erweiterung von *Jes 7* gelten, so ist *Jes 11,1-9* als Relecture von *Jes 8* anzusehen. Auch wenn die beiden Erweiterungen sich nicht ein und derselben Redaktion des Jesajabuches verdanken sollten,[107] ist nachexilisch durch diese Zusätze jedenfalls eine Gesamtkomposition entstanden, die auch dem Zeichen in *Jes 7,14* einen neuen, eindeutig positiven Sinn gibt. Man kann mit ZENGER von einem *messianischen Triptychon* sprechen, *"dessen erstes Bild die Verheißung der Geburt eines neuen Königtums (Jes 7,10-17), dessen Mittelbild die Geburt selbst (Jes 9,1-6) und dessen drittes Bild die Herrschaftsausübung (Jes 11,1-9) der neuen Dynastie beschreibt, die nicht mehr mit den Makeln des vorexilischen Königshauses behaftet sein wird."*[108] Hatte der Königstext in *Jes*

---

104 In ägyptischen Hymnen kann dem König, der als Abbild des Re auf Erden agiert, auch dessen Lichtqualität zugeschrieben werden:*"Wende mir dein Antlitz zu, du aufgehendes Licht, das die beiden Länder erleuchtet mit seiner Schönheit; du Sonne der Menschheit, die die Finsternis vertreibt über Ägypten!"* (ÄHG 497) Vgl. auch ebd. 473.481.484.490.
105 Vgl. KILIAN 1986, 72 f. Auch WILDBERGER (1980, 379) bezieht die Verbindung von Geburt und Herrschaftsübergabe auf ägyptische Modelle.
106 Vgl. BRUNNER 1958; WILDBERGER 1980, 384 f; KILIAN 1986, 74 f.
107 Vgl. WERNER 1989, 253 f; anders ZENGER 1989, 45.
108 ZENGER 1989, 45.

9,1-6 betont, daß das neue Königtum ein Geschenk Gottes sein wird, und in den Thronnamen das Herrschaftsprogramm des Heilskönigs skizziert, so wird dies in *Jes 11* mit visionären Farben ausgemalt. Im Unterschied zur Gewaltkomponente, die in anderen Königsliedern anzutreffen ist (vgl. etwa *Ps 2*), wird hier die absolute Gewaltfreiheit des neuen Königtums besungen. Die Überwindung der Gewalt ist so umfassend, daß auch die Tierwelt mit einbezogen wird. Kein Lebewesen muß mehr ein anderes bedrohen oder gar auf dessen Kosten leben. Dieses paradiesische Königtum ist nun nicht mehr als Fortsetzung der davidischen Dynastie zu denken, sondern stellt sich als Neuschöpfung Jahwes dar. Nicht von David stammt der verheißene König ab, sondern von Isai, dem Vater Davids: aus dem alten Wurzelholz treibt ein neuer Sproß, ein neuer David, hervor.[109] Es geht nicht mehr um Fortsetzung, sondern um einen neuen Anfang, der freilich an Altes anknüpft.[110] Es entspricht der schöpferischen Qualität, das Gottes Handeln bei der Installierung des neuen Herrschers, der nicht mehr König genannt wird, zeigt, wenn die paradiesischen Zustände des neuen Reiches dem Urzustand der Schöpfung *(Gen 1,30)* angenähert werden.[111] Was den religionsgeschichtlichen Hintergrund der Rede vom Tierfrieden angeht, so ist einmal an entsprechende mesopotamische Vorstellungen zu denken, dann aber auch an das ägyptische Ma'at-Denken, für das eine Verschränkung von menschlich-sozialer Gerechtigkeit und kosmischer Ordnung bezeichnend ist.[112] Schon in V.4 wird auf solche Vorstellungen Bezug genommen. Die Wirkmächtigkeit des Herrscherwortes, die ihm den Verzicht auf physische Gewalt erlaubt, erinnert innerbiblisch an die Wirksamkeit des Schöpfungswortes *(Gen 1)* und ist religionsgeschichtlich mit dem göttlichen Machtwort des altorientalischen Königs zu verbinden, welches allerdings physische Gewalt in der Regel nicht ersetzt, sondern unterstützt.[113] In Rückgriff auf die

---

109 In der christlichen Kunst wurde der Sproß aus dem Stamme Isais mit der ägyptischen Bildtradition des *Gottes auf der Blüte* verbunden. Vgl. zur ägyptischen Tradition SCHLÖGL 1977, bes. 17-19; zur Wirkungsgeschichte vgl. MORENZ 1969, 109 f. Es ist aber zu betonen, daß diese Königsmetaphorik atl. noch keine Rolle spielt, sondern hier noch ein eigenständiges Bild vorliegt, obwohl die Kenntnis der entsprechenden Darstellungsweise auch in den palästinisch-syrischen Raum hinein übermittelt wurde. Vgl. MORENZ / SCHUBERT 1954, 78-82; KEEL / UEHLINGER 1995, 282-285.

110 Vgl. WERNER 1989, 266; auch WILDBERGER 1980, 446 f, der allerdings den Kontinuitätsaspekt des Bildes etwas stärker betont.

111 Vgl. KILIAN 1986, 89 f.

112 Vgl. WILDBERGER 1980, 456. ASSMANN zur Konzeption der Ma'at:"'*Soziale Ordnung' und 'Kosmische Ordnung' sind nur Aspekte der übergreifenden Konzeption einer 'Reichsordnung', deren Garant der König ist.*" (1990, 201; vgl 201-231.)

113 Vgl. WILDBERGER 1980, 453 f. Zur entsprechenden ägyptischen Überlieferung vgl. folgende Passagen eines Liedes auf Sesostris III.:"*Der die Bogenvölker tötet ohne einen Stockschlag, der den Pfeil schießt ohne die Bogensehne zu spannen.*" und: "*Der den Pfeil schießt wie Sachmet, um Tausende zu fällen unter denen, die seine Macht verkennen. Die Zunge seiner Majestät ist es, die Nubien einschüchtert, seine Aussprüche, sie schlagen die Asiaten in die Flucht.*" (ÄHG 477); oder über Ramses II.: "*Alles, was aus deinem Munde hervorgeht, ist wie die Worte des Harachte.*" (ÄHG 493).

Erwählungsgeschichte Davids *(1Sam 16)* spricht V.2 von der Geistbegabung des Regenten. Die breite, ausdifferenzierte Beschreibung betont die Bedeutung dieses Geistes und verbindet mit ihm alle wesentlichen Herrscherqualitäten altorientalischer Tradition, so daß Jahwe selbst als die Quelle dieser Eigenschaften herausgestellt wird. So ist der König *"der Sachwalter der göttlichen Herrschaft auf Erden."*[114]

Diese kleine Auswahl von königsbezogenen Texten der Bibel mag schon hinreichend deutlich machen, daß die Rede von der Gottessohnschaft auf das innigste mit der israelitischen Königskonzeption verbunden war und dies auch mit dem Einfluß ägyptischer Vorstellungen zu tun hatte.

Allerdings brach mit dem Untergang des Königtums 587 v.Chr. *"die Linie der offiziellen Königstheologie ab, während das, was zuvor nur Widerstandstheologie einiger Außenseiter war, im Exil von der Großgruppe als ganzer als ihre offizielle Theologie rezipiert wurde. Die Königstheologie lebte nur noch in utopischer Brechung weiter, und man kann sagen, daß es erst zu ihrer vollen Integration in die Jahwereligion gekommen ist, als es das Königtum als politische Größe nicht mehr gab."*[115] Wenn aber die Sohn-Gottes-Vorstellung einmal mit der biblischen Königskonzeption verbunden war, dann kann es nicht überraschen, daß sie durch die *utopische Brechung* dieser Konzeption in den Horizont messianischer Erwartung hineingeriet, wie dies schon an *Jes 9* zu sehen war und jetzt auch Texte aus Qumran bezeugen.[116]

Die Katastrophe der Niederlage und die Krise des Exils konnte nur durch entscheidende Transformationsprozesse gemeistert werden. Für solche Prozesse ist die hinter *Deuterojesaja* stehende Gruppe ein gutes Beispiel, weil mehrere Lösungsmöglichkeiten miteinander verschmolzen werden.[117]

Zum einen wird in *Jes 44* der Perserkönig Kyrus, der das Volk aus der Knechtschaft Babylons befreit, als Werkzeug Gottes, als sein Hirte *(Jes 44,28:* רֹעִי*)* verstanden. Der ausländische König übernimmt damit die Rolle, die die traditionelle Königstheologie exklusiv dem davidischen König zugewiesen hatte. Zwar ist von Gottessohnschaft an keiner Stelle die Rede, aber Kyrus kommt eindeutig messianische Qualität zu, Gott spricht ihn als seinen Gesalbten (לִמְשִׁיחוֹ) an.[118] In diesem Kontext geschieht einer der wichtigsten Durchbrüche israelitischer Religionsgeschichte. Aus der absoluten Geschichtsmächtigkeit Jahwes wird für Deuterojesaja seine Einzigkeit offenbar: *"Die Berufung des Kyros zielt nicht nur auf die Befreiung Israels (45,4), sondern auch darauf, daß der König Jahwe, den Gott Israels,*

---

114 WILDBERGER 1980, 447; vgl. auch ebd. 447-450; ZENGER 1989, 48; KILIAN 1986, 88 f.
115 ALBERTZ 1992, 172.
116 So gilt etwa in *4 QFlor 1,10-13* die Natanweissagung dem eschatologischen Davidssproß.
117 Zum Folgenden vgl. ZENGER 1986, 182 f; ALBERTZ 1992, 431-446.
118 Zur Rolle des Kyrus vgl. allgemein KRATZ 1991.

als den einzigen Gott erkennt (45,3.5), ja letztendlich darauf, daß alle Welt aner-
kennt, daß es außer Jahwe keinen Gott gibt (45,6)."[119] In einem engen theologischen Zusammenhang mit der Entwicklung eines universalistischen Monotheismus
steht die Infragestellung der Verbindung von politischer und göttlicher Macht, wie
sie die davidische Königstheologie fundiert hatte. Auch wenn die Beschreibung der
Rolle des Perserkönigs noch ganz in dieser Tradition steht, hat sie sich doch
letztlich überlebt. *"Als 'König' ist Jahwe der Herr aller Mächte und Gewalten. Sein*
Weltregiment umspannt den gesamten Verlauf der Weltgeschichte und alle
denkbaren Räume und Kräfte 'im Himmel und auf Erden'."[120] Dieses universale
Königtum Gottes macht das menschliche Königtum verzichtbar. In Aufnahme alter
königskritischer Tradition wird Jahwe zum alleinigen König Israels erklärt und
damit jedem Versuch der sakralen Überhöhung institutionalisierter politischer
Macht eine radikale Absage erteilt. Folgerichtig wird keine staatliche
Wiederherstellung des monarchischen Israel erwartet.

In *Jes 55* wird der Davidsbund auf das ganze Volk Israel übertragen. Der Bund mit
David gilt jetzt dem Volk *(55,3)*, das ein Zeugenamt für die Völker übertragen bekommt und als Thronanwärter und Befehlshaber von Nationen *(55,4)* eingesetzt
wird.[121] Diese universale Rolle Israels ist aber nicht mehr politisch zu verstehen,
vielmehr geht es um eine moralische und religiöse Autorität. Die Idee eines
menschlichen Königtums wird damit nicht nur kritisiert, sondern letztlich
aufgehoben.[122]

Ohne jeden Anspruch auf Vollständigkeit soll in den folgenden Abschnitten an einigen Beispielen gezeigt werden, wie das hellenistische Judentum auf der Basis der
beschriebenen biblischen Vorgaben auf die Herausforderung durch die hellenistische Königsideologie reagierte. Daß zum Teil eine große Offenheit für hellenistisches Gedankengut festzustellen ist, darf nicht überraschen, wenn man bedenkt,
wieviel an fremdreligiösen (auch ägyptischen) Vorstellungen schon in den
biblischen Konzeptionen des Königtums enthalten ist. Nicht, daß man sich dessen
bewußt gewesen wäre, aber es dürfte doch schwer zu bestreiten sein, daß auch die
unbewußte Präsenz ursprünglich fremder Konzeptionen in der eigenen Überlieferung den Umgang mit der hellenistischen Umwelt dort erleichterte, wo sie erlaubte, das Fremde als dem Eigenen ähnlich zu empfinden.

---

119 ALBERTZ 1992, 438. Zur Kritik an den Fremdgöttern vgl. RUPPERT 1996.
120 ZENGER 1986, 182.
121 Vgl. RUPPERT 1994.
122 Hier sei noch einmal daran erinnert, daß sich ähnliche Prozesse der Übertragung königlicher
     Vollmacht auf die göttliche Ebene bei gleichzeitiger Distanzierung von irdischem Königtum
     auch im Ägypten der Spätzeit abspielten. Vgl. RÖSSLER-KÖHLER 1991 passim. Zur is-
     raelitischen Tradition der Königskritik in ihrem Zusamenhang mit der Rede vom Königtum
     Gottes vgl. ZENGER 1986, 180-182; MOENIKES 1995, bes. 209-221.

3. Kollektive Deutungen

3.1. Ein Volk von Söhnen und Töchtern Gottes (JosAs)

Wie schon in Kap. II festgestellt, schildert *JosAs* die Gestalt des ägyptischen Pharao, in dem sich wohl der zeitgenössische Ptolemäerkönig widerspiegelt, sehr positiv. Umso mehr muß es auffallen, daß sich bei seiner Charakterisierung keine Spur von hellenistisch-ägyptischer Herrscherideologie findet. Der Pharao wird zwar als judenfreundlicher Herrscher geschildert, aber es gibt nicht einmal eine Andeutung königlich-göttlicher Qualitäten. Statt dessen werden Elemente der Königstradition auf Josef, Aseneth und auf die Juden insgesamt übertragen. Dies betrifft vor allem die Vorstellung der königlichen Gottessohnschaft.[123]

Erstens ist davon in allgemeinem Sinn die Rede: Die in *JosAs 16,8* erwähnten Söhne des Höchsten scheinen eine Gruppe himmlischer Personen zu sein. Da die Juden als Gotteskinder eine Art Engelexistenz führen, können sie alle als *"Söhne des lebendigen Gottes"* (*JosAs 19,8:* ΥΙΟΙ ΤΟΥ ΖΩΝΤΟΣ ΘΕΟΥ) bezeichnet werden. *"Praktisch bedeutet das höchste Lebensqualität auf Erden, überirdische Schönheit, Kraft, Tugend und Weisheit, angenehmes Leben und göttlichen Schutz vor Gefahren und danach den Aufenthalt im himmlischen Ruheort."*[124] Weil Jakob zu diesem erwählten Volk gehört, kann er für seine Schwiegertochter Aseneth *"wie Vater und Gott"* (*JosAs 22,3*) sein. Die Beschreibung in *JosAs 22,7* zeigt ihn als ein wahres Wunder von Jugend, Kraft und Schönheit.[125] Als zum wahren Glauben Bekehrte, ist selbstverständlich auch Aseneth mit so großer, göttlicher Schönheit ausgezeichnet, daß sie es nicht einmal wagt, ihr Gesicht zu waschen *(JosAs 18,10)*.[126] Nachdem sie durch Josefs Kuß den Geist des Lebens, der Weisheit und der Wahrheit empfangen hat *(19,11)*, erscheint sie ihren Eltern wie eine Lichtgestalt und ihre Schönheit als himmlisch *(20,6)*. Aseneth gehört nun zu den Kinder Gottes, sie wird *"Tochter des Höchsten"* (*JosAs 21,4:* ΘΥΓΑΤΗΡ ΥΨΙΣΤΟΥ) genannt werden.

An der Bedeutung, die hier der Schönheit beigemessen wird, ist deutlich zu sehen, wie sehr sich in *JosAs* jüdisches Denken fremdreligiösen Einflüssen geöffnet hat. Nach Aseneths Aussage gehört Josefs Schönheit zu den Qualitäten, die eine zentrale Rolle bei ihrer Bekehrung gespielt haben:

> und (durch) seine Schönheit fing er mich,
> und (durch) seine Weisheit faßte er mich wie einen Fisch auf einem Haken,
> und (durch) seinen Geist wie (mit) Lockspeise (des) Lebens lockte er mich,
> und (durch) seine Stärke festigte er mich ...
>
> *(JosAs 21,21)*

---

123 Vgl. zum Folgenden BURCHARD 1983, 606-608.
124 BURCHARD 1983, 606.
125 Unaussprechliche Schönheit wird auch seinem Sohn Benjamin zugeschrieben *(JosAs 27,1)*.
126 Vgl. auch *JosAs 18,11; 19,4; 20,7; 21,4*.

Gewiß gehört die Schönheit des Josef aufgrund von *Gen 39,6 (LXX:* καὶ ἦν Ιωσηφ καλὸς τῷ εἴδει καὶ ὡραῖος τῇ ὄψει σφόδρα) zu seinen typischen Eigenschaften. Da aber *JosAs* die Schönheit als Signum des Göttlichen nicht auf Josef beschränkt, sondern dem jüdischen Volk allgemein (Jakob, Benjamin, Aseneth) zuschreibt, ist es sicher nicht abwegig, hier vor allem den Einfluß der hellenistischen Weltkultur zu sehen, für die Schönheit eine der wichtigsten Ausdrucksformen des Gottmenschentums war.[127] Daß auch der biblischen Tradition Schönheit als Attribut Gottes *(Ex 33,18)* nicht unbekannt ist und in *Ps 45* eindeutig als königliche Qualität aufgefaßt wird, hat die Öffnung für diese Einflüsse sicherlich wesentlich erleichtert. Wenn Josef als Gottessohn bezeichnet wird,[128] so ist dies zunächst im kollektiven Sinne zu verstehen: Er gehört zu den Erwählten und hat Anteil an deren göttlicher Würde, ja er ist der Starke, Schöne, Weise und Geistbegabte *(JosAs 3,4; 4,7; 18,1 f; 21,21)* schlechthin. *"Das heißt, Josef wird als 'der Sohn Gottes' aus den Söhnen Gottes herausgehoben, weil in ihm sich die Lebensfülle, die allen eigen ist, konzentriert."*[129] Josef wäre demnach als der Erste unter den Söhnen Gottes zu sehen. Überall, wo er als der erstgeborene Sohn Gottes bezeichnet wird *(18,11; 23,10; 21,4)*, trifft dieses Verständnis mit Sicherheit zu. Daneben gibt es aber Textstellen, die den Eindruck vermitteln, als ob es für Josefs Gottessohnschaft noch eine weitere Quelle gäbe.

Josef ist ja vom Pharao als Herrscher über Ägypten eingesetzt. Er ist *"König, Retter und Korngeber"*[130] und wird nach dem Tode des Pharao für 48 Jahre dessen Nachfolger *(29,9)*. Daß der ΣΩΤΗΡ-Titel zum hellenistischen Königtum gehört, bedarf keiner weiteren Ausführung. Aber auch die Bezeichnung als *Kornspender* weist in diese Richtung. Die Hilfe für die Hungernden gehört zum Erbe israelitischer Königstheologie. So wird in *Ps 72,16* analog zu entsprechenden Topoi ägyptischer Königstradition der König als Mittler von Fruchtbarkeit und Wohlstand gezeichnet.[131] Daß Pharao die Versorgung und Ernährung des Landes garantiert, gehört zum ägyptischen Königsideal. Als einer von vielen Belegen sei eine entsprechende Passage des *Ptah-Segens* angeführt.

Ptah spricht zu Ramses II.:[132]

---

127 Vgl. AUGUSTIN 1983, 186-191. *Weish 14, 19 f* erwähnt die Schönheit als wichtiges Element des hellenistischen Herrscherkultes.

128 BURCHARD (1983, 607) weist zurecht darauf hin, daß dies nie durch den Erzähler und nie durch Joseph selbst geschieht, sondern immer nur in der Rede anderer erzählter Figuren.

129 BURCHARD 1983, 608.

130 *JosAs 25,5:* ΒΑΣΙΛΕΥΣ ΠΑΣΗΣ ΤΗΣ ΓΗΣ ΑΙΓΥΠΤΟΥ ΚΑΙ ΣΩΤΗΡ ΚΑΙ ΣΙΤΟΔΟΤΗΣ. In dieser Trias auch in *4,7*.

131 Vgl. TOBIN 1985, 245.

132 Zitiert nach SCHNEIDER 1994, 27. Vgl. auch die *Lehre des Königs Amenemhet:* *"Ich war einer, der Getreide schuf, ein Liebling des Korngottes. Die Nilflut erwies mir Achtung auf jedem offenen Feld. Man hungerte nicht in meinen Jahren und man dürstete nicht in ihnen."* *(II,11)* Zitiert nach BRUNNER 1991, 176. Zur Verbindung von Königtum und Versorgung vgl. BLUMENTHAL 1970, 269-271.349-353; ASSMANN 1990, 226-228.

Ich gebe dir reichliche Nilüberschwemmungen;
ich versehe dir die beiden Länder mit Wohlstand, Nahrung und edler Versorgung.
Speisen sind bestimmt für jeden Ort, an den du trittst.
Ich gebe dir fortdauernd Getreide, um die beiden Ufer in deiner Zeit zu nähren.
Ihr Korn ist wie der Sand des Strandes;
ihre Scheunen nähern sich dem Himmel, ihre Haufen sind wie Berge.
Man freut sich und ist satt bei deinem Anblick,
(denn) Nahrung, Fische und Vögel sind unter deinen Füßen;
Ober- und Unterägypten nähren sich von deiner Versorgung.

In Fortführung solcher Traditionen ist die königliche Versorgungsgarantie auch ein Bestandteil der ptolemäischen Königspropaganda.[133] Als Vertreter des Pharao partizipiert der "Korngeber" Josef an der königlichen Rolle, was durchaus einen ironischen Unterton hat. Dadurch, daß nämlich dem Regenten Josef Elemente der Königsideologie zugeordnet werden, während sie in bezug auf den Pharao strikt vermieden werden, wird der Eindruck erweckt, daß der Jude Josef der eigentliche und wahre König ist. Die Kornspende kann jedenfalls als eine auf die konkrete Erzählsituation zugeschnittene Fassung hellenistisch-ägyptischer (und biblischer) Königstheologie verstanden werden.

Stark hellenisiert ist die gewaltige Schilderung des Josef bei seinem ersten Auftreten, die ihm eine Fülle königlicher Attribute zuschreibt:

- ♦ weiße Pferde, mit Gold gezäumt,
- ♦ goldener Wagen,
- ♦ königliches Gewand (Purpur und Gold),[134]
- ♦ goldener, mit Edelsteinen geschmückter Strahlenkranz,[135]
- ♦ Ölzweig und königliches Szepter in den Händen.[136]

Das ganze wirkt wie die Schilderung eines ptolemäischen Monarchen, der sein Auftreten als Epiphanie des Sonnengottes inszeniert. Das kann der Text dem

---

133 Das Kanopus-Dekret berichtet von Hilfsmaßnahmen des Königs, während einer Hungersnot. Vgl. ONASCH 1976, 142. Text bei SETHE 1904, 130 f. Noch Kaiser Domitian läßt sich als Pharao verherrlichen, der das Land mit Nahrung füllt. Vgl. LEMBKE 1994, 211.

134 Gold als *"Fleisch der Götter"* weist im ägyptischen und im hellenistischen Kontext auf die göttliche Qualität des Königs. Zur Goldsymbolik vgl. LURKER 1987, 83 f.

135 Zum Strahlenkranz vgl. ALFÖLDI 1970, 257-262; bes. 259 (Abb.18). Seine Meinung, der Strahlenkranz habe ursprünglich mit der Angleichung des Herrschers an den Sonnengott nichts zu tun gehabt, muß allerdings inzwischen als überholt gelten und wird in *JosAs* durch den Kontext unmittelbar widerlegt. Vgl. aber auch Philo, *Leg 95.103*, wo von Caligula berichtet wird, er habe sich durch den Strahlenkranz als Gott ausgeben wollen.

136 Der Ölzweig ist im Hellenismus (und auch im römischen Bereich) das Zeichen des Friedens mit dem Fruchtbarkeit und Wohlstand verbunden sind. Vgl. PAULY IV, 246. Der Zweig charakterisiert somit Joseph als königlichen Friedensbringer. Ein jüdisches Publikum konnte aber auch den Ölzweig von *Gen 8,11* assoziieren, der den Frieden Gottes mit seiner Schöpfung signalisiert. Zur ägyptischen Verbindung von Frieden und Königsherrschaft vgl. ASSMANN 1990, 228 f.

frommen Josef natürlich nicht zuschreiben, weswegen der Erzähler selbst auch keine direkte Deutung gibt und eine Art Judaisierung der Symbolik vornimmt.[137] Allerdings erfolgt die entsprechende Reaktion bei Aseneth. Sie ist erschüttert und bereut, daß sie Josef als Hirtensohn aus Kanaan bezeichnet hat:[138]

> *Und jetzt, siehe,*
> *die Sonne aus dem Himmel ist gekommen zu uns in ihrem Wagen*
> *und kam hinein in unser Haus heute*
> *und leuchtet in es wie Licht auf der Erde.*
> *(3) Ich (selbst) aber, töricht und verwegen, verachtete ihn*
> *und redete arge Worte über ihn*
> *und wußte nicht, daß Josef Sohn Gottes ist.*
> *(4) Wer nämlich (der) Menschen auf Erden wird zeugen solche Schönheit,*
> *und welcher Mutterleib einer Frau wird gebären solches Licht.*
> *Elend ich und töricht,*
> *denn ich habe geredet (zu) meinem Vater über ihn arge Worte.*
> *(5) Und jetzt, wohin werde ich weggehen*
> *und verbergen mich von seinem Angesicht,*
> *auf daß nicht sehe mich Josef, der Sohn Gottes,*
> *denn ich habe geredet arge (Dinge) über ihn?*
> *(6) Und wohin werde ich fliehen und mich verbergen,*
> *da er eine jegliche Verbergung sieht,*
> *und ihm kein Verborgenes entgeht*
> *wegen des großen Lichtes, das in ihm ist?*

(JosAs 6,2-6)

Im Paradigma der hellenistisch-ägyptischen Herrscherideologie reagiert Aseneth völlig angemessen. Ihr ist in der königlichen Gestalt des Josef eine Epiphanie des Sonnengottes begegnet. Aseneth erschließt aus der Erscheinung des Josef, die sie mit dem Begriff der Schönheit zusammenfaßt, daß es sich um ein göttliches Wesen handelt. Eine solch königliche Erscheinung muß göttlicher Herkunft sein, göttlich gezeugt, ja sogar göttlich geboren. Nicht nur einen göttlichen Vater schreibt sie ihm zu, sondern schließt sogar eine menschliche Mutter aus. Josef muß das göttliche Kind eines Gottes und einer Göttin sein. Das erinnert an die ptolemäische Königsideologie, wo aufgrund der Vergottung der Vorfahren dem König ebenfalls göttliche Eltern zugeschrieben werden konnten.[139] Außerdem ist darauf hinzuweisen, daß gemäß ägyptischer Theologie der Sonnengott Re, mit dem der König

---

137 Die zweimalige Zwölfzahl (bei den Edelsteinen und den Strahlen der Krone) verweist jüdische Leser natürlich auf die zwölf Stämme Israels. Joseph ist nicht nur Stellvertreter des Pharao. Seine königlich-göttliche Würde speist sich auch aus der Repräsentation des Schöpfergottes.

138 Die Hirtenbezeichnung ist für jüdische Ohren freilich hintergründig ambivalent, weil sie auch an die königliche Hirtenrolle erinnert, wie sie dem davidischen König ebenso zugeschrieben wurde, wie den ägyptischen Königen. Vgl. *2Sam 5,2.*

139 Hier sei nochmals auf den Rosette-Stein (Ptolemaios V. als *"Gott von einem Gott und einer Göttin"*) hingewiesen.

gleichgesetzt werden konnte, allmorgendlich aus der Himmelsgöttin Nut wiedergeboren wurde.[140] Auch das alles durchdringende Sehen und Erkennen Josefs *(6,6)* greift ägyptische Königstradition auf. So heißt es in einer Eulogie auf den König:[141]

Dein Auge strahlt mehr als die Sterne des Himmels,
du kannst besser sehen als die Sonne.
Wenn gesprochen wird - und sei der Mund in der Gruft -,
es gelangt in dein Ohr.
Wenn etwas getan wird - und sei es verborgen -,
dein Auge sieht es.

Da das menschliche Sehen nicht als Rezeption, sondern als ein aktives Ausstrahlen auf die Dinge hin verstanden wird, ergibt sich aus der Sonnenqualität des Königs auch sein alles erreichendes Sehen und Erkennen.

Freilich muß festgehalten werden, daß die Deutung der (noch) heidnischen Aseneth mit ihren massiven Bezugnahmen auf hellenistisch-ägyptische Königsideologie auf der Ebene der Figurenrede bleibt und also nicht einfach mit der Aussageintention des Textes gleichgesetzt werden darf. Daß Aseneths Deutung aber auch nicht einfach als Mißverständnis gemeint sein kann, zeigt die Schilderung, die der Erzähler vom Auftreten Josefs gibt. Sie enthält ebenfalls entsprechende Assoziationen, auch wenn deren Bedeutung nicht expliziert wird.

Am ehesten sind diese Bezüge zur Königsideologie als Zitate einzuschätzen, die den kulturellen Hintergrund benennen, vor dem die Rede von der Gotteskindschaft der Juden allgemein und der des Josef im besonderen steht. Es wird deutlich gemacht, daß diese Gotteskindschaft ein königliches Attribut ist, das aber nicht den heidnischen Königen zukommt, sondern Gottes königlichem Volk. Daß diese Qualität sich in der Gestalt des Josef verdichtet, hängt mit seiner königlichen Rolle im Kontext der Erzählung zusammen. Religionsgeschichtlich ist also die Gotteskindschaft Josefs und die der Juden insgesamt in *JosAs* als Übertragung des hellenistisch-ägyptischen Königsideals auf das jüdische Volk zu sehen.

In der theologischen Binnenperspektive des Textes ist der Sachverhalt natürlich genau umgekehrt: Die echten Gotteskinder sind die Juden, weil sie den einzig wahren Gott und König zum Vater haben, während von der göttlichen Qualität heidnischer Herrscher keine Rede sein kann. Sie können ihr Volk ja nur dann gut regieren, wenn ihnen ein Jude hilft.

---

140 S.o. Kap. III.
141 ÄHG 497.

3.2. Der fromme Jude als Sohn Gottes (Weish)

Oben wurde schon angedeutet, daß das Weisheitsbuch bei aller Orientierung an hellenistischem Denken in bestimmten Bereichen großen Wert auf Identitätssicherung durch Abgrenzung legt.

Einer dieser Bereiche ist mit Sicherheit die Herrscherideologie. Treten in der hellenistischen Umwelt die Machthaber mit dem Anspruch auf, Söhne (eines) Gottes zu sein, so wird dieses besondere Prädikat hier einer ganz anderen Gruppe von Menschen zugesprochen. Nicht der Herrscher ist es, der zu Gott in einem Vater-Sohn-Verhältnis steht, sondern der gesetzestreue Jude. Das wird in der Schmährede der Frevler *(Weish 2,12 ff)* mit großer Deutlichkeit zum Ausdruck gebracht. So heißt es über den Gerechten:

> *Er rühmt sich, die Erkenntnis Gottes zu besitzen,*
> *und ein Kind des Herrn* (ΠΑΙΔΑ ΚΥΡΙΟΥ) *nennt er sich.*
>
> *(Weish 2,13)*

Mit ΠΑΙΣ ist hier tatsächlich Kindschaft und nicht ein Dienstverhältnis gemeint.[142] Das erhellt aus *2,16*, wo über den Gerechten gesagt wird, er rühme sich, daß Gott sein Vater sei. Außerdem wird in *2,18* eindeutig von ΥΙΟΣ ΘΕΟΥ gesprochen:

> *Ist der Gerechte nämlich Sohn Gottes, so nimmt er sich seiner an*
> *und befreit ihn aus der Hand der Gegner.*

In *5,5* wird die postmortale Vollendung des Gerechten als engelgleiche Existenz verstanden und mit dem Begriff der Gottessohnschaft umschrieben.[143]

Die Sohn-Gottes-Würde, die *Weish* dem Gerechten, der Gottes Weisheit folgt, zuspricht, gründet auf einer kollektiven Gotteskindschaft des Volkes Israel, das in seiner Gesamtheit als königlich qualifiziert wird *(Weish 12,7.19.21; 16,21.26)*, wobei Gott als der eigentliche König anzusehen ist *(Weish 3,8)*. Der Weise als Sohn Gottes darf somit nicht als Sonderfall betrachtet werden, sondern stellt die Erfüllung jüdischer Existenz dar. Daß der Gedanke göttlicher Zeugung in diesem Zusammenhang sich nicht nahelegt, ist einleuchtend.

Wenn Gott als König gesehen wird, und das Volk Israel als seine geliebten Kinder, so ist klar, daß ein irdischer König, gar ein heidnischer, die Sohn-Gottes-Würde nicht für sich beanspruchen kann. Das Weisheitsbuch ist ohnehin sehr kritisch, was die Regierenden angeht. Das macht schon die Mahnrede in *Weish 6* deutlich. Zwar wird die Macht der Herrscher als von Gott verliehen angesehen *(6,3)*, aber das ist

---

142   Auch WINSTON (1979, 120) betont, daß die Bedeutung von ΠΑΙΣ in *2,13* durch *2,16.18* festgelegt wird. Im Unterschied zu *LXX Jes 49,1-6; 52,12 f* kann hier ΠΑΙΣ nicht durch ΔΟΥΛΟΣ ersetzt werden. Der Sprachgebrauch ist also der gleiche wie bei Plutarch in der Siwa-Erzählung.

143   Vgl. WINSTON 1979, 147. - RUPPERT (1993) hat darauf hingewiesen, daß *Weish* im Bild des Gerechten die deuterojesajanische Vorstellung vom königlichen Gottesknecht weiterentwickelt.

kein Grund, sich zu überheben, sondern bedeutet vielmehr eine besondere Verpflichtung. Der Regent ist Diener des Gottesreiches und wird einem strengen Gericht unterworfen, wenn er seinen Pflichten nicht nachkommt *(6,4 f)*. Das Gericht, das über ihn kommt, ist sogar viel strenger, als das, das die kleinen Leute zu erwarten haben. Mit denen hat Gott viel mehr Nachsicht *(6,6)*. Deshalb müssen sich die Mächtigen von Gottes Weisheit belehren lassen, um nicht in die Irre zu gehen *(6,9)*. Nur die Weisheit kann die Grundlage einer dauerhaften Herrschaft sein *(6,21)*.

Nun mag es nicht sehr überraschen, wenn ein jüdischer Text den heidnischen Herrschern nicht die Würde von Gottessöhnen zugestehen will. Daß aber auch in Bezug auf die eigenen Könige größte Zurückhaltung geübt wird, zeigt die grundsätzliche Skepsis des Weisheitsbuches. Zwar kann geschlossen werden, daß der weise König, der der fiktive Sprecher des Textes ist und wohl als Salomo *(9,7-12)* identifiziert werden soll, selbst Sohn Gottes ist, aber er ist dies, weil er der Weisheit folgt, welche zur Erfüllung von Gottes Weisung und also zur Gerechtigkeit führt, und nicht aufgrund seines Königtums. Der gerechte König ist Sohn Gottes, weil er ein Gerechter ist.

Jeder mythologische Kontext bleibt hier außen vor. Eine wunderbare Zeugung und Geburt wird dem König ebensowenig zugeschrieben, wie jedem anderen Gerechten. Die in der hellenistischen Welt kursierenden Königsvorstellungen, bilden den Kommunikationshorizont für *Weish 7,1-6*, wo die Selbstbeschreibung des weisen Salomo betont, daß der König ein Mensch ist wie alle anderen auch.

> *(1) Auch ich bin ein sterblicher Mensch wie alle anderen,*
> *Nachkomme des ersten, aus Erde gebildeten Menschen.*
> *Im Schoß der Mutter wurde ich zu Fleisch geformt,*
> *(2) zu dem das Blut in zehn Monaten gerann*
> *durch den Samen des Mannes und die Lust, die im Beischlaf hinzukam.*
> *(3) Geboren atmete auch ich die gemeinsame Luft,*
> *ich fiel auf die Erde, die Gleiches von allen erduldet,*
> *und Weinen war mein erster Laut wie bei allen.*
> *(4) In Windeln und mit Sorgen wurde ich aufgezogen.*
> *(5) Keiner der Könige hat einen anderen Anfang des Daseins.*
> οὐδεὶς γὰρ βασιλέων ἑτέραν ἔσχεν γενέσεως ἀρχήν.
> *(6) Ein Eingang aller zum Leben, gleich auch der Ausgang.*
> μία δὲ πάντων εἴσοδος εἰς τὸν βίον ἔξοδός τε ἴση.

Jeder Aussage dieses Abschnitts erhält durch den hellenistischen Kontext ein spezifisches Echo:[144]

♦ *(7,1)* Auch der Herrscher ist ein sterblicher Mensch wie alle anderen, nicht etwa ein Gott oder ein ewig lebender König.[145]

---

[144] Vgl. zum folgenden KÜGLER 1995, 23-27. Zustimmung signalisiert KLAUCK 1996, 39.

- Er stammt nicht von Göttern oder Halbgöttern ab, sondern von dem aus Erde gebildeten Adam.
- Er wird im Mutterleib nicht zum Herrscher, sondern zu Fleisch geformt.
- *(7,2)* Er verdankt seine Existenz nicht göttlicher Zeugung, sondern dem Samen des Mannes, dem Blut der Frau und der Lust des Beischlafs.[146]
- *(7,3)* Kein göttlicher Hauch gibt ihm Leben, sondern er atmet die gleiche Luft wie alle.
- Das Neugeborene fällt auf die Erde, ohne Fürsorge einer göttlichen Amme.
- Es weint wie alle Kinder und erteilt nicht etwa Befehle wie ein Gottkönig.
- *(7,4)* Er regiert nicht auf den Windeln, sondern wird in diesen Windeln in Sorge aufgezogen.[147]
- Und nach dieser wiederholten Betonung des normal Menschlichen wird in V.5 f dann kategorisch festgestellt, daß all dies für jeden König gilt.[148]

Eine radikalere Absage an die im Hellenismus gängige Herrscherideologie ist wohl in kaum einem antiken Text zu finden. Das ist nicht weniger als das Programm einer egalitären Weisheitstheologie, die jeder religiösen Überhöhung des Königtums eine prinzipielle Absage erteilt. Es gibt nur eine Möglichkeit, Kind Gottes zu werden, nämlich der Weisheit zu folgen; und diese Möglichkeit gibt es für alle. Trotzdem lebt die weisheitliche Soteriologie des Weisheitsbuches ganz vom Erbe der Königstheologie. Die personifizierte Weisheit nimmt als Throngenossin Gottes *(Weish 9,4.10)* den Platz ein, den in Ägypten und in der biblischen Königstheologie der König hatte.[149] Sie ist die alleinige Vermittlerin zwischen himmlischer und menschlicher Welt und diese Position kann ihr von keinem menschlichen König streitig gemacht werden. Es ist deshalb nur absolut folgerichtig, wenn jeder Kult für die Statuen des Königs als Götzendienst und schreckli-

---

145 Ausgehend von der ägyptischen Formel ᶜnḫ ḏt spricht z.B. der griechische Text des Rosette-Steins vom ΒΑΣΙΛΕΥΣ ΠΤΟΛΕΜΑΙΟΣ ΑΙΩΝΟΒΙΟΣ (SETHE 1904, 173). Zur entsprechenden Formulierung des Raphia-Dekrets vgl. THISSEN 1966, 41 f.

146 Zehn Monate galten seit der ptolemäischen Zeit als normale Schwangerschaftsdauer. Hierzu und zum ägyptischen Wissen über die Entstehung des Kindes vgl. FEUCHT 1995, 93-96.

147 Dabei wird vorausgesetzt, daß das Gewickeltwerden nichts Außergewöhnliches, sondern etwas völlig Gebräuchliches darstellt. Daß die Verweigerung des Wickelns in Windeln in *Ez 16,4* (LXX: καὶ σπαργάνοις οὐκ ἐσπαργανώθης) zu einem Zeichen des Liebesentzugs werden kann, setzt die Selbstverständlichkeit dieser Form der elterlichen Fürsorge ebenfalls voraus. Das gilt auch für Philo, *Aet 67.*

148 Vgl. ENGEL 1990, 71; WINSTON 1979, 162-166. Wo der königliche Kontext, der durch den fiktiven Sprecher - aber auch durch den Inhalt - konstituiert wird, der Wahrnehmung entgeht, läuft die Auslegung ins Leere. Es geht hier nicht um das Wesen des Menschen, etwa um die Banalität, daß der Mensch sterblich sei, sondern um die Menschlichkeit der Könige. Gegen SCHMITT 1989, 40.

149 Hier ist noch einmal an *Ps 110,1* zu erinnern. In den Chronikbüchern kann zwar auch über Salomo gesagt werden, daß er auf dem Thron Gottes sitzt *(2Chr 28,5; 2Chr 9,8)*, aber damit ist weniger eine Throngemeinschaft gemeint, sondern eher die Stellvertretungsfunktion des irdischen Königtums angesprochen.

che Verirrung gebrandmarkt wird *(Weish 14,17-21)*. Allerdings tritt der, der an der Weisheit teilhat, in die königliche Rolle ein. Die Beerbung des göttlichen Königs durch den einzelnen Frommen, wie sie in den Isismysterien vollzogen und bei Philo gedacht wird, ist auch hier zumindest ansatzweise schon gegeben.

4.   Individuell-politische Deutungen

Die Suche nach politischen Sohn-Gottes-Vorstellungen stehen unter keinem guten Stern, wenn es um das hellenistische Judentum geht. Schließlich gilt es spätestens seit FISCHERs Untersuchung als ausgemacht, daß das Judentum der westlichen Diaspora "uneschatologisch" sei.[150] Individuelle Jenseitsvorstellungen haben eschatologische Zukunftserwartungen im Sinne der Apokalyptik und auch politisch-religiöse Heilserwartungen im Sinne des Messianismus abgelöst. Kurz gesagt: Das Heil des einzelnen und seiner Seele hat die Hoffnung des Volkes auf Befreiung ersetzt.

> Daß das auch nur ein Klischee ist, hat Martin HENGEL in seiner Kritik an FISCHER versucht, deutlich zu machen.[151] Und in der Tat, wenn es nicht schon vorher entsprechende Strömungen im hellenistischen Judentum gegeben hätte, wären die Unruhen nicht nachvollziehbar, die gerade auch das Judentum Ägyptens erfaßten und 115-117 zum Aufstand unter Trajan führten, der dann in einem grauenhaften Blutbad endete. Auch eine solche Explosion der Gewalt kann nicht völlig voraussetzungslos geschehen sein, sondern muß sich länger vorbereitet haben. Nun ist diese Grundthese HENGELs schwer zu bestreiten und auch die Texte, auf die er verweist, vor allem das 5. Buch der *Sibyllinischen Orakel*,[152] stützen seine Ansicht. Allerdings scheint es sich um eine Entwicklung zu handeln, die schon früher begonnen hat, wie die Texte zeigen, die im folgenden untersucht werden sollen.

Neben den kollektiven Deutungen, die alle letztlich auf entsprechenden Transformationen der von Deuterojesaja vorgenommenen Übertragung des Davidsbundes auf das Volk *(Jes 55,3)* basieren, wurden auch die individuellen Konzeptionen mit politischem Kontext fortgeführt. Dabei taucht zwar nicht unbedingt die Sohnesbezeichnung auf, aber trotzdem sind Elemente der königlichen Gottessohnschaft feststellbar. Die Herkunft dieser Elemente muß nicht immer biblisch sein, wie gleich am ersten Beispiel zu sehen ist.

4.1.   *Die Geburt des Messias* (LXX Jes 7)

Die Verheißung in *Jes 7,14* gehört bekanntlich zu den prophetischen Texten, die im christlichen Bereich durch ihre christologische Deutung eine rasante Karriere als messianischer Text gemacht haben. Bedenkt man, daß es in der Regel die *Sep-*

---

150   Vgl. FISCHER 1978.
151   Vgl. HENGEL 1983.
152   HENGEL 1983, 668-679.

tuaginta war, die die frühen Christen als Bibel lasen, so stellt sich die Frage, ob diese Karriere nicht sehr viel mit der griechischen Übersetzung zu tun hat und ob hier nicht, wie an anderen Stellen auch, spezifische Aussageintentionen des alexandrinischen Judentums zum Tragen kommen.

Diese Fragen sind nach der Untersuchung von Martin RÖSEL entschieden zu bejahen.[153] Er weist darauf hin, daß die griechische Übersetzung *Jes 7* als eindeutige Heilsweissagung verstehen will. Das ist angesichts der redaktionellen Erweiterungen in *Jes 9,1-6 und Jes 11,1-9*, die, wie oben besprochen, aus der ursprünglichen Drohfunktion des Immanuelzeichens,[154] eine Heilsprophetie machten, nicht überraschend. Diese heilsprophetische Tendenz wird aber bei der Übersetzung zusätzlich durch eine Fülle von Abweichungen vom hebräischen Text verdeutlicht:

- Aram hat sich nicht in Ephraim niedergelassen, sondern ist sein Verbündeter *(7,2.6)*.
- Beide ziehen nicht nach Jerusalem, um es zu erobern, sondern um es zu einer einheitlichen politischen Linie zu überreden. Damit wird der Text aktualisiert und auf die Auseinandersetzungen zwischen dem ptolemäischen Ägypten und dem seleukidischen Syrien bezogen.
- Der übrigbleibende Rest wird auf ganz Israel (einschließlich des Diasporajudentums bezogen *(7,3)*.
- Gottes Zorn währt nur kurz. Danach wird sein Volk wieder geheilt werden *(7,4)*.
- Gott wird in der momentanen Zeit der Bedrängnis die Gefahr nicht nur kurzfristig abwenden, sondern eine endgültige Wende zum Heil herbeiführen *(7,7-9)*.
- Diese heilvolle Absicht Gottes kann nur der verstehen, der glaubt und nicht zweifelt: *"Glaubt ihr nicht, so versteht ihr nicht!" (7,9)*.
- König Ahas erscheint nicht mehr als einer, der Gott belästigt, sondern wird in einem verdienstvollen Ringen mit Gott gezeigt *(7,13)*.
- Deshalb ist auch das verheißene Zeichen *(7,14)* nicht mehr wie im hebräischen Text ambivalent, sondern unzweideutig ein Heilszeichen, das die wundersame Gestalt eines Heilands und damit den Anbruch einer Heilszeit ansagt, die der des Großreiches Davids und Salomos entspricht.

Damit kann festgehalten werden, *"daß Jes 7 LXX als einlinige Heilsansage zu verstehen ist, die auf die Situation der späteren Makkabäerzeit zielt und in ihr konkrete Hoffnung schenkt."*[155] Der Inhalt der in *7,14* gegebenen Verheißung wird wesentlich dadurch bestimmt, daß der Übersetzer in diesem Vers eine auf die Zukunft gerichtete Prophezeiung sieht, die sich in Kürze erfüllen wird. Wenn die Mutter

---

153 Vgl. zum folgenden RÖSEL 1991.
154 Zum Immanuelzeichen als Unheilsprophetie bzw. ambivalentes Zeichen vgl. WILDBERGER 1980, 288-295; GÖRG 1983; IRSIGLER 1985; KILIAN 1986, 57-61; MOENIKES 1988, 295 f; HÖFFKEN 1993, 89-92.
155 RÖSEL 1991, 144.

des Kindes als ΠΑΡΘΕΝΟΣ bezeichnet wird, so ist daraus allein noch kein Hinweis auf eine göttliche Zeugung im Sinne ägyptischer Tradition zu erschließen. Der Begriff kann ähnlich wie das hebräische עלמה die junge, kinderlose Frau und im engeren Sinn die sexuell Unberührte meinen. So kann der lexikalische Befund das Bedeutungsproblem nicht lösen. Man kann allerdings darauf hinweisen, daß die Septuaginta nur an zwei Stellen, nämlich in *Gen 24,43* und eben in *Jes 7,14,* עלמה durch ΠΑΡΘΕΝΟΣ vereindeutigt. Das deutet an, daß die Semantik, die die Septuaginta dem Lexem gibt, enger ist als im allgemein griechischen Gebrauch und stärker auf die sexuell Unberührtheit abhebt.[156] Zusätzlich ist auf den spezifisch alexandrinischen Hintergrund hinzuweisen. Schon KILIAN 1970 meinte, daß *"die Ansicht der Septuaginta, daß der Immanuel - der zu dieser Zeit ziemlich sicher als Messias aufgefaßt wurde - aus einer Jungfrau geboren wird, sehr wohl durch ägyptische Beeinflussung zustande gekommen sein"* könne.[157] Allerdings verband er diesen ägyptischen Einfluß zu stark mit der altägyptischen Königstradition, während religionsgeschichtlich hellenisierte Varianten sehr viel wirksamer gewesen sein dürften. So ist etwa auf die beiden oben (Kap. II) beschriebenen Geburtsfeste (des Aion und des Helios), zu verweisen. Bei beiden wird die Jungfräulichkeit der Mutter erwähnt. Daß eine alexandrinische Bibelübersetzung sich eher an der Situation in der Stadt mit ihren ägyptisch-hellenistischen Kulten orientiert als an altägyptischen Überlieferungen erscheint wesentlich plausibler.

Entsprechend der wunderbaren Geburt wird die besondere, übernatürliche Qualität des messianischen Kindes herausgestellt. *LXX Jes 7,15.16* macht deutlich, daß das Kind das Böse schon verworfen hat, bevor es den Unterschied zwischen gut und böse kennt. Es kann also nicht sündigen. Zu dieser Beschreibung paßt auch der Name des Kindes. Als *"Bote des göttlichen Ratschlusses"* wird der Messias stets gottgefällig handeln und ewigen Frieden stiften. Passend zu seinem besonderen Ursprung wird das Messiaskind also als ein Wesen gesehen, das aus dem Zusammenhang menschlicher Sündhaftigkeit herausgenommen ist und deshalb Gott besonders nahe steht.

RÖSEL kommt zu dem Ergebnis: *"Um die erwartete Heilszeit als tatsächlich neue, alles übertreffende Weltzeit kenntlich zu machen, griff man die Vorstellung von der Jungfrauengeburt des Weltaltergottes Aion auf. Damit wurde den von ihrer Umwelt geprägten Lesern die besondere Bedeutung des Immanuel-Kindes als kommende Heilsgestalt schon vor der Beschreibung seiner wunderhaften Fähigkeiten signalisiert und gleichzeitig der Gegenwartsbezug der alten Weissagung betont."*[158] Dieser These ist sicher zuzustimmen, soweit es um die Betonung des ägyptisch-hellenistischen Hintergrunds der Septuagintafassung geht. Schließlich hatte die Vorstellung von göttlicher Zeugung in Bezug auf königliche Heilsgestalten in Ägypten eine lange Tradition, welche in hellenisierter Fassung in Alexandria

---

156   Vgl. KILIAN 1970, 30 f; WEYAND 1992, 21-23.
157   KILIAN 1970, 34. Vgl. ebd. 30-34.
158   RÖSEL 1991, 150 f.

präsent war. So überrascht es nicht, wenn die dort entstandene Version des Jesajabuches darauf Bezug nimmt und damit einen weiteren Beleg für die generelle Tendenz der *Septuaginta* darstellt, sich mit ägyptischen Traditionen auseinanderzusetzen.

In anderer Hinsicht erscheinen mir RÖSELs Thesen allerdings problematisch. So konzentriert sich RÖSEL wohl zu sehr auf die alexandrinischen Kulte und blendet das weitere Feld der ägyptisch-hellenistischen Rede vom König als Sohn Gottes weitgehend aus. Da aber die Riten der Geburtshäuser mit ihrer Verlagerung des Geburtsmythos auf die rein göttliche Ebene eher als Ausdruck der Verabschiedung von politisch-eschatologischem Denken zu lesen sind, haben wohl auch die alexandrinischen Riten nur eine indirekte politische Implikation. So können die kultischen Geburtsfeiern hellenistischer und spätägyptischer Prägung gerade dann nicht der alleinige Bezugsrahmen für die Erwartung von *LXX Jes 7,14* sein, wenn man der durchaus überzeugenden These folgt, daß dieser Septuagintatext eine eschatologische Hoffnung ausdrückt, die sich auf konkrete politische Ereignisse der Zeitgeschichte bezieht. Es muß wohl der Göttlichkeitsanspruch der hellenistischen Monarchen dazukommen, um die politische Dimension ins Spiel zu bringen. Der direkte zeitgenössische Kontext für die Septuaginta-Autoren ist deshalb wohl eher der Anspruch der hellenistischen Könige in Ägypten (wie auch in Syrien), die das politische Geschehen im Nahen Osten bestimmten und sich unter Verwendung ägyptischer Traditionselemente als göttliche Heilsgestalten, als Söhne oder Epiphanien von Göttern stilisierten. Die Botschaft der Septuagintaversion läge dann darin, daß unter Bezug auf zeitgenössisch virulente Muster politischer Theologie (auch) ägyptischer Provenienz diesem Anspruch hellenistischer Gottkönige entgegengetreten wird. Mag Israel auch momentan durch diese bedrängt werden, so darf es doch den Glauben nicht verlieren. Gott wird baldigst den wahren Heilskönig senden und damit die Wende herbeiführen. Dieser Heilskönig kann gerade nicht einer der hellenistischen Potentaten sein, sondern wird aus Israel hervorgehen, wie es die Propheten vorhersagten.

Diese politische Deutung läßt sich durch RÖSELs eigene Beobachtungen zu *LXX Gen 49,9 f* untermauern. Daß in *LXX Gen 49,9* vom "Sproß" (ἐκ βλαστοῦ für מִטֶּרֶף), der aus Juda hervorgeht, gesprochen wird, muß wohl als Hinweis auf eine individuell-politische Heilserwartung gedeutet werden. RÖSEL verweist auf *LXX Ez 17* und *Jes 11,1.*[159] Die personifizierende Bezeichnung der Herrschaftsinsignien in *LXX Gen 49,10* als "Herrscher" und "Führender" gehen in dieselbe Richtung: es geht um die Erwartung einer individuellen Heilsgestalt mit universaler Bedeutung. So gilt für *LXX Gen 49,9 f*, was auch im Hinblick auf das gesamte Kapitel

---

159 Vgl. zu *LXX Gen 49* RÖSEL 1995; zu *49,9 f* bes. 61-64. Mir scheint auch die Ähnlichkeit zu *LXX Jes 27,6* auffällig, selbst wenn dort wohl ganz Israel gemeint ist: οἱ ἐρχόμενοι τέκνα Ιακωβ βλαστήσει καὶ ἐξανθήσει Ισραηλ καὶ ἐμπλησθήσεται ἡ οἰκουμένη τοῦ καρποῦ αὐτοῦ.

festgestellt werden kann, daß nämlich *"die griechische Version eine frühe messianische Ausdeutung dieses Textes widerspiegelt."*[160] Problematisch erscheint mir auch die Verbindung von Jungfräulichkeit und apokalyptischer Weltkritik, wie sie RÖSEL bei seiner Deutung von *LXX Jes 7,14* vornimmt.[161]. Gewiß kann auch in Ägypten im Hinblick auf die Königsmutter oder auf königliche Göttinnen Jungfräulichkeit thematisiert werden. Gerade wenn man den ägyptischen Hintergrund ernst nimmt, bedeutet aber die Jungfräulichkeit der Mutter kein eigenes religiöses Ideal, sondern dient - falls überhaupt davon gesprochen wird - nur dazu, die menschliche Vaterschaft auszublenden und auf die göttliche zu verweisen. Daß die *Septuaginta* sich von dieser Position schon entfernt und sich hellenistischen Vorstellungen von religiöser Reinheit angenähert hätte, kann aus der Unfähigkeit des Messias zum Bösen nicht geschlossen werden.[162] Diese Charakterisierung scheint mir den üblichen Rahmen des Königsideologie nicht zu verlassen, sondern vielmehr ganz der Erwartung zu entsprechen, daß der König als Gottessohn *eo ipso* den Willen seines Vaters tut. Gewiß wird mit der übernatürlichen Sündlosigkeit des Immanuel einen Beschreibung geboten, die seiner göttlichen Abkunft entspricht. Daß aber darüber hinaus damit zugleich in einer Kombination aus hellenistischem Keuschheitsideal und apokalyptischer Weltdistanz die Jungfräulichkeit der Messiasmutter als eigenes Ideal dargestellt würde, ist vom Text her kaum zu begründen. Vermutlich bleibt *LXX Jes 7,14* insofern der altägyptischen Linie näher, als die Jungfräulichkeit der Mutter nur als Hinweis auf die göttliche Vaterschaft dienen soll.

4.2. *Der Heilskönig im Orakel der Sibylle* (Sib 3)

Unter den Sibyllinischen Orakeln der jüdisch-christlichen Tradition nimmt das dritte Buch durch sein Alter und seine besondere Offenheit für das hellenistisch-ägyptische Ambiente eine besondere Stellung ein. Seit der Ausgabe von GEFFCKEN geht die Standardmeinung der Forschung dahin, es für den ältesten Teil des Gesamtwerks zu halten, der sich seinerseits wieder aus mehreren kurzen Orakeln zusammensetzt, welche zum Teil jüdischen, zum Teil heidnischen Ursprungs sind.[163] Der Hauptbestand des Textes umfaßt *Sib 3,97-349.489-829* und wurde in der Mitte des 2. Jh. v.Chr. zusammengestellt. Zahlreiche entsprechende Bezüge lassen eine Entstehung in Ägypten, näherhin in Alexandria oder Leontopolis, als sicher erscheinen.[164] Als pragmatische Intention läßt sich das Werben für eine

---

160   RÖSEL 1995, 70.
161   Vgl. RÖSEL 1991, 150.
162   Gegen RÖSEL 1991, 149 f.
163   Vgl. zum folgenden GEFFCKEN 1902; COLLINS 1974, 21-33; *ders.* 1983, 317-326.354-380; *ders.* 1995, 38-40; LEVINE 1994, 104-106; KLAUCK 1996, 39 f.
164   Wegen der besonderen Rolle des Tempels in einigen Abschnitten plädiert COLLINS (1974, 44-55) für Leontopolis, wo der jüdische Tempel des Onias stand, als Entstehungsort. Das "Land des Onias" scheint ein Zentrum explizit politisch orientierter Theologie gewesen zu

hellenistische Form des Judentums formulieren. *"In fact, the whole purpose of the sibylline enterprise would appear to be to develop the common ground shared by Egyptian Jews and their environment. In this way a framework is established within which the Greeks might learn to appreciate Judaism in terms of their own values and ideals, but also the Jews might learn to appreciate what they held in common with the Greeks."*165

In diesem Gesamtrahmen ist auch die Heilsprophetie zu betrachten, die sich in *Sib 3,652 ff* findet. Die erwartete eschatologische Wende wird dort mit dem Auftreten eines Heilskönigs verbunden.

> *Dann wird Gott einen König von der Sonne (ΑΠ' ΗΕΛΙΟΙΟ) senden, der die gesamte Erde von üblem Krieg abhalten wird, indem er einige tötet, anderen Treueide auferlegt. Und er wird all dies nicht aus eigenem Entschluß tun, sondern in Gehorsam gegenüber den ehrwürdigen Lehren des großen Gottes.*
>
> *(Sib 3,652-656)*

Die Formulierung "König von der Sonne" muß in einem ägyptischen Gesamtzusammenhang natürlich als Verweis auf die ägyptische Königstheologie gelesen werden, wo der König ja als Sohn des Sonnengottes Re galt. Selbstverständlich läßt der jüdische Monotheismus hier nur eine abgeschwächte Formulierung zu, aber sie berührt sich auf erstaunliche Weise mit der des nahezu gleichzeitig entstandenen, ägyptischen *Töpferorakels*, welches in Kap. II besprochen wurde. Daß mit dem Heilskönig tatsächlich ein ägyptischer König gemeint ist, wird darüber hinaus aus den vorhergehenden Erwähnungen eines "siebten Königs" deutlich. Das Orakel rechnet mit endzeitlicher Bedrängnis *"bis zur siebenten Herrschaft, wenn ein König über Ägypten herrschen wird, der griechischen Ursprungs sein wird."* (Sib 3,191-193) Entsprechende Formulierungen finden sich auch in *Sib 3,317 f: "und Verwirrung und Tod und Hungersnot werden andauern bis zur siebten Generation der Könige".* Und in *Sib 3,601-610* heißt es:

> *Deshalb wird der Ewige allen Menschen Vergeltung auferlegen und Hungersnot und Jammern und Stöhnen und auch Krieg und Pestilenz und fürchterliche Übel. Denn sie wollten nicht anbeten in Heiligkeit den ewigen Vater aller Menschen, sondern sie verehrten und beteten an Idole von Menschen Hand, die die Menschen selbst in die Spalten der Felsen werfen werden und in Scham verbergen, wenn ein junger König von Ägypten, der siebte in der Reihe, von seinem eigenen Land, gerechnet von den Griechen, über ein Reich herrschen wird, über das die kühnen Makedonen herrschen werden.*

---

sein. Diese Strömungen wurden später sicher verstärkt durch die zelotischen Flüchtlinge, die nach der Niederlage Judäas in Ägypten Zuflucht suchten, z.T. gegen den erklärten Widerstand gehobener Kreise Alexandrias, wie Josephus berichtet *(bell. Iud. 7,408 ff)*. In diesem Zusammenhang entstehen Unruhen, die Vespasian zur Zerstörung des jüdischen Tempels in Leontopolis bewogen.

165 COLLINS 1974, 54.

Aufgrund des Textbefundes ist es nicht möglich, zwischen dem Sonnenkönig und dem siebenten König zu unterscheiden. Es legt sich vielmehr der Schluß nahe, daß damit ein und dieselbe Gestalt eines von Gott gesandten Heilskönigs gemeint ist, dessen Herrschaft die eschatologische Wende herbeiführen wird.[166] *"The remarkable conclusion which follows from this is that the sibyllist not only draws on Egyptian terminology to express the Jewish expectation of a messiah, but that the king whom he expected to usher in the messianic age would in fact be a king of Egypt, numbered from the line of the Greeks."*[167] Eine solche Heilserwartung mit einem fremden König als zentraler Gestalt wirkt freilich wesentlich weniger kühn, wenn die biblische Vorgabe von Deuterojesaja beachtet wird, wo ja der Perserkönig Kyrus in messianischer Funktion auftritt *(Jes 45,3-6)*. Hier wie dort zielt das von Gott eingeleitete Wirken des heidnischen Königs auf die universale Anerkennung des einen, wahren Gottes. Es geht also gerade nicht um billige Anpassung an fremde politische Herrschaft, sondern um die Universalität der göttlichen Herrschaft. Im Hinblick auf die Leitfrage dieser Untersuchung ist festzuhalten, daß sich in *Sib 3* eine entschiedene Öffnung auf die hellenistische Gesamtkultur zeigt, welche sich auch in der erwarteten Heilsfunktion des hellenistisch-ägyptischen Königs ausdrückt. Auch wenn es in diesem Zusammenhang keine entfaltete Sohn-Gottes-Vorstellung gibt, bleibt doch bemerkenswert, daß in einer offenen, für den jüdischen Monotheismus erträglichen Formulierung auf die ägyptische Königstitulatur "Sohn des Re" angespielt wird.

5. Die spirituelle Deutung bei Philo

5.1. Auseinandersetzung mit dem Herrscherkult

Die Texte, die uns einen Blick gestatten auf die Haltung eines gewichtigen Vertreters des hellenistischen Diasporajudentums, sind Dokumente eines Konflikts, der auf Leben und Tod ging, wenigstens für die eine Seite. Um die Einstellung des Philo recht verstehen zu können, ist der Kommunikationshintergrund zu beachten, der Wahrnehmung und Handeln der zeitgenössischen Konfliktparteien beeinflußte. Der in Kap. III beschriebene Anspruch des Caligula auf göttliche Ehren führte - auf Umwegen - zu Konflikten mit dem Judentum (und Judenchristentum),[168] und zwar sowohl in Palästina, wie auch in der ägyptischen Diaspora. Die Auseinandersetzung zwischen der jüdischen Bevölkerung Alexandrias und den Griechen dort war alt und reichte bis in die ptolemäische Zeit zurück. Wie gesagt war es den Ptole-

---

166 Es mag hier offen bleiben, welcher Ptolemäerkönig genau gemeint ist. In Frage kommt sicher Ptolemaios VI. Philometor, dessen besondere Judenfreundlichkeit überliefert ist. Vgl. dazu HÖLBL 1994, 166 f.
167 COLLINS 1974, 43. Vgl. auch POMYKALA 1995, 256-258.
168 Zu den Spuren der Caligulakrise in judenchristlichen Texten vgl. THEISSEN 1992, 133-245.

mäern nie gelungen, eine Homogenisierung der Bevölkerung zu erreichen.[169] Im Jahre 38 n.Chr. wurde aber nun dadurch eine Zuspitzung erreicht, daß im generellen Konflikt um die bürgerrechtliche Stellung der jüdischen Kommunität von griechischer Seite die Forderung erhoben wurde, in den Synagogen Kultbilder des Kaisers aufzustellen.[170] Dieser Schachzug dürfte, über die emotionale Seite hinaus, ein Versuch gewesen sein, in Rom die besondere Gewogenheit des Kaisers für die griechischen Alexandriner zu erreichen und zugleich die Juden in den Geruch der Illoyalität zu bringen. Da das Vorhaben der politischen Tendenz Caligulas durchaus entgegenkam, konnte der Statthalter Aulus Avilius Flaccus nicht gut Widerstand leisten, sondern förderte es. Dieser Konflikt, in dessen Verlauf es zu gewalttätigen Ausschreitungen gegen die Juden kam, zwang Philo, aktiv Politik zu treiben. Als angesehenes Mitglied der alexandrinischen Judengemeinde führte er eine Delegation zum Kaiser nach Rom. Freilich war für die Sache der Juden kein Erfolg zu erreichen. Ganz im Gegenteil: Noch während die Gesandtschaft in Rom war, beschloß Gaius, seine Kultstatue im Tempel von Jerusalem aufzustellen (Sommer 40).

Die skizzierten Vorgänge bilden zwar den historischen Hintergrund für die Auseinandersetzung mit der Göttlichkeit des Kaisers, welche Philo in seinen beiden Werken *"Gegen Flaccus"* und *"Gesandtschaft an Gaius"* vorlegt, aber an der schonungslosen Kritik, die er an Gaius übt, ist doch eindeutig zu erkennen, daß der Kaiser schon tot ist und die beiden Bücher nicht als Dokumente des aktuellen Konflikts gelesen werden dürfen. Sie wollen nach dem Tod Caligulas Einfluß auf die Politik seines Nachfolgers Claudius nehmen.

Das Konzept der mythischen Genealogie spielt in der Auseinandersetzung keine Rolle. Es wird jedenfalls nicht erwähnt. Selbstverständlich ist, daß Philo aufgrund des jüdischen Monotheismus eine Göttlichkeit des Kaisers nach dem Epiphanie-Konzept ebenso ablehnen muß, wie eine kultische Verehrung als Konsequenz aus dem Wohltäterkonzept. Trotzdem versucht er, einen bestimmten Aspekt des Herrscherkultes aufzugreifen, nämlich den der gegenseitigen Verhältnisbestimmung von Regent und Untertanen als Entsprechung von Wohltätigkeit und Loyalität. Deswegen betont er immer neu die Ergebenheit der Juden *(Flacc. 97; Gai. 231 f.280)* und spricht ihren Gegnern besondere Liebe zum Kaiser als Motiv ihres Handelns ab *(Flacc. 51 f)*. Ganz in hellenistischer Tradition nennt er *Flacc. 74* Augustus "Retter und Wohltäter" (ΣΩΤΗΡ ΚΑΙ ΕΥΕΡΓΕΤΗΣ)[171] und bezeichnet die jüdischen Synagogen als Orte, *"wo das Kaiserhaus verehrt wird"* *(Flacc. 49)*. Er betont im Zusammenhang mit einer Ergebenheitsadresse an Gaius, daß die jüdische Gemeinde *"alle nur möglichen und von den Gesetzen erlaubten Ehrungen"* für den Kaiser *"beschlossen und vollzogen"* habe *(Flacc. 97)*. In *Gai. 22* wird die

---

169 Vgl. BORGEN 1992, 125-129.
170 Vgl. SMALLWOOD 1961, 3-14; BARRACLOUGH 1984, 421-436.
171 Offensichtlich benutzt Philo den Ausdruck schon in einem eher verblaßten, titularen Sinn. Ansonsten ist für ihn nämlich allein Gott ΣΩΤΗΡ. Vgl. MAZZANTI 1993, bes. 356 f.

Bezeichnung ΣΩΤΗΡ ΚΑΙ ΕΥΕΡΓΕΤΗΣ auch für Caligula verwendet, und zwar als Umschreibung der Erwartungen, die sich mit seiner Genesung von schwerer Krankheit verbanden. Alle Ansprüche auf Göttlichkeit werden aber als Wahnvorstellung abgetan und in den Bereich des Mythos verwiesen *(Gai. 75-77.93)*. Interessanterweise kritisiert Philo den Anspruch des Kaisers kaum einmal vom jüdischen Monotheismus her *(Gai. 116-118)*. In der Regel argumentiert er anders, und zwar so, daß er dem kaiserlichen Anspruch, ein Halbgott *(Gai. 78 ff)* oder gar ein Gott *(Gai. 93 ff)* zu sein, mit dem Hinweis darauf begegnet, daß Gaius im Unterschied zu diesen den Menschen keine Wohltaten erwiesen hat *(Gai. 81. 86-92. 98-113)*. Als exemplarisch mag die rhetorische Frage gelten, die Philo in *Gai. 98* stellt:

> *Wie kann einer, der das Gegenteil zu den Wesen tut, deren Ehren gleichwertig zu sein er beansprucht, es für unnötig halten, ihre edlen Eigenschaften anzunehmen, während er sich mit ihren Abzeichen in jedes verkleidet?*

Philo bewegt sich also mit seiner Argumentation völlig im Rahmen des Tugendkonzepts. Das zeigt auch das Geschichtsargument, das er an späterer Stelle beibringt: Obwohl man 300 Jahre an die Göttlichkeit der ptolemäischen Herrscher glaubte, verlangte man keine Statuen in Synagogen *(Gai. 138 f)*. Um das mögliche Gegenargument auszuschließen, die Römer verdienten aufgrund größerer Verdienste größere Ehrungen, verweist Philo auf die verdienten Kaiser Tiberius und Augustus, denen ebenfalls keine Statuen in Synagogen errichtet wurden *(Gai. 141 ff)*. Dabei steigert er das Lob auf Augustus geradezu ins Hymnische und gestaltet eine regelrechte Aretalogie *(Gai. 144-147),*[172] um einen möglichst wirksamen Kontrast zu erreichen: Selbst dem Weltenretter Augustus, der nun wirklich aller Ehren wert gewesen wäre, hat man keine Statuen in den Synagogen errichtet *(Gai. 148-151)*, ja die wahre Größe dieses Archetypen eines Kaisers zeigte sich gerade darin, daß er selbst immer übertriebene Ehrungen ablehnte *(Gai. 154)*, die alten Sitten der Juden achtete *(Gai. 153)* und ein tägliches Opfer im Jerusalemer Tempel stiftete *(Gai. 157)*.

Ähnlich verläuft die Argumentation der "Petition des Agrippa" im Streit um die Aufstellung der Kaiserstatue im Tempel von Jerusalem. Auch hier wird auf die Größe des Augustus und auf seine Ehrfurcht vor dem Tempel *(Gai. 309-320)* abgehoben. Wichtig ist auch wieder die Betonung der Loyalität der Juden gegenüber dem Kaiser, wie sie sich ausdrückt in Gebeten, Opfern und Weihegaben für sein Wohl *(Gai. 280.356)*. Die Juden, so soll auch hier gesagt werden, tun alles, was ihnen nach ihren Traditionen möglich ist. An ihrer Ergebenheit kann nicht gezweifelt werden, auch wenn sie jede kultische Verehrung ablehnen müssen. Diese Argumentation des Philo ist sicherlich monotheistisch fundiert, bezieht aber das Material ihrer Argumentation konsequent aus dem hellenistischen Wohltäter-Konzept. Im Streit um die Aufstellung der Kaiserstatuen in den alexandrinischen

---

172   Vgl. die ausführliche Analyse bei DELLING 1972.

Synagogen akzeptiert er grundsätzlich dieses Modell, um die Loyalität der Juden sicherzustellen, bestreitet freilich, daß die kultische Verehrung eine notwendige Konsequenz dessen sei. Er kann durchaus der Meinung sein, damit das Wesentliche erfaßt zu haben. Wenn es doch im Herrscherkult nicht um die persönliche Frömmigkeit des einzelnen geht, sondern vor allem um die politisch relevante Zuordnung von Loyalität und Wohltätigkeit, dann muß auch die religiöse Form, in der diese Verhältnisbestimmung inszeniert wird, so variabel sein, daß sie den religiösen Traditionen nicht widerspricht. Immerhin konnte man in den Erfahrungen von 300 Jahren Ptolemäerherrschaft und mit zwei römischen Kaisern diese theoretische Möglichkeit auch praktisch bestätigt finden. Im Konflikt um die kaiserliche Kultstatue geht es aber überwiegend, wenn nicht ausschließlich um das Epiphaniekonzept: Gaius beansprucht eine direkte Göttlichkeit. So legt Philo dem Kaiser Worte in den Mund, die auf die Vorstellung eines göttlichen Königtums schließen lassen.[173] Wenn etwa der Kaiser betont, er sei *"noch aus den Windeln"* *(Gai. 54)* im Regierungsgeschäft unterwiesen worden, so scheint eine Vorbestimmung zur Herrschaft angesprochen zu sein. Der Kontext bestätigt diese Auffassung. In *Gai. 55* wird behauptet, daß die Anlage zum Herrscher schon im Keim vorhanden sei, und in *Gai. 56* beansprucht Gaius, schon im Mutterleib zur Herrschaft bestimmt gewesen zu sein.

> *So wurde ich noch vor meiner Geburt*
> *im Mutterschoß, in der Werkstatt der Natur,*
> *als Kaiser geformt.*

Bei allem stoischen Einfluß, der hier ebenfalls wirksam sein mag, wird doch vor allem die hellenistische Herrscherideologie greifbar. Die Vorstellung von der Formung des Monarchen im Mutterleib ist ein fester Topos der Herrscherverherrlichung, wobei die Traditionsgeschichte dieser Idee bis zur altägyptischen Rede vom *Königtum im Ei* zurückführt.[174] Insbesondere will der Kaiser als ΝΕΟΣ ΔΙΟΣ ΕΠΙΦΑΝΕΣ verehrt werden *(Gai. 346)*. Erstaunlicherweise reagiert Philo auf diesen Anspruch angeborener Göttlichkeit wieder mit dem ΕΥΕΡΓΕΤΗΣ-Konzept. Er nimmt es als gedanklichen Rahmen, in den er die Ansprüche des Kaisers hineinstellt, sie prüft und verwirft. Da die erforderlichen Leistungen fehlen, besteht der Anspruch zu Unrecht. Mit diesem Ergebnis könnte Philo nicht nur gegen die Kaiserstatuen im Tempel und in den Synagogen argumentieren, sondern gegen jede Form der Ehrung. Daß der Kaiser die Sache freilich ganz anders sah, ist nicht erstaunlich. Für ihn bestand vermutlich sein Anspruch ganz unabhängig von vorweisbarer ΑΡΕΤΗ und duldete keine eingeschränkte Form der Verehrung.

Der Kaiser bemängelt:

> *Ihr habt geopfert, aber einem anderen Gott,*
> *wenn es auch für meine Person gewesen ist.*

---

173 Vgl. zum folgenden KÜGLER 1996a.
174 Vgl. KÜGLER 1995, 24 f.

Was hilft das, ihr habt ja nicht mir geopfert.

(Gai. 357)

Es geht für Gaius eben nicht um eine Vergöttlichung in Anerkennung von Wohltaten, sondern um den Anspruch eines Monarchen, allein aufgrund seiner dynastisch vermittelten Stellung ein Gott und entsprechender Ehren würdig zu sein. Das muß Philo als jüdischer Monotheist selbstverständlich als schlimme menschliche Verirrung ablehnen, aber warum bewegt er sich auch hier im Rahmen des Wohltäterkonzepts? Es mag ja für den alexandrinischen Konflikt gut gepaßt haben, unmöglich aber konnte auf diese Weise ein Kaiser überzeugt werden, dessen herrscherliches Selbstverständnis sich auf ein ganz anderes Konzept stützte. Woher diese erstaunliche Querlage der philonischen Argumentation? Einige Erklärungsversuche:

1. ist daran zu erinnern, daß wir es mit der literarischen Nacharbeitung eines Konfliktes zu tun haben. In der außertextlichen Wirklichkeit ist der Konflikt durch den gewaltsamen Tod des Kaisers gelöst worden und nicht durch die argumentativen Bemühungen der alexandrinischen Juden. Von Claudius, dem neuen Cäsar, ist von vornherein anzunehmen, daß er eher zu der von Augustus und Tiberius vorgezeichneten Linie zurückkehren wird. Es ist also pragmatisch durchaus sinnvoll, sich auf das Wohltäterkonzept als Argumentationsbasis zu stützen und es damit auch funktional zu einer "augusteischen" Norm zu machen.

2. ist das (reduzierte) Wohltäter-Schema das einzige, das Philo überhaupt ein Argumentieren erlaubt. Auf der Basis einer direkten Göttlichkeit des Kaisers als geborener Gott bleibt nur das Flehen um Gnade. Das mag in der realen Verhandlungsführung mit dem eigenwilligen Gaius eine wesentliche Rolle gespielt haben *(Gai. 348 ff)*, wenn aber die Sicherung der jüdischen Position auf Zukunft hin die Intention ist, die die Textgestaltung leitet, dann ist so etwas völlig unangemessen, ja kontraproduktiv.

3. setzt Philo als kulturelles Wissen ein Konzept voraus, das auch die olympischen Götter in das Wohltäter-Schema mit einbezieht. Dahinter steht die Idee, die Götter seien in goldenen Urzeiten selbst Könige auf Erden gewesen und wegen ihrer überragenden Tugenden zu Göttern erhoben worden.[175] Mit einer solchen Vorstellung war für Philo zum einen das Vorbild gegeben, auch den Anspruch des "Gottes" Gaius in den Rahmen des Wohltäterkonzepts einzufügen, zum anderen erlaubte es ihm, die Existenz der hellenistischen Gottheiten anzuerkennen, wenn auch nur als gemachte bzw. gewordene Wesenheiten, über denen der einzig wahre Gott, der Gott Israels, als König *(Flacc. 123.170)* thront.[176]

4. und letztens liegt dieses Schema Philo auch aufgrund seiner Tugendauffassung nahe, die ja der im hellenistisch-römischen Denken weit verbreiteten Idee ent-

---

175 Diese Theorie wird meist mit dem Namen des Euhemeros von Messene in Verbindung gebracht. Vgl. GEHRKE 1990, 51.

176 Vgl. DELLING 1972, 189.

spricht, daß Tugend Unsterblichkeit erlangen lasse. Den Hinweis gibt *Gai. 91*, wo aus dem breit ausgeführten Kontrast zwischen dem Anspruch des Kaisers und seiner Lebensführung der Schluß gezogen wird, daß Gaius, selbst wenn er ein Gott gewesen wäre, sich durch seine Laster in ein sterbliches Wesen zurück verwandelt hätte.

Insgesamt gesehen ist es also gar nicht so verwunderlich, wenn Philo sich entschieden auf das Wohltäterkonzept stützt. Wäre es auch nicht angemessen gewesen, um den kaiserlichen Anspruch aktuell zurückzuweisen, so war es doch geeignet, nach dem Tod des Kaisers die Zukunft der jüdischen Gemeinde Alexandrias zu sichern. Daß dies letztlich doch nicht so gelungen ist, wie Philo sich das gewünscht hätte, hat seinen Grund in übergreifenden Entwicklungen auf römischer wie auf jüdischer Seite, die Philo kaum beeinflussen konnte.

5.2. Hellenistisches Königsideal und messianische Anklänge

Die scharfe Polemik gegen die Vergottungstendenzen des Gaius dürfen nicht den Blick dafür verstellen, daß Philo durchaus eine positive Einstellung zum Königtum hat.[177] Freilich wird diese Einschätzung enggeführt auf verklärte Gestalten der israelitischen Vergangenheit wie Josef und Mose. Es ist sicher nicht übertrieben zu sagen, daß Gaius für Philo so etwas wie die satanische Travestie wirklicher Königswürde ist, wie sie sich vor allem in Mose, der Stiftergestalt der jüdischen Religion ausdrückt.[178] In seinen beiden Büchern über Mose erzählt Philo im Anschluß an die biblische Tradition das Leben des Mose von der Geburt bis zum Auszug Israels aus Ägypten. In *Mos. 1,149-162* schiebt er jedoch einen Exkurs ein, der Mose als königliche Gestalt näher charakterisiert.[179] Dabei werden Mose Qualitäten zugeschrieben, wie sie aus der hellenistischen Königsideologie vertraut sind. Zwar wird Mose von der ägyptischen Königstradition abgehoben, indem betont wird, er habe auf die königliche Herrschaft, die ihm als Adoptivsohn der Pharaonentochter zugestanden hätte, verzichtet. Das wird mit seinem *"Seelenadel, Hochsinn und angeborenen Haß gegen das Böse" (Mos. 1,149)* begründet. Zugleich wird darauf hingewiesen, daß Mose auf andere Weise König wurde, nämlich durch den Willen Gottes, der ihm aufgrund seiner Tugenden die Königswürde verlieh. Gott hielt ihn für würdig, sein Freund (ΦΙΛΟΣ) und Teilhaber (ΚΟΙΝΩΝΟΣ) zu sein *(Mos. 1,155 f)*. Hier wird einerseits die Formulierung von *LXX Ex 33,11* (ἐλάλησεν κύριος πρὸς Μωυσῆν ἐνώπιος ἐνωπίῳ ὡς εἴ τις λαλήσει πρὸς τὸν ἑαυτοῦ φίλον) aufgegriffen, andererseits aber auch die gängige hellenistische Terminologie von den Freunden des Königs als Teilhaber an seiner Macht. Gott ist und bleibt bei Philo der eigentliche König, der als Herrscher der Welt dem Men-

---

177 Vgl. zu den beiden folgenden Abschnitten KÜGLER 1997a.
178 Zu Gaius als Gegenbild des Moses vgl. BORGEN 1996, 152 f.
179 Vgl. zum folgenden MEEKS 1967, 107-131; *ders.* 1968; BARRACLOUGH 1984, 468-506; BORGEN 1996, 147-152.

schen Mose ein Königtum übertragen kann, das nicht nur wie das der römischen Kaiser die ganze Welt umfaßt, sondern darüber hinaus den gesamten Kosmos mit all seinen Elementen *(Mos. 1,155-157)*. Als Partner Gottes und Erbe des gesamten Kosmos wird Mose von Philo in *Mos. 1,158* auch *"des ganzen Volkes Gott und König"* (ΘΕΟΣ ΚΑΙ ΒΑΣΙΛΕΥΣ) genannt. Dabei stehen biblische Texte wie *LXX Ex 7,1*, eventuell aber auch *LXX Ps 44,8*, im Hintergrund dieser kühnen Redeweise. MEEKS und BORGEN verstehen diese Passage so, daß Mose als königlicher Stellvertreter Gottes auf Erden gesehen wird. Damit werden die Grenzen zwischen Gott und Mensch nicht verwischt, weil Gott stets der eigentliche König bleibt, der in unbeschränkter Souveränität den Menschen Mose erhöht und ihm den königlichen Status eines Mittlers zwischen Gott und den Menschen verleiht. Dieser Interpretation ist zuzustimmen.[180] Dies gilt umso mehr, als sich bei Philo hier biblische Redeweise, hellenistisch-jüdische Mosetraditionen und populäre hellenistische Herrscherideologie verbinden.

Als Beispiel dafür, wie weit hellenistisches Judentum in der Vergöttlichung der Mosegestalt gehen konnte, sei auf das Exodus-Drama des Tragikers Ezechiel hingewiesen.[181] In diesem, vermutlich im 2. Jh. v.Chr. in Alexandria entstandenen Werk, wird von einer Traumvision des Mose berichtet, in der er zum Thron Gottes entrückt wird. Dort übergibt ihm Gott sein königliches Szepter, läßt ihn auf dem Himmelsthron Platz nehmen, gibt ihm seine Himmelskrone und verläßt selbst den Thron. Dieses visionäre Geschehen geht selbst über die Vergöttlichung eines ägyptischen Herrschers weit hinaus, welcher ja stets als Throngenosse zusammen mit der Gottheit auf dem Thron sitzt. Hier regiert Mose das Universum an Gottes Stelle. *"This scene is unique in early Jewish literature and certainly implies a deification of Moses."*[182] Vermutlich ist eine solche kühne Aussage nur vor dem Hintergrund der gängigen hellenistischen Vergöttlichung der Könige zu verstehen. Hier wäre dann eine Gegenreaktion gegen solche Strömungen zu sehen, die darauf insistiert, daß das Heilsmonopol der biblischen Tradition erhalten bleibt. Nur in und durch Mose (und sein Gesetz) kann Gott erkannt werden; durch ihn ist Gottes Königsherrschaft in der Welt präsent.

Neben solchen Mosetraditionen, hinter denen Philo deutlich zurückbleibt, kommen bei ihm auch philosophische Überlegungen über die Göttlichkeit des Herrschers zum Tragen. Sieht Philo in *Mos. 1,158 f* Mose als Modell der Tugend, das die Menschen nachahmen sollten, so nennt er ihn später ΝΟΜΟΣ ΕΜΨΥΧΟΣ ΤΕ ΚΑΙ ΛΟΓΙΚΟΣ *(Mos. 1,162)* und nimmt damit eindeutig philosophische Spekulationen

---

180 Vgl. MEEKS 1967, 110 f; BORGEN 1996, 150-152. RUNIA (1988) möchte statt dessen vom platonischen Konzept des Philosophenkönigs her interpretieren. Angesichts der massiven Ausdrucksweise des philonischen Textes ist dies wenig überzeugend.
181 Vgl. zum folgenden VAN DER HORST 1990.
182 VAN DER HORST 1990, 67.

über den König als Weltlogos und lebendes Gesetz auf, wie sie sich auch bei Plutarch, Seneca und anderen finden.[183]

Erwähnenswert mögen außerdem zwei weitere Aspekte sein. Zum einen sei darauf hingewiesen, daß Philo an dieser Stelle in Entsprechung zur ägyptischen Tradition die göttliche Vorsehung für die Königswürde des Mose in Anspruch nimmt. Auch Mose wird nichts, was er von Gott her nicht längst schon ist. Außerdem ist die Rolle des Mose in Entsprechung zur altägyptischen, davidischen und hellenistischen Königsideologie als kompakte Einheit von priesterlichen, prophetischen und herrscherlichen Funktionen konzipiert *(Mos. 2,2-7)*.[184] Festzuhalten ist allerdings, daß Philo die königlich-göttliche Würde des Mose vorwiegend auf der Grundlage des Tugendkonzepts denkt, welches er auch der Kritik an Gaius zugrunde gelegt hatte.

Obwohl Mose als Erbe und Teilhaber Gottes in der Rolle des Sohnes gesehen wird, wird dies nicht als Titel ausformuliert. Mit Ausnahme des Logos *(agr. 50 f)* wird niemand als Sohn Gottes bezeichnet. Im Bereich politischer Herrschaft spielen dagegen Vorstellungen von Gottessohnschaft, göttlicher Abstammung, dynastischer Göttlichkeit oder göttlicher Zeugung keine positive Rolle.

Das gilt auch für den Bereich *politischer Eschatologie*. Auch wenn für Philo, wie wohl für die Mehrzahl seiner Zeitgenossen, die Monarchie die erstrebenswerte Regierungsform ist, wenn sie sich am Urbild der Königsherrschaft Gottes orientiert, nimmt er weder auf das davidische, noch auf das nachbiblische jüdische Königtum irgendeinen Bezug. Die Königswürde der biblischen Urgestalten des Königtums, David und Salomo, wird nirgends erwähnt. Allein Adam, Melchisedek, Abraham, Mose und Josef werden als herrscherliche Gestalten vorgestellt.[185] Wer also erwartet, in den Schriften Philos auf ausgeprägte davidisch-messianische Hoffnungen zu stoßen, muß sich darauf einstellen, enttäuscht zu werden. Vielleicht ist es aber doch ganz interessant, wo und wie sich bei Philo Spuren von Messianismus finden. HENGEL weist auf die Abhandlung *"Über Belohnungen und Strafen"* *(praem.)* hin,[186] wo Philo unter dem Bild des Wettkampfes schildert, welche Strafen die Lasterhaften erhalten, welche Belohnungen den Tugendhaften zuteil werden. Dabei werden nacheinander die Ehrungen einzelner, die von Häusern, Städten, Ländern und Völkern abgehandelt und entsprechend auch die Strafen. Leider fehlt vor *praem. 79* ein längeres Textstück, so daß der Zusammenhang des folgenden Textes nicht so ganz klar ist. Offensichtlich geht es Philo um die Segnungen, die dem Volk Israel zuteil werden, wenn es gemäß den göttlichen Geboten und Gesetzen lebt. Sein Anliegen ist es, daß das Gesetz nicht nur mit den Ohren gehört, sondern auch im Handeln umgesetzt wird. Für eine solche, tätige Gesetzestreue hat Gott nämlich den Sieg seines Volkes über die Feinde verheißen

---

183 Vgl. CHESNUT 1978; bes. 1326-1329.
184 Vgl. MEEKS 1967, 112-129.
185 Vgl. BARRACLOUGH 1984, 518-520.
186 Vgl. HENGEL 1983, 680; OEGEMA 1994, 117-119.

(praem. 79). Bei der Auslegung dieser Verheißung wird dann sehr schnell klar, daß Philo in einen eschatologischen Kontext gerät, der zwar unausgesprochen bleibt, aber doch deutlich ist. Philo beginnt ganz harmlos mit der Feststellung, daß es zwei Arten von Feinden gibt, Menschen und Tiere. Er spricht zunächst über die natürlichen Feinde des Menschen, wobei er - typisch für die Naturauffassung Ägyptens und vielleicht der gesamten Antike - von einer prinzipiellen Feindschaft *"zwischen allen Tieren, Wasser- wie Landtieren, und allen Menschen" (praem. 87)* ausgeht. Die Aufhebung dieser Feindschaft kann nicht Menschenwerk sein, sondern wird durch den Ewigen selbst bewirkt. Voraussetzung für den Frieden mit der Tierwelt ist freilich das Bezwingen der bösen, ungezügelten Leidenschaften im Menschen selbst. Einerseits also Gottes Werk, andererseits aber gebunden an die Tugendhaftigkeit der Menschen, soll der Friede des Menschen mit den Tieren auch zum Frieden der Tiere untereinander führen.

Philo hofft,
daß nach Bezähmung der Tiere in unserer Brust auch die Tiere draußen zahmer werden. Dann glaube ich, werden Bären und Löwen und Panther und die indischen Elefanten und Tiger und alle anderen an Kraft und Stärke unüberwindlichen Tiere ihr einsames Leben aufgeben und sich zu den anderen gesellen.

(praem. 88 f)

Obwohl nicht ausdrücklich zitiert, steht hier wohl die Schilderung des messianischen Tages von *Jes 11,5-10* im Hintergrund.[187] Von daher ist es nun nicht mehr völlig überraschend, wenn in dem folgenden Abschnitt über die menschlichen Feinde ein Bibeltext angeführt wird, der in der jüdischen Exegese eindeutig messianische Implikationen hat, nämlich ein Vers aus dem zweiten Bileamsegen *(LXX Num 24,7)*. Zunächst geht es darum, daß das Land der Frommen überhaupt keinen Krieg kennt. Das in der Tugend vollendete Volk kann nämlich des unüberwindlichen Beistands Gottes sicher sein und wird deshalb gar nicht erst angegriffen *(praem. 93)*. Sollte dies freilich doch geschehen, so ist das vollendete Israel unbesiegbar, denn ein verheißener Führer wird auftreten. Freilich nimmt Philo die messianischen Implikationen dann doch sofort wieder zurück, wenn er diesen Gottesmann, als Ausdruck der göttlichen Hilfe deutet, die den Frommen gebührt, und mit der Tugend seelischer Stärke verbindet.

"Hervorgehen wird ein Mann", wie es in dem Gottesspruche heißt, der als Heerführer im Kriege große und volkreiche Nationen unterworfen wird, da Gott die den Frommen gebührende Hilfe senden wird: sie besteht aber in der unerschrockenen Kühnheit der Seele und in der gewaltigen Kraft des Körpers, Eigenschaften, von denen schon eine allein etwas Furchtbares für die Feinde hat, die aber vereint ganz unwiderstehlich sind.

(praem. 95)

---

[187] Vgl. BARRACLOUGH 1984, 480.

Hier sind messianische Anklänge unüberhörbar, aber sie werden stark gedämpft. *"Philo does not dwell on the coming man's identity or character but simply on his function as victor in war over powerful and large nations. Rather than proceeding to describe the qualities of his rule, Philo refers generally to the rulers of God's people as exhibiting the three qualities required for good government - dignity, strictness, and benevolence."*[188] Da die Erlösung des Menschen bei Philo sonst meist mit dem göttlichen Logos, welcher als Herrschergestalt vorgestellt werden kann, verbunden ist, ist die Deutung, daß auch hier an diesen Herrscher und Erlöser gedacht ist, nicht abwegig. Schließlich ist die Rede von dem, der "hervorgehen" wird, eingebunden in das Konzept Philos von der Erlösung durch Frömmigkeit und Tugend.

Etwas deutlicher sind messianische Anspielungen in *Mos. 1,290*, wo Philo in der Nacherzählung der biblischen Bileamüberlieferung ebenfalls *LXX Num 24,7* anführt. Hier steht die Weissagung im Kontext der militärischen Erfolge des als König gezeichneten Mose, so daß die Aussage über den Mann, der aus Israels Mitte hervorgehen wird, eher im Sinne eines Kriegskönigs zu verstehen ist. Allerdings zeigt auch hier die Weiterführung kein messianisches Interesse. Erstens wird betont, daß das Volk Gott zum Führer hat, und außerdem wird dann das Volk selbst als Sieger im Kampf beschrieben. Die messianischen Energien, die das biblische Zitat entwickeln könnte, werden auf die theologische und auf die kollektive Ebene umgeleitet und dadurch weitgehend neutralisiert.

Wenn dieses Ergebnis etwas zwiespältig ist, dann kann das an einer Entwicklung im philonischen Denken liegen, das sich von einem eher politischen zu einem vorwiegend ethischen Verständnis des Bileamsegens bewegt.[189] Die Ambivalenz kann aber auch mit den Problemen eines Denkens zu tun haben, das einerseits im Rahmen einer philosophierenden Durchdringung der biblischen Tradition stark auf den einzelnen und seine tugendhafte Vollendung abhebt und politisch-eschatologische Töne eher abschwächt, andererseits aber nichts anderes will, als in dieser Durchdringung genau diese Tradition auch zu bewahren, mitsamt ihren politischen und eschatologischen Dimensionen. Hinzu kommt, daß Philo, was durchaus ägyptischer Tradition entspricht, ein ausgesprochen statisches Geschichtsbild hat,[190] in das eine heilsgeschichtliche Perspektive nur schwer einzubauen ist. *"True, there are glimmers as in his messianic hope and his understanding of democracy, but the impetus of* Heilsgeschichte *escapes his ken. His static view of history undergirds his static political ideals."* [191] Es ist also festzuhalten, daß es bei Philo zwar messianische Anklänge gibt, welche allerdings eher in den Hintergrund gerückt und auch nicht mit der Sohn-Gottes-Idee verbunden werden.

---

188 BARRACLOUGH 1984, 481. Vgl. *praem.* 97.
189 So die Erklärung von OEGEMA 1994, 120-122.
190 Zum altägyptischen Geschichtsbild vgl. WILDUNG 1977; ASSMANN 1992, 68-75; *ders.* 1996, 25-38.
191 BARRACLOUGH 1984, 551.

5.3. Göttliche Zeugung als geistliches Geschehen

Die Sohn-Gottes-Idee wird von Philo also weder auf die Herrscher seiner Zeit, noch auf eine messianische Gestalt explizit übertragen. Elemente davon tauchen allerdings in einem Bereich auf, der für Philo sicher zentral war.

Der Ausgangspunkt ist die Geschichte von Abraham und Sara, wie sie erzählt wird in *Gen 18,1-15. 21,1-8* .[192] Drei Männer kehren bei Abraham ein, als er sich bei den Eichen von Mamre aufhält. Während er ein Gastmahl für sie zubereiten läßt, kündigen die Gäste an, daß Sara binnen Jahresfrist schwanger werden wird. Sara, die das Gespräch mithört, reagiert ungläubig und lacht. Sie ist ja längst eine alte Frau, die keine Kinder mehr empfangen kann. Mit dem Hinweis darauf, daß bei Gott nichts unmöglich sei, erneuern die Gäste ihre Verheißung. In *Gen 21* wird dann die Erfüllung erzählt: Im Alter von hundert Jahren wird Abraham Vater und in entsprechend hohem Alter Sara Mutter. Sie nennt ihren Sohn Isaak, was als Anspielung auf ihr Lachen bei der Ankündigung erklärt wird. Ganz klar wird in dieser Geschichte eine wunderbare Geburt erzählt, die ein direktes Handeln Gottes voraussetzt. Es geht freilich nicht um einen Königssohn und es wird auch kein Zweifel an der Vaterschaft des Abraham gelassen. Das Wunder besteht allein darin, daß ein uralter Mann und seine uralte Frau noch Eltern werden können. Das wird in *Gen 21,1* ausgedrückt.

Ausgehend vom Septuagintatext (καὶ κύριος ἐπεσκέψατο τὴν Σαρραν) entwickelt sich im hellenistischen Judentum jedoch eine weitergehende Auslegung. Dabei wird dem Verb ΕΠΙΣΚΕΠΤΟΜΑΙ eine sexuelle Konnotation zugeschrieben, so daß Gott die Schwangerschaft Saras nicht nur ermöglicht, sondern bewirkt hat. Das Wunder wird nicht mehr nur in der Überwindung der Unfruchtbarkeit einer alten Frau gesehen, vielmehr tritt die Vaterschaft Abrahams in den Hintergrund und Isaak wird zum Gottgezeugten.

Deutliche Spuren solcher Auslegungstradition finden sich bei Paulus, und zwar in *Gal 4,21-31*. Um den Unterschied zwischen jüdischem Gesetz und christlicher Freiheit zu verdeutlichen, greift der Apostel auf die beiden Frauen Abrahams und ihre Söhne zurück. Hagar, die Sklavin, empfängt auf natürliche Weise und gebiert einen Unfreien. Sara, die Freie, empfängt aufgrund der Verheißung (Gal 4,23) und kraft des Geistes (4,29) und gebiert den Erben der Verheißung, den Freien. *"Wenn diese Erzeugung im Gegensatz zu der 'natürlichen Weise' der Erzeugung Ismaels behauptet wird, so tritt die physische Beteiligung Abrahams völlig zurück. In welchem Grade, ergibt sich aus dem Zitat, Jes 54,1, das Paulus hier einflicht"*.[193] Der Jubel über die "Einsame", die keinen Mann hat, wird auf Sara bezogen und damit die Vaterschaft des Abraham nahezu ausgeschaltet, was selbstverständlich auch bei Paulus nur für diese Stelle gilt. Immerhin ist bemerkenswert, daß Paulus die Vorstellung einer Zeugung aus dem Geist unter Umgehung menschlicher Va-

---

192 Vgl. zum Folgenden: DIBELIUS 1953 (1932), 25-35.
193 DIBELIUS 1953 (1932), 28.

terschaft kennt. Er verwendet dieses Modell mit großer Selbstverständlichkeit, was auf eine existierende Auslegungstradition hinweist, bezieht es allerdings nicht auf Jesus und dessen Gottessohnschaft.

Bei Philo findet sich eine ähnliche Auslegungsart, allerdings in einen anderen Kontext gestellt. Bei ihm werden Frauen der biblischen Überlieferung, wie Sara, Rebekka, Lea, und Zippora, aber auch Dina, Tamar und Hanna allegorisch als Jungfrauen aufgefaßt, die ihr Kind von Gott empfingen.[194] Der zentrale Text findet sich in *Cher. 40-50*, wo die Frauen von Abraham, Isaak, Jakob und Mose zum Urbild menschlicher Tugenden werden, die ihre Früchte nicht menschlicher Einwirkung, sondern allein göttlichem Samen verdanken.[195]

> *ADAM ERKANNTE SEINE FRAU, UND SIE EMPFING UND GEBAR DEN KAIN, UND SIE SPRACH: ICH ERWARB MIR EINEN MENSCHEN DURCH GOTT. UND SIE GEBAR DAZU SEINEN BRUDER, DEN ABEL. (↑ Gen 4,12)*
> *Die Männer, denen der Gesetzgeber ihre Tugend bezeugt, läßt er nicht ihre Frauen erkennen, wie z.B. den Abraham, den Isaak, den Jakob, den Mose und wer sonst von gleichem Streben erfüllt ist. Denn da, wie wir behaupten, das Weib in bildlichem Sinne die Sinnlichkeit bedeutet, die Erkenntnis aber in der Abwendung von der Sinnlichkeit und dem Körper besteht, so ergibt sich, daß die Liebhaber der Weisheit die Sinnlichkeit eher zurückweisen als zu sich nehmen. Und das hat seinen guten Grund; denn die mit diesen Männern Verbundenen sind nur dem Namen nach Frauen, in Wirklichkeit aber Tugenden, Sara die herrschende und leitende, Rebekka die im Guten verharrende, Lea die verschmähte und bei beständiger Tugendübung sich abmühende, die jeder Unvernünftige abweist und verschmäht und der er sich verweigert, Zippora, die Frau des Mose, die von der Erde zum Himmel hinaufeilende und dort die göttlichen und glückseligen Wesen betrachtende; der Name bedeutet nämlich "Vögelein".*
>
> (Cher. 40 f).

Die weitere Auslegung wird von Philo in *Cher. 42 f* als göttliche Geheimlehre charakterisiert. Durch die Verwendung von Mysterienterminologie wird dem Folgenden ein besonderer theologischer Rang zugewiesen. Zugleich wird die Erwähnung von Dämonen ein Hinweis auf die pagane Umwelt sein, wo ja Vorstellungen von göttlicher Zeugung in mancherlei Varianten geläufig waren. Von diesen will Philo sich absetzen, obwohl er sicher von ihnen beeinflußt ist. Jede aufscheinende Ähnlichkeit soll als bloß scheinbare codiert werden. Seine geistliche Auslegung soll nicht mit dem Verkehr eines Gottes mit einer menschlichen Frau verwechselt werden. *"Apparently he felt that the ignorant and uninstructed could easily confuse his allegorizing with pagan myths that told of the gods mating with mortal beings."*[196]

---

194 Zu Philos Allegorisierung von Dina *(Gen 30,21; 34)*, Tamar *(Gen 38)* und Hanna *(1 Sam 1.2)* vgl. SLY 1990, 174-178.
195 Vgl. zum Folgenden BAER 1970, 51-64; SLY 1990, 132-144.
196 BAER 1970, 61 Anm. 2.

Auch bleiben auf der Ebene des historischen Schriftsinns die Patriarchen die leiblichen Väter ihrer Söhne. In der mystischen Lehre wird aber die Vaterschaft eines menschlichen Mannes ganz ausdrücklich ausgeschlossen, denn die *"Tugenden, die viele vollkommene Dinge hervorbringen, dürfen nicht einem menschlichen Manne anheimfallen" (Cher. 43)*. Damit sie aber etwas hervorbringen können, müssen sie schwanger werden, was durch Gott geschieht, der den Samen gibt *(Cher. 44)*. Dabei setzt Philo am Septuagintatext von *Gen 21,1 (auch 1Sam 2,21)* an und versteht das Schauen Gottes offenbar als Umschreibung der Zeugung. Ebenso das in *Gen 29,31* erwähnte Öffnen des Mutterschoßes. Das Hervorgebrachte gehört aber nicht Gott, sondern ist Geschenk und Gabe für den Menschen. Die Tugend empfängt von Gott, gebiert aber dem nach Tugend strebenden Menschen *(Cher. 45 f)*. Die Frauen, die die Tugend versinnbildlichen, werden ausdrücklich zu Jungfrauen erklärt *(Cher. 49 f)*. Das ist für Philo besonders bedeutsam, weil er damit die Loslösung von *"unedlen und unmännlichen Begierden"* und die Rückkehr zur *"unbefleckten, unberührten, reinen Natur"* verbindet. So verkehrt Gott *"mit Sara nicht eher, als bis sie alle Eigenschaften des Weibes verloren hat und wieder zum Rang einer reinen Jungfrau zurückgekehrt ist" (Cher. 50)*. Um Philos Gedankengang besser zu verstehen, ist auf die vielschichtige Konzeptionalisierung menschlicher Geschlechtlichkeit einzugehen, die im Hintergrund seiner Auslegung steht.

Zunächst ist festzuhalten, daß Philos Frauenbild sehr skeptisch ist, wenn es um die Wahrnehmung der Frau als sexuelles Wesen geht.[197] Die Frau ist dann verbunden mit Menstruation, Geschlechtsverkehr und Geburt, mit Begierde, Leidenschaft und Schwäche. SLY kommt in ihrer Untersuchung zu dem Ergebnis, *"that a blood taboo lurks beneath the surface of Philo's thought. Womanhood is associated in his mind with blood, evil, defilement and corruption."*[198] Die Frau ist weitgehend unfähig zur Selbstkontrolle und muß von außen geleitet werden. Sonst ist sie der Herrschaft der irdischen Begierden unterworfen, von denen der Mensch sich lösen muß, um zur Erlösung zu kommen. Obwohl Philo die Ehe nicht grundsätzlich ablehnt,[199] ist doch konkrete Weiblichkeit bei ihm mit so vielen negativen Wertungen verbunden, daß es kaum vorstellbar ist, daß er die Frau im Kontext der Allegorese als positiv besetztes Bild verwenden könnte. Die Frau als Frau symbolisiert vielmehr die Versklavung durch die Sinnlichkeit.[200] Diese Bewertung der Frau steht im Rahmen einer allgemeinen Konzeption der Geschlechterrollen, die das Verhältnis der Geschlechter im Sinne einer qualitativen Hierarchie bestimmt. Die

---

[197] Vgl. SLY 1990, 74-89 (mit zahlreichen Belegen).
[198] SLY 1990, 89.
[199] Vgl. SLY 1990, 39 f.
[200] Vgl. z.B. *Cher. 41*, wo Philo behauptet, daß *"das Weib in bildlichem Sinne die Sinnlichkeit bedeutet, die Erkenntnis aber in der Abwendung von der Sinnlichkeit und dem Körper besteht"*.

Schwäche der Frau ist der Grund für ihre notwendige Unterordnung unter den Mann, der sie leiten muß.

Wie weit die Frau in den Augen Philos von einer Gleichwertigkeit mit dem Mann entfernt ist, wird deutlich, wenn er außerhalb der Allegorese auf sie zu sprechen kommt. Zum Beleg sei auf *Gai.319 f* hingewiesen, wo es um Livia, die Frau des Augustus, geht.[201] Generell gilt, daß das Urteilsvermögen der Frauen schwächer ist, als das der Männer. Bei Livia aber ist es anders. Sie unterscheidet sich von anderen Frauen durch ihre vollkommene Bildung.

> *So glich sie eher einem Mann in vernunftgemäßem Denken, das so scharfsichtig war, daß sie Begriffe des Denkens besser erfaßte als Gegenstände der Wahrnehmung und diese für Schatten von jenen hielt.*
>
> (Gai. 320)

Philo teilt also mit der Mehrzahl seiner Zeitgenossen die Meinung einer qualitativen Überlegenheit der Männer über die Frauen.[202]

Die Geschlechtsrollenkonzeption bei Philo läßt sich annähernd durch folgende Übersicht verdeutlichen.

Männlich	*Weiblich*
Aktivität	Passivität
Geben	Nehmen
Herrschen	Dienen
Stärke	Schwäche
Vernunft	Sinnlichkeit

Da Sexualität zum Bereich der irdischen Leidenschaften und Begierden gehört, von denen es sich zu lösen gilt, Frauen aber vor allem unter sexuellem Aspekt wahrgenommen werden, ist es folgerichtig, ihnen als schwachem Geschlecht eine den Männern untergeordnete Stellung zuzuweisen. Diese Konzeption wirkt sich in Philos Soteriologie in unterschiedlicher Weise aus. Einerseits benutzt Philo sehr häufig geschlechtsbezogene Metaphorik, um seine Gedanken auszudrücken, andererseits wird diese Metaphorik auf eigentümliche Weise entsexualisiert. Den Prozeß der Erlösung beschreibt Philo nach der Analyse von BAER unter den Leitbegriffen "eins werden", "männlich werden" und "jungfräulich werden".[203] Diese Begriffe beziehen sich zwar alle auf die geistliche und moralische Weiterentwicklung des Menschen, sind aber nicht einfach austauschbar. Ihre Verwendung folgt vielmehr der Geschlechtsrollenzuordnung, die oben beschrieben wurde.

---

201 Fiktiver Sprecher der entsprechenden Texte ist übrigens König Agrippa, der den Kaiser von dem Vorhaben abbringen will, im Jerusalemer Tempel seine Kultstatue aufzustellen. Daß Philo dem König ohne weiteres eine solche Einschätzung von Frauen in den Mund legen kann, zeigt, daß er sie nicht für seine Privatmeinung hält, sondern für *Common sense*.

202 Zu gängigen Einschätzungen von Frauen in hellenistischer Zeit vgl. SLY 1990, 11-41.

203 Vgl. BAER 1970, 45-55.

Diese wirkt sich deutlich aus, wenn Erlösungs- und Schöpfungsvorgänge in geschlechtsbezogenen Termini beschrieben werden.[204] Die Vollkommenheit Gottes läßt z.B. weder ein Dienen, noch ein Empfangen zu, also wird er stets maskulin beschrieben. Mittlere Einheiten (Logos u.a.) werden in Bezug auf Gott feminin beschrieben, weil sie dann in der empfangenden Rolle sind. Sie erscheinen dagegen als männlich, wenn sie dem Menschen gegenüber in aktiv spendender Funktion auftreten.[205] Ebenso soll der Mensch zum Herrscher über seine als weiblich gedachten Leidenschaften werden, sich also vermännlichen. Selbstverständlich ist er in Bezug auf Gott und die göttlichen Mittlerwesen in empfangender Rolle, wird also weiblich gedacht. Wegen der negativen Konnotationen des Weiblichen kann der nach Tugend strebende Mensch, bzw. seine Seele, aber auch nicht als Frau gedacht werden. Das Symbol der Jungfrau, die von den Schattenseiten der Weiblichkeit noch unberührt ist, liegt nahe. Sie kann als die unweibliche, männliche Frau aufgefaßt werden. Darüber hinaus preist Philo das jungfräuliche Leben als die Vollform der von den irdischen Befleckungen befreiten Existenz. Jungfräulichkeit ist also nicht nur im symbolischen Bereich, sondern auch in der konkreten Lebensführung ein sittlich-religiöses Ideal der Vollkommenheit. In *contempl.* 68 berichtet Philo über Jungfrauen in der therapeutischen Gemeinde, die die Freuden des Leibes ablehnen und keine leibliche Nachkommenschaft anstreben. Sie werden von Gott mit unsterblicher Nachkommenschaft der Seele, nämlich den Gaben der Weisheit, gesegnet.[206] Daß Philo diese Frauen mit heidnischen Priesterinnen vergleicht, spricht dafür, daß er das Jungfräulichkeitsideal aus dem hellenistischen Kulturbereich kennt und vermutlich von dort übernommen hat. Außerdem wird dadurch völlig klar, daß es sich um eine ganz außergewöhnliche, wenn auch vorbildliche Lebensform handelt.

Die Vermännlichung der Patriarchenfrauen ist also Sinnbild für den Weg der menschlichen Seele, die sich aus irdischen Bindungen löst und sich frei macht für Gott. Von der ägyptisch-hellenistischen Tradition der Sohn-Gottes-Vorstellung mit ihren politischen Implikationen ist Philo also weit entfernt. Und doch bearbeitet er ein ähnliches Problem wie die altägyptische Theologie, nämlich die Frage, wo und wie der Mensch seine ΣΩΤΗΡΙΑ, das wahre Leben, findet. Philos Haltung zum römischen Herrscherkult und sein Umgang mit der jüdischen Messiaserwartung lassen darauf schließen, daß die politische Sphäre für ihn nicht der Ort sein kann, wo menschliche Heilserwartung umfassend zu realisieren wäre. Sein Weg zur Gottesnähe geht nicht über eine politische Instanz, sondern über die geistige und ethische Vervollkommnung der menschlichen Seele, die zu einem geistig-

---

204 Vgl. die Übersicht über die zahlreichen Belegstellen bei BAER 1970, 58-61.
205 Die geschlechtliche Doppelrolle der Mittlergestalten entspricht ägyptischem Denken, wie es in hellenisierter Fassung bei Plutarch erscheint. Er schreibt über den Mond, die Mutter der Welt, *"daß sie sowohl weiblicher wie männlicher Natur ist, da sie von Helios empfängt und schwanger gemacht wird, während sie selbst ihrerseits in die Luft Lebenskeime aussendet und aussät." (Isis und Osiris 43)*
206 Vgl. SLY 1990, 209-211.

geistlichen Kontakt mit dem Göttlichen führt. Die Verwendung von Mysterien-terminologie in diesem Zusammenhang weist daraufhin, daß Philo sein soteriolo-gisches Programm als Alternativentwurf zu den heidnischen Mysterien und ihren Heilsverheißungen versteht. Daß er diesen Kontext auch bei der Lehre von der Hei-ligen Hochzeit zwischen Gott und der tugendhaften Seele thematisiert, ist im alex-andrinischen Kontext als Bezugnahme auf die paganen Kulte, die die Geburt eines göttlich gezeugten Kindes aus einer jungfräulichen Mutter feierten und die Mysten in die königliche Horusrolle eintreten ließen,[207] zu verstehen. Auch angesichts der Dominanz der Herrscherideologie in der zeitgenössischen Kultur und den damit verbundenen Verehrungsansprüchen und Heilsversprechen, wäre es allerdings verwunderlich, wenn Philo sich von den Grundstrukturen der Königstheologie und ihren hellenistischen Transformationen völlig gelöst hätte. Die Verwendung entsprechender Terminologie zeigt jedoch, daß dies auch nicht der Fall ist.[208]

Schon im Kontext der Argumentation gegen die Göttlichkeit des Kaisers war ja die Vorstellung von Gott als dem eigentlichen Weltenkönig anzutreffen *(Flacc. 123.170)*. Da Gott als König gesehen wird, der über den Kosmos herrscht und seine Vernunft, den erstgeborenen Sohn, als stellvertretenden Machthaber einge-setzt hat, liegt es für Philo nahe, denjenigen, die sich von irdischen Begierden und bösem Hedonismus lösen und sich der Herrschaft der Vernunft und Weisheit öff-nen, ebenfalls königliche Qualität zuzuweisen. Diesen siegreichen Weisen wird in *all. 2,108* der Siegerkranz verheißen. Wer diese siegreiche Tugendhaftigkeit er-reicht, der ist für Philo nicht nur Herrscher, sondern - egal welchen sozialen Stand er in der menschlichen Gesellschaft einnimmt - ein wahrer König, der seine Macht direkt von Gott erhält. Im Denken Philos läßt sich also ein königstheologisches Grundkonzept ausmachen, das von Gott als eigentlichem König ausgeht. Dieser delegiert seine Herrschaft über die Welt an seinen erstgeborenen Sohn, den Logos als Inbegriff göttlicher Weisheit und Vernunft. Dieser ist der Lehrer der Menschen.

Denn Gott, der Hirt und König, leitet nach Recht und Gesetz, Erde, Wasser, Luft, Feuer samt den sie füllenden Pflanzen und Tieren, sterblichen und göttlichen We-sen, überdies den Himmel, die Kreisbewegungen der Sonne und des Mondes, die Wendungen und harmonischen Reigen der anderen Himmelskörper wie eine Herde, nachdem er seine rechte Vernunft und erstgeborenen Sohn (TON OPΘON AYTOY ΛO-ΓON KAI ΠPΩTOΓONON YION) *zum Leiter eingesetzt, damit er die Fürsorge für diese heilige Herde wie ein Unterbeamter und Vertreter des Großkönigs übernehme.*

(agr. 51)

Wer sich diesem Logos, durch den Gott herrscht und seine Güte erweist *(Cher. 27)*, öffnet, erhält Anteil an der Weisheit Gottes und wird so selbst zum König. *"This true king rules over the irrational tendency which is within every man, and*

---

207 S.o. Kap. II.2.3.3. Vgl. BERGMAN 1968, 297-300.
208 Vgl. zum folgenden MACK 1973, 166-171; HENGEL 1975, 82-89; BARRACLOUGH 1984, 544-550; WILLIAMSON 1989, 103-143.

*so looks to the realm of pure reason as his fatherland, for he is able to conquer every passion offered to the senses in the material world."*209 Was liegt näher, als diesen geistlichen König auch Sohn Gottes zu nennen? Nun ist Philo bei der Übertragung der Sohn-Gottes-Bezeichnung auf Menschen außerordentlich zurückhaltend, aber an einigen Stellen, etwa in *spec. 1,318*, schließt er (im Anschluß an *Dtn 13,18; 14,1*), daß die Frommen, also jene Menschen, die das naturgemäß Gute und Schöne tun, Söhne Gottes sind. Die leibliche Abstammung spielt hier keine Rolle, weil es ja um eine in Tugendhaftigkeit erworbene und aus Gnade gewährte Gottessohnschaft geht, die nicht vererbt wird.210 Ähnliche Gedanken finden sich auch in *conf. 145*, wo Philo konstatiert, jene, *"die sich auf die Erkenntnis stützen"*, würden zurecht *"Söhne des einzigen Gottes genannt"*. Obwohl Philo das Sohn-Gottes-Prädikat gemessen am Umfang seines Werks selten gebraucht, ist die semantische Extension der Bezeichnung auffällig groß. So kann er in *conf. 146 f* zwischen der direkten Sohnesbeziehung zu Gott und der indirekten, durch den Logos, das königliche Ebenbild Gottes, vermittelten Sohnschaft unterscheiden:

> *Wenn aber jemand noch nicht würdig ist, Sohn Gottes zu heißen, so bestrebe er sich, sich zuzuordnen dem Logos, seinem Erstgeborenen, dem Ältesten unter den Engeln, da er Erzengel und vielnamig ist. /.../ Denn wenn wir auch noch nicht tüchtig sind, als Söhne Gottes erachtet zu werden, so doch seines formlosen Abbildes, des hochheiligen Logos; der ehrwürdige Logos ist nämlich das Ebenbild Gottes.*
>
> *(conf. 145-149).*

Hier weist das philonische Denken dem Logos eine soteriologische Funktion zu, die der des Königs in der ägyptischen und (abgeschwächt) auch in der biblischen Königstheologie hatte. Der Logos als Ebenbild Gottes tritt als Mittlergestalt helfend zwischen Gott und Mensch, *"er, der 'Erstgeborene Gottes', kann die Menschen durch geistige Neugeburt dazu bringen, daß sie der Bezeichnung 'Sohn Gottes' würdig werden."*211

Den Vorgang der geistlichen Neugeburt kann Philo als Verdunklung der geistigen Kräfte des Menschen denken *(her. 53)*. Die Einwohnung des göttlichen Pneuma vollzieht sich in einem ekstatischen Zustand, in dem der Mensch nicht mehr bei sich ist. Sein Verstand verläßt ihn, um dem Göttlichen Platz zu machen. Philo bezieht sich mit dieser Deutung auf *Gen 15,12*, wo vom Untergang der Sonne die Rede ist. Daß er diese Stelle mit der Verdunklung des menschlichen Verstandes in Verbindung bringt und als Überschattung versteht, deutet eventuell auf einen ägyptischen Hintergrund hin, mag aber auch biblische Wurzeln haben.

Wenn in biblischen Texten vom Schatten die Rede ist, dann geht es oft um Vergänglichkeit und Tod,212 was für die Philoexegese nichts austrägt. Interessanter ist

---

209 BARRACLOUGH 1984, 547.
210 Vgl. HENGEL 1975, 84; dort sind weitere Belege angegeben. Zur Relativierung ethnischer Grenzen durch Philos spiritualisiertes Israel-Konzept vgl. UMEMOTO 1994, bes. 50 f.
211 HENGEL 1975, 85.
212 Vom Schatten des Todes sprechen z.B. *Ijob16,16; 24,17; 28,3; Ps 107,10; Jes 9,2.*

da schon die Vorstellung vom schützenden Schatten der Weisheit, welche in *Koh 7,12* auftritt. In den königlichen Bereich verweisen *Ri 9,15* und *Klgl 4,20*, wo der schützende Machtbereich des Königs im Bild des Schattens thematisiert wird. In der Totenklage über den König von Tyrus, der göttliche Würde für sich in Anspruch nahm, wird von dem Schutz der Flügel eines Keruben gesprochen *(Ez 28,14)*. Die Vorstellung vom Schutzschatten JHWHs findet sich im Segen für Benjamin *(Dtn 33,12)*. Daß in diesem Zusammenhang Gott auch unter dem Bild eines geflügelten Wesens vorgestellt werden kann, wie dies in *Ps 17,8; 36,8; 57,2; 61,5; 63,8; 91,4* geschieht, verweist auf den ägyptischen Bereich.[213]

In der ägyptischen Tradition übertragen Götter durch ihren Schatten Kräfte. Sie schützen damit den König und heilige Orte. Auf vielen ägyptischen Darstellungen erscheinen Horus als Falke, Amun als Gans oder Nechbet als Geier schützend über dem König schwebend. Weil der Schatten eine Erscheinungsform der Person ist, ist die inhaltliche Qualität der übertragenen Kräfte eng verbunden mit dem Charakter, der der jeweiligen Person zugeschrieben wird. So ist der Schatten des Seth bedrohlich, der Schatten des Month verleiht kriegerische Kraft, während der von Amun-Re und anderen Königsgottheiten speziell mit der Königswürde gekoppelt ist. Der Schatten der Isis, die sich über Osiris beugt, wird als Leben spendend begriffen.[214]

Das Konzept des Philo läßt sich kaum einer konkreten Gottheit zuordnen, aber man wird ohnehin nicht mit einer direkten Übernahme polytheistischer Vorstellungen rechnen dürfen. Allerdings liegt vor dem Hintergrund der biblischen Schattenmetaphorik eine modifizierte Aufnahme bestimmter Einzelelemente im Bereich des Möglichen. Hier ist z.B. an den königlichen Kontext des Amunschattens zu denken. Da es bei der belebenden Kraft der Isis konkret um die Wiedererweckung des Urkönigs Osiris geht, liegt auch hier ein königlicher Bezugsrahmen vor. Nimmt man die königstheologische Grundstruktur der philonischen Spiritualität ernst, so steht zu vermuten, daß es auch bei seiner Vorstellung vom göttlichen Schatten um die Leben spendende, königliche Würde verleihende Kraftübertragung des Göttlichen geht. Diese These gewinnt an Wahrscheinlichkeit, wenn berücksichtigt wird, daß spätägyptisch Amun als Geistgott aufgefaßt wurde und Isis mit der personifizierten göttlichen Weisheit identifiziert werden konnte.[215]

Zudem können Isis-Sophia und Logos einander angenähert werden, und es zeigt sich an einer Stelle in *all. 3*, daß Philo den Logos als göttlichen Schatten begreifen und diesem schöpferische Qualität zuschreiben kann. Es heißt dort:

Bezalel bedeutet "im Schatten Gottes"; der Schatten Gottes aber ist sein Logos, den er gleichsam als Werkzeug bei der Weltschöpfung benutzt hat. Dieser Schatten und dieses Abbild, wie man es nennen kann, ist aber wieder das Urbild anderer Dinge.

---

213 Vgl. KEEL 1996, 170-172.
214 Vgl. GEORGE 1970, 112-117 (mit entsprechenden Belegstellen); auch SCHENKEL 1984.
215 Vgl. NORDEN 1924, 92-94. Sein Versuch, vom philonischen Schattenverständnis *Lk 1,35* zu erklären, muß im nächsten Kap. kritisch geprüft werden.

Denn wie Gott das Vorbild des Abbildes ist, das hier Schatten heißt, so wird das
Abbild zum Vorbild für andere, wie es der Anfang des Gesetzbuches deutlich zeigt,
wo es heißt: "Gott schuf den Menschen nach dem Abbilde Gottes".

all. 3,96

Philo benutzt hier den Namen des geistbegabten Baumeisters des Offenbarungszel-
tes *(Ex 31,1)* als Ausgangspunkt für eine eigene Etymologie, die im Rahmen einer
doppelten Urbild-Abbild-Relation den Logos als Schatten Gottes in seiner Funktion als Schöpfungsmittler beschreibt. Da sich bei Philo Kosmologie und Soteriologie entsprechen, erscheint es einleuchtend, daß Philo in beiden Bereichen eine
(dem jeweiligen Kontext adaptierte) Schattenkonzeption einführt. Wenn vorausgesetzt werden darf, daß auch die göttliche Befruchtung der Seele vom Logos vollzogen wird, dann kann gesagt werden: Als Schöpfungsmittler und als Heilsmittler
fungiert der Logos als Abbild Gottes und Urbild des Irdischen, dem er göttliche
Qualität als Geschöpf und als Kind vermittelt.

Im Rahmen des philonischen Gesamtkonzepts, das sich aus hellenistischer Philo-
sophie und ägyptischen Königstraditionen ebenso speist, wie es biblische Konzepte
der Weisheitstheologie weiter entwickelt, ist es also durchaus nicht überraschend,
daß Philo eine Spiritualisierung der Vorstellung von göttlicher Zeugung entwickelt.
Eine solche Spiritualisierung ist vielmehr völlig logisch im Rahmen einer
Individualisierung königstheologischer Ideen. Man kann sogar sagen, daß auch bei
Philo die Idee der göttlichen Zeugung weiterhin im Kontext des Königtums steht.
Allerdings kann der jüdische Denker aus Alexandria dieses Königtum genau so
wenig mit der real existierenden politischen Macht identifizieren wie diejenigen
seiner ägyptischen und hellenistischen Zeitgenossen, die den Königsmythos in die
Abgeschlossenheit der Geburtshäuser oder die Innerlichkeit der Mysterienkulte
verlagern. Es geht auch Philo nicht mehr um das Königtum dieser Welt, sondern
vielmehr um ein Königtum, das sich in geistig-geistlicher Vollkommenheit sieghaft
realisiert. Die persönliche Frömmigkeit, Tugend und Weisheit, das ist der
Königsweg zum Heil, welches vorrangig in der Gemeinschaft der Seele mit Gott
besteht. Der Gedanke des gelungenen Lebens wird dabei nicht abgetan, sondern als
Folge der Tugendhaftigkeit eingeschätzt. Um die Gemeinschaft mit Gott zu erlangen, muß der Mensch alle verkehrten irdischen Bindungen ablegen, muß empfäng-
lich werden für die göttliche Wirklichkeit, die seine Seele befruchten will.

Abschließend soll das philonische Konzept in einer Graphik verdeutlicht werden,
die allerdings die vielschichtige Gedankenwelt Philos notgedrungen stark
vereinfacht.

Gott	Der eigentliche und wahre König des Kosmos.	*Königtum*
Logos	Der erstgeborene **Sohn** und stellvertretende **König** ist **Mittler** zwischen Gott und den Menschen.	⇓ *Sohnschaft*
Mensch	Der Weise wird König, indem er sich gei- stig-geistlich dem Logos öffnet.	⇓ *Göttliche Zeugung, Sohnschaft*

Bezeichnend für die theologische Relevanz der Sohn-Gottes-Vorstellung ist die Tatsache, daß Philo einzelne Konstellationen (Vater - Sohn, göttlicher Vater - ir- dische Mutter) dieser Vorstellung an entscheidenden Stellen seines philosophisch- theologischen Systems einsetzt. Es sind ganz wie in der ägyptischen Tradition Orte des Übergangs:

Einmal geht es um die Vermittlung der radikalen Transzendenz des einen Gottes auf die Schöpfung hin. Hier tritt der Logos, der in vielen Philotexten mit der Weisheit identifiziert wird, als Mittler ein und erhält den königlichen Titel des erstgeborenen Sohnes.

Der Übergang vom göttlichen Bereich zum Menschen, der nach weisheitlicher Vollendung, die auch Gottessohnschaft genannt werden kann, strebt, wird dann unter dem Bild der göttlichen Zeugung beschrieben, womit ein weiteres Element königlicher Tradition benutzt wird.

Das heißt, daß es zwar bei Philo kein politisches Konzept königlicher Gottessohn- schaft mehr gibt, daß sich aber an entscheidenden Scharnierstellen in seinem Denken elementare Konstellationen dieser Vorstellung als Verbindungsstrukturen finden. In philosophischer Weiterentwicklung von Transformationen der Königs- theologie, wie sie sich in der Beerbung des Königs durch den einzelnen in den hellenistisch-ägyptischen Mysterienkulten und in der Sophiatheologie des *Weis- heitsbuches* finden, entwirft Philo eine eigene Form der Königstheologie: Der Durchbruch des Weisen zur Erkenntnis des göttlichen Logos vermittelt die königli- che Würde eines Gottessohns.

Daß die heilbringende Weisheit bei Philo weiterhin als eine jüdische, oder zumin- dest jüdischen Traditionen nicht widersprechende Weisheit gedacht wird, erhellt aus der überragenden Stellung, die Mose als dem Urbild eines königlichen Weisen zugeschrieben wird.

Halten wir *abschließend* fest, daß der ägyptische Jude Philo eine ganz eigene Fort- führung der alten Vorstellung von der königlichen Gottessohnschaft bietet. Er folgt spätägyptischer Theologieentwicklung und biblischer Tradition, indem er Gott als den wahren König sieht. Er überträgt die Sohn-Gottes-Vorstellung auf die weisheitliche Mittlergestalt und auf den tugendhaft Vollendeten, spiritualisiert die

Vorstellung von göttlicher Zeugung und überträgt sie auf die Seele des Heil suchenden Menschen. Er löst den Gesamtkomplex insofern aus dem politischen Zusammenhang, als kein irdischer Herrscher, ja nicht einmal ein jüdischer Messias als Sohn Gottes gesehen wird. Das ist in sich unpolitisch, hat allerdings politische Konsequenzen, wie sich an der Auseinandersetzung mit der zeitgenössischen Herrscherideologie zeigt. Allein Gestalten der biblischen Vergangenheit (Mose) erhalten im Rahmen des euhemeristischen Tugendkonzepts eine gewisse göttliche Würde. Die Idee göttlicher Zeugung ist auch bei Philo eine Denkfigur des Übergangs, wird jedoch konsequent persönlich und spirituell gedeutet. Der primäre Ort der Gottesnähe ist für ihn die Seele des Frommen und folglich muß auch hier der Ort sein, wo die Grenze von göttlicher Welt und Menschenwelt unter dem Bild der göttlichen Zeugung durchlässig wird. Die Rede von Jungfräulichkeit hat bei Philo nicht mehr nur die Funktion, eine menschliche Vaterschaft auszuschließen, sondern verkörpert ein ethisches und religiöses Ideal der Gottesnähe. Trotz der eindeutigen Orientierung Philos an hellenistischer Philosophie sind auch bei ihm Einflüsse ägyptischer Traditionen nicht auszuschließen, wenn auch aufgrund der vielfältigen Ausstrahlung Ägyptens in die biblische Königstheologie und entsprechende Gedankengänge hellenistischer Philosophie hinein, der Versuch einer weiterer religionsgeschichtlichen Differenzierung der "Quellen", aus denen sich das philonische Denken speist, aussichtslos erscheinen muß.[216]

6.   Josephus und sein Programm der Entpolitisierung

6.1.   Paulina und Anubis

Wie erwähnt, wird über Tiberius berichtet, er habe östliche Kulte unterdrückt. Was unter "unterdrücken" genauer verstanden werden könnte, berichtet Josephus in der Geschichte von der "heiligen Hochzeit" zwischen der Römerin Paulina und dem Gott Anubis *(ant. 18,3,4):*

> Der angesehene Ritter Decius Mundus verliebt sich in die ebenso schöne wie tugendsame Paulina. Als es ihm nicht gelingt, die vornehme Dame zur Gegenliebe zu bewegen, verfällt er in tiefe Depression. Sein bedauerlicher Zustand erweckt das Mitleid von Ide, einer Freigelassenen seines Vaters. Diese weiß, daß Paulina eine Verehrerin der Isis ist. Deshalb besticht sie mit einer hohen Geldsumme, die sie von Mundus erbittet, Priester des römischen Isis-Heiligtums, um dem jungen Mann zur ersehnten sexuellen Erfüllung zu verhelfen.

---

216   Vgl. HENGEL 1975, 83 Anm.103: *"Alle überwiegend monokausalen Versuche einer Philodeutung /.../ führen in die Irre und werden dem synthetisch-komplexen Charakter des philonischen Denkens nicht gerecht."* Es dürfte allerdings auch kein Zufall sein, daß nur Autoren, die mit Ägypten in Verbindung stehen, den Terminus ΛΟΓΟΣ für die entsprechenden Mittlergestalten benutzen. Vgl. TOBIN 1990, 257 mit Anm. 16.

Die Priester, durch das Gold angelockt, sagten zu, und der älteste von ihnen begab sich zu Paulina und bat, nachdem er Einlaß erhalten, mit ihr ohne Zeugen sprechen zu dürfen. Paulina war hierzu bereit, und nun erklärte ihr der Priester, er sei vom Gott Anubis geschickt, der sie liebe und ihr befehle, zu ihm zu kommen. Sie vernahm diese Worte mit Freude und rühmte sich bei ihren Hausgenossen der Ehre, die Anubis ihr zugedacht habe. Ihrem Gatten aber zeigte sie an, daß sie zum Gastmahl und der Umarmung des Gottes beschieden sei. Dieser gab seine Einwilligung, da er die Schamhaftigkeit seiner Frau hinreichend kannte. Paulina ging sodann zum Tempel, und als ein Priester nach dem Mahle zur Zeit der Nachtruhe die Tore geschlossen und im Inneren des Heiligtums die Lampen ausgelöscht hatte, kam Mundus, der sich vorher dort versteckt hatte, zu ihr und genoß die ganze Nacht ihren Umgang, da sie der Meinung war, er sei der Gott Anubis. Bevor jedoch diejenigen Priester, die um den Plan nicht wußten, erwacht waren, schlich sich Mundus fort, und Paulina begab sich in der Morgenfrühe zu ihrem Gatten zurück, erzählte ihm die Erscheinung des Gottes und prahlte auch bei ihren Hausgenossen mit der ihr widerfahrenen Ehre. Diese aber nahmen zum Teil die Sache sehr ungläubig auf, zum Teil drückten sie ihre Verwunderung darüber aus, daß die edle und tugendsame Frau sich zu so etwas hergegeben habe.

Die Geschichte nimmt ein böses Ende, weil Mundus seinen Erfolg nicht still genießt, sondern unvorsichtigerweise die Betrogene auf den Vorfall anspricht und damit prahlt, *"der Stellvertreter des Gottes Anubis gewesen zu sein"*. In ihrer Empörung berichtet Paulina ihrem Ehemann den Betrug. Dieser bringt die ganze Angelegenheit vor den Kaiser, welcher

... sowohl die Priester als auch die Ide, welche den schmachvollen Plan ersonnen hatte, ans Kreuz schlagen ließ. Alsdann ließ er den Tempel zerstören und die Bildsäule der Isis in den Tiber versenken. Den Mundus aber verbannte er und hielt diese Strafe für hinreichend, weil die Liebe ihn zu dem Frevel verleitet habe. So verhielt es sich mit dem Greuel, durch den die Isispriester ihren Tempel schändeten.

Diese, abgesehen vom Ende, eher amüsante Geschichte soll hier nicht als historisches Zeugnis über die Einstellung des Tiberius zu ägyptischen Kulten ausgewertet werden, sondern als Beleg für die Verbreitung bestimmter Vorstellungen ägyptischer Provenienz. In dieser Hinsicht erscheint sie in mehreren Punkten bedeutsam.

- Josephus sieht sich nicht genötigt, zu erklären, wie die Dienerin darauf kommen könnte, daß ein ägyptischer Gott eine menschliche Frau zum Beischlaf bittet. Das heißt, er sieht die Vorstellung der Heiligen Hochzeit als gängig an und setzt sie bei seinen Lesern, und damit auch unter hellenistischen Juden, als bekannt voraus. Das wird einerseits nicht Wunder nehmen, wenn man daran denkt, daß ja schon bei Herodot entsprechende Notizen zu finden waren.[217] Andererseits dürfte man ohne den Beleg bei Josephus auch nicht einfach davon ausgehen, daß Informationen über Ägypten, die einmal im hellenistischen Kul-

---

217 Als Unterschied ist freilich festzuhalten, daß Herodot in *I, 182* betont, die Frauen in Theben gäben sich keinem Sterblichen hin, während hier ein Mann in die Rolle des Gottes schlüpft.

turbereich präsent waren, sich bruchlos über ein halbes Jahrtausend gehalten hätten.

- Ebenso selbstverständlich sieht er sie als eine Vorstellung an, die in den ägyptischen Kontext gehört. Das erlaubt es ihm auch, ganz nebenbei noch mit den gängigen Vorurteilen über die halbseidene Moral der ägyptischen Priester zu spielen.[218]

- Der Text zeigt, daß auch unter Kaisern, die mit hellenistischer Königsideologie nicht viel anfangen konnten, ägyptisch eingefärbte hellenistische Denkmuster *en vogue* sein konnten. Man darf also von der offiziellen kaiserlichen Religionspolitik nicht direkt auf die religiöse Orientierung der Bevölkerung schließen.

- Es wird deutlich, daß auch in späterer Zeit Einzelelemente des Mythos, hier die Heilige Hochzeit, anzutreffen sind. Vom ursprünglichen Kontext der Königstheologie gelöst, wird hier die Begegnung von menschlicher Frau und männlichem Gott vorgestellt. Die narrative Grundstruktur ähnelt sehr der des Alexanderromans. Hier wie dort nimmt ein Mann die Stelle des Gottes ein, um sein sexuelles Begehren zu befriedigen. Als Unterschied ist allerdings festzuhalten, daß in der Paulinaerzählung der Kontext königlicher Gottessohnschaft, der in der Nektaneboserzählung noch deutlich zu erkennen ist, keine Rolle mehr spielt. So ist der Beischlaf denn auch das eigentliche Ziel der Begegnung, nicht die Zeugung und Geburt eines Kindes.

- Die Geschichte ist außerdem ein weiterer Beleg für die massive Präsenz ägyptischer Kulte auch in der Hauptstadt Rom. Die Geschichte zeigt auch, daß die Klientel dieser Kulte sowohl Personen der gehobenen Schichten wie auch einfache Menschen umfassen konnte. Damit ist auch klar, daß viele mindestens erzählerische Grundstrukturen des Mythos kennen konnten.

Diese Schlußfolgerungen würden auch dann gelten, wenn man der kleinen Geschichte sonst keinen großen historischen Aussagewert zugestehen wollte. Nun werfen allerdings einige Funde aus dem Magazin der Ägyptologischen Sammlung in München neues Licht auf diese Frage.[219]

Es handelt sich dabei um Fragmente von zwei ägyptisierenden und einer ägyptischen Statue, die mit der Herkunftsbezeichnung "aus dem Tiber" versehen sind:

- die Unterarmpartie einer kaiserzeitlichen römischen Isisstatue (ursprünglich etwa 4 m hoch),

- dazu passend das Fragment einer rechten Hand mit Anch-Zeichen,

- das Fragment einer Harpokratesstatue mit Spuren einer gewaltsamen Zerstörung durch Keilspaltung,

---

218 Juvenal erwähnt in seiner *6. Satire* ein Rendezvous *"im Tempel der Kupplerin Isis"*. Seneca setzt in *De Vita Beata (26,8: "Cum sistrum aliquis concutiens ex imperio mentitur...")* wie selbstverständlich voraus, daß Isispriester lügen. Vgl. SMELIK / HEMELRIJK 1984, 1946.

219 Die folgenden Informationen verdanke ich dem freundlichen Hinweis von Dr. Alfred GRIMM, München.

- der Torso einer Falkenfigur,
- die Doppelkrone einer wohl kaiserzeitlichen Falkenfigur,
- sowie das Schurz-Unterarm-Fragment der original ägyptischen Sitzstatue (ursprüngliche Höhe ca. 3 m) eines Königs (Amenophis II.?).

Bringt man diese Funde mit der Situation unter Tiberius in Verbindung, so kann man erschließen, daß es sich bei dem zerstörten Tempel um eine große und reiche Tempelanlage gehandelt haben muß, deren offensichtlich bedeutsamer Bestand an kultisch relevanten Statuen mit hohem Aufwand zerstört wurde.

Da Paulina und Saturninus offensichtlich als historische Gestalten anzusehen sind, handelt es sich bei der Anubisepisode wohl nicht nur um eine literarische Nacharbeitung der Nektanebosepisode aus dem Alexanderroman durch Josephus als Schriftsteller, sondern eher um eine (literarisch inspirierte?) Nachahmung dieses Topos durch die entsprechenden Beteiligten Ide und Mundus.

6.2. Kritik am jüdischen Messianismus

Bekanntlich zeigt sich Josephus gegenüber den nationalen und messianischen Bestrebungen bestimmter jüdischer Gruppen seiner Zeit sehr skeptisch. Das liegt vor allem daran, daß er die katastrophale Niederlage der Juden im ersten jüdischen Krieg, die zur Zerstörung des Tempels führte, als Zeichen für das strafende Handeln Gottes deutet, der auf diese Weise die Schuld des Volkes sühnt. So formuliert Josephus in der Einleitung zu den *Jüdischen Altertümern*, als pragmatische Intention seines Werkes:

> *Im allgemeinen kann man leicht aus dieser Geschichte entnehmen, daß denjenigen, die Gottes Willen befolgen und seine wohlgemeinten Gesetze zu übertreten sich scheuen, alles wider Erwarten zum besten gedeiht und der Lohn der Glückseligkeit Gottes winkt, daß hingegen die, welche von der treuen Beobachtung der Gesetze abweichen, das unüberwindlich finden, was sonst leicht erscheint, und das Gute, das sie zu tun unternehmen, in heillose Verwirrung umschlagen sehen.*
>
> *(ant. 1,14)*

Dies ist nicht nur eine Lektüreanweisung, sondern zugleich das geschichtstheologische Konzept des jüdischen Historikers, welches seine Darstellung der jüdischen Geschichte in den *Altertümern* ebenso leitet, wie im *Jüdischen Krieg*.

Diese theologische Leitidee wird deutlich erkennbar, wenn Josephus auf die *davidische Tradition* zu sprechen kommt.[220] Schon die Nacherzählung von *Rut 4,17* in *ant. 5,336*, wo David in diesem Werk eingeführt wird, betont, daß David "*als König regierte und seinen Nachkommen bis ins einundzwanzigste Geschlecht die Herrschaft hinterließ.*" Damit wird die davidische Dynastie von vornherein als eine abgeschlossene historische Größe gekennzeichnet. Selbstverständlich sieht Josephus die davidische Ära als glanzvollen Abschnitt der jüdischen Geschichte, aber

---

220 Vgl. zum folgenden POMYKALA 1995, 222-229.

jede soteriologische Dimension fehlt. Nach Bundesterminologie sucht man vergeblich. Statt von göttlicher Erwählung spricht er von den Tugenden Davids, die von Gott mit der Königswürde belohnt worden seien. Dies zeigt sich besonders deutlich an der Wiedergabe der Natanweissagung, deren Fassung in *ant. 7,93-95* alle Erwählungsmotive meidet. Die Gottessohnschaft der Davididen wird herabgestuft zu einer väterlichen Fürsorge Gottes für den Fall, daß sie nicht sündigen. *"Josephus offers a weaker version of the divine promise: there is no mention of a covenant; it is said that the kingdom will be preserved for Solomon's children's children instead of forever* (עד־עולם); *and the unconditional nature of the promise, made explicit in the biblical account, is left unstated."*[221] Das Verheißungsdenken drängt Josephus aber auch in Bezug auf Israel als ganzes zurück. Nicht der Status göttlicher Erwählung, sondern tugendhafter Wandel gemäß den Normen des Gesetzes macht die Einzigartigkeit der Beziehung zwischen Gott und Israel aus. Wenn das Volk vom Gesetz abweicht, wird es von Gott bestraft. So ist das Ende der davidischen Dynastie nach 21 Königen nur ein Beispiel für die Geschichtsmächtigkeit Gottes, der Gesetzestreue belohnt und Untreue bestraft. Entsprechend dieser Grundlinie findet sich bei Josephus kaum eine Spur messianischer Hoffnung, weder in Bezug auf das Haus David, noch in anderer Fassung. Zwar wird der römische Eroberer Vespasian von Josephus in gewisser Weise als Werkzeug des strafenden Gottes gedeutet, aber messianische Züge werden ihm nicht wirklich beigelegt. Sicher geht Josephus davon aus, daß Gott die Vorherrschaft nun dem römischen Volk übertragen hat und alle Bemühungen um nationale politische Souveränität gegen seinen Willen gerichtet wären, und kann (durchaus in Fortführung des deuterojesajanischen Kyrusbildes) Vespasian in diese geschichtstheologische Sicht einfügen, aber dieser Transfer der Weltherrschaft wird, was die Person des Kaisers angeht, nicht soteriologisch aufgeladen. Im Unterschied zu Kyrus wird Vespasian nicht als Gesalbter bezeichnet und wird auch nicht als Heilsgestalt gesehen. Es geht bei Josephus eher um eine theologische Bewältigung der Kriegskatastrophe durch die Erkenntnis, daß die Ereignisse, so bitter sie auch sein mögen, dem Willen Gottes entsprechen.

In dem in *ant. 3,354* wiedergegebenen Gebet kommt diese Einschätzung ganz deutlich zum Ausdruck: Gott hat es gewollt, daß die Juden unterliegen und das Kriegsglück bei den Römern liegt. Zugleich versteht sich Josephus selbst als auserwählter Bote Gottes, der die Zukunft vorhersagen muß. Es ist selbstverständlich nicht mehr möglich zu erfahren, welche persönliche Erfahrung und Einschätzung Josephus zu seinem Übergang zu den Römern motiviert hat, feststeht allerdings, daß er zwar den Vorgang theologisch interpretiert, messianische Töne aber nicht anklingen läßt.[222] Josephus erzählt in *ant. 3,400-402*, er habe zu Vespasian gesagt:

---

221 POMYKALA 1995, 224.
222 Vgl. FELDMAN 1984, 831. Auch das Zeugnis des Sueton in *Vespasian 5,6* ist entsprechend nüchtern. Das hat allerdings nicht allzu viel Aussagekraft, weil bei einem römischen Autor eine Einfühlung in die religiöse Welt der Unterlegenen ohnehin nicht erwartet werden kann.

Du glaubst, Vespasian, in Josephus lediglich einen Kriegsgefangenen in die Hand bekommen zu haben, ich aber komme zu dir als Bote (ΑΓΓΕΛΟΣ) großer Ereignisse. Denn wäre ich nicht von Gott gesandt, so hätte ich gewußt, was das Gesetz der Juden bestimmt und wie es einem Feldherrn zu sterben geziemt. /.../ Du, Vespasian, (wirst) Kaiser und Alleinherrscher, du und auch dieser dein Sohn. Laß mich jetzt nur noch fester fesseln und für dich selbst aufbewahren, denn (du wirst sein) Herrscher, nicht nur über mich, du Kaiser, sondern über Erde und Meer und das ganze Menschengeschlecht. Ich bitte aber um eine noch schärfere Bewachung, damit du mich bestrafen kannst, wenn ich die Sache Gottes leichtfertig behandle.

Eine andere entscheidende Stelle findet sich in *bell. Iud. 6,312 f.*

Was sie aber am meisten zum Krieg aufstachelte, war eine zweideutige Weissagung, die sich ebenfalls in den heiligen Schriften fand, daß in jener Zeit einer aus ihrem Land über die bewohnte Erde herrschen werde. Dies bezogen sie auf einen aus ihrem Volk, und viele Weise täuschten sich in ihrem Urteil. Der Gottesspruch zeigt vielmehr die Herrscherwürde des Vespasian an, der in Judäa zum Kaiser ausgerufen wurde.

Aus diesem Text wird deutlich, daß im Hintergrund der Rebellion gegen die römische Besatzung eindeutig politisch-messianische Bewegungen standen, die sich auf einen Bibeltext, evtl. *LXX Num 24,7*, beriefen. Josephus schätzt diese Deutungen als verhängnisvollen Irrtum ein und deutet selbst den Spruch auf Vespasian.[223] Das heißt allerdings nur, daß die Deutung als politisch-messianische Heilsprophetie abzulehnen ist. Als Heilsprophetie wird sie aufgelöst, nicht aber auf Vespasian als neuen Heilskönig übertragen.

Generell versucht Josephus, *populäre messianische Strömungen* in ihrer Bedeutung herunterzuspielen und sich von ihnen zu distanzieren.[224] Das zeigt sein Umgang mit den zahlreichen Volkskönigen, über die er schreibt. Für die Zeit der Unruhen nach dem Tod von Herodes erwähnt er z.B. Judas, den Sohn des Ezechias *(ant. 17,271 f)*, Simon, einen Sklaven des Herodes *(ant. 17,273 f)*,[225] sowie den Schafhirten Athronges *(ant. 17,271 f)*. Wie sehr Josephus die königlichen Machtansprüche dieser "Banditen" verachtet, zeigt er in *ant. 17,285*. Dort bezeichnet er Judäa als *"wahre Räuberhöhle"*, wo ständig revolutionäre Banden Könige wählten, die dem Volk viel, den Römern aber wenig schadeten. Für die Zeit des jüdischen Kriegs erwähnt Josephus königliche Ambitionen für Menachem, den Sohn von Judas, dem Galiläer *(bell. Iud. 2,434)* und Simon bar Giora *(bell. Iud. 4,510)*. Besonders dessen zeremonielle Kapitulation in königlichen Gewändern *(bell. Iud.*

---

223 Eine zweite Quelle stellt Tacitus dar, der allerdings auch keinen Schluß darauf zuläßt, um welche Schriftstelle es sich bei dem *"in den alten priesterlichen Aufzeichnungen enthaltenen Wort"* (hist. 5,13) handelt. Für ihn ist es jedenfalls schon selbstverständlich, daß die Prophezeiung auf Vespasian und Titus zielt.

224 Vgl. zum folgenden HENGEL 1961; FELDMAN 1984, 841-849; COLLINS 1995, 199-201; POMYKALA 1995, 258-264. OEGEMA (1994, 122-129) geht in seinem Beitrag zur Thematik kaum über die Nacherzählung der Quellen hinaus.

225 Vgl. auch Tacitus, *hist. 5,9*.

7,29) und seine rituelle Hinrichtung während des Triumphs in Rom *(bell. Iud. 7,153-155)* zeigen, daß er eine königliche Führungsrolle beanspruchte und auch die Römer ihn in dieser Rolle sahen. Fraglich bleibt, ob man in Simon, Menachem und den anderen Königsanwärtern Repräsentanten eines *davidischen* Messianismus sehen sollte. HENGEL sprach sich dafür aus,[226] die jüngere Forschung ist skeptischer geworden: *"In any case, the royal messianic figures active around the first century CE did not invoke the davidic dynasty tradition, but instead were influenced by another biblical conception of kingship - that of popular kingship."*[227] Auch wenn diese Formulierung POMYKALAs etwas forsch sein mag, und ein messianischer Anspruch ohne davidische Abstammung nur schwer vorstellbar ist, bleibt das Problem der Belegbarkeit. Daß Josephus tendenziös berichtet, ist klar. Er hätte entsprechende Ansprüche sicher getilgt. Die Feststellung einer solchen Tendenz reicht aufgrund des Fehlens weiterer Quellen aber noch nicht für die Schlußfolgerung aus, daß davidische Konzeptionen tatsächlich bestanden und getilgt wurden.

Die Skepsis von Josephus richtet sich aber nicht nur gegen messianische Bestrebungen im Kontext der verschiedenen nationalen Erhebungen, sondern offensichtlich gegen jede königstheologische Aufladung politischer Herrschaft. Das wird an seiner zurückhaltenden *Darstellung makkabäischer Herrscher* deutlich. Daß Aristobul (104-103 v.Chr.) offiziell den Königstitel annahm,[228] wird von ihm als bedeutungsschweres Faktum registriert und dem selbstherrlichen Entschluß des Regenten zugeschrieben *(ant. 13,11,1)*. Jede theologische Dimension des Königtums bleibt außer Betracht. Bezeichnend ist die Feststellung des Josephus, Aristobul habe viel für sein Volk getan, obwohl er ein Philhellene gewesen sei *(13,11,3)*. Gerade letzteres dürfte ein Indiz dafür sein, daß bei Aristobul in einem hohen Maße hellenistische Königsideologie eine Rolle spielte. Das ist schon deshalb anzunehmen, weil wohl schon für die Herrschaft des Makkabäers Simeon (142-135/134 v.Chr.) ein entsprechender Rezeptionsprozeß anzusetzen ist, selbst wenn für diesen der Königstitel noch nicht belegt ist.[229] Jedenfalls weisen die Elemente hellenistischer Königsideologie, die in der Darstellung des Josephus ebenso zu finden sind, wie in den entsprechenden Partien des *1. Makkabäerbuches*, darauf hin, daß die Rolle des Simeon unter der Perspektive des Königtums gesehen

---

[226] Vgl. HENGEL 1961, 296-307.

[227] So POMYKALA 1995, 263 f.

[228] Vgl. SCHÄFER 1983, 88.

[229] Zur Herrschaft des Simeon vgl. SCHÄFER 1983, 74-77. Zur Königstheologie von *1Makk* vgl. POMYKALA 1995, 152-159. Er betont, daß die davidische Tradition weniger als Verheißung gesehen werde, die durch die Hasmonäerkönige erfüllt werde, denn als *"biblical prototype to be imitated. We might go as far as to say that the Hasmoneans are depicted as davidic in a typological sense"* (158). Hier liegt also ein Rückgriff auf biblische Traditionen bei gleichzeitiger Tendenz der Hellenisierung vor. Vgl. CAZELLES 1983, 180-183. Er betont, die hasmonäisches Dynastie habe *"ein viel stärker hellenistisches als davidisches Gehaben"* getragen (182). Zu *1Makk* allgemein vgl. GOLDSTEIN 1976.

wurde. *1Makk 13,42* berichtet, daß "das Volk" beschloß, Urkunden und Verträge nach dem Regierungsantritt Simeons, des Hohenpriesters (ἀρχιερέως μεγάλου), des Befehlshabers (στρατηγοῦ) und Führers (ἡγουμένου) der Juden zu datieren. Josephus gibt in *ant. 13,6,6* in demselben Zusammenhang sogar den hellenistischen ΕΥΕΡΓΕΤΗΣ-Titel wieder. Daß dies nicht aus der Luft gegriffen ist, legt sich aufgrund von *1Makk 14,4-15* nahe. Der Text ist ein Hymnus in der Tradition orientalischer Königslieder, die die biblischen Königspsalmen ebenso repräsentieren wie die ägyptischen Königshymnen.[230] Vor allem die zahlreichen Anspielungen auf *Ps 72* weisen darauf hin, daß Simeon hier als davidischer Friedenskönig gedeutet wird. Die Topik ist entsprechend:

- Simeon ist der große Friedensbringer *(14,11)*,
- der Überwinder der chaotischen Feindmächte *(14,7.13)*,
- der Garant von Wohlstand und Fruchtbarkeit *(14,8.10.12)*,
- von Recht und Gerechtigkeit *(14,14)*.
- Auch die Fürsorge für den Kult fehlt nicht *(14,15)*.[231]

Auf die königliche Würde des Simeon weist auch die Anordnung hin, daß nur er allein sich in Gold und Purpur kleiden dürfe *(1Makk 14,43 f)*. Auch ist festzuhalten, daß der gesamte Abschnitt *1Makk 14,27-45* nach dem Modell hellenistischer Ehrendekrete bzw. ägyptischer Priesterdekrete strukturiert ist. Die Aufstellung im Vorhof des Tempels *(14,48)* entspricht dem. Ein deutlicher Hinweis auf die Rezeption ägyptisch-hellenistischer Königstradition ist in der Errichtung einer großen, in ägyptischem Stil ausgeführten Grabanlage für die Verstorbenen seiner Familie zu sehen. Nach Auskunft von *1Makk 13,27-30* und *Ios. ant. 13,6,5* ließ Simeon in Modeïn sieben Pyramiden errichten.[232] Der königlich-dynastische Anspruch, der sich auch in einer solchen Anlage *"zum ewigen Gedächtnis" (1Makk 13,29)* ausdrückt, ist unverkennbar, auch wenn Josephus die ganze Aktion herunterspielt, indem er sie nur als Zeichen besonderer Wertschätzung für den ermordeten Jonatan und die anderen Angehörigen deutet. Diese Zurückhaltung gegenüber der Königsideologie der Hasmonäerdynastie gibt er nur teilweise auf, wenn es um die von ihm besonders positiv bewertete Herrschaft des Johannes Hyrkan (135/134-104) geht.[233] Dieser trägt bei ihm deutlich die Züge eines Heilskönigs, allerdings bleibt zu beachten, daß der Königstitel auch hier nicht auftaucht. Damit ergibt sich das Bild, daß Josephus gerade den Herrscher als von Gott gesegnet feiert, der sich nicht König nennt, während für ihn die Söhne, die auch offiziell Könige sind, *"weit hinter dem Glücke ihres Vaters zurückblieben" (ant. 13,11,7)*. Diese Skepsis zeigt

---

230 Einen detaillierten Vergleich mit der Topik ägyptischer Königstradition bringen BLUMENTHAL / MORENZ 1966. Zu den atl. Bezügen vgl. auch GOLDSTEIN 1976, 484-492, der leider auf die religionsgeschichtliche Dimension kaum eingeht.

231 Letzteres sollte bei einem Hohenpriester selbstverständlich und nicht weiter erwähnenswert sein, aber hier wird eben ein König besungen, der nur nicht so heißen darf.

232 Vgl. GOLDSTEIN 1976, 474 f.

233 Zur Regierung des Johannes Hyrkan vgl. SCHÄFER 1983, 81-88; HENGEL 1973, 560.

sich auch an der in *ant. 19,8,1* erzählten Legende: König Agrippa I. wird von Gott mit dem Tode bestraft, weil er die Schmeicheleien seiner Entourage nicht zurückweist. Die Höflinge hatten ihn (erwartungsgemäß) als Gott bezeichnet, als er in der Öffentlichkeit ein strahlend silbernes, göttliche Würde signalisierendes Gewand trug. Die Geschichte, die sich abgewandelt auch in *Apg 12,21-23* findet, ist ein weiteres Zeugnis dafür, wie wenig sich auch jüdische Könige der gängigen Herrscherideologie entziehen konnten.[234] Dem entsprechend ist auch bei Herodes dem Großen eine ausdrückliche Orientierung an griechisch-römischen Herrschaftskonzepten festzustellen.[235] Das dürfte bei ihm vor allem an den machtpolitischen Rahmenbedingungen liegen. Auch darf der Kulturdruck des Hellenismus nicht unterschätzt werden, sowie der Umstand, daß schon in der biblischen Königstradition entsprechende Strukturanalogien eingeschrieben waren. Die Skepsis des Josephus gegenüber solchen Entwicklungen hängt mit seiner geschichtstheologischen Bewertung der Situation des jüdischen Volkes nach der Niederlage im Krieg gegen die Römer zusammen. Er geht zu allen religiösen Aufladungen von Herrschaft entschieden auf Distanz. So ist es auch zu erklären, daß er die Vorstellung von göttlicher Zeugung weder im Kontext des biblischen, noch des zeitgenössisch jüdischen Königtums, noch in Bezug auf römische Kaiser jemals erwähnt. Er bezeugt die Idee von göttlicher Zeugung allein in der romanhaften Erzählung von Paulina und Anubis, also in einem unpolitischen Zusammenhang.

Abschließend ist festzuhalten, daß die Traditions- und Rezeptionsprozesse des Judentums in hellenistischer Zeit, ein sehr vielschichtiges Bild ergeben. Entsprechend dem Konzeptionspluralismus der biblischen Überlieferung konnte die Vorstellung von der (königlichen) Gottessohnschaft in unterschiedliche Richtungen weiter entwickelt werden. Daß dabei auch ägyptische Elemente zum Zuge kamen, ist unbestreitbar und wenig überraschend, wenn man realisiert, daß ja schon die biblischen Texte Zeugnisse entsprechender Adaptionsprozesse sind. Die Wahrscheinlichkeit, daß das hellenistische Judentum eine Vermittlungsrolle für solche Elemente auf das junge Christentum hin gespielt hat, muß als sehr hoch gelten. Gleichzeitig entwickelt sich dieses in einer kulturellen Umwelt, in der eine mehr oder weniger mit ägyptischen Elementen versetzte Herrscherideologie im Umlauf war, so daß das entstehende Christentum immer auch zur eigenständigen Auseinandersetzung mit entsprechenden Vorstellungen herausgefordert war.

---

234 Vgl. LANG 1988, 54 f.
235 Zu Herodes vgl. SCHALIT 1969; bes. 403-482.

V. ÄGYPTISCHE KÖNIGSTHEOLOGIE UND NEUTESTAMENTLICHE SOHN-GOTTES-CHRISTOLOGIE

Nach den Ergebnissen der bisherigen Untersuchung ist einer religionsgeschichtlichen Analyse der ntl. Texte ein Modell als Arbeitshypothese zugrunde zu legen, das mit vielfältig vermittelten Einflüssen und Abgrenzungen rechnet. So ergibt sich ein traditionsgeschichtliches Paradigma, das eine ausgesprochen komplexe Struktur aufweist. Vielfältige Beziehungsprozesse haben in mehreren Epochen in Übernahme und Abstoßung stattgefunden. Eine Graphik soll einen Überblick über die komplexe Struktur der historisch wahrscheinlich zu machenden Überlieferungsprozesse ermöglichen:

DIE RELIGIONSGESCHICHTLICHEN BEZIEHUNGSFELDER IM ÜBERBLICK

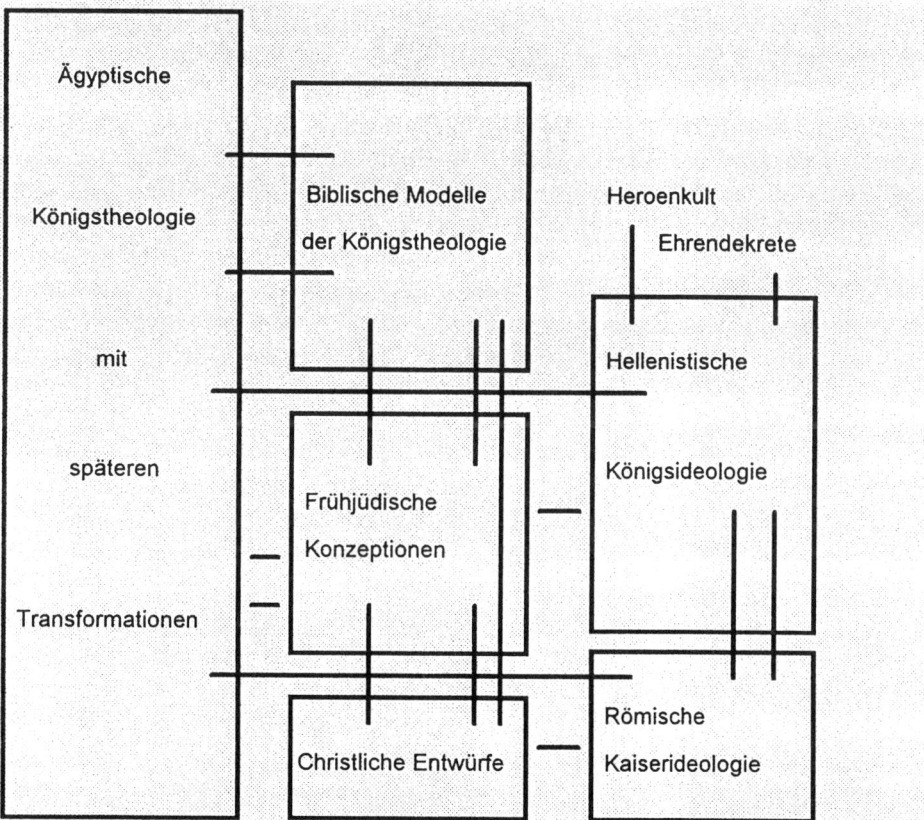

Ägyptische

Königstheologie

Biblische Modelle
der Königstheologie

Heroenkult
Ehrendekrete

mit

Hellenistische

späteren

Frühjüdische
Konzeptionen

Königsideologie

Transformationen

Christliche Entwürfe

Römische
Kaiserideologie

Nach dem langen Streifzug durch die möglichen Bezugsfelder frühchristlicher Literatur stellt sich nun die Frage nach der Relevanz der erzielten Ergebnisse für die neutestamentliche Exegese.

Selbstverständlich ließe sich die Analyse der beschriebenen religionsgeschichtlichen Traditionen und gesellschaftlichen Rahmenbedingungen in bezug auf alle Textgruppen des Neuen Testaments auswerten - wenn auch gewiß mit unterschiedlichem Ergebnis. Daß eine solch umfassende Auswertung hier nicht zu leisten ist, sondern eine bleibende Herausforderung der konkreten Auslegungsarbeit ntl. Exegese darstellt, liegt auf der Hand. Es kann im folgenden also nur um eine partielle Erfüllung dieser Aufgabe im Sinne eines exemplarischen Nachweises der Relevanz der erzielten Untersuchungsergebnisse gehen.

Für eine solche exemplarische Analyse kommen vor allem die beiden synoptischen Kindheitsgeschichten in Betracht. So kennt *Mt* das Nebeneinander von Stammbaum und Geistzeugung, die Traumoffenbarung zur Beschwichtigung des menschlichen "Vaters" und ähnliches mehr.[1] Allein schon diese schlaglichtartig aufgezeigten Erzählelemente lassen von vornherein eine Untersuchung lohnend erscheinen. Und sicher wäre auch die johanneische Königschristologie für eine erneute religionsgeschichtliche Untersuchung ein lohnender Gegenstand.[2]

Ich möchte mich im folgenden trotzdem nur auf einige ausgewählte Texte des *Lk* konzentrieren. Dabei hat die Beschränkung arbeitsökonomische Gründe, die Auswahl vor allem forschungsgeschichtliche. Sie basiert zum einen auf der Tatsache, daß im Bereich der *lk* Kindheitserzählungen schon seit langem eine besondere Vielzahl entsprechender Beobachtungen gesammelt wurde. So behauptete etwa GRESSMANN schon 1914, daß der Topos der *"Jungfrauengeburt Bestandteil einer ursprünglich ägyptischen Königslegende war, die nach Judäa wanderte und dort, nur wenig verändert, auf den jüdischen Gottkönig der Endzeit übertragen wurde. Sobald die Judenchristen zu der Überzeugung gelangt waren, Jesus sei der verheißene Christus, übernahmen sie die ihnen vertraute Messiaslegende und erhöhten damit den von ihnen verehrten Meister; er durfte hinter den Besten und Größten seiner Zeit nicht zurückstehen, deren übernatürliche Geburt den Zeitgenossen selbstverständlich war.*"[3] So grob diese These im Hinblick auf die diffizilen Überlieferungsverhältnisse auch wirken mag, als forschungsgeschichtliches Indiz ist sie ernst zu nehmen.

Wenn über die *lk* Kindheitserzählungen hinaus auch die *lk* Fassung der Taufe Jesu *(Lk 3,21-38)* in die Analyse einbezogen wird, so hat das seinen primären Grund in der Tatsache, daß dort der Stammbaum Jesu nachgetragen, also nochmals auf den Ursprung Jesu eingegangen wird. Zudem wird die Taufoffenbarung durch die *lk*

---

[1]   Zum königlichen Aspekt in der *mt* Geburtserzählung vgl. als Detailuntersuchung KÜGLER 1997b.

[2]   Vgl. einstweilen als einen entsprechenden Versuch KÜGLER 1998.

[3]   GRESSMANN 1914, 46. Vgl. auch NORDEN 1924, 76-92; DIBELIUS 1953 (1932), 33 f. 43 f; BOVON 1989, 64-70; DREWERMANN 1992.

Komposition in einen engen thematischen Zusammenhang mit den Kindheitserzählungen gebracht. Da die Vater-Sohn-Relation auch in der Erzählung vom zwölfjährigen Jesus im Tempel *(Lk 2,41-52)* eine entscheidende Rolle spielt, ist es sicher sinnvoll, wenn auch diese in der folgenden Untersuchung gebührende Berücksichtigung findet, zumal in der Forschung auch für diese Perikope ägyptische Quellen als religionsgeschichtliche Parallelen beigebracht wurden, deren Relevanz zu prüfen ist. Wenn abschließend auch noch ein Text aus dem zweiten Teil des *lk* Doppelwerks *(Apg 13,33)* herangezogen wird, so ist dies in der Verwendung von *Ps 2* begründet, der ja nach den Ergebnissen des vorangehenden Kapitels als ein zentraler Belegtext für die biblische Rezeption ägyptischer Königstheologie einzuschätzen ist.

Als ein weiteres Motiv für die generelle Entscheidung, ausschließlich *lk* Texte zu untersuchen, mag die Beobachtung angeführt werden, daß gerade *Lk* eine besondere Aufgeschlossenheit für hellenistische Kultur und Bildung zeigt. Der dritte Evangelist galt schon von je als der "Hellenist" unter den Evangelisten, und neuere Untersuchungen bestätigen dieses Urteil.[4] Außerdem wird die Entstehung des *Lk* üblicherweise in das letzte Viertel des 1. Jh. datiert,[5] womit sie in eine Zeit intensivierter Entfaltung des Kaiserkultes und der entsprechenden Ideologie durch die flavischen Kaiser fällt. Besonders für Domitian war in diesem Zusammenhang eine explizite Bezugnahme auf ägyptische Traditionen festzustellen (s.o. Kap. III). Wenn zudem die Lokalisierung der Entstehung des *Lk* im Kontext einer hellenistischen Stadtkultur westlich von Palästina,[6] evtl. sogar Rom selbst,[7] zutrifft, dann war sein unmittelbarer kultureller Kontext durch einen intensiven Kaiserkult und die seit der Ptolemäerzeit spürbare Präsenz hellenistisch-ägyptischer Einflüsse geprägt (s.o. Kap. III).

Da aber nicht der Eindruck erweckt werden soll, als ob die religionsgeschichtlichen Ergebnisse ntl. erst auf der Ebene der Evangelienredaktion relevant würden, soll vor der Analyse der *lk* Texte wenigstens skizzenhaft ein Überblick über die christliche Traditionsgeschichte der messianischen Sohn-Gottes-Aussage gegeben werden. Damit mag zugleich deutlich werden, wie stark die Texte des *Lk* schon von einem innerchristlichen Reflexionsprozeß geprägt sind.

1.   Zur ntl. Traditionsgeschichte der Sohn-Gottes-Aussage

Wie festzustellen war, kann die altägyptische Königstheologie ohne die rückblickende Perspektive kaum richtig verstanden werden. Nur über den, der König

---

4   Vgl. etwa HOFRICHTER 1993.
5   Vgl. FITZMYER 1981, 57 (80-85 n.Chr.); BOVON 1989, 23 (80-90 n.Chr.); SCHNEIDER 1992 (1977), 34 (80-90); ERNST 1993, 32 (70-80); SCHWEIZER 1993 (1982), 4 (um 80); MÜLLER 1995, 20 (um 80).
6   Vgl. THEISSEN 1992, 266 f.
7   Vgl. z.B. BOVON 1989, 23. - Zur Möglichkeit einer Entstehung des *Lk* im syrischen Antiochia vgl. SCHNEIDER 1992 (1977), 34; MÜLLER 1995, 20.

geworden ist, kann gesagt werden, daß er dies immer schon war. Der politische Prozeß, der dazu führt, daß ein bestimmtes Individuum zum König wird, wird dabei ausgeblendet. Die Kontingenz historischer Wirklichkeit, die in Ägypten sicher nicht weniger von Brüchen und Verwerfungen geprägt war als in anderen Epochen der Menschheitsgeschichte, wird systematisch eliminiert. Wenn es zutrifft, daß die ägyptische Kultur durch die *kalte Option* geprägt ist, also zu den Kulturen gehört, die dem Eindringen der Geschichte entschieden Widerstand leisten,[8] dann ist es überaus naheliegend, daß gerade das Königtum als zentrale Kategorie des ägyptischen Weltbilds von dieser Option betroffen ist. Daß dies tatsächlich der Fall ist, kann kaum bezweifelt werden. Die Rede vom *Königtum im Ei* will ja im Grunde nichts anderes, als das Königwerden eines Menschen herabzustufen auf die Ebene einer bloßen Bestätigung dessen, was immer schon war. Die unweigerlich eindringende Kontingenz wird davon abgehalten, sich zur Geschichte zu verdichten. Im hellenistisch-römischen Bereich mußten entsprechende Denkmuster allerdings stets als Fremdkörper wirken, als kalte Elemente in einer heißen, also geschichtsbewußten und auf Veränderung drängenden Kultur. Die Funktionstüchtigkeit herrschaftsfundierender Mythen, die den Königen und Kaisern, allen Intrigen, offenkundigem Versagen und lokal wechselnder Opposition zum Trotz, mindestens in der Regel das Maß an Konsens bescherte, das ein Regieren überhaupt möglich machte, läßt sich allerdings nur so erklären, daß auch "heiße" Gesellschaften ihre "kalten" Elemente brauchen, um Kontinuität im Wandel, hier konkret: Stabilität der Herrschaft, zu erzeugen. Zu diesen Instrumenten retrospektiver Herrschaftsbegründung gehörten die ägyptischen bzw. ägyptisierenden Elemente der Herrscherideologie ganz gewiß. Die Frage ist nun, ob diese rückblickende Perspektive auch im christologischen Kontext gegeben ist, und welche Funktion sie dort erfüllt.

Theologiegeschichtlich gesehen handelt es sich bei der gesamten expliziten Christologie um ein Sprachgeschehen, das retrospektiven Charakter hat. Die ntl. Exegese ist sich ja weitgehend einig, daß unbeschadet der Existenz von vorösterlichen Elementen einer *impliziten Christologie* die entscheidende christologische Entwicklung nach dem Osterereignis stattgefunden hat. Aufgrund der Erfahrung der Auferweckung Jesu wird rückblickend versucht, genauer zu klären, was es mit Jesus und seiner Botschaft auf sich hat. Daß dabei auch Elemente biblischer Königstradition zum Zuge kamen, die offensichtlich von jeher durch die Rezeption und Transformation von ägyptischen Traditionselementen geprägt war, ist seit langem deutlich.

Einen zentralen Belegtext für diese frühe christologische Entwicklung stellt *Röm 1,3 f* dar, wo Paulus auf eine ihm schon vorliegende Bekenntnisformel zurückgreift. Diese beschreibt Jesus als *"geworden aus dem Samen Davids"(V.3)* und *"eingesetzt zum Sohn Gottes"*, und zwar *"dem Geist der Heiligkeit nach aufgrund der Auferstehung von den Toten"(V.4)*. Höchstwahrscheinlich findet sich hier eine

---

8   Vgl. dazu ASSMANN 1992, 66-75.

alte Bekenntnisformel und damit *"die Spur einer ältesten Christologie"*,9 die im Unterschied zu Paulus selbst noch nicht die Präexistenz des Gottessohnes voraussetzt, sondern davon ausgeht, daß Jesus in seiner Auferweckung zum Gottessohn als Messiaskönig eingesetzt wird. Die Diskussion um die genaue Abgrenzung der übernommenen Tradition kann hier nicht weitergeführt werden, aber das ist wohl auch nicht nötig, geht es doch hier nur um die theologischen Grundmuster der vorpaulinischen Tradition.10

Folgende Aspekte sind festzustellen:

- ♦ Die Auferweckung Jesu wird als Inthronisationsakt gedeutet.
- ♦ Die Einsetzung Jesu als königlicher Messias wird mit der Sohn-Gottes-Bezeichnung verbunden.
- ♦ Diese Einsetzung in das messianische Amt wird in einen dynastischen Zusammenhang mit David gebracht.

Die Kombination aus Inthronisation, davidischem Dynastiedenken und Gottessohnschaft deutet, auch wenn nicht direkt zitiert wird, darauf hin, daß der biblische Hintergrundtext, der die semantische Matrix für diese Kombination bietet, die Natanweissagung in *2Sam 7,12-14* ist.11 Der Einfluß von *Ps 2* ist zwar nicht auszuschließen, aber an dieser Stelle auch nicht zu beweisen. Jedenfalls ist *Röm 1,3 f* das Zeugnis einer alten Erhöhungschristologie, welche biblische Verheißungen auf den auferweckten Jesus bezogen und diesen als Erfüllung messianischer Erwartung verstanden hat.12

Die Ähnlichkeiten und Unterschiede zu ägyptischer Königstheologie liegen auf der Hand. Hier wie dort ist die Inthronisation des Königs das Eintreten in eine Vater-Sohn-Relation. Die dynastische Einbindung bildet den Legitimationsgrund für den Zugang zur Herrschaft. Dies gilt für die ägyptische Tradition ebenso wie für die frühe Sohn-Gottes-Christologie, die Jesus als Sohn Davids und insofern als legitimen messianischen Thronanwärter bezeichnet.13 Diese Basisanalogien sind nun allerdings nicht als Indizien direkter Beeinflussung zu deuten, sondern verdanken sich der Ägyptenrezeption biblischer Königstradition. Und dieser Tradition entsprechen auch die Unterschiede zu ägyptischen Konzepten.

So wird etwa darauf verzichtet, die Sohnesqualität des Inthronisierten an den Anfang seiner Existenz zurückzuprojizieren. Die Herrschaft wird also gerade nicht retrospektiv legitimiert. Zwar ist die Davidssohnschaft die Grundlage für die

---

9   KÄSEMANN 1980,10.

10   Zu Traditionskritik und Auslegung vgl. HAHN 1995 (1963), 251-259; KÄSEMANN 1980, 8-11; WILCKENS 1978, 56-66; THEOBALD 1992, 31-40; MÜLLER 1996, 7-14.

11   HENGEL (1975, 100 f) weist auch darauf hin, daß die Deutung der Auferweckung durch *2Sam 7,12-14* möglicherweise mit den Ähnlichkeiten zwischen der Septuagintafassung der Natanweissagung und der Auferweckungsformel mit ΑΝΙΣΤΗΜΙ zusammenhängt. Vgl. MERKLEIN 1996, 32 mit Anm. 48; MÜLLER 1996, 11.

12   Vgl. MÜLLER 1996, 7-14.

13   Deswegen sollte auch nicht von einer "Zwei-Stufen-Christologie" gesprochen werden.

Inthronisation des Auferstandenen, aber dies ist noch nicht vergleichbar mit der Vorstellung vom *Königtum im Ei* oder der Erzählung eines Geburtsmythos. Auch handelt es sich bei der Inthronisation des Auferstandenen nicht um eine aktuelle politische Herrschaft, sondern um eine *"dem Geist der Heiligkeit nach"*. Hier liegt also die Konzeption einer pneumatischen Herrschaft vor. *"In seiner himmlischen Existenzweise hat der aus dem Samen Davids Geborene und von den Toten Auferweckte die machtvolle Funktion des Gottessohnes übernommen und das messianische Amt angetreten."*[14] Aus der Konzeption einer pneumatischen, postmortalen Regentschaft des Auferstandenen ergibt sich eine scheinbare Annäherung an ägyptische Vorstellungen, wo die Gottessohnschaft des Königs aufs engste mit der Kontinuität der königlichen Herrschaft über die Todesschwelle hinaus verbunden war. Diese Annäherung ist aber nicht als Indiz einer direkten Ägyptenrezeption zu lesen, sondern als Ergebnis der Verarbeitung des Todesgeschicks Jesu, der nun einmal keine irdische Königsherrschaft angetreten hat. U.B. MÜLLER hat darauf aufmerksam gemacht, daß zu den Voraussetzungen für diese Verarbeitung auch die Vorstellung von der postmortalen Königswürde des Gerechten gehört, wie sie sich im *Weisheitsbuch (Weish 5,5.15 f)*, welches hier deuterojesajanische Theologie weiterentwickelt, findet.[15] Das bedeutet, daß sich im christlichen Bereich eine Reindividualisierung der generischen Sohn-Gottes-Aussage vollzogen hat.[16]

Des weiteren ist als wichtiger Unterschied gegenüber der ägyptischen Tradition festzuhalten, daß es dort stets darum gegangen war, die Unüberwindlichkeit der Schwelle des Todes zu relativieren und als Bruch tendenziell unsichtbar zu machen. Die Königsherrschaft sollte postmortal möglichst problemlos fortgesetzt werden. In der ntl. Christologie hingegen wird der Bruch gerade nicht unsichtbar gemacht, sondern betont, insofern dem *Gekreuzigten* ein neuer Status als Auferstandener zugeschrieben wird. Legte Ägypten Wert auf Kontinuität, so steht im Hintergrund des frühen christologischen Bekenntnisses noch stets das als Peripetie eines Heilsdramas erfahrene Osterereignis.[17] Zudem bezieht sich die Herrschaft des Auferstandenen nicht auf das Jenseits. Der Geist ist das Medium einer durch-

---

14 HAHN 1995 (1963), 256. Festzuhalten ist, daß der Gedanke eines Sitzens zur Rechten des Vaters, den HENGEL (1993, 139) betont, zwar impliziert sein mag, aber nicht besonders akzentuiert wird.

15 Vgl. MÜLLER 1996, 12-14. Im übrigen ist festzuhalten, daß die Annahme eines hellenistisch-jüdischen Einflusses nicht gegen eine Entstehung der Erhöhungschristologie im palästinischen Raum sprechen. Schließlich darf man sich diesen nicht als eine "hellenismusfreie Zone" vorstellen.

16 Die individuelle Deutung der Natanweissagung, die das frühe Christentum hier vollzogen hat, war innerhalb des zeitgenössischen Judentums nicht so außergewöhnlich, wie MÜLLER (1996, 2 f) findet. Immerhin zeigen entsprechende Qumranbelege positiv *(4Q 174 I,10-13)* wie negativ *(4Q 246)* eine vergleichbare Vorgehensweise. Die Unterscheidung zwischen einem Vorkommen im Schriftzitat und außerhalb ist unangemessen, da ein Schriftzitat im entsprechenden Kontext nicht weniger Aussagekraft hat als eine freie Formulierung, sondern eher mehr.

17 Vgl. MERKLEIN 1987, 232-236.

aus irdischen Herrschaft, die sich im Wirken des Geistes konkretisiert.[18] Diese Basisunterschiede machen erneut die Differenzen im kulturellen Gesamtrahmen deutlich.[19]

Ein weiterer Entwicklungsschritt läßt sich an der Erzählung von der *Taufe Jesu (Mk 1,9-11)* festmachen. Diese stellt wohl überwiegend ein vorgegebenes Traditionsstück dar, welches von der *mk* Redaktion durch kleine Eingriffe, vor allem Orts- und Zeitangaben, in ihren Erzählrahmen eingepaßt wurde. Die Taufe selbst wird knapp erzählt (V.9). Sie wird in V.10 f gefolgt von einem dreiteiligen Epiphanieereignis. Jesus sieht, daß sich der Himmel öffnet und der Geist auf ihn herabkommt, und eine Himmelsstimme verkündet ihn als Gottes geliebten Sohn.

Deutlich ist, daß der erste Teil der Aussage der göttlichen Stimme *Ps 2,7* zitiert. Die Aussage des Wohlgefallens in der zweiten Hälfte dürfte dagegen auf *Jes 42,1* zurückgehen.

▷ *Mk 1,11:* καὶ φωνὴ ἐγένετο ἐκ τῶν οὐρανῶν, Σὺ εἶ ὁ υἱός μου ὁ ἀγαπητός, ἐν σοὶ εὐδόκησα.

▷ *Ps 2,7*:* κύριος εἶπεν πρός με υἱός μου εἶ σύ ἐγὼ σήμερον γεγέννηκά σε.

Der Vergleich zeigt deutlich, daß die Zeugungsaussage von V.7 ausgelassen wird. Dies deutet darauf hin, daß die Tauferzählung nicht daran interessiert ist, das Eintreten Jesu in die Rolle des Sohnes Gottes anläßlich seiner Taufe auszudrücken. Es liegt nicht in der Aussageabsicht der Erzählung, festzulegen, von wann an Jesus Sohn Gottes ist. Klar ist nur, daß Jesus nach der Taufe als geistbegabter Gottessohn *geoffenbart* wird. Das Neue, das sich in der Taufvision ereignet, ist das Bekenntnis des Vaters zu seinem Sohn, an dem die Lesenden Anteil nehmen sollen. Daß Jesus aber durch die Taufe erst dazu gemacht wird, kann nicht geschlossen werden, da eine Zeugungsaussage mit entsprechender Terminierung ("heute") fehlt. Als bestätigende Offenbarung der Sohnschaft durch den Vater hat die Tauferzählung eine Entsprechung ihrer erzählerischen Funktion in den betreffenden Szenen der ägyptischen Reliefzyklen.[20] Dort geht es um die liebevolle Annahme des Sohnes durch den Vater und die Bestätigung der Vaterschaft in einem performativen Sprechakt, nicht um eine Zeugungs- oder "Adoptions"-Szene.

Die *mk* Redaktion erkennt recht genau, daß es hier um die bestätigende Annahme des Sohnes durch den Vater geht, nicht aber um die Begründung der Vaterschaft durch Zeugung oder Adoption. Für *Mk* ist Jesus jedenfalls Sohn Gottes von Anfang an. Er macht diesen christologischen Grundsatz innerhalb seines narrativen Gesamtrahmens dadurch deutlich, daß er schon in V.1 von Jesus Christus, dem Sohn Gottes, spricht. Vermutlich aber vereindeutigt er damit nur eine Aussage, die er mit seiner Tradition teilte. Andernfalls müßte man unterstellen, daß erst die *mk* Redaktion die Zeugungsaussage des Psalms eliminiert hätte, was wenig wahrschein-

---

18   Vgl. MÜLLER 1996, 9.
19   Vgl. dazu ASSMANN 1992, 196-228.
20   Vgl. die *SZENEN X.XI.XIV* des Geburtszyklus.

lich ist.[21] Schließlich hängt die Orientierung an *Jes 42,1* auch mit dem Kontext der Geistbegabung zusammen, der keinesfalls erst redaktionell eingebracht worden sein kann, weil er zu den narrativen Konstituenten der Perikope gehört. Durch den Zusammenhang mit *Jes 42,1* wird der Vorstellungskomplex des Gottesknechts aktualisiert, was nicht überraschend ist, wenn schon bei der ältesten Deutung der Auferstehung als Inthronisation der Topos vom leidenden Gerechten ein Rolle spielte. Das bedeutet aber nicht, daß die Sohn-Gottes-Aussage hier "nur" als Knechtsaussage zu verstehen wäre.[22] Abgesehen davon, daß natürlich auch der Gottesknecht eine königliche Gestalt ist, spricht doch der Zusammenhang mit *Ps 2* deutlich für eine königliche Gottessohnschaft. Jesus wird als geistbegabter eschatologischer Messiaskönig geoffenbart.

Allerdings ist eine zweite Veränderung gegenüber dem Psalmtext zu beachten. Sie liegt in der Veränderung der Wortstellung. Damit wird der Ton auf die identifizierende Anrede Jesu gelegt. So hat Anton VÖGTLE schon 1972 darauf hingewiesen, daß beim Wort der göttlichen Himmelsstimme in *Mk 1,11* der Ton nicht wie in *Ps 2,7* auf dem Prädikatsnomen liegt, sondern auf dem ΣΥ, *"also darauf, daß dieser Jesus der geliebte Sohn Gottes ist, der aufgrund dieser Sohnesqualität von Gott erwählt wurde. Wenn unsere Offenbarungsszene eben verkünden will, daß Jesus trotz der im Taufempfang erfolgten Unterordnung unter den Täufer der Höhere ist, ist es nur folgerichtig, wenn die Gottesstimme Jesus nicht nur aus den übrigen Täuflingen herausheben, sondern auch, ja wohl noch mehr, dem Täufer gegenüberstellen will, der in der vorausgehenden Taufnotiz ja auch ganz allein genannt wird"*.[23]

Freilich ist nicht nur an eine Abgrenzung vom Täufer Johannes (und eventuellen messianischen Ansprüchen täuferischer Gruppen) zu denken, sondern an eine prinzipielle Abgrenzung der Gottessohnschaft Jesu von *allen* entsprechenden Ansprüchen. Es kann nur einen geben, und dieser eine ist Jesus. Er und kein anderer ist der Sohn Gottes! Wohl schon bei der vormarkinischen Tradition, spätestens aber bei *Mk* dürfte sich damit eine gegen die hellenistisch-römische Herrscherideologie gerichtete Stoßrichtung verbinden (s.u.). Daß die Liebe des Vaters in diesem Kontext nicht nur mit Emotionen zu tun hat, sondern zugleich den Aspekt stellvertretender Ermächtigung impliziert, erhellt aus der Phraseologie der hellenistischen Herrscherideologie, wo (in Fortführung entsprechender ägyptischer Königstraditionen) die Sohnesbeziehung des Herrschers zu einem Gott üblicherweise durch die Liebe des Vaters zu seinem königlichen Sohn näher bestimmt ist.

Was die Symbolik der Taube angeht, so ergeben sich interessante religionsgeschichtliche Perspektiven. Schon im Hintergrund der Liebesmetaphorik des Ho-

---

21 Vgl. MÜLLER 1996, 17.
22 So HAHN (1995 (1963), 341) im Hinblick auf die von ihm angenommene älteste Traditionsschicht der Tauferzählung. Vgl. GNILKA 1994 (1), 50.53.
23 VÖGTLE 1972, 135.

henlieds stand vermutlich die alte Deutung der Taube als Botenvogel der Göttin Ischtar, die mit Fruchtbarkeit und Liebe verbunden war.[24] Als Liebessymbol kann die Taube auch in der hellenistischen Kultur gelten. Die Taube wird etwa seit dem 4. Jh. v.Chr. als heiliges Tier der Aphrodite bzw. Venus aufgefaßt und in den entsprechenden Tempeln auch gehalten. Die Taube kann auch als Attribut von Eros und Adonis erscheinen. Sie spielt eine wichtige Rolle in der Gründungssage des Ammonorakel von Siwa. Herodot referiert in *Historien II,54-57* zwei Gründungslegenden für die Orakel von Dodona und Siwa.[25] In der einen sind es Tauben, die den jeweiligen Orakelort in der Fremde festlegen.

Die Priesterinnen in Dodona aber sagten, aus Theben in Ägypten seien zwei schwarze Tauben weggeflogen und die eine nach Libyen, die andere zu ihnen nach Dodona gekommen und die habe sich auf eine Eiche gesetzt und mit menschlicher Stimme gesagt, hier müsse ein Orakel des Zeus eingerichtet werden. Das hätten sie für ein Gebot des Gottes gehalten und eines eingerichtet. Die nach Libyen gekommene Taube aber habe den Libyern geboten, dort ein Orakel des Ammon einzurichten, also auch ein Orakel des Zeus.

(II,55)

Hier fungieren Tauben also als göttliche Boten, aber ohne den erotischen Kontext der altorientalischen Göttinnen. In Ägypten wurden anläßlich der Krönung des Königs Vögel als Boten dieses heiligen Ereignisses in alle vier Himmelsrichtungen ausgesandt. Tauben wurden zur menschlichen Ernährung und als Opfertiere genutzt, waren als Haus- und Nutztiere sehr beliebt, galten aber nicht als Liebessymbol.[26] Im allgemeinen wurde die Taube in der Antike als besonders furchtsames, zärtliches, liebevolles und treues Tier angesehen.[27] Als Symboltier der Venus, der Urmutter des julischen Geschlechts, spielt sie in den Augustuslegenden eine wichtige Rolle. Sueton berichtet, daß der göttliche Caesar in einem Wald eine Palme fand, die er als gutes Vorzeichen auffaßte. Aus dieser wuchs ein Trieb hervor, der den Stamm nach kurzem überragte und von vielen Tauben bevölkert wurde.

Man behauptet, daß Caesar hauptsächlich durch dieses Vorzeichen dazu bewegt worden sei, sich keinen anderen zu seinem Nachfolger auszusuchen als den Enkel seiner Schwester.

(Augustus 94,11)

Caesar wird also durch das heilige Tier der göttlichen Urmutter auf Octavian als seinen Sohn, als DIVI FILIVS, hingewiesen. In diesem Kontext wird die Liebessymbolik dann weitgehend zurückgedrängt.[28]

---

24 Vgl. KEEL 1996, 124-126; SCHROER 1986, 199-205.

25 Vgl. hierzu KUHLMANN 1988, 53 f.

26 Vgl. STÖRK 1986.

27 Vgl. PAULY V, 535 f.

28 Trotzdem ist hier orientalischer Einfluß zu vermuten, denn die Palme gehörte wie die Taube zu den charakteristischen Attributen der Ischtar. Vgl. KEEL 1996, 126.

Da sich die Entstehung des *Mk* im syrischen Raum lokalisieren läßt,[29] ist auf diesen Bereich als dem unmittelbaren kulturellen Kontext gesondert einzugehen. Entsprechend der altorientalischen Tradition spielt die Taube im Kontext der syrischen Religionsgeschichte als heiliges Tier der Göttin Atargatis eine große Rolle. Ein Kultrelief aus dem 1. Jh. n.Chr. in Dura Europos zeigt die *Dea Syra* auf einem Löwenthron, begleitet von einer Taube und mit der rechten Hand die Gläubigen segnend.[30] Die Geburtslegende der Göttin begründet die Heiligkeit der Tauben damit, daß sie ein Ei ausgebrütet hätten, aus dem die Göttin entsprang, nachdem es vom Himmel in den heiligen Teich gefallen war.[31] Ebenfalls aus dem 1. Jh. stammen triadische Darstellungen, die die Göttin zusammen mit ihrem Gemahl Hadad / Zeus und dem abstrakt gehaltenen *Semeion* zeigen.[32] Auch in Hierapolis befanden sich solche Darstellungen: Zwischen dem göttlichen Paar steht die archaische Kultstandarte. *"Dieses goldene Kultbild '(ohne) eigene Form' bestand aus einem Schaft und der ornamental ausgestalteten Spitze. An ihm waren zahlreiche Scheiben und Ringe befestigt, und auf seinem oberen Ende saß eine Taube aus Gold."*[33] Zwar läßt sich die Semantik der Zuordnung von Taube und *Semeion* nicht genau beschreiben, aber die Verbindung dieses Tieres mit einem Numen, welches in ntl. Zeit noch nicht personifiziert ist und nicht anthropomorph dargestellt wird, weil ihm Gestaltlosigkeit zugeschrieben wird, scheint doch bemerkenswert.

Vor diesem religionsgeschichtlichen Hintergrund kann angenommen werden, daß die Taube in *Mk 1,10* als leibhaftige und sichtbare Botengestalt des unsichtbaren und gestaltlosen Geistes Gottes aufzufassen ist. Ihm wird einerseits die Freiheit und Beweglichkeit des Vogels zugeschrieben, andererseits werden Konnotationen, welche in der Liebessymbolik vorgeprägt sind, aufgerufen. Allerdings geht es hier nicht um die erotische Liebesbeziehung, sondern um die liebende Anerkennung des Sohnes durch den Vater.[34] Der entscheidende Bezugspunkt für die Verbindung von Geist und Taube scheint aber im Bereich der Weisheitsspekulation des hellenistischen Judentums zu liegen. So bringt Philo in seinem Werk *"Der Erbe der göttlichen Dinge" (her.)* die Weisheit mit der Taube in Verbindung.[35] Er unterscheidet zwischen göttlicher und menschlicher Weisheit; zwischen der, die zurückgezogen

---

29   Vgl. THEISSEN 1992, 246-261. Allerdings ist zu beachten, daß die Verehrung der *Dea Syra* in den ganzen Mittelmeerraum ausstrahlte.
30   Vgl. HAIDER u.a. 1996, 165 f mit Abb. 60.
31   Vgl. HAIDER u.a. 1996, 215.
32   Vgl. HAIDER u.a. 1996, 212 f mit Abb. 91.
33   HAIDER u.a. 1996, 212.
34   Wenn SCHROER (1986, 206) behauptet, das NT habe mit dem Taubensymbol *"ganz sicher auch dessen erotisch-sinnliche Assoziationen"* übernommen, so verkennt sie, daß der Symbolgehalt vom jeweiligen Kontext abhängig ist, und auch außerhalb des NT nicht immer eine erotische Komponente gegeben ist. Die unselige Trennung von Erotik und Heiligem ist sicher zu bedauern, aber mit dem Taubensymbol der ntl. Tauferzählungen nicht zu beheben. Gegen SCHROER 1986, 207.
35   Vgl. WODTKE-WERNER 1994, 323 f; SCHROER 1986, 208-211.

einzig bei und für Gott lebt, und der anderen, die mit den Menschen Umgang pflegt.

Eine Einsiedlerin nämlich ist die göttliche Weisheit, weil sie wegen des einen Gottes, dessen Besitz sie ist, das Alleinsein liebt, gleichnishaft wird sie Turteltaube genannt, - mild, zahm und gesellig ist die andere, da sie sich gern in den Städten der Menschen aufhält und es ihr in Gesellschaft von Sterblichen gefällt. Diese vergleicht man der Felsentaube.

(her. 127 f)

Die gemeinsame Taubengattung dient Philo hier dazu, die Gemeinsamkeiten zwischen den beiden Weisheiten festzuhalten. Die menschliche Weisheit kann nur deshalb für den Menschen soteriologisch wirksam werden, weil sie mit der göttlichen Weisheit wesensverwandt ist. Die Frage ist nun aber, ob es erlaubt ist, Weisheit und Pneuma zusammenzubringen und so die philonische Spekulation als möglichen religionsgeschichtlichen Bezugspunkt für die christliche Taubensymbolik zu gewinnen. Das ist ohne weiteres zu bejahen, denn aus dem *Weisheitsbuch (Weish 1,4-6; 7,7.22.25)* kann erschlossen werden, daß aufgrund der pneumatischen Qualität der Weisheit eine Verbindung von Geist und Weisheit im hellenistisch-jüdischen Bereich vollzogen wurde und damit auch für den frühchristlichen Bereich problemlos möglich war.[36] Pneuma und Sophia können begrifflich so sehr angenähert werden, daß charakteristische theologische Aussagen von einer Größe auf die andere übertragen werden können. Das mag dann erst recht für die metaphorische Verleiblichung unter dem Bild der Taube gelten. Den tatsächlichen Vollzug dieser Übertragung vorausgesetzt, wird dann die Aussage der Taufoffenbarung dahingehend erweitert, daß Jesus als Geistbegabter auch Träger der göttlichen Weisheit ist.

Im Vergleich mit der Tradition in *Röm 1,3 f* wird von der Tauftradition insofern eine "Vordatierung" der Sohn-Gottes-Würde vorgenommen, als nun eine dem Auferstandenen zuerkannte Qualität schon dem irdischen Jesus zugeordnet wird. Hier liegt zwar keinesfalls die primäre Aussageintention der Erzählung,[37] aber unter einem traditionsgeschichtlichen Gesichtspunkt ist sie eben doch ein Dokument des entsprechenden theologiegeschichtlichen Prozesses. Zwar wird die Geschichte nicht erzählt, um die Einsetzung Jesu zum Gottessohn vorzudatieren, indem die Erzählung aber die Sohn-Gottes-Würde des irdischen Jesus als gegeben offenbart, ist sie selbst ein Indikator dafür, daß die retrospektive Dynamik, die ägyptisch mit der Vorstellung vom *Königtum im Ei* verbunden ist, in christlicher Ausprägung zu greifen beginnt: Ausgehend vom österlichen Bekenntnis, wird sukzessive die gesamte Existenz Jesu als Sohnesexistenz erhellt.

---

36 Zur Verbindung von Geist und Weisheit in hellenistischer Zeit vgl. WODTKE-WERNER 1994, 309-318.

37 Vgl. VÖGTLE 1972, 125-130.

Eine weitere Station in diesem Prozeß ist die *Verklärungserzählung (Mk 9, 2-8)*, die eine große Nähe zur Taufgeschichte aufweist und vermutlich aus denselben oder doch verwandten Tradentenkreisen stammt. Auch hier wird wieder *Ps 2* variiert, um die besondere Stellung Jesu als Sohn Gottes zu umschreiben. Wieder wird die Zeugungsaussage gemieden und durch eine andere Aussage ersetzt. Hier ist es die Aufforderung an die Jünger (und durch sie an die Lesenden), auf Jesus zu hören. Damit ist auch der besondere Akzent der Sohn-Gottes-Aussage in der Verklärungserzählung gekennzeichnet. Diesmal geht es um die Qualität Jesu als Lehrer, auf den unbedingt zu hören ist. Jesus wird als einzigartiger eschatologischer Offenbarungsträger gekennzeichnet, der als Sohn auch Moses und Elija überragt.[38] Mit ihm kommt die himmlische Königsherrschaft Gottes auf die Erde, freilich einstweilen nur punktuell und situativ. Die christologische Grundbotschaft des Textes läuft wie bei der Tauferzählung auf eine Vorverlagerung der Würde des Auferstandenen hinaus: *"Jesus eignet schon auf Erden himmlische Qualität. Er wird nicht durch Kreuz und Auferstehung in die Herrlichkeit eingesetzt, sondern hat sie bereits auf Erden, allerdings in Verborgenheit."*[39] Er ist schon als Irdischer der königliche Stellvertreter der göttlichen Herrschaft, weshalb seiner Botschaft unbedingt zu folgen ist. Hier geht es (wie in der Tauferzählung) nicht um die Einsetzung Jesu als Gottessohn, sondern um die Offenbarung dieser seiner Würde.[40] Die Verklärungserzählung teilt also mit der Tauferzählung den retrospektiven Aspekt unter dem die Sohn-Gottes-Würde Jesu begriffen wird. Beide wollen nicht den Beginn der Gottessohnschaft Jesu erzählen, sondern offenbaren unter dem Eindruck der Ostererfahrung rückblickend die Würde Jesu als eine schon vorgegebene.

Auf der Ebene der *mk Redaktion* wird der Prozeß der christologischen Retrospektive insofern wieder näher mit seinem Ursprung, der Auferstehung des Gekreuzigten, verbunden, als *Mk* eine Brücke baut, die von der Einleitung des Evangeliums bis zum Bekenntnis unter dem Kreuz führt. Es würde den Rahmen dieser Skizze sprengen, den *mk* Entwurf einer Sohn-Gottes-Christologie adäquat nachzeichnen zu wollen. Immerhin ist festzuhalten, daß die Integration des Todesgeschicks Jesu in die Sohn-Gottes-Vorstellung ein besonderes Anliegen der *mk* Redaktion darstellt. Das wird etwa deutlich am Bekenntnis des Hauptmanns unter dem Kreuz *(Mk 15,39)*, aber auch an der Einbettung der Verklärungsgeschichte in den Kontext der Leidensankündigungen *(Mk 8,31 f; 9,31)*. So ist es dann auch folgerichtig, daß Jesus beim Abstieg vom Verklärungsberg mit den Jüngern über seine Auferstehung von den Toten spricht. Das Verklärungsereignis wird zur Präfiguration der Auferstehung. Die Herrlichkeit des Verklärten offenbart die Herrlichkeit des Auferstandenen. G. THEISSEN hat darauf aufmerksam gemacht, daß die Herrschaftspropaganda des Vespasian als zeitgeschichtlicher Hintergrund des *Mk* zu sehen ist,

---

38   Vgl. MÜLLER 1996, 19-23.
39   ÖHLER 1996, 216.
40   Anders GNILKA (1994 (2), 32), der von einem "Inthronisationsakt" spricht.

wobei wohl Erinnerungen an die Caligulakrise, welche Teile seines Traditionsmaterial bewahrt hatten, aktualisiert wurden.[41] Wie zuletzt auch U. B. MÜLLER betont hat, kann *" die betonte Entfaltung der markinischen Christologie, die Jesus als einzig legitimen Sohn Gottes herausstellt, einen negativen Anstoß in der Herrschaftspropaganda Vespasians gefunden haben."*[42]

Eine aktuelle Auseinandersetzung mit zeitgenössisch virulenten Sohn-Gottes-Konzepten ist auch für die *Versuchungsgeschichte der Logienquelle (Lk 4,2-12 // Mt 4,2-11)* anzusetzen, welche um die Frage der Gottessohnschaft Jesu kreist. In drei Anläufen stellt der Satan Jesus auf die Probe, indem er ihn mit bestimmten Erwartungen und Vorstellungen konfrontiert. Die ganze Erzählung, deren ursprüngliche Fassung wohl bei *Mt* am besten erhalten ist,[43] bezieht ihrer narrative Logik aus dem Spiel mit verschiedenen Konzepten von Gottessohnschaft. Besonders die erste Versuchung, das Verwandeln von Steinen in Brot *(Mt 4,3 f // Lk 4,3 f)* und die dritte, das Erlangen der Weltherrschaft *(Mt 4,8-10 // Lk 4,5-8)*, rekurrieren auf Topoi der gängigen Herrschaftsideologie.

Die Versorgung mit Brot gehört zum Standardrepertoire hellenistisch-römischer Herrscherideale (s.o. Kap. III) und der biblischen Königstheologie, war also selbstverständlich auch im Judentum bekannt (s.o. Kap. IV). Die Vorstellung vom Herrscher als Brotgeber erscheint hier aber insofern in persiflierter Form, als es nicht um die Versorgung hungernder Massen, sondern um die Selbstversorgung des Gottessohns geht. Diese Versuchung, messianische Macht selbstsüchtig einzusetzen, wird abgewiesen unter Hinweis auf biblische Frömmigkeit.

Die Verlockung der Weltherrschaft als Gratifikation der Anbetung stellt die dritte Versuchung dar. Hier kann der Satan geradezu als theologische Chiffre für einen Herrscher gelesen werden, der in satanischer Selbstvergottung bedingungslose anbetende Unterwerfung fordert und sich die freie Verfügung über die Königtümer dieser Welt anmaßt. Auch diese Versuchung wird von Jesus durch den Hinweis auf biblische Frömmigkeitstradition abgewiesen. Insgesamt erweist sich die Gottessohnschaft Jesu gerade im bedingungslosen Gehorsam gegenüber dem einen Gott.[44]

Was den zeitgeschichtlichen Hintergrund der Versuchungserzählung der Logienquelle angeht, so hat P. HOFFMANN auf den zelotischen Messianismus im Kontext des Aufstandes gegen die Römer hingewiesen.[45] Entsprechende politisch-militärische Messiaskonzepte würden von den Q-Tradenten abgewiesen. Dagegen hat G. THEISSEN für eine Bezugnahme auf die religiöse Aufladung politischer Herr-

---

41 Vgl. THEISSEN 1992, 270-284. - Zur Wahrnehmung der Caligulakrise im palästinischen Christentum vgl. jetzt auch TAYLOR 1995/1996.
42 MÜLLER 1996, 27.
43 Zur Rekonstruktion des Q-Textes vgl. HOFFMANN 1969, 208 f.
44 Vgl. MÜLLER 1996, 27-30.
45 Vgl. HOFFMANN 1969, 213-219.

schaft durch autokratische Herrscher wie Caligula plädiert.[46] Zwischen beiden Entwürfen muß kein wirklicher Gegensatz bestehen, wenn man die zelotischen Messiaskonzepte als Protest gegen römische Herrschaft und strukturelle Widerspiegelung entsprechender Herrschaftskonzepte ansieht.

Für die beiden ersten Versuchungen ist aber HOFFMANNs These die weitaus überzeugendere Lösung. Immerhin zitiert der Teufel jeweils die Schrift, um seine Versuchung zu begründen. Da Jesus stets mit Schriftworten antwortet, nimmt die Auseinandersetzung Züge einer schriftgelehrten Disputation an. Das deutet doch stark auf eine innerjüdische Auseinandersetzung um das rechte Verständnis der Sohn-Gottes-Rolle hin. In dieser Auseinandersetzung denunziert die Erzählung ein ihrer Ansicht nach falsches Sohn-Gottes-Verständnis als Resultat einer satanischen Schriftauslegung. Das hat nichts mit dem Anspruch von römischen Kaisern zu tun, aber viel mit dem Anspruch zelotischer Messiasanwärter.

Dagegen scheint für die Versuchung der Weltherrschaft eine Bezugnahme auf römische Vorstellungen näher zu liegen. Immerhin gehört die souveräne Verfügung über Reiche und Völker zur Ideologie römischer Herrschaft, die sich auch in Palästina immer wieder durch das Einsetzen von lokalen Klientelherrschern in der politischen Praxis auswirkte. Interessant ist zudem, daß die dritte Versuchung den Sohn-Gottes-Titel nicht erwähnt und auch anders strukturiert ist als die ersten beiden. Das Motiv der Bewährung der Gottessohnschaft durch einen spektakulären Machtbeweis fehlt. Hier geht es nicht um das rechte Verständnis der Gottessohnschaft Jesu, sondern um die Unterwerfung Jesu als Vasall unter einen Großkönig. Selbst die Aussicht auf eine weltweite Herrschaft als Vasallenfürst kann aber den Gottesfürchtigen nicht zur blasphemischen Proskynese bewegen. Sie wird als Verstoß gegen das Erste Gebot abgewiesen. Für den Frommen ist es unmöglich, einen anderen anzubeten als Gott allein. Diese narrative Grundstruktur paßt nicht zur pragmatischen Intention der Polemik gegen die Hoffnung auf ein messianisches Weltreich, aber sehr gut zu einer Situation, die die Anbetung eines heidnischen Herrschers mit der Aussicht auf Machterweiterung belohnte. Eine solche Situation war in Palästina in hellenistisch-römischer Zeit öfters gegeben. Für die Q-Redaktion, die wohl in die Zeit der Tempelzerstörung fällt,[47] bietet sich am ehesten die flavische (aber von Herrschern wie Caligula oder Nero vorbereitete) Renaissance hellenistischer Königsideologie als Verstehenshorizont an. Damit soll aber keinesfalls ausgeschlossen sein, daß die Q-Tradition Erinnerungen an die Caligulakrise bewahrt hatte, die angesichts einer neuen Krise aktualisiert werden konnten.[48] Das würde bedeuten, daß die Q-Tradenten mit der Versuchungsgeschichte einen Zweifrontenkrieg führten, sowohl gegen den zelotischen Messianismus, wie auch gegen die opportunistische Unterwerfung unter die Macht des Stärkeren.

---

46   Vgl. THEISSEN 1992, 215-232.
47   Zur Spätdatierung von QR vgl. HOFFMANN 1992, 450-456.
48   Vgl. THEISSEN 1992, 230.

Daß eine solche Konfliktlage in der Kriegs- und Nachkriegszeit durchaus gegeben war, läßt sich am Beispiel des Frontwechsels des Josephus gut zeigen (s.o. Kap. IV). Sein Stellungswechsel zeigt zudem die Strukturanalogie römischer Herrschaft und antirömischen Kampfes: Der "Überläufer" wendet auf den Sieger denselben, leider nicht genau zu identifizierenden Bibelspruch an, der auf der Seite der Zeloten den Kampf legitimiert. Vespasian ist für Josephus die eigentliche Erfüllung der Hoffnungen, die die Aufständischen motivierten! Selbst wenn keine konkreten Fälle eines solchen Frontwechsels im Hintergrund stehen, bleibt die Rekonstruktion der pragmatischen Intention als Auseinandersetzung mit zwei gegnerischen, aber gleich strukturierten Positionen plausibel: Wer sich dem Anliegen der "nationalen Sache" aufgrund programmatischer Gewaltlosigkeit verweigerte, mußte sich noch stets mit dem Vorwurf des "Landesverrats" auseinandersetzen.

Dieser kurze Durchgang durch die frühe Rezeptions- und Interpretationsgeschichte der Sohn-Gottes-Konzeption im christlichen Bereich zeigt, wie der erste, in *Röm 1,3 f* dokumentierte Schritt der individualisierten Anwendung der Gottessohnschaft auf den Auferstandenen eine Bewegung auslöst (oder zumindest ermöglicht), die auch dem irdischen Jesus mehr und mehr die messianische Qualität der Gottessohnschaft zuschreibt. Dieser Prozeß der sukzessiven Vorverlagerung der Sohn-Gottes-Würde des Auferstandenen bis hin zum Beginn seines öffentlichen Wirkens entspricht strukturell der rückblickenden Perspektive der altägyptischen Königstradition, auch wenn es bei den betrachteten Traditionsstufen noch nicht zu einer Vorstellung kommt, die dem *Königtum im Ei* entspricht. Diese Strukturanalogie zwischen der christologischen Entwicklung des Frühchristentums und ägyptischer Tradition sollte allerdings nicht vorschnell als Ergebnis direkter Beeinflussung oder Abhängigkeit gelesen werden. Viel eher kommen hier religiöse Grundmuster zum Tragen, die zur Reaktivierung bestimmter (durchaus von Ägypten beeinflußter) Elemente biblischer Königstradition führten. In diesem Prozeß kommen zudem zeitgenössisch geläufige Elemente der Herrscherideologie als Negativfolie zum Zuge, offensichtlich besonders in der von Caligula und den flavischen Kaisern propagierten Fassung. Sie dienen der Abgrenzung von einem spezifisch christlichen Konzept der Gottessohnschaft, in dem die Tradition vom leidenden Gerechten eine entscheidende Rolle spielt, weil sie es ermöglicht, das Todesgeschick Jesu zu integrieren. Insofern ist die Entwicklung der Sohn-Gottes-Christologie ein Beispiel für die generelle Entwicklungslinie der Christologie, die offensichtlich zunächst von der Erfahrung der Auferstehung ausging und erst von da aus in einem zweiten Schritt das Kreuz positiv verarbeiten konnte.[49]

---

49 Vgl. HOFFMANN 1994, 188-256, bes. 202-205.

2.   Das lukanische Kindheitsevangelium

2.1.   Zur Traditionsgeschichte

Über die mögliche Vorgeschichte der Erzählung in *Lk 1-2* mit ihrer charakteristischen Verbindung von Jesusgeschichte und Täufergeschichte ist viel diskutiert worden. Eine auch nur halbwegs adäquate Darstellung der Forschungsgeschichte würde den Rahmen dieser Arbeit sprengen.[50] Schon die Abgrenzung der "Kindheitsgeschichte" ist unklar. Bleibt man bei diesem Begriff, so reicht der entsprechende Erzählkomplex von *Lk 1,5 - 2,52*. Andererseits führen so viele Linien in den Textkorpus des Evangeliums hinein, daß eine Trennung recht schwer fällt; immerhin wird z.B. am Ende von *Lk 3* durch den Stammbaum *(3,23-38)* noch einmal auf den Ursprung Jesu Bezug genommen.

Die Frage ist aber vor allem, ob die beiden ersten Kapitel des *Lk* viel altes Traditionsmaterial enthalten, oder sich hauptsächlich der an biblischen Modellen geschulten Kreativität' des Evangelisten verdanken. Die zweite Position ist von HARNACK entschieden vertreten worden. Er konstatierte, *"daß eine griechische Quelle den cc. 1 und 2 des Luk.-Ev.s nicht zu Grunde liegen kann; die Übereinstimmung des Stils mit dem des Lukas ist zu groß; die Quelle müßte Satz für Satz umgeschrieben sein. Möglich ist, daß für die Geschichtserzählung eine aramäische übersetzt ist, aber wahrscheinlich ist es nicht. Jedenfalls sind das Magnificat und das Benedictus Arbeiten des Lukas selbst."[51]* Mit einer *lk* Überarbeitung mündlicher und schriftlicher Quellen rechnete DIBELIUS 1953 (1932). Variationen seiner These bilden die Mehrheitsmeinung der jüngeren Exegese. Sie scheint immer noch plausibel, auch wenn kritische Stimmen nicht zu überhören sind. Da der Eindruck nicht von der Hand zu weisen ist, daß der Text nicht spannungsfrei ist, ist es sicher nicht unvernünftig, mit einer gewissen Vorgeschichte und der Verarbeitung von Quellen zu rechnen, wobei die Rekonstruierbarkeit dieser Quellen noch einmal eine ganz andere Frage ist.[52] Weitgehend einig ist sich die quellenkritisch arbeitende Forschung darin, daß in *Lk 1,5-25.57-66* eine Täufererzählung verarbeitet wurde und auch die großen Hymnen *(Lk 1,46-55.67-79; 2,29-32)* im Grundstock vorgegeben waren. Manche sprachlichen und theologischen Abweichungen vom übrigen Text des *lk* Doppelwerks legen es sogar nahe, die Existenz eines vorlukanischen Erzählkranzes anzunehmen, der seinerseits schon

---

50   Hier sei auf die Monographie von RADL (1996, 11-23) verwiesen, die an den betreffenden Stellen nicht ohne Hinweise verständlicher Ermüdungserscheinungen des Autors ist.

51   Vgl. HARNACK 1906, 150; vgl. ebd. 69-74.138-152. *Lk 1,34 f* wird allerdings als nachlukanischer Zusatz eingestuft. Vgl. HARNACK 1901.

52   FITZMYER (1981, 309 f) anerkennt die Existenz von mündlichen oder schriftlichen Quellen, rechnet aber mit eingehender *lk* Überarbeitung; ähnlich BOVON 1989, 45-48; SCHNEIDER 1992 (1977), 76-78, sowie MÜLLER 1995, 29 f. BROWN (1993, 250-252) erkennt zwei *lk* Bearbeitungsstufen.

Johannes- und Jesusgeschichten miteinander kombiniert hatte.[53] *"To admit such sources, however, does not mean that Luke has not reworked them in his own style."*[54] Selbst SCHÜRMANN, der annimmt, daß die *lk* Redaktion *"Lk 1-2 in vorliegendem Umfang im großen und ganzen schon in griechischer Gestalt vorgefunden"* hat, anerkennt, daß *"in starker Weise die Hand des redigierenden Lukas"* festzustellen sei und allenthalben *"Motive der luk Theologie"* anklingen.[55] In der Tat macht die flächendeckend feststellbare *lk* Überarbeitung eine genauere Abgrenzung und Bestimmung eventueller Quellen sehr schwer.

Zweifelsfrei bezieht sich der Abschnitt *Lk 1,1-4* als Texteröffnung auf den Makrotext. Der stilistische Wechsel zum folgenden Vers ist aber literarkritisch kaum auszuwerten, da er antiken Konventionen entspricht.[56] Um die folgende Geburtsankündigung des Johannes abzutrennen, muß man andere Gründe anführen. Genannt werden hier vor allem inhaltliche Merkmale: Johannes erscheine nicht wie sonst in der christlichen Überlieferung als Vorläufer Jesu. Seine Funktion als endzeitlicher Prophet des Höchsten beziehe sich auf Gott *(Lk 1,16 f.76)*. Jesus oder eine andere Heilsgestalt komme an keiner Stelle in den Blick. Es sei deshalb zu vermuten, daß die Johanneserzählungen in *Lk 1,5-25.57-80* in ihrem Grundbestand einer Täufertradition entstamme und erst nachträglich mit der Jesusgeschichte verbunden wurde. *"Die Tatsache, daß die Johanneserzählung keine Beziehung des Propheten zu Jesus und keine Berührungspunkte mit der christlichen Tradition erkennen läßt, macht es wahrscheinlich, daß sie aus Kreisen um Johannes stammt."*[57] Dieses Argument bedeutet bei näherem Hinsehen freilich nur, daß Jesusgeschichte und Täufergeschichte als zwei Erzählstränge begriffen und voneinander getrennt werden können. Über die faktische Existenz einer selbständigen täuferischen Kindheitsgeschichte ist damit strenggenommen noch nichts gesagt.

Die kritischste Frage ist allerdings, wie eine täuferische Kindheitsgeschichte ohne ein Täuferevangelium überhaupt lebensfähig gewesen sein sollte. Wenn es traditionsgeschichtlich zu den Grundstrukturen von Kindheitserzählungen gehört, daß sie als Retrospektive nur auf der Basis der Bedeutung des Erwachsenenlebens semantisch funktionieren, dann wäre zu fragen, wo beim Täufer der Ansatzpunkt für die Retrospektive lag. Von einem Täuferevangelium ist ja nichts bekannt und die Informationen, die sich aus der synoptischen Tradition über die Botschaft des historischen Täufers erkennen lassen, widersprechen eklatant dem Bild, das die Ge-

---

53 Vgl. z.B. MERKLEIN (1995, 43): *"Wahrscheinlich wird man doch mit einem schon vorlukanischen Erzählkranz rechnen müssen, der von einem unbekannten Redaktor geschaffen wurde. Lukas hat dann diesen Erzählkranz in sein Evangelium integriert."* Vgl. auch SCHÜRMANN 1990 (1969), 143; SCHNEIDER 1992 (1977), 76 f.

54 FITZMYER 1981, 309.

55 SCHÜRMANN 1990 (1969), 141. Zur Traditionsgeschichte von *Lk 1-2* vgl. ebd. 140-145.

56 Vgl. BUSSE 1991, 165 f.

57 RADL 1996, 53. Vgl. SCHÜRMANN 1990 (1969), 95 f; MERKLEIN 1995, 43; DIBELIUS 1953 (1932), 2-9.

burtslegende von ihm zeichnet. Von einem Ereignis, das diese Transformation angestoßen hätte, ist ebenfalls nichts bekannt. Die Täufertradition kennt kein Ostern. Nimmt man allerdings trotz dieser Probleme die eigenständige Existenz einer täuferischen Kindheitsgeschichte an, so wird man mit einer gewissen christlichen (evtl. vorlukanischen) Bearbeitung rechnen müssen, denn es ist doch auffällig, daß an keiner Stelle die Rolle des historischen Johannes als Gerichtsprophet durchscheint.[58] Die Beschreibungen seiner Rolle in der Engelrede *Lk 1,14-17* und dem Lobgesang des Vaters *Lk 1,68-79* passen jedenfalls nicht zu einem Bußprediger der allerletzten Chance. Sie gehen vielmehr von der positiven Heilsfunktion eines Propheten aus, der das Ereignis des Erbarmens Gottes vorbereitet. Ob die theologische Diskrepanz durch die Johannesverkündigung der Täufergemeinde verursacht ist, wie etwa RADL meint,[59] soll hier offenbleiben; die Annahme einer christlichen Bearbeitung scheint mir freilich plausibler.

Manche Formulierungen können mit einiger Sicherheit der *lk* Redaktion zugewiesen werden, weil sie indirekt auf die Funktion Jesu als ΣΩΤΗΡ Bezug nehmen. So verweist etwa die Rede vom "Horn der Rettung im Haus Davids" *(Lk 1,69)* auf das Davidsthema, das in den Jesuserzählungen in *Lk 2* eine große Rolle spielt.[60] Daß Johannes schon von Mutterleib an mit heiligem Geist begabt ist, wird schließlich an den freudigen Bewegungen des Ungeborenen deutlich, als Maria bei Elisabet ankommt. *Lk 1,15* wird also in *Lk 1,44* eingelöst.[61] Auch die verspätete Selbstvorstellung des Engels in *Lk 1,19* dürfte sich dem redaktionellen Bemühen verdanken, durch eine eindeutige Identifikation des Boten, die beiden Verkündigungsszenen miteinander zu verbinden. Allerdings können Engelrede und Benedictus schwerlich ganz redaktionell sein, da sie unverzichtbarer Bestandteil der Johannesgeschichte sind, die ohne sie ihren Sinn verlieren würde. Dieses Argument entfällt natürlich, wenn man die Existenz einer eigenständigen Täufertradition ohnehin bestreitet. So verweist BUSSE auf die inhaltliche und sprachlich-stilistische Verknüpfung der Engelrede in *Lk 1,13-17* mit dem Korpus des *lk* Evangeliums.[62] Er kommt zu der Einschätzung, die Perikope sei *"aus einem intertextuellen Verschmelzungsprozeß von synoptischer und biblischer Tradition entstanden, der von der literarischen Absicht des Autors, in der Vorgeschichte seinen theologischen Standort vorzutragen, angeregt wurde."*[63] Auch wer einer solchen Lösung mit ihrem generellen Verzicht auf eine Quellentheorie nicht folgen will, wird zugestehen müssen, daß etwaige Quellen sorgfältig im Hinblick auf die Leitideen des Evangeliums überarbeitet wurden. Hinzu kommt noch die Erkenntnis, daß die Biblizismen, die

---

58 Zur historischen Gestalt des Täufers vgl. BECKER 1972; *ders.* 1996, 37-58.
59 Vgl. RADL 1996, 131 f.
60 V.69 und V.70 wirken wie ein Zusatz im Hymnus und sind jedenfalls redaktionell. So KAUT 1990, 204-215; RADL 1996, 93 f.
61 Vgl. RADL 1996, 97 f.
62 Vgl. BUSSE 1994.
63 BUSSE 1994, 177.

allenthalben festzustellen sind, nicht unbedingt als Indiz für ältere Quellen gelten können. REINMUTH hat in seiner Untersuchung zu Pseudo-Philos *Liber Antiquitatum Biblicarum* festgestellt, daß es auch dort entsprechende Strategien eines literarischen Traditionalismus gibt. Er resümiert: *"Die aufgewiesenen Bezüge zwischen Motiven in der lukanischen Vorgeschichte und im LAB sprechen nicht für eine literarische Abhängigkeit, sondern für eine analoge Arbeitsweise beider Autoren. Beide Autoren verbinden in der Gestaltung ihrer Erzählinhalte Schrift- und Traditionsbezug miteinander und produzieren auf diese Weise vergleichbare Texte. /.../ Lukas und Pseudo-Philo partizipieren sichtlich an gemeinsamer frühjüdischer Tradition."*[64] Die *lk* Redaktion hat sich jedenfalls nicht darauf beschränkt, älteres Traditionsgut zu übernehmen, sondern hat die Täufergeschichte, welche vielleicht schon mit der Jesusgeschichte kombiniert war, durch entsprechende Bearbeitung stilistisch und inhaltlich mit dem Korpus des Evangeliums verzahnt. Die wichtigste Klammer zwischen den Erzählsträngen über Johannes und Jesus ist ohne Zweifel die Begegnung von Maria und Elisabet. *Lk 1,39-56* dürfte in der vorliegenden Fassung also ein Produkt der *(lk)* Redaktion sein, was dann auch für die entsprechenden Hinweise *Lk 1,26* und *1,36 f* gilt. Von dem Urteil, die Szene verdanke sich *"Luke's free composition"*,[65] wird das Magnificat meist ausgenommen. Daß das Lied (von kleineren *lk* Zusätzen abgesehen) vorlukanischer Tradition entstammt, kann aufgrund verschiedener Unstimmigkeiten der heutigen Zuordnung vermutet werden.[66] Wie manche Forscher vermuten, gehörte es ursprünglich zur Täufertradition und war Elisabet als prophetischer Sängerin zugeordnet.[67] Was die Verkündigungsszene der Jesuserzählung *(Lk 1,26-38)*, so könnte man sie für sekundär gegenüber der Täufertradition halten, wenn es diese denn gab.[68] BROWN dagegen räumt der Jesusszene den Vorrang vor der entsprechenden Täuferszene ein und nimmt an, daß die Verkündigung an Maria frei aus atl. Material gebildet wurde.[69] Angesichts der Schwierigkeit, eine isolierte täuferische Kindheitserzählung plausibel zu machen, verdient diese Zuordnung zweifellos den Vorzug. Es ist wahrscheinlicher, daß die wunderbare Geburt des Täufers von vornherein um Jesu willen erzählt wurde.

---

64 REINMUTH 1994, 167. Vgl. ebd. 155-167.
65 FITZMYER 1981, 357. Vgl. DIBELIUS 1953 (1932), 13-15;
66 Vgl. FITZMYER 1981, 309.357-359.
67 Vgl. NORDEN 1924, 104 f; SCHWEIZER 1993 (1982), 10.22 f; KAUT 1990, 292; RADL 1996, 287-292.299 f. RADL (1996, 304-309) orientiert sich bei seiner Rekonstruktion einer vorlukanischen, auf den Täufer bezogenen Erzählung aus *Lk 1,26-56* sehr an NORDEN (1924, 102-105). Das Ergebnis ist insgesamt extrem hypothetisch. Zur Vermutung, die Verkündigung an Maria habe eine entsprechende ursprüngliche Szene mit Elisabeth ersetzt, kann mit DIBELIUS skeptisch angemerkt werden, daß es *"kaum dem Wesen der Legende"* entspräche, *"die Botschaft Gabriels, am erlauchtesten Ort dem Vater überbracht, nun für die Mutter noch einmal zu wiederholen."* - DIBELIUS 1953 (1932), 7.
68 Vgl. SCHÜRMANN 1990 (1969), 143.
69 Vgl. BROWN 1993, 292-298.

Die These, V.32 f repräsentiere eine vorlukanische Davidschristologie, die zur *lk* Vorstellung vom geistgezeugten Gottessohn (V.35) in Spannung stehe, ist schwer zu halten.[70] Nach HAHNs Ansicht ist *"der kleine messianische Hymnus Lk 1,32 f"* sogar der *"älteste Text, der noch am stärksten die Eigentümlichkeiten jüdischen Denkens erhalten hat, vielleicht sogar auf jüdische Überlieferung zurückgeht".*[71] Diese Einschätzung beruht aber auf unzutreffenden traditionsgeschichtlichen Grundannahmen. Abgesehen davon, daß es atl. keine Adoption des Königs zum Gottessohn gibt, dürfte seit der Septuagintafassung von *Jes 7,14* die Vorstellung der Jungfrauengeburt als möglicher Bestandteil der davidischen Messiaserwartung bekannt gewesen sein.[72] Erkennt man außerdem die Erhöhungschristologie, wie sie die in *Röm 1,3 f* belegte Tradition repräsentiert, als Ausgangspunkt des christlichen Entwicklungsprozesses der messianischen Sohn-Gottes-Konzepte an, dann bleibt nur die Einschätzung, daß in *Lk 1,32 f* genau wie in *Lk 1,35* eine Konzeption zu Tage tritt, die mit U. B. MÜLLER als *"eine traditionsgeschichtlich späte christliche Bildung"* einzustufen ist.[73] Die strukturellen Ähnlichkeiten, die zwischen der Engelerscheinung bei Maria, der Erscheinung bei Zacharias und der bei den Hirten festzustellen sind,[74] deuten zudem darauf hin, daß selbst dann, wenn Quellen angenommen werden, die *lk* Überarbeitung als so durchgreifend anzusehen ist, daß die Möglichkeit einer überzeugenden Quellenscheidung als sehr gering erscheint.

Bei der Erzählung von der Geburt Jesu mag allerdings ältere Tradition verwendet worden sein. Hier könnte die *lk* Redaktion eine Offenbarungserzählung *(Lk 2,8-14.16 f)* integriert haben, die die Geburt Jesu nicht erzählte, sondern voraussetzte. Inhaltlich handelte diese Tradition dann von der himmlischen Proklamation der Geburt des Erlösers an die Hirten, welche daraufhin zum Neugeborenen eilen.[75] In der Erzählung von den prophetischen Aussagen des Simeon und der Hanna anläßlich des Erstgeborenenopfers im Tempel *(Lk 2,22-40)* überwiegt der Anteil der *lk* Redaktion so sehr, daß eine verarbeitete, mündliche Tradition nur noch postuliert, aber nicht mehr rekonstruiert werden kann.[76] Die Geschichte vom Aufenthalt des zwölfjährigen Jesusknaben im Tempel *(Lk 2,41-52)* dürfte vollständig *lk* sein. Die Erzählung bietet keine Informationen über jüdische Sitten und Gebräuche, die nicht jeder interessierte Diasporajude auch hätte haben können.

---

70   Gegen RADL 1996, 302 f; auch HARNACK 1901. - DIBELIUS sah in der Verkündigungsszene eine ältere Legende, die von Lukas u.a. durch die Erwähnung Josefs ergänzt worden wäre, um einen Anschluß an die Weihnachtsgeschichte zu erreichen. Ursprünglich sei es allein um Maria als einer Jungfrau aus davidischem Geschlecht gegangen. Vgl. DIBELIUS 1953 (1932), 11-15. Diese Rekonstruktion ist wenig überzeugend, da religionsgeschichtlich die Konkurrenz von göttlichem und menschlichem Vater stets zur Vorstellung von göttlicher Zeugung dazugehört.

71   HAHN 1995 (1963) 288; vgl. ebd. 247 f.

72   Vgl. BROWN 1993, 302 f.

73   MÜLLER 1996, 31. Vgl. ebd. 31 f.

74   Vgl. HOFRICHTER 1993, 63 f.

75   Vgl. RADL 1996, 180 f.

76   Vgl. RADL 1996, 228 f.

Darüber hinaus wird die Gottessohnschaft Jesu in Konkurrenz zur menschlichen Vaterschaft gesehen, was den erzählerischen Kontext von *Lk 1* voraussetzt. Das Problem, daß die jungfräuliche Mutter die Worte ihres Kindes eigentlich verstehen müßte, ist durch literarkritische Operationen ohnehin nicht zu lösen, da das Unverständnis der Eltern für die Entwicklung des Konflikts um die eigentliche Zugehörigkeit des Kindes unverzichtbar ist. Ohne dieses Element verliert die Erzählung ihren Sinn. Genau das dürfte der Grund dafür sein, daß der Evangelist diese Ungereimtheit in Kauf genommen hat.[77]

Insgesamt ergibt sich das Bild einer deutlichen Dominanz der *lk* Redaktionstätigkeit gegenüber den verarbeiteten Quellen. In den *"grundlegenden Kompositionsprinzipien in der Vorgeschichte zeigt sich die schöpferische Hand des Lukas. Lukas kleidet nicht eine gegebene Vorgeschichte oberflächlich ein, sondern gestaltet sie in ihren Einzelheiten nach seinen theologischen und kompositionellen Hauptzügen."*[78] Daß eventuelle Quellen in sich ein Bezugspunkt der Textaussage im Sinne des Textrepertoires wären, ist nicht mehr zu erkennen.[79] Zudem bleibt die traditionsgeschichtliche Ungereimtheit, daß eine Geburtslegende aufgrund ihres retrospektiven Charakters im allgemeinen nicht ohne die Erzählung des Erwachsenenlebens existieren kann. So muß gegen die Mehrheit der Exegeten festgehalten werden, daß es in bezug auf den Täufer vermutlich keine Geburtslegende (und entsprechende täuferische Gruppen als deren Träger) gab. Die christliche Täuferlegende, die von je auf die Jesusgeschichte bezogen war, handelt nach biblischen Mustern (Abraham und Sara, Isaak und Rebekka, Hanna) davon, daß der Prophet seine Zeugung dem Handeln Gottes verdankt, der die Unfruchtbarkeit seiner Mutter Elisabet aufhob. Vermutlich macht die Isaaks- bzw. Jakobs-Typologie deutlich, daß mit der Geburt des Täufers das neue Israel seinen Anfang nimmt. In der Kombination mit der Jesuserzählung besteht eine Samuel-Typologie als weitere Sinndimension: Ist Jesus der neue David, so erscheint der Täufer als der neue Samuel, der Prophet des Messias. So wird die Rolle des Täufers nicht kontrapunktisch, sondern eher harmonisierend verarbeitet, indem Gott Johannes und Jesus je verschiedene Rollen im Gesamt des von ihm selbst eingeleiteten Heilsgeschehens überträgt.[80] Der Täufer ist der vorbereitende Prophet, der zum davidischen Messias Jesus gehört, insofern er wie dieser seine Funktion im Gesamtprozeß der endzeitlichen Tröstung und Rettung Israels durch Gott zugewiesen bekommt. Bestand das Wunder seiner Geburt in der Überwindung der altersbedingter Unfruchtbarkeit, so sieht die vorlukanische bzw. lukanische Komposition das Wunder der Geburt Jesu überbietend in der Geburt aus der Jungfrau ohne menschlichen Vater. Diese

---

77 Anders RADL (1996, 255-260), der allerdings weder eine überzeugende Rekonstruktion noch eine schlüssige historische Einordnung der vermuteten Tradition bietet.

78 KIM 1993, 43.

79 Zur Funktion literarkritischer Arbeit im Sinne der Repertoireerforschung vgl. KÜGLER 1988, 37-44.

80 Vgl. BUSSE 1991, 167-169.

"Steigerung" entspricht der retrospektiven Logik der skizzierten christologischen Entwicklung. Wenn erst einmal erkannt ist, daß der Auferstandene als Gottessohn keine Würde erhält, die ihm nicht vorher schon zu eigen war, dann liegt es nahe, die Erzählung von Jesus als Erzählung von Jesus, dem Sohn Gottes beginnen zu lassen. Eine Erzählung, die nicht erst mit seinem öffentlichen Auftreten einsetzt, kommt nahezu unvermeidlich in den Bereich der Geburtserzählungen hinein und trifft dort auf biblische Muster, die als Verheißung auf Jesus als Erfüllung bezogen werden können. Der christliche Traditionsbildungsprozeß spielt sich zudem in einem kulturellen Horizont ab, der positiv durch die Sohn-Gottes-Konzeptionen des Frühjudentums und negativ durch die Herrscherideologie bestimmter röm. Kaiser geprägt ist.

Wenn der skizzenhafte Überblick über die Traditionsgeschichte des *lk* Kindheitsevangeliums keine ganz klaren Ergebnisse liefern konnte, so dürfte das in der Natur der Sache zu liegen. Auch wer ältere Quellen nicht völlig ausschließt, wird zugeben müssen, daß die *lk* Redaktion in ihrem Anteil an der Gestaltung des Textes deutlich dominiert. Somit bestätigt sich zumindest das Recht, wenn nicht die Pflicht, zu einer vorwiegend redaktionskritisch orientierten Analyse, die den *lk* Endtext zum Ausgangspunkt eines religionsgeschichtlichen Vergleichs macht. Da sich die Präsenz der beschriebenen religiösen Muster in der hellenistischen Universalkultur während der Entstehungszeit des NT ohnehin nur insofern geändert haben dürfte, als es bei den einzelnen Kaisern eine unterschiedlich intensive Bezugnahme auf hellenistische Herrscherkonzepte gab, ist die traditionsgeschichtliche Differenzierung des *lk* Texts für den religionsgeschichtlichen Vergleich nicht von entscheidender Bedeutung. Da es sich also um einen länger andauernden *Prozeß* der Auseinandersetzung handelt, ist es nämlich nicht nötig, den *einen* Schnittpunkt zwischen ntl. und hellenistischer Tradition zu finden. Dies gilt umso mehr, als es hier nicht um das Aufspüren von "Abhängigkeiten" geht, sondern um das exemplarische Fruchtbarmachen fremdreligiösen Materials für die Auslegung eines ntl. Textes.

2.2. Die Geburtsankündigung (Lk 1,26-38)

2.2.1. Textkonstitution

Lk 1,26-38 in Äußerungseinheiten mit deutscher Übersetzung:[81]

26a	Ἐν δὲ τῷ μηνὶ τῷ ἕκτῳ ἀπεστάλη ὁ ἄγγελος Γαβριὴλ ἀπὸ τοῦ θεοῦ εἰς πόλιν τῆς Γαλιλαίας	Ich sechsten Monat aber wurde der Engel Gabriel von Gott in eine Stadt gesandt,
26b	ᾗ ὄνομα Ναζαρὲθ	die Nazaret hieß,

---

81 Zu der hier vorausgesetzten Definition des Begriffs "Äußerungseinheiten" vgl. KÜGLER 1988, 85 f.

27a	πρὸς παρθένον	zu einer Jungfrau,[82]
27b	ἐμνηστευμένην ἀνδρὶ	die verlobt war mit einem Mann,
27c	ᾧ ὄνομα Ἰωσὴφ	der Josef hieß,
27d	ἐξ οἴκου Δαυίδ,	aus dem Haus Davids.
27e	καὶ τὸ ὄνομα τῆς παρθένου Μαριάμ	Und der Name der Jungfrau war Maria.
28a	καὶ εἰσελθὼν πρὸς αὐτὴν	Und hineingegangen zu ihr
28b	εἶπεν,	sagte er:
28c	Χαῖρε, κεχαριτωμένη,	Sei gegrüßt, Begnadete!
28d	ὁ κύριος μετὰ σοῦ.	Der Herr ist mit dir.
29a	ἡ δὲ ἐπὶ τῷ λόγῳ διεταράχθη	Sie aber war verwirrt wegen der Rede
29b	καὶ διελογίζετο	und überlegte,
29c	ποταπὸς εἴη ὁ ἀσπασμὸς οὗτος.	was für ein Gruß dies sei.
30a	καὶ εἶπεν ὁ ἄγγελος αὐτῇ,	Und der Engel sagte ihr:
30b	Μὴ φοβοῦ,	Fürchte dich nicht,
30c	Μαριάμ,	Maria!
30d	εὗρες γὰρ χάριν παρὰ τῷ θεῷ.	Denn du hast Gnade gefunden bei Gott.
31a	καὶ ἰδοὺ	Und siehe,
31b	συλλήμψῃ ἐν γαστρὶ	du wirst empfangen im Bauch
31c	καὶ τέξῃ υἱόν	und wirst gebären einen Sohn
31d	καὶ καλέσεις τὸ ὄνομα αὐτοῦ Ἰησοῦν.	und wirst nennen seinen Namen Jesus.
32a	οὗτος ἔσται μέγας	Dieser wird ein Großer sein
32b	καὶ υἱὸς ὑψίστου κληθήσεται	und Sohn des Höchsten wird er genannt werden.
32c	καὶ δώσει αὐτῷ κύριος ὁ θεὸς τὸν θρόνον Δαυὶδ τοῦ πατρὸς αὐτοῦ,	Und Gott, der Herr, wird ihm geben den Thron Davids, seines Vaters.
33a	καὶ βασιλεύσει ἐπὶ τὸν οἶκον Ἰακὼβ εἰς τοὺς αἰῶνας	Und er wird als König herrschen über das Haus Jakob in Ewigkeit,
33b	καὶ τῆς βασιλείας αὐτοῦ οὐκ ἔσται τέλος.	und sein Königtum wird kein Ende haben.
34a	εἶπεν δὲ Μαριὰμ πρὸς τὸν ἄγγελον,	Da sprach Maria zum Engel:
34b	Πῶς ἔσται τοῦτο,	Wie wird das sein,
34c	ἐπεὶ ἄνδρα οὐ γινώσκω;	da ich einen Mann nicht kenne?

---

82 Bei V.27a handelt es sich nicht um eine eigenständige Äußerungseinheit, sondern um die zweite Hälfte von 26a. Die Verseinteilung nimmt hier keine Rücksicht auf die Textstruktur.

35a	καὶ ἀποκριθεὶς ὁ ἄγγελος εἶπεν αὐτῇ,	Und antwortend sagte der Engel zu ihr:
35b	Πνεῦμα ἅγιον ἐπελεύσεται ἐπὶ σέ	Heiliger Geist wird herabkommen auf dich,
35c	καὶ δύναμις ὑψίστου ἐπισκιάσει σοι·	und Kraft des Höchsten wird dich überschatten,
35d	διὸ καὶ τὸ γεννώμενον ἅγιον κληθήσεται υἱὸς θεοῦ.	deswegen auch wird das Erzeugte heilig genannt werden, Sohn Gottes.
36a	καὶ ἰδοὺ	Und siehe,
36b	Ἐλισάβετ ἡ συγγενίς σου	Elisabet, deine Verwandte,
36c	καὶ αὐτὴ συνείληφεν υἱὸν ἐν γήρει αὐτῆς	auch sie hat empfangen einen Sohn in ihrem Alter.
36d	καὶ οὗτος μὴν ἕκτος ἐστὶν αὐτῇ τῇ καλουμένῃ στείρᾳ·	Und dies ist der sechste Monat für sie, die unfruchtbar Genannte.
37	ὅτι οὐκ ἀδυνατήσει παρὰ τοῦ θεοῦ πᾶν ῥῆμα.	Denn bei Gott wird nicht unmöglich sein jedes Wort.
38a	εἶπεν δὲ Μαριάμ,	Da sagte Maria:
38b	Ἰδοὺ	Siehe,
38c	ἡ δούλη κυρίου·	die Magd des Herrn (bin ich),
38d	γένοιτό μοι κατὰ τὸ ῥῆμά σου.	mir geschehe nach deinem Wort.
38e	καὶ ἀπῆλθεν ἀπ' αὐτῆς ὁ ἄγγελος.	Und der Engel ging weg von ihr.

2.2.2. Textsemantische Analysen

Die erste der *handelnden Personen*, nämlich der *Engel* Gabriel, wurde schon in *Lk 1,19* erwähnt. Der Bote für Maria ist also derselbe wie der für Zacharias. Diese Personenidentität stellt ein Klammer zwischen Johannesgeschichte und Jesusgeschichte her. Das Eintreten des Boten (28a) eröffnet die anschließende Dialogszene, sein Abtreten (38e) beschließt sie. 28a und 38e rahmen also den Textabschnitt und konstituieren die Szene überhaupt als vom Textfluß abzusetzende Einheit. Das Folgende kann also mit Recht als Angelophanie bezeichnet werden. Die Erwähnung der Sendung Gottes in 26a erhöht den Status des Boten. Sein kommunikatives Handeln kann deshalb als stellvertretendes Handeln für Gott aufgefaßt werden. Der Engel ist im Dialog als absolut verbindliche und zuverlässige Quelle anzusehen.

Maria, die zweite Hauptperson, wird, schon bevor sie namentlich genannt ist, als Jungfrau bezeichnet (27a). Diese Bezeichnung wird im Kontext ihrer Namensnennung (27e) wiederholt, was besonderes Gewicht erschließen läßt. Die Jungfrau wird vom Erzähler als Verlobte eines Mannes eingeführt. Der Status der Jungfrau und der einer Verlobten werden also als vereinbar vorausgesetzt. Das Handeln Mariens besteht gänzlich aus Denken (29b) und Reden (34a.38a).

Neben den beiden Akteuren sind in der Szene *besprochene Personen* präsent, die wesentlich zur Aussage des Textes beitragen. Der Erzähler selbst erwähnt als wesentlichen Handlungsträger *Gott*, der den Engel schickt. Der Engel führt dann aus, daß Gott mit Maria ist (28d), daß er ihr Gnade gewährt (30d), daß er ihrem Sohn den Thron Davids geben wird (32c). Gottes Geist und seine Kraft werden Maria zuteil werden. Gott ist also zwar nur im Modus der Besprechung präsent, wird aber als wichtiger Handlungsträger charakterisiert. Daß er der Handelnde schlechthin ist, wird aus der grundsätzlichen Aussage in V.37 deutlich: Bei Gott ist nichts unmöglich.

Der Erzähler erwähnt auch *Josef* (27c), den Mann, dem Maria verlobt ist. Er stammt aus dem Hause Davids. Dies verbindet ihn mit *David*, der als Vater Jesu bezeichnet wird (32c). Josef selbst wird in dieser Szene jedoch nie Vater genannt.

Eine wichtige besprochene Person ist *Elisabet*, eine Verwandte Mariens (36b). Der Engel berichtet, daß sie im Alter einen Sohn empfangen hat (36c). Die zeitliche Bestimmung ihrer Schwangerschaft (36d: sechster Monat) verweist auf 26a zurück. Die Zeitangabe in 26a ist ihrerseits als Rückverweis auf *Lk 1,24* zu lesen. Das bedeutet, daß die Schwangerschaft der Elisabet als chronologischer Rahmen der Engelerscheinung benutzt wird. Die Geburtsankündigung findet also in einer Welt der Frauen statt. Die zur Schwangerschaft kontrastive Benennung Elisabets als unfruchtbar (36d) bildet den unmittelbaren Kontext für die Aussage über die Allmacht Gottes (V.37). Die Person der Elisabet bildet also, ähnlich wie Gabriel, eine Klammer zwischen Johannes- und Jesuserzählung. Die Verklammerung ist aber intensiver, weil sie nicht nur durch die Personenidentität konstituiert wird. Hinzu kommen die verwandtschaftliche Beziehung zu Maria und die noch zu analysierende Analogie der beiden Schwangerschaften, welche aus dem Gesprächskontext von V.37 resultiert.

Auch *Maria* selbst ist besprochene Person, insofern der Engel sie als Begnadete anspricht. Das Mitsein Gottes (28d) und sein Handeln an Maria (30d.35b.35c) weisen ihr einen besonderen Status zu. Die Aussagen über Empfängnis (31b) und Geburt eines Sohnes (31c) binden diesen Status der Begnadung an die zukünftige Mutterschaft der Jungfrau. Maria selbst beschreibt sich als eine, die einen Mann nicht kennt (34c), wobei "kennen" aufgrund biblischer Tradition als Umschreibung des Geschlechtsakts gelten muß.[83] Diese Aussage steht in Kontrast zu dem in 27b erwähnten Status der Verlobung. Angesichts des zukünftigen Ehemanns kann der gegenwärtige Status sexueller Unberührtheit kaum als Hinderungsgrund einer zukünftigen Schwangerschaft angesehen werden.[84] Dieser Kontrast wird im Text

---

83   Vgl. etwa *1Sam 1,19*: καὶ ἔγνω τὴν Ανναν γυναῖκα αὐτοῦ καὶ ἐμνήσθη αὐτῆς κύριος.

84   Die *"Literary explanation"*, die BROWN (1993, 307-309) vorlegt, desemantisiert die Marienfrage so stark, daß dem Text eine entscheidende Spannung genommen wird. Interpretati-

nicht aufgelöst, da Maria ihre Frage in V.34 nicht weiter begründet. Es ist deshalb zwar ein möglicher, aber nicht vom Text her begründbarer Schluß, anzunehmen, daß Maria zur Zeit des Dialogs weiß, daß sie mit Josef auch in der Ehe keinen Geschlechtsverkehr haben wird. Dieselbe Qualifizierung trifft auf die Deutung zu, Maria schätze ihren Verlobten als ungeeignet ein, Vater eines königlichen Sohnes zu sein.[85]

Die besondere, gnadenhafte Würde der Mutter hängt jedenfalls mit dem Sohn zusammen, der ihr angekündigt wird. Dieser Sohn ist die am ausführlichsten besprochene Person in der Szene. Seiner Charakterisierung gilt ein großer Teil des Textes. Schon bevor *Jesus* namentlich genannt wird (31d), wird er als Sohn bezeichnet (31c). Diese Sohnschaft ist konkret mit Maria verbunden, die ihn empfangen und gebären wird (31b.31c). Sie wird ihm auch seinen Namen geben. Weitere Zukunftsprognosen des Engels beziehen sich auf die Größe Jesu (32a), auf seine Bezeichnung als Sohn des Höchsten. Er wird ohne Ende auf dem Thron Davids herrschen über Israel. Er wird Sohn Gottes genannt werden (35d). Diese Bezeichnung wird kausal mit dem Handeln Gottes an Maria verbunden (35b.35c). Jesus wird durch diese Beschreibungen in mehrfache Verwandtschaftsbeziehungen eingebunden:

♦ Er ist der leibliche Sohn Mariens, von ihr empfangen und geboren.

♦ Er ist der Sohn von David, welcher in der Szene als einziger explizit als Vater Jesu bezeichnet wird. Daß es sich dabei um eine Redeweise handelt, die nicht direkte leibliche Vaterschaft meinen kann, liegt auf der Hand. Da die Bezeichnung im Kontext königlicher Herrschaft steht, ist an eine genealogisch vermittelte Vaterbeziehung zu denken. Damit kommt aber der Verlobte Mariens ins Spiel.

♦ Josef wird nicht als Vater Jesu bezeichnet, aber er ist neben Jesus der einzige, von dem eine Beziehung zum davidischen Geschlecht ausgesagt wird. Josef gehört also in die Beziehung Jesu zu David hinein, obwohl er nicht der Mann ist, den Maria als Vater des angekündigten Sohnes kennt. Auch wird die Davidsrelation Jesu nicht als Konkurrenz zu seiner Gottessohnschaft gesehen, denn der Engel spricht beide Beziehungen in einem Atemzug an.

♦ Daß Gott der Vater Jesu ist, ist aus den entsprechenden Sohnesbezeichnungen Jesu (32b.35d) zwingend zu schließen, auch wenn Gott im Unterschied zu David nicht explizit so genannt wird. Ein weiterer Unterschied zu Davids Vaterschaft besteht darin, daß jene von Gabriel direkt ausgesprochen wird, während die Vaterschaft Gottes an beiden Stellen als Deutungskategorie eingeführt wird. Jesus wird Sohn des Höchsten bzw. Gottes genannt werden, ohne daß der Engel angibt, von wem und wann er so genannt werden wird.

---

onstheoretisch ist dazu zu sagen, daß auch gattungsbedingte literarische Mittel keine bedeutungsneutralen Textelemente darstellen.

85   So DORMEYER 1995, 168 f.

Trotz der vielfältigen Sohnesbeziehung entsteht im Text in bezug auf den leiblichen Vater Jesu eine signifikante Leerstelle. Zwar wird der mögliche menschliche Vater ausgeschlossen, allerdings hat er an der genealogischen Vaterschaft Davids teil, ist aber auch nicht der König, der Jesus den Thron weitergibt. Gott gibt den Thron. Diese Unklarheit ließe sich beseitigen, wenn Gott an die Stelle des leiblichen Vaters gerückt würde. Daß dies nicht explizit ausgesagt ist, liegt auf der Hand. Die Frage ist allerdings, ob die Semantik der in 35b.35c verwendeten Formulierungen eine sexuelle Denotation haben, oder zumindest eine entsprechende Konnotation zulassen.

Bei der weiteren Interpretation der *lk* Erzählung von der Geburtsankündigung dürfte das primäre semantische Universum in der biblischen Tradition zu suchen sein. Als gattungsmäßige Vorbilder kommen die entsprechenden Erzählungen von Isaak *(Gen 18,1-15)*, Simson *(Ri 13)* und Samuel *(1Sam 1)* in Frage. Diese werden vor allem durch Bezugnahme auf die göttliche Ermöglichung der Schwangerschaft Elisabets in Erinnerung gerufen, welche den Rahmen für die Verkündigungserzählung in *Lk 1,26-38* bildet.[86] Wie oben schon festgestellt, findet die Geburtsankündigung an Maria in einer Welt der Frauen statt. Das hängt sicher mit der Thematik zusammen, mag allerdings auch andere Gründe haben. Geburtsankündigungen werden oft in einem eher privaten Kontext situiert. ZELLER hat darauf hingewiesen, daß Traditionen über die Kindheit gattungsgemäß *"eine andere Qualität als die Überlieferungen von Erwachsenen haben. Sie sind privater, weniger nachprüfbar."*[87] Für *Lk 1,26-38* ist sicher die Geburtsankündigung an Abraham und Sara von besonderer Bedeutung. V.37, der den theologischen Rahmen für die wunderbare Schwangerschaft Elisabets und Mariens bildet, bezieht sich deutlich auf *Gen 18,14*, der das Dogma der Allmacht Gottes thematisiert.[88] Die Geburtsankündigung des Simson bietet ein biblisches Modell für die *lk* Engelerscheinungen. Die Herrschaftsankündigungen in *Lk 1,32 f* verweisen aber vor allem auf die Natanweissagung. Die *lk* Verse können geradezu als *"a free interpretation"* von *2Sam 7,8-16* gelten.[89] Ein Textvergleich verdeutlicht dies:

Semantische Vergleichspunkte	*Lk 1,32 f:*	*2Sam 7,12-14:*
Gottessohnschaft	(V.32a.b) οὗτος ἔσται μέγας καὶ υἱὸς ὑψίστου κληθήσεται	(V.14) ἐγὼ ἔσομαι αὐτῷ εἰς πατέρα καὶ αὐτὸς ἔσται μοι εἰς υἱόν

---

86 Zu den atl. Varianten der Geburtsankündigung vgl. ZELLER 1992, 74-80.
87 ZELLER 1992, 65.
88 Von einem Dogma spricht Philo in *Abr. 112.*
89 BROWN 1993, 310.

Herrschaftserbe als Davidsohn	(V.32c) καὶ δώσει αὐτῷ κύριος ὁ θεὸς τὸν θρόνον Δαυὶδ τοῦ πατρὸς αὐτοῦ,	(V.12) καὶ ἀναστήσω τὸ σπέρμα σου μετὰ σέ ὃς ἔσται ἐκ τῆς κοιλίας σου καὶ ἑτοιμάσω τὴν βασιλείαν αὐτοῦ
Ewigkeit der Herrschaft	(V.33) καὶ βασιλεύσει ἐπὶ τὸν οἶκον Ἰακὼβ εἰς τοὺς αἰῶνας καὶ τῆς βασιλείας αὐτοῦ οὐκ ἔσται τέλος.	(V.13) αὐτὸς οἰκοδομήσει μοι οἶκον τῷ ὀνόματί μου καὶ ἀνορθώσω τὸν θρόνον αὐτοῦ ἕως εἰς τὸν αἰῶνα

Die Verbindung von Gottessohnschaft, Königsherrschaft und davidischer Abstammung des *lk* Texts hat ganz offensichtlich in der Natanweissagung und in den anderen Texten, die die entsprechende Königstheologie zeigen *(Ps 2; Ps 89)*, ihren biblischen Haftpunkt. In Aufnahme dieser Verheißung geht es darum, die soteriologische Funktion des messianischen Königs über Israel auf Jesus zu übertragen. Mit Gottessohnschaft ist deshalb auch noch keine metaphysische Qualität der Person Jesu gemeint, *"sondern die eschatologische messianische Funktion Jesu"*.[90] Durch den dezidierten Hinweis auf die Jungfräulichkeit Mariens (V.27a.27e) kommt natürlich auch *LXX Jes 7,14* ins Spiel. Auch der Gruß des Engels, der durch das Bemühen Mariens um eine adäquate Deutung den Lesenden als Interpretationsherausforderung nahegebracht wird, könnte in die Richtung der Jesajaprophezeiung deuten. V.28d wäre in diesem Kontext als Anspielung auf den Immanuelnamen zu verstehen.[91] Zwar wird die prophetische Geburtsankündigung dann in V.31 nicht wörtlich zitiert, aber die Übereinstimmungen der Ankündigung Gabriels mit der Jesajas sind doch so deutlich, daß bibelkundige Leserinnen und Leser den Bezug leicht herstellen können.[92]

Lk 1,31:	*LXX Jes 7,14:*
καὶ ἰδοὺ	ἰδοὺ
vgl. Lk 1,27! ⇐	ἡ παρθένος
συλλήμψῃ ἐν γαστρὶ	ἐν γαστρὶ ἕξει
καὶ τέξῃ υἱόν	καὶ τέξεται υἱόν
καὶ καλέσεις τὸ ὄνομα αὐτοῦ Ἰησοῦν.	καὶ καλέσεις τὸ ὄνομα αὐτοῦ Εμμανουηλ

Auffälligerweise aber fehlen gerade in den biblischen Geburtsankündigungen alle Hinweise auf das Wirken von Gottes Geist und Kraft. Die Ermöglichung der Schwangerschaft durch göttliches Handeln wird stets anders ausgedrückt. Von den

---

90 MERKLEIN 1995, 45; vgl. *ders.* 1996, 33.
91 Vgl. SCHÜRMANN 1990 (1969), 42; WILCKENS 1981, 56.
92 Zur Beziehung zwischen *Lk 1,27.31* und *Jes 7,14* vgl. HAHN 1995 (1963), 304 f; SCHÜRMANN 1990 (1969), 46 f; SCHNEIDER 1992 (1977), 49 f. Anders BROWN 1993, 299 f; FITZMYER 1981, 336.

zahlreichen Erwähnungen des göttlichen Geistes in der biblischen Tradition gehören die meisten in die beiden Bereiche "Schöpfung" und "Prophetie". In Texten wie *Gen 1,2* ist der Geist (ΠΝΕΥΜΑ ΘΕΟΥ / רוּחַ אֱלֹהִים) als Medium der schöpferischen, Leben spendenden Gegenwart Gottes erwähnt. Dies gilt auch für *Ps 104 (LXX 103)*. Wird in V.4, wo die Winde als göttliche Boten angesehen werden, an die ursprüngliche Windhaftigkeit der Geist-Gegenwart Gottes erinnert, so ist in V.29.30 vom Geist als Lebensatem der Geschöpfe die Rede, ohne den sie nicht existieren können. Diese Konzeption bildet wohl auch den Hintergrund für die allgemeine Rede vom Lebensatem in *Gen 6,17; 7,15* (רוּחַ חַיִּים / ΠΝΕΥΜΑ ΖΩΗΣ). Häufig erwähnt wird der Geist im Kontext göttlicher Kraftausstattung und Bevollmächtigung von Königen und Propheten. Dieser Bereich, der in Kap. IV schon angesprochen wurde, dürfte allerdings für den Kontext der Geburtsankündigung kaum eine Rolle spielen, weil in der biblischen Königstradition der Geist im Kontext der Gottessohnschaft nicht erwähnt wird. Zwar gibt es einen theologischen Konnex, insofern die Themen |KÖNIG WERDEN|, |SALBUNG|, |GEISTBEGABUNG| und |ZEUGUNG / GEBURT DES GOTTESSOHNS| auf das engste zusammenhängen, aber der Geist wird hierbei ausschließlich als Machtausstattung zum königlichen Amt und nicht als Medium göttlicher Zeugung verstanden. Eine entsprechende sexuelle Konnotation wird also nicht durch die biblische Tradition angeregt. Mit dem Begriff "Geist" wird die Leben spendende Macht Gottes im Sinne seiner Schöpferqualität angesprochen.

Ein ganz ähnliches Bild ergibt sich für die Überschattung durch die Kraft des Höchsten (V.35c). Auch hier liegt ein Bild für die machtvolle, schützende Gegenwart Gottes vor. Biblisch ist an die Wolke über dem Offenbarungszelt *(Ex 40,34-38)* zu denken, die die Gegenwart Gottes offenbart.[93] Wie in Kap. IV ausgeführt, wird vor allem in den Psalmen die aus Ägypten bekannte Vorstellung aufgegriffen, daß der Schatten der göttlichen Flügel die Schutzmacht der Gottheit vermittelt. Zu erinnern ist auch daran, daß in Ägypten vor allem der König unter den Schutz geflügelter Wesen gestellt wird. Der Schatten wird dabei als Kraftbereich der Person, die den Schatten wirft, aufgefaßt. Daß diese alte Vorstellung von einer nichtkörperlichen Kraftübertragung in *lk* Zeit noch bekannt ist, zeigt *Apg 5,15*, wo dem Schatten des Petrus heilende Macht zugeschrieben wird. Dies gilt umso mehr als *Lk* in der Verklärungsgeschichte diese Vorstellung entsprechend der Vorlage von *Mk 9,7* übernimmt und sie benutzt, um die Gegenwart des Vaters auszudrücken: ἐγένετο νεφέλη καὶ ἐπεσκίαζεν αὐτούς *(Lk 9,34*)*. Das Überschatten durch göttliche Kraft impliziert von diesem Hintergrund her also keine spezifisch sexuelle Komponente. Es geht vielmehr um Dynamik, Kraft und Schutzqualität der Gegenwart Gottes. Diese wird durch den Schatten vermittelt, welcher als Kraftfeld der Person, die ihn wirft, vorgestellt wird. Daß der Schatten Gottes

---

93 Zum Überschatten der Offenbarungswolke vgl. DIBELIUS 1953 (1932), 19; SCHÜR-
MANN 1990 (1969), 52 f; GESE 1971, 76; SCHWEIZER 1993 (1982), 20; BOVON 1989,
76; ERNST 1993, 62; MERKLEIN 1995, 47.

dabei auch schöpferische Qualität hat, war an Philo zu sehen, der ja in *all. 3,96* den Logos als Schatten Gottes (σκιὰ θεοῦ) bezeichnet, um seine Funktion als Schöpfungsmittler zu beschreiben. Da Logos und Sophia in ihrer Funktion angeglichen werden können, kann eine zusätzliche Information aus *Weish 7,25* abgeleitet werden. Dort wird die göttliche Weisheit mit der Kraft Gottes in Verbindung gebracht:

> *Sie ist ein Hauch der Kraft Gottes*
> *und reiner Ausfluß der Herrlichkeit des Allherrschers.*
> ἀτμὶς γάρ ἐστιν τῆς τοῦ θεοῦ δυνάμεως
> καὶ ἀπόρροια τῆς τοῦ παντοκράτορος δόξης εἰλικρινής

Da die pneumatische Qualität der Weisheit in *Weish 7,22* betont wird, kann geschlossen werden, daß man es in *Lk 1,35* mit einem Parallelismus zu tun hat. *Lk* setzt die im hellenistischen Judentum vollzogene Annäherung von Geist, Dynamis und Weisheit voraus und meint mit der Überschattung durch die Kraft des Höchsten nichts anderes als mit dem Herabkommen des Geistes. Hier wie dort geht es um die Übertragung schöpferischer Kraft durch das göttliche Weisheitspneuma.

Insgesamt ist also festzuhalten, daß in *Lk 1,35* keine Umschreibung der Zeugung Jesu vorliegt. *"Trotz der 'realistisch' vorgestellten Empfängnis ohne Mitwirkung eines Mannes verbleibt die Erzählung also auf der Ebene der die Bedeutung erschließenden (symbolischen) Sprache."*[94] Die Antwort des Engels auf die Frage von V.34 schließt die Leerstelle um die leibliche Vaterschaft des versprochenen Kindes nicht, sondern definiert sie nur noch genauer als Geheimnis. *"Die Tatsache der göttlichen Zeugung steht im Vordergrund; der Vollzug selbst bleibt Geheimnis und soll Geheimnis bleiben."*[95] V.35 ist im Grunde eine sehr bildreiche, biblisch aufgeladene Variation der Aussage von V.28d. Hier wie dort geht es darum, daß Gott mit Maria ist. Diese gnadenhafte Gegenwart Gottes wird die Realisierung der angekündigten Schwangerschaft und Geburt eines Sohnes ins Werk setzen. Gerade weil der Text mit V.34 die Vaterschaft Josefs ziemlich deutlich ausschließt, zeigt er sich am biologischen Modus, in dem die göttliche Verheißung realisiert werden wird, uninteressiert. Deswegen auch bleibt der Zeitpunkt, an dem Maria schwanger wird, im Dunkeln. Jedenfalls kann aus *Lk 1,42* nicht zweifelsfrei geschlossen werden, daß Maria schon empfangen hat. Die Thematisierung ihrer Würde als Mutter des Herrn bleibt proleptisch. Erst in *Lk 2,5* wird die Schwangerschaft Mariens explizit angesprochen.[96] So entsteht eine semantische Leerstelle, also ein offener Raum, der das Mysterium bezeichnet.

---

94 MERKLEIN 1995, 47.
95 DIBELIUS 1953 (1932), 20. Vgl. HAHN 1995 (1963), 305 f; WILCKENS 1981, 57; ERNST 1993, 63.
96 Zwischen der Geburt des Täufers und der Geburt Jesu könnten also Jahre liegen. Vgl. den Beitrag von Michael WOLTER, in: U. Busse / R. Hoppe (Hg.), Von Jesus zum Christus. Festschrift für Paul Hoffmann (BZNW), Berlin: de Gruyter 1998 *(im Erscheinen)*. Ich danke Herrn Prof. Wolter für den entsprechenden Hinweis.

Das ist theologisch konsequent, denn im Bereich monotheistischer Religion kann Gott nicht an die Stelle des menschlichen Vaters treten. Die Vorstellung, der höchste und transzendente Gott mache sich zum Gatten einer menschlichen Frau, dürfte als überaus anstößig angesehen worden sein. Deshalb geht es bei der Geburtsankündigung in *Lk 1* nicht um einen Zeugungsvorgang, sondern um einen Schöpfungsakt: *"Gottes Allmacht wird im Schoße Mariens ein Kind erschaffen."*[97]

2.2.3. Religionsgeschichtliche Perspektiven

Im Hinblick auf die *ägyptischen Reliefzyklen* von der göttlichen Zeugung und Geburt des Königs fällt es sehr schwer, überhaupt einen Vergleichspunkt zu finden. Die narrative Linie des *Lk* ist mit der der Zyklen nicht vergleichbar. Auch einzelne Szenen lassen sich kaum heranziehen. Die Zeugungsszene *(IV)* scheidet weitgehend aus, weil in *Lk 1,26-38* die Zeugung gerade nicht erzählt wird, auch nicht als vorausschauende Erzählung in der Erzählung. Die Begegnung der Königinmutter mit dem Botengott Thot *(SZENE VII)* ist ebenfalls nicht vergleichbar, weil es ja bei *SZENE VII* des Reliefzyklus um eine Huldigung des Gottes an die zukünftige Mutter des Königs geht, welche nach der Zeugung und Formung des Kindes angesetzt ist. Bei *Lk* dagegen handelt es sich um die Geburtsankündigung an eine Jungfrau vor der Empfängnis. Das Ergebnis dieses Vergleichs kann nicht überraschen, da ja schon festzustellen war, daß die Wahrscheinlichkeit, daß die Texte und Bilder des Neuen Reiches im Bereich des frühen Christentums bekannt gewesen sein könnten, als minimal anzusehen ist. Trotzdem bleibt festzuhalten, daß die *lk* Erzählung eine große Nähe zur klassischen ägyptischen Geburtstradition aufweist, insofern sie die Entstehung des Kindes mit Schöpfungstermini umschreibt. Das entspricht der Schöpfung des königlichen Kindes durch Chnum *(SZENEN V.VI)* und auch der Zurückhaltung, die das Bild, nicht der Text, von *SZENE IV* zeigt. Amun hält der Königin das Lebenszeichen an die Nase. Diese Geste deutet allgemein auf die Leben spendende Kraft der Gottheit und erhält erst durch den Kontext eine sexuelle Konnotation. *Lk* verzichtet auf jede sexuelle Komponente und stützt sich ganz auf die Leben spendende Kraft des Schöpfergottes, bei dem kein Ding unmöglich ist.

Die Frage ist allerdings, ob eine Spekulation über die Geistzeugung, wie sie Plutarch in *Numa 4* vorträgt, für den *lk* Bereich als bekannt vorauszusetzen ist. Nun dürfte zwar die Entstehung der betreffenden Schrift um einiges nach der des *Lk* anzusetzen sein, was allerdings nicht bedeuten muß, daß im christlichen Bereich nicht entsprechende Vorstellungen bekannt gewesen sein könnten. Offensichtlich bezieht Plutarch sich ja auf eine überlieferte Vorstellung. Dies kann aber an der Semantik des Geistbegriffs in *Lk 1,35* nicht viel ändern, weil ja auch die von Plutarch referierte (und abgelehnte) Überlegung schon auf eine Spiritualisierung und Entsexualisierung der Tradition der Heiligen Hochzeit abzielte.

---

97   SCHÜRMANN 1990 (1969), 52. Vgl. MERKLEIN 1995, 47.

Wenn es zutrifft, daß der Zusammenhang zwischen Gottessohnschaft und Geist-zeugung in *Lk 1* so zu verstehen ist, daß Jesu Würde als messianischer Gottessohn auf *"einem besonderen schöpferischen Akt der Erwählung und Aussonderung, der schon im Mutterleib stattgefunden hat"*, beruht,[98] dann kommt die ägyptische Vorstellung vom *Königtum im Ei* ins Spiel, die ja die theologische Basis für die Geburtszyklen darstellte. Ihr ging es um die proleptische Formulierung der Kö-nigswürde, die den Aspekt der historischen Veränderung aus der Idee des Königt-ums ausgliedert und die Würdestellung des jeweiligen Königs unterstreicht. Die entsprechende Analogie wird verkannt, wenn behauptet wird, die Vorstellung der Erwählung im Mutterleib sei *"genuin jüdisch"*.[99] Der Hinweis auf entsprechende atl. Bezugstexte *(Ri 13,5; Jes 49,1; Jer 1,5)* beleuchtet zwar den primären semanti-schen Kosmos des frühen Christentums, allerdings ist doch zu fragen, wie eine frühchristliche Übertragung dieser Idee aus dem prophetischen in den königlichen Bereich angeregt wurde. Da es hierfür im AT kein Vorbild gibt, ist auf den Einfluß hellenistischer Herrscherideologie, in der entsprechende Vorstellungen als Erbe ägyptischer Tradition auch im 1. Jh. n.Chr. präsent waren, zu schließen.[100] Außer-dem sollten diese Entsprechungen ohnehin nicht als Indiz für eine "Abhängigkeit" von ägyptischen Vorstellungen, sondern als analoge, aber selbständige Entwick-lung unter veränderten religionsgeschichtlichen Rahmenbedingungen gewertet werden.

Zu diesen Rahmenbedingungen gehört neben der atl.-jüdischen Sinnwelt sicher auch die Augustustradition, welche zwar erst bei Sueton (Asklepiades von Mendes zitierend) literarisch belegt ist, aber unzweifelhaft bis in die Augustuszeit selbst zu-rückreicht. Daß Augustus als Begründer und normative Urgestalt der römischen Monarchie auch in späteren Zeiten eine bedeutende Rolle spielte, braucht hier nicht weiter belegt zu werden. Es sei nur auf die verklärte Wahrnehmung des Prin-ceps durch Philo hingewiesen (s.o. Kap. IV). Hier ist zunächst wieder festzuhalten, daß die Erzählung von der Zeugung Octavians durch Apollo in Gestalt einer Schlange eine Zeugungsgeschichte ist, während wir es in *Lk 1,26-28* mit einer Ver-kündigungsgeschichte zu tun haben. Trotzdem darf die Basisübereinstimmung nicht übersehen werden, daß die Bezeichnung des entstehenden Kindes als Sohn (eines) Gottes kausal mit seiner besonderen, übernatürlichen Genese verbunden wird.

Lk 1,35d	διὸ καὶ τὸ γεννώμενον ἅγιον κληθήσεται υἱὸς θεοῦ.
Sueton, *Augustus 94,4*	*et ob hoc Apollinis filium existimatum*

---

98 HAHN 1995 (1963), 306.
99 Gegen HAHN 1995 (1963), 307.
100 Religionsgeschichtlich bedeutet die christliche Übertragung der Erwählung im Mutterleib in den königlichen Bereich eine Rückübertragung, weil der prophetische Kontext, in dem das AT diese Vorstellung überliefert, gegenüber dem königlichen, wie er viel früher in Ägypten belegt ist, als sekundär einzustufen ist.

Auch ist im Hinblick auf *Lk 1,28c* an das Grabepigramm von Atia, der Mutter des Augustus, zu erinnern. Wegen der göttlichen Würde des Sohnes wird die Mutter selig gepriesen (s.o. Kap. III). Vergleichbar ist natürlich auch der Herrschaftskontext, in den die Rede von der Gottessohnschaft eingebettet ist: hier das davidische Königtum, dort die römische Weltherrschaft. Es darf allerdings nicht übersehen werden, daß die *lk* Erzählung von der machtpolitischen Verzweckung des augusteischen Zeugungsmythos weit entfernt ist, weil es ihm, wie noch zu sehen sein wird, nicht direkt um ein politisches Verständnis davidischer Herrschaft geht. Gerade wenn es um die Art und Weise der Entstehung des Kindes geht, bleibt der *lk* Text auch streng metaphorisch und begibt sich nicht auf die Ebene der faktischen Behauptung eines ΙΕΡΟΣ ΓΑΜΟΣ. Zwar wird die Vaterschaft Josefs ausgeschlossen, was durchaus eine Nähe zur hellenistischen Tradition anzeigt, aber im Unterschied zu dieser tritt Gott nicht als Zeugender an die Stelle des menschlichen Vaters. Von seiner primären religiösen Bezugswelt, nämlich der biblischen Tradition, her legt sich *Lk* eine andere Auffassung auch nicht nahe. Schließlich kannte auch diese die Verleiblichung Gottes - sei es in Menschen- oder in Tiergestalt - zum Gatten der Königsmutter nicht, sondern assoziierte die Gottessohnschaft des Königs stets mit seinem Eintreten in ein göttlich qualifiziertes Amt. Die Rede von der Gottessohnschaft des Königs führte nicht zur Bestreitung seiner leiblichen Abkunft vom menschlichen Vater. Der biblischen Überlieferung wie auch dem ägyptischen Denken entspricht das Nebeneinander von menschlicher und göttlicher Vaterschaft.[101]

Was die Betonung der Jungfräulichkeit der zukünftigen Mutter *(Lk 1,27a.27e)* angeht, so ist diese sicherlich von der Septuagintafassung von *Jes 7,14* und deren Reaktion auf alexandrinische Kulttraditionen angeregt. Daran, daß *Lk* das Immanuelzeichen als Heilsversprechen versteht, das sich in Jesus erfüllt, besteht wohl kein Zweifel. Außer dem mehrfachen Hinweis auf die Jungfräulichkeit Mariens deuten auch der Gruß des Engels *(Lk 1,28d)* und die wiederholten Hinweise auf die davidische Qualität Jesu in diese Richtung. *Lk* versteht Jesus als den von Gott versprochenen Endzeitkönig, der das Königtum Davids wieder errichtet und den Thron seines Vaters David besteigt. Er ist aber nicht Sohn Davids im Sinne einer leiblichen Abstammung, sondern als Heilskönig direkt Gottes Geschenk an sein Volk. Gott ist der eigentlich Handelnde, der seinen Sohn als König auf den Thron setzen wird. Er selbst gibt diese Würde, die Jesus nicht über Josef von David erben kann. Es gibt keinen dynastischen Automatismus mehr. Trotzdem ist die politische Dimension der *lk* Christologie nicht zu leugnen.[102]

Auf das alexandrinische Milieu könnte auch die Verbindung von Geist (Weisheit) und Kraftübertragung durch den Schatten verweisen. In Kap. IV habe ich darauf hingewiesen, daß bei Philo von Alexandria im Kontext der ekstatischen Vermählung von menschlichem Geist und göttlichem Pneuma von einer Überschattung des

---

101   GESE 1971, 77.
102   Zu *Lk 1,32 f* vgl. MÜLLER 1996, 31 f.

menschlichen Geistes die Rede ist, was auf ägyptische Traditionen in spätzeitlicher Fassung zurückgeführt werden kann. Da auch in der biblischen Schattenkonzeption Elemente vorhanden waren, die auf Ägypten verweisen (s.o.), ist es an sich nicht abwegig, entsprechende Analogien auch bei *Lk* zu vermuten. So hat NORDEN eine direkte Verbindung zwischen Philo und *Lk 1,35* hergestellt.[103] Dies wurde von DIBELIUS zurückgewiesen, mit dem Argument, daß von der mystischen Verdunklung des Geistes keine Analogie zur Geistzeugung bestehe.[104] In der Tat sollte keine direkte Beziehung zwischen *Lk* und Philo konstruiert werden. Allerdings ist zu beachten, daß Philo eine vergeistigte Fassung älterer, biblischer wie auch ägyptischer Vorstellungen präsentiert. Diese älteren Vorstellungen bezogen sich auf eine Kraftübertragung durch den Schatten, welche wenigstens im ägyptischen Kontext durchaus auch eine sexuelle Komponente haben konnte (Seth). Allerdings war schon davon die Rede, daß die inhaltliche Umschreibung der durch den Schatten übertragenen Kräfte engstens mit dem Charakter der betreffenden Gottheit zu tun hat. So gibt letztlich das biblische Bezugssystem den Ausschlag. Da in bezug auf den Gott Israels keine sexuelle Konnotation des Schattens festzustellen ist, bleibt es auch für *Lk 1,35* dabei, daß das Überschatten Mariens durch die ΔΥΝΑ-ΜΙΣ Gottes keinen sexuellen Unterton hat. Das schließt allerdings nicht aus, daß der kulturelle Kommunikationshintergrund auch des Evangelientextes durch eine hellenistisch-jüdische Rezeption spätägyptischer Vorstellungen bestimmt war, welche sich im Weisheitsbuch ebenso dokumentiert wie bei Philo. Die entsprechenden ägyptischen Modelle verbanden offensichtlich mit dem Schatten des Geistgottes Amun eine Übertragung königlicher Würde und mit dem Schatten der Königsgöttin Isis die Übertragung weisheitlichen Geistes und Leben spendender Kraft.

Im Hinblick auf die narrative Grundstruktur ist die romanhafte Fassung des ägyptischen Geburtsmythos erwähnenswert, wie sie in den entsprechenden Teilen des *Alexanderromans* vorliegt. Dort *(IV, 8)* wird eine Vorhersage der Geburt erzählt, die in bestimmten Aspekten der lk Geburtsankündigung entspricht. Der königliche Vater als prophetischer Deuter offenbart der zukünftigen Mutter die göttliche Empfängnis und Geburt eines Sohnes, der ihr Rächer sein wird. Diese Ankündigung wird in einem Traum der Mutter und in einer Bestätigung des Vaters nach der Zeugung wiederholt. Bestimmte Züge der Geburtsankündigung, wie etwa Heilsverheißung, Rückfrage der zukünftigen Mutter, Bekräftigung und Spezifizierung der Ankündigung finden sich im Alexanderroman ebenso wie in *Lk 1,26-38*. Angesichts der Verbreitung des Alexanderromans wäre eine Kenntnis in frühchristlichen Kreisen zwar nicht auszuschließen, trotzdem ist es kaum vorstellbar, daß man einen eher burlesken Text als Modell für die narrative Gestaltung der eigenen Heilsgeschichte akzeptiert hätte. Allerdings bildet der Alexanderroman doch einen wichtigen Beleg für die kulturelle Kommunikationssituation der Evangelienerzählung. Gerade die Präsenz entsprechend deutlicher Gestaltungen der Heiligen Hochzeit in

---

103 Vgl. NORDEN 1924, 92-94; auch GEORGE 1970, 112-117.
104 Vgl. DIBELIUS 1953 (1932), 21 f.

einem populären Erzähltext hebt die *Zurückhaltung* der *lk* Erzählung in diesem Punkt eindrucksvoll hervor!

Wie stark die *lk* Erzählweise trotzdem an griechisch-hellenistischer Kultur partizipiert, hat HOFRICHTER in seinem Vergleich der Engelerscheinungen in *Lk 1-2* mit Homer, *Ilias 24,143-188*, wo Zeus die Götterbotin Iris zu Priamos sendet, deutlich gemacht.[105] Die Übereinstimmungen sind kaum zu übersehen, dürfen aber trotzdem nicht überbewertet werden. Da sie sich nur auf kompositionelle Aspekte beziehen, nicht aber auf thematische, bleibt der Ertrag für die Textsemantik gering. Die semantischen Bezüge der Geburtsankündigung verweisen deutlich auf biblische Vorbilder, zu denen allerdings die kompositionellen Ähnlichkeiten viel geringer sind. Wie nicht anders zu erwarten, ist der heidnische Text aus frühchristlicher Sicht *"mit der biblischen Redeweise und Glaubenstradition unverträglich und daher für Lukas auch nicht zitierbar."*[106] Er findet die Muster für die sprachliche und inhaltliche Gestaltung seiner Texte in der Septuaginta, läßt sich aber bezüglich der formalen Konzeption von einem kanonischen Text griechischer Bildungstradition anregen. Damit ergibt sich das Bild eines Autors, der seine Kenntnis des griechischen Bildungsguts souverän benutzt, um biblisch-jüdische Inhalte in zeitgemäßem Gewande zu vermitteln. Die mögliche Bezugnahme auf homerische Texte wäre allerdings nicht vollständig dargestellt, wollte man *Odyssee 11,235-259* übergehen, wo auch thematische Bezüge vorzuliegen scheinen.[107] Es geht um die Liebesbegegnung der menschlichen Frau Tyro mit dem Gott Poseidon. Der Gott verwandelt sich in die Fluten eines Flusses, der die Jungfrau umspült. Nach dem Beischlaf spricht der Gott:

> *Freue dich, Frau, dieser Liebe.*
> *Übers Jahr wirst du herrliche Kinder gebären,*
> *denn der Beischlaf der Götter bleibt nicht vergeblich.*
> *Du aber wirst sie pflegen und aufziehen.*
> *Nun aber geh nach Hause, schweige und nenne keine Namen.*
> *Ich aber bin dir Poseidon, der Erderschütterer.*
>
> *(Odyssee 11,247-252)*

Ähnlich wie im ägyptischen Geburtszyklus weist hier der göttliche Vater nach dem Beischlaf die menschliche Mutter auf die Größe der zu erwartenden Kinder hin. Auch ist die Vorstellung anzutreffen, daß die Begegnung mit dem Göttlichen zu Furcht und Erschrecken des menschlichen Partners führt, das Beschwichtigung verlangt. Allerdings fehlt der unmittelbare königliche Kontext, der für die *lk* Geburtsankündigung maßgeblich ist.

Mit der Erkenntnis, daß auch griechische Bildungstradition zum Kommunikationshorizont *lk* Texte gehört, ergibt sich die Berechtigung, auf einen der *Homerischen*

---

105 Vgl. HOFRICHTER 1993, 60-70.
106 HOFRICHTER 1993, 68.
107 Vgl. ZELLER 1992, 80 f.

Hymnen, und zwar den ersten an Aphrodite, zu verweisen, der den Topos der Geburtsankündigung ebenfalls kennt.[108] Dort kündigt die Göttin Aphrodite dem menschlichen Vater Anchises, der angesichts der Göttlichkeit seiner Partnerin zu Tode erschrocken ist, die Geburt eines königlichen Sohnes an:

> *Anchises, höchstgerühmter vor allen sterblichen Menschen,*
> *fasse Mut und fürchte dich nicht zu sehr in deinem Gemüte!*
> *Du bist doch ein Freund der Götter; so brauchst du wahrlich nicht zu fürchten,*
> *daß dir andere Selige weh tun oder ich selbst.*
> *Dir wird geboren ein geliebter Sohn, ein Herrscher in Troja,*
> *Kinder und Enkel werden erstehen in dauernder Folge.*
> *Heißen wird er Äneas, da schreckliches Leid mich erfaßte,*
> *als ich das Lager bestieg mit dir, einem sterblichen Manne.*
>
> *(1Aphrodite 192-199)*

Abgesehen davon, daß es hier um die Begegnung einer Göttin mit einem Mann geht, bleibt festzustellen, daß die Beschwichtigung des menschlichen Partners, die Vorhersage der Geburt eines königlichen Kindes, sowie die Festlegung des Namens als Vergleichspunkte bleiben. Darüber hinaus ist hier auch noch die Beständigkeit der Dynastie vorhergesagt, die im *Lk* allerdings umgewandelt wird. All dies deutet nicht auf literarische Abhängigkeit hin, erhellt aber doch den Horizont kulturellen Wissens, vor dem das *Lk* steht.

Insgesamt gesehen nimmt also das *Lk* im religionsgeschichtlichen Beziehungsfeld eine durchaus eigenständige Position ein. Es unterscheidet sich von altägyptischer und biblischer Königstheologie insofern, als es ein einfaches Nebeneinander von menschlicher und göttlicher Vaterschaft nicht annimmt. Es unterscheidet sich aber auch von den hellenistischen Varianten des Geburtsmythos, weil es die Stelle des leiblichen Vaters nicht einfach mit der Gottheit auffüllt. Vielmehr wird eine theologisch wichtige Leerstelle im Text konstituiert, die durch biblisch gefüllte metaphorische Hinweise auf die Leben spendende Allmacht Gottes zwar bezeichnet, aber nicht geschlossen wird.

2.3. Die Geburtserzählung (Lk 2,1-20)

2.3.1. Textkonstitution

Lk 2,1-20 in Äußerungseinheiten mit deutscher Übersetzung:

1a	Ἐγένετο δὲ ἐν ταῖς ἡμέραις ἐκείναις	Es geschah aber in jenen Tagen:
1b	ἐξῆλθεν δόγμα παρὰ Καίσαρος Αὐγούστου ἀπογράφεσθαι πᾶσαν τὴν οἰκουμένην.	Ein Befehl ging aus von Kaiser Augustus, daß sich eintragen lasse die ganze Welt.

---

108 Vgl. ZELLER 1992, 81.

2	αὕτη ἀπογραφὴ πρώτη ἐγένετο ἡγεμονεύοντος τῆς Συρίας Κυρηνίου.	Diese erste Eintragung geschah unter der Herrschaft des Quirinius über Syrien.
3a	καὶ ἐπορεύοντο πάντες ἀπογράφεσθαι,	Und alle gingen, sich eintragen zu lassen,
3b	ἕκαστος εἰς τὴν ἑαυτοῦ πόλιν.	jeder in seine Stadt.
4a	Ἀνέβη δὲ καὶ Ἰωσὴφ ἀπὸ τῆς Γαλιλαίας ἐκ πόλεως Ναζαρὲθ εἰς τὴν Ἰουδαίαν εἰς πόλιν Δαυὶδ / 4b / διὰ τὸ εἶναι αὐτὸν ἐξ οἴκου καὶ πατριᾶς Δαυίδ,	So ging auch Josef von Galiläa aus der Stadt Nazaret hinauf nach Judäa in die Stadt Davids, / 4b /, wegen seiner Abstammung aus dem Haus Davids,
4b	ἥτις καλεῖται Βηθλέεμ,	welche genannt wird Betlehem,
5a	ἀπογράψασθαι σὺν Μαριὰμ τῇ ἐμνηστευμένῃ αὐτῷ,	um eingetragen zu werden mit Maria, seiner Verlobten,
5b	οὔσῃ ἐγκύῳ.	die schwanger war.
6a	ἐγένετο δὲ ἐν τῷ εἶναι αὐτοὺς ἐκεῖ	Es geschah aber während ihres Aufenthaltes dort:
6b	ἐπλήσθησαν αἱ ἡμέραι τοῦ τεκεῖν αὐτήν,	Es erfüllten sich die Tage ihrer Niederkunft,
7a	καὶ ἔτεκεν τὸν υἱὸν αὐτῆς τὸν πρωτότοκον,	und sie gebar ihren Sohn, den Erstgeborenen,
7b	καὶ ἐσπαργάνωσεν αὐτὸν	und wickelte ihn in Windeln
7c	καὶ ἀνέκλινεν αὐτὸν ἐν φάτνῃ,	und legte ihn in eine Krippe,
7d	διότι οὐκ ἦν αὐτοῖς τόπος ἐν τῷ καταλύματι.	denn es gab keinen Ort für sie in der Herberge.
8a	Καὶ ποιμένες ἦσαν ἐν τῇ χώρᾳ τῇ αὐτῇ	Und Hirten waren in derselben Gegend,
8b	ἀγραυλοῦντες	indem sie sich im Freien aufhielten
8c	καὶ φυλάσσοντες φυλακὰς τῆς νυκτὸς ἐπὶ τὴν ποίμνην αὐτῶν.	und Nachtwachen wachten über ihre Herde.
9a	καὶ ἄγγελος κυρίου ἐπέστη αὐτοῖς	Und ein Engel des Herrn trat ihnen gegenüber,
9b	καὶ δόξα κυρίου περιέλαμψεν αὐτούς,	und die Herrlichkeit des Herrn umleuchtete sie,
9c	καὶ ἐφοβήθησαν φόβον μέγαν.	und sie ängstigten sich in großer Furcht.
10a	καὶ εἶπεν αὐτοῖς ὁ ἄγγελος,	Und der Engel sprach zu ihnen:
10b	Μὴ φοβεῖσθε,	Ängstigt euch nicht,
10c	ἰδοὺ γὰρ	denn siehe,
10d	εὐαγγελίζομαι ὑμῖν χαρὰν μεγάλην	ich verkündige euch große Freude,
10e	ἥτις ἔσται παντὶ τῷ λαῷ,	welche dem ganzen Volk gilt.

11a	ὅτι ἐτέχθη ὑμῖν σήμερον σωτὴρ / 11b / ἐν πόλει Δαυίδ.	Denn euch wurde heute der Retter geboren, / 11b / in der Stadt Davids.
11b	ὅς ἐστιν Χριστὸς κύριος	welcher ist der Gesalbte, der Herr,
12a	καὶ τοῦτο ὑμῖν τὸ σημεῖον,	Und dies euch zum Zeichen:
12b	εὑρήσετε βρέφος ἐσπαργανωμένον καὶ κείμενον ἐν φάτνῃ.	Ihr werdet finden einen Säugling in Windeln gewickelt und in einer Krippe liegend.
13a	καὶ ἐξαίφνης ἐγένετο σὺν τῷ ἀγγέλῳ πλῆθος στρατιᾶς οὐρανίου αἰνούντων τὸν θεὸν καὶ λεγόντων,	Und plötzlich war bei dem Engel die Menge eines himmlischen Heeres von Gott Lobenden und Sagenden:
14	Δόξα ἐν ὑψίστοις θεῷ	Ehre in den Höhen Gott
14b	καὶ ἐπὶ γῆς εἰρήνη ἐν ἀνθρώποις εὐδοκίας.	und auf der Erde Frieden bei den Menschen des Wohlgefallens!
15a	Καὶ ἐγένετο	Und es geschah:
15b	ὡς ἀπῆλθον ἀπ' αὐτῶν εἰς τὸν οὐρανὸν οἱ ἄγγελοι,	Als die Engel von ihnen weggegangen waren,
15c	οἱ ποιμένες ἐλάλουν πρὸς ἀλλήλους,	sagten die Hirten zueinander:
15d	Διέλθωμεν δὴ ἕως Βηθλέεμ	Gehen wir doch nach Betlehem,
15e	καὶ ἴδωμεν τὸ ῥῆμα τοῦτο τὸ γεγονὸς	und sehen wir dieses Geschehen,
15f	ὃ ὁ κύριος ἐγνώρισεν ἡμῖν.	das der Herr uns wissen ließ.
16a	καὶ ἦλθαν σπεύσαντες	Und sie kamen eilends
16b	καὶ ἀνεῦραν τήν τε Μαριὰμ καὶ τὸν Ἰωσὴφ καὶ τὸ βρέφος κείμενον ἐν τῇ φάτνῃ·	und fanden sowohl Maria als auch Josef und den Säugling, liegend in der Krippe.
17a	ἰδόντες δὲ ἐγνώρισαν περὶ τοῦ ῥήματος τοῦ λαληθέντος αὐτοῖς περὶ τοῦ παιδίου τούτου.	Und sehend ließen sie wissen von dem Wort, das ihnen gesagt worden war über dieses Kind.
18	καὶ πάντες οἱ ἀκούσαντες ἐθαύμασαν περὶ τῶν λαληθέντων ὑπὸ τῶν ποιμένων πρὸς αὐτούς	Und alle Hörenden staunten über das, was die Hirten ihnen sagten.
19	ἡ δὲ Μαριὰμ πάντα συνετήρει τὰ ῥήματα ταῦτα συμβάλλουσα ἐν τῇ καρδίᾳ αὐτῆς.	Maria aber bewahrte alle diese Worte erwägend in ihrem Herzen.
20a	καὶ ὑπέστρεψαν οἱ ποιμένες δοξάζοντες καὶ αἰνοῦντες τὸν θεὸν ἐπὶ πᾶσιν	Und die Hirten kehrten zurück lobend und preisend Gott wegen allem,
20b	οἷς ἤκουσαν	was sie gehört
20c	καὶ εἶδον	und gesehen hatten,
20d	καθὼς ἐλαλήθη πρὸς αὐτούς.	wie ihnen gesagt worden war.

2.3.2. Textsemantische Analysen

Dieser Abschnitt der Erzählung wird eröffnet mit der Erwähnung des Kaisers *Augustus*, dessen Befehl zur Erfassung der Bevölkerung eine allgemeine Bewegung auslöst, die die folgenden Ereignisse strukturiert. Die Herrschaft des Statthalters *Quirinius* dient zur Datierung des Erzählten und übernimmt damit die narrative Funktion, die die Schwangerschaft der Elisabet in der Verkündigungserzählung hatte. Der Kaiser wird durch den universalen Inhalt (1b: die ganze Welt) und die entsprechenden Folgen seines Befehls (3a: alle gehen) als Weltherrscher charakterisiert. Eine kritische Bewertung seiner Herrschaft ist nicht explizit gegeben. Allerdings ist zu beachten, daß nicht die übliche griechische Wiedergabe des Ehrentitels AVGVSTVS, nämlich ΣΕΒΑΣΤΟΣ, gewählt, sondern eine direkte Transskription verwendet wird. Daraus ist zu schließen, daß hier nicht mehr an einen ehrenden Titel mit eindeutig religiösen Konnotationen, sondern an einen Eigennamen gedacht wird. Eine kritische Wertung wird für bibelkundige Rezipienten dadurch erschließbar, daß von David eine frevelhafte Volkszählung berichtet wurde, die von Gott streng bestraft wurde.[109]

In die allgemeine Bewegung, die der kaiserliche Befehl auslöst, wird *Josef* mit seiner Reise eingeordnet. Er zieht von Nazaret nach Betlehem, welches ausdrücklich als Stadt Davids gekennzeichnet wird. Die Abstammung Josefs von *David*, welche schon in *Lk 1,27* erwähnt wurde, wird nun durch eine entsprechende Wiederholung besonders gewichtet.

Josef reist mit *Maria*, welche wie in *Lk 1,27* als seine Verlobte, nicht aber als seine Frau, bezeichnet wird. Erstmals wird in V.5 die Schwangerschaft Mariens erwähnt. An sie wird zwar schon in *Lk 1,43* erinnert, allerdings hat dort die prophetische Bezeichnung als Mutter proleptischen Charakter. Die unvermittelte Erwähnung der Schwangerschaft in *Lk 2,5* zeigt jedenfalls, daß *Lk* kein Interesse hat, die Zeugung des Kindes exakt zu terminieren, geschweige denn zu erzählen. V.5b macht hier einfach deutlich, daß die Ankündigung des Engels in *1,31b ("du wirst empfangen ...")* in Erfüllung gegangen ist. Damit wird die Erwartung auf Erfüllung der anderen Vorhersagen intensiviert. Schon in V.7 wird ein weiterer Teil dieser Versprechen eingelöst. Die Schwangerschaft geht zu Ende (6b) und Maria gebiert einen Sohn, wie in *Lk 1,31c* angekündigt. In V.19, also gegen Ende des Abschnitts, wird Maria als aufmerksam reflektierende und erinnerungsfähige Beobachterin charakterisiert. Damit ist den Lesenden eine Identifikationsrolle angeboten, die zu einer entsprechenden Rezeptionshaltung anleitet. Wichtig ist, über das Gelesene bzw. Gehörte nachzudenken und es im Gedächtnis zu behalten.[110] Offensichtlich werden viele Elemente dieses Textabschnitts im weiteren Leseprozeß zur vollständigen Sinnbildung benötigt.

---

109 Vgl. *2Sam 24; 1Chr 21*.
110 Zur exemplarischen Rolle Mariens vgl. KARLSEN SEIM 1994, 733.

Der neugeborene *Sohn* wird nur zu seiner Mutter in Relation gesetzt. Ein Vater wird im Unterschied zur Geburtsankündigung nicht erwähnt. Da dies für die gesamte Perikope gilt, wird auch die Prognose des Engels, daß das Kind "Sohn des Höchsten" und "Sohn Gottes" genannt werden wird, nicht eingelöst. Damit eröffnet sich von *Lk 1,32.35* ausgehend ein Spannungsbogen, der erst durch das Bekenntnis des himmlischen Vaters in *Lk 3* sein Widerlager finden wird. Daß der Sohn Mariens ausdrücklich als Erstgeborener bezeichnet wird, muß zunächst als Information darüber gelesen werden, daß dies die erste Geburt der Jungfrau war. Weitere Bedeutungsebenen sind damit aber nicht ausgeschlossen (s.u.). Zur Charakterisierung des Kindes trägt auch bei, daß die Mutter es wickelt und in eine Krippe legt. Daß dieses Tun weitere Bedeutungsebenen impliziert, wird durch die Wiederholung in V.12 angedeutet. Die Information, daß in der Herberge kein Platz für "sie" war, muß nicht zwingend bedeuten, daß Maria und Josef mit dem Kind die Herberge verlassen hätten. Es kann sich auch einfach um eine Begründung für die Wahl der Krippe handeln. Die Charakterisierung des Kindes kann als das zentrale Anliegen des Textes eingestuft werden. Nahezu alle Handlungen und Aussagen sind darauf ausgerichtet. Dies wird umso stärker herausgestellt, als das Kind ja noch keinen Namen trägt und deshalb in der Erzählung allein durch die Charakteristika, die der Erzähler oder erzählte Personen ihm zuweisen, als Person unterscheidbar gemacht wird. Bei Abwesenheit eines Namens haben andere Kennzeichnungen personenkonstitutive Funktion.[111] Auch in der Engelrede *Lk 2,10-12* wird die Charakterisierung des Kindes weitergeführt. Der Engel, der als Bote Gottes wieder als absolut zuverlässige Informationsquelle im Leseprozeß einzustufen ist, deutet die Geburt des Kindes als große Freude, die auf das ganze Volk zielt. Begründend wird das Neugeborene als Retter, Gesalbter und Herr bezeichnet. Daß mit diesen Bezeichnungen eine Fülle von Informationen aus dem Bestand kulturellen Wissens aufgerufen wird, liegt auf der Hand. Eine genauere Analyse soll im nächsten Abschnitt erfolgen.

Die Botschaft des Engels wird ergänzt durch den Lobgesang *himmlischer Heerscharen*. Die Gegenwart der himmlischen Heerscharen erinnert im Kontext einer biblischen Lesewelt an das Auftreten der Serafen oder anderer Himmelswesen in den Erzählungen von Gotteserscheinungen *(1Kön 22,19; Jes 6,2-4; Ez 1-3)*.[112] Auch auf *Jes 9,6* könnte verwiesen werden. Wo "Herr der Heere" titular gebraucht ist, kommen zwar die himmlischen Heerscharen nicht als eigene Größe in Blick, doch ist zu bedenken, daß die Vorstellung von himmlischen Wesen als Umgebung Gottes in der auf Jerusalem zentrierten Theologie eine wichtige Rolle spielte, um die königliche Hoheit Gottes auszudrücken.[113] Das Erscheinen der himmlischen Heerscharen im Geburtskontext hat atl. aber kein direktes Vorbild. Daß die Himmlischen (wie auch später die Hirten) die Geburt des Kindes zum Anlaß nehmen,

---

111   Vgl. zu diesem Phänomen in Erzählungen KÜGLER 1988, 145.
112   Vgl. WESTERMANN 1971, 323-325; BOVON 1989, 127 f.
113   Vgl. KEEL 1977, 46-124, bes. 116-121.

Gott zu loben, bedeutet, daß er als der eigentlich Handelnde dieses Heilsgeschehens begriffen wird. Er ist es, der den Menschen dieses Kind schenkt. Da ein anderer Bezugsrahmen nicht gegeben ist, muß sich ihr Jubel auf die Botschaft des einzelnen Engels und also auf die Geburt des Kindes beziehen. Diese Geburt ist Anlaß, Gott die Ehre zu geben und den "Menschen des Wohlgefallens" Frieden zu verkünden.

Durch die wiederholte Erwähnung Betlehems als Ort der Geburt, kommt auch *Mi 5,1-4* ins Spiel.[114] Die *lk* Geburtserzählung kann von bibelkundigen Lesern zu der prophetischen Ankündigung Michas in eine Erfüllungsrelation gesetzt werden. Dann ist Jesus der, der über Israel herrschen und aus Betlehem hervorgehen soll. Die Zeit der Bedrängnis ist zu Ende gegangen, denn die Gebärende, von der *Mi 5,2* spricht, ist Maria. Jesus ist der, in dem Israel einen neuen Hirten wie David finden wird *(Mi 5,3)*, und in ihm kommt Gottes Friede zu seinem Volk *(Mi 5,4)*. Auch Reminiszenzen an die Geburtsverkündigung von *Jes 9,1-6* sind festzuhalten: Der Friede, den die Engel besingen, wurde in *Jes 9,5 f* angekündigt. Der Gegensatz von Finsternis und Licht, den *Jes 9,1* thematisiert, wird in *Lk 2,8 f* aufgegriffen. Die Erwähnung von Freude und Jubel *(Jes 9,2)* ist auch für *Lk 2,10.13.20* sehr wichtig. Nachdem die Engel sich zurückgezogen haben, entwickeln die *Hirten*, welche in V.8 als Adressaten dieser Botschaft eingeführt worden waren, eigene Aktivität. So wie der Befehl des Kaisers Maria und Josef nach Betlehem führte, so werden nun die Hirten durch die Engelsbotschaft nach Betlehem geführt. Die Hirten, deren wachende Tätigkeit in V.8c angeführt ist, rufen die Erinnerung an die Hirtentätigkeit Davids wach, der nach biblischer Tradition in Betlehem durch Gottes Propheten von den Herden weg zum König berufen wurde *(1Sam 16,1-13; 2Sam 7,8)*. Seine Funktion als König konnte ebenfalls als Hirtenamt gedeutet werden *(2Sam 5,2; Ps 78,70-72)*, und in *Ez 34,23 f* wird für die eschatologische Heilszeit ein Hirt wie David verheißen. Es ist also zu schließen, daß die Erwähnung der Hirten zu dem davidischen, und also königlichen Ambiente beiträgt, das schon durch die Erwähnung Betlehems angedeutet wurde. Zwar handelt es sich auf der primären Erzählebene um schlichte Tierhüter, aber ihre Tätigkeit erhält durch die Davidreminiszenzen darüber hinaus eine zweite Bedeutungsebene, die auf den Charakter des Neugeborenen hinweist. Daß ausgerechnet Hirten die ersten sind, die von Gottes Boten über die Geburt des Kindes und deren Bedeutung informiert werden, muß vor dem Hintergrund dieses kulturellen Wissens als ein verschlüsselter Hinweis auf die königliche Qualität des Kindes gelesen werden.[115] Der Zug der Hirten nach Betlehem führt zu der Bestätigung der Frohbotschaft, insofern sie Josef, Maria und das Wickelkind finden. Die Bedeutung dieses Kindes erschließen

---

114   Vgl. SCHÜRMANN 1990 (1969), 102 f; SCHNEIDER 1992 (1977), 67; FITZMYER 1981, 395; SCHWEIZER 1993 (1982), 32; BOVON 1989, 124.126. Allerdings werden die biblischen Bezugstexte in der exegetischen Forschung oft nicht genügend ausgewertet.
115   Vgl. SCHÜRMANN 1990 (1969), 108 f; SCHNEIDER 1992 (1977), 67; SCHWEIZER 1993 (1982), 33; BOVON 1989, 122 f; MERKLEIN 1995, 51 f.

freilich die Hirten, indem sie die Botschaft weitergeben und so selbst zu Boten werden. Daß die Funktion der Hirten sich an die der Engel annähert, zeigt auch V.20a, wo im Lobpreis der Hirten das Lob der himmlischen Heerscharen (13.14a) wieder aufgenommen wird. Das himmlische Lob Gottes hat im Lob derer, die das Kind gesehen haben, seine Entsprechung gefunden. Die Aussagen der Hirten über das Kind führen bei *allen* zur Verwunderung (V.18). Das kann sich nicht auf Maria und Josef allein beziehen, sondern setzt die Anwesenheit weiterer Zuhörer voraus. Das bestätigt den Schluß, daß V.7d nicht das Verlassen der Herberge voraussetzt.

2.3.3. Religionsgeschichtliche Perspektiven

Durch die Verknüpfung der Jesusgeschichte mit den großen Ereignissen der Weltgeschichte, wie sie mit der Erwähnung des Kaisers, seines Statthalters und der allgemeinen Erfassung der Bevölkerung erreicht wird, wird die hellenistisch-römische Herrschaftswelt mit ihrem ideologischen Umfeld präsent gemacht. Augustus und Alexander wurden als Prototypen des Weltherrschers aufgefaßt und bildeten so historische Anknüpfungspunkte für eine Herrscherideologie, die mitsamt ihren religiösen Dimensionen im römischen Weltreich durchgängig, wenn auch mit wechselnder Intensität, zum allgemeinen kulturellen Wissen gehörte. Sie war ein wesentlicher Bestandteil der Kulturwelt, in der die frühen Christinnen und Christen lebten und mit der sie sich auf die eine oder andere Weise stets arrangieren und auseinandersetzen mußten. Deshalb ist jedenfalls davon auszugehen, daß die Erwähnung des Augustusnamens für zeitgenössische Leser und Leserinnen schon deutlich mehr aussagte als nur die Benennung eines römischen Politikers. Mit dem Namen des Augustus werden zugleich jene religiös aufgeladenen Assoziationen aufgerufen, die mit dem Urbild des römischen Kaisertums verbunden wurden, auch wenn sie christlich nicht geteilt werden konnten. Hier sei nur an Bezeichnungen wie *"Gott von Gott"* oder *"Wohltäter und Retter des Menschengeschlechts"* erinnert.[116] Der Zensus freilich bringt den Herrn der Welt in ein merkwürdiges Licht, da solches Tun aus der Davidstradition als verwerflich bekannt war und historisch zu den umstrittensten Maßnahmen römischer Besatzungspolitik in Palästina gehörte.[117] Die Davidstradition wird auch durch die Lokalisierung der Ereignisse in Betlehem, welches ausdrücklich als Stadt Davids bezeichnet wird, wachgerufen. In diesem Zusammenhang ist weiterhin zu bedenken, daß die Erwähnung der Hirten als Beitrag zu diesem königlichen Ambiente zu deuten ist. Dies wird verstärkt durch die altorientalisch weit verbreitete, auch aus Ägypten bekannte, königliche Hirtenmetaphorik.[118] Zugleich wird mit der Hirtentätigkeit die fürsorgliche Seite des Königtums hervorgehoben, nämlich das wachsame Schützen und Leiten. Hatte die Erwähnung des Zensus die dunkle, sündhafte Seite

---

116 S.o. Kap. III und vgl. SCHMITHALS 1973, 288-292; PESCH 1981, 106-108; FITZMYER 1981, 394; BOVON 1989, 117 f; MERKLEIN 1995, 51 f.

117 Vgl. PESCH 1981, 109 f; FITZMYER 1981, 402; BOVON 1989, 118.

118 Hier sei nochmals auf MÜLLER 1961 hingewiesen.

der Königstradition aktiviert und dem Kaiser zugeordnet, so wird hier auf Jesus bezogen die positive Qualität hervorgehoben.

Die Botschaft des Engels macht die königlichen Dimensionen der Geburt des Kindes explizit und führt zugleich die beiden Stränge hellenistisch-römischer und davidischer Herrschertradition zusammen. Das Neugeborene wird als Gesalbter (ΧΡΙΣΤΟΣ) bezeichnet, womit die messianische Erwartung eines davidischen Heilskönigs angesprochen ist. Mit den beiden anderen Titeln werden eher Elemente der zeitgenössischen Herrscherideologie angesprochen. Es geht dabei um die göttliche Dimension kaiserlicher Herrschaft, welche sich unter Rückgriff auf hellenistische Königstradition in den Bezeichnungen ΚΥΡΙΟΣ (DOMINVS) und ΣΩ–THP ausdrückte. Die Reihenfolge der Titel deutet eine Hinführung auf die biblische Tradition an. Wird zunächst der Rettertitel eingesetzt, welcher zwar auch in der biblischen Tradition verankert ist, aber weit mehr noch als gebräuchliche Bezeichnung der heidnischen Herrscher bekannt war, so wird die Retterqualität in V.11b durch den exklusiv biblischen Gesalbtentitel näher bestimmt, was damit zugleich für den Kyriostitel gilt.[119] Die Erfüllung der mit diesen Bezeichnungen verbundenen Heilserwartungen wird also biblisch enggeführt. Der Retter der Welt kann also nur der biblisch angekündigte, davidische Heilskönig sein. Damit werden die biblischen Modelle insofern universalisiert, als sie zu den paganen Denkmustern in eine überbietende Beziehung gesetzt werden. Der Gesalbte ist Retter und Kyrios, niemand sonst. Gegen eine solche, auf die zeitgenössischen Denkmuster der Herrscherideologie bezogene Interpretation mag der Einwand erhoben werden, daß *Lk* ansonsten eine eher romfreundliche Einstellung zeigt und nicht zu herrschaftskritischen Positionen neigt. So hält es z.B. ZELLER, für *"wenig wahrscheinlich, daß Lk einen Kontrast zwischen der staatlichen Macht und dem armseligen wirklichen Weltenheiland als zusätzliche Note hineinbringen wollte."*[120] Abgesehen davon, daß es nicht nur um eine "Note" geht, sondern um die Botschaft des Textes, war ja an anderen zeitgenössischen Beispielen zu sehen, daß die prinzipielle Bejahung der römischen Herrschaft eine entschiedene Kritik an der religiösen Überhöhung dieser Herrschaft keinesfalls ausschloß. So kann Philo zu einem Loblied auf Augustus und Tiberius ansetzen und gleichzeitig die religiös aufgeladene Königsideologie des Gaius verurteilen (s.o. Kap. IV). An diesem Beispiel ist gut zu erkennen, daß die Kritik an der gängigen Herrscherideologie sehr wohl mit einem Bekenntnis zur prinzipiellen Loyalität gegenüber dem Herrscher Hand in Hand gehen konnte; ja es hat sogar den Anschein, daß die soziologische Funktion des Herrscherkultes, der Loyalität der Untertanen eine öffentliche, kultische Form zu geben, Kritik an diesen Formen überhaupt nur dann zuließ, wenn gleichzeitig umso entschiedener die prinzipielle Bejahung der Herrschaft betont wurde. So ist denn auch die *lk* Romtreue eher als Kompensation einer kritischen Einstellung zur religiösen Überhöhung der Kaiserherrschaft aufzufassen, denn als Widerspruch da-

---

119 Vgl. BOVON 1989, 125 f.
120 ZELLER 1992, 129. Zur prorömischen Haltung des *Lk* vgl. WENGST 1986, 112-131.

zu. Lukanisch gesehen konkurriert die Messianität Jesu sicher nicht mit dem faktischen Herrschaftsanspruch des Kaisers, wohl aber mit den damit verbundenen religiösen Ansprüchen. Offensichtlich waren diese Ansprüche aus christlicher Sicht sekundär und konnten also geleugnet werden, ohne deshalb die Obrigkeit an sich in Frage zu stellen.[121]

Die paganen Modelle der Herrscherideologie waren, wie in Kap. III zu sehen war, in der Regel auch mit Elementen der Sohn-Gottes-Vorstellung verbunden. So werden bei der Erwähnung des Augustus eventuell auch die Grundstrukturen seiner Geburtslegende assoziiert. Von der *lk* Erzählung werden entsprechende Konnotationen allerdings nicht funktionalisiert, da die Bezeichnung als Gottessohn oder andere Elemente, die als Verweis auf diesen Vorstellungskomplex fungieren könnten, in der *lk* Geburtsgeschichte nicht erwähnt werden.

Sowohl in der hellenistisch-römischen wie auch in der biblischen Königstradition wird die Vorstellung vom besonderen Rang des Herrschers bisweilen dadurch ausgedrückt, daß er als Erstgeborener bezeichnet wird. Die Bezeichnung Jesu in V.7a kann das entsprechende kulturelle Wissen aufrufen. Allerdings ist festzuhalten, daß diese Konnotationen vom Text zwar ermöglicht, aber nicht weiter funktionalisiert werden. Jesus wird nur als der erstgeborene Sohn Mariens bezeichnet. Daß er der erstgeborene Sohn Gottes (wie Josef in *JosAs* oder der Gesalbte in *Ps 89*) ist, ist eine mögliche Konnotation, nicht mehr.[122]

Die königliche Qualifizierung des Neugeborenen darf nicht so verstanden werden, daß Jesus einfach die vorgefertigten Erwartungsrollen ausfüllt. Die *lk* Erzählung ist von jeder zelotischen Interpretation des davidischen Königtums ebenso weit entfernt, wie von der religiösen Überhöhung römischer Herrschaft.[123] Daß der *lk* Text sich nur in merkwürdig gebrochener Weise auf die davidische und hellenistisch-römische Herrschertradition bezieht, wird allein schon dadurch deutlich gemacht, daß sich diese Geburt nicht in einem Palast, sondern in einer Herberge ereignet. Das Kind liegt in einer Krippe und ist in Windeln gewickelt. Das so charakterisierte Kind wird vom Engel als Zeichen gedeutet. Vor allem die Erwähnung des Wikkelns ist vor dem Hintergrund des Windeltopos hellenistisch-römischer Herrscherideologie und der kritischen Wahrnehmung dieses Topos im hellenistischen Judentum als Element eines eigenständigen christologischen Entwurfs zu deuten. *Lk* bezieht sich einerseits auf politische Heilserwartungen und präsentiert Jesus auch als Erfüllung solcher Erwartungen, macht aber zugleich deutlich, daß Jesus ein ganz anderer König ist. In ihm ist ein Kyrios eigener Art zur Welt gekommen, bei dem

---

121 Vgl. SCHMITHALS 1973, 292-297. - Wenn die "Religion der Loyalität" in Theorie und Praxis dagegen von den Regierenden als notwendig für die Legitimation ihrer Herrschaft eingestuft worden sein sollte, dann war das Konfliktpotential, das sich in den späteren Christenverfolgungen entlud, schon früh aufgebaut.

122 Anders SCHÜRMANN 1990 (1969), 104; PESCH 1981, 113. BOVON spricht von einem *"Vorzugsverhältnis zu Gott"* (1989, 121).

123 Vgl. PESCH 1981, 112-115; SCHNEIDER 1992 (1977), 66-68; BOVON 1989, 118; MERKLEIN 1995, 51 f.

sich königlich-göttliche Würde und menschliche Niedrigkeit miteinander verbinden.[124] Nun ist im *lk* Sprachgebrauch der Zeichenbegriff meist christologisch gefüllt und verweist darauf, daß Jesus selbst als das Zeichen aufzufassen ist, das Gott seinem Volk gibt.[125] Durch diese personale Verwendung in Kombination mit dem Geburtskontext entsteht auch eine Beziehung zur Prophetie in *Jes 7,14*.[126] Dort wird die Geburt des Immanuel aus der Jungfrau ausdrücklich als Zeichen Gottes klassifiziert: δώσει κύριος αὐτὸς ὑμῖν σημεῖον. Für den *lk* Text bedeutet dies, daß das neugeborene Jesuskind begriffen werden soll als die Erfüllung der prophetischen Ankündigung. Jesus ist das verheißene Zeichen für die heilvolle endzeitliche Zuwendung Gottes zu seinem Volk. Dieser Bezug wird sicher dadurch erleichtert, daß das Immanuelzeichen in der Septuagintafassung als eindeutige Heilsankündigung aufgefaßt wurde.

Durch die Friedensthematik, welche im Lob der himmlischen Heerscharen angesprochen ist, wird die biblische Heilsverheißung, die sich in der Geburt Jesu anfanghaft, aber unumkehrbar erfüllt, der PAX ROMANA gegenübergestellt. Daß die Ausrufung der Friedensbotschaft mit der Geburt des Kindes verbunden wird, kann als später Nachhall der rückblickenden Perspektive des ägyptischen Mythos angesehen werden. Allerdings ist auch hier kein direkter Kontakt anzunehmen, sondern auf die Vermittlung durch atl. Königstradition und hellenistische Herrscherideologie hinzuweisen. Schon in *Jes 9,1-6* begann das Friedensreich mit der Geburt des königlichen Kindes. Aber auch die Geburt des Augustus konnte später als Beginn eines goldenen Zeitalters, das sich durch umfassenden Frieden und Wohlstand auszeichnet, gedeutet werden. So drückt es Vergil aus, und so sehen es auch die entsprechenden historischen Inschriften.[127]

Da das Auftreten der himmlischen Heerscharen im Geburtskontext kein atl. Vorbild hat, legt es sich nahe, ihren Jubel auch mit der Vielzahl jubelnder göttlicher Gestalten, die in der Geburtsszene des ägyptischen Reliefzyklus *(SZENE IX)* anwesend waren, zu verbinden und auf den Himmel und Erde umfassenden Jubel, der in den Königseulogien öfters erwähnt wird, zu verweisen.[128] Da jedoch eine direkte Kenntnis altägyptischer Quellen auszuschließen ist, kommen allenfalls entsprechende Züge späterer Entwicklungsstufen der Geburtstradition in Frage.

So ist etwa an die Geburt Alexanders zu denken, wie sie Plutarch in *Alexander 3* überliefert. Allerdings ist die Geburtshilfe der Artemis von Ephesus (s.o. Kap. III) doch noch etwas anderes als der Jubel der himmlischen Heere. Auch auf Plutarchs

---

124 Der Windeltopos ist von ptolemäischer Zeit bis hin zu Domitian belegt (s.o. Kap. III) und wird im Weisheitsbuch kritisch aufgenommen (s.o. Kap. IV). Vgl. auch KÜGLER 1995; *ders.* 1996a.

125 Vgl. KÜGLER 1995, 20 f.

126 Vgl. WESTERMANN 1971, 321.

127 Vgl. hierzu SCHMITHALS 1973, 289 f; PESCH 1981, 107 f; ERNST 1993, 85.88; MERKLEIN 1995, 52; auch ZELLER (1992, 128-130), der allerdings die Bedeutung dieser Dokumente für die Interpretation ntl. Texte völlig unterschätzt.

128 Vgl. z.B. ÄHG 493 (Hymnus auf Sethos I.).

Erzählung von der Geburt des Osiris *(Isis und Osiris 12)* ist zu verweisen. Als Osiris geboren wurde, ertönte eine Stimme, die rief: *"Der Allherr* (ΠΑΝΤΩΝ ΚΥΡΙ-ΟΣ) *erblickt das Licht!"*. Zwar wird diese Stimme nicht ausdrücklich als göttlichen Ursprungs eingestuft, allerdings ist auch kein menschlicher Rufer angegeben, so daß es sich wohl um eine Himmelsstimme handeln muß. Auch daß die Geburt eines Kindes nicht nur verkündet, sondern zugleich theologisch gedeutet wird, indem auf die besondere Würde des Neugeborenen hingewiesen wird, bleibt als Analogie festzuhalten. Eindeutig um einen göttlichen Rufer handelt es sich in der zweiten Tradition, die Plutarch an gleicher Stelle referiert. Zeus / Ammon selbst ruft aus seinem Schrein, und beauftragt einen gewissen Pamyles, laut zu verkünden, *"daß ein großer und wohltätiger König* (ΜΕΓΑΣ ΒΑΣΙΛΕΥΣ ΕΥΕΡΓΕΤΗΣ), *Osiris, geboren sei"*. Auch hier liegt wieder nicht nur eine Verkündigung der Geburt, sondern zugleich eine Deutung vor. Die königliche Würde des Neugeborenen wird propagiert. Trotzdem findet sich auch hier keine Gruppe himmlischer Wesen, die zum Lobpreis anhebt. Näher kommt in diesem Punkt die Geburtserzählung im *Homerischen Hymnus an Apollo*, wo die anwesenden Göttinnen über die Geburt des Apollo jubeln. [129]

> *- da kam die Geburt und Leto wollte gebären.*
> *Um den Palmbaum schlang sie die Arme, sie stemmte die Knie*
> *fest in das Polster der Wiese - die Erde unter ihr lachte -*
> *Er aber sprang ans Licht und die Göttinnen jubelten alle. (116*-119)*

Auch wenn eine direkte Beziehung des *Lk* zu den *Homerischen Hymnen* nicht länger als unwahrscheinlich gelten kann,[130] darf aber auch der Apollohymnus nicht als "Vorlage" der *lk* Geburtserzählung eingestuft werden. Immerhin ist die Rolle der göttlichen Ammen mit der der Engel nicht recht vergleichbar. Die Göttinnen, die bei der Geburt des Apollo assistieren, können den himmlischen Thronrat des Zeus gerade nicht repräsentieren, weil sie heimlich handeln. Auch ist die *lk* Geburtserzählung von einem Göttertext, in dem ein Kind von Göttinnen umsorgt und mit göttlicher Nahrung vollends vergöttlicht wird, weit entfernt.

Es muß also in diesem Punkt eine weitgehend selbständige christliche Entwicklung angenommen werden. Diese setzt vor allem biblische Traditionen vom himmlischen Hofstaat, aber auch die verbreitete antike Überzeugung voraus, daß ein heiliges Geschehen auf der Erde die Beteiligung der himmlischen Welt ganz selbstverständlich impliziert. Dabei vermeidet es der *lk* Text allerdings, Jesus als

---

129 Vgl. ZELLER 1992, 108 f.
130 Hier ist daran zu erinnern, daß auch der Windeltopos im *Hymnus an Apoll* eine Rolle spielt, insofern der Text den Kontrast zwischen der Hilflosigkeitssemantik der Windeln und der Aktivität eines Gottes, der auch als Herrscher tituliert wird, kennt. Apoll wird zunächst von göttlichen Ammen gebadet und fürsorglich in feinste Windeln gewickelt, welche mit goldenen Schnüren gebunden sind. Nachdem er die Nahrung der Götter, Nektar und Ambrosia, erhalten hat, befreit er sich aus den Windeln, und schreitet davon *(120-135)*. Einen Gott können Windeln nicht halten, und alle Göttinnen staunen. Vgl. KÜGLER 199?.

Gott oder Halbgott zu stilisieren. Die Menschlichkeit des Neugeborenen bleibt unangetastet. Trotzdem qualifiziert die Akklamation der Himmlischen die Geburt dieses Kindes zu Betlehem als ein Himmel und Erde gleichermaßen betreffendes Geschehen. Die Geburt eines menschlichen Kindes in Betlehem ist ein heiliger Akt, der die Welt der Menschen mit der göttlichen verbindet, weil dieses Ereignis ein zentraler Teil des Heilswerkes Gottes für sein Volk ist. Deshalb gilt auch ihm als dem eigentlich Handelnden der Lobpreis der Engel und dann der Hirten. Damit ergibt sich für die *lk* Geburtserzählung eine theologische Analogie zur Geburtsszene in den ägyptischen Reliefzyklen. Allerdings beruht diese Analogie nicht auf der Abhängigkeit von entsprechenden Modellen, sondern wird durch die Orientierung an biblischen Traditionen gesteuert. Daß die Bezugnahme auf gerade diese biblischen Vorgaben ihrerseits durch die Herausforderung hellenistisch-ägyptischer Vorstellungen angestoßen wurde, ist freilich nicht auszuschließen.

2.4. Der Sohn im Haus des Vaters (Lk 2,41-52)

2.4.1. Textkonstitution

Lk 2,41-52 in Äußerungseinheiten mit deutscher Übersetzung:

41	Καὶ ἐπορεύοντο οἱ γονεῖς αὐτοῦ κατ' ἔτος εἰς Ἰερουσαλὴμ τῇ ἑορτῇ τοῦ πάσχα.	Und seine Eltern gingen jährlich am Fest des Pascha nach Jerusalem.
42a	καὶ ὅτε ἐγένετο ἐτῶν δώδεκα,	Und als er zwölf Jahre alt war,
42b	ἀναβαινόντων αὐτῶν κατὰ τὸ ἔθος τῆς ἑορτῆς	und sie gemäß der Sitte des Festes hinaufzogen
43a	καὶ τελειωσάντων τὰς ἡμέρας,	und die Tage vollendet hatten,
43b	ἐν τῷ ὑποστρέφειν αὐτοὺς ὑπέμεινεν Ἰησοῦς ὁ παῖς ἐν Ἰερουσαλήμ,	da blieb bei ihrer Rückkehr der Knabe Jesus in Jerusalem.
43c	καὶ οὐκ ἔγνωσαν οἱ γονεῖς αὐτοῦ.	Und seine Eltern bemerkten es nicht.
44a	νομίσαντες δὲ αὐτὸν εἶναι ἐν τῇ συνοδίᾳ	Da sie meinten, er sei in der Weggemeinschaft,
44b	ἦλθον ἡμέρας ὁδὸν	gingen sie die Strecke eines Tages.
44c	καὶ ἀνεζήτουν αὐτὸν ἐν τοῖς συγγενεῦσιν καὶ τοῖς γνωστοῖς,	Und sie suchten ihn bei den Verwandten und Bekannten
45a	καὶ μὴ εὑρόντες	und da sie ihn nicht fanden,
45b	ὑπέστρεψαν εἰς Ἰερουσαλὴμ	kehrten sie nach Jerusalem zurück
45c	ἀναζητοῦντες αὐτόν.	und suchten ihn.
46a	καὶ ἐγένετο μετὰ ἡμέρας τρεῖς	Und es geschah nach drei Tagen:
46b	εὗρον αὐτὸν ἐν τῷ ἱερῷ καθεζόμενον ἐν μέσῳ τῶν διδασκάλων	Sie fanden ihn im Tempel, sitzend inmitten der Lehrer,
46c	καὶ ἀκούοντα αὐτῶν	indem er ihnen zuhörte

46d καὶ ἐπερωτῶντα αὐτούς·	und sie befragte.
47 ἐξίσταντο δὲ πάντες οἱ ἀκούοντες αὐτοῦ ἐπὶ τῇ συνέσει καὶ ταῖς ἀποκρίσεσιν αὐτοῦ.	Alle seine Hörer gerieten aber außer sich wegen seinem Verständnis und seinen Antworten.
48a καὶ ἰδόντες αὐτὸν	Und indem sie ihn sahen,
48b ἐξεπλάγησαν,	waren sie bestürzt,
48c καὶ εἶπεν πρὸς αὐτὸν ἡ μήτηρ αὐτοῦ,	und seine Mutter sagte zu ihm:
48d Τέκνον,	Kind,
48e τί ἐποίησας ἡμῖν οὕτως;	warum hast du uns so etwas angetan?
48f ἰδοὺ	Siehe,
48g ὁ πατήρ σου κἀγὼ ὀδυνώμενοι ἐζητοῦμέν σε.	dein Vater und ich haben dich unter Schmerzen gesucht.
49a καὶ εἶπεν πρὸς αὐτούς,	Und er sagte zu ihnen:
49b Τί ὅτι ἐζητεῖτέ με;	Weswegen habt ihr mich gesucht?
49c οὐκ ᾔδειτε	Wußtet ihr nicht,
49d ὅτι ἐν τοῖς τοῦ πατρός μου δεῖ εἶναί με;	daß ich in dem meines Vaters sein muß?
50a καὶ αὐτοὶ οὐ συνῆκαν τὸ ῥῆμα	Und sie verstanden das Wort nicht,
50b ὃ ἐλάλησεν αὐτοῖς.	das er zu ihnen sagte.
51a καὶ κατέβη μετ᾽ αὐτῶν	Und er ging mit ihnen hinab
51b καὶ ἦλθεν εἰς Ναζαρέθ	und kam nach Nazaret.
51c καὶ ἦν ὑποτασσόμενος αὐτοῖς.	Und er war ihnen ergeben.
51d καὶ ἡ μήτηρ αὐτοῦ διετήρει πάντα τὰ ῥήματα ἐν τῇ καρδίᾳ αὐτῆς.	Und seine Mutter bewahrte alle Worte in ihrem Herzen.
52 Καὶ Ἰησοῦς προέκοπτεν [ἐν τῇ] σοφίᾳ καὶ ἡλικίᾳ καὶ χάριτι παρὰ θεῷ καὶ ἀνθρώποις.	Und Jesus nahm zu an Weisheit und Alter und Gnade bei Gott und den Menschen.

2.4.2. Textsemantische Analysen

Es ist deutlich, daß in diesem Text zwei thematische Linien das semantische Gerüst bilden. Da ist einmal das Thema der Beziehung zwischen Eltern und Kind und zweitens das Themenfeld |EINSICHT - GELEHRSAMKEIT - WEISHEIT|. Die thematische Hauptlinie der Erzählung besteht im Thema |ELTERNSCHAFT|, wie aus der rekurrenten Verwendung entsprechender Begriffe erschlossen werden kann:

♦ Jesu Eltern (V.41: οἱ γονεῖς αὐτου)
♦ der Knabe Jesus (V.43: ὁ παῖς)
♦ seine Eltern (V.43: οἱ γονεῖς αὐτου)
♦ seine Mutter (V.48: ἡ μήτηρ αὐτου)

- Kind (V.48: τέκνον)
- dein Vater (= Josef / V.48: ὁ πατήρ σου)
- mein Vater (= Gott / V.49: τοῦ πατρός μου)
- seine Mutter (V.51: ἡ μήτηρ αὐτοῦ)

Darüber hinaus sind die entsprechenden Personen in fast allen anderen Äuße-
rungseinheiten grammatikalisch repräsentiert und stellen die Handlungsträger, auch
wenn sie nicht explizit genannt werden. Demgegenüber handelt es sich bei der
Weisheitsthematik um ein Hintergrundthema, das nur in V.47 und V.52 auftritt.
Deswegen ist das Weisheitsthema freilich noch lange nicht unwichtig, bildet es
doch ein textsemantisches Scharnier zum Makrotext.[131] Was es mit der Eltern-
Kind-Beziehung zu tun hat, wird noch zu klären sein.
Bei näherer Analyse der Zuordnung der Beziehungsbegriffe wird deutlich, daß es
um eine Gegenüberstellung von zwei verschiedenen Arten von Vaterschaft geht. Ist
zunächst mehrmals umfassend von den Eltern Jesu die Rede, so wird diese Einheit
beim Wiedersehen im Tempel aufgebrochen. Die Mutter spricht vom Vater Jesu.
Das Kind antwortet beiden und spricht von seinem Vater, der ganz offensichtlich
nicht Josef ist. Daß Maria und Josef auf diese Antwort mit Unverständnis reagieren, ist keine psychologische Information, sondern zeigt den Lesenden an, daß die
Antwort des Jesuskindes als geheimnisvoll einzustufen ist.[132] Es kann also nicht
um eine direkte Bestreitung der Vaterschaft Josefs gehen, auch wird Gott nicht direkt als Vater genannt, sondern wird nur als erschließbares Textdatum eingeführt.
Es geht darum, daß Jesus im Tempel ist, welcher als Haus Gottes gilt. Deshalb ist
zu schließen, daß er mit dem Vater, von dem er spricht, Gott meint.
Textsemantisch entspricht diese Art der Einführung dem in *Lk 1* festgestellten
Geheimnischarakter der Vater-Sohn-Relation zwischen Gott und Jesus.
Daß der Aufenthalt im Heiligtum für den Frommen besonders erstrebenswert ist,
ist eine häufig belegte biblische Vorstellung.[133] Auch mit dem Gesalbten wird der
Aufenthalt im Tempel verbunden:
- In *Ps 84 (LXX 83)* verzehrt sich der fromme Wallfahrer nach dem Tempel des
  Herrn (V.3) und bittet Gott um Gnade für den Gesalbten (V.10).
- In *Ps 132 (LXX Ps 131)* bekundet Gott, daß er den Zion zu seinem Wohnsitz er-
  wählt hat (V.13 f), um dann in V.17 zu versprechen, daß er dort Davids Macht
  erstarken lassen und seinem Gesalbten ein Licht aufstellen wird.[134]
Diese biblischen Bezüge stellen sicher einen wichtigen Konnotationsraum für die
lk Erzählung. Sie bieten allerdings keine hinreichende Deutungsmöglichkeit für die

---

131 Schon in *Lk 2,40* war von der Weisheit des Knaben die Rede. Diese zeigt sich dann in seinem
    Auftreten im Tempel und wird in *Lk 2,52* abschließend wieder aufgegriffen und damit zu-
    gleich die vorangegangene Erzählung in den Gesamttext eingebunden.
132 Vgl. SCHÜRMANN 1990 (1969), 137.
133 Vgl. *Ps 23,6; 27,4; 52,10; 92,14; 134,1; 135,2*.
134 Vgl. *LXX Ps 131,17*: ἐκεῖ ἐξανατελῶ κέρας τῷ Δαυιδ ἡτοίμασα λύχνον τῷ χριστῷ μου.

Verpflichtung (ΔΕΙ) Jesu, sich im Tempel aufzuhalten. Es ist deshalb naheliegend, als weiteres Bezugsfeld die königliche Sitte des Wohnens bei der Gottheit heranzuziehen, wie sie schon biblisch belegt ist (s.o. Kap. IV). Diese kann als Ausdruck der Vater-Sohn-Beziehung zwischen Gott und König gelten. Es ist also nicht nur ein allgemeiner Ausdruck seiner Frömmigkeit, wenn der Knabe Jesus im Tempel sein will, sondern er muß sich dort aufhalten, weil er als Sohn Gottes in das Haus seines Vaters gehört. Dort ist sein eigentlicher Wohnsitz.

Die Weisheitsthematik ist mit der Vater-Sohn-Relation verbunden. *Lk* meidet ja in der Antwort Jesu *(Lk 2,49d)* den Begriff Tempel, bringt nicht einmal den Ausdruck "Haus Gottes", wie er in der biblischen Tradition gängig ist. 24d könnte sogar mit *"daß ich mich mit den Dingen meines Vaters beschäftigen muß"* übersetzt werden, womit wohl das Gesetzesstudium angesprochen wäre.[135] Die diffuse Ausdrucksweise erfährt erst durch die geschilderte Situation eine nähere Kennzeichnung: Jesus im Tempelbezirk inmitten von Lehrern, antwortend und fragend. Der Tempel ist hier also *"nicht als Ort des Opfers und Gebetes wichtig, sondern als Ort der Unterweisung."*[136] Er wird durch die Situation speziell als Ort der Gesetzeslehre und der Weisheit charakterisiert, was durchaus biblischer Tradition entspricht. Daß die Weisheit auf dem Tempelberg wohnt, kann z.B. aus dem Buch *Jesus Sirach* geschlossen werden.

> *Im heiligen Zelt vollzog ich den Kult vor ihm*
> ἐν σκηνῇ ἁγίᾳ ἐνώπιον αὐτοῦ ἐλειτούργησα
> *und so wurde ich eingesetzt auf dem Zion.*
> καὶ οὕτως ἐν Σιων ἐστηρίχθην
> *In der gleichermaßen geliebten Stadt fand ich Ruhe*
> ἐν πόλει ἠγαπημένῃ ὁμοίως με κατέπαυσεν
> *und in Jerusalem ist meine Vollmacht*
> καὶ ἐν Ιερουσαλημ ἡ ἐξουσία μου
> *(Sir 24,10 f)*

Daß die Einsetzung auf dem Zion mit der Kultverrichtung im Heiligtum gekoppelt wird, zeigt, daß die personifizerte Weisheit des Sirachbuchs in die königliche Rolle eingetreten ist. Auch daß der weise Schriftgelehrte den König beerbt, insofern er Sohn Gottes ist, ist - wie zu sehen war - ein Gedanke, der dem hellenistischen Judentum vertraut ist. Insofern paßt die Weisheitsthematik sehr gut zur Vorstellung vom königlichen Wohnen des Sohnes beim Vater und leistet einen wichtigen Beitrag für die Einbindung der Perikope in den Gesamttext.[137] Es ist freilich zu betonen, daß es nicht darum gehen kann, Jesus die allgemeine Gottessohnschaft eines Weisen zuzusprechen. Vielmehr wird betont, daß dem Sohn Gottes Jesus auch alle

---

135 Vgl. BOVON 1989, 160.
136 SCHÜRMANN 1990 (1969), 136. Vgl. SCHWEIZER 1993 (1982), 42; BOVON 1989, 157.
137 Es ist deshalb naheliegend, daß in der Nazaretperikope *(Lk 4,16 ff)*, wo der erwachsene Jesus sich als geisterfüllter Schriftausleger betätigt, wieder die Sohnesbeziehung zu Josef thematisiert wird (V.22).

Weisheit zukommt. Da er Sohn von Anbeginn ist, ist er auch schon als minderjäh-
riger Knabe im Besitz so großer Weisheit, daß er mit den Gelehrten im Tempel dis-
kutieren und sie mit seiner Verständigkeit verblüffen kann. Weiter ist zu schließen,
daß die Weisheit, die dem Sohn zukommt, konkret als Erkenntnis des väterlichen
Willens durch die Heilige Schrift aufzufassen ist. Daß Gottes Weisheit sich in der
Torah konkretisiert, ist ein Gedanke, der der biblischen Weisheitsliteratur vertraut
ist. Wenn Jesus also im Tempel mit den Schriftgelehrten diskutiert und in seiner
Antwort an Maria und Josef - seinem ersten Wort im *Lk!* - ein grundsätzliches
Wissen über seine Sendung an den Tag legt, dann kann geschlossen werden, daß
der Knabe seine Aufgabe, bei seinem Vater zu sein, dem Gesetz und den Propheten
entnommen hat. Bei *Lk* entsprechen sich das öffentliche Wort Jesu und die Worte
der Heiligen Schrift inhaltlich *(Lk 16,17.31)*, weil die Schrift als Wort Gottes die
entscheidende Basis heilsgeschichtlicher Erkenntnis ist und Jesus deshalb die
wesentlichen Aussagen über sein Sendung *(Lk 4,18 f; 22,37)* direkt der Bibel
entnimmt.[138] Zugleich zeichnet die Szene das Bild eines Kindes, das einerseits
sich Gott zuwendet und von seinen Eltern emanzipiert, sich aber andererseits vor-
läufig ihnen noch unterordnet *(Lk 2,51)*, allerdings aus freien Stücken, nicht aus
Unmündigkeit. Dieses temporäre Aufbrechen der familiären Bindung kann als
Vorverweis der späteren Nachfolgeworte Jesu verstanden werden.[139]

2.4.3. Religionsgeschichtliche Perspektiven

Hier ist zunächst darauf hinzuweisen, daß die Konzeption des königlichen Wohnens bei der Gottheit nicht nur biblisch belegt ist, sondern in Fortführung älterer
Tradition von Ptolemäerkönigen und römischen Kaisern (Augustus; Domitian) geübt wurde. Damit konnte speziell der Ausdruck einer Vater-Sohn-Beziehung verbunden werden, wie dies z.B. für Augustus (Apoll) und Domitian (Jupiter) belegt
ist. Das Wohnen des königlichen Sohnes beim göttlichen Vater war also nicht nur
biblisches Traditionsgut, sondern in der zeitgenössischen hellenistisch-römischen
Umwelt weiterhin virulent. Das bestätigt die Deutung, daß die *lk* Erzählung auf die
Sohnesbeziehung Jesu zu Gott abhebt und diese zugleich in konkurrierende Relation zu zeitgenössischen heidnischen Vorstellungen setzt.
Was den weiteren religionsgeschichtlichen Hintergrund angeht, so hat Emma
BRUNNER-TRAUT darauf hingewiesen, daß in einem spätägyptischen Erzähltext
ein zwölfjähriger Knabe als wunderhaft gelehrter Schreiber dargestellt wird.[140]
Die Erzählung *Chaemwese II* gehört zu dem Erzählkreis um den Prinzen Chaem-
wese, einen Sohn Ramses II. und *Setem*-Priester des Ptah in Memphis.[141] Der Text

---

138 Vgl. SCHÜRMANN 1990 (1969), 136; BUSSE 1991, 174.
139 Vgl. vor allem das Nachfolgewort in *Lk 8,21*.
140 Vgl. BRUNNER-TRAUT 1988, 51.
141 Zu den Chaemwese-Erzählungen vgl. BRUNNER-TRAUT 1991, 221-265, bes. 242-264;
     LICHTHEIM 1980, 125-151, bes. 138-151.

steht in demotischer Schrift auf der Rückseite eines Papyrus im Britischen Museum *(Pap. 604)*, der aus römischer Zeit, vermutlich aus dem 1. Jh. n.Chr. stammt. Was die Handlung betrifft, so geht es um die Wundertaten des Knaben Si-Osire ("Sohn des Osiris"), der der Sohn des Chaemwese und also der Enkelsohn von Ramses II. ist.

Bemerkenswert sind folgende Erzählelemente:

- Der Knabe wird auf wunderbare Weise gezeugt. Seine Mutter erhält im Tempel eine Anweisung im Traum, wie sie ein Heilmittel herstellen kann, damit sie schwanger wird. Die Anwendung dieses Mittels führt zur Geburt des Si-Osire, der allerdings von seinem menschlichen Vater gezeugt wird. Es geht also - wie in entsprechenden biblischen Erzählungen - um eine göttliche Hilfe zur natürlichen Zeugung.

- Si-Osire reift so schnell heran, daß er immer für älter gehalten wird, als er tatsächlich ist. Schon als Kind wird er wegen seiner Bildung von den Gelehrten im Tempel des Ptah als Wunder Ägyptens betrachtet.

- Als Knabe führt er seinen Vater Chaemwese in die Unterwelt, um ihm das Wohlergehen des armen Gerechten und die Qual des reichen Sünders zu zeigen. Diese Episode erinnert an das Gleichnis vom armen Lazarus und hat zu der Vermutung Anlaß gegeben, daß die *lk* Erzählung die christliche Fassung des ägyptischen Stoffes sei.[142] Das ist nicht auszuschließen, da diese Erzählungen offensichtlich auch in christlichen Kreisen populär waren.[143]

- Als der Knabe zwölf Jahre alt ist, ist er der beste Schreiber und größte Gelehrte. In dieser Eigenschaft rettet er den Pharao aus der Bedrängnis, in die ihn ein nubischer Zauberer bringt.

- Am Ende der Erzählung stellt sich heraus, daß Si-Osire die Reinkarnation eines altägyptischen Weisen ist, der nach 1500 Jahren aus der Unterwelt zurückkehren durfte, um dem König beizustehen. Nach vollbrachter Tat kehrt er ins Totenreich zurück.

Ob *Lk* durch eine solche Geschichte, die sicher sehr populär war, beeinflußt wurde, ist schwer zu sagen. Festzuhalten ist jedenfalls, daß die ägyptische Erzählung zwar in königlichem Milieu spielt, aber die wunderbaren Fähigkeiten des Knaben nicht direkt damit in Verbindung gebracht werden. Si-Osire ist zwar der Enkel des Königs, aber er wird nie selber König. Seine wunderbare Geburt hat mit der königlichen Gottessohnschaft keine Ähnlichkeiten. Wenn seine Fähigkeiten als Schriftgelehrter im Tempel bewundert werden, so wird dabei nicht auf eine Vater-Sohn-Beziehung zwischen dem Knaben und Ptah angespielt. Die Weisheit des Knaben ist keine königliche, sondern die eines Beamten, der seinem hilflosen König, welcher nicht über genügend Wissen verfügt, zu Hilfe kommt. Auch wenn im Umkreis

---

142 Vgl. GRESSMANN (1918, 46-62), der eine gemeinsame Abhängigkeit der überlieferten ägyptischen, christlichen und jüdischen Fassung von einer ägyptischen Urfassung annimmt.

143 Die erste Chaemwese-Erzählung wurde in einem christlichen Grab in Theben gefunden.

des *Lk* die Chaemwese-Erzählungen bekannt gewesen sein sollten, was nicht unwahrscheinlich ist, so ist doch festzuhalten, daß bei der Erzählung vom zwölfjährigen Jesuskind im Tempel entsprechendes Wissen nicht vorausgesetzt wird. Die Erzählung läßt sich vor dem Hintergrund biblischer Vorgaben und der Vorstellung vom königlichen Wohnen bei der Vatergottheit ausreichend verstehen.

Auch ist zu beachten, daß es sich bei Informationen über Besonderheiten, die große Männer schon um die Schwelle zum Erwachsenenalter zeigen, offensichtlich um einen verbreiteten Topos antiker Biographien handelt.[144] So begann Samuel schon mit 12 Jahren zu prophezeien *(Ios. ant. 5,10,4)* und Octavian hielt schon mit zwölf die öffentliche Leichenrede für seine Großmutter *(Sueton, Augustus 8,1)*.

Erwähnenswert scheint auch noch eine Textstelle aus der Autobiographie des Josephus zu sein. In diesem späten Werk, das vermutlich kurz nach dem *Lk* entstanden ist,[145] verfolgt der jüdische Autor ganz offensichtlich eine stark apologetische Tendenz. Schon zu Beginn seiner Schrift beruft er sich auf seine Abstammung aus dem Priesteradel und blickt dabei nach seinen eigenen Angaben *"mit Verachtung auf diejenigen hinab, die uns verleumden wollen."*[146] Diese rühmende Selbstdarstellung wird im nächsten Abschnitt fortgesetzt durch den Hinweis auf die besondere Gerechtigkeit des Vaters und dann mit dem Herausstellen der eigenen Bildung gekrönt.

So wurde ich schon als Knabe von vierzehn Jahren wegen der Liebe zur Schrift (ΦΙΛΟΓΡΑΜΜΑΤΩΝ) von allen gelobt, so daß selbst die Hohenpriester und Vornehmen der Stadt mich besuchten, um eine besonders gründliche Auslegung des Gesetzes von mir zu erfahren.

(vit. (2) 9)

Bei Josephus wird zwar der Tempel als Ort der Lehre nicht erwähnt, aber die Ähnlichkeit liegt doch auf der Hand. Der erst vierzehnjährige Knabe Josephus wird aufgrund seiner herausragenden Gesetzeskenntnis zum Lehrer der religiösen Elite des Judentums. Wenn eine solch kühne Behauptung ohne jeden persönlichen soteriologischen Anspruch erhoben werden konnte, dann ist wohl kaum anzunehmen, daß *Lk* auf einen ägyptischen Text zurückgreifen mußte, um die frühe, herausragende Weisheit des Christus Jesus erzählerisch zu gestalten. Schließlich handelt es sich um einen verbreiteten Topos, der - durchaus wandelbar in den Einzelheiten - darin stabil war, daß er das vorzeitige Vorhandensein zentraler Fähigkeiten betonte, die auch die Erwachsenenbiographie des Betreffenden charakterisierte. Wie der ägyptische Weise früh als zaubermächtiger Schreiber, Josephus als Schriftgelehrter, Samuel als Prophet auftritt, und Octavian in öffentlicher Rede wirkt, so zeigt sich Jesus am Ende seiner Kindheit als der kompetente Ausleger der Schrift,

---

144 Vgl. die Übersicht bei KAUT 1990, 154.

145 In *vit. (65) 359* setzt Josephus den Tod von Agrippa II. voraus. Der Text kann also nicht vor 92/93 n.Chr. entstanden sein. Das *Lk* ist wohl zwischen 80 und 90 n.Chr. anzusetzen.

146 Vgl. *vit. (1) 7*. Zur historischen Frage der Abstammung des Josephus vgl. KRIEGER 1994.

der als Sohn zu Gott, seinem Vater, gehört. Im Hinblick auf den königlich-davidischen Bereich ist aber die Septuagintafassung von *1Kön 2,12* besonders zu beachten:

καὶ Σαλωμων ἐκάθισεν ἐπὶ τοῦ θρόνου Δαυιδ τοῦ πατρὸς αὐτοῦ υἱὸς ἐτῶν δώδεκα
Und Salomo saß mit zwölf Jahren als Sohn auf dem Thron Davids, seines Vaters.

Wenn es überhaupt ein einzelnes Modell für die *lk* Erzählung gab, dann kommt allenfalls diese Stelle in Frage. Dafür spräche die Verbindung, von Tempel, Weisheit und Königtum, die für die Salomogestalt kennzeichnend ist und sich auch in der *lk* Christologie findet. Strukturell entspricht die Vordatierung speziell königlicher Fähigkeiten der ägyptischen Vorstellung vom *Königtum im Ei.*

3.   Taufoffenbarung und Stammbaum *(Lk 3,21-38)*

3.1.   Textkonstitution

Lk 3,21-38 in Äußerungseinheiten mit auszugsweiser deutscher Übersetzung:

21a	Ἐγένετο δὲ ἐν τῷ βαπτισθῆναι ἅπαντα τὸν λαὸν	Es geschah aber, als das ganze Volk getauft wurde,
21b	καὶ Ἰησοῦ βαπτισθέντος καὶ προσευχομένου	und als Jesus getauft worden war und betete,
21a'	ἀνεῳχθῆναι τὸν οὐρανὸν	da wurde der Himmel geöffnet,
22a	καὶ καταβῆναι τὸ πνεῦμα τὸ ἅγιον σωματικῷ εἴδει ὡς περιστερὰν ἐπ' αὐτόν,[147]	und herabkam der Heilige Geist in leiblicher Gestalt wie eine Taube auf ihn,
22b	καὶ φωνὴν ἐξ οὐρανοῦ γενέσθαι,	und eine Stimme aus dem Himmel ereignete sich:
22c	Σὺ εἶ ὁ υἱός μου ὁ ἀγαπητός,	"Du bist mein geliebter Sohn,
22d	ἐν σοὶ εὐδόκησα.	an dir habe ich Gefallen gefunden."
23a	Καὶ αὐτὸς ἦν Ἰησοῦς ἀρχόμενος ὡσεὶ ἐτῶν τριάκοντα,	Und Jesus war, als er anfing, ungefähr dreißig Jahre alt,
23b	ὢν υἱός,	seiend der Sohn,
23c	ὡς ἐνομίζετο,	wie man meinte,
23b	Ἰωσὴφ	Josefs
23d	τοῦ Ἠλὶ	(Sohn) von Eli

24a	τοῦ Μαθθὰτ	24b	τοῦ Λευὶ
24c	τοῦ Μελχὶ	24d	τοῦ Ἰανναὶ

---

147   Infinitive werden normalerweise nicht als eigene Äußerungseinheiten gewertet. Da es sich in 22a.b aber um subjektartige Bildungen handelte, die eine implizite Wiederholung des Prädikats (21a: *"es geschah"*) voraussetzen, mag eine Abtrennung doch sinnvoll sein.

24e	τοῦ Ἰωσὴφ	25a	τοῦ Ματταθίου
25b	τοῦ Ἀμὼς	25c	τοῦ Ναοὺμ
25d	τοῦ Ἐσλὶ	25e	τοῦ Ναγγαὶ
26a	τοῦ Μάαθ	26b	τοῦ Ματταθίου
26c	τοῦ Σεμεῒν	26d	τοῦ Ἰωσὴχ
26e	τοῦ Ἰωδὰ	27a	τοῦ Ἰωανὰν
27b	τοῦ Ῥησὰ	27c	τοῦ Ζοροβαβὲλ
27d	τοῦ Σαλαθιὴλ	27e	τοῦ Νηρὶ
28a	τοῦ Μελχι	28b	τοῦ Ἀδδὶ
28c	τοῦ Κωσὰμ	28d	τοῦ Ἐλμαδὰμ
28e	τοῦ Ἢρ	29a	τοῦ Ἰησοῦ
29b	τοῦ Ἐλιέζερ	29c	τοῦ Ἰωρὶμ
29d	τοῦ Μαθθὰτ	29f	τοῦ Λευι
30a	τοῦ Συμεὼν	30b	τοῦ Ἰούδα
30c	τοῦ Ἰωσὴφ	30d	τοῦ Ἰωνὰμ
30e	τοῦ Ἐλιακὶμ	31a	τοῦ Μελεὰ
31b	τοῦ Μεννὰ	31c	τοῦ Ματταθὰ
31d	τοῦ Ναθὰμ	31e	τοῦ Δαυὶδ
32a	τοῦ Ἰεσσαὶ	32b	τοῦ Ἰωβὴδ
32c	τοῦ Βόος	32d	τοῦ Σαλὰ
32e	τοῦ Ναασσὼν	33a	τοῦ Ἀμιναδὰβ
33b	τοῦ Ἀδμὶν	33c	τοῦ Ἀρνὶ
33d	τοῦ Ἐσρὼμ	33e	τοῦ Φάρες
33f	τοῦ Ἰούδα	34a	τοῦ Ἰακὼβ
34b	τοῦ Ἰσαὰκ	34c	τοῦ Ἀβραὰμ
34d	τοῦ Θάρα	34e	τοῦ Ναχὼρ
35a	τοῦ Σεροὺχ	35b	τοῦ Ῥαγαὺ
35c	τοῦ Φάλεκ	35d	τοῦ Ἔβερ
35e	τοῦ Σαλὰ	36a	τοῦ Καϊνὰμ
36b	τοῦ Ἀρφαξὰδ	36c	τοῦ Σὴμ
36d	τοῦ Νῶε	36e	τοῦ Λάμεχ
37a	τοῦ Μαθουσαλὰ	37b	τοῦ Ἐνὼχ
37c	τοῦ Ἰάρετ	37d	τοῦ Μαλελεὴλ
37e	τοῦ Καϊνὰμ		

38a	τοῦ Ἐνὼς	von Henoch
38b	τοῦ Σὴθ	von Seth
38c	τοῦ Ἀδὰμ	von Adam
38d	τοῦ θεοῦ.	von Gott

3.2. Zu Tradition und Redaktion

Die Erzählung der Taufe Jesu hat *Lk* aus *Mk 1,9-11*. Redaktionell bildet die Taufperikope das Bindeglied zwischen den Kindheitserzählungen von *Lk 1-2* und dem gesamten folgenden Bericht der öffentlichen Wirksamkeit. Diese Scharnierfunktion ist in *Lk 3,23a* ganz deutlich ausgedrückt und hat ihre Parallele in der Erzählstruktur bei *Mt*. Allerdings schließt sich in *Lk 3* sofort (ab 23b) eine Ahnenliste an, die bei *Mk* keine Entsprechung hat und auch vom Stammbaum in *Mt 1* vollkommen unabhängig ist. Die Unvereinbarkeit der beiden Listen besteht nicht nur in der weitgehenden Verschiedenheit der aufgeführten Namen, sondern auch in der Grundstruktur. Die *lk* Fassung läuft von Jesus ausgehend rückwärts, und zwar über Adam bis hin zu Gott. Auffällig ist auch die völlige Gleichförmigkeit von 3,23d bis zu 38d. Weder gibt es eine besondere Rhythmisierung des Stammbaums,[148] noch Zusätze, wie etwa die Frauennamen bei *Mt*, noch werden einzelne Personen besonders hervorgehoben. Nicht einmal König David und der Erzvater Abraham werden in irgendeiner Weise betont. Dies gilt sogar für die Erwähnung Gottes, der außer dadurch, daß er den Schlußpunkt bildet, nicht von den vorherigen Personen abgehoben wird. In der Forschungsgeschichte wurde befunden, daß die Kindheitserzählungen, die Taufoffenbarung und die Ahnentafel nicht recht zusammenpassen. In *Lk 1-2* wurde schließlich die Gottessohnschaft Jesu betont. Zwar kann kaum gesagt werden, daß die Taufoffenbarung damit konkurriert, aber sie bringt den Lesenden auch nichts völlig Neues. Die *lk* Fassung unterscheidet sich von der *mk* Vorlage durch das Ausblenden der Aktivität des Johannes, der als Täufer Jesu nicht mehr namentlich genannt wird, sondern nur noch implizit vorhanden ist, sowie durch die Rücknahme bestimmter Züge, die im *Mk* auf eine rein persönliche Erfahrung Jesu hingedeutet hatten.[149] Der Historiker *Lk* objektiviert das Geschehen und macht es damit zu einer steigernden Fortführung der himmlischen Botschaft an die Hirten. Hier erfährt nun das ganze Volk, welches durch den Propheten Johannes entsprechend vorbereitet ist, durch Gottes Stimme selbst, daß Jesus der Christus, der Sohn Gottes ist.[150] Allerdings wird der proklamierende Charakter dadurch zurückgenommen, daß ausschließlich Jesus der explizit Angeredete ist, während das Volk an dieser Adressatenrolle nur implizit Anteil hat. Die *lk* Redaktion baut also eine ansteigende Linie der Bezeugung der Sohneswürde Jesu auf und mindert damit die Reibungen zwischen *Lk 1-2* und dem markinischen Taufmaterial. Daß allerdings dann sofort cinc Gcnealogie anschließt, kann überraschen, setzt sie doch eine Verwandtschaftsbeziehung zu Josef voraus.

---

148 Ein Schema von (3 x 7) + (3 x 7) + (2 x 7) + (3 x 7) Generationen kann zwar errechnet werden, ist aber vom Text in keiner Weise hervorgehoben. Vgl. SCHÜRMANN 1990 (1969), 200; MERKLEIN 1995, 31.

149 Vgl. *Mk 1,10*: καὶ εὐθὺς ἀναβαίνων ἐκ τοῦ ὕδατος εἶδεν σχιζομένους τοὺς οὐρανοὺς καὶ τὸ πνεῦμα ὡς περιστερὰν καταβαῖνον εἰς αὐτόν.

150 Vgl. SCHÜRMANN 1990 (1969), 190 f; BOVON 1989, 180; KIM 1993, 54-56; ERNST 1993, 118 f.

Als Quellen sind in jedem Fall biblische Texte anzusetzen. Ob der Stammbaum auf eine christologische Tradition zurückgeht, die die Davidssohnschaft Jesu unter der Voraussetzung der leiblichen Vaterschaft des Josef aufzeigen wollte, oder ob *Lk* selbst auf biblisches Material zurückgreift, ist kaum noch zu entscheiden. Die *lk* Überarbeitung ist jedenfalls gründlich. In *Lk 3,23c* wird die Beziehung Josefs zu Jesus auf eine Putativvaterschaft reduziert und so ein Ausgleich mit *Lk 1-2* geschaffen. Durch die konsequente Verwendung der Genitivkonstruktion zur Verbindung der einzelnen Generationen wird jede direkte Erwähnung der Zeugung vermieden. Schließlich wird auch noch in 38d Gott angeführt, wodurch Schöpfungsakt und Zeugungsakt miteinander verbunden werden. Diese tiefgreifende Redaktionsarbeit, macht es schwer, über die biblischen Bezüge hinaus ein begründetes Urteil hinsichtlich der Quellenlage zu fällen, zumal eine Ahnenliste für stilistische Argumente nicht sehr brauchbar ist.

3.3. Textsemantische Analysen

Was die Semantik der *Taufoffenbarung* angeht, so ist sie im *lk* Kontext, also - gemäß der Leserichtung - von den beiden vorhergehenden Kapiteln und ihrem biblischen Hintergrund her zu deuten.

Der erste Aspekt der Offenbarung, das visionäre Ereignis, bezieht sich auf die *Herabkunft des Geistes*. In der biblischen Tradition ist die Geistbegabung des Königs, des Propheten und anderer Heilsgestalten bekannt. Bibelkundige Leser werden sich daran erinnert haben, natürlich besonders an die Geistbegabung Davids bei seiner Königssalbung und an den geistbegabten davidischen Heilskönig, den *Jes 11,2* ankündigt. Aber auch *Jes 61,1*, wo sich eine Übertragung der königlichen Koppelung von Geistbegabung und Salbung auf den Heilspropheten findet, gehört zum biblischen Horizont der *lk* Taufperikope.[151] In der Verkündigungsszene in *Lk 1* hatte der Geist eine wesentliche Rolle bei der Erzeugung des Jesuskindes gespielt. Diese Rolle konkurriert aber scheinbar mit der Taufvision. Wenn Jesus der Geisterzeugte ist, wieso muß dann der Geist hier noch einmal auf ihn herabkommen, so können die Lesenden fragen. Eine vorläufige Antwort ist von der redaktionellen Umgestaltung in *Lk 3,21 f* her zu geben. Der *lk* Text legt Wert darauf, die leibliche Sichtbarkeit des Geistes zu betonen und stellt damit den Offenbarungscharakter des Geschehens heraus.

Was die Deutung der *Gestalt des Geistes als Taube* angeht,[152] so ist zunächst auf den innertextlichen Kontext, dann die biblische Bildwelt einzugehen. Im *lk* Text

---

151 Zur Übertragung auf Jesus in *Lk 4,16-21* vgl. BUSSE 1978.

152 Das von HUBER (1995) wieder vertretene Verständnis der Taubenmetaphorik ist zumindest im Hinblick auf *Lk 3,22* eindeutig zu eng. Die Erwähnung der Gestalthaftigkeit des Geistes *(22a)* läßt es nicht mehr zu, den Vergleichspunkt zwischen Taube und Geist *allein* in der Bewegung des Herabkommen zu sehen. Für die anderen Evangelien wäre zudem zu fragen, ob die Erwähnung der Taube nicht auch dann weitergehende Konnotationen auslöst, wenn sich der Vergleich nur auf die Art des Herabkommens beziehen sollte. Schließlich ist das Herab-

selbst ist an die jungen Tauben zu denken, welche im Kontext des Erstgeborenenopfers in *Lk 2,24* erwähnt werden. Die Bedeutung dieses Opfers für *Lk* ist nicht zu
unterschätzen, denn immerhin führt der Tempelbesuch von Josef, Maria und Jesus,
welcher sich zwölf Jahre später wiederholen wird, zur prophetischen Proklamation
der Christuswürde Jesu *(Lk 2,25-38)*. Im Opfer selbst schließlich wird Jesus, der
Erstgeborene der Maria, als *"dem Herrn heilig" (Lk 2,23)* anerkannt, was nicht nur
als Erfüllung des Gesetzes,[153] sondern (mindestens teilweise) auch als Erfüllung
der Engelsbotschaft in *Lk 1,37* gelten kann. Vom atl. Hintergrund her kann bei der
Taubengestalt des Geistes auch an die Taube des Noach *(Gen 8,8-12)* gedacht
werden, die als Zeichen für den neuen Frieden Gottes mit seiner Schöpfung gelten
kann. Unter den Tieren, die beim Bundesschluß mit Abram eine Rolle spielen *(Gen
15,9)*, findet sich auch eine Taube. Ansonsten werden Tauben, meist paarweise, als
einfaches Opfer benutzt: *Lev 1,14; 5,7; 14,22.30; 15,14.29; Num 6,10*. In *Ps 55
(54),7* und in *Jes 60,8* wird die Taube als Metapher für schnelle, freie
Beweglichkeit benutzt. In der königlichen Liebeslyrik des *Hohenliedes* wird die
bzw. der Geliebte *(Hld 2,10.13.14; 5,2; 6,9)* bzw. ihre Augen *(1,15; 4,1)* als
Taube(n) angesprochen, was mit der symbolischen Auffassung der Taube als
Botenvogel der Liebesgöttin zu tun haben dürfte.[154] Eine befriedigende Deutung
ergibt sich damit allerdings noch nicht. Das weist darauf hin, daß der Text noch
andere semantische Horizonte voraussetzt. Diese sollen im nächsten Abschnitt
(3.4.1.) angesprochen werden.[155]
Einstweilen ist festzuhalten, daß anläßlich der Taufe eine Geistverbundenheit offenbar gemacht und bekräftigt wird, die schon von Jesu Ursprung an gegeben war.
Deshalb wird das Taufgeschehen als abgeschlossen bezeichnet, während Jesus
noch im Begriff ist zu beten. Der Hinweis auf das Beten Jesu hebt seine enge Verbindung mit Gott hervor. *"Mit der Einführung dieses Motivs geht das Schweigen
über den Täufer einher, das den Eindruck verhindern soll, Jesus sei unter Ein-
schaltung von Johannes von Gott mit Geist gesalbt worden."*[156] Johannes kann
nichts geben, was er nicht hat. Seine Wassertaufe kann die Geisttaufe des Messias
nicht vermitteln, bildet aber den prophetischen Rahmen dafür, den Geisterzeugten
als den zu offenbaren, der von Gott mit der Macht des Geistes ausgestattet wird,
die ihn zu seinem rettenden Handeln als messianischer Gottessohn befähigt. Darüber hinaus gibt der Evangelist den Lesenden zu verstehen, daß zwischen dem
Geist als Wirkursache der Existenz Jesu und dem Geist als göttliche Dynamik der
Sendung Jesu unterschieden wird, wobei das erste die Grundlage für das zweite

---

kommen des *Geistes* dann immer noch mit dem Herabkommen einer *Taube* verglichen - und
z.B. nicht mit dem eines anderen Vogels.
153 Vgl. *Lk 2,22* mit *Lev 12,6.8* (Reinigung der Frau nach der Geburt).
154 Vgl. KEEL 1984, 53-62.
155 Vgl. auch den ersten Abschnitt dieses Kapitels zur ntl. Traditionsgeschichte der Sohn-Gottes-
Aussage.
156 BUSSE 1978, 71.

bildet. Das wird aus der zweiten Dimension der Taufoffenbarung, der Audition, deutlich.

Die *Stimme aus dem Himmel* ist zunächst vor dem Hintergrund der beiden vorangegangenen Kapitel zu lesen. Hier ist vor allem an drei Stellen zu erinnern:

♦ Der Engel Gabriel kündigt in *Lk 1,32* Maria an, daß ihr Kind groß sein wird und *"Sohn des Höchsten"* genannt werden wird.

♦ In derselben Rede an Maria sagt der Engel auch, daß das Kind *"heilig"* und *"Sohn Gottes"* genannt werden wird *(Lk 1,35)*.

♦ Schließlich macht in *Lk 2,49* der zwölfjährige Jesus im Tempel klar, daß er sich im Bereich seines Vaters aufhalten müsse. Maria und Josef verstehen diese implizite Aussage über die Gottessohnschaft Jesu aber nicht *(2,50)*.

Die Informationen über die Sohn-Gottes-Würde Jesu werden also stets auf der Erzählebene der Figurenrede gegeben. Da es sich aber jeweils um autoritative Sprecher (Engel; Jesus) handelt, ist darin keine Minderung der Bedeutung für die Lesenden zu sehen. Allerdings sind die Adressaten jeweils der engste Familienkreis (Maria; Maria und Josef), nicht aber eine große Öffentlichkeit. Selbst in der Engelsbotschaft an die Hirten wird die Sohn-Gottes-Bezeichnung vermieden. Insofern ist die Taufoffenbarung in zweifacher Hinsicht eine Steigerung, auch wenn sie ebenfalls in der Figurenebene verbleibt. Zum einen ist mit der himmlischen Stimme, die dem göttlichen Vater gehören muß, die höchste Autorität überhaupt ins Spiel gebracht, zum anderen ist zwar nur Jesus angesprochen, nicht das Volk, aber die Offenbarung geschieht doch vor versammelter Volksmenge, also öffentlich. Es bleibt allerdings festzuhalten, daß *Lk* keine Information über die Reaktion der Menge gibt und damit offen läßt, ob diese die Stimme, die Jesus anspricht, ebenfalls gehört hat.

Außerdem ist die Taufoffenbarung die Antwort auf Fragen, die in der Verkündigungsszene unbeantwortet bleiben. Wer wird Jesus Sohn Gottes nennen, und wann wird dies geschehen? Das unbestimmte Passiv in *Lk 1,32.35* wird nun als *Passivum divinum* enthüllt. Gott selbst ist es, der Jesus so nennt. Die Taufoffenbarung ist also bei *Lk* zur Verkündigungsszene als die Erfüllung zur dort gemachten Verheißung in Beziehung gesetzt.[157] Weil Gott in der Offenbarung nach der Taufe Jesus als seinen Sohn von Anbeginn offenbart, trifft nun *"alles, was Gott in der Schrift, d.h. in der Vergangenheit, über diesen geäußert und verheißen hat, auf Jesus zu."*[158] Von daher erhält der biblische Hintergrund für das Verständnis der göttlichen Zusage eine besondere Relevanz. Vor allem kommt *Ps 2* in Frage. Allerdings stimmen auch bei *Lk* die beiden Texte kaum wörtlich überein. Lediglich *Lk 3,22c* greift *Ps 2,7* direkt auf, weist allerdings eine andere Wortfolge auf und ist

---

157 Vgl. BUSSE 1978, 72.
158 BUSSE 1978, 71.

durch die Liebesaussage erweitert. So kommt zusätzlich *Jes 42,1* ins Spiel, wo vom Wohlgefallen Gottes an seinem Knecht, die Rede ist.[159]

Ιακωβ ὁ παῖς μου ἀντιλήμψομαι αὐτοῦ Ισραηλ ὁ ἐκλεκτός μου προσεδέξατο αὐτὸν ἡ ψυχή μου ἔδωκα τὸ πνεῦμά μου ἐπ᾽ αὐτόν κρίσιν τοῖς ἔθνεσιν ἐξοίσει.

(LXX Jes 42,1)

Da der erwählte Knecht Gottes in *Jes 42* auch dadurch charakterisiert wird, daß er mit dem heiligen Geist begabt ist, entsteht vor diesem Hintergrund eine direkte Beziehung zwischen der Herabkunft des Geistes auf Jesus und der Stimme des Vaters. Zwar darf nicht etwa die Taufe durch Johannes als Geistsalbung des Messias verstanden werden, aber das sichtbare Herabkommen des Geistes, welches *nachher* erfolgt, ist durchaus so aufzufassen: Jesus wird vor Beginn seiner Wirksamkeit von Gott mit dem Geist gesalbt und damit für die öffentliche Ausübung seines Dienstes ausgerüstet. Der Geisterzeugte wird mit einer Geistfülle ausgestattet, die ihn befähigt, als Sohn Gottes das messianische Amt anzutreten, für das er geschaffen ist.[160]

Selbstverständlich kann hier von Zeugung nicht gesprochen werden, weil Jesus nicht erst hier zum Sohn wird, sondern dies von Anbeginn seiner Existenz ist. Es kann hier also auch nicht um eine Adoption oder ähnliches gehen, sondern nur darum, das, was ist, zu proklamieren und zu manifestieren. Diese Manifestation spricht Jesus deshalb als Sohn an, der geliebt *ist* und Gefallen gefunden *hat*. Wir haben es hier also mit der messianischen Geistausstattung Jesu zu tun, die in eine *Bestätigung der Sohnschaft durch den Vater* mündet.

Auch kann geschlossen werden, daß sich im Begriff der Liebe hier die Einzigartigkeit des Sohnes ausdrückt.[161] Dem entspricht die Betonung des väterlichen Wohlgefallens, was bei *Lk* stets ein Ausdruck huldvoller, erwählender Entscheidung Gottes ist.[162] Jesus wird also in seinem einzigartigen Status der Erwählung als Sohn bestätigt. In der LXX-Fassung der Erzählung über die Bindung Isaaks taucht die Verbindung "geliebter Sohn" mehrmals auf *(Gen 22,2.12.16)*, wobei das griechische ΑΓΑΠΗΤΟΣ die Wiedergabe des hebräischen יחיד darstellt und damit Liebe und Einzigkeit verbunden werden. Auf eine typologische Verbindung zwischen Jesus und Isaak kann aber kaum geschlossen werden,[163] weil der gleiche Sachverhalt in *Amos 8,10* und *Sach 12,10* vorliegt.

Ein *Stammbaum Jesu (Lk 3,23-38)* schließt sich unmittelbar an die Taufoffenbarung an. Ausgehend von der biblischen Gattung der Genealogie ist anzunehmen, daß es darum geht, *"die Kontinuität und Zielgerichtetheit der Geschichte"* zu ver-

---

159   Vgl. BOVON 1989, 181 f.
160   Diese Deutung bestätigt sich in *Lk 4,1.14.18; Apg 4,27; 10,38.* Vgl. SCHÜRMANN 1990 (1969), 194 f; FITZMYER 1981, 482; BOVON 1989, 180; BROWN 1993, 313; BUSSE 1978, 14-21, bes. 14-16; *ders.* 1991, 170; KIM 1993, 67.
161   Vgl. auch *2Sam 13,21:* Dem erstgeborenen Sohn gehört die besondere Liebe des Vaters.
162   Vgl. *Lk 2,14; 10,21; 12,32.*
163   Anders die Überlegungen bei BOVON 1989, 182.

deutlichen,[164] sowie den Status, die Legitimität und die Identität eines einzelnen zu definieren.[165] Da der Stammbaum direkt mit der göttlichen Bestätigung der Gottessohnschaft verbunden ist, steht zu erwarten, daß er das Thema |AMTSANTRITTS DES SOHNES| aufnimmt. Das geschieht insofern, als die Altersangabe in V.23a an die Königssalbung Davids erinnert. Wie *2Sam 5,4 f* angibt, war David 30 Jahre alt, als er durch die Salbung der Ältesten zum König Israels wurde.[166] Trotz dieser thematischen Kontinuität steht die folgende menschliche Ahnenreihe in einem gewissen Kontrast zu der in *Lk 1* angekündigten Gottessohnschaft Jesu unter Ausschluß des menschlichen Vaters, welche in der Taufoffenbarung gerade bestätigt wurde. Allerdings wird gleich durch V.23c ein logischer Ausgleich geschaffen. Die Vaterschaft des Josef ist nur eine geglaubte.[167] Die folgende Genealogie ergibt also nur einen Sinn, wenn ein Vaterschaftskonzept vorausgesetzt wird, das über den Zeugungszusammenhang hinausgeht. Dem entspricht es, daß die einzelnen Glieder der Geschlechterfolge nur durch Genitivkonstruktionen miteinander verbunden werden, so daß die Zeugung nicht direkt erwähnt werden muß. So kann auch am Ende der Genealogie dann Gott selbst stehen. Logisch betrachtet sind also in diesem Stammbaum drei verschiedene Formen der Vaterschaft miteinander verbunden: die Putativvaterschaft Josefs, die leibliche Vaterschaft der Geschlechter von Eli bis Adam und die Vaterschaft Gottes als Schöpfer. Diese Unterschiede werden durch die gleichförmigen Genitivformulierungen vom Autor ausgeblendet, um ein harmonisches Ganzes zu erreichen. Es kommt gerade nicht auf die Unterschiede an, sondern auf die Gemeinsamkeit. Eine weite Auffassung der Vater-Sohn-Beziehung, die sich nicht allein auf Zeugung, sondern auf die Wahrnehmung der Vaterrolle in ihrer komplexen kulturellen Beschreibung bezieht, begründet also die Einheitlichkeit dieses Stammbaums. In bezug auf Jesus ergibt sich damit eine *Mehrdimensionalität der Sohnschaft*. Er ist der Putativsohn Josefs und über diesen der Sohn Davids. Er ist Sohn Gottes aufgrund seines Ursprungs durch Gottes Geist und zugleich Sohn Gottes als Glied einer menschlichen Geschlechterfolge, die Gottes Schöpfungstat entstammt. Diese Mehrdimensionalität, die modernem Denken fremd erscheint, setzt ein kulturelles Wissen voraus, das der Text nicht explizit macht.

---

164 MERKLEIN 1995, 31.
165 Vgl. FITZMYER 1981, 490.
166 Vgl. SCHÜRMANN 1990 (1969), 199; MERKLEIN 1995, 31.
167 Von einer Adoptivvaterschaft sollte nicht gesprochen werden. Ein solcher Rechtsakt könnte kaum mit der Formulierung ὡς ἐνομίζετο ausgedrückt werden.

3.4. Religionsgeschichtliche Perspektiven

3.4.1. Zur Taufoffenbarung

Vom oben skizzierten religionsgeschichtlichen Hintergrund her kann angenommen werden, daß die Taube in *Lk 3,22*, wie auch schon in *Mk 1,10*, als leibhaftige und sichtbare Botengestalt des unsichtbaren und gestaltlosen Geistes Gottes aufzufassen ist. Ihm wird einerseits die Freiheit und Beweglichkeit des Vogels zugeschrieben, andererseits werden Konnotationen, welche in der Liebessymbolik vorgeprägt sind, aufgerufen, insofern es um die liebende Anerkennung des Sohnes durch den Vater geht. Insgesamt kann demnach das Erscheinen der Taube nach der Taufe als eine sinnenhafte Botengestalt des frei beweglichen, unsichtbaren göttlichen Geistes verstanden werden, welche diesen Geist als Geist der Liebe zwischen Vater und Sohn näher bestimmt. Die Verbindung von Geist und Taube, wie sie das hellenistische Judentum vollzogen hat, entspricht im *lk* Kontext sehr gut der weisheitlichen Charakterisierung Jesu in *Lk 2,40.52*.

Als Bestätigung der Sohnschaft durch den Vater hat auch die *lk* Tauferzählung eine Entsprechung ihrer erzählerischen Funktion in den betreffenden Szenen der ägyptischen Reliefzyklen.[168] Da die liebevolle Annahme des Sohnes durch den Vater und die Bestätigung der Vaterschaft in einem performativen Sprechakt dort stets im Kontext der Zusage dauerhafter Herrschaft stand, ist es auch nicht überraschend, wenn die Formulierungen der väterlichen Liebe und Annahme des Sohnes in *Lk 3* unmittelbar vor dem Beginn des öffentlichen Wirkens plaziert wird. Der Messias steht vor seinem Amtsantritt. Allerdings wird noch zu sehen sein, daß die Inthronisation des Messiaskönigs auch für *Lk* erst in der Auferstehung stattfindet. Freilich ereignet sich immer wieder eine Überblendung verschiedener Zeitebenen, weil *Lk* das vorösterliche Leben Jesu ja stets aus nachösterlicher Perspektive erzählt. Diese Überblendung verschiedener Zeitebenen hat seine strukturelle Entsprechung im ägyptischen Geburtszyklus und scheint generell für die Königstradition charakteristisch zu sein.

Die gegenüber *Ps 2* veränderte Wortstellung, welche von *Mk 1,11* übernommen ist, muß auch bei *Lk* dahingehend verstanden werden, daß Jesus eine exklusive Sohneswürde zugeschrieben wird: Er und niemand sonst ist Gottes Sohn. Dieser Unterschied zwischen dem Psalmtext und der Himmelsstimme in den Tauferzählungen hat seine Logik. Bei der Königstheologie geht es ja in der Regel um die Beschreibung einer Rolle, die in dynastischer Abfolge von mehreren Individuen ausgefüllt werden kann, während es in der Christologie um die Beschreibung eines Individuums mit Hilfe solcher Rollentraditionen geht. Deswegen betont auch *2Sam 7,14* den ewigen Bestand der davidischen Dynastie, während *Lk 1,32 f* die Ewigkeit der Herrschaft Jesu aussagt. Die Christologie bindet die königlichen Rollentraditionen endgültig und exklusiv an Jesus. Aus diesem strukturellen Unterschied

---

168   Vgl. die *SZENEN X.XI.XIV* des Geburtszyklus.

zwischen Königstheologie und Christologie erklären sich auch die weitreichenden Transformationen überlieferter Rollenbeschreibungen, die ja stets der Eigenart Jesu und seines Geschicks angepaßt werden müssen. Die Betonung der Exklusivität der Gottessohnschaft Jesu hatte aber auch schon bei *Mk* eine gegen die hellenistisch-römische Herrscherideologie gerichtete Stoßrichtung.

Daß die Liebe des Vaters in diesem Kontext Vollmacht und Stellvertretung impliziert, erhellt aus der Phraseologie der hellenistischen Herrscherideologie, wo die Sohnesbeziehung des Herrschers zu einem Gott üblicherweise durch die Liebe des Vaters zu seinem königlichen Sohn näher bestimmt ist. Diese Phraseologie des Herrscherkults tritt neben die biblischen Elemente und bildet mit diesen zusammen den Kommunikationshorizont für die Wahrnehmung Jesu durch die Lesenden. Ihnen vermittelt *Lk* das Bild einer Beziehung Jesu zu seinem himmlischen Vater, das durch göttliche Erwählung und vollmächtige Stellvertretung gefüllt ist und in scharfem Kontrast zu allen anderen Ansprüchen auf Gottessohnschaft steht.

3.4.2. Zum Stammbaum

Die Reibung zwischen der Gottessohnschaft Jesu aufgrund des schöpferischen Akts, der ihn ins Leben ruft, und der allgemein menschlichen Gottessohnschaft aufgrund der genealogischen Verbindung mit Adam war textintern nicht befriedigend zu erklären. Hier können religionsgeschichtliche Informationen weiterführen. Zunächst ist darauf hinzuweisen, daß die Verbindung von genealogischem Denken und Sohn-Gottes-Idee sehr alt ist. Sie war schon in der ägyptischen Königstradition anzutreffen und auch im biblischen Bereich vertreten. Sie wurde im hellenistisch-römischen Bereich insofern weitergeführt, als auch dort die Vorstellung einer direkten Gottessohnschaft aufgrund göttlicher Zeugung mit der Einbettung in eine göttlich begründete Genealogie und mit einer Adoptivsohnschaft durchaus vereinbar war. Die prinzipielle Vereinbarkeit verschiedener, nach moderner Logik sich widersprechender Sohnesbeziehungen des Herrschers gehörte ganz sicher zum allgemeinen kulturellen Wissen, das der Evangelist voraussetzen konnte.

Obwohl die Textgattung der Genealogie an sich in den atl.-jüdischen Bereich verweist, und das Namenmaterial dort seinen Ursprung hat, erscheint eine Bezugnahme auf atl. oder frühjüdische Vorbilder in einem Punkt ausgeschlossen: Es ist keine Parallele im AT oder der rabbinischen Literatur bekannt, die mit der Nennung Gottes beginnt oder endet.[169] Das bedeutet, daß der Text sich wohl auch auf hellenistisch-römische Genealogien bezieht, vor allem natürlich solche, die die göttliche Würde eines Herrschers durch Behauptung göttlicher Abstammung belegen. So führte Marcus Antonius seine Abstammung auf Herakles, den Sohn des Zeus zurück, Octavian seine auf Venus, die göttliche Urmutter der GENS IVLIA. Daneben galt Augustus aber auch als göttlich gezeugter Sohn des Apollo und Adoptivsohn des Gottes Caesar. Ähnliche Kombinationen sind auch für andere

---

169   So JOHNSON 1969, 237.

römische Kaiser belegt (s.o. Kap. III), aber das augusteische Modell scheint der *lk* Konzeption besonders nahezukommen:

Vergleich der Vater-Sohn-Relationen	*bei Augustus*	*und Jesus:*
> Göttliche Vaterschaft:	Apollo	Gott
> Adoptiv- bzw. Putativ-Vaterschaft:	Caesar	Josef
> Göttlicher genealogischer Ursprung:	Venus	Gott

Die Strukturanalogien dürfen die Unterschiede im Detail allerdings nicht verdekken, sondern bilden im Gegenteil eine Folie der Gemeinsamkeit, auf der die Unterschiede in aller Deutlichkeit wahrnehmbar werden.

Bei Augustus wird der juristische Charakter der Adoptivvaterschaft Caesars nicht betont, sondern in der Formulierung FILIVS DIVI bewußt überspielt. Der angehende Princeps will der echte Sohn des Gottes Caesar sein. Demgegenüber betont *Lk 3,23c* gerade den metaphorischen Charakter der Vaterschaft Josefs, welchem auch niemals göttliche Qualitäten zugeschrieben werden.

In der Augustustradition dient die Adoptivvaterschaft der Eingliederung in eine dynastische Linie, an deren Ende die Heilige Hochzeit einer Göttin mit einem Menschen steht. Jesus ist über den Putativvater Josef mit einer königlichen Linie, nämlich der davidischen, verbunden, aber eine zeugende Verbindung von Gott und Mensch wird an keiner Stelle der Genealogie erwähnt. Weder ist David in diesem Sinne Sohn Gottes, noch Adam. Gott erscheint als Schöpfer, nicht als Zeugender.

Darüber hinaus hat das dynastische Denken bei Augustus streng distinktiven Charakter. Es dient dem exklusiven Herrschaftsanspruch einer Familie. Bei Jesus wird hingegen der herrscherliche Aspekt der Genealogie eher relativiert und im Stammbaum nicht einmal das Königtum Davids hervorgehoben. Das letzte menschliche Glied der Geschlechterfolge, Adam, hat dann vollends jeden exklusiven Charakter verloren, da er doch als Stammvater aller Menschen aufzufassen ist. Der *lk* Stammbaum Jesu konstituiert also gerade nicht die herrschaftsfundierende Sonderstellung einer Familie, sondern baut im Gegenteil den umfassenden Rahmen einer allgemein menschlichen Gottessohnschaft aufgrund der Schöpfung durch Gott.

Dies entspricht der biblischen Tradition von der allgemeinen Gottesebenbildlichkeit des Menschen *(Gen 1,26 f)*, und nicht nur des Königs.[170] Zwar ist an dieser Stelle nicht ohne weiteres von einer inklusiven Qualität der Gottessohnschaft Jesu zu sprechen, weil die unmittelbar vorhergehende Taufoffenbarung ja noch einmal den eindeutig distinktiven Charakter *lk* Christologie zeigt, aber es kann doch geschlossen werden, daß die Gottessohnschaft Jesu eingebettet ist in eine allgemeine Gotteskindschaft der Menschen, die durch den Stammvater Adam vermittelt ist.

---

170 Vgl. GÖRG 1992, 117-151. Zum Vergleich der biblischen mit der altägyptischen Konzeption der Gottesebenbildlichkeit sei auch nochmals auf OCKINGA (1984, bes. 142-155) verwiesen.

Sind bei Augustus und anderen Herrschern hellenistischer und römischer Zeit die verschiedenen Modelle der Gott-Mensch-Beziehung durch ihren herrschaftsbegründenden Charakter zusammengebunden, so liegt die gemeinsame Basis im *Lk* in der Schöpferqualität Gottes. Er bringt Adam als Stammvater aller Menschen in die Welt und dieser Schöpfungsakt ist die theologische Basis für den Schöpfungsakt, der dazu führt, daß Maria den Messias Jesus zur Welt bringen kann.

Der Stammbaum in *Lk 3* beleuchtet also die theologische Basis für die in der Taufoffenbarung betonte Gottessohnschaft Jesu. Sie ist eingebettet in die allgemein menschliche Gotteskindschaft von Adam her und verdankt sich wie diese dem schöpferischen Handeln Gottes. Damit wird Jesus, der Sohn Gottes, zugleich als neue Schöpfung charakterisiert. Es bleibt allerdings festzuhalten, daß Jesus nicht als neuer Adam bezeichnet wird. Die Kritik an einer Auslegung, die den Stammbaum als Beleg für eine *lk* Fassung der Adam-Christus-Typologie auffaßt, ist insofern berechtigt, als der Stammbaum nicht von Jesus auf Adam zurückläuft, es also auch nicht um eine Parallelisierung zwischen Ursprung und Vollendung gehen kann.[171] Allerdings macht gerade die direkte Verbindung zwischen Adam und Gott in *Lk 3* und zwischen Jesus und Gott in *Lk 1* (wieder aufgenommen in der Tauffoffenbarung) deutlich, daß es über die Gottessohnschaft eine Analogie gibt.[172] Im Vergleich mit *Jes 11,1*, wo schon biblisch ein Handeln Gottes angesagt wird, das dynastische Diskontinuität durch Rückgriff auf den Ursprung heilt, greift *Lk 3* noch weiter zurück; nicht auf den Stammvater der davidischen Dynastie, sondern auf den Stammvater der Menschheit. Nicht die Erwählung Davids wird erneuert, sondern die Schöpfung. Es ist deshalb kein Zufall, wenn David, der in *Lk 1,32* noch als Vater Jesu bezeichnet wurde, hier nicht als König hervorgehoben wird. Auch bei Josef findet sich in *Lk 3,23* im Unterschied zu *Lk 1,27; 2,4* kein erneuter Hinweis auf davidische Abstammung. Der Stammbaum läuft ohne jede Akzentuierung einzelner Glieder der Geschlechterfolge geradlinig von Jesus über Josef bis Gott. So eröffnet die Genealogie Jesu in *Lk 3* eine universalistische Perspektive, die die Menschheitsgeschichte in Blick nimmt.[173] Damit wird hier schon angedeutet, was erst in *Apg 10* vollzogen wird, nämlich das Einbeziehen auch der Heiden in das Heilsgeschehen.

Gerade vor dem Hintergrund der zeitgenössischen Benutzung von Herrschergenealogien wird also die *lk* Eigenart besonders deutlich. Geistzeugung Jesu und Stammbaum Jesu konkurrieren nicht miteinander, vielmehr gibt das zweite dem ersten einen theologischen Rahmen. Die Gottessohnschaft des Messias Jesus

---

171 Vgl. die Kritik an der Adam-Christus-Typologie bei JOHNSON 1969, 234.

172 Diese Analogie ist natürlich nicht mehr erkennbar, wenn behauptet wird, daß die Tradition der wunderbaren Geburt Jesu (*Lk 1,26-38*) im übrigen Text des *Lk* nicht berücksichtigt wird. So JOHNSON 1969, 238. Die Annahme eines derartig kurzen Gedächtnisses bei einem Autor paralysiert natürlich die Wahrnehmungsfähigkeit des Exegeten.

173 Vgl. SCHÜRMANN 1990 (1969), 201 f; SCHNEIDER 1992 (1977), 94; FITZMYER 1981, 498; SCHWEIZER 1993 (1982), 52; ERNST 1993, 122; MERKLEIN 1995, 31.

beruht auf der Schöpferqualität Gottes, der sich in Jesus seiner Schöpfung neu zuwendet und in ihm einen Prozeß fortführt, der seine Heilszusagen zur Erfüllung bringt.

4. Die Auferweckung Jesu als Inthronisation des Sohnes
(Apg 13,32 f)

Abschließend soll nun noch ein Blick auf einen Text geworfen werden, der bestätigen mag, was sich an verschiedenen Stellen der vorausgehenden Analysen gezeigt hat, daß nämlich *Lk* insoweit mit ägyptischer Königstradition in Einklang steht, als er wie diese in einer retrospektiven Erzählhaltung agiert, die das Gewesene unter dem Blickwinkel des Gewordenen auslegt. Ist es bei *Lk* die nachösterliche Perspektive, so ist es für die Königstradition die Vorstellung vom *Königtum im Ei*, die als Grundkategorie auch erst den Geburtsmythos ermöglicht. Diese strukturelle Übereinstimmung läßt sich dort am bestens verifizieren, wo im *lk* Doppelwerk explizit auf die Auferstehung Bezug genommen wird. Dabei werden dann Spuren alter Christologie erkennbar; so auch in *Apg 13,32 f.*

Nun ist für *Lk* die Erhöhungschristologie, wie sie in *Röm 1,3 f* anzutreffen ist, sicherlich schon ein theologiegeschichtliches Phänomen, auf das er zurückblickt. Für ihn ist die Sohn-Gottes-Würde Jesu im Anfang seiner physischen Existenz grundgelegt. Genau dies auszudrücken, ist ja die Aufgabe der Erzählungen von *Lk 1-2.* Allen Unterschieden zum Trotz nähert sich das *Lk* damit dem ägyptischen Denken wieder stärker an, als dies bei der alten Erhöhungschristologie der Fall war. Die Vorschaltung von Erzählungen über die wunderbare Geburt des messianischen Gottessohnes entspricht ja der Vorstellung vom *Königtum im Ei* und der damit verbundenen retrospektiven Herrschaftsbegründung. Die Frage ist nun, ob in der *lk* Christologie weiterhin bewußt bleibt, daß es sich um einen retrospektiven Deutungsvorgang handelt, oder ob dies wie in Ägypten ausgeblendet werden muß. Dafür, daß es sich bei den *lk* Geburtserzählungen um einen nachösterlichen theologischen Deutungsvorgang handelt, der auch als solcher wahrgenommen wird, spricht die Aufnahme der paulinischen bzw. vorpaulinischen christologischen Tradition. In *Apg 13* finden sich im Rahmen einer apostolischen Verkündigungsrede Formulierungen, die sachlich mit der Tradition in *Röm 1,3 f* zusammenhängen:

32	καὶ ἡμεῖς ὑμᾶς εὐαγγελιζόμεθα τὴν πρὸς τοὺς πατέρας ἐπαγγελίαν γενομένην,	Und wir verkünden euch als frohe Botschaft die an die Väter ergangene Zusage,
33a	ὅτι ταύτην ὁ θεὸς ἐκπεπλήρωκεν τοῖς τέκνοις [αὐτῶν] ἡμῖν	daß Gott diese erfüllt hat den Kindern [von ihnen],
33b	ἀναστήσας Ἰησοῦν	indem er Jesus auferstehen ließ,
33c	ὡς καὶ ἐν τῷ ψαλμῷ γέγραπται τῷ δευτέρῳ,	wie auch geschrieben steht im zweiten Psalm:

33d	Υἱός μου εἶ σύ,	"Mein Sohn bist du,
33e	ἐγὼ σήμερον γεγέννηκά σε.	heute habe ich dich gezeugt."

Der Apostel, der in *Apg 13* diese Sätze spricht, ist übrigens kein anderer als Paulus. Die Ähnlichkeiten mit dem Beginn des Römerbriefs sind auffällig:

▷ Die Kennzeichnung der Verkündigung als Frohbotschaft:
    (Apg 13,32: εὐαγγελιζόμεθα *- Röm 1,1:* εὐαγγέλιον θεοῦ)
▷ Das Motiv der biblischen Vorhersage
    (Apg 13,32: ἐπαγγελίαν *- Röm 1,2:* προεπηγγείλατο)
▷ Die Auslegung der Auferstehung als Inthronisation
    (Apg 13,33 - Röm 1,3 f)

Als wichtigster Unterschied bleibt festzuhalten, daß in *Röm 1* auf die Natanweissagung als biblischer Basistext Bezug genommen wird, allerdings ohne ihn zu zitieren, während in *Apg 13* als Bezugstext *Ps 2,7* explizit zitiert wird. Das ist umso überraschender, als dadurch die Auferweckung Jesu nicht nur als Inthronisationsvorgang gedeutet wird, sondern dieser zugleich als Zeugungsvorgang spezifiziert wird. Dies birgt für die Auslegung zwei Probleme in sich. Zum einen hat der Evangelist in *Lk 1* von der wunderbaren Entstehung Jesu erzählt und diese in einen kausalen Zusammenhang mit der Bezeichnung als Gottessohn gebracht. Jesus, so ist dort die These, wird Sohn Gottes genannt werden, weil er auf besondere Weise durch direktes schöpferisches Einwirken Gottes ins Leben getreten ist. Bei der Taufoffenbarung, also unmittelbar vor Beginn seines öffentlichen Wirkens wird die Ankündigung Gabriels erfüllt, indem der himmlische Vater selbst Jesus als seinen geliebten Sohn proklamiert und damit die Legitimität seines messianischen Wirkens, welches im folgenden erzählt wird, unterstreicht. In *Lk 3* war *Ps 2,7* nicht vollständig zitiert worden. Die Vermeidung der Zeugungsaussage verhinderte eine Reibung mit der Geburtsankündigung. Eine solche entsteht dagegen durch *Apg 13,33*. Verschiedene Lösungsmöglichkeiten bieten sich an:

Zum einen könnte man auf den *lk* Archaismus in den Apostelreden hinweisen. Die historiographische Grundhaltung des *Lk* ist lange bekannt, und seit PLÜMACHERs Untersuchung über *Lk* als hellenistischen Schriftsteller ist auch der Gedanke vertraut, daß diese sich auch in der Wahl der stilistischen Mittel ausdrückt.[174] Gemäß der rhetorischen Forderung der Personen- und Situationsadäquatheit werden alte Gegenstände auch in einem altertümlichen Stil wiedergegeben. Die Frage ist nun allerdings, wie weit eine solche Historisierung über den Stil hinaus auch theologische Inhalte umfaßt. Das scheint der Fall zu sein, wenn alte christologische Titel und Bekenntnisformeln aufgenommen werden. Offensichtlich *"zeigt der Gebrauch dieser alten Titel und Formen in den Missionsreden genauso wie das Stilmittel der LXX-Mimesis die Absicht des Lk, die Epoche der heiligen*

---

174 Zum *lk* Archaismus in *Apg* vgl. PLÜMACHER 1972, 72-78.

Urzeit auch stilistisch als solche zu charakterisieren."[175] Allerdings erscheint es kaum vorstellbar, daß *Lk* einen Apostel etwas vortragen läßt, was ihm nicht nur alt, sondern unzutreffend erscheint. Schließlich gehört die aktualisierende Ausrichtung des Stoffes auf die Leitidee des Gesamtwerks ja auch zur rhetorischen Herausforderung des antiken Historikers, was eine echte Diskrepanz zwischen dem impliziten Autor und positiv dargestellten Personen nicht zuläßt. Zwar kann es als sicher gelten, daß *Lk* wenigstens zum Teil auf wirklich alte Traditionen zurückgreift, aber es ist doch auch festzustellen, *"daß, wenn Lk einmal solche Formeln und christologische Titel aus der Tradition aufnimmt, er sie immer auch im Sinne seines theologischen Entwurfes benutzt."*[176] Das bedeutet, daß der Historiker *Lk* sich zwar bewußt gewesen sein wird, daß er in *Apg 13,32 f* altes christologisches Traditionsgut wiedergibt, er aber die bleibende Gültigkeit der geschilderten apostolischen Verkündigung nicht in Frage stellen kann. Die Zeugungsaussage in *Apg 13* und die ihr inhärente Reibung mit der Erzählung von der Geistererzeugung Jesu in *Lk 1* läßt sich also nicht als bloße Archaisierung erklären und so als semantisch relevantes Textdatum aus dem Weg schaffen.

Des weiteren ließe sich darauf abheben, daß ja in *Lk 1* von einer Zeugung Jesu nicht die Rede sei und deshalb ein Widerspruch zu *Apg 13* nicht vorliege, zumal ja auch dort nur metaphorischer Sprachgebrauch vorliegen könne. Auch dies ist freilich bei näherem Hinsehen keine Lösung. Selbstverständlich ist von einer Zeugung Jesu in *Lk 1*, ja im *Lk* überhaupt, nicht die Rede. Das ändert allerdings nichts am Textbefund, daß die Sohn-Gottes-Würde Jesu in *Lk 1* kausal mit den besonderen Umständen seiner Entstehung verbunden wird: *"deswegen auch wird das Erzeugte Sohn Gottes genannt werden"* (1,35d). Diese Ankündigung wird vom himmlischen Vater selbst bei der Taufoffenbarung vollzogen. Das bedeutet, daß zwar die Benennung erst später erfolgt, ihre Berechtigung aber im Anfang der Existenz Jesu schon grundgelegt wird. Deshalb gibt es für die *lk* Verwendung von *Ps 2,7* in *Apg 13* wohl nur die Erklärung, daß für *Lk* mehrere Bedeutungsebenen anzunehmen sind, wie dies für den Bereich der ägyptischen Königstradition von je kennzeichnend war. Auf der einen ("historischen") Ebene bleibt die Sohn-Gottes-Bezeichnung Jesu als eine Deutungskategorie, die im Osterereignis wurzelt und also göttlich legitimiert ist, bewußt. Auf der anderen ("mythischen") Ebene muß das, was später ist, immer schon gegolten haben. Jesus kann in der Auferstehung nur zum Sohn Gottes gezeugt werden, weil er es schon war, und zwar von Anbeginn seiner Existenz. Der Logik der Vorstellung vom *Königtum im Ei* folgend, untermauert die Erzählung von der geheimnisvollen und wunderbaren Geburt die Berechtigung der Deutung Jesu als Gottessohn, indem sie diese Würde als von Anfang an gegeben herausstellt.

So läßt sich dann auch die Auferstehungsbotschaft in der Pfingstrede des Petrus verstehen: In *Apg 2,30-36* heißt es über Jesus und seinen Vater David:

---

175   PLÜMACHER 1972, 78.
176   PLÜMACHER 1972, 73.

320

30	προφήτης οὖν ὑπάρχων, καὶ εἰδὼς ὅτι ὅρκῳ ὤμοσεν αὐτῷ ὁ θεὸς ἐκ καρποῦ τῆς ὀσφύος αὐτοῦ καθίσαι ἐπὶ τὸν θρόνον αὐτοῦ,	Da er ein Prophet war und wußte, daß Gott ihm einen Eid schwor, einen aus der Frucht seiner Lende auf sei- nen Thron zu setzen,	⇒ *Lk 1,32c*
31	προϊδὼν ἐλάλησεν περὶ τῆς ἀναστάσεως τοῦ Χριστοῦ ὅτι οὔτε ἐγκατελείφθη εἰς ᾅδην οὔτε ἡ σὰρξ αὐτοῦ εἶδεν διαφθοράν.	sprach er voraussehend über die Auferstehung des Gesalb- ten, daß er weder in der Un- terwelt gelassen wurde, noch sein Fleisch Verwesung sah.	
32	τοῦτον τὸν Ἰησοῦν ἀνέστησεν ὁ θεός, οὗ πάντες ἡμεῖς ἐσμεν μάρτυρες·	Diesen Jesus ließ Gott aufer- stehen, wovon wir alle Zeu- gen sind.	
33	τῇ δεξιᾷ οὖν τοῦ θεοῦ ὑψωθείς, τήν τε ἐπαγγελίαν τοῦ πνεύματος τοῦ ἁγίου λαβὼν παρὰ τοῦ πατρός, ἐξέχεεν τοῦτο ὃ ὑμεῖς [καὶ] βλέπετε καὶ ἀκούετε.	Zur Rechten Gottes nun er- höht, die Zusage des heiligen Geistes vom Vater empfan- gend, goß er diesen aus, was ihr [sowohl] seht und hört.	
34	οὐ γὰρ Δαυὶδ ἀνέβη εἰς τοὺς οὐρανούς, λέγει δὲ αὐτός, Εἶπεν [ὁ] κύριος τῷ κυρίῳ μου, Κάθου ἐκ δεξιῶν μου	Denn David stieg nicht hinauf in die Himmel, sagt er doch selbst, Es spricht der Herr zu meinem Herrn: *Sitze zu mei- ner Rechten,*	⇒ *Ps 110,1*
35	ἕως ἂν θῶ τοὺς ἐχθρούς σου ὑποπόδιον τῶν ποδῶν σου.	*bis ich deine Feinde als Schemel unter deine Füße lege!*	
36	ἀσφαλῶς οὖν γινωσκέτω πᾶς οἶκος Ἰσραὴλ ὅτι καὶ κύριον αὐτὸν καὶ Χριστὸν ἐποίησεν ὁ θεός, τοῦτον τὸν Ἰησοῦν ὃν ὑμεῖς ἐσταυρώσατε.	Untrüglich soll nun das ganze Haus Israel erkennen, daß Gott ihn zum Herrn und Ge- salbten machte, diesen Jesus, den ihr gekreuzigt habt.	⇒ *Lk 2,11b*

Die Reibungen zu den Kindheitserzählungen sind hier von vornherein geringer, weil die Gottessohnschaft nicht thematisiert wird. Aus dem Zusammenhang von V.30 mit V.31 wird aber sehr deutlich, daß der Text die Auferweckung Jesu als Inthronisationsakt versteht. In der Auferweckung, so ist zu schließen, wurde die göttliche Zusage, die Gabriel an Maria überbracht hat *(Lk 1,32c)*, eingelöst. Der Auferstandene wird auf den Thron Davids gesetzt. Dieser Thron scheint mit dem Gottes identisch zu sein. Im Anschluß an *Ps 110* wird das Thronen des Auferstandenen als davidischer König zugleich als Throngemeinschaft mit Gott gesehen, womit über die Vermittlung des atl. Texts wieder ägyptische Vorstellungen zum Zuge kommen.[177] Recht spannungsreich ist die Beziehung zwischen *Apg 2,36* und der Botschaft des Engels in Betlehem. Immerhin hatte der Bote Gottes in *Lk 2,11b* den Hirten mitgeteilt, daß ihnen *"heute"* Jesus als Gesalbter und Herr geboren sei. Dagegen betont die Pfingstpredigt des Petrus in V.36 mit Bezug auf die Auferstehung, daß Gott Jesus zum Herrn und Christus *"gemacht"* hat. Diese Reibung zwischen der Geburt als Messias und der österlichen Einsetzung zum Messias läßt sich wohl nur so verstehen, daß die Geburtsverkündigung des Engels proleptisch zu verstehen ist. Theologisch hat diese Vorwegnahme ihren Ermöglichungsgrund im Osterereignis als eigentlicher Thronbesteigung, religionsgeschichtlich ihre Analogie in der Verbindung von Geburt und Herrschaftsantritt in biblischer und ägyptischer Königstheologie. So verstärkt die kurze Analyse dieser Petruspredigt das Ergebnis, das sich von *Apg 13* her ergab.

Es gibt bei *Lk* ganz offensichtlich eine *retrospektive Christologie*, die (in struktureller Analogie zur ägyptischen Vorstellung vom *Königtum im Ei*) nachösterliches Christusbekenntnis im Leben des irdischen Jesus proleptisch verankert und so die Erzählung über den vorösterlichen Jesus immer wieder mit dessen nachösterlicher Würde überblendet. Damit ist abschließend festzuhalten, daß es in den *lk* Schriften eine gegenläufige Verschränkung von historischer und metaphorisch-mythischer Ebene gibt. Dort, wo metaphorisch geredet wird, bleibt die Geschichte urchristlicher Theologie bewußt, während dort, wo "Geschichte" geschrieben wird, metaphorische Redeweise einbricht. Das hängt sicher mit der Wahl der historiographischen Gattung zusammen, aber auch mit der Eigenart hellenistischer Geschichtsschreibung, die für Deutungskategorien besonders offen war. Jedenfalls benutzt *Lk* auch im Bereich einer historiographischen Gattung metaphorische Redeweise, um seine kerygmatische Absicht zu erreichen. So bieten die Geburtserzählungen in *Lk 1-2* als theologische Geschichtsschreibung eine retrospektive Fundierung des nachösterlichen Christusbekenntnisses.[178] Vielleicht liegt hierin - jenseits aller religionsgeschichtlichen Berührungspunkte im einzelnen - die eigentliche *lk* Annäherung an ägyptische Tradition, eine Annäherung, die aber ganz überwiegend durch die Bezugnahme auf atl. Basistexte gesteuert wird.

---

177 Vgl. HENGEL 1993.
178 Vgl. BROWN 1993, 313.

5. Zusammenfassung

5.1. *Anmerkungen zum religionsgeschichtlichen Standort der lukanischen Christologie*

Resümierend läßt sich also festhalten, daß es durchaus einen traditionsgeschichtlichen Zusammenhang zwischen ägyptischer Königstheologie und neutestamentlichem Christusglauben gibt. Direkte Einflüsse, Bezugnahmen oder gar Abhängigkeiten dürfen allerdings nicht als sehr wahrscheinlich gelten. Vielmehr kommen die Impulse ägyptischer Religiosität wohl durchweg vermittelt auf christliche Autoren wie *Lk* zu. Dies geschieht vor allem auf drei Wegen:

♦ Einmal dadurch, daß die biblische Königstheologie, auf die man sich beruft und deren Interpretation die Basis der frühchristlichen Christologie bildet, immer schon ägyptische Elemente (verschiedener Zeitebenen und Rezeptionsstufen) in sich birgt.

♦ Zum anderen wird die biblische Tradition nicht historisch-kritisch gelesen, sondern in den aktualisierenden Textfassungen und Textauffassungen, die das hellenistische Judentum dem frühen Christentum, das sich in seiner Mitte entwickelt, bereitstellt. Damit wird zugleich ein schon dreihundertjähriger Prozeß der Auseinandersetzung mit der hellenistischen Weltkultur vermittelt, der - in Übernahme, Modifikation und Ablehnung - auch zur Wahrnehmung ägyptischer Denkmuster in hellenistischer Transformation führte.

♦ Drittens ereignet sich der Einfluß ägyptischer Vorstellungen auch durch die eigene, christliche Auseinandersetzung mit der jeweiligen lokalen Ausprägung der hellenistisch-römischen Weltkultur, deren gängige Herrscherideologie auch in römischer Zeit noch Elemente enthält, die als Derivate ägyptischer Tradition zu betrachten sind. Der Rückgriff auf Ägyptisches nimmt, wie zu sehen war, im Laufe der Kaiserzeit auch nicht ab, sondern vielmehr in mehreren Schüben zu. Die Entstehung des *Lk* mag schließlich sogar in die Zeit Domitians fallen, also desjenigen Kaisers, der sich selbst in Rom als Pharao verherrlichen ließ, was natürlich besondere Relevanz gewinnt, wenn sich die Hauptstadt als Entstehungsort des *Lk* verifizieren läßt. Da Elemente hellenistisch-ägyptischer Königsideologie nicht nur in der Geschichtsschreibung und Belletristik der Gebildeten und bei den philosophischen Theoretikern des kaiserlichen Selbstverständnisses anzutreffen sind, sondern ebenso in öffentlicher politischer Propaganda und in popularisierten, eher burlesken Formen, kann die Bekanntheit entsprechender Vorstellungen allerdings als so weit verbreitet gelten, daß die Lokalisierung des *Lk* in Rom keine notwendige Bedingung für die Relevanz der aufgezeigten religionsgeschichtlichen Bezüge ist. Jedenfalls werden die religiösen und sozialen Abgrenzungen, wie sie eingangs der Untersuchung thematisiert wurden, kein großes Hindernis für die Wahrnehmung der entsprechenden fremdreligiösen Vorstellungen dargestellt haben.

Dies gilt für das hellenistische Judentum wie für die frühen christlichen Gemeinden.

5.2. Schlußwort zum theologischen Standort der lukanischen Christologie

Die theologischen Schlußfolgerungen aus den Ergebnissen ntl. und religionsgeschichtlicher Forschung zu ziehen, ist sicher primär Aufgabe und Privileg systematischer Theologie, aber einige Anregungen hierzu sollen, wenn auch in sehr zurückhaltender Form, doch gegeben werden.

5.2.1. Religion und Gotteserfahrung

Üblicherweise wird Religion als Bearbeitung von Erfahrungen der Gottesnähe verstanden, und das nicht nur in Kreisen christlicher Theologie, sondern auch bei Ägyptologen.[179] Nun spielt mindestens in der Moderne die Erfahrung der Gottesferne explizit und implizit eine große Rolle und scheint mir auch in religiösen Äußerungen der Antike eine menschliche Grunderfahrung zu sein, die sich mit der Erfahrung der Nähe an Bedeutung mindestens messen kann, wenn sie sie nicht sogar übertrifft.

Jedenfalls deuten die untersuchten Zeugnisse aus unterschiedlichen religiösen Welten immer wieder an, daß Gottesnähe nicht einfach vorgegeben ist, so daß sie nur noch gestaltet werden müßte. Sie entzieht sich vielmehr bloßer Beschreibung, muß als das Andere zur Alltagswelt entworfen und inszeniert werden. So ist religiöses Sprechen vielfach, und zwar nicht erst nach der apokalyptischen Wende, welche viel mit der Enttäuschung durch die politische Realität des Königtums zu tun hat, Reaktion auf den Mangel und Entwurf auf Fülle hin. Dies eint die verschiedenen religiösen Sprachspiele, die sich aus diesem Grunde nicht mit rein deskriptiver Sprache zufrieden geben können, sondern stets auf die wirklichkeitskonstituierende Kraft bildhaft-mythologischer Redeweise setzen.

Dieses Ergebnis stimmt mit den religionstheoretischen Überlegungen von WHITEHEAD überein. Er bestimmt die menschliche Erfahrung des Solitärseins als Ursprung der Religion. *"Sie ist der Übergang von Gott, der Leere, zu Gott, dem Feind, und von Gott, dem Feind, zu Gott, dem Gefährten."*[180] Aus ägyptologischer Sicht mag man zögern, die Rolle des einzelnen zu stark zu betonen. Diesen Bedenken gegenüber sei aber daran erinnert, daß ägyptische Religion sich zwar als kollektives Phänomen inszeniert, inhaltlich aber um die Person des Königs kreist und so noch vor der Entdeckung der Persönlichen Frömmigkeit einen Einzelmenschen in den Mittelpunkt all ihrer Aussagen stellt. Hier scheint mir übrigens eine bedeutsame strukturelle Gemeinsamkeit zwischen ägyptischer und christlicher

---

179 Vgl. z.B. ASSMANN 1984, 5.
180 WHITEHEAD 1990 (1926), 15.

Religion zu liegen. Beide kreisen um eine zentrale Mittlergestalt, die menschliche und göttliche Welt in sich verbindet. Das glaubende Individuum bestimmt sein Verhältnis dazu im wesentlichen durch die Übernahme von Eigenschaften dieser Zentralgestalt und die Einbettung des Eigenen in die Rolle dieser Gestalt hinein. Entsprechende Denkfiguren sind in frühchristlicher Theologie ebenso nachzuweisen,[181] wie in modernen christologischen Entwürfen, wo Christus als Chiffre des Menschseins aufgefaßt werden kann.[182] Die Beobachtung einer solchen strukturellen Gemeinsamkeit verschiedener religiöser Systeme sagt noch nichts über den Wahrheitsgehalt ihrer Aussagen aus. Es spricht z.B. weder für noch gegen die *lk* Christologie, daß sie genau wie andere religiöse Phänomene Elemente mythologisch-verklärender Sprache verwendet, die eindeutig nicht deskriptiven, sondern entwerfenden Charakter haben. Vielmehr ist, da das Heilige nicht einfach unter den Dingen der Alltagswelt verfügbar ist und deshalb auch nur im Jenseits der Alltagssprache ausgesagt werden kann, auch nur innerhalb eines religiösen Systems zu entscheiden, ob der Sehnsucht nach Fülle auch eine erfüllende Wirklichkeit entspricht. Im Sinn katholischer Lehrtradition ist an dieser Stelle zu betonen, daß diese Aussage die vernunftmäßige Defensio des Glaubens nicht außer Kraft setzt. Der allgemeinen Vernunft sind aber dadurch Grenzen gesetzt, daß sie den Offenbarungsakt einerseits und die gläubige Annahme dieser Offenbarung zwar rechtfertigen, aber nicht ersetzen kann. Der Glaube kann vernünftig begründet werden und darf nicht unvernünftig sein, kann aber nicht im Vorhinein so anbewiesen werden, daß der Akt freier Zustimmung sich erübrigte. Der freie Akt des Glaubens bringt in sich Religion dort zur Vollendung, wo er sie nicht mehr allein als Quelle des Trostes benutzt, sondern auch noch das ungetröstete Dunkel als Erfahrungsort des geheimnisvollen und verborgenen Gottes auszuhalten lehrt. Entsprechend läßt sich als religionsphilosophischer Grundsatz formulieren: *"Es gehört zur Tiefe des religiösen Geistes, sich verlassen gefühlt zu haben, selbst von Gott."*[183]

5.2.2. Mythos und Geschichte

Die Vorstellung von der göttlichen Zeugung und Geburt des Königs kann in Ägypten aufgrund der komplementären Qualität ägyptischen Denkens ohne weiteres mit der menschlichen Abstammung des Königs vereinbart werden. Beide Aussagen können zusammengehalten werden, ohne daß das eine als "Wirklichkeit" betont und das andere als bloße Fiktion abgewertet werden müßte. Beides gehört

---

181 Vgl. etwa die paulinische EN–XPIΣTΩ-Formel in *2Kor 2,14*, aber auch in *Röm 6,11.23; 1Kor 1,2.4; 3,1; 15,22* und an vielen anderen Stellen seiner Briefe. Grundlage dieser Formel ist das Erbe des Königtum Gottes *(1Kor 15,50)*, welches den Glaubenden in Christus zuteil wird. Sie sind *"Söhne Gottes"* durch Christus, den sie *"angezogen"* haben *(Gal 3,26 f)*.

182 Vgl. die christologische Funktion der doppelten Stellvertretung bei Dorothee SÖLLE: Christus vertritt Gott bei den Menschen und die Menschen vor Gott. Eine kurze Darstellung ihres Entwurfs findet sich bei SCHILSON / KASPER 1979, 123-132.

183 WHITEHEAD 1990 (1926), 18.

insofern zusammen, als die eine Aussage der menschlichen Wirklichkeit verklärend eine zusätzliche Dimension gibt, welche nicht einfach nur Gottesnähe beschreibt, sondern entwerfend schafft. So kann sogar gesagt werden, daß das, was ausgesagt werden soll, nämlich die Überblendung menschlicher und göttlicher Welt in der Person des Königs, erst im Zusammenbinden der Widersprüche deutlich gemacht werden kann. Dieser Impetus ägyptischer Religion, der mir noch kaum genügend beachtet scheint, macht die mythische Sprache als unverzichtbares Medium des Selbstentwurfs menschlichen Lebens auf Fülle hin deutlich. Sie kann deshalb nicht als bloße Aussageform getrennt werden von der inhaltlichen Seite eines Entwurfs, der eben immer davon ausgeht, daß die geordnete Welt wieder ins Chaos zurückfallen kann, und daß es Aufgabe menschlichen Handelns sei, dieser Schwerkraft entgegen zu steuern. Der Entwurf kann vielmehr nur im Modus des Mythos ausgesagt werden. Entmythologisierung löst die entsprechenden Texte in Banalität auf: Es gibt nichts zu entmythologisieren und es gibt nichts, was Entmythologisierung überleben könnte.[184]

Daß eine Mangeltheologie wie die ägyptische leicht in die Gefahr gerät, als bloße menschliche Projektion denunziert zu werden, zeigt sich beispielhaft an der Reaktion Plutarchs. Der hellenistische Schriftsteller, im Banne eines Wirklichkeitskonzepts, in dem eine Logik vom Ausschluß des Widerspruchs herrscht, kann die beiden Wirklichkeiten nicht mehr zusammenhalten. Wo Sprache sich als Mittel purer Beschreibung (miß-) versteht, entsteht die Alternative, den Mythos nur noch als didaktische Symbolik zu schätzen oder als Aberglaube zu denunzieren. Die mythische Rede kann dann einerseits als Mittel politischer Propaganda verwendet und entlarvt werden und andererseits eine neue rationale Wertigkeit erhalten, indem sie als Ausgangspunkt höherer, allegorischer Auslegung benutzt wird, allerdings bei gleichzeitiger Betonung ihrer absoluten Geschichtslosigkeit!

Man wird Philo und seiner Auslegung zugestehen müssen, daß sie sich wesentlich näher an das ägyptische Denken hält, obwohl von einer Ägyptomanie wie bei Plutarch keine Spur zu finden ist. Zwar muß auch der ägyptische Jude Allegorese betreiben, weil er im Banne hellenistischer Aufklärung sich dem entsprechenden Wirklichkeitskonzept nicht entziehen kann und die hellenistische Kultur für ihn ja das Paradigma seines Denkens liefert. Andererseits nötigt ihn gerade sein jüdisches Erbe zu einer Annäherung an Ägyptens Tradition, die ganz erstaunlich ist. Als Ausleger eines "Geschichtsbuches" kann Philo ja den Anspruch der historischen Faktizität allenfalls in Detailfragen, nicht aber generell aufgeben. Was er auslegt, ist für ihn deshalb meist Historie und Sinnbild zugleich. Die Patriarchenfrauen sind menschliche Gestalten der Geschichte *und* Symbol der menschlichen Seele, sie sind Mütter *und* Jungfrauen. Beides gehört für Philo zusammen, womit er eine frappierende strukturelle Analogie zu ägyptischer Denktradition zeigt, wenn sich auch die Einheit in den Bezugsgrößen, welche in Ägypten durch die Person des

---

184 Zur neueren Entmythologisierungskritik vgl. z.B. AIKEN 1991.

Königs gegeben ist, auflöst. Im ägyptischen Mythos ist die Königsmutter sowohl als Braut des göttlichen Vaters wie als Frau des menschlichen Vaters immer die Mutter des einen kommenden Königs, der gerade durch seine doppelte Sohnschaft als Bindeglied zwischen Menschenwelt und Götterwelt charakterisiert wird. Bei Philo löst sich diese Parallelstruktur von Mythos und Geschichte insofern auf, als die Patriarchenfrauen auf der geschichtlichen Ebene als Frauen ihrer Ehegatten und Mütter ihrer Kinder fungieren, während sie im Bereich der Allegorese die menschliche Seele bedeuten, welche jungfräulich mit Gott verkehrt. Letzteres kann nicht mehr als Verklärungsdimension des ersteren gelten, wenn es um die Beziehung Mutter und Kind geht. Das einigende Band zwischen den beiden Wirklichkeiten besteht nicht mehr in der Person des erzeugten Kindes. Der biblische Text ist gerade nicht die verklärende Dimension eines vorgegebenen geschichtlichen Tatbestands, sondern dient zur nachträglichen Bebilderung eines vorgegebenen geistlichen Sachverhalts.

Für christliches Fragen ist natürlich besonders interessant, wo *Lk* auf dieser Landkarte religiösen Denkens steht. Die Ergebnisse dieser Untersuchung sprechen dafür, daß das Evangelium weder bei Plutarch noch bei Philo einzuordnen ist, sondern eindeutig einen dritten Weg darstellt. Einerseits macht *Lk* in der Vorrede zu seinem Evangelium klar, daß er sich als hellenistischer Historiker versteht. Er nähert sich mit diesem Anspruch, der - das ist energisch zu betonen - zugleich biblischem Erbe entspricht, dem Wirklichkeitskonzept historiographischer Mythenfeindlichkeit (und damit dem Standpunkt Plutarchs) an. So ist es ihm dann auch nicht mehr möglich, göttliche und menschliche Zeugung einfach nebeneinanderzustellen. Ersteres würde für ihn einen Wirklichkeitsschwund erleiden, wäre es "nur" die theologische Dimension des zweiten. Da im Bereich der Geschichtsschreibung der Mythos als Lüge oder mindestens als unwahr gelten muß und für den Historiker nur Historisches wirklich ist, muß auch *Lk* für alle relevanten Aussagen einen entsprechenden Anspruch erheben. Das bedeutet, daß auch er den Mythos nicht mehr als Verklärungsdimension von Geschichte auffassen kann, sondern mythische Vorstellungen als unmythisch deklarieren und folglich in die Welt der Geschichte hineinstellen muß. Dort geraten die betreffenden Aussagen dann in Konkurrenz zur Welt der Alltagserfahrung. Bei den Lesenden muß die Frage ausgelöst werden, wie denn nun die Gottessohnschaft Jesu sich zur menschlichen Vaterschaft Josefs verhält. *Lk* reagiert auf solche Fragen mit etwas gezwungen wirkenden Vermittlungsversuchen, wie der Putativvaterschaft des Josef, die für ihn dann andererseits doch auch wieder nicht die ganze Wahrheit darstellen. Auch wenn die Konkurrenz zwischen Geistzeugung und menschlicher Abstammung mit der Verarbeitung älterer theologischer Tradition zu tun haben sollte, bleibt die Frage, was *Lk* bewogen haben mag, die Reibungen zwischen zwei Aussagetraditionen in Kauf zu nehmen. Warum bezeichnet er Josef als Davididen und David als Vater Jesu? Warum bringt er den Stammbaum Jesu unmittelbar nach der Tauffoffenbarung? Warum läßt er Maria von Josef als dem Vater Jesu sprechen?

Eine tragfähige Antwort auf diese und ähnliche Fragen kann wohl nur finden, wer annimmt, daß die Konkurrenz zwischen Mythos und Geschichte kein theologischer oder literarischer Unfall ist, sondern das eventuell unfreiwillige aber adäquate Mittel, um ein Wirken Gottes *in* Geschichte auszusagen, das zugleich als einmalig charakterisiert werden muß. Schließlich soll Jesus ja als der einzige Gottessohn der menschlichen Geschichte bekannt werden. Die Gottessohnschaft Jesu wird also zugleich als Ausschluß der Gottessohnschaft anderer aufgefaßt: *Jesus* ist Sohn Gottes und nicht irgendwelche Könige oder Kaiser. Die Gestalt des Nazareners wird damit in Konkurrenz gebracht zu einer Welt, mit der er historisch nichts zu tun hatte, außer daß er ihr zum Opfer fiel. Das Geschick des historischen Jesus, der eben nie König war, zwingt zugleich, seine Gottessohnschaft qualitativ als eine ganz andere, noch nie dagewesene zu charakterisieren.[185] Das noch nie Dagewesene - und deshalb auch nicht Kategorisierbare - ist aber nur im Aufbrechen historiographischer Muster auszusagen. In diesem Dilemma begründet sich der ganz eigene Standpunkt *lk* Schriftstellerei. Als biblisch gebundener Autor macht *Lk* deutlich, daß es um Geschichte, nicht nur um Symbole geht (wie bei Plutarch), aber auch nicht nur um Geschichte als Sinnbild (wie bei Philo), sondern um Offenbarung als Verflechtung göttlicher Welt mit menschlicher Geschichte. Auf einer ganz anderen geistesgeschichtlichen Basis kommt *Lk* so letztlich zu einem Ergebnis, das mit ägyptischer Theologie insofern verglichen werden kann, als es ebenfalls um zwei Wirklichkeiten geht, die bei bleibender Autonomie zusammengehalten werden müssen, damit sie als zusammengehörig erkannt werden können.

5.2.3. Auf der Suche nach dem unterscheidend Christlichen

Wenn es um die *Unterschiede* zwischen *Lk* und fremdreligiösen Konzeptionen geht, so mag es eine gewisse Versuchung geben, die Eigenart des Christlichen dadurch herauszustellen, daß man darauf abhebt, es gehe im jüdisch-christlichen Bereich im Unterschied zu den mythischen Vorstellungen anderer religiöser Traditionen um das Wirken Gottes in der Geschichte. Genau darum geht es aber, wie zu sehen war, auch im alten Ägypten, bei Alexander, den Ptolemäern und den römischen Kaisern. Die Rede von ihrer Gottessohnschaft diente ja stets dazu, ihr Wirken als göttliches Wirken zu deuten. Der Unterschied zwischen biblischer und fremdreligöser Tradition wird sich also nicht darin konstituieren lassen, daß man hier von Mythos und dort von Geschichte als Überwindung des Mythos spricht. Man wird vielmehr einsehen müssen, daß es hier wie dort um mythische Redeweise und durchaus vergleichbare Ansprüche geht. Gerade für eine nachaufklärerische Theologie, die sich nicht mehr ohne weiteres vorzustellen vermag, daß Gottes Handeln in Geschichte als Aufhebung der Autonomie der geschaffenen Welt und Durchbrechung ihrer Eigengesetzlichkeit aufzufassen wäre, kann dies auch eine

---

185 Dazu boten die vorangegangenen Transformationen der Königstheologie im hellenistischen und im jüdischen Bereich vielfältige Modelle an.

Chance darstellen. Vor dem Hintergrund postmoderner Theoriebildung müßte es doch möglich sein, auch im Christlichen die positive Leistung mythischer Rede zu würdigen. Vielleicht ist der Mythos ja sogar die Voraussetzung dafür, das Handeln Gottes in menschlicher Geschichte überhaupt denken zu können.

Wenn gilt, daß alles menschliche Sprechen Entwurfcharakter besitzt und deshalb jede Geschichtsschreibung Arbeit an einer sinnstiftenden Erzählung ist, dann kann der Mythos nicht mehr als defizitär gegenüber deskriptiv verstandener Rede gelten, sondern ist als Vollendung der Möglichkeiten menschlichen Sprechens zu würdigen. Mythisches Sprechen kann postmodern als ein Bereich der Sprache geschätzt werden, in dem das Werkzeug, Welt zu entwerfen und insofern Wirklichkeit zu konstituieren, sich selbst als solches verstehen kann und sich nicht als bloßes Beschreibungsinstrument mißverstehen muß. Der Mythos ist dann nicht mehr etwas Defizitäres, Unvernünftiges, sondern erscheint als die höchst vernünftige Selbstbescheidung des sprechenden Menschen, der seinen Entwurf als solchen annimmt, und als eine mögliche Entgrenzung des Menschen auf das Geheimnis seiner Existenz hin versteht. Mythisches Sprechen kann menschliche Geschichte transparent machen auf göttliches Handeln hin, indem es die Überblendung und Durchdringung verschiedener Wirklichkeitskonzepte als Analogie zur Überblendung und Durchdringung von Wirklichkeiten deutlich macht. Der Abschied vom Mythos kann deshalb kein Weg sein, um die christliche Eigenart zu definieren. Sie scheint mir denn auch eher in anderen Punkten deutlich zu werden:

Der offensichtlichste strukturelle Unterschied zwischen christlichem und ägyptischem Glauben liegt wohl darin, daß Ägypten eher dazu tendiert, die menschliche Welt in die göttliche einzubetten, während im Christlichen (entsprechend biblischem Erbe) die göttliche Welt in die menschliche hineinragt. So geht es der *lk* Geburtsüberlieferung auch nicht darum, einen Menschen zu vergöttlichen. Jesus soll nicht in den Himmel gehoben werden, sondern Gott geerdet werden. *"Nicht Heraushebung Jesu aus dem Menschlichen ist Sinn dieser Überlieferung, sondern das Gegenteil, Hineinsenkung des Heiligen in diese Welt."*[186] Obwohl die *lk* Geburtsüberlieferung ihr theologisches Fundament in der Botschaft von der Erhöhung des Auferweckten hat, deren retrospektive Verlängerung sie ist, zeichnet sie doch nicht das Bild eines Gottes auf Erden, sondern bleibt dem Grundsatz treu, daß der Erhöhte mit dem gekreuzigten Menschen Jesus identisch ist.

Das entscheidend Christliche ist aber in der Gestalt Jesu selbst zu erkennen. Jedenfalls wird man von unterscheidend *christlichem* Glauben dort sprechen können, wo anerkannt und bekannt wird, daß im Menschen *Jesus*, dem Wanderprediger aus einem galiläischen Dorf, Gott zu den Menschen gekommen ist, sein entscheidendes Wort gesprochen hat. Diese Feststellung der Endgültigkeit der in Jesus geschehenen Offenbarung impliziert keinesfalls eine Abwertung anderer Versuche, die Erfahrung des göttlichen Geheimnisses zu buchstabieren. Eine solche

---

186   So GESE 1971, 89.

Abwertung ist deswegen unnötig, weil in der christlichen Tradition immer schon das Wissen eingebaut ist, daß auch im Bereich von Offenbarung nur geredet wird im Modus des Stammelns, weil das Geheimnis zur unumgänglichen Qualität des Gegenstandes religiöser Erfahrung gehört. Selbst noch für die *Visio beatifica* kann deshalb gesagt werden: *"das von Gott Gewußte wird als das Unbegreifliche gewußt; das von Gott Gewußte ist erst dann wirklich in dem ultimum der menschlichen Erkenntnis gewußt, wenn sein Geheimnischarakter in höchster Weise gewußt wird; die höchste Erkenntnis ist die Erkenntnis des höchsten Geheimnisses als eines solchen."*[187]

Gewiß wird es oft schwierig sein, in den üppigen Gewändern deutender Sprache, den *"nackten Jesus"* noch zu erkennen.[188] Oft wird es mit den mythologischen Vorstellungen und Redeweisen so gehen, wie mit der kirchlichen Institution, daß sie nämlich ein Vehikel ist, *"für Jesus, für die Reise seiner nackten Wahrheit durch die Zeit, in der dramatischen Form des Kontrastes."*[189] Im Sinne eines solchen Vehikels nimmt die Sohn-Gottes-Christologie des *Lk* über die Vermittlung biblischer und frühjüdischer Rezeption ägyptische Königstheologie bzw. deren hellenistische Derivate auf, um genuin Christliches auszusagen. Das Bild vom Vehikel darf aber nicht so verstanden werden, als gehe es nur um ein lästiges Transportmittel, welches möglichst beiseite zu lassen wäre, um die Wahrheit Jesu pur zu haben. Vielmehr bilden "Gewand", "Nacktheit" und der Kontrast zwischen beiden eine semiologische Dreieinheit, welche analysiert, kritisiert und verändert werden kann, aber nur dann "entmythologisiert" werden kann, wenn schon ein neues, passenderes Gewand für die nackte Wahrheit bereit liegt.[190] So ist die Rede von der Gottessohnschaft Jesu eine durch den Kontext biblischer und hellenistischer Tradition nahezu unausweichlich gewordene *"Umschreibung für die menschlich vermittelte Gegenwart des ewigen Gottes selbst in diesem Menschen Jesus von Nazaret".*[191] Diese Umschreibung geschieht mit den alten Mustern biblischer und ägyptisch-hellenistischer Vorstellungen, andere gibt es für das frühe Christentum nicht. Daß diese Muster dabei aber so transformiert werden, daß sie an die Grenze ihrer Gültigkeit geraten, darf nicht überraschen. Schließlich geht es um nicht weniger als darum, das Unerhörte und Unaussprechliche als tatsächlich geschehen auszusagen, nämlich daß der unendliche Gott uns im Menschen Jesus leibhaftig begegnet. Wenn es aber um Gottes Wirklichkeit bei den Menschen geht, dann ist auch in dieser Menschenwelt kein Ding als unmöglich abzutun. Wer aber davon reden und nicht schweigen will, der muß von einer Welt berichten, in der eine Jungfrau Mut-

---

187 RAHNER 1967, 81.

188 Man möge nur das Gedankenspiel, das BACHL (1996, 56 f) durchführt, mit den Utensilien königlicher Herrschaft spielen, um zu spüren, wie stark der Kontrast zwischen dem Gekreuzigten aus Nazaret und der Welt der Königstheologie ist.

189 BACHL 1996, 58.

190 Vgl. KEEL 1977, 326 f.

191 MÜLLER 1989, 71. Vgl. WILCKENS 1981, 66-68.

ter wird, Engel mit Hirten sprechen, ein Messias in der Krippe liegt und ein Gekreuzigter aufersteht.

Und trotzdem: Mit der Geburt der (expliziten) Christologie aus der Ostererfahrung setzt ein Prozeß ein, der theologisch höchst bedenklich und keineswegs selbstverständlich ist, nämlich die Übertragung von königlichen Denkmustern auf den irdischen Jesus. Diese Denkmuster sind dem historischen Jesus merkwürdig unangemessen. Das mythologische Gewand paßt nicht und sitzt selbst nach energischen Umarbeitungen nicht gut. Wie sonst hätte die historische Jesusforschung überhaupt eine Chance! Das größte Mißverhältnis zwischen dem nackten Jesus und seinem Gewand besteht wohl in der diametral entgegengesetzten Haltung zur Gewaltfrage. Die programmatische Gewaltlosigkeit der Jesustradition steht in schärfstem Widerspruch zum Ballast der Gewaltlegitimation, welchen die Königstradition mit sich schleppt. Die Ikone vom Niederschlagen der Feinde ist dem Königtum immer inhärent, auch dort, wo dies mit ägyptischer Gewalttradition nichts zu tun hat. Auch das augusteische Friedensprogramm kommt ohne die brutale Unterdrückung innerer und äußerer Feinde nicht aus. So kann die antike Königs- bzw. Kaiserherrschaft eben nicht nur als ordnungsstiftende Macht interpretiert werden, sondern muß auch gesehen werden als ein großangelegter Versuch, Unterdrückung, Gewalt und Ausbeutung zu legitimieren. Und diese Deutung hat in der vehementen Herrschaftskritik der *Offenbarung des Johannes* immerhin eine biblische Basis: Was von den Ideologen römischer Herrschaft als *Pax romana* verherrlicht wird, das ist ihr nichts anderes als das blutsäuferische Schreckensregime der Hure Babylon. Auch wer diese Sicht als einseitig ablehnt und für eine historische Analyse römischer Herrschaft nicht als Maßstab übernehmen will, muß zugeben, daß die Denkmuster der Königstradition jedenfalls autoritär und exklusiv sind, nicht egalitär und partizipativ.

Muß also eine Theologie, die den Ehrentitel "zeitgenössisch" verdient, nicht alle Reste der antiken Herrschaftsideologie abstreifen, um Jesus von den blutbeschmierten Mänteln der Herrschaftsgeschichte *(Jes 9,4)* wieder zu befreien? -

Abgesehen davon, daß schon der Hinweis auf *Jes 9* ausreichen mag, daran zu erinnern, daß die biblische Literatur Muster der Gewaltfreiheit in die Königstradition einzeichnet, ein Prozeß, der sich ntl. fortsetzt, muß auch ein traditionsgeschichtliches Ergebnis theologisch ernst genommen werden.

Wenn es zutrifft, daß schon der Ursprung der Königschristologie mit der Bearbeitung des Todes Jesu zu tun hatte, dann ist dies ein theologisches Datum allerersten Ranges. Es weist darauf hin, daß die Übertragung unterdrückender und gewaltverherrlichender Muster auf den Machtlosesten und Kleinsten, nämlich den Gekreuzigten, ein befreiender Akt ist. Sie hebt die Unheilswirkung der blutbesudelten Mythologoumena auf, ohne sie zu verdrängen. Sie besetzt die Stelle des Herrschers ein für alle Mal mit dem gewaltlos Gescheiterten und verbietet so die Funktionalisierung dieser Muster für irdische Herrschaft.[192]

Zwar kommt auch die Christologie nicht ohne Bilder von Gewalt und Sieg aus, aber diese werden in entscheidender Weise sublimiert: der Sieger ist der Gekreuzigte, und die Feinde, die ihm unter die Füße gelegt werden *(vgl. Ps 110,1)*, sind Herrschaft, Macht, Kraft und Tod *(1Kor 15,24-27)*. Und wenn nur noch über den auferstandenen Gekreuzigten gesagt werden kann, daß er siegreicher König ist, dann wird jedes irdische Herrschaftssystem, das sich aus der elitären Tradition des Königtums begründet, an entscheidender Stelle brüchig. Wenn sich die Sehnsüchte nach Macht und Unterwerfung auf den Machtlosen und Verworfenen richten, dann ist mit dem Christuskönig eine soteriologische Ikone entstanden, in die hinein sich auch das Schicksal der Leidenden und Unterdrückten bergen kann. Dann wird aus der Gottessohnschaft als exklusiver Differenzkategorie eine inklusive Heilskategorie, und es besteht zumindest die Chance, daß Menschen frei werden, als prinzipiell gleichberechtigte Töchter und Söhne Gottes zu leben.

Wo das gelingt, realisiert sich das Königtum des Vaters, punktuell und situativ, in der Königswürde des Sohnes, und selbst im Kreuz kann dann Heil sein.

---

192 Daß sich dieses Verbot auch umgehen läßt, zeigt die traditionsvergessene Gewaltgeschichte des Christentums in drastischster Weise.

VI. QUELLENTEXTE UND AUSGEWÄHLTE LITERATUR

ABD EL-RAZIQ, Mahmud, Die Darstellungen und Texte des Sanktuars Alexanders des Großen im Tempel von Luxor (AV 16), Mainz: Zabern **1984**.

AFRICA, Thomas W., Herodotus and Diodorus on Egypt, JNES 22 (**1963**) 252-259.

AIKEN, D. Wyatt, History, Truth and Rational Mind. Why it is Impossible to Separate Myth from History, ThZ 47 (**1991**) 226-253.

ALBERSMEIER, Sabine, Ägyptisierende Statuen aus Marathon (3 Tafeln), in: Minas / Zeidler **1994**, 9-21; mit Tafeln 1-3.

ALBERTZ, Rainer, Religionsgeschichte Israels in alttestamentlicher Zeit, 2 Bde. (ATD.Ergänzungsreihe 8), Göttingen: Vandenhoeck & Ruprecht **1992**.

ALFÖLDI, Andreas, Der neue Weltherrscher der vierten Ekloge Vergils, in: Binder **1988**, 197-215 (zuerst **1930**).

ALFÖLDI, Andreas, Die monarchische Repräsentation im römischen Kaiserreiche, Darmstadt: Wiss. Buchges. 31980 (=**1970**).

ALLAM, Schafik, Geschwisterehe, LÄ II (**1977**) 568-570.

ANTIKE MÜNZEN aus der Sammlung Amersdorffer. Bilderheft der Staatlichen Museen Preußischer Kulturbesitz (Heft 28/29), hg.v. Generaldirektor der Staatlichen Museen, Berlin: Staatliche Museen Preußischer Kulturbesitz **1976**.

APULEIUS, Der goldene Esel. Lateinisch und deutsch, hg. v. E. Brandt / W. Ehlers, Darmstadt: Wiss. Buchges. 41989.

ARNOLD, Dieter, Deir el-Bahari, LÄ I (**1975**) 1006-1025.

ARNOLD, Dieter, Vom Pyramidenbezirk zum "Haus für Millionen Jahre", MDAIK 34 (**1978**) 1-8.

ARNOLD, Dieter, Palast, LÄ IV (**1982**) 643-646.

ARNOLD, Dieter, Die Tempel Ägyptens. Götterwohnungen, Kultstätten, Baudenkmäler, Zürich: Artemis **1992**.

ASSMANN, Jan, Ägyptische Hymen und Gebete, Zürich-München: Artemis 1975. <ÄHG>

ASSMANN, Jan, Die Verborgenheit des Mythos in Ägypten, GöMisz 25 (**1977**) 7-43.

ASSMANN, Jan, Die Zeugung des Sohnes. Bild, Spiel, Erzählung und das Problem des ägyptischen Mythos, in: ders. / W.Burkert / F.Stolz, Funktionen und Leistungen des Mythos. Drei altorientalische Beispiele (OBO 48), Fribourg: Universitätsverlag **1982**, 13-61.

ASSMANN, Jan, Ägypten. Theologie und Frömmigkeit einer frühen Hochkultur, Stuttgart: Kohlhammer **1984**.

ASSMANN, Jan, Ma'at. Gerechtigkeit und Unsterblichkeit im alten Ägypten, München: Beck **1990**.

ASSMANN, Jan, Stein und Zeit. Mensch und Gesellschaft im alten Ägypten, München: Fink **1991**.

ASSMANN, Jan, Das kulturelle Gedächtnis. Schrift, Erinnerung und politische Identität in frühen Hochkulturen, München: Beck **1992**.

ASSMANN, Jan, Ägypten. Eine Sinngeschichte, München: Hanser **1996**.

AUGUSTIN, Matthias, Der schöne Mensch im Alten Testament und im hellenistischen Judentum (BEAT 3), Frankfurt: Lang **1983**.

AUGUSTUS, Meine Taten. Lateinisch, griechisch und deutsch, hg. v. E. Weber, München: Artemis [5]**1989**.

AZIZA, Claude, L'utilisation polémique du récit de l'Exode chez les écrivains alexandriens (IVème siècle av. J.-C. - Ier siècle ap. J.-C.), ANRW II.20.1. **(1987)** 41-65.

BACHL, Gottfried, Der schwierige Jesus, Innsbruck: Tyrolia [2]**1996**.

BAER, Richard A., Philo's Use of the Categories Male and Female, Leiden: Brill **1970**.

BAGNALL, Roger S. / FRIER, Bruce W., The demography of Roman Egypt, Cambridge: Univ. Press **1994**.

BAGNALL, Roger S., Griechen und Ägypter: Rechtsstellung, ethnische und kulturelle Identität zweier Volksgruppen, in: Wildung **1989**, 27-32.

BAILEY, Emoke, Circumcision in Ancient Egypt, Bulletin of the Australian Centre for Egyptology 7 **(1996)** 15-28.

BAINES, John R., Schreiben, LÄ V **(1984)** 693-698.

BAMMEL, Ernst, Das Judentum als eine Religion Ägyptens, in: Görg **1988**, 1-10.

BARGUET, Paul, Luxor, LÄ III **(1980)** 1103-1107.

BARRACLOUGH, Ray, Philo's Politics. Roman Rule and Hellenistic Judaism, ANRW II.21.1. **(1984)** 417-553.

BARRETT, Anthony A., Caligula. The Corruption of Power, New Haven: Yale Univ. Press **1990**.

BARTA, Winfried, Königsberufung / Königsbezeichnung / Königsdogma / Königskrönung, LÄ III **(1980)** 475-481.485-494.531-533.

BARTH, Hermann, Jes 8,23b-9,6, in: Struppe **1989**, 199-230.

BARTLETT, John R., Jews in the Hellenistic World: Josephus, Aristeas, The Sibylline Oracles, Eupolemus, Cambridge: Univ. Press **1985**.

BECHER, Ilse, Augustus und seine Religionspolitik gegenüber orientalischen Kulten, in: Binder **1988**, 143-170.

BECKER, Jürgen, Johannes der Täufer und Jesus von Nazareth (BSt 63), Neukirchen-Vluyn: Neukirchener **1972**.

BECKERATH, Jürgen, Königsnamen und -titel, LÄ III **(1980)** 540-556.

BELL, Lanny, Luxor Temple and the Cult of the Royal Ka, JNES 44 **(1985)** 251-294.

BELTZ, Walter, Biblische und ägyptische Religionsgeschichte. Prämissen und Prädispositionen, in: Görg **1988**, 11-17.

BENGTSON, Hermann, Die Flavier: Vespasian - Titus - Domitian. Geschichte eines römischen Kaiserhauses, München: Beck **1979**.

BERGMAN, Jan, Ich bin Isis. Studien zum memphitischen Hintergrund der griechischen Isisaretalogien (AUU.HR 3), Uppsala: Berlingska **1968**.

BERNAND, André, Les inscriptions grecques de Philae I. Époque ptolemaïque, Paris: Éditions du Centre National de la recherche scientifique 1969. **<1969a>**

BERNAND, Étienne, Les inscriptions grecques et latines de Philae II. Haut et bas empire, Paris: Éditions du Centre National de la recherche scientifique 1969. **<1969b>**

BEYERLIN, Walter (Hg.), Religionsgeschichtliches Textbuch zum Alten Testament (ATD.Ergänzungsreihe 1), Göttingen: Vandenhoeck & Ruprecht **1975**.

BIANCHI, Robert S., Das ptolemäische Ägypten und Rom. Ein Überblick, in: Wildung **1989**, 19-26;

BIANCHI, Robert S., Tiberius, LÄ VI **(1986)** 555-557.

BILDE, Per u.a. (Hg.), Ethnicity in Hellenistic Egypt, Aarhus: Univ. Press **1992**.

BINDER, Gerhard (Hg.), Saeculum Augustum, II. Religion und Literatur (WdF 512), Darmstadt: Wiss. Buchges. **1988**.

BINDER, Gerhard, Lied der Parzen zur Geburt Octavians. Vergils vierte Ekloge, Gymnasium 90 **(1983)** 102-122.

BLUMENTHAL, Elke / MORENZ, Siegfried, Spuren ägyptischer Königsideologie in einem Hymnus auf den Makkabäerfürsten Simon, ZÄS 93 **(1966)** 21-29.

BLUMENTHAL, Elke, Untersuchungen zum ägyptischen Königtum des Mittleren Reiches I. Die Phraseologie (ASAW.PH 61.1), Berlin: Akademie-Verlag **1970**.

BLUMENTHAL, Elke, Die Koptosstele des Königs Rahotep (London U.C. 14327), in: E. Endesfelder u.a. (Hg.), Ägypten und Kusch (SGKAO 13), Berlin: Akademie-Verlag **1977**, 63-80.

BÖHLIG, Alexander, Von Ägypten nach Israel. Zur hermeneutischen Methode heiliger Schriften, in: H. Ch. Brennecke / E. L. Grasmück / Ch. Markschies (Hg.), Logos. FS L. Abramowski (BZNW 67), Berlin: De Gruyter **1993**, 1-11.

BORCHARDT, Ludwig, Das Grabdenkmal des Königs Sahu-Re, II. Die Wandbilder, 1. Text, 2. Abbildungsblätter, Leipzig: Hinrichs **1913**.

BORGEN, Peder, Philo and the Jews in Alexandria, in: Bilde **1992**, 122-138.

BORGEN, Peder, Moses, Jesus, and the Roman Emperor. Observations in Philo's Writings and the Revelation of John, NT 38 **(1996)** 145-159.

BOSWINKEL, E. / PESTMAN, P. W. (Hgg.), Les archives privées de Dionysios, fils de Kephalas. Textes grecs et démotiques, 2 Bde. (PLB 22), Leiden: Brill **1982**.

BOVON, François, Das Evangelium nach Lukas. Lk 1,1-9,50 (EKK III,1), Neukirchen-Vluyn: Neukirchener **1989**.

BOWMAN, Alan K., Egypt after the Pharaohs. 332 BC - AD 642; from Alexander to the Arab Conquest, Berkeley: Univ. of California Press **1986**.

BROWN, Raymond E., The Birth of the Messiah. A Commentary on the Infancy Narratives in the Gospels of Matthew and Luke, New York: Doubleday **1993**.

BRUGSCH, Heinrich, Thesaurus Inscriptionum Aegyptiacarum. Altägyptische Inschriften, 3 Bde., Leipzig: Hinrichs **1883.1884.1891**

BRUNNER, Hellmut (Hg.), Die Weisheitsbücher der Ägypter. Lehren für das Leben, München: Artemis **1991**.

BRUNNER, Hellmut, Gerechtigkeit als Fundament des Thrones, VT 8 **(1958)** 426-428.

337

BRUNNER, Hellmut, König-Gott-Verhältnis, LÄ III (**1980**) 461-464.

BRUNNER, Hellmut, Die Geburt des Gottkönigs, Wiesbaden ²**1986**.

BRUNNER, Hellmut, Altägyptische Religion, Darmstadt: Wiss. Buchges. ³**1989**.

BRUNNER-TRAUT, Emma, Gelebte Mythen. Beiträge zum altägyptischen Mythos, Darmstadt: Wiss. Buchges. ³**1988**.

BRUNNER-TRAUT, Emma, Altägyptische Märchen. Mythen und andere volkstümliche Erzählungen, München: Diederichs ¹⁰**1991**.

BUCK, Adriaan de, The Building Inscription of the Berlin Leather Roll, in: A.M.Blackman u. a., Studia Aegyptiaca I (AnOr 17), Rom: Pontificium Institutum Biblicum **1938**, 48-57.

BURCHARD, Christoph, Untersuchungen zu Joseph und Aseneth. Überlieferung - Ortsbestimmung (WUNT 8), Tübingen: Mohr **1965**.

BURCHARD, Christoph, Joseph und Aseneth, JSHRZ II (**1983**) 577-735.

BURKERT, Walter, Antike Mysterien. Funktionen und Gehalt, München: Beck ³**1994**.

BUSSE, Ulrich, Das Nazareth-Manifest Jesu. Eine Einführung in das lukanische Jesusbild nach Lk 4,16-30 (SBS 91), Stuttgart: Kath. Bibelwerk **1978**.

BUSSE, Ulrich, Das "Evangelium" des Lukas. Die Funktion der Vorgeschichte im lukanischen Doppelwerk, in: C. Bussmann / W. Radl (Hg.), Der Treue Gottes trauen. Beiträge zum Werk des Lukas. FS G. Schneider, Freiburg: Herder **1991**, 161-177.

BUSSE, Ulrich, Die Engelrede Lk 1,13-17 und ihre Vorgeschichte, in: C. Mayer / K. Müller / G. Schmalenberg (Hg.), Nach den Anfängen fragen. FS G. Dautzenberg, Gießen: Fachbereich Theologie **1994**, 163-177.

CADBURY, Henry J., The Making of Luke-Acts, New York: Macmillan **1927**.

CALVERLEY, Amice M. / **BROOME**, Myrtle F. / **GARDINER**, Alan H., The Temple of King Sethos I at Abydos. IV. The Second Hypostyle Hall, London - Chicago **1958**.

CAPART, Jean, Abydos. Le Temple de Séti Iᵉʳ, Bruxelles: Rossignol **1912**.

CASSIUS DIO, Römische Geschichte, 5 Bde., hg. und übersetzt v. O. Veh, Zürich-München: Artemis 1986.

CAZELLES, Henri, Alttestamentliche Christologie. Zur Geschichte der Messiasidee, Einsiedeln: Johannes **1983**.

CHAMOUX, François, Marcus Antonius. Der letzte Herrscher des griechischen Orients, Gernsbach: Katz **1989**.

CHARLES, R. H. (Hg.), The Apocrypha and Pseudepigrapha of the Old Testament in English, 2 Bde., Oxford: Clarendon **1913**.

CHESNUT, Glenn F., The Ruler and the Logos in Neopythagorean, Middle Platonic, and Late Stoic Political Philosophy, ANRW II.16.2. (**1978**) 1310-1332.

CHESNUTT, Randall D., From Death to Life. Conversion in Joseph and Aseneth (JSPE.S 16), Sheffield: Academic Press **1995**.

CHESNUTT, Randall D., From Text to Context: The Social Matrix of Joseph and Aseneth, SBL.SP 132 (**1996**) 285-302.

CHRIST, Karl, Caesar. Annäherungen an einen Diktator, München: Beck **1994**.

CLAUSS, Manfred, Kleopatra, München: Beck **1995**.

COLLINS, John J., The Sibylline Oracles of Egyptian Judaism (SBL.DS 13),Missoula: Scholars Press **1974**.

COLLINS, John J., Sibylline Oracles, in: J. H. Charlesworth (Hg.), The Old Testament Pseudepigrapha I. Apocalyptic Literature and Testaments, New York: Doubleday **1983**, 317-472.

COLLINS, John J., The Scepter and the Star. The Messiahs of the Dead Sea Scrolls and other Ancient Literature, New York: Doubleday **1995**.

COLPE, Carsten, Theologie, Ideologie, Religionswissenschaft. Demonstrationen ihrer Unterscheidung, München: Kaiser **1980**.

CRAWFORD, Dorothy J., Ptolemy, Ptah and Apis in Hellenistic Memphis, in: *dies.* / J. Quaegebeur / W. Clarysse, Studies on Ptolemaic Memphis (StHell 24), Leuven **1980**, 1-42.

CRIBIORE, Raffaella, Writings, Teachers, and Students in Graeco-Roman Egypt, Atlanta: Scholars Press **1996**.

CUMONT, Franz, Die orientalischen Religionen im römischen Heidentum, Darmstadt: Wiss. Buchges. ⁹1989 (= ³**1931**).

DAHLHEIM, Werner, Geschichte der römischen Kaiserzeit, München: Oldenbourg ²**1989**.

DAUMAS, François, Geburtshaus, LÄ II (**1977**) 462-475.

DAUMAS, François, Les mammisis des temples égyptiens, Paris: Société d'édition "Les belles lettres" **1958**.

DEISSLER, Alfons, Zum Problem der Messianität von Psalm 2, in: Struppe **1989**, 319-330.

DELLING, Gerhard, Philons Enkomion auf Augustus, Klio 54 (**1972**) 171-192.

DELLING, Gerhard, Die Bewältigung der Diasporasituation durch das hellenistische Judentum, Göttingen: Vandenhoeck & Ruprecht **1987**.

DERCHAIN, Philippe, Über die Turiner <Mensa Isiaca>. Ein Deutungsversuch, in: Grimm / Heinen / Winter **1983**, 61-66.

DERCHAIN-URTEL, Maria-Theresia, Priester im Tempel. Die Rezeption der Theologie der Tempel von Edfu und Dendera in den Privatdokumenten aus ptolemäischer Zeit (GOF IV.19), Wiesbaden: Harrassowitz **1989**.

DESCRIPTION de l'Egypte. Vollständiger Nachdruck in einem Band, Köln: Taschen 1994.

DIBELIUS, Martin, Jungfrauensohn und Krippenkind. Untersuchungen zur Geburtsgeschichte Jesu im Lukas-Evangelium, in: *ders.*, Botschaft und Geschichte. Gesammelte Aufsätze I, hg. v. G. Bornkamm, Tübingen: Mohr **1953**, 1-78 (zuerst **1932**).

DIHLE, Albrecht, Die Griechen und die Fremden, München: Beck **1994**.

DIODORUS SICULUS, Library of History, 12 volumes. Translated by C.H. Oldfather, C.L. Sherman, C.B. Welles, R.M. Geer, F.R. Walton (LCL), London: Heinemann 1932-1967.

DORMEYER, Detlev, Die Rolle der Imagination im Leseprozeß bei unterschiedlichen Leseweisen von Lk 1,26-38, BZ 39 (**1995**) 161-180.

DRENKHAHN, Rosemarie (Hg.), Ägyptische Reliefs im Kestner-Museum Hannover (Sammlungskatalog 5), Hannover: Kestner-Museum ²1994.

DREWERMANN, Eugen, Dein Name ist wie der Geschmack des Lebens. Tiefenpsychologische Deutung der Kindheitsgeschichte nach dem Lukasevangelium, Freiburg: Herder 1992.

DUNAND, Francoise, Culte royal et culte impériale en Égypte. Continuités et ruptures, in: Grimm / Heinen / Winter 1983, 47-56.

EGGEBRECHT, Arne (Hg.), Sennefer. Die Grabkammer des Bürgermeisters von Theben, Mainz: Zabern ²1991.

EL-SAGHIR, Mohammed, Das Statuenversteck im Luxortempel, Mainz: Zabern 1992.

ENGEL, Helmut, "Was Weisheit ist und wie sie entstand, will ich verkünden." - Weish 7,22-8,1 innerhalb des ΕΓΚΩΜΙΟΝ ΤΗΣ ΣΟΦΙΑΣ (6,22-11,1) als Stärkung der Plausibilität des Judentums angesichts hellenistischer Philosophie und Religiosität, in: Hentschel / Zenger 1990, 67-102.

ERDMANN, Gottfried, Die Vorgeschichten des Lukas- und Matthäusevangeliums und Vergils vierte Ekloge (FRLANT 30), Göttingen: Vandenhoeck & Ruprecht 1932.

ERMAN, Adolf, Die Märchen des Papyrus Westcar, 2 Bde., Berlin 1890.

ERNST, Josef, Das Evangelium nach Lukas (RNT 3), Regensburg: Pustet ⁶1993.

EURIPIDES, Ausgewählte Tragödien, griechisch und deutsch, hg. v. B. Zimmermann, übersetzt v. E. Buschor, 2 Bde., Zürich: Artemis 1996.

EURIPIDES, Ausgewählte Tragödien, griechisch und deutsch, hg. v. B. Zimmermann, übersetzt v. E. Buschor, 2 Bde., Zürich: Artemis 1996.

EWIGLEBEN, Cornelia, Das römische Ägypten, in: Grotesken 1991, 15-17.

FAURE, Paul, Magie der Düfte. Eine Kulturgeschichte der Wohlgerüche. Von den Pharaonen zu den Römern, München: dtv 1993.

FAUST, Eberhard, Pax Christi et Pax Caesaris. Religionsgeschichtliche, traditionsgeschichtliche und sozialgeschichtliche Studien zum Epheserbrief (NTOA 24), Göttingen: Vandenhoeck & Ruprecht 1993.

FEARS, J. Rufus, Nero as the Viceregent of the Gods in Seneca's De Clementia, Hermes 103 (1975) 486-496.

FELDMAN, Louis H., Flavius Josephus Revisited: The Man, His Writings, and His Significance, ANRW II.21.2. (1984) 763-862.

FELDMEIER, Reinhard: Weise hinter "eisernen Mauern". Tora und jüdisches Selbstverständnis zwischen Akkulturation und Absonderung im Aristeasbrief, in: M. Hengel / A. M. Schwemer (Hg.), Die Septuaginta zwischen Judentum und Christentum (WUNT 72), Tübingen: Mohr 1994, 20-37.

FERRILL, Arther, Caligula. Emperor of Rome, London: Thames & Hudson 1991.

FEUCHT, Erika, Das Kind im Alten Ägypten. Die Stellung des Kindes in Familie und Gesellschaft nach altägyptischen Texten und Darstellungen, Frankfurt: Campus 1995.

FISCHER, Jutta, Griechisch-römische Terrakotten aus Ägypten, Die Sammlungen Sieglin und Schreiber, Dresden, Leipzig, Stuttgart, Tübingen (TSAK 14), Tübingen: Wasmuth 1994.

FISCHER, Ulrich, Eschatologie und Jenseitserwartung im hellenistischen Diasporajudentum, Berlin-New York: De Gruyter **1978**.

FITZMYER, Joseph A., The Gospel according to Luke I-IX (AncB 28), New York: Doubleday **1981**.

FITZMYER, Joseph A., Another Query about the Lucan Infancy Narrative and Its Parallels, JBL 114 (**1995**) 295 f.

FREIS, Helmut (Hg.), Historische Inschriften zur römischen Kaiserzeit von Augustus bis Konstantin (TzF 49), Darmstadt: Wiss. Buchges. ²**1994**.

GARDINER, Alan, Egyptian Grammar being an Introduction to the Study of Hieroglyphs, Oxford: Griffith Institute 1988 (=³**1957**)

GEFFCKEN, Johannes, Die Oracula Sibyllina (GCS 8), Leipzig: Hinrichs **1902**.

GEHRKE, Hans-Joachim, Der siegreiche König. Überlegungen zur hellenistischen Monarchie, AKuG 64 (**1982**) 247-277.

GEHRKE, Hans-Joachim, Geschichte des Hellenismus, München: Oldenbourg **1990**.

GEORGE, Beate, Zu den ägyptischen Vorstellungen vom Schatten als Seele, Bonn: Habelt **1970**.

GEORGI, Dieter, Weisheit Salomos, JSHRZ III.4 (**1980**) 391-471.

GERMER, Renate, Weihrauch, LÄ VI (**1986**) 1167-1169.

GESE, Hartmut, Natus ex virgine, in: H. W. Wolff (Hg.), Probleme biblischer Theologie. FS G. von Rad, München: Kaiser **1971**, 73-89.

GESTERMANN, Louise, Hathor, Harsomtus und Mnṯw.htp.w II, in: F. Junge (Hg.), Studien zu Sprache und Religion Ägyptens II, Göttingen: Hubert **1984**, 763-776.

GITTON, Michel / **LECLANT**, Jean, Gottesgemahlin, LÄ II (**1977**) 792-812.

GNILKA, Joachim, Das Evangelium nach Markus, 2 Bde. (EKK I), Neukirchen-Vluyn: Neukirchener ⁴**1994** (**1.2**).

GOEDICKE, Hans, Thoughts about the Papyrus Westcar, ZÄS 120 (**1993**) 23-36.

GOLDSTEIN, Jonathan A., I Maccabees (AncB 41), New York: Doubleday **1976**.

GÖRG, Manfred (Hg.), Religion im Erbe Ägyptens. Beiträge zur spätantiken Religionsgeschichte zu Ehren von Alexander Böhlig (ÄAT 14), Wiesbaden: Harrassowitz **1988**.

GÖRG, Manfred, "Ebenbild Gottes". Ein biblisches Menschenbild zwischen Anspruch und Realität, in: J. Kügler / R. M. Bucher / O. Fuchs (Hg.), In Würde leben. Interdisziplinäre Studien, Luzern: Edition Exodus **1998** *(im Druck)*

GÖRG, Manfred, Gott-König-Reden in Israel und Ägypten (BWANT 105), Stuttgart: Kohlhammer **1975**.

GÖRG, Manfred, Hiskija als Immanuel. Plädoyer für eine typologische Identifikation, BN 22 (**1983**) 107-125.

GÖRG, Manfred, Methodological Remarks on Comparative Studies of Egyptian and Biblical Words and Phrases, in: Israelit-Groll **1985**, 57-64.

GÖRG, Manfred, Der Kollaps eines Klerus, in: P. Hoffmann (Hg.), Priesterkirche, Düsseldorf: Patmos **1987**, 327-333.

GÖRG, Manfred, Die Religionskritik in Weish 13,1 f. Beobachtungen zur Entstehung der Sapientia-Salomonis im späthellenistischen Alexandria, in Hentschel / Zenger **1990**, 13-25.

GÖRG, Manfred, Studien zur biblisch-ägyptischen Religionsgeschichte (SBAB.AT 14), Stuttgart: Kath. Bibelwerk **1992**.

GÖRG, Manfred, "Chaos" und "Chaosmächte" im Alten Testament, BN 70 (**1993**) 48-61.

GÖRG, Manfred, Thronen zur Rechten Gottes. Zur altägyptischen Wurzel einer Bekenntnisformel, BN 81 (**1996**) 72-81.

GÖTTER, GRÄBER UND **GROTESKEN**. Tonfiguren aus dem Alltagsleben im römischen Ägypten, Hamburg: Museum für Kunst und Gewerbe **1991**.

GOYON, Jean Claude, Das ptolemäische Ägypten: Priester und traditionelle Religion, in: Wildung **1989**, 33-44.

GRAEFE, Erhart, Untersuchungen zur Verwaltung und Geschichte der Institution der Gottesgemahlin des Amun vom Beginn des Neuen Reiches bis zur Spätzeit, 2 Bde (ÄA 37), Wiesbaden: Harrassowitz **1981**.

GRAEFE, Erhart, Talfest, LÄ VI (**1986**) 187-189.

GRANDET, Pierre, Les songes d'Atia et d'Octavius. Note sur les rapports d'Auguste et de l'Égypte, RHR 203 (**1986**) 365-379.

GRENIER, Jean-Claude, Anubis Alexandrien et Romain (EPRO 57), Leiden: Brill **1977**.

GRESSMANN, Hugo, Das Weihnachtsevangelium auf Ursprung und Geschichte untersucht, Göttingen: Vandenhoeck & Ruprecht **1914**.

GRESSMANN, Hugo, Vom reichen Mann und armen Lazarus. Eine literargeschichtliche Studie mit ägyptologischen Beiträgen von Prof. Dr. G. Möller, APAW.PH 1918, Nr.7, Berlin: Reimer **1918**.

GRIESHAMMER, Reinhard, Gottessohnschaft, LÄ II (**1977**) 820 - 822.

GRIFFITHS, J. Gwyn, Egyptian Nationalism in the Edfu Temple Texts, in: J. Ruffle / G. A. Gaballa / K. A. Kitchen (Hg.), Glimpses of Ancient Egypt. FS H. W. Fairman, Warminster: Aris & Phillips **1979**, 174-179.

GRIMM, Günter / **HEINEN**, Heinz / **WINTER**, Erich (Hg.), Das römisch-byzantinische Ägypten. Akten des internationalen Symposions 26.-30. September 1978 in Trier, Mainz: Zabern **1983**.

GRIMM, Günter, Die Vergöttlichung Alexanders des Großen in Ägypten und ihre Bedeutung für den ptolemäischen Königskult, in: Mähler / Strocka **1978**, 103-112 (Abb. 70-96).

GRIMM, Günter, Orient und Okzident in der Kunst Alexandriens, in: Hinske **1981**, 13-25.

GUNDLACH, Rolf, Der Pharao - eine Hieroglyphe Gottes. Zur "Göttlichkeit" des ägyptischen Königs, in: Zeller **1988**, 13-35.

GUNDLACH, Rolf, Das Königtum des Herihor. Zum Umbruch in der ägyptischen Königsideologie am Beginn der 3. Zwischenzeit, in: Minas / Zeidler **1994**, 133-138.

HAAG, Herbert, Sohn Gottes im Alten Testament, ThQ 154 (**1974**) 223-231.

HABICHT, Christian, Gottmenschentum und griechische Städte (Zetemata 14), München: Beck ²**1970**.

HAHN, Ferdinand, Christologische Hoheitstitel. Ihre Geschichte im frühen Christentum, Göttingen: Vandenhoeck & Ruprecht ⁵1995 (zuerst **1963**).

HAIDER, Peter W. **u.a.**, Synkretismus zwischen griechisch-römischen und orientalischen Gottheiten, in P. W. Haider / M. Hutter / S.Kreuzer (Hg.), Religionsgeschichte Syriens: von der Frühzeit bis zur Gegenwart, Stuttgart: Kohlhammer **1996**, 145-241.

HARMS, Wolfgang (Hg.), Text und Bild, Bild und Text. DFG-Symposion 1988, Stuttgart: Metzler **1990**.

HARNACK, Adolf, Beiträge zur Einleitung in das Neue Testament I. Lukas der Arzt. Der Verfasser des dritten Evangeliums und der Apostelgeschichte, Leipzig: Hinrich **1906**.

HARNACK, Adolf, Zu Lc 1,34.35, ZNW 2 (**1901**) 53-57.

HAY, David M., The Psychology of Faith in Hellenistic Judaism, ANRW II.20.2 (**1987**) 881-925.

HAZZARD, R.A., Theos Epiphanes: Crisis and Response, HThR 88 (**1995**) 415-436.

HEIL, Christoph, Die Ablehnung der Speisegebote durch Paulus. Zur Frage nach der Stellung des Apostels zum Gesetz (BBB 96), Weinheim: Beltz **1994**.

HEINEN, Heinz, Ägyptische und griechische Traditionen der Sklaverei im ptolemäischen Ägypten, in: Mähler / Strocka **1978**, 227-237.

HEINEN, Heinz, Alexandrien - Weltstadt und Residenz, in: Hinske **1981**, 3-12.

HEINEN, Heinz, Ägyptische Tierkulte und ihre hellenischen Protektoren. Überlegungen zum Asylverfahren SB III 6154 (=IG Fay. II 135) aus dem Jahre 69 v.Chr., in: Minas / Zeidler **1994**, 157-168.

HEINEN, Heinz, Vorstufen und Anfänge des Herrscherkultes im römischen Ägypten, ANRW II.18.5 (**1995**) 3144-3180.

HELCK, Wolfgang, Die Ägypter und die Fremden, Saeculum 15 (**1964**) 103-114.

HELCK, Wolfgang, Alexander."Der Große", LÄ I (**1975**) 131-133.

HELCK, Wolfgang, Hirt, LÄ II (**1977**) 1220-1223.

HELLHOLM, David (Hg.), Apocalypticism in the Mediterranean World and in the Near East, Tübingen: Mohr **1983**.

HENGEL, Martin, Die Zeloten. Untersuchungen zur jüdischen Freiheitsbewegung in der Zeit von Herodes I. bis 70 n.Chr. (AGSU 1), Leiden: Brill **1961**.

HENGEL, Martin, Judentum und Hellenismus. Studien zu ihrer Begegnung unter besonderer Berücksichtigung Palästinas bis zur Mitte des 2. Jh.s v.Chr. (WUNT 10), Tübingen: Mohr ²**1973**.

HENGEL, Martin, Der Sohn Gottes. Die Entstehung der Christologie und die jüdisch-hellenistische Religionsgeschichte, Tübingen: Mohr **1975**.

HENGEL, Martin, Juden, Griechen und Barbaren. Aspekte der Hellenisierung des Judentums in vorchristlicher Zeit (SBS 76), Stuttgart: Kath. Bibelwerk **1976**.

HENGEL, Martin, Messianische Hoffnung und politischer "Radikalismus" in der "jüdisch-hellenistischen Diaspora". Zur Frage nach den Voraussetzungen des jüdischen Aufstandes unter Trajan 115-117 n. Chr., in: Hellholm **1983**, 655-686.

HENGEL, Martin, "Setze dich zu meiner Rechten!". Die Inthronisation Christi zur Rechten Gottes und Psalm 110,1, in: M. Philonenko (Hg.), Le Trône de Dieu (WUNT 69), Tübingen: Mohr **1993**, 108-194.

HENGSTL, Joachim (Hg.), Griechische Papyri aus Ägypten als Zeugnisse des öffentlichen und privaten Lebens. Griechisch-deutsch, München: Heimeran **1978**.

HENTSCHEL, Georg / **ZENGER**, Erich (Hg.), Lehrerin der Gerechtigkeit. Studien zum Buch der Weisheit (EThS 20), Leipzig: Benno **1990**.

HENTSCHEL, Georg, Gott, König und Tempel. Beobachtungen zu 2Sam 7,1-17 (EThS 22), Leipzig: Benno **1992**.

HENTSCHEL, Georg, 1 Samuel [& Scharbert, Josef, Rut] (NEB 33), Würzburg: Echter 1994. <**1994a**>

HENTSCHEL, Georg, 2 Samuel (NEB 34), Würzburg: Echter 1994. <**1994b**>

HERODOT, Das Geschichtswerk, 2 Bde, hg. v. H. Barth / H.J. Diesner, Berlin-Weimar: Aufbau ^{2}**1985**.

HERRMANN, Christian, Ägyptische Amulette aus Palästina / Israel. Mit einem Ausblick auf ihre Rezeption durch das Alte Testament (OBO 138), Göttingen: Vandenhoeck & Ruprecht **1994**.

HERRMANN, Siegfried, 2 Samuel VII in the Light of the Egyptian Königsnovelle - Reconsidered, in: Israelit-Groll **1985**, 119-128.

HERZ, Peter, Diva Drusilla. Ägyptisches und Römisches im Herrscherkult zur Zeit Caligulas, Historia 30 (**1981**), 324-336.

HERZ, Peter, Der römische Kaiser und der Kaiserkult. Gott oder *primus inter pares*?, in: Zeller **1988**, 115-140.

HESIOD, Sämtliche Werke. Deutsch von Th. von Scheffer, hg. v. E. G. Schmidt, Leipzig: Dieterich 1965.

HIEKE, Thomas, Schatten, NBL III (im Erscheinen) <**199?**>

HINSKE, Norbert (Hg.), Alexandrien. Kulturbegegnungen dreier Jahrtausende im Schmelztiegel einer mediterranen Großstadt, (Aegyptiaca Treverensia 1) Mainz: Zabern **1981**.

HODEL-HOENES, Sigrid, Leben und Tod im Alten Ägypten. Thebanische Privatgräber des Neuen Reiches, Darmstadt: Wiss. Buchges. **1991**.

HÖFFKEN, Peter, Das Buch Jesaja. Kapitel 1-39 (NSKAT 18.1), Stuttgart: Kath. Bibelwerk **1993**.

HOFFMANN, Paul, Die Versuchungsgeschichte in der Logienquelle. Zur Auseinandersetzung der Judenchristen mit dem politischen Messianismus, BZ 13 (**1969**) 207-223. (jetzt in: *ders*. 1995, 193-207)

HOFFMANN, Paul, QR und der Menschensohn. Eine vorläufige Skizze, in: F. Van Segbroeck u. a. (Hg.), The Four Gospels 1992. FS Frans Neirynck (BEThL 100), Leuven: University Press **1992**, 421-456. (jetzt in: *ders*. 1995, 243-278)

HOFFMANN, Paul, Studien zur Frühgeschichte der Jesus-Bewegung (SBAB.NT 17), Stuttgart: Kath. Bibelwerk **1994**.

HOFFMANN, Paul, Studien zur Theologie der Logienquelle (NTA 8), Münster: Aschendorff ^{3}**1982**.

HOFFMANN, Paul, Tradition und Situation. Studien zur Jesusüberlieferung in der Logienquelle und den synoptischen Evangelien (NTA 28), Münster: Aschendorff **1995**.

HOFRICHTER, Peter, Parallelen zum 24. Gesang der Ilias in den Engelerscheinungen des lukanischen Doppelwerkes, Protokolle zur Bibel 2 (1993) 60-76.

HÖLBL, Günther, Vorhellenistische Isisfigürchen des ägäischen Raumes, insbesondere von der Insel Rhodos, in: Hommages à Jean Leclant, BEt 106.3 (1993) 271-285.

HÖLBL, Günther, Geschichte des Ptolemäerreiches. Politik, Ideologie und religiöse Kultur von Alexander dem Großen bis zur römischen Eroberung, Darmstadt: Wiss. Buchges. 1994.

HOMER, Ilias / Odyssee, 2 Bde., griechisch / deutsch, hg. v. E. Schwartz, übersetzt v. J. H. Voss, Augsburg: Weltbild 1994.

HOPPE, Rudolf, Jesus: von der Krippe an den Galgen, Stuttgart: Kath. Bibelwerk 1996.

HORBURY, William / NOY, David, Jewish Inscriptions of Graeco-Roman Egypt. With an Index of the Jewish Inscriptions of Egypt and cyrenaica, Cambridge: Univ. Press 1992.

HORN, Heinz Günter (Hg.), Die Numider. Reiter und Könige nördlich der Sahara. Ausstellungskatalog des Rheinischen Landesmuseums, Bonn: Habelt 1979.

HORN, Jürgen, Methodologische Überlegungen zur Interpretationskategorie "Religion" in der ägyptologischen Forschung, GöMisz 3 (1972) 43-48.

HORNBOSTEL, Wilhelm, Sarapis. Studien zur Überlieferungsgeschichte, den Erscheinungsformen und Wandlungen der Gestalt eines Gottes (EPRO 32), Leiden: Brill 1973.

HORNUNG, Erik (Hg.), Das Totenbuch der Ägypter, München: Artemis 1990 (= 1979).

HORNUNG, Erik, Der Eine und die Vielen. Ägyptische Gottesvorstellungen, Darmstadt: Wiss. Buchges. 51993 (=1971).

HORNUNG, Erik, Amenophis III., LÄ I (1975) 206-210.

HORNUNG, Erik, The Tomb of Seti I - Das Grab Sethos' I., Zürich-München: Artemis 1991.

HORNUNG, Erik, Grundzüge der ägyptischen Geschichte, Darmstadt: Wiss. Buchges. 41992.

HORNUNG, Erik, Altägyptische Wurzeln der Isismysterien, in: Hommages à Jean Leclant, BEt 106.3 (1993) 287-293.

HOSSFELD, Frank-Lothar / ZENGER, Erich, Die Psalmen I. Psalm 1-50 (NEB 29) Würzburg: Echter 1993.

HUBER, Konrad, 'ΩΣ ΠΕΡΙΣΤΕΡΑ. Zu einem Motiv in den Tauferzählungen der Evangelien, Protokolle zur Bibel 4 (1995) 87-101.

HÜBNER, Hans (Hg.), Die Weisheit Salomos im Horizont Biblischer Theologie (BThSt 22), Neukirchen: Neukirchener 1993.

HÜBNER, Hans, Die Sapientia Salomonis und die antike Philosophie, in: ders. 1993, 55-81.

HUMBACH, Helmut, Herrscher, Gott und Gottessohn in Iran und in angrenzenden Ländern, in: Zeller 1988, 89-114.

HUSS, Werner, Die in ptolemaiischer Zeit verfaßten Synodaldekrete der ägyptischen Priester, ZPE 88 (1991), 189-208.

HUSS, Werner, Der makedonische König und die ägyptischen Priester. Studien zur Geschichte des ptolemaiischen Ägypten (Historia. Einzelschriften 85), Stuttgart: Steiner 1994.

IRSIGLER, Hubert, Zeichen und Bezeichnetes in Jes 7,1-17. Notizen zum Immanueltext, BN 29 (1985) 75-114.

ISRAELIT-GROLL, Sarah (Hg.), Pharaonic Egypt, the Bible and Christianity, Jerusalem: Magnes Press 1985.

JOHNSON, Marshall D., The Purpose of the Biblical Genealogies - with Special Reference to the Setting of the Genealogies of Jesus, Cambridge: Univ. Press 1969.

JOSEPHUS FLAVIUS, De Bello Iudaico. Der Jüdische Krieg. Griechisch und Deutsch, hg. v. O. Michel / O. Bauernfeind, 3 Bde., Darmstadt: Wiss. Buchges. 31982

JOSEPHUS FLAVIUS, Jüdische Altertümer, hg. v. H. Clementz, Wiesbaden: Fourier 101990.

JOSEPHUS FLAVIUS, Kleinere Schriften. Selbstbiographie, Gegen Apion, Über die Makkabäer, hg. v. H. Clementz, Wiesbaden: Fourier 1993.

JOSEPHUS in ten volumes, with an English Translation by H. St. J. Thackeray /R. Marcus / A. Wikgren / L. H. Feldman (LCL), London: Heinemann 1926-1965.

JUNG, C. G., Antwort auf Hiob, Zürich: Rascher 1953.

JUNKER, Hermann / WINTER, Erich, Das Geburtshaus des Tempels der Isis in Philä - mit Zeichnungen von O. Daum, Wien: Böhlau 1965.

JUNKER, Hermann, Die Schlacht- und Brandopfer und ihre Symbolik im Tempelkult der Spätzeit, ZÄS 48 (1910) 69-77.

JUVENAL, Satiren, hg. v. H. C. Schnur, Stuttgart: Reclam 1969.

KAISER, Martin, Herodots Begegnung mit Ägypten, in: Morenz 1969, 243-304.

KÁKOSY, László, Heqet, LÄ II (1977) 1123 f.

KÁKOSY, László, Probleme der Religion im römerzeitlichen Ägypten, ANRW II.18.5. (1995) 2894-3049.

KANT, Laurence H., Jewish Inscriptions in Greek and Latin, ANRW II.20.2. (1987) 671-713.

KAPLONY, Peter, Ka *(k3)*, LÄ III (1980) 275-282.

KARLSEN SEIM, Turid, The Gospel of Luke, in: Schüssler Fiorenza 1994, 728-762.

KARRER, Martin, Der Gesalbte. Die Grundlagen des Christustitels (FRLANT 151), Göttingen: Vandenhoeck & Ruprecht 1990.

KÄSEMANN, Ernst, An die Römer (HNT 8a), Tübingen: Mohr 41980.

KASHER, Aryeh, The Jews in Hellenistic and Roman Egypt. The Struggle for Equal Rights, Tübingen: Mohr 1985.

KASHER, Aryeh, The Civic Status of the Jews in Ptolemaic Egypt, in: Bilde 1992, 110-121.

KAUSEN, Ernst, Das tägliche Tempelritual, TUAT II.3 (1988) 391-405.

KAUT, Thomas, Befreier und befreites Volk. Traditions- und redaktionsgeschichtliche Untersuchung zu Magnifikat und Benediktus im Kontext der vorlukanischen Kindheitsgeschichte (BBB 77), Frankfurt: Hain 1990.

KAYSER, François, Recueil des Inscriptions Grecques et Latines (non funéraires) d'Alexandrie impériale (Ier - IIIe s. apr. J.-C.) (BEt 108), Kairo: IFAO 1994.

KECK, Leander E. / MARTYN, J. Louis (Hg.), Studies in Luke - Acts, Philadelphia: Fortress [2]1980.

KEEL, Othmar / UEHLINGER, Christoph, Göttinnen, Götter und Gottessymbole. Neue Erkenntnisse zur Religionsgeschichte Kanaans und Israels aufgrund bislang unerschlossener ikonographischer Quellen (QD 134), Freiburg: Herder [3]1995.

KEEL, Othmar, Jahwe-Visionen und Siegelkunst. Eine neue Deutung der Majestätsschilderungen in Jes 6, Ez 1 und 10 und Sach 4. Mit einem Beitrag von A. Gutbub über die vier Winde in Ägypten (SBS 84/85), Stuttgart: Kath. Bibelwerk 1977.

KEEL, Othmar, Deine Blicke sind wie Tauben. Zur Metaphorik des Hohen Liedes (SBS 114/115), Stuttgart: Kath. Bibelwerk 1984.

KEEL, Othmar, Die Welt der altorientalischen Bildsymbolik und das Alte Testament. Am Beispiel der Psalmen, Göttingen: Vandenhoeck & Ruprecht [5]1996 <1996a>.

KEEL, Othmar, Davids "Tanz" vor der Lade, BiKi 51 (1996), 11-14. <1996b>

KERÉNYI, Karl, Dionysos: Urbild des unzerstörbaren Lebens, Stuttgart: Klett-Cotta 1994.

KESSLER, Dieter, Die heiligen Tiere und der König. Teil I: Beiträge zu Organisation, Kult und Theologie der spätzeitlichen Tierfriedhöfe (ÄAT 16), Wiesbaden: Harrassowitz 1989.

KIENAST, Dietmar, Augustus. Prinzeps und Monarch, Darmstadt: Wiss. Buchges. [2]1992.

KILIAN, Rudolf, Die Geburt des Immanuel aus der Jungfrau - Jes 7,14, in: K. S. Frank u.a., Zum Thema Jungfrauengeburt, Stuttgart: Kath. Bibelwerk 1970, 9-35.

KILIAN, Rudolf, Jesaja 1-12 (NEB 17), Würzburg: Echter 1986.

KILIAN, Rudolf, Der "Tau" in Ps 110,3 - ein Mißverständnis?, ZAW 102 (1990) 417-419.

KIM, Hee-Seong, Die Geisttaufe des Messias. Eine kompositionsgeschichtliche Untersuchung zu einem Leitmotiv des lukanischen Doppelwerks, Frankfurt: Lang 1993.

KLAUCK, Hans-Josef, Die religiöse Umwelt des Urchristentums, 2 Bde, Stuttgart: Kohlhammer 1995.1996.

KNAUF, Ernst Axel, Die Umwelt des Alten Testaments (NSKAT 29), Stuttgart: Kath. Bibelwerk 1994.

KÖBERLEIN, Ernst, Caligula und die ägyptischen Kulte, Meisenheim: Hain 1962.

KOCH, Klaus, Geschichte der ägyptischen Religion, Stuttgart: Kohlhammer 1993.

KOENEN, Ludwig, Die Prophezeiungen des Töpfers, ZPE 2 (1968) 178-209.

KOENEN, Ludwig, Die Adaptation ägyptischer Königsideologie am Ptolemäerhof, in: Van't Dack / Van Dessel / Van Gucht 1983, 143-190.

KÖTTING, Bernhard, Wohlgeruch der Heiligkeit, in: Jenseitsvorstellungen in Antike und Christentum. Gedenkschrift A. Stuiber (JAC.E 9), Münster: Aschendorff 1982, 168-175.

KRAEMER, Ross S., The Book of Aseneth, in: Schüssler Fiorenza 1994, 859-888.

KRATZ, Reinhard G., Kyros im Deuterojesaja-Buch. Redaktionsgeschichtliche Untersuchungen zu Entstehung und Theologie von Jes 40-55 (FAT 1), Tübingen: Mohr **1991**.

KRAUS, Hans-Joachim, Psalmen, 2 Bde. (BK 15), Neukirchen-Vluyn: Neukirchener 6**1989**.

KREMER, Jacob, Das Erfassen der bildsprachlichen Dimension als Hilfe für das rechte Verstehen der biblischen "Kindheitsevangelien" und ihre Vermittlung als lebendiges Wort Gottes, in: U. Busse u.a., Metaphorik und Mythos im Neuen Testament, hg. v. K. Kertelge (QD 126), Freiburg: Herder **1990**, 78-109.

KRIEGER, David J., Einführung in die allgemeine Systemtheorie, München: Fink **1996**.

KRIEGER, Klaus-Stefan, War Flavius Josephus ein Verwandter des hasmonäischen Königshauses?, BN 73 (**1994**) 58-65.

KUEN, Gabriele, Die Philosophie als "dux vitae". Die Verknüpfung von Gehalt, Intention und Darstellungsweise im philosophischen Werk Senecas am Beispiel des Dialogs "De vita beata", Heidelberg: Winter **1994**.

KÜGLER, Joachim, Die religionsgeschichtliche Methode. Anmerkungen zu Karlheinz Müllers methodologischer Konzeption, BN 37/38 (**1987**) 75-84.

KÜGLER, Joachim, Der Jünger, den Jesus liebte. Literarische, theologische und historische Untersuchungen zu einer Schlüsselgestalt johanneischer Theologie und Geschichte. Mit einem Exkurs über die Brotrede in Joh 6 (SBB 16), Stuttgart: Kath.Bibelwerk **1988**.

KÜGLER, Joachim, Priestersynoden im hellenistischen Ägypten. Ein Vorschlag zu ihrer sozio-historischen Deutung, GöMisz 139 (1994) 53-60. <**1994a**>

KÜGLER, Joachim, Propaganda oder performativer Sprechakt? Zur Pragmatik von Demotischer Chronik und Töpferorakel, GöMisz 142 (1994) 83-92. <**1994b**>

KÜGLER, Joachim, Die Windeln Jesu als Zeichen. Religionsgeschichtliche Anmerkungen zu ΣΠΑΡΓΑΝΟΩ in Lk 2, BN 77 (**1995**) 20-28.

KÜGLER, Joachim, Die Windeln Jesu (Lk 2) - Nachtrag: Zum Gebrauch von ΣΠΑΡ–ΓΑΝΟΝ bei Philo von Alexandrien, BN 81 (**1996**) 8-14. <**1996a**>

KÜGLER, Joachim, Die Wahrheit der Religionen und das Problem der "mittleren Distanz". Zur Frage eines gemeinsamen Anliegens von Ägyptologie und Theologie, GöMisz 154 (1996) 49-55. <**1996b**>

KÜGLER, Joachim, Spuren ägyptisch-hellenistischer Königstheologie bei Philo von Alexandria, in: M. Görg (Hg.), Kongreßakten des Interdisziplinären Münchener Symposions vom Oktober 1996, 1997 *(im Druck)* <**1997a**>.

KÜGLER, Joachim, Gold, Weihrauch und Myrrhe. Eine Notiz zu Mt 2,11, BN 88 *(im Druck)* <**1997b**>

KÜGLER, Joachim, Der andere König. Religionsgeschichtliche Anmerkungen zum Jesusbild des Johannesevangeliums, ZNW 89 (**1998**) *(im Erscheinen)*

KÜGLER, Joachim, Die Windeln des Pharao. Ein Topos ägyptischer Königstheologie in hellenistisch-jüdischer und christlicher Rezeption, in: S. Schoske (Hg.), Kongreßband SÄK 1995, 199? *(im Erscheinen)*

KUHLMANN, Klaus P., Das Ammoneion. Archäologie, Geschichte und Kultpraxis des Orakels von Siwa (AV 75), Mainz: Zabern **1988**.

KURTH, Dieter, Die Lautwerte der Hieroglyphen in den Tempelinschriften der griechisch-römischen Zeit - Zur Systematik ihrer Herleitungsprinzipien, ASAE 69 (1983) 287-309. <1983a>

KURTH, Dieter, Eine Welt aus Stein, Bild und Wort. Gedanken zur spätägyptischen Tempeldekoration, in: J.Assmann / G.Burkard (Hg.), 5000 Jahre Ägypten. Genese und Permanenz pharaonischer Kunst, Nußloch: IS-Edition 1983, 89-101. <1983b>

KURTH, Dieter, Die Lautwerte der Hieroglyphen in den Tempelinschriften der griechisch-römischen Zeit - Zur Systematik ihrer Herleitungsprinzipien: Ein Nachtrag (Prinzip XII), GöMisz 103 (1988) 45-49.

KURTH, Dieter, Treffpunkt der Götter. Inschriften aus dem Tempel des Horus von Edfu, München: Artemis 1994.

LAMPRECHTS, Pierre, Die <apollinische> Politik des Augustus und der Kaiserkult, in: Binder 1988, 88-107 (zuerst 1953).

LANCIERS, Eddy, Die ägyptischen Priester des ptolemäischen Königskultes, REg 42 (1991) 117-145 (Tafel II).

LANG, Bernhard, Der vergöttlichte König im polytheistischen Israel, in: Zeller 1988, 37-59.

LECLANT, Jean (Hg.), Ägypten II. Das Großreich (Universum der Kunst 27), München: Beck 1980.

LEIPOLDT, Johannes / GRUNDMANN, Walter (Hg.), Umwelt des Urchristentums, 3 Bde., Berlin: Evangelische Verlagsanstalt 1966.1967 (⁸1990/ ⁸1991/⁶1987).

LEMBKE, Katja, Das Iseum Campense in Rom. Studie über den Isiskult unter Domitian (Archäologie und Geschichte 3), Heidelberg: Archäologie und Geschichte 1994.

LEVINE, Amy-Jill, The Sibylline Oracles, in: Schüssler Fiorenza 1994, 99-108.

LEWANDOWSKI, Theodor, Linguistisches Wörterbuch, 3 Bde. (UTB 200.201.300), Heidelberg: Quelle & Meyer ⁴1984/85.

LEWIS, Naphtali, On government and law in Roman Egypt. Collected papers (ASP 33), Atlanta: Scholars Press 1995.

LICHTHEIM, Miriam, Ancient Egyptian Literature (Paperback Edition), 3 Bde., Berkeley: Univ. Press 1975.1976.1980.

LILJA, Saara, The Treatment of Odours in the Poetry of Antiquity, Helsinki: SSF 1972.

LLOYD, Alan B., Herodotus: Book II. Introduction (EPRO 43,1), Leiden: Brill 1975.

LLOYD, Alan B., Nationalist Propaganda in Ptolemaic Egypt, Historia 31 (1982) 33-55. <1982a>

LLOYD, Alan B., The Inscription of Udjahorresnet. A Collaborator's Testament, JEA 68 (1982) 166-180. <1982b>

LLOYD, Alan B., Herodotus´ Account of Pharaonic History, Historia 37 (1988) 22-53.

LOHMEYER, Ernst, Vom göttlichen Wohlgeruch, SHAW.PH 10 (1919) 9. Abhandlung.

LÜDDECKENS, Erich, Herodot, LÄ II (1977) 1147-1152.

LUFT, Ulrich, Beiträge zur Historisierung der Götterwelt und zur Mythenschreibung (Studia Aegyptiaca 4), Budapest: Elte 1978.

LURKER, Manfred, Lexikon der Götter und Symbole der alten Ägypter. Handbuch der mystischen und magischen Welt Ägyptens, Darmstadt: Wiss. Buchges. **1987**.

MAASS, Michael, Griechische und römische Bronzewerke der Antikensammlungen, München: Beck **1979**.

MACK, Burton L., Logos und Sophia. Untersuchungen zur Weisheitstheologie im hellenistischen Judentum (StUNT 10), Göttingen: Vandenhoeck & Ruprecht **1973**.

MÄHLER, Herwig / STROCKA, Volker M. (Hg.), Das ptolemäische Ägypten. Akten des internationalen Symposions 27.-29. September 1976 in Berlin, Mainz: Zabern **1978**

MARTIN-PRADEY, Eva, Salbung, LÄ V **(1984)** 367-369.

MARTINETZ, Dieter / LOHS, Karlheinz / JANZEN, Jörg, Weihrauch und Myrrhe. Kulturgeschichte und wirtschaftliche Bedeutung, Stuttgart: Wiss. Verlagsges. **1988**.

MAURACH, Gregor, Seneca: Leben und Werk, Darmstadt: Wiss. Buchges. 2**1996**.

MAZZANTI, Angela Maria, ΣΩTHP e ΣΩTHPIA nell'esegesi di Filone di Alessandria, ASE 10 **(1993)** 355-366.

MEEKS, Wayne A., The Prophet-King. Moses Traditions and the Johannine Christology (NT.S XIV), Leiden: Brill **1967**.

MEEKS, Wayne A., Moses as King and God, in: J. Neusner (Hg.), Religions in Antiquity. FS E. R. Goodenough (SHR 14), Leiden: Brill **1968**, 354-371.

MEISNER, Norbert, Aristeasbrief, JSHRZ II.1 **(1973)** 35-85.

MERKELBACH, Reinhold, Isis regina - Zeus Sarapis. Die griechisch-ägyptische Religion nach den Quellen dargestellt, Stuttgart: Teubner **1995**.

MERKLEIN, Helmut, Studien zu Jesus und Paulus (WUNT 43), Tübingen: Mohr **1987**.

MERKLEIN, Helmut, Die Jesusgeschichte - synoptisch gelesen, Stuttgart: Kath. Bibelwerk **1995**.

MERKLEIN, Helmut, Ägyptische Einflüsse auf die messianische Sohn-Gottes-Aussage des Neuen Testaments, in: H. Cancik / H. Lichtenberger / P. Schäfer (Hg.), Geschichte - Tradition - Reflexion. FS Martin Hengel. III. Frühes Christentum, Tübingen: Mohr **1996**, 21-48.

METTAYER, Arthur, L'Esprit descendit du ciel tel une colombe ou, lorsque le déplacement détermine le choix de la métaphore, Studies in Religion / Sciences Religieuses 24 **(1995)** 433-439.

MICHAÏLIDES, G, Moule illustrant un texte d´Hérodote relatif au bouc de Mendès, BIFAO 63 **(1965)** 139-160.

MINAS, Martina / ZEIDLER, Jürgen (Hg.), Aspekte spätägyptischer Kultur. FS E. Winter (Aegyptiaca Treverensia 7), Mainz: Zabern **1994**.

MINEAR, Paul S., Luke's Use of the Birth Stories, in: Keck / Martyn **1980**, 111-130.

MODRZEJEWSKI; Joseph Mélèze, The Jews of Egypt. From Ramses II to Emperor Hadrian. Translated by Robert Cornman. With a Foreword by Shaye J.D. Cohen, Jerusalem: Jewish Publication Society **1995**.

MOENIKES, Ansgar, Messianismus im Alten Testament (vorapokalyptische Zeit), ZRGG 40 **(1988)** 289-306.

MOENIKES, Ansgar, Die grundsätzliche Ablehnung des Königtums in der Hebräischen Bibel (BBB 99), Weinheim: Beltz **1995**.

MOOREN, Leon, Macht und Nationalität, in: Mähler / Strocka **1978**, 51-57;

MORENZ, Siegfried / **SCHUBERT**, Johannes, Der Gott auf der Blume. Eine ägyptische Kosmogonie und ihre weltweite Bildwirkung, Ascona: Artibus Asiae **1954**.

MORENZ, Siegfried, Ägyptische und davidische Königstitulatur, ZÄS 79 (**1954**) 73f.

MORENZ, Siegfried, Die Begegnung Europas mit Ägypten, Zürich-Stuttgart: Artemis **1969**.

MORENZ, Siegfried, Religion und Geschichte des alten Ägypten. Gesammelte Aufsätze, hg.v. E.Blumenthal / S.Herrmann / A.Onasch, Köln-Wien: Böhlau **1975**.

MORENZ, Siegfried, Gott und Mensch im Alten Ägypten, Zürich-München: Artemis 2**1984**.

MÜLLER, Dieter, Der gute Hirte. Ein Beitrag zur Geschichte ägyptischer Bildrede, ZÄS 86 (**1961**) 126-144.

MÜLLER, Gerhard L., Was heißt geboren von der Jungfrau Maria? Eine theologische Deutung (QD 119), Freiburg: Herder **1989**.

MÜLLER, Karlheinz, Die religionsgeschichtliche Methode. Erwägungen zu ihrem Verständnis und zur Praxis ihrer Vollzüge an neutestamentlichen Texten, BZ 29 (**1985**) 161-192.

MÜLLER, Paul-Gerhard, Lukasevangelium (SKK.NT 3), Stuttgart: Kath. Bibelwerk 5**1995**.

MÜLLER, Ulrich B., "Sohn Gottes" - ein messianischer Hoheitstitel Jesu, ZNW 87 (**1996**) 1-32.

MURNANE, William J., Opetfest, LÄ IV (**1982**) 574-579.

MUSSIES, Gerard, The Interpretatio Judaica of Sarapis, in: M.J. Vermaseren (Hg.), Studies in Hellenistic Religions (EPRO 78), Leiden: Brill **1979**, 189-214.

MUSSIES, Gerard, The Interpretatio Judaica of Thot-Hermes, in: M.H. van Voss u. a. (Hg.), Studies in Egyptian Religion: Dedicated to Prof. Jan Zandee (SHR 43), Leiden: Brill **1982**, 89-120.

MUTH, Robert, Die Götterburleske in der griechischen Literatur, Darmstadt: Wiss. Buchges. **1992**.

NACHTERGAEL, Georges, Die Terrakotten des griechisch-römischen Ägyptens - Eine Einführung, in: Grotesken **1991**, 19-24.

NIEHR, Herbert, Die Samuelbücher, in: Zenger u.a. **1995**.

NILSSON, Martin P., Geschichte der griechischen Religion, 2 Bde (HAW V.2), München: Beck 3**1967** / 3**1974**.

NORDEN, Eduard, Die Geburt des Kindes. Geschichte einer religiösen Idee (SBW 3), Leipzig-Berlin: Teubner **1924**.

O'CONNOR, David / **SILVERMAN**, David P., (Hg.), Ancient Egyptian Kingship (PÄ 9), Leiden: Brill **1994**.

OCKINGA, Boyo, Die Gottebenbildlichkeit im Alten Ägypten und im Alten Testament (ÄAT 7), Wiesbaden: Harrassowitz **1984**.

OEGEMA, Gerbern S., Der Gesalbte und sein Volk. Untersuchungen zum Konzeptionalisierungsprozeß der messianischen Erwartungen von den Makkabäern bis Bar Koziba, Göttingen: Vandenhoeck & Ruprecht **1994**.

ONASCH, Christian, Zur Königsideologie der Ptolemäer in den Dekreten von Kanopus und Memphis (Rosettana), APF 24/25 **(1976)** 137-155.

OTTO, Eberhard, Zwei Bemerkungen zum Königskult der Spätzeit, MDAIK 15 **(1957)** 193-207.

OTTO, Eberhard, Legitimation des Herrschens im pharaonischen Ägypten, Saeculum 20 **(1969)** 385-411.

OTTO, Eberhard, Amun, LÄ I **(1975)** 237-248.

OTTO, Eberhard, Ägypten. Der Weg des Pharaonenreiches, Stuttgart: Kohlhammer 51979.

OTTO, Walter, Priester und Tempel im hellenistischen Ägypten, 2 Bde, Berlin **1905.1908**;

OTTO, Walter, Ägyptische Priestersynoden in hellenistischer Zeit, SBAW **1926**, Abhandlung II, 18-40.

PARLASCA, Klaus, Die Zeugnisse "alexandrinischer" Kulte in Palmyra im Rahmen der ägyptischen Kulturbeziehungen, in: Hommages à Jean Leclant, BEt 106.3 **(1993)** 405-410.

PASZTHORY, Emmerich, Salben, Schminken und Parfüme im Altertum, Mainz: Zabern **1992**.

Der Kleine **Pauly**. Lexikon der Antike, hg. v. K. Ziegler / W. Sontheimer / H. Gärtner, 5 Bde., München: dtv 1979.

PESCH, Rudolf (Hg.), Zur Theologie der Kindheitsgeschichten. Der heutige Stand der Exegese, München: Schnell & Steiner **1981**.

PESCH, Rudolf, Das Weihnachtsevangelium (Lk 2,1-21). Literarische Kunst - Politische Implikationen, in: *ders.* **1981**, 97-118.

PFOHL, Gerhard (Hg.), Griechische Inschriften als Zeugnisse des privaten und öffentlichen Lebens. Griechisch-deutsch, München: Heimeran 21980.

PHILO von Alexandria. Die Werke in deutscher Übersetzung, hg. v. L. Cohn / I. Heinemann / M. Adler / W. Theiler, 7 Bde., Berlin: De Gruyter 21962.1964.

PHILONIS Alexandrini opera quae supersunt, 6 Bde. hg. v. L. Cohn / P. Wendland, Berlin: Reimer 1896-1915.

PLATON, Werke in 8 Bänden; griechisch und deutsch, hg. v. G. Eigler, Sonderausgabe, Darmstadt: Wiss. Buchges. 1990.

PLÜMACHER, Eckhard, Lukas als hellenistischer Schriftsteller. Studien zur Apostelgeschichte (StUNT 9), Göttingen: Vandenhoeck & Ruprecht **1972**.

PLUTARCH, Moralia V. Isis and Osiris. Translated by F.C. Babbitt (LCL 306), Cambridge: Harvard Univ. Press 1936.

PLUTARCH, The Parallel Lives I. Theseus and Romulus - Lycurgus and Numa - Solon and Publicola. Translated by B. Perrin, (LCL 46), Cambridge: Harvard Univ. Press 1914.

PLUTARCH, The Parallel Lives IX. Demetrius and Antony - Pyrrhus and Gaius Marius. Translated by B. Perrin, (LCL 101), Cambridge: Harvard Univ. Press 1920.

PLUTARCH, Über Isis und Osiris. Text, Übersetzung und Kommentar v. Th. Hopfner, 2 Bde., Darmstadt: Wiss. Buchgesellschaft 1967.

POMYKALA, Kenneth E., The Davidic Dynasty Tradition in Early Judaism. Its History and Significance for Messianism, Atlanta: Scholars Press 1995.

PRIESE, Karl-Heinz (Hg.), Ägyptisches Museum Berlin (Museumsinsel), Staatliche Museen Preußischer Kulturbesitz, Mainz: Zabern 1991.

PROUSER, Ora Horn, Suited to the Throne: The Symbolic Use of Clothing in the David and Saul Narratives, JSOT 71 (1996) 27-37.

QUAEGEBEUR, Jan, The Genealogy of the Memphite High Priest Family in the Hellenistic Period, in: D.J. Crawford / J. Quaegebeur / W. Clarysse, Studies on Ptolemaic Memphis (StHell 24), Leuven 1980, 43-81.

QUAEGEBEUR, Jan, Kleopatra VII. und der Kult der ptolemäischen Königinnen, in: Wildung 1989, 45-58. <1989a>

QUAEGEBEUR, Jan, The Egyptian Clergy and the Cult of the Ptolemaic Dynasty, AncSoc 20 (1989) 93-116. <1989b>

QUIRKE, Stephen, Altägyptische Religion, Stuttgart: Reclam 1996.

RADL, Walter, Der Ursprung Jesu. Traditionsgeschichtliche Untersuchungen zu Lukas 1-2 (HBS 7), Freiburg: Herder 1996.

RAHNER, Karl, Schriften zur Theologie IV, Einsiedeln: Benziger [5]1967.

RAY, J. D., The Archive of Hor, London: Egypt Exploration Society 1976.

REDFORD, Donald B., Egypt, Canaan, and Israel in Ancient Times, Princeton: Univ. Press 1992.

REINMUTH, Eckart, Pseudo-Philo und Lukas. Studien zum Liber Antiquitatum Biblicarum und seiner Bedeutung für die Interpretation des lukanischen Doppelwerks (WUNT 74), Tübingen: Mohr 1994.

REINSBERG, Carola, Ehe, Hetärentum und Knabenliebe im antiken Griechenland, München: Beck 1989.

REYMOND, Eve A.E., From the Records of a Priestly Family from Memphis (ÄA 38), Wiesbaden: Harrassowitz 1981.

ROEDER, Günther (Hg.), Die ägyptische Götterwelt, Zürich: Artemis 1959.

RÖMER, Malte, Gottes- und Priesterherrschaft in Ägypten am Ende des Neuen Reiches. Ein religionsgeschichtliches Phänomen und seine sozialen Grundlagen (ÄAT 21), Wiesbaden: Harrassowitz 1994.

RÖSEL, Martin, Die Jungfrauengeburt des endzeitlichen Immanuel. Jesaja 7 in der Übersetzung der Septuaginta, JBTh 6 (1991) 135-151.

RÖSEL, Martin, Übersetzung als Vollendung der Auslegung. Studien zur Genesis-Septuaginta (BZAW 223), Berlin: De Gruyter 1994.

RÖSEL, Martin, Die Interpretation von Genesis 49 in der Septuaginta, BN 79 (1995) 54-70.

ROSEN, Klaus, Ehrendekrete, Biographie und Geschichtsschreibung. Zum Wandel der griechischen Polis im frühen Hellenismus, Chiron 17 (1987) 277-292.

RÖSSLER-KÖHLER, Ursula, Individuelle Haltungen zum ägyptischen Königtum der Spätzeit. Private Quellen und ihre Königswertung im Spannungsfeld zwischen Erwartung und Erfahrung (GÖF IV.21), Wiesbaden: Harrassowitz **1991**.

ROULLET, Anne, The Egyptian and Egyptianizing Monuments of Imperial Rome (EPRO 20), Leiden: Brill **1972**.

RUNIA, David T. **u.a.**, Philo of Alexandria. An Annotated Bibliography 1992 / Supplement: A Provisional Bibliography 1993-95, Studia Philonica Annual 7 **(1995)** 186-222.

RUNIA, David T. **u.a.**, Philo of Alexandria: an Annotated Bibliography 1993 / Supplement: a Provisional Bibliography 1994-96, Studia Philonica Annual 8 **(1996)** 122-142.

RUNIA, David T., God and Man in Philo of Alexandria, JThS 39 **(1988)** 49-75.

RUPPERT, Lothar, Gerechte und Frevler (Gottlose) in Sap 1,1-6,21. Zum Neuverständnis und zur Aktualisierung alttestamentlicher Tradition in der Sapientia Salomonis, in: Hübner **1993**, 1-54.

RUPPERT, Lothar, Das Heil der Völker (Heilsuniversalismus) in Deutero- und "Trito"-Jesaja, MThZ 45 **(1994)** 137-159.

RUPPERT, Lothar, Die Kritik an den Göttern im Jesajabuch, BN 82 **(1996)** 76-96.

SALEH, Mohamed, Die Hauptwerke aus dem Ägyptischen Museum Kairo, Mainz: Zabern **1986**.

SATZINGER, Helmut, Das Kunsthistorische Museum in Wien. Die Ägyptisch-Orientalische Sammlung, Mainz: Zabern **1994**.

SCHÄFER, Peter, Geschichte der Juden in der Antike. Die Juden Palästinas von Alexander dem Großen bis zur arabischen Eroberung, Stuttgart: Kath. Bibelwerk **1983**.

SCHALIT, Abraham, König Herodes. Der Mann und sein Werk (Studia Judaica IV), Berlin: De Gruyter **1969**.

SCHALLER, Berndt, Philo, Josephus und das sonstige griechisch-sprachige Judentum in ANRW und weiteren neueren Veröffentlichungen, ThR 59 **(1994)** 186-214.

SCHENKEL, Wolfgang, Schatten, LÄ V **(1984)** 535 f.

SCHILSON, Arno / KASPER, Walter, Christologie im Präsens. Kritische Sichtung neuer Entwürfe, Freiburg: Herder ³1979.

SCHLISSKE, Werner, Gottessöhne und Gottessohn im Alten Testament. Phasen der Entmythisierung im Alten Testament (BWANT 97), Stuttgart: Kohlhammer **1973**.

SCHLÖGL, Herrmann, Der Sonnengott auf der Blüte. Eine ägyptische Kosmogonie des Neuen Reiches (Aegyptiaca Helvetica 5), Genf **1977**.

SCHLOTT, Adelheid, Schrift und Schreiber im Alten Ägypten, München: Beck **1989**.

SCHLOZ, Sabine, Das Königtum der Ptolemäer - Grenzgänge der Ideologie, in: Minas / Zeidler **1994**, 227-234.

SCHMIDT, Werner H., Die Ohnmacht des Messias. Zur Überlieferungsgeschichte der messianischen Weissagungen im Alten Testament, in: Struppe **1989**, 67-88.

SCHMITHALS, Walter, Die Weihnachtsgeschichte Lukas 2,1-20, in: G. Ebeling / E. Jüngel / G. Schunack (Hg.), FS E. Fuchs, Tübingen: Mohr **1973**, 281-297.

SCHMITT, Armin, Weisheit (NEB 23), Würzburg: Echter **1989**.

SCHNEIDER, Gerhard, Das Evangelium nach Lukas. Kapitel 1-10 (ÖTK 3,1), Würzburg: Echter ³1992 (zuerst **1977**).

SCHNEIDER, Thomas, Lexikon der Pharaonen. Die altägyptischen Könige von der Frühzeit bis zur Römerherrschaft, Zürich: Artemis **1994**.

SCHOSKE, Sylvia / **GRIMM**, Alfred / **KREISSL**, Barbara, Schönheit - Abglanz der Göttlichkeit. Kosmetik im Alten Ägypten (SAS 5), München: Lipp **1990**.

SCHROER, Silvia, Der Geist, die Weisheit und die Taube. Feministisch-kritische Exegese eines neutestamentlichen Symbols auf dem Hintergrund seiner altorientalischen und hellenistisch-frühjüdischen Traditionsgeschichte, FZThPh (**1986**) 197-225.

SCHROER, Silvia, Die Samuelbücher (NSKAT 7), Stuttgart: Kath. Bibelwerk **1992**.

SCHROER, Silvia, The Book of Sophia, in: Schüssler Fiorenza 1994, 17-38. <**1994a**>

SCHROER, Silvia, Die personifizierte Sophia im Buch der Weisheit, in: W. Dietrich / M.A. Klopfenstein, (Hg.), Ein Gott allein? JHWH-Verehrung und biblischer Monotheismus im Kontext der israelitischen und altorientalischen Religionsgeschichte (OBO 139), Göttingen: Vandenhoeck & Ruprecht 1994, 543-558. <**1994b**>

SCHROER, Silvia, Dokumente interkulturellen Lernens in der Bibel, Concilium 30 (1994) 4-11. <**1994c**>

SCHROER, Silvia, Das Buch der Weisheit, in: Zenger u.a. **1995**, 277-284.

SCHROER, Silvia, Die Weisheit hat ihr Haus gebaut. Studien zur Gestalt der Sophia in den biblischen Schriften, Mainz: Grünewald **1996**.

SCHÜRMANN, Heinz, Das Lukasevangelium I. Kommentar zu Kap. 1,1 - 9,50 (HThKNT III,1), Freiburg: Herder ⁴1990 (zuerst **1969**).

SCHÜSSLER FIORENZA, Elisabeth (Hg.), Searching the Scriptures II. A Feminist-Commentary, New York: Crossroad **1994**.

SCHWEIZER, Eduard, Das Evangelium nach Lukas (NTD 3), Göttingen: Vandenhoeck & Ruprecht ³1993 (zuerst **1982**).

SEIDEL, Matthias, Die königlichen Statuengruppen I. Die Denkmäler vom Alten Reich bis zum Ende der 18. Dynastie (HÄB 42), Hildesheim: Gerstenberg **1996**.

SEIPEL, Wilfried **u.a.**, Gott - Mensch - Pharao. Viertausend Jahre Menschenbild in der Skulptur des alten Ägypten. Austellungskatalog, Wien: Kunsthistorisches Museum **1992**.

SEIPEL, Wilfried, Säugen, LÄ V (**1984**) 339-342.

SENECA, Lucius Annaeus, Philosophische Schriften. Lateinisch und deutsch, hg.v. M. Rosenbach, Sonderausgabe, 5 Bde., Darmstadt: Wiss. Buchgesellschaft 1995.

SETHE, Kurt, Hieroglyphische Urkunden der griechisch-römischen Zeit, Leipzig: Hinrichs **1904**.

SETTGAST, Jürgen (Hg.), Tutanchamun. Ausstellungskatalog, Mainz: Zabern **1980**.

SEYBOLD, Klaus, Die Psalmen (HAT I / 15), Tübingen: Mohr **1996**.

SHIRUN-GRUMACH, Irene, Offenbarung, Orakel und Königsnovelle (ÄAT 24), Wiesbaden: Harrassowitz **1993**.

SILVERMAN, David P., The Nature of Egyptian Kingship, in: O'Connor / Silverman **1994**, 49-52.

SIMON, Erika, Die Götter der Griechen. Studienausgabe, München: Hirmer ³1985.

SIMON, Erika, Augustus. Kunst und Leben in Rom um die Zeitenwende, München: Hirmer **1986**.

SIMON, Erika, Die Götter der Römer, München: Hirmer **1990**.

SIMPSON, William K., Pap. Westcar (pBerlin 3033), LÄ IV **(1982)** 744-746.

SLY, Dorothy I., Philo's Perception of Women (BJSt 209), Atlanta: Scholars Press **1990**.

SMALLWOOD, E. Mary, Philonis Alexandrini Legatio ad Gaium, Leiden: Brill **1961**.

SMELIK, K.A.D. / HEMELRIJK, E.A., "Who knows not what monsters demented Egypt worships?". Opinions on Egyptian animal worship in Antiquity as part of the ancient conception of Egypt, ANRW II.17.4, Berlin: De Gruyter **1984**, 1852-2000.2337-2357.

SONNABEND, Holger, Fremdenbild und Politik. Vorstellungen der Römer von Ägypten und dem Partherreich in der späten Republik und frühen Kaiserzeit, Frankfurt: Lang **1986**.

SPIEGELBERG, Wilhelm, Die Symbolik des Salbens bei den Ägyptern, ARW 9 **(1906)** 143 f.

SPIEGELBERG, Wilhelm, Die sogenannte demotische Chronik, Leipzig **1914**.

STERLING, Gregory E., "Thus are Israel": Jewish Self-Definition in Alexandria, The Studia Philonica Annual 7 **(1995)** 1-18.

STERNBERG, Heike, Mythische Motive und Mythenbildung in den ägyptischen Tempeln und Papyri der griechisch-römischen Zeit (GOF IV.14), Wiesbaden: Harrassowitz **1985**.

STERNBERG EL-HOTABI, Heike, Der Untergang der Hieroglyphenschrift. Schriftverfall und Schrifttod im Ägypten der griechisch-römischen Zeit, CEg 69 **(1994)** 218-248.

STERNBERG EL-HOTABI, Heike, Der Mythos von der Geburt des Gottkönigs, TUAT III.5 **(1995)** 991-1005.

STIMPFLE, Alois, "Und Hirten waren in dieser Gegend..." - Hermeneutische und exegetische Überlegungen zum Verständnis der Geburtsverkündigung in Lk 2,8-20, SNTU.A 21 **(1996)** 20-41.

STÖRK, Lothar, Taube, LÄ VI **(1986)** 240 f.

STRABO, The Geography in eight volumes, VIII. Book 17, with an English Translation by H.L. Jones (LCL), London: Heinemann 1932.

STRUPPE, Ursula (Hg.), Studien zum Messiasbild im Alten Testament (SBAB.AT 6), Stuttgart: Kath. Bibelwerk **1989**.

SUETONIUS TRANQUILLUS, De Vita Caesarum. Augustus, lateinisch / deutsch, hg. v. D. Schmitz, Stuttgart: Reclam 1988.

SUETONIUS TRANQUILLUS, De Vita Caesarum. Nero, lateinisch / deutsch, hg. v. M. Giebel, Stuttgart: Reclam 1978.

SUETONIUS TRANQUILLUS, De Vita Caesarum. Vespasian / Titus / Domitian, hg. v. H. Martinet, Stuttgart: Reclam 1991.

SUETONIUS TRANQUILLUS, Sämtliche erhaltene Werke, hg. v. F. Schön / G. Waldherr, Essen: Phaidon 1987.

TACITUS, P. Cornelius, Annalen. Lateinisch-deutsch, hg. v. E. Heller, Darmstadt: Wiss. Buchges. ²1992.

TACITUS, P. Cornelius, Historien. Lateinisch-deutsch, hg. v. J. Borst / H. Hross / H. Borst, München: Artemis ⁵1984.

TAEGER, Fritz, Charisma. Studien zur Geschichte des antiken Herrscherkultes, 2 Bde, Stuttgart: Kohlhammer **1957.1960**.

TAKÁCS, Sarolta A., Isis and Sarapis in the Roman world (Religions in the Graeco-Roman world < EPRO 124), Leiden: Brill **1995**.

TAYLOR, N. H., Palestinian Christianity and the Caligula Crisis. Part I. Social and Historical Reconstruction, JSNT 61 **(1995)** 101-124.

TAYLOR, N. H., Palestinian Christianity and the Caligula Crisis. Part II. The Markan Eschatological Discourse, JSNT 62 **(1996)** 13-41.

THEISSEN, Gerd, Lokalkolorit und Zeitgeschichte in den Evangelien. Ein Beitrag zur Geschichte der synoptischen TRadition, Göttingen: Vandenhoeck & Ruprecht ²1992.

THEOBALD, Michael, Römerbrief (SKK.NT 6), Stuttgart: Kath. Bibelwerk **1992**.

THIEL, Helmut van (Hg.), Leben und Taten Alexanders von Makedonien, Darmstadt: Wiss. Buchges. **1974**.

THISSEN, Heinz-Josef, Studien zum Raphiadekret (Beiträge zur Klassischen Philologie 23), Meisenheim: Hain **1966**.

THISSEN, Heinz-Josef, Vespasian, LÄ VI **(1986)**, 1036.

TITZMANN, Michael, Theoretisch-methodologische Probleme einer Semiotik der Text-Bild-Relationen, in: Harms **1990**, 368-384.

TOBIN, Thomas H., The Prologue of John and Hellenistic Jewish Speculation, CBQ 52 **(1990)** 252-269.

TOBIN, Vincent A., Amarna and Biblical Religion, in: Israelit-Groll **1985**, 231-277.

TRAN TAM TINH, V., Isis lactans. Corpus des monuments gréco-romains d'Isis allaitant Harpocrate (EPRO 37), Leiden: Brill **1973**.

TYLDESLEY, Joyce A., Hatschepsut: the Female Pharaoh, London: Viking **1996**.

UMEMOTO, Naoto, Juden, "Heiden" und das Menschengeschlecht in der Sicht Philons von Alexandria, in: R.Feldmeier / U.Heckel (Hg.), Die Heiden. Juden, Christen und das Problem der Fremden (WUNT 70), Tübingen: Mohr **1994**, 22-51.

VAN DER HORST, Pieter W., Der Schatten im hellenistischen Volksglauben, in: M. J. Vermaseren (Hg.), Studies in Hellenistic Religions, Leiden: Brill **1979**, 27-36.

VAN DER HORST, Pieter W., The Way of Life of the Egyptian Priests according to Chaeremon, in: M.H. van Voss u. a. (Hg.), Studies in Egyptian Religion Dedicated to Prof. Jan Zandee, (SHR 43), Leiden: Brill **1982**, 61-71.

VAN DER HORST, Pieter W., Chaeremon. Egyptian Priest and Stoic Philosopher. The fragments collected and translated with explanatory notes (EPRO 101), Leiden: Brill **1984**.

VAN DER HORST, Pieter W., Moses' Throne Vision in Ezekiel the Dramatist, in: *ders.*, Essays on the Jewish World of Early Christianity (NTOA 14), Göttingen: Vandenhoeck & Ruprecht **1990**, 63-71.

VAN'T DACK, Edmond / VAN DESSEL, P. / VAN GUCHT, W. (Hg.), Egypt and the Hellenistic World. Proceedings of the International Colloquium Leuven - 24-26 May 1982 (StHell 27), Louvain 1983.

VANDERSLEYEN, Claude (Hg.), Das Alte Ägypten (Propyläen Kunstgeschichte XVII), Berlin: Propyläen 1975.

VEIJOLA, Timo, Die ewige Dynastie. David und die Entstehung seiner Dynastie nach der deuteronomistischen Darstellung (AASF. Ser B 193), Helsinki: Suomalainen Tiedeakatemia 1975.

VEIJOLA, Timo, Das Königtum in der Beurteilung der deuteronomistischen Historiographie. Eine redaktionsgeschichtliche Untersuchung (AASF. Ser. B 198), Helsinki: Suomalainen Tiedeakatemia 1977.

VEIJOLA, Timo, Verheißung in der Krise. Studien zur Literatur und Theologie der Exilszeit anhand des 89. Psalms (AASF. Ser. B 220), Helsinki: Suomalainen Tiedeakatemia 1982.

VEIJOLA, Timo, David. Gesammelte Studien zu den Davidüberlieferungen des Alten Testaments (SESJ 52), Göttingen: Vandenhoeck & Ruprecht 1990.

VERGIL, Aeneis. Lateinisch-deutsch, hg. v. J. Götte, Zürich: Artemis [8]1994.

VERGIL, Hirtengedichte. Lateinisch und deutsch, übertragen von D. Ebener, Berlin: Aufbau 1982.

VEYNE, Paul, Brot und Spiele, Frankfurt: Campus 1988.

VÖGTLE, Anton, Die sogenannte Taufperikope Mk 1,9-11. Zur Problematik der Herkunft und des ursprünglichen Sinns, in: EKK.V 4 (1972) 105-139.

VÖGTLE, Anton, Offene Fragen zur lukanischen Geburts- und Kindheitsgeschichte, in: ders., Das Evangelium und die Evangelien, Düsseldorf: Patmos 1971, 43-56.

WALDENFELS, Hans, Theologie der nichtchristlichen Religionen. Konsequenzen aus "Nostra aetate", in: E. Klinger / K. Wittstadt (Hg.), Glaube im Prozeß. Christsein nach dem II. Vatikanum. FS K. Rahner, Freiburg: Herder 1984, 757-775.

WALTER, Nikolaus, Sapientia Salomonis und Paulus. Bericht über eine Hallenser Dissertation von Paul-Gerhard Keyser aus dem Jahre 1971, in: Hübner 1993, 83-108.

WEBER, Gregor, Dichtung und höfische Gesellschaft. Die Rezeption von Zeitgeschichte am Hof der ersten drei Ptolemäer, Stuttgart: Steiner 1993.

WEIHER, Anton (Hg.), Homerische Hymnen: griechisch und deutsch, München: Artemis [6]1989.

WEINGÄRTNER, Dieter G., Die Ägyptenreise des Germanicus (PTA 11), Bonn: Habelt 1969.

WEISS, Hans-Friedrich, Ägypten, III. Judentum, TRE I (1977) 505-512.

WENGST, Klaus, Pax Romana. Anspruch und Wirklichkeit, München: Kaiser 1986.

WERNER, Wolfgang, Jes 9,1-6 und Jes 11,1-9 im Horizont alttestamentlicher Messiaserwartung, in: Struppe 1989, 253-270.

WESTENDORF, Wolfhart, Beschneidung, LÄ I (1975) 727-729.

WESTENDORF, Wolfhart, Zeugung, LÄ VI (1986) 1399 f.

WESTERMANN, Claus, Alttestamentliche Elemente in Lukas 2,1-20, in: G. Jeremias / H.-W. Kuhn / H. Stegemann (Hg.), Tradition und Glaube. FS K. G. Kuhn, Göttingen: Vandenhoeck & Ruprecht **1971**, 317-327.

WEYAND, Matthias, Jesaja 7,14 im Neuen Testament, Tübingen: masch. Mag. **1992**.

WHITEHEAD, Alfred North, Wie entsteht Religion?, Frankfurt: Suhrkamp **1990** (=**1926**).

WILCKEN, Ulrich, Alexanders Zug in die Oase Siwa, SPAW.PH **1928**, 576-603.

WILCKEN, Ulrich, Alexanders Zug zum Ammon. Ein Epilog, SPAW.PH **1930,** 159-176.

WILCKEN, Ulrich, Alexander der Große, Leipzig: Quelle & Meyer **1931**.

WILCKEN, Ulrich, Zur Entstehung des hellenistischen Herrscherkultes, SPAW.PH **1938**, 298-321. (jetzt in: WLOSOK 1978, 218-253)

WILCKENS, Ulrich, Der Brief an die Römer I. (EKK VI, 1), Zürich: Benziger **1978**.

WILCKENS, Ulrich, "Empfangen vom Heiligen Geist, geboren aus der Jungfrau Maria - Lk 1,26-38", in: Pesch **1981**, 49-73.

WILDBERGER, Hans, Jesaja I. Jesaja 1-12 (BK 10.1), Neukirchen-Vluyn: Neukirchener 2**1980**.

WILDUNG, Dietrich **u.a.**, Kleopatra. Ägypten um die Zeitenwende, Mainz: Zabern **1989**.

WILDUNG, Dietrich, Göttlichkeitsstufen des Pharao, OLZ 68 (**1973**) 549-565.

WILDUNG, Dietrich, Geschichtsbild, LÄ II (**1977**) 562-564.

WILLIAMSON, Ronald, Jews in the Hellenistic World: Philo, Cambridge: Univ. Press **1989**.

WINSTON, David, The Wisdom of Solomon. A New Translation with Introduction and Commentary (AncB 43), New York: Doubleday **1979**.

WINTER, Erich, Das Kalabsha-Tor in Berlin, Jahrbuch Preußischer Kulturbesitz 14 (**1979**) 59-71.

WINTER, Erich, Der Herrscherkult in den Ptolemäertempeln, in: Mähler / Strocka **1978**, 147-160.

WLOSOK, Antonie, (Hg.in), Römischer Kaiserkult, Darmstadt: Wiss. Buchges. **1978**.

WODTKE-WERNER, Verena, Der Heilige Geist als weibliche Gestalt im christlichen Altertum und Mittelalter. Eine Untersuchung von Texten und Bildern (Theologische Frauenforschung 3), Pfaffenweiler: Centaurus **1994**.

ZANKER, Paul, Augustus und die Macht der Bilder, München: Beck 2**1990**.

ZAUZICH, Karl-Theodor, Demotische Texte römischer Zeit, in: Grimm / Heinen / Winter 1983, 77-80. <**1983a**>

ZAUZICH, Karl-Theodor, Die demotischen Papyri von der Insel Elephantine, in: Van't Dack / Van Dessel / Van Gucht 1983, 421-435. <**1983b**>

ZEIDLER, Jürgen, Strukturanalyse spätägyptischer Grabarchitektur. Ein Beitrag zum Vergleich ägyptischer und hellenistischer Sepulkralarchitektur, in: Minas / Zeidler **1994**, 269-288.

ZELLER, Dieter (Hg.), Menschwerdung Gottes - Vergöttlichung von Menschen (NTOA 7), Göttingen: Vandenhoeck & Ruprecht **1988**.

ZELLER, Dieter, Die Ankündigung der Geburt. Wandlungen einer Gattung, in: Pesch **1981**, 27-48.

ZELLER, Dieter, Geburtsankündigung, NBL I (**1991**), 751-753.

ZELLER, Dieter, Formgeschichtliche Untersuchung im Blick auf Mt 1f, Lk 1f, in: K. Berger u.a., Studien und Texte zur Formgeschichte (TANZ 7), Tübingen: Francke **1992**, 59-134.

ZENGER, Erich **u.a.**, Einleitung in das Alte Testament, Stuttgart: Kohlhammer **1995**.

ZENGER, Erich, Herrschaft Gottes / Reich Gottes II. Altes Testament, TRE XV (**1986**) 176-189.

ZENGER, Erich, Jesus von Nazaret und die messianischen Hoffnungen des alttestamentlichen Israel, in: Struppe **1989**, 23-66.

ZENGER, Erich, Das Buch der Psalmen, in: Zenger u.a. **1995**.

ZENGER, Erich, Komposition und Theologie des 5. Psalmenbuchs 107-145, BN 82 (**1996**) 97-116.

ZWICKEL, Wolfgang, David als Vorbild für den Glauben. Die Veränderung des Davidbildes im Verlauf der alttestamentlichen Geschichte, dargestellt an 2Sam 6, BN 79 (**1995**) 88-101.

Die verwendeten *Abkürzungen* richten sich nach
SCHWERTNER, Siegfried M. (Hg.), IATG, Berlin: De Gruyter ²1992;
sowie ergänzend nach dem Abkürzungsverzeichnis des LThK³.
Als *Hilfsmittel* für die Arbeit mit biblischen Texten wurde verwendet:
BIBLEWORKS FOR WINDOWS. Version 3.0, © M. S. Bushell, Seattle: Hermeneutika 1992
(Lizenz Nr. 102094-00,002,275).
Grundlage sind folgende Textausgaben:
"Corrected" Biblia Hebraica Stuttgartensia (WTT), Hebrew Old Testament,
© 1987.1994 by United Bible Societies & Westminster Theological Seminary.
LXX Septuaginta (Old Greek Jewish Scriptures) edited by Alfred Rahlfs,
© 1935 by the Württembergische Bibelanstalt / Deutsche Bibelgesellschaft, Stuttgart.
The Greek New Testament (GNT), edited by Kurt Aland, Matthew Black u. a.,
© 1966.1968.1975.1993-1994 by the United Bible Societies (UBS).